U0128317

經學研究叢書・臺灣高等經學研討論集叢刊

首屆國際《尚書》學
學術研討會論文集

林慶彰
錢宗武　主編

蔣秋華　編輯

林　序

　　《尚書》是上古流傳下來的文獻，相傳這些文獻經孔子整理，僅存百篇。秦火後，伏生所傳僅餘二十八篇。由於是用漢朝通用的字體隸書所書寫，所以稱為《今文尚書》。漢武帝末年，魯恭王修葺宮室，毀壞孔子宅，得古書數十篇，皆以古文書寫。其中《尚書》的部分，和伏生所傳二十八篇相核對，多出十六篇，此即為《古文尚書》。晉朝時，為提倡古學，出現了《古文尚書》五十八篇。這五十八篇《尚書》，是將伏生所傳二十八篇，擴大為三十三篇，又從各種文獻中輯錄《古文尚書》佚文，用自己的文字連啜成文，分成二十五篇，合計五十八篇，冒充《古文尚書孔傳》，今傳的《尚書》五十八篇，就是這樣來的。而這個本子，也成了《尚書》流傳最廣的文本。

　　《尚書》不論是今文和古文，都作於先秦，由於當時傳播這些文本都用口傳或抄寫。數百年下來，文字的訛誤不少。另外，漢字字體的演變，也增加了錯誤。由於這些原因，增加了閱讀《尚書》的困難度。雖然，《尚書》中的種種記載，對於後人執政有相當的警示作用。所以後代「經筵講義」中，講《尚書》的也最多，但仍無法克服文本中，文字詰屈聱牙的缺點。近數十年以來，專門研究《尚書》的專書已逐漸減少，在各種經學研討會中，以《尚書》為主題的可說沒有，這是《尚書》研究的危機。

　　中國大陸當今的《尚書》學家錢宗武教授，他是尚書學家周秉鈞的弟子兼女婿。一生以研究《尚書》為使命，他不但自己研究《尚書》，所有指導的博、碩士生也都全部研究《尚書》。他最大的心願，是使《尚書》成為國際漢學間的焦點，重現歷史的繁華。因此，他在香港嶺南大學主辦的經學研討會上，跟我和秋華提到《尚書》研究的現狀和展望，他也開始籌畫舉辦《尚書》研討會，在多方奔走之下，「首屆國際《尚書》學學術研討會」在二

○一○年六月十六日在揚州大學舉行。參加學者近百人，發表論文四十篇，內容涉及政治、哲學思想、史學、文學，可說是多元化的研究。對後來者研究《尚書》學，不無啟示的作用。

這本會議論文集，是在二○一一年七月文稿交給萬卷樓圖書公司。秋華從統一體例到校稿，全程負責，最為辛苦。萬卷樓圖書公司願意出資出版這種會議論文集，文化使命令人欽佩。我希望錢教授能為這書作序，他非常客氣的說：「跋我早就寫好了，我總不能寫跋又寫序，寫序的事就勞煩您了！」是為序。

二○一二年一月林慶彰誌於
中央研究院中國文哲所501研究室

目次

經筵《尚書》研究

《尚書》語言研究

《尚書》文論、語體、邏輯研究

提升《尚書》研究水準，
開創《尚書》研究新局面

　　值此全國人民歡度傳統佳節端午之際，欣聞首屆國際《尚書》學學術研討會在古城揚州隆重開幕，謹致以熱烈的祝賀，並向與會專家表示親切的問候和崇高的敬意！

　　中國的古代典籍浩如煙海，《尚書》是傳世典籍中最為古老的歷史文獻，記載著從堯、舜、禹時代到商、周時代的軍國大事，承載著中國悠久的上古文明，昭示了華夏民族數千年的輝煌，對中國政治觀念、社會理想、道德規範、哲學思想以及學術文章起著奠基作用和不可估量的重要影響。江蘇省是一個經濟強省，也是文化大省，在重視經濟發展同時，更加重視社會的公平公正。國際《尚書》學學術研討會的召開，必將有力提升《尚書》研究水準，從而開創《尚書》研究的全新局面。同時，相信會議取得的豐碩成果也必將為江蘇經濟強省和文化強省提供有益的借鑒！

　　預祝大會圓滿成功！

江蘇省副省長　曹衛星
二〇一〇年六月十六日

促進兩岸文化交流，振興揚州經學研究

各位貴賓、各位學友：

今天，《尚書》學國際學術會議在揚州大學開幕，我今年八十九歲，以揚大一個老人的身份，能夠躬與盛會，感到十分榮幸，十分高興。

以經學為主題的這樣規模的學術活動，在揚大來說，還是空前的。在清代，揚州的經學盛極一時。近二十多年來，我不揣鄙陋，常想重振揚州的經學，但限於學術水準，未能做到。現在，博學多才的錢宗武教授已先著吾鞭了。敬佩，敬佩！

今天，尤其令人高興的是，從海峽對岸來了我們的故人，林慶彰、蔣秋華、陳恆嵩等先生女士。十年前，林、蔣等專家連袂來揚州，與我們共同討論清代揚州學派。第二年——二〇〇一年，揚大同仁應邀到了臺灣，與林、蔣諸友好再次共論清代揚州學術，會後共臨高雄港，登阿里山，至今回憶，猶令人神往。十分欣幸的是，以風燭殘年，還得睹此盛事，重逢故人，喜悅之情，實難言表。

我深信這次盛會，必將促進兩岸文化的進一步交流，必將大大地推動揚州大學人文科學的發展。我預祝今後將有更大規模的經學國際會議在這裏舉行，論語學、孟子學、左傳學……

敬祝大會成功！

謝謝大家，謝謝錢宗武先生！

揚州大學　祁龍威

二〇一〇年六月十六日

發掘中華傳統文化，
實現中華文明偉大復興

各位代表、各位專家、女士們、先生們：

大家上午好！在這垂柳蔭蔭，六月麥黃的美好季節，在海內外華人共同歡度端午這一傳統美好佳節的日子裏，首屆國際《尚書》學學術研討會在美麗的瘦西湖畔的揚州大學隆重召開了。這一傳統佳節與傳統學問二者輝映成趣，它必將成為今後《尚書》學研討中的一段美好佳話。我首先代表揚州大學向來自海內外的各位專家學者表示熱烈的歡迎！

揚州大學是一所有百餘年辦學歷史的省屬重點地方綜合型大學。一九〇二年，清末狀元、實業家、教育家張謇先生推動在南京舉辦三江師範學堂的同時，以個人之力獨資舉辦「通州師範學校」，即以後的南通學院。一九五二年，中央政府進行了全國高等院校調整，當年南通學院文史班遷往揚州，與無錫文教學院、丹陽藝術學校藝術專修科、揚州師專等合併在揚州，組建了蘇北師專（即後來的揚州師院）。南通學院農科整建後遷往揚州，與無錫文教學院農學系等合併，組建蘇北農學院。以後揚州又陸續建立了揚州工專（即後來的工學院）、揚州醫專（即醫學院）以及揚州水專、揚州商專。一九九二年，經原國家教委批准在揚州六所高校合併組建揚州大學。經過近二十年的合併辦學，揚州大學教學、科研、學科建設諸方面都有長足的發展。揚州大學現有二十七個學院，三四〇〇〇本科生，七〇〇〇研究生，一〇一個本科專業，涵蓋了國家頒佈的專業目錄除軍事學以外的全部專業。現有三十四個博士點，一三三個碩士點，七個博士後流動站，初步形成文理農工醫全面協調發展的辦學態勢。我校的文科專業共涉及十一個學院近萬名學生，幾乎占學校學生數三分之一，「振興文理」是學校推進學校發

展的重要舉措。

此次《尚書》學國際學術討論會在揚州大學召開，使我們倍感親切。《尚書》是中國最古老的歷史文獻，它記載了古虞、夏、商、周兩千餘年的歷史，記載中華民族悠久而古老的文明，保留了中華民族悠久的歷史記憶。《尚書》在中國的教育史中起著重要的作用，所謂「不學古訓難有獲」，《尚書》一直是中華民族認識自我，建構自我的重要教材。「學古入官，議事以制，政乃不迷」，在上千年的中國封建社會的人才教育選拔體系中，《尚書》起著培養治政人才的重要作用；《尚書》中聖君賢相的嘉言善政，直接影響著數千年來中國的治政思想；《尚書》中天命以道德為依歸，天子以道德楷模天下，這種德政思想一直是中國傳統社會的理想追求。因此在一定程度上可以說，《尚書》孕育了中國傳統的民本思想，它成為幾千年來士人鐵肩擔道義的精神支柱。

《尚書》中的道德觀是中華民族族群修身的指導，它對構成一個民族強大的凝聚力、向心力起了巨大的推動作用，在某種意義甚至可以說它構成了華夏民族的根本認同，它是中華文明數千年綿延不絕的一根重要的精神紐帶，也是今天我們重建當代核心價值觀念的一個重要源泉。

「溫故而知新」，一個能植根於傳統的民族才會融會知新。《尚書》學國際學術研討會的召開，也可以說是華夏民族在自證中重塑自我的一個明證。今天的我們不必憂傷、焦灼，也不必感歎自己的文化一無是處。我們應以主人翁的自豪、清醒而又理性地去研究、發掘中華傳統文化的歷史及其當今價值，確立中國人自己的價值標準，而不是迷失在西學的潮流中。一個民族的文化就是一個民族的標誌，「舍卻自家無盡藏，卻作他門托缽兒」，那是一種文化的無知。

各位專家，各位朋友，清代名人王仲儒曾有一組揚州端午「竹枝詞」，其中有這樣幾句「揚州也有曲江頭，皓齒朱唇日日遊。東舍西家忙不了，菖蒲香裏看龍舟」；「揚州好，端午樂如何」。今天端午佳節我們在揚州相聚，共同研討《尚書》學，這是非常有意義的一件學術佳事。我們相信，在各位專家和各位代表共同努力下，此次《尚書》學國際學術研討會必將是一次

交流切磋傳統文化的盛會，也必將是我們重建傳統的盛會，它同樣也是中國傳統文化民族文化走向世界的盛會。這樣的盛會將是民族文化復興的一種現象，我們期盼學術界加大對民族傳統文化的研究，努力實現中華文明的偉大復興。

　　預祝大會圓滿成功！預祝各位專家學者端午節日快樂！在揚州生活愉快！謝謝！

　　　　　　　　　　　　　　　　　揚州大學副校長　周新國
　　　　　　　　　　　　　　　　　二〇一〇年六月十六日

持守傳統精神　自豪走向現代

各位專家：早上好！

　　今天首屆國際《尚書》學學術研討會在揚州大學舉行，我謹代表揚州市委宣傳部，對會議的召開表示熱烈的祝賀，對各位專家的到來表示熱烈歡迎！對各位專家致以節日的祝賀，對「首屆國際《尚書》學學術研討會」在揚州大學的隆重召開表示衷心的祝願！

　　《尚書》是華夏民族最古老的歷史文獻，記載了我們民族虞、夏、商、周數代軍國大事，承載著中華民族悠久的歷史和優秀的傳統。《尚書》作為治政之典，幾千年來一直影響著、規範著、塑造著中華民族的行政觀念、政治實踐。

　　《尚書》的經典精神塑造了我們民族的性格，凝聚著華夏兒女，支撐我們走過了歷史的風風雨雨。今天，在價值多元的時代，面對西化的衝擊，我們需要借助經典的涵養持守民族的特性。我們相信，這種對《尚書》等中華民族元典的深入研究，挖掘經典中蘊藏的普世價值，必然在民族的價值觀念重鑄中起著巨大作用。

　　揚州有著二五〇〇年悠久歷史，有著濃厚文化底蘊，這裏孕育了千古流芳的文人墨客，這裏走出了道肩天下了的學者士人。對《尚書》這一傳統專門之學的首屆國際研討會選在揚州，這是揚州深厚的歷史底蘊魅力的所在，千年的古學與千年的古城互相輝映。我們希望這樣的研討會能為揚州在持守傳統精神的同時，更加自豪地走向現代、走向美好的明天！最後，祝各位專家在揚州的清風明月中度過快樂的研討時光！謝謝！

揚州大學市委宣傳部　董雷

二〇一〇年六月十六日

大陸「國學熱」應先還經學清白

林慶彰*

一　國學熱度高

所謂「國學熱」是指國學大受重視。在這熱潮中，最熱門的是設立學術研究機構。這幾年幾乎已到了每年都有新機構成立的地步。這些國學機構從名稱來看，大抵可分為國學和儒學兩類。先把國學類的依時間先後排列如下：

一九八四年九月，深圳大學成立國學研究所。這是新中國成立以來最早以國學為名的研究所。

一九九二年一月，北京大學成立傳統文化中心，旨在充分發揚北大文、史、哲、考古等學科的雄厚學術力量，來發掘與弘揚中華民族優秀傳統文化。由袁行霈教授擔任主任。二○○○年初，此一傳統文化研究中心改名為國學研究院。有院刊《國學研究》，已出版二十四輯。

二○○五年五月二十八日，中國人民大學成立國學研究院，由紅學家馮其庸先生擔任院長，季羨林、饒宗頤、何茲全、任繼愈、葉嘉瑩五位先生擔任學術顧問，王寧、方立天等四十多位著名學者組成國學院的專家委員會，由海外調入學者和人民大學文、史、哲學院選調部分教師組成學術團隊，現有教師十餘人。二○○六年第一次公開招生。院刊《中華國學研究》，已出版六輯。

二○○六年十二月二十二日，廈門大學復辦國學研究院。院長由校長朱

---

* 中央研究院中國文哲研究所

崇實兼任，陳支平教授擔任副院長。院刊是《廈門大學國學研究院集刊》，已出版二輯。

二〇〇九年十一月，清華大學國學研究院成立，院長是陳來教授，副院長是劉東教授。將《中國學術》當作院刊。

其次，是以「儒學」、「孔子」、「經學」為名新設立的學術機構：

一九九三年，曲阜師範大學成立孔子文化學院，其前身為一九七九年設立的孔子研究室，一九八三年改名為孔子研究所，一九九三年升格為孔子文化學院，二〇〇八年與歷史文化學院合併，一院雙牌。院刊《孔子文化》。

二〇〇一年，武漢大學成立孔子與儒學研究中心，蕭萐父教授擔任顧問，郭齊勇教授擔任中心主任。已出版《儒家文化研究》二輯。

二〇〇二年，底中國人民大學成立孔子研究院，張立文教授任院長及學術委員會主席。院刊《儒學評論》，已出版四輯。

二〇〇四年，春清華大學成立經學研究中心，彭林教授擔任主任，張勇教授為副主任。已出版《中國經學》七輯。

二〇〇五年九月十六日，山東大學成立儒學研究中心。龐樸教授擔任主任。已出版《儒林》四輯。

二〇〇六年一月十七日，復旦大學成立儒學文化研究中心。孫萊祥教授擔任主任，徐洪興、熊慶年教授任副主任。

二〇〇八年，中國政法大學成立國際儒學院。由周桂鈿教授擔任院長。

二〇〇九年十月二十四日，四川大學成立國際儒學院。由舒大剛教授擔任院長。

二〇一〇年三月五日，中山大學成立儒學研究中心。

將這兩類國學機構概況略加瀏覽，可得到幾點訊息：（1）有些是純研究機構，有些還承擔教學任務；（2）普遍受到上級領導的重視，有較充裕的經費；（3）大都受限於文史哲的學科分類和主事者的專業，無法大幅度推動經學研究。

二　經學與國學

經學是傳統學問經、史、子、集四部分類法中的第一部，它有相當固定的研究對象，即十三經，也就是研究十三本書及其相關問題的學問。這十三種書，如按內容性質來說，《周易》屬哲學，《尚書》是古代史，《詩經》是古代文學，《周禮》是政治制度，《儀禮》和《禮記》是禮俗，《春秋》和《左氏傳》、《公羊傳》、《穀梁傳》是編年史，《四書》是哲學，《孝經》是倫理學，《爾雅》是語言文字學。為什麼這十三本書可以叫經學？這是因為這些書是聖人整理過的，有聖人經世致用的理想在內。從這一層面來看，經學才能成立。當以西洋的學科概念來為傳統學術分類時，自不會考慮到聖人不聖人的問題，這些經書就被拆散了。

「國學」一詞，儘管內涵有些分歧，指的是傳統中國的學問，大家並沒有太大的異議。清末民初因有國學熱，「國學概論」一類的書，多達數十種。雜誌有「國學」之名者，也有數十種。學校裏有國學研究院，有國學研究所。其實，提出「國學」一詞，有它的時代背景。清末以來，西學大舉入侵，中國有什麼學問可以相抗衡？起先提出「中學」這個概念，接著「國故」、「國學」的用法也都出現了。後來，國學一詞佔了優勢，逐漸通行起來，一直沿用至今。但還是有學者並不贊成用「國學」一詞。新中國成立以後，強調學科分立，國學並不算一個學科，連經學也一併廢棄，兩者一起埋葬在歷史的洪流中。

經學是國學的一部分內涵，由於它不屬於某個學科，在現代教育體系中是否完全消失？那是必然的。國學則並非如此，各個大學都有中國語言文學系、歷史系、哲學系，裏面都有國學的相關課程，所謂「國學」中的某些學科就分化到各個文、史、哲相關系所中。二十世紀的八十年代起，許多學校都設有古文獻中心、古籍研究所，這些以探討文獻為任務的學術單位，也承擔了部分發揚國學的責任。這些學術機構，有不少在艱苦中撐著，像南京師範大學文獻學系，有老師十餘人，研究成果也相當不錯，可是連個辦公、休

息的地方都沒有，可見學校領導和相關單位，對這些科系並不重視。

　　還有「教育部人文社會科學重點研究基地」，至今已有一四一個，有不少是研究傳統學術的機構，如設在北京大學的中國古文獻研究中心、中國古代史研究中心，中國人民大學的清史研究所，復旦大學的中國古代文學研究中心，山東大學的易學與中國古代哲學研究中心，蘭州大學的敦煌學研究所，安徽大學的徽學研究中心等都已有相當的規模。像山東大學的易學與中國古代哲學研究中心，可招本科生、碩士生、博士生，又有多位易學大師執教，二十多年來，培養了不少人才。

　　至於研究機構，如中國社會科學院的文學研究所、歷史研究所、近代史研究所、哲學研究所、宗教研究所，各省社會科學院也都有文史哲學的研究所，都以發揚國學為宗旨。但是，圖書館設備之落伍，在大型學術機構中也僅見，所有的收藏品全部未上線，得靠手工查目錄卡片。海外圖書少之又少，國內出版品也缺漏太多。這樣的圖書館大概很難滿足研究人員的需求，所以館內每天都空蕩蕩的。

三　文革時期對經典的批判

　　從文化大革命的後期起，儒家經典遭到史無前例的批判。經學好像被關在冤獄中，久久不能平反。被批判的經典，包括《論語》、《孟子》、《大學》、《中庸》、〈學記〉、〈樂記〉等，茲將批判的成果臚列如下：

（一）批判《四書》

　1.《論語》、《孟子》、《中庸》、《大學》批注選刊
　　成都市　四川人民出版社　96頁　一九七四年七月
　2.儒家黑《四書》批注選輯
　　北京市　人民出版社　93頁　一九七四年十一月

（二）批判《論語》

  1.論語批注　北京大學哲學系一九七〇及工農兵學員

    北京市　中華書局　521頁　一九七四年十一月

  2.論語選批　上鋼五廠二車間工人理論學習小組

    上海市　上海人民出版社　29頁　一九七五年二月

  3.《論語》是反動階級的復辟經　北京特殊鋼廠工人理論組編

    北京市　人民教育出版社　73頁　一九七五年七月

  4.《論語批注》選　哲學系七十級學員

    北京大學學報　1974年1期　頁41～47　一九七四年二月

  5.論語選批　上海第五鋼鐵廠二車間工人理論學習小組

    光明日報　一九七五年一月十二日

（三）批判《孟子》

  1.孟子批注　北京市建材水磨石廠工人理論組、北京大學中文系古典文獻專業一九七二級工農兵學員編　北京市　中華書局　2冊　一九七六年六月

（四）批判《大學》、《中庸》

  1.中庸批注選　中山大學中文系漢語專業工農兵學員

    廣州　廣東人民出版社　47頁　一九七四年十二月

  2.《大學》、《中庸》批注　南開大學中文系一九七二級工農兵學員

    北京市　中華書局　169頁　一九七六年七月

（五）批判《學記》

1. 儒家反動教育思想的代表作——學記　劉輝漢

   山西師院學報　1974年3期

2. 《學記》批注（節選）　駐翼城中學工宣隊、翼城中學《學記》批注小組

   山西師院學報　1974年4期　頁39～48

3. 批判孔孟反動教育思想的代表作　羅程平

   教育革命參考資料（廣東師院）　1974年11期

（六）批判《樂記》

1. 樂記批注　中國人民解放軍51031部隊特務連理論組、中央五藝術大學

   音樂學院理論組

   北京市　人民音樂出版社　87頁　一九七六年十月

2. 樂記論辯　人民音樂出版社編輯部編

   北京市　人民音樂出版社　405頁　一九八三年十一月

3. 關於公孫尼子的樂記的斷代和評價問題——兼與樂記批注者商榷　金鍾

   人民音樂　1979年7期　頁38～41　一九七九年七月

4. 樂記選批　北京京劇團一隊八班

   批判孔老二的反動音樂思想論文集　頁92～108　北京市　人民音樂出

   版社　一九七五年一月

以上對儒家經典作最無情的批判，因孔子排行第二，所以稱孔子為「孔老二」，稱《四書》為「黑四書」。由於受馬克思學說的影響，周代是奴隸制國家，奴隸主和勞動人民永遠是對立的，人民永遠是被剝削的。這些經典的許多章節，因為站在奴隸主這一邊，幾乎都被批得體無完膚。例如：《論語・顏淵篇》，子曰：「克己復禮為仁，一日克己復禮，天下歸仁焉。」《論

語批注》一書是這樣批判的：「孔丘明確地以『禮』來規定仁。『禮』是西周奴隸制的典章制度，其核心是奴隸制的等級名分。孔丘認為，克服一切違反奴隸制等級制度的言論行動……可見，『復禮』就是復辟，『克己復禮』就是孔丘維護和復辟奴隸制的反動綱領。以後，歷代的反動統治者無不利用『克己復禮』這一反動口號從思想上瓦解人民群眾的革命意志，束縛人民群眾的言論行動，以達其鞏固反動統治的目的。」

又如《樂記批注‧樂施篇》：「樂也者，聖人之所樂也，而可以善民心。其感人深，其移風易俗易，故先王著其教也。」作者批判說：「春秋末期，孔老二為了挽救行將滅亡的奴隸制，就曾竭力鼓吹用符合『周禮』的所謂『德音』對人民進行教化，大叫『移風易俗，莫善于樂』，把音樂作為毒害人們思想的工具，使它為反對奴隸起義、反對新興地主階級奪取鬥爭的反動政治路線服務。《樂記》作者在這裏也大肆鼓吹要用儒家所謂表現『德』的音樂進行『教化』、『移風易俗』，這就充分說明了《樂記》作者是極端反動的孔、孟之徒。」

四　應重視經學的歷史地位

傳統學術的經、史、子、集四部分類法，經部處於四部之首。西學傳進來以後，將人文學科分為文學、史學、哲學，經學從此變成無家可歸。我們看可稱為民國時期藝文志的《民國時期總書目》（北京市：北京圖書館出版社，一九八〇年起），根本沒有經學的類目，經學的著作到處流竄。《詩經》入文學，《春秋》和三傳入史學，《周易》、《論語》、《孟子》入哲學，還可以理解。經學史和經學概論的著作，竟納入「綜合參考」一類中，這實在是很荒謬。

國學熱就應該重視經學在歷史上所產生的安定社會、政治的力量，並重新反省近百年來加在經學上毫不理性的態度，經學才有平反的一天。有學者以為各大學碩、博士課程有不少經學課程，碩、博士論文以經學為題的數量不少，這的確是實話。但是誠如清華大學歷史系彭林教授所說：「當前大陸

地區的高校和科研機構確有少數經學研究者，但他們大都是出於個人的學術興趣，或者是有某種學術『擔當』的意識而自發投入其中，絕非學科體系的產物。」（〈論經學的性質、學科地位與學術特點〉，《河南社會科學》第十五卷第一期，二〇〇七年一月）也就是說經學研究，自古以來光明正大，現在卻要偷偷摸摸的進行，真是情何以堪！我們呼籲的目的是為中華文化的正常發展，經學在高校課程設計中，應該有獨立的地位，譬如將經學列為一級學科，各經和經學史列為二級學科等，而不是古代史專業、古文獻專業或專門史專業的附屬品。

不只如此，已成立的幾個國學研究院，由於領導人的學術性向，學術顧問委員會形同虛設，要他們來重視經學也有相當的困難，像清華大學國學院院長陳來告訴筆者，將來還是以哲學研究為主。但是中國的文學、史學、哲學，在高校中已有文學院、歷史學院、哲學學院，有的學校甚至還有文史哲研究院來承擔研究的責任，如果能將國學院的重點放在經學的學習和研究上，積極培養經學人才，為以前錯誤的政策作彌縫修補的工作，傳統文化的正常發展才有希望。

五　海內外一起開經學會

當今海內外的經學研究，最繁榮的應該是臺灣。在清領時代，經學還不太發達，日治時期，有新方法的學者僅數人，一九四九年左右，國學者大量來到臺灣，播下經學的種子。此後，經學研究者越來越多，創造經學的王國。就以這五年來說，臺灣所舉辦的經學研討會，筆者所知的，就有二十次。茲將會議名稱、主辦單位、會議時間臚列如下：

（一）中央研究院中國文哲所

1.四川學者的經學研究第一次學術研討會　二〇〇六年七月十四日
2.四川學者的經學研究第二次學術研討會　二〇〇六年十一月二十三～

二十四日

3.魏晉南北朝經學國際研討會　二〇〇八年十一月二十六～二十八日

4.變動時代的經學研究和經學家第一次學術研討會　二〇〇七年七月十二～十三日

5.變動時代的經學研究和經學家第二次學術研討會　二〇〇七年十一月十九～二十日

6.變動時代的經學研究和經學家第三次學術研討會　二〇〇八年七月十七～十八日

7.變動時代的經學研究和經學家第四次學術研討會　二〇〇八年十一月六～七日

8.變動時代的經學研究和經學家第五次學術研討會　二〇〇九年七月十二日

9.變動時代的經學研究和經學家第六次學術研討會　二〇〇九年十一月十二日

10.變動時代的經學研究和經學家第七次學術研討會　二〇一〇年六月十～十一日

11.變動時代的經學研究和經學家第八次學術研討會　二〇一〇年十一月四～五日

（二）臺灣大學人文社會高等研究院

1.東亞論語學國際學術研討會　二〇〇七年六月二十九～三十日

2.二〇〇八東亞論語學國際學術研討會　二〇〇八年三月八～九日

（三）臺灣大學文學院

1.第四屆中國經學國際學術研討會　二〇一一年三月十八～十九日

（三）中興大學中國文學系

1. 二〇〇六經學與文化學術研討會　二〇〇六年十二月八日
2. 二〇〇七經學與文化學術研討會　二〇〇七年十二月七日
3. 二〇〇八經學與文化學術研討會　二〇〇八年十二月五日
4. 二〇〇九經學與文化學術研討會　二〇〇九年十二月四日

（三）高雄師範大學經學研究所

1. 第二屆全國經學研討會暨第四屆青年經學研討會　二〇〇八年十一月十五～十六日

（四）輔仁大學

1. 第六屆先秦兩漢學術（詩經）國際研討會　二〇〇七年十一月二十四～二十五日

（五）中國經學研究會

1. 第五屆中國經學國際學術研討會　二〇〇七年十一月十七～十八日（在政治大學召開）
2. 第六屆中國經學研究會全國學術研討會　二〇〇九年五月三十日（在輔仁大學召開）

　　有五個機構辦了二十次會，以中央研究院中國文哲所辦十次最多。香港近兩年經學研究的力量逐漸集中起來，經學研究者也開始舉辦研討會：

（一）香港浸會大學

1.跨學科視野下的詩經研究國際學術研討會　二〇〇九年四月一日
2.中日韓經學國際研討會　二〇一〇年五月二十七～二十八日

（二）香港嶺南大學

1.經學國際學術研討會　二〇〇九年五月二十九～三十日

　　中國大陸經學也已開始受到青年知識份子的關注，年輕的碩博士研究經學的年年加多，也有一些學校舉辦與經學相關的學術會議，如：

（一）清華大學

1.第一屆中國經學國際學術研討會　二〇〇五年十一月（在北京召開）
2.第二屆中國經學國際學術研討會　二〇〇七年八月二十七～三十日（在西安召開）
3.第三屆中國經學國際學術研討會　二〇〇九年十一月七～八日（在廈門召開）

（二）中國人民大學國學研究院

1.經學研討會　二〇一〇年七月

（三）南京師範大學文獻學系

1.二〇一〇中國經學國際學術研討會　二〇一〇年十一月十五～十六日

　　至於歐美各地，慕尼黑大學漢學系於二〇一〇年七月與中央研究院文哲所合辦經學研討會，臺灣方面有二十餘人參加，歐洲參加的漢學家有十餘人。開會兩天，討論熱烈，是歐洲第一次開經學會議。

六　結語

　　這百年間經學歷經前所未有的災難，幾乎到了解體的地步。現在由於某些知識份子的堅持，經學研究已現曙光，今後要推廣經學，至少應注意下列數事：（1）現在研究儒學的大都不注意經學，也就是「離經言道」。經學是儒學的源頭，講儒學不重視源頭，很難把儒學講好。（2）經學既在歷代教育、政治和社會產生很大的作用，我們就應肯定經學在歷史上的地位；（3）新成立的國學和儒學研究院，應以經學研究為主，文學、史學、哲學為輔；（4）應將經學納入高校一二級學科中，才有可能培育經學人才；（5）圖書分類法中應有經學的類目，以收容成千上萬的經學書籍。能這樣做，才能為經學平反，才能還經學清白。所謂國學熱，才算找對了方向。

嚴謹勤苦　薪火相傳

王大年*

尊敬的先生們、朋友們：

　　我們身逢盛世，國際性文化交流日趨頻繁，我已逾古稀之年，還有幸參加這麼隆重的國際性學術會議，心情無比激動，感慨萬千！我衷心祝福祖國學術事業繁榮昌盛，衷心祝賀首屆國際《尚書》學學術研討會圓滿成功！

　　恩師周秉鈞先生是一位負有盛名的資深學者，知名教授，古漢語專家，被學術界譽稱為中國當代的經學大師。先生所著《古漢語綱要》，約四十一萬字，篇幅宏富，古漢語知識全面系統，包括文字、音韻、辭彙、語法、修辭等五個方面，既有優秀傳統的繼承，又有學術發展的創新；既有基礎知識的系統闡述，又附有許多寶貴資料，亦有利於提高研究。經過二十多年的反復修訂增補，於一九八一年首次出版，到一九九八年共印刷九次，發行數十萬冊，暢銷海內外，成為全國高校本科的優秀教材和漢語史研究生的必讀參考書，深受同學們歡迎，同時也受到國外漢語專家的喜愛。周先生主編的《古漢語學習叢書》是我國第一部系統介紹古漢語知識的學術叢書，流行甚廣，在學術界產生了巨大影響。先生撰寫的《尚書易解》、《白話尚書》及其《尚書》方面的學術論文，是先生研究《尚書》的系統工程，備受學界尊崇。未發書稿《說文一日箋》、《荀子箚記》、《楚辭箚記》都顯示出先生文字訓詁的深厚根底。先生二十世紀四十年代初，執教於武漢大學時，便開始《尚書》的研究工作，經過近十年的苦心鑽研，於一九五零年寫成專著《尚書易解》。該書雖然僅有二十萬字，但周先生所作筆記達數百萬言，

* 湖南大學文學院

引書一百三十種。據錢宗武先生回憶說：「我曾有幸看過〈盤庚易解〉的手稿，稿紙是土黃色的毛邊紙，蠅頭小楷，一絲不苟，每句經文下摘抄的古訓，少則幾條，多則數十條，朱筆圈點，滿紙燦然。〈盤庚〉三篇計摘錄九十四家，《書》說達五四六條，實際採用僅二十六家，五十八條。」先生治學之嚴謹，用力之勤，可見一斑。功夫不負有心人，《尚書易解》一寫成便當即得到學部委員楊樹達教授的讚譽，欣然為之作序，並題署書名。「序」稱「中多勝意」，讚揚周先生善讀古書，說：「君即廣覽儒先之述作，復擷曾（星笠）、楊（筠如）之善說，其前未及明者，便下己意，綜合為此編，於是先儒所稱詰詘聱牙號為不易讀者，得君爬梳而整比之，庶幾乎人人可讀矣。」周先生善讀古書，就是能運用縝密多樣的訓詁方法，把深奧的古籍，用淺顯通俗的詞語準確地表述出來，讓人們易於接受。周先生在《尚書易解·自序》中，曾提出「核之以詁訓，衡之以語法，求之以史實，味之以文情」二十字的釋讀古書的原則，大大豐富了訓詁學的內容。是先生第一次創造性地明確地提出了「衡之以語法」的訓詁條例。這一條例在《尚書易解》中得到了很好地運用。據我初步搜集，約有二十條左右，現舉兩例如下：

（一）禹錫玄圭，告厥成功。（《尚書·禹貢》）

有人把「禹錫玄圭」視為主動句，譯為：「禹於是把青黑色的圭，獻給天子，來報告他已經成功了。」周先生運用上古漢語施受同辭之句例，認為這是一個被動句，譯為：「禹被賜玄圭，告其成功於天下。」兩周金文中多有此種被動句式。《史記》正作：「於是帝錫禹玄圭，以告成功於天下。」

（二）寧王惟卜用，克綏受茲命。（《尚書·大誥》）

有人斷句為：「寧王惟卜，用克綏受茲命。」周先生斷句如上（二），認為是：「言文王惟卜是用，能安受此命。」「惟卜用」是《尚書》中的一種常見句式，如《尚書·酒誥》中之「惟土物愛」、《尚書·梓材》中之「惟

德用」、《尚書・君奭》中「惟文王德丕承」等。類似的還有《尚書・牧誓》中之「惟婦言是用」、《尚書・金縢》中之「惟永終是圖」、《尚書・無逸》中之「惟耽樂之從」、《尚書・呂刑》中之「惟德之勤」等。這些都是《尚書》中常用的賓語前置句式。周先生是確解無疑。

　　周先生的二十字原則，指導培養了一代又一代愛好古籍的學人，在古籍與《尚書》的普及工作中，周先生做出了不可磨滅的貢獻。我和我的同輩，以及我們的學生，都深受其益。我們有學生給研究生講授《尚書》學，主要也是本著周先生《尚書》學的學術思想薪火相傳。

　　周先生於二十世紀七十年代招收研究生，八十年代初，便向研究生傳授《尚書》學。錢宗武先生精思獨悟，實得周秉鈞先生《尚書》學之真傳。錢先生謹承師教，繼往開來，博覽先賢之著述，潛心鑽研，鍥而不捨，辛勤躬耕二十餘載，撰寫出《尚書》研究的論文和專著達數百萬言，〈今文《尚書》被動句研究〉（《揚州大學學報》1998年4期）、〈今文《尚書》判斷句研究〉（《湖南師範大學社會科學學報》1999年6期）、〈《尚書》句首句中語助詞研究的幾點認識〉（《古漢語研究》2000年2期）、〈今文《尚書》語氣詞的語用範圍和語用特徵〉（《古漢語研究》2001年4期）、〈論今文《尚書》的句法特點〉（《中國語文》2001年6期）、《今古文尚書全譯》（貴州人民出版社，1990年）、《尚書新箋與上古文明》（北京大學出版社，2004年）等大大開拓了《尚書》研究的領域，特別是對《尚書》語言進行了全方位的研究，寫出專著多部，《今文尚書語言研究》（嶽麓書社，1996年）、《今文尚書語法研究》（商務印書館，2004年）、《尚書語法論稿》（河南大學出版社，2006年）等填補了《尚書》研究中的空白。錢先生的《尚書》研究，成績斐然。正如徐復老先生所言：錢君「所論多淵懿可度，發人深省，海內外學界以為《尚書》研究之功臣」。因此，揚州大學就順其自然地成了首屆國際《尚書》學學術研討會的東道主。在此，我要特別感謝揚州大學領導和省、市領導對大會的關心，特別感謝揚州大學對我們與會者的熱情接待。

　　今天到會的同仁都是海內外《尚書》研究的專家學者，在《尚書》研究方面，各位專家都具有真知灼見，都有自己獨到見解，大家歡聚一堂，各抒

已見，交流學術心得，盛況空前。此次大會一定會促使海內外的《尚書》研究呈現出一片更加興旺的景象！

　　謝謝大家，祝先生們、朋友們與會期間身體健康！心情舒暢！

二〇一〇年六月

《今文尚書》所見人稱代詞的用法特點

白恩姬[*]

　　先秦漢語的特點之一就是人稱代詞有多種形態[1]。《今文尚書》[2]也不例外，第一人稱代詞有「我」、「予」、「朕」、「卬」、「台」、「吾」，第二人稱代詞有「汝」、「爾」、「乃」、「而」等多種形態。它們的用法之間是否有明確區別，至今尚未得出令人信服的結論。為確知《今文尚書》所見人稱代詞的用法特點，只有首先和《今文尚書》以前人稱代詞的用法做比較研究，才可以發現《今文尚書》的人稱代詞是經過怎樣的演變過程而具有這種語法特點的。本文以《今文尚書》的第一、第二人稱代詞為研究物件，以甲骨文的人稱代詞為對比研究語料，試圖探討《今文尚書》人稱代詞用法的一些新特點及人稱代詞的演變規律。

一　第一人稱代詞的特點

（一）甲骨文第一人稱代詞的特點

　　甲骨文的第一人稱代詞有「我」、「余」、「朕」。「余」和「予」古代同音，甲骨文的「余」就是《今文尚書》「予」的前身。

---

* 韓國仁荷大學中文系

[1] 白恩姬：〈先秦漢語的人稱代詞研究〉，《中國語言研究》（韓國，1998年）頁205～230。

[2] 本文所用《尚書》文本，乃據錢宗武：《今文尚書全譯》（貴州市：貴州人民出版社，1993年）。

陳夢家、張玉金等都認為「我」表示複數,「余」、「朕」表示單數。
「余」作主格、賓格,「朕」作領格。「我」可以兼為主賓領三格[3]。由此可
知,商代第一人稱代詞有兩個特點:一是存在單數、複數的區別;一是關於
格只有領格和非領格的區別,主格和賓格不分。這種人稱代詞的分工列表如
下:

格　　　　　　　數	單數	複數
領格	朕	我
非領格（主格、賓格）	余	

(二)《今文尚書》第一人稱代詞的特點

《今文尚書》的第一人稱代詞主要有「我」、「予」、「朕」[4]。根據錢宗武
的研究[5],這三種代詞的用法列表如下:

詞例　　用法	主語	賓語	定語	同位語	兼語	單數	複數
我	74	19	72	29	2	74	122
予	98	8	5	33	2	131	15
朕	20	2	33	3	0	56	2

首先看數的區別。「我」表示複數,約占百分之六十二,表示單數的

---

[3] 陳夢家:《殷墟卜辭綜述》(北京市:科學出版社,1956年)頁96～97。張玉金:《甲
骨文語法學》(上海市:學林出版社,2001年)頁26～27。

[4] 除此之外,還有「卬」、「台」、「吾」。「卬」、「台」各見一例,「吾」只見兩例,不
包括在本文的研究物件。

[5] 錢宗武:《今文尚書語法研究》(北京市:商務印書館,2004年)頁117～118。

比率也高達百分之三十八之多。可見到了《今文尚書》,「我」已經開始兼表單數。「予」表示單數,約占百分之九十,「朕」表示單數,約占百分之九十七。可見「予」、「朕」和甲骨文一樣仍表單數。「我」在甲骨文中沒有主賓領格的區別,在《今文尚書》中也是如此,可以作主賓領格。「予」和「朕」在甲骨文各作非領格(主賓格)和領格,形成互補關係。《今文尚書》中「予」作非領格,約占百分之九十五,「朕」作領格,約占百分之六十,可見「予」仍作非領格,「朕」則可以兼作非領格,特別是作主格的比率高達百分之三十六。

由此統計,可以發現「我」的功能從只表複數演變到兼表單數,「我」和「予」、「朕」數的區別開始淡化:「朕」的功能從只表領格演變到兼表主格,「朕」和「予」格的區別開始淡化。

下面看兩個不同人稱代詞用在同一個句子時,它們的數和格是否有區別。先看「我」和「予」用在同一個句子的例子。

(1)予念我先神后之勞爾先。(〈盤庚〉)

(2)予其懋簡相爾,念敬我眾。(〈盤庚〉)

(3)天閟毖我成功所,予不敢不極卒寧王圖事。(〈大誥〉)

以上(1)、(2)的「予」作主格,「我」作領格,(3)的「予」作主格,「我」作賓格。三個例子的「我」和「予」的格功能和甲骨文一樣。三個例子中「我」都表示複數,「予」都表示單數,數的功能也和甲骨文相同。

下面是「我」和「朕」用在同一個句子的例子。

(4)今我既羞告爾于朕志若否。(〈盤庚〉)

(5)用降我凶,德嘉績于朕邦。(〈盤庚〉)

(6)朕不敢有後,無我怨。(〈多士〉)

上述(4)的「我」作主格,「朕」作領格,(5)的「我」和「朕」都作領

格。（6）的「我」作賓格，「朕」作主格。（4）、（5）中「我」和「朕」的功能和甲骨文相同，（6）中「朕」作主格，是甲骨文沒有的新功能。（4）、（6）中的「我」和「朕」都表示單數。（5）中的「我」和「朕」都表示複數。可見「我」和「朕」的數區別已經趨於消失。

下面是「予」和「朕」用在同一個句子的例子。

（7）今予其敷心腹腎腸，歷告爾百姓于朕志。（〈盤庚〉）

（8）予惟往求朕攸濟。（〈大誥〉）

（9）予曷敢不終朕畝？（〈大誥〉）

上例的「予」都作主格，「朕」都作領格，功能和甲骨文相同。「予」和「朕」在甲骨文都表示單數，在上面的例子中也都表示單數。

從上述考察結果看，第一人稱代詞的多種形態用在同一個句子中，數和格的區別已經開始消失。

二 第二人稱代詞的特點

（一）甲骨文第二人稱代詞的特點

陳夢家認為，甲骨文第二人稱代詞為例甚少，主賓格用「汝」，領格用「乃」[6]。張玉金認為「爾」作代詞的例子在甲骨文中只見兩例[7]。下面是他舉的例子。

（10）戊戌卜，殼貞：王曰：「侯豹往，余不爾其合，以乃史歸？」（《合集》3297）

---

6 陳夢家：《殷墟卜辭綜述》頁96。

7 張玉金：《甲骨文語法學》頁26～27。

（11）癸酉卜：㱿貞：令多奠：「依爾墉。」（《合集》6943）

他認為（11）中的「爾」明顯是表示複數，指代「多奠」，（10）中的「爾」可能也是表示複數。這就是說，「爾」可能和「我」一樣，在甲骨文中是表示複數。（10）中的「爾」作賓格，（11）中的「爾」作領格。可見，「爾」和「我」的句法功能很相似。「爾」和「我」在語音上也是對應的。「爾」沒有作主格的例子，很可能是這類例子沒有機會出現，而不是「爾」不能作主格，後代文獻中「爾」作主格的例子非常常見。

根據他的說法，第二人稱代詞的分工列表如下：

格＼數	單數	複數
領格	乃	爾
非領格（主格、賓格）	汝	

我們把上表和第一人稱代詞的分工表作比較，可以發現第一人稱代詞和第二人稱代詞的功能有對應關係，形成整齊的系統。

王力認為上古漢語第一、第二人稱代詞靠著韻母起曲折作用。下面是他擬測的上古音[8]。

第一人稱代	我 [ŋɑ]	予 [dǐɑ]	朕 [d'ǐəm]
第二人稱代	爾 [nǐa]	汝 [nǐɑ]	乃 [nə]

根據他擬測的上古音，可以發現音韻上第一、第二人稱代詞之間有對應關係，對應的兩個代詞的主要母音相同。由此可見，商代第一、第二人稱代詞在功能和音韻上已經形成一個完整的系統。

8　王力：《漢語史稿》（北京市：中華書局，1980年）頁260。

　　《今文尚書》的第二人稱代詞主要有「汝」、「乃」、「爾」[9]。根據錢宗武[10]，這三種代詞的用法比較表如下：

詞例＼用法	主語	賓語	定語	同位語	兼語	單數	複數
汝	92	31	5	16	4	84	64
乃	2	0	64	0	0	23	43
爾	63	18	39	41	0	8	153

　　錢宗武認為《今文尚書》第二人稱代詞的格位沒有明確的區別，單複數同形[11]。但是，通過上表可以發現一些比較明確的傾向。「爾」表示複數，約占百分之九十五，可見「爾」的主要功能仍然是表示複數。「汝」表示單數，約占百分之五十七，「乃」表示單數，約占百分之三十五，可見，到了《今文尚書》，「汝」、「乃」可以兼表複數。「乃」作領格，約占百分之九十七，「汝」作非領格，約占百分之九十七，可知，領格和非領格仍有區別。

　　根據這種統計，可以發現「汝」和「乃」的功能從只表單數演變到兼表複數，「爾」和「汝」、「乃」數的區別開始淡化；「汝」和「乃」在格位上的互補關係仍然保留。

　　下面看兩個不同人稱代詞用在同一個句子時，它們的數和格有沒有區別。先看「爾」和「汝」用在同一個句子的例子。

（12）爾尚輔予一人，致天之罰，予其大賚汝。（〈湯誓〉）

（13）爾不從誓言，予則孥戮汝。（〈湯誓〉）

9　除此之外，還有「而」，它只在〈洪範〉見4例，不包括在本文的研究物件。

10　錢宗武：《今文尚書語法研究》頁129。

11　錢宗武：《今文尚書語法研究》頁130～131。

兩個例子中「爾」都作主格,「汝」都作賓格,它們的格功能和甲骨文相同。「爾」和「汝」都表示複數,數的區別消失了。

下面是「乃」和「汝」用在同一個句子的例子。

(14)汝克紹乃顯祖,汝肇刑文武,用會紹乃辟,追孝于前文人。(〈文侯之命〉)

(15)予告汝訓汝,猷黜乃心,無傲從康。(〈盤庚〉)

(14)的兩個「汝」都作主格,兩個「乃」都作領格。(15)的兩個「汝」都作賓格,一個「乃」作領格。可見「汝」和「乃」格的功能和甲骨文相同。(14)的「汝」和「乃」都表示單數,(15)的「汝」和「乃」都表示複數。「汝」和「乃」在甲骨文只表示單數,到了《今文尚書》,可以兼表複數。

下面是「爾」和「乃」用在同一個句子的例子。

(16)我不爾動,自乃邑。(〈多士〉)

(17)自今至于後日,各恭爾事,齊乃位,度乃口。(〈盤庚〉)

(18)爾尚不忌于凶德,亦則以穆穆在乃位,克閲于乃邑謀介。(〈多方〉)

(16)的「爾」作賓格,「乃」作領格。(17)的「爾」和兩個「乃」都作領格。(18)的「爾」作主格,兩個「乃」作領格。可見「爾」和甲骨文一樣,可以作主賓領格,「乃」和甲骨文一樣,都作領格。「爾」和「乃」在甲骨文有單複數的區別,但是上面的三個例子中「爾」和「乃」都表示複數。

據上考察,兩個不同第二人稱代詞用在同一個句子時,格的區別還在保留,數的區別已經趨於消失。

三 現代一些方言的人稱代詞

商代第一、第二人稱代詞的特點就是有單複數的區別，單數人稱代詞有領格和非領格的區別，複數人稱代詞沒有格的區別。這種現象在現代不少方言中也可以找到。關中方言區多數地方方言的人稱代詞讀作上聲時表單數，讀作陰平時表複數。西安、戶縣、藍田三處第一人稱單數韻母為 [ɣ]，複數韻母為 [æ][12]。華陽涼水井客家語的單數第一人稱代詞「我」用做主格、賓格讀 [ai]，領格讀 [a][13]。陝西商縣方言利用聲調的變化表示人稱代詞的單複數。人稱代詞用作領格時區別單複數最為明顯，人稱代詞用作主格、賓格時也能區別單複數，不過沒有作領格那麼明顯[14]。衡山方言的人稱代詞靠變調區別領格和非領格，領格念陽去調，非領格念陰平調。但是這只局限於單數人稱代詞[15]。這種現象可以看作商代人稱代詞的痕跡。反之，我們可以從現代方言的這種現象證明商代人稱代詞確實有數和格的區別[16]。

四 人稱代詞的演變過程

只看《今文尚書》，很難把握《今文尚書》人稱代詞的用法特點。但是綜觀從甲骨文到《今文尚書》人稱代詞的演變過程，就可以發現其演變規律，進而發現《今文尚書》人稱代詞的用法特點。商代的人稱代詞相互在數和格上形成互補，構成一個完整的系統。到了西周，這種人稱代詞間的區別開始淡化，《今文尚書》的人稱代詞間數的區別已經開始消失，格的區別在同一個句子中基本保留。過了春秋戰國時代，數和格的區別消失，到了漢

---

12 見孫立新：〈關中方言代詞概要〉，《方言》2002 年第 3 期，頁 246。
13 見周生亞：〈論上古漢語人稱代詞繁複的原因〉，《中國語文》1980 年第 2 期，頁 128。
14 見張成材：〈商縣方言的人稱代詞〉，《中國語文》1958 年第 3 期，頁 127。
15 見彭澤潤：〈衡山方言的「變調」語法手段〉，《零陵學院學報》1987 年第 1 期，頁 30。
16 汪國勝：〈湖北大冶方言人稱代詞研究〉，《中國語文》2003 年第 6 期，頁 505～510。

代，各人稱代詞都合併為一個形態：第一人稱代詞合併為「我」，第二人稱代詞合併為「爾」。

至於為何第一人稱代詞合併為「我」，第二人稱代詞合併為「爾」，我們可以推測這樣的過程：《今文尚書》中第一、第二人稱代詞單複數的區別已經趨於消失，但是沒有一致的方向性：第一人稱代詞表示單數的「予」和「朕」仍然表示單數，表示複數的「我」開始兼表示單數；第二人稱代詞表示單數的「汝」和「乃」兼表示複數，表示複數的「爾」仍然表示複數。後來隨著格的區別消失，第一、第二人稱代詞才有了一致的方向性。第一人稱代詞「予」和「朕」的存在理由在於格的區別。後來格的區別消失，它們就失去了存在的理由，本來沒有格區別的「我」，就成為最適合這種情況的代詞，結果第一人稱代詞只剩下一個「我」。「爾」也由於同樣的原因成為第二人稱代詞的代表。所以最早時期表示複數，沒有格區別的「我」和「爾」後來成為第一、第二人稱代詞的代表，格的消失對此起重要作用。

王力認為，上古漢語人稱代詞具有相當整齊的系統，第一、第二人稱代詞靠著韻母起曲折作用。至於能不能說上古漢語的人稱代詞有沒有變格，他認為這還是一個尚待解決的問題[17]。本文認為，商代的人稱代詞確實存在數和格的區別，過了西周、春秋戰國時代，數和格開始消失。《今文尚書》反映了這種演變過程，對漢語史的研究具有很重要的價值。

---

[17] 王力：《漢語史稿》頁260。

先秦《尚書》「顧命」釋義

廖名春[*]

　　先秦時期的《尚書》，較之今之所謂《古文尚書》、《今文尚書》者，範圍更廣。最起碼，傳世之《逸周書》諸篇，亦當包括在內。

　　先秦《尚書》「顧命」一詞多見，對後來影響頗大。但前賢今人之說，疑點不小，值得探討。

　　今之《尚書·周書》有〈顧命〉篇。《史記·周本紀》云：「成王將崩，懼太子釗之不任，乃命召公、畢公率諸侯以相太子而立之。成王既崩，二公率諸侯，以太子釗見於先王廟，申告以文王、武王之所以為王業之不易，務在節儉，毋多欲，以篤信臨之，作〈顧命〉。」《書·序》：「成王將崩，命召公、畢公。二公為二伯，中分天下而治之。率諸侯相康王，作〈顧命〉。」孔安國（約西元前156～前74年）《傳》：「臨終之命曰顧命。」[1]是說「顧命」之義是取臨終遺命之意。為什麼「顧命」是「臨終之命」呢？陸德明（約西元550～630年）《經典釋文·尚書音義》載馬融（西元79～166年）云：「成王將崩，顧念康王，命召公、畢公率諸侯輔相之。」[2]是以「顧」為「顧念」。明末清初學者黃生也說：「書以『顧命』名，顧，眷顧也。命大臣輔嗣主，鄭重而眷顧之也。」[3]而鄭玄（西元127～200年）卻據《說文》

* 清華大學歷史系

[1] 孔安國傳、孔穎達疏，廖名春、陳明整理：《尚書正義》卷18，《十三經注疏》繁體標點本（北京市：北京大學出版社，1999年）第2冊，頁583。

[2] 陸德明著，黃焯彙校本：《經典釋文》（北京市：中華書局，2006年）卷第4，頁112。

[3] 文淵閣《四庫全書》子部雜家類雜考之屬《義府》卷上，原文電子版（武漢市：武漢大學出版社，1997年），下同。

「顧，還視也」之說，云：「 首曰顧，顧是將去之意。」[4]將「顧命」解為「臨死回顧而發命也」[5]。清末于鬯（約1862～1919）則說：「案〈多方〉篇云：『開厥顧天，惟爾多方，罔堪顧之。』即此『顧命』之顧。所謂命者，天命也。」[6]其解「顧」義與馬融、黃生同，但以「命」為「天命」卻與馬融、鄭玄迥異。今天的各家之注，大都出入孔《傳》、馬融、鄭玄之間，鮮有新見[7]。

〈顧命〉篇又有「張皇六師，無壞我高祖寡命」說。孔安國《傳》：「言當張大六師之眾，無壞我高德之祖寡有之教命。」孔穎達（西元574～648年）《正義》：「當張大我之六師，令國常強盛，無令傾壞我高祖寡有之命。戒王使繼先王之業也。……『高德之祖』，謂文王也。王肅云：『美文王少有及之，故曰「寡有」也。』」[8]是將「寡命」釋為「寡有之命」。吳澄（1249～1333）：「寡命，言周之受命世所寡有。今王當不忘戒備，無或弛怠而墮壞我文武不易得之天命也。」[9]又將「寡有之命」進而釋為「不易得之天命」。

段玉裁（1735～1815）以此「寡命」為「大命」，其《撰異》云：「寡命，與〈大雅〉『寡妻』、〈康誥〉『寡兄』同訓。」[10]曾運乾（1884～1945）也說：「寡，大也。《詩》『刑於寡妻』，即刑於大妻。〈康誥〉『乃寡兄勖』，即乃大兄勖。本文『高祖寡命』，即高祖大命也。」[11]楊筠如（1903

---

[4] 孔安國傳、孔穎達疏，廖名春、陳明整理：《尚書正義》卷18，第2冊，頁583。

[5] 蔡沈：《書經集傳》卷6，文淵閣《四庫全書》經部書類。

[6] 于鬯：《香草校書》（北京市：中華書局，1984年）卷8，上冊，頁161。

[7] 詳見曾運乾：《尚書正讀》（北京市：中華書局，1964年）頁260。屈萬里：《尚書集釋》，《屈萬里全集》（臺北市：聯經出版事業公司，1983年）第2冊，頁231。周秉鈞：《尚書易解》（長沙市：嶽麓書社，1984年）頁273。朱廷獻：《尚書研究》（臺北市：臺灣商務印書館，1987年）頁628。顧頡剛、劉起釪：《尚書校釋譯論》（北京市：中華書局，2005年）第4冊，頁1867。

[8] 孔安國傳、孔穎達疏，廖名春、陳明整理：《尚書正義》卷19，第2冊，頁611。

[9] 吳澄：《書纂言》卷4下，文淵閣《四庫全書》經部書類。

[10] 段玉裁：《古文尚書撰異》卷26，《續修四庫全書》（上海市：上海古籍出版社，1995年）第46冊，頁262～263。

[11] 曾運乾：《尚書正讀》，頁274。

～？）則將「寡」讀為「㝅」，實質也是訓為「大」[12]。劉起釪（1917～）於是認為：「『寡命』，終當取段玉裁氏等所倡之說，其義為『大命』。」[13]

劉逢祿（1776～1829）又認為：「『寡』當為『宣』，《易》『巽為寡髮』，虞翻本作『宣』。《列女傳》以〈邶・柏舟〉為衛宣夫人作，《御覽》『宣』作『寡』。形相近而誤也。……要之以『張皇六師』，無忘『宣重光』之訓也。」是以「寡命」為「宣重光之訓」[14]。

但清儒朱彬（1753～1834）卻指出：「此篇以〈顧命〉名篇，《正義》謂『將死回顧而為此語』，非其實也。馬、鄭本自『高祖寡命』以上為〈顧命〉，『王若曰』以下為〈康王之誥〉。《禮記・緇衣》：『君子寡言而信，以成其行。』鄭注：『寡當為顧，聲之誤也。』此『寡』字亦當讀為顧，即取篇末二字名篇，以題上事。」[15]

于鬯贊成朱彬的意見，並加以申論：「〈顧命〉之名篇實本於篇中『寡命』二字。朱彬《攷證》引《小戴・緇衣》記鄭注云：『寡當為顧，聲之誤也。』以證『寡命』之『寡』亦當讀為『顧』。其說得矣。蓋顧諧雇聲，雇諧戶聲，《詩・小宛》篇云：『交交桑扈，率場啄粟，哀我填寡。』扈亦諧戶聲，而得與寡叶。是寡扈疊韻，故寡顧亦疊韻也。朱駿聲《說文通訓》謂：『寡從古文頁、從夏省聲。』蓋是矣。『無壞我高祖寡命』，即無壞我高祖顧命也。然則『顧命』之義信不當如《傳》言『臨終之命』，而朱攷尚未伸明。案〈多方〉篇云：『開厥顧天，惟爾多方，罔堪顧之。』即此『顧命』之『顧』。所謂命者，天命也。蓋文王能顧天命，故曰『高祖顧命』。猶〈康誥〉云：『天乃大命文王，殪戎殷，誕受厥命。』而〈大誥〉則云：『敷前人受命也。』『前人受命』者，前人所受之命也。『高祖顧命』者，高祖所

---

[12] 楊筠如：《尚書覈詁》（西安市：陝西人民出版社，1959年）頁291。

[13] 顧頡剛、劉起釪：《尚書校釋譯論》第4冊，頁1856。

[14] 劉逢祿：《尚書今古文集解》卷25，《續修四庫全書》（上海市：上海古籍出版社，1995年）第48冊，頁325。

[15] 朱彬：《經傳考證》，《清經解》（上海市：上海書店，1988年）第7冊，卷1363，頁703。

顧之命也。其語意正同。（秦炳如明經云：『《大學》引〈太甲〉曰：「顧諟天之明命。」湯之「顧命」也。』）書篇之名題〈顧命〉者，良由〈顧命〉一篇，前半為成王臨終之誥，後半為康王即位之誥。謂之成王之誥，則遺康王之誥；謂之康王之誥，則遺成王之誥。故特取篇中二字以標題，如〈梓材〉、〈立政〉之比。《書》家亦自有此例也。自篇中『顧命』借『寡命』為之，解者謂為『寡有之教命』，文義既不可通，而題篇莫得其解矣。……既以成王臨終之誥為『顧命』，則不得不分後半為康王之誥。不知康王之誥別有書篇，今既亡佚，未可析〈顧命〉當之。還當從今文一篇為是。此則與朱據馬、鄭本自『高祖寡命』以上為〈顧命〉，謂取篇末二字名篇之說，又所見不同也。」[16]

劉起釪於「寡命」取段氏之說，以為朱彬、于鬯「其言雖甚辯，然改字為釋，且釋亦未必真得原義，此非研析古籍之妥善方法，故不取其說」[17]。前輩學者楊筠如[18]、曾運乾[19]、屈萬里[20]、周秉鈞[21]等也都如此，不是否定，就是無視朱彬、于鬯的意見。

其實朱彬、于鬯的意見基本是正確的。《禮記·緇衣》「〈葉公之顧命〉」在郭店楚簡本《緇衣》篇裏「顧」寫作「𢇍」，整理者隸作「募」，視為「寡」字異體，借作「顧」[22]。上海博物館藏戰國楚竹書本《緇衣》篇「顧」也寫作「𢇏」，整理者也隸作「募」，視為「寡」之省筆[23]。這說明「寡」和「顧」互用是先秦文獻的常例，並非任意「改字為釋」。

知道「高祖寡命」即「高祖顧命」，〈顧命〉篇之所以稱為「顧命」的

---

16 于鬯：《香草校書》卷8，上冊，頁161。

17 顧頡剛、劉起釪：《尚書校釋譯論》第4冊，頁1856～1856。

18 楊筠如：《尚書覈詁》頁291。

19 曾運乾：《尚書正讀》頁274。

20 屈萬里：《尚書集釋》頁244。

21 周秉鈞：《尚書易解》頁286。

22 荊門市博物館：《郭店楚墓竹簡》（北京市：文物出版社，1995年）頁134。

23 馬承源主編：《上海博物館藏戰國楚竹書（一）》（上海市：上海古籍出版社，2001年）頁188。

原因就清楚了。馬融、鄭玄、朱彬、于鬯的這一意見是完全能夠成立的。但〈顧命〉篇要不要一分為二，要不要從〈顧命〉篇分出〈康王之誥〉篇呢？筆者以為馬融、鄭玄、朱彬的意見都錯了，還是于鬯的分析正確。

除了今本《尚書‧周書》有〈顧命〉篇外，先秦《尚書》還有以「顧命」名篇的〈祭公之顧命〉。

《禮記‧緇衣》引有〈葉公之顧命〉，鄭玄注以為「葉公，楚縣公葉公子高也」，孔穎達疏也認為「此葉公〈顧命〉之書」[24]。孫希旦（1736～1784）則指出：「『葉』當作『祭』，字之誤也……〈祭公之顧命〉者，祭公謀父將死，告穆王之言也。今見《逸周書‧祭公解》篇。」[25]而清華大學最近入藏的楚簡〈祭公〉篇共有簡二十一枚，內容和《逸周書‧祭公》篇接近。有意思的是，不但《禮記‧緇衣》篇所引〈葉公之顧命〉「毋以小謀敗大作，毋以嬖御人疾莊后，毋以嬖御士疾莊士、大夫、卿士」一段全見於清華楚簡《祭公》篇，而且清華楚簡〈祭公〉篇第二十一簡（0813號）正面的末端有篇題也作「■𠃲乂■𡨄」，即「𨟻公之寡命」[26]。李學勤先生認為「𨟻」應分析為從「邑」，「彗」省聲，「丰」為附加聲符，屬見母月部，故與「祭」通假[27]。「𨟻公之寡命」即「祭公之顧命」[28]，可見清華楚簡〈祭公〉篇的標題與《禮記‧緇衣》篇所引完全是一致的。今本《逸周書‧祭公》篇的標題本來就當作〈祭公之顧命〉，原來就是先秦《尚書‧周書》的一篇。

〈祭公之顧命〉篇是祭公謀父之命，是祭公謀父臨終的遺訓。今本《尚書‧周書》的〈顧命〉篇是「成王之誥」，是成王臨終的遺命；其稱「高祖寡命」即「高祖顧命」，是稱引文王臨終的遺命。清華大學所藏楚簡〈保訓〉

---

[24] 鄭玄注、孔穎達疏、龔抗雲整理：《禮記正義》卷55，《十三經注疏》繁體標點本（北京市：北京大學出版社，1999年）第4冊，頁1761。

[25] 孫希旦：《禮記集解》（北京市：中華書局，1989年）卷52，下冊，頁1327。

[26] 《清華大學藏戰國竹簡》，《文物》2010年第5期，封2圖版。

[27] 李學勤：〈清華簡九篇綜述〉，《文物》2010年第5期，頁55。

[28] 「祭字古音為精母月部，葉字從枼聲，而枼又從世聲，世字為書母月部，從世聲的字多在心母月部，都與祭音近，因此祭與葉仍是通假的關係。」（李學勤：《重寫學術史》〔石家莊市：河北教育出版社，2002年〕頁42。）

篇有「惟王五十年，不豫，王念日之多鬲，恐，述《保訓》」之說[29]，李學勤先生以為是「真正的文王遺言」[30]。其說是。由此看，從孔安國《傳》以來將〈顧命〉篇「寡命」訓為「寡有之教命」的說法顯然是不能成立的。

段玉裁等人以「寡命」為「大命」的說法同樣也有問題。因為祭公謀父為臣，穆王為君，我們不能將祭公謀父臨終對穆王的教訓稱為「大命」。因此「大命」說可通於此而不可通於彼，即使在《尚書·周書·顧命》篇裏能講通，在〈祭公之顧命〉篇裏則絕對講不通。

上引于鬯說非常有見，但其對「顧命」涵義的分析則不可從。其以「命」為「天命」，不論從《尚書·周書·顧命》篇，還是從〈祭公之顧命〉篇來說，都扞格不通。《尚書·周書·顧命》篇「命」是成王臨終之命，〈祭公之顧命〉篇「命」是祭公謀父臨終之命，怎能說成是「天命」？

再來看看前賢今人對「顧」義的分析。

馬融、黃生、于鬯等以「顧」為「顧念」、「眷顧」，如此，「顧命」就是「顧念」、「眷顧」之「命」，這在《尚書·周書·顧命》篇和〈祭公之顧命〉篇裏也能說得過去。但嚴格說起來，這裏的「顧」，並非平常場合、一般意義上的「顧念」、「眷顧」，而是有特指的，是指特殊場合下的「顧念」、「眷顧」。因此，將這裏的「顧」簡單地訓為「顧念」、「眷顧」，又有些不足，不夠貼切。

鄭玄、蔡沈等將「顧命」的「顧」訓為「迴首」、「將去」、「臨死回顧」，也欠準確。《說文·頁部》：「顧，還視也。」《玉篇·頁部》：「顧，瞻也。」《廣韻·暮韻》：「顧，眷也。」《集韻·姥韻》：「顧，視也。」《國語·晉語八》「吾朝夕顧焉」，韋昭注：「顧，問也。」……文獻的諸種訓釋中，「顧」並沒有「將去」、「臨死」、「臨終」的引申義。可見鄭玄、蔡沈說也有問題。

---

[29] 廖名春：〈《清華大學藏戰國竹簡保訓釋文》初讀〉，孔子2000網站清華大學簡帛研究專欄，2009年6月17日；廖名春：〈清華《保訓》篇解讀〉，《商周文明學術研討會論文集》（中國北京，2010年5月）。

[30] 李學勤：〈論清華簡《保訓》的幾個問題〉，《文物》2009年第6期，頁77。

筆者認為，《尚書·周書·顧命》篇和〈祭公之顧命〉篇裏的「顧命」當指顧託之命，這裏的「顧」是「顧託」、囑託的意思。

文獻裏「顧託」屢見：

南朝宋謝靈運〈折楊柳行〉：「妻妾牽衣袂，抆淚沾懷抱。還拊幼童子，顧托兄與嫂。」[31]《晉書·卞壺傳》：「受顧託之重，居端右之任，擁衛至尊，則有保傅之恩；正色在朝，則有匡躬之節。」[32]又〈庾亮傳〉：「舅且當上奉先帝顧託之旨，弘濟艱難，使衝沖人永有憑賴，則天下幸甚。」[33]又〈慕容暐傳〉：「吾以常才，受先帝顧託之重，每欲埽平關隴，蕩一甌吳，庶嗣成先帝遺志，謝憂責于當年。」[34]《魏書·于栗磾傳》：「朕以此事相託顧，非不重也。」[35]是「顧託」亦作「託顧」。特別是《晉書·阮孚傳》：「及帝疾大漸，溫嶠入受顧命，過孚，要與同行。升車，乃告之曰：『主上遂大漸，江左危弱，實資群賢，共康世務。卿時望所歸，今欲屈卿同受顧託。』」[36]「溫嶠入受顧命」，又欲拉「阮孚」「同受顧託」，顯然，這裏的「顧命」就是「顧託」之命。

晉袁宏〈三國名臣序贊〉：「及其臨終顧託，受遺作相，劉后授之無疑心，武侯處之無懼色。」李善《注》：「《蜀志》曰：『先主於永安病篤，召亮成都，屬以後事。』《尚書》曰：『成王將崩，作〈顧命〉。』」[37]這也是以「顧託」為《尚書·顧命》之義（五臣本「顧託」即作「顧命」）[38]，而「顧託」即「屬（囑）」。

「顧託」就是「囑託」，「囑託」複辭同義，「屬（囑）」就是「託」。《廣韻·燭韻》：「囑，託也。」《左傳·隱公三年》：「宋穆公疾，召大司馬

---

[31] 文淵閣《四庫全書》集部總集類《古樂府》卷5。

[32]《晉書》（北京市：中華書局，1974年）卷70，頁1872。

[33] 同上，頁1921。

[34]《晉書》卷111，頁2851。

[35]《魏書》（北京市：中華書局，1974年）卷31，頁738。

[36]《晉書》卷49，頁1365。

[37] 文淵閣《四庫全書》集部總集類《文選註》卷47。

[38] 文淵閣《四庫全書》集部總集類《六臣註文選》卷47。

孔父而屬焉。」《漢書・張良傳》:「而漢王之將獨韓信可屬大事,當一面。」顏師古《注》:「屬,委也。」《古今韻會舉要・藥韻》:「託,委也。」由此可知,「顧命」就是顧託之命,就是囑託之命。

《後漢書・陰興傳》:「十九年,拜衛尉,亦輔導皇太子。明年夏,帝風眩疾甚,後以興領侍中,受顧命於雲臺廣室。」[39]「受顧命」指陰興受帝囑託。

又〈趙咨傳〉:「咨……將終,告其故吏朱祇、蕭建等,使薄斂素棺,籍以黃壤,欲令速朽,早歸后土,不聽子孫改之。……朱祇、蕭建送喪到家,子胤不忍父體與土并合,欲更改殯,祇、建譬以顧命,於是奉行,時稱咨明達。」[40]此「顧命」指趙咨臨終囑託。

《三國志・吳書・孫破虜討逆傳》裴《注》引孫盛曰:「孫氏兄弟皆明略絕群。創基立事,策之由也,自臨終之日,顧命委權。」[41]「顧命委權」,託命將基業委於孫權。又《三國志・蜀書・諸葛亮傳》:「章武三年春,先主於永安病篤,召亮於成都,屬以後事。」裴《注》引孫盛曰:「備之命亮,亂孰甚焉!世或有謂備欲以固委付之誠,且以一蜀人之志。君子曰:不然;苟所寄忠賢,則不須若斯之誨,如非其人,不宜啟篡逆之塗。是以古之顧命,必貽話言;詭偽之辭,非託孤之謂。」[42]劉備臨死之「屬」、之「命」,乃「託孤之謂」,比之為「顧命」。

以上「顧命」是指臨終的顧託、囑託。

《穆天子》卷四:「戊午,天子東征,顧命柏夭歸于丌邦。」[43]是周穆王囑託、委命柏夭「歸于丌邦」。又《後漢書・儒林列傳》:「建初中,大會諸儒於白虎觀,考詳同異,連月乃罷。肅宗親臨稱制,如石渠故事,顧命史臣,著為通義。」[44]「顧命史臣」即囑託史臣。

---

[39]《後漢書》(北京市:中華書局,1965年)卷32,頁1131。

[40]《後漢書》卷39,頁1314~1315。

[41]《三國志》(北京市:中華書局,1971年)卷46,頁1115。

[42]《三國志》卷35,頁918。

[43] 文淵閣《四庫全書》子部小說家類異聞之屬。

[44]《後漢書》卷79上,頁2546。

　　此兩例則是一般性的顧託、囑託，並非特指臨終遺命。特別是《穆天子》之說，尤應引起重視。因其為西晉初年汲郡魏王冢所出竹書，字體為戰國古文。「其」寫作「丌」，近年新出楚簡也大多如此，當為明證。

　　由此可知，「顧命」之「顧」就是顧託、囑託，「顧命」雖然大多數場合是指臨終之遺命，但其本義還是指顧託、囑託。上述《穆天子》卷四和〈祭公之顧命〉篇裏的「顧命」，雖然是成王和祭公謀父的臨終遺訓，但其「顧」字的本義也還得作顧託、囑託為解。宋王觀國《學林》卷四〈雇〉條云：「蓋顧託、顧命亦有倩託儌賃之意也。」[45]「顧託」、「顧命」有「倩託」之意，也就是有「囑託」之意。其義雖有出入，但也可參考。

---

[45] 王觀國：《學林》（北京市：中華書局，1988年）卷4，頁128。

以丁晏《尚書餘論》為中心看
王肅偽造《古文尚書傳》說
——從肯定到否定後之思考

虞萬里*

　　《尚書》中古文二十五篇之偽，從吳棫、朱熹發疑，經吳澄、梅鷟辨異，至閻若璩、惠棟考證而被人普遍接受。段玉裁曾云：「偽古文自有宋朱子剏議於前，迄我朝閻氏百詩、惠氏定宇辭而闢之，其說大備。」[1]然亦由此引起毛奇齡、王劼、張崇蘭等先後不斷地進行控辯，形成三百年來最大之學術公案，至今綿延不息。

　　由今日返觀、審思《尚書》公案，在解決《尚書》古文二十五篇之真、偽之前，不僅對「真偽」概念之定義、外延等需要有一個明確的界定，同時對三百年來正反控辯雙方學者所涉及之種種政治鼎革、人事矛盾、師承糾葛、學風變遷、文獻流傳、文本變異以及篆隸交替中字形和聲韻、訓詁之作用等複雜原因，亦須直面關注、研究。故《尚書》公案，既包涵《尚書》古文本身之真偽，也包括近三百年來之《尚書》辨偽史。將來最終研究所得之真解，應能普遍解釋上述大部分之因果緣由。

　　在三百年《尚書》辨偽史中，有一個值得關注的戲劇性個案，即王肅偽造《古文尚書》及孔《傳》問題。此案從懷疑起訟，到立案鞫獄，最後控辯

---

* 上海社會科學院歷史研究所、華東師範大學

[1] 〔清〕段玉裁：《古文尚書撰異·序》，收入〔清〕阮元編：《清經解》（上海市：上海書店，1988年影印道光九年學海堂本）第4冊，卷567，頁1上。

撤案，前後亦經歷二百多年。重新審視、綜理此案之過程，是《尚書》公案學術史中必要的一環，而分析其證詞與辯詞，抽離其邏輯推證之思維，有助於認識學術研究中的認識論與方法論。

一　王肅偽造《古文尚書傳》──從懷疑到肯定

　　閻若璩撰《疏證》八卷一百二十八條，其最重要亦即「根柢」之學是卷一前四條和卷二第十七條、第二十條及卷八之第一百二十條。以上七條從兩漢《古文尚書》篇目入手，結合孔安國古文學之源流，已有足夠證據將古文二十五篇排斥在兩漢傳授的《尚書》之外。其餘篇幅則分別從文句、內容、孔《傳》、〈大序〉、篇目分合上作詳細之疏考，以證成二十五篇之偽。因考證工作之繁重，使其無精力去悉心探究誰是作偽者。以《古文尚書》為梅賾所獻，自然認為：「梅賾上偽書，冒以安國之名，則是梅賾始偽。」[2] 遂云：「孔《傳》出於魏晉之間，後於王肅。傳註相同者，乃孔竊王，非王竊孔也。」[3] 於是見孔《疏》及《釋文》猜疑王肅可能私見孔《傳》而匿之，以為「大可笑也」。同時惠棟亦疑《古文尚書》非西漢壁中之書，及乾隆八年（1743）見閻書，引為同調。所不同者，惠定宇對於《古文尚書》之作者，猶疑不定。先曰：「今世所謂古文者，乃梅賾之書，非壁中之文也。賾采摭傳記，作為古文，以紿後世。」[4] 此指為梅賾造作。而〈辨《正義》四條〉下云：「迄乎永嘉，師資道喪，二京逸典，咸就滅亡。于是梅賾之徒，奮其私智，造為古文，傳記逸書，掎摭殆盡。」而於「梅賾之徒」下註曰：「偽書當作俑于王肅。肅好造偽書，以詆康成。《家語》其一也。」[5] 是雖指梅賾，復疑王肅。其於〈五子之歌〉「惟彼陶唐」下以王肅注《家語》與古文同，

2　〔清〕閻若璩：《尚書古文疏證》（上海市：上海古籍出版社，1987年影印眷西堂刻本）下冊，卷8，頁1119。

3　同前註，上冊，卷2，頁158。

4　〔清〕惠棟：《古文尚書考》卷上，收入阮元編：《清經解》第2冊，卷351，頁701下。

5　同前註，卷上，頁702下。

復據陸德明、孔穎達之說云：「據此二說，故棟當疑後出古文肅所僎也。」[6]
此直指王肅偽撰。又於〈辨梅氏增多古文之謬十五條〉下云：「王肅又从其
說以駁鄭，于是造偽古文者，改《左氏春秋》引〈商書〉五世之廟為七世。
孔晁、虞喜、干寶又皆在偽古文已出之後，故亦宗七廟之說而不知其畔經而
離道也。」[7]此則莫知其指誰。定宇自謂此書創自雍正末，至閻書出而摘錄其
文於書中，知其前後經歷多年，故於偽書之作者閃爍猶疑，莫有定指。

　　戴震（1724～1777）在乾隆間儼然學壇領袖，為士林所欽仰。方其入
都之時，適閻書已廣為流傳，故其《經考》中大量引述閻說。〈贗孔安國書
傳〉條云：

> 孔沖遠引《晉書》言，梅賾所上孔氏古文出於鄭沖。必當時賾進書
> 飾辭，而史錄之，非實能考得其源流也。至以為王肅似私見古文，
> 而閻百詩證之為作偽者竊王肅，是固然矣。錢編修曉徵嘗與予論及
> 此，疑《古文尚書》乃肅私為之，故東晉始出。肅未見《逸書》十六
> 篇，乃博採傳記所引《書》辭，為偽書二十五篇，假託於孔氏而為之
> 《傳》，其意欲以證己之言而難鄭。蓋即偽作《孔子家語》之故智耳。
> 非王肅無此淹博，亦不能如此善摹古也。肅既自為今文作解，又為偽
> 《古文書傳》，使後人得之，驚服其解之精確，與古人合。《家語》、
> 《古文尚書》皆肅偽本。其近理處、摹古處及有時背道處俱相類。斯
> 言似得其實。[8]

東原謂古文為王肅博採傳記所造，乃聞之於錢大昕，並以為「斯言似得其
實」。《經考》雖無具體著成年月，據考在乾隆癸酉（1753）至丁丑（1757）
間。錢大昕《竹汀居士年譜》乾隆十九年甲戌下云：「是歲移寓橫街……
無錫秦文恭公邀予商訂《五禮通考》。休寧戴東原初入都，造居士寓，談竟

6　同前註，卷下，頁707中。
7　同前註，卷上，頁704中。
8　〔清〕戴震：《經考附錄》卷2，《戴震全書》（合肥市：黃山書社，1994年）第2冊，
　　頁466。

日，嘆其學精博。」⁹是錢、戴相識在乾隆十九年，故戴引錢說至早不過於此時。而戴震〈與王內翰鳳喈書〉有云：「丁丑仲秋，錢太史曉徵為余舉一證曰：《後漢書》有『橫被四表，昭假上下』語。」¹⁰則乾隆二十二年（1757）錢、戴兩人討論過《尚書》。若由此而論及古文為王肅偽造話題，意在情理之中。及至晚年著《尚書義考》，雖未成完書，但對古今文問題亦未改其認識。〈尚書義考義例〉中有一條論梅本《尚書》，引述陸德明、孔穎達之說而云：「如陸氏、孔氏所言，今之《古文尚書》及孔《傳》殆出於王肅，猶之《孔子家語》出於王肅私定也。肅欲奪鄭氏而冀行其學，故往往假託以為佐證。」¹¹緣上所引，知錢、戴兩人皆認為古文二十五篇及《書傳》均係王肅所偽造。

　　稍後之劉端臨和李惇於《尚書孔傳》有過對話。李惇（1734～1784）《羣經識小》中引述劉台拱的意見，並申述自己的觀點：

今所傳《傳》，人莫不知其偽，而究不知其出於何人之手。予友劉端臨曰：「蓋王肅所托。」今案，是書既非漢以前人所作，漢以後非子雍之明敏博洽，亦不能作，則其說是也。《釋文》曰：「相承云梅賾上孔氏傳《古文尚書》，亡〈舜典〉一篇，時以王肅《注》類孔氏，故取王氏從『慎徽五典』以下為〈舜典〉，以續孔《傳》。」不知其本出一手也。子雍曠代之才，使其平心靜氣，研精覃思，何難與康成並駕？惜其克伐之心太甚，以康成壓其前，專欲為異說以勝之。作《聖證論》未已也，又出孔氏《家語》。出《家語》未已也，又為孔《傳》。是書雖成而未遽出，又數十年後乃出於梅賾。其所爭者在後世之名，固不必及其身而出之也。後人妄意古人，雖曰出於逆億，要亦

---

9 〔清〕錢大昕：《竹汀居士年譜》，《嘉定錢大昕全集》（南京市：江蘇古籍出版社，1997年）第1冊，頁13。
10 戴震：《東原文集》，卷3，《戴震全書》第6冊，頁278。
11 戴震：《尚書義考》卷首，《戴震全書》第1冊，頁10。

十得八九矣。[12]

所謂「今所傳孔《傳》人莫不知其偽，而究不知其出於何人之手」，可推見閻若璩《疏證》傳遍學林之後，學者多進而欲探知其作者。劉台拱深於經術，然其所說「蓋王肅所托」，著一「蓋」字，乃推測之辭。至李惇則引申闡發，其理路是「書既非漢以前人所作」，而漢以後東晉以前唯王肅「明敏博洽」，故非其莫屬。其證據僅是〈舜典〉「慎徽五典」下取王肅《注》及王肅曾偽造《家語》並作《聖證論》譏短康成。儘管李惇認為這是「妄意古人」，但「要亦十得八九矣」。劉、李二人所揣臆者，僅在孔《傳》，不關古文二十五篇經文。

王鳴盛於《古文尚書》作者之認定上亦頗猶疑。其在乾隆十年（1745）至四十四年（1779）所作《尚書後案》，於〈多方〉篇中云：「偽《傳》疑即肅撰，或皇甫謐依放肅《注》為之。……王肅又以為苟有此罪，則必誅之，戒其將來。亦以降命為誅其君。足徵偽《傳》之出于肅也。」[13]而於〈辨孔穎達序〉中云：「偽書自漢至晉四五百年，未有人見。謐首先引之，蓋謐撰此書，即自引以實其事耳。」[14]復又云：「偽書非王肅作，即皇甫謐作，大約不外二人手。彼見祕府所存衰微，遂別撰一書。」[15]同一書中恍惚其辭，是未有定見。更有甚者，其於王肅注與孔《傳》異解處云：「王肅說是，《傳》非也。《傳》多出王肅，偶或立異，欲以掩其迹也。」[16]讀之使人左右不是，啼笑皆非。至晚年結撰《蛾術編》，於〈南北學尚不同〉篇云：

> 偽《孔》出皇甫謐，北人也，蓋本于王肅。予前言北人中南人之蠱毒是也。偽《孔》但能行于南，不能行于北。南人立學置博士，歷四百

---

[12]〔清〕李惇：《羣經識小》卷2〈孔傳〉，收入阮元編：《清經解》第4冊，卷720，頁861下。

[13]〔清〕王鳴盛：《尚書後案》卷23，收入同前註，第3冊，卷426，頁161上。

[14] 王鳴盛：〈尚書後辨·辨孔穎達序〉，收入同前註，卷434上，頁218中。

[15] 同前註，頁220上。

[16] 王鳴盛：《尚書後案·立政》，收入同前註，卷427，頁164上。

餘年，始能流傳到北。予前言北人或有亂道，亦必須南人附和方能行
也。[17]

南北之言本費解，故迮鶴壽案語解之云：「先生謂偽《孔》出自士安，嫌是
北人，故又言本于子雍。」然鶴壽本人認為「其實偽古文、偽孔《傳》皆出
自子雍之手，直至梅賾始獻之耳」[18]。王氏又於「《尚書》古今文」條解釋皇
甫所以偽撰之原由云：「孔壁真書，兩漢雖班班具在，而不立博士。馬、鄭
諸儒但注古今文同有之三十四篇，而增多二十四篇未及為注。是以延至魏晉
之際，其學又微。皇甫謐名重晉初，見此學之將為絕也，遂別為改作，且代
安國為《傳》，即今本也。其意以有安國《傳》，則馬、鄭必為所壓伏耳。」[19]
西莊晚年認定皇甫謐先改作《古文尚書》，復撰「傳」以冒安國之名，由此
來壓服馬、鄭《書》說。是則「書」與「傳」皆謐所偽作，似改變中年時
「蓋本于王肅」之想法。與王氏同時之江聲，其所據不出前人所說，卻仍認
定為王肅所偽，其說云：

> 蓋肅既與鄭韋異，恐後人不己從也，因私造偽書及傳而祕之，使遲久
> 而後出，出則己之說无不與先儒合，可因以見鄭氏之非矣。此其狡猾
> 之計，即造《家語》、《孔叢》之意也。且《家語》、《孔叢》悉與偽
> 孔《傳》合，則皆肅之所為可知矣。[20]

其代王肅設計思考，亦可謂煞費苦心矣。稍後之崔述以長於思辨著稱，其
《古文尚書辨偽》二卷，在未嘗見梅、閻之書前提下，獨發古文之偽。然其
於古文之作者，卻咬定為「宗肅學者之所偽撰」。其說云：

---

[17] 王鳴盛：《蛾術編》（北京市：商務印書館，1958年）上冊，卷2〈說錄二〉，頁31。

[18] 同前註。

[19] 同前註，卷4，頁68。此條下迮鶴壽案：「偽孔書乃王肅所造，與元晏無涉。」（頁69）
蓋迮氏仍堅持信從丁說。

[20] 〔清〕江聲：〈尚書續補誼〉，《尚書集注音疏》，收入阮元編：《清經解》第2冊，卷
402，頁950上。

適值永嘉之亂，今文失傳，江左學者目不之見，耳不之聞，又其時俊桀之材，非務清談，即殫心於詩賦筆札，經術之士絕少，但見馬、鄭所傳與今文篇數同，遂誤以為今文。由是宗肅學者得以偽撰此書以攻鄭氏。書既撰於晉宋之間，故至齊梁之際始行於當世也。孔氏但見偽書、偽傳之說多與肅同，不知其由，遂疑肅私見孔氏而秘之。夫肅專攻鄭氏，如果此書在前，肅嘗見之，其攻鄭氏之失，必引此書為證，云《尚書》某篇云云，某傳云云，世人誰敢謂其說之不然，何為但若出之於己然者？然則是偽書之采於肅說，非肅說之本於偽書明矣。[21]

從閻若璩判定古文二十五篇為偽以來，學者多方尋求作偽之人。閻氏以為作偽者為晉人，惠棟懷疑梅頤，又覺得王肅好造偽書，故謂可能作俑於王肅。錢大昕亦以為王肅好造偽書，故古文二十五篇及傳文皆其所偽，戴震深表贊同。王鳴盛在乾隆中與錢、戴都有學術交往，必與聞其說，故早年傾向於皇甫謐，但亦不排斥王肅，至晚年似覺「書」、「傳」皆謐所偽。而迮鶴壽始終堅信偽書為王肅所撰，崔述則認為是「宗肅學者」所偽。諸家認識雖有差別，然多停留在師友談論與一般推測之層面上，其根據無非是肅有偽撰之前科，恆與康成爭勝，而才足以造偽，未有其他堅實之證據。

咸豐元年（1851），丁晏著《尚書餘論》一卷[22]，專就王肅偽造《古文尚書》及孔《傳》展開實質性論證，蒐輯有關文獻中一切可以證明王肅偽造之證據，分為二十三條。二十三條排列之先後，有丁氏自己之考慮。第一、二兩條論《家語》和《孔叢子》係王肅一手製造之偽書，是乃揭示王肅有前科，作偽成性，以此作為其偽造《古文尚書》和孔《傳》之前提。第四條謂《古文尚書》行於西晉，係因王肅為晉武帝外祖，故盛行於時。此從姻戚關係上揭示王肅之地位，試圖說明其學術上之造作，有政治上之保障。第三、

---

21 〔清〕崔述著，顧頡剛編訂：《古文尚書辨偽》卷1，《崔東壁遺書》（上海市：上海古籍出版社，1983年）頁592下。

22 〔清〕丁晏：《尚書餘論》，收入〔清〕王先謙編：《清經解續編》（上海市：上海書店，1988年影印南菁書院本）第3冊，卷194，頁1361中～1370中。

五、六三條從西晉立博士之時間，古文魏末晉初之盛行，皇甫謐、杜預之親見等因素，從年代上證明王肅有偽造之時間。第七至第十條，揭示陸德明《經典釋文》、孔穎達《尚書正義》、劉知幾《史通》、董逌《廣川書跋》中所見王肅《書注》與孔《傳》多同之例，係從直接之文獻來證明其偽造之事實。其中董逌《廣川書跋》卷五論〈石經尚書〉，僅是漫論「王肅解《書》悉是孔《傳》」，非若陸、孔諸人親見，丁氏也僅言「或猶及見其書」，故只能是一條旁證而已。猶當揭櫫者，朱彝尊於《經義考》中曾指出：「考陸氏《尚書釋文》所引王《注》不一，並無及於增多篇內隻字，則子邕亦未見孔氏古文也。」[23]朱書丁氏不會不見[24]，見而無視其說，是亦援其同而沒其異之心理所致。第十一條分析《隋志》敘《書》流傳之矛盾和孔《疏》與《新唐書・孔穎達傳》之矛盾，證明懷疑孔《傳》，始於唐人，不始於吳才老和朱子。

　　第十二條以下始開列具體異同。第十二條主旨在於揭示王肅駁難康成，故摘錄經傳、孔《疏》及諸子中王肅《書注》與鄭《注》相異者若干條，證成其說。其中涉及孔《傳》與《論語》孔《注》相同者，因丁氏有《論語孔注證偽》四卷，故謂「并《論語》孔《注》皆肅一手偽書」[25]。第十三條摘錄經傳、孔《疏》中《書》孔《傳》與王肅《書注》相同者若干條，以證《書》孔《傳》為王肅偽造。第十四、十五兩條，專論〈堯典〉與〈舜典〉、〈皋陶謨〉與〈益稷〉之分合，皆自王肅始。第十六條更進而徵及群書如《史記》裴駰《集解》、劉恕《通鑑外紀》、《禮記正義》、《毛詩》孔《疏》等所引王肅《注》與孔《傳》相同者，謂「晚出古文皆綴集逸書而成，其文雅密，非梅氏所能為也。微肅之學非而博，未易構此」。以上五條乃丁氏證成「王肅偽造論」最堅實之基礎。因史志著錄王肅《書注》僅今文，無古文，何以見古文書傳並為王肅所撰？故丁氏蒐輯經傳史注中凡涉及古文之經

---

[23]〔清〕朱彝尊原著，林慶彰等編審：《點校補正經義考》（臺北市：中央研究院中國文哲研究所籌備處，1997年）第 3 冊，卷 76，頁 211。

[24] 下文第十四條即論及朱氏《經義考》增改〈舜典〉之失。

[25] 丁晏：《尚書餘論》頁 1364 下。

文、注文與王肅《書注》及《家語》等相同者，匯為第十七條，以證王肅之《注》確有涉及古文者。第十八條轉從另一角度切入，即從《史記》、《漢書》、《說文》中所引之真古文，與現存古文及孔《傳》相較，勘其經文與《傳》意不同者，以見其後出非真。又以《新唐志》「書類」有《王肅孔安國答問》三卷，因加考證，指為王肅「偽託漢孔氏語也」，是為第十九條。第二十條羅列惠棟、王鳴盛、李惇之說，此條多為後世舉證者勦襲，唯所舉有不盡如惠、王、李諸人原意者，前引已明，不復舉。二十一條用避諱字甄別《忠經》之馬融乃唐人，二十二條專辨證閻若璩謂孔《傳》出於魏晉，後於王肅之說，文云：

> 晏謂：《傳》為王肅偽造，孔、王係一手所為。微君未發此秘，故疑為彼此相竊，又謂後於王肅，皆非也。竊以考證之學久而愈明，推而愈密。余為此論，以補微君之所不及，則後學之事也。[26]

其後又指正《疏證》誤引者二條，失考者一條。最後第二十三條乃是將書坊所刊落而存於元鄒季友《書傳音釋》中之蔡沈《書集傳》前「說書綱領」一段文字表揭之，以證明晦庵師弟子皆已疑古文[27]。

丁氏此論之出，學者從之者多。如今文學家皮錫瑞深信之，云：

> 至丁晏《尚書餘論》據〈家語後序〉定為王肅偽作……可謂搜得真贓實證矣。……孔書經傳一手所作，偽則俱偽。[28]

又於評判焦循稱善孔《傳》條下云：

> 近儒江、段、孫、王，皆尊鄭而黜孔，焦氏獨稱孔《傳》之善，可謂

---

26 同前註，頁1370上。

27 丁晏之詳細論說見其《尚書餘論》一書。

28 〔清〕皮錫瑞：《經學通論》（北京市：中華書局，1954年）卷1〈書經‧論偽孔經傳前人辨之已明閻若璩毛奇齡兩家互有得失當分別觀之〉，頁83。

　　特見。惟未知孔《傳》實王肅偽作，故所說有得有失。[29]

是其立論皆以丁晏《餘論》為準的。至王仁俊著《正學堂尚書說》，即步丁氏後塵，發揮《餘論》之說。同時之胡玉縉，亦本丁說作〈東晉枚賾所上偽《古文尚書》與羣經王肅逸注義同發覆〉，謂校戡孔《傳》與王肅逸注，有「小變其說者，有見於前省於後者」，「而義恉實同者也」。甚至於〈五子之歌〉「維彼陶唐」五句注王《注》異《傳》與〈禹貢〉「三百里蠻」、〈洪範〉「農用八政」兩條王《注》同鄭異孔者，皆指為故為異同，「以揜其作偽之迹」[30]。一如王氏、丁氏口吻。暨王先謙著《孔傳參正》，仍謂「近儒推勘，皆謂《傳》出肅手，尤莫詳於丁晏《尚書餘論》。今取《傳》義與王《注》合者，條繫經下，以資證明」[31]。此則不啻為丁說下注腳。上世紀初古史辨思潮興起，證偽之風甚囂塵上，乃有鄭澤作〈偽《古文尚書》之《論語》化〉一文，謂：「偽《古文尚書》之為王肅偽作，至今日已成為不可磨滅之事實。」他認為毛奇齡、張諧之、萬斯同等「雖極力為之辨護，無如事理昭彰，終非強詞所能遁飾也」。因為偽書為王肅所作，故肅將曹魏以前之儒家主義與言論抄襲入書，而剽竊《論語》者尤多。該文將偽古文與《論語》中相同相近的有關具仁義道德之聖人、君子形象、言論鈔撮比較，以為是王肅「使《論語》之理想實現於古史中」[32]。降及當世，孫欽善著文獻學史，猶引述丁晏、崔述之觀點，而以為「可能出自王肅之手」[33]。凡此皆足見《後案》、《餘論》之影響。

---

[29] 同前註，卷1〈書經‧論焦循稱孔《傳》之善亦當分別觀之〉，頁85。

[30] 胡玉縉撰，王欣夫輯：《許廎學林》（北京市：中華書局，1958年）卷1，頁26～27。

[31] 王先謙：〈尚書孔傳參正序例〉，《尚書孔傳參正》（上海市：上海古籍出版社，2002年《續修四庫全書》第51冊，影印光緒三十年虛受堂刊本）卷首，頁7b（總頁430）。

[32] 鄭澤：〈偽《古文尚書》之《論語》化〉，《國立第一中山大學語言歷史學研究所週刊》第40期（1928年8月1日），頁13。

[33] 孫欽善：《中國古文獻學史》（北京市：中華書局，1994年）上冊，第3章，頁220～223。

二　王肅偽造《古文尚書傳》──從肯定到否定

　　世事多物極必反。當丁氏《尚書餘論》「王肅偽造說」廣為傳播並為學界接受之時，相反之意見亦隨之而來。首先是陳澧，其於《東塾讀書記》中云「近儒疑偽孔《傳》為王肅作」，於是舉〈禹貢〉「三百里蠻」、〈洪範〉「農用八政」兩條孔《疏》引王肅《注》皆與孔《傳》異而與鄭義同，遂云「則似非王肅作也」[34]。稍後起而持異見者為劉師培。《劉申叔遺書》首列《尚書源流考》一卷，作年難考。觀其前後重複，且無結尾，蓋未完之著，是則至遲作於申叔逝世（1919）之前。

　　是考率先提出孔《傳》有兩種偽本之命題，文曰：

> 《尚書傳》者，蓋亦有兩偽本：東晉梅賾所獻孔《傳》，非即〈家語後
> 序〉所稱之孔《傳》也。近儒治《尚書》，或以偽孔經傳始於東晉，
> 或以梅賾所獻，即魏人作偽之本。二說均非。知者，魏晉之間實有
> 《尚書孔傳》。據《書疏》、《釋文》及劉氏《史通》，均以梅賾獻孔
> 《傳》缺〈舜典〉「慎徽五典」以下，補以王肅、范寧《注》。今〈舜
> 典〉經傳別出姚方興所獻。[35]

其下引《史記・武帝本紀》「教稺子」裴駰《集解》：「案《尚書》作『冑子』，孔安國曰：稺冑聲相近。」又引《續漢書・祭祀志》「六宗」條劉昭《注》引孔安國云云，以為二說均與現今所行《尚書》姚本、孔《傳》、王肅《注》異，因謂「足證東晉以前本有孔《傳》，其文散見他書，為裴、劉二家所逐錄」。以下復設四證：一、《論語》「敢用玄牡」和「朕躬有罪」諸語在今《尚書》中，考《論語・堯曰》篇《集解》於以上諸條均引孔安國說，

---

34 〔清〕陳澧著，鍾旭元、魏達純點校：《東塾讀書記》卷5，《陳澧集》（上海市：上海古籍出版社，2008年）第2冊，頁97。

35 劉師培：《尚書源流考》，《劉申叔遺書》（南京市：江蘇古籍出版社，1997年）上冊，頁35下。

然皆不云見《尚書》,且所釋亦與《傳》異。二、杜預生當魏晉之際,所引《書傳》與梅本孔《傳》同旨異文。三、梅本孔《傳》注「伊洛瀍澗」云「出河南北山」,據《博物記》云「至晉省穀城入河南縣」,則知非漢魏人所作。四、梅本〈盤庚〉「將治亳殷」,束晳校《汲冢古文》引孔子壁中書作「將始宅殷」,與梅本不同。據此四證,推「知梅本經傳實出東晉之初,非即魏代所行孔《傳》」[36]。申叔既認為有二偽本,梅本經傳非魏代所行孔《傳》,則必滋生一個王肅《注》與梅本《傳》誰先誰後,若傳注相同則誰因襲誰之問題。申叔例舉數條文獻,以駁正陸德明、孔穎達、劉知幾懷疑王肅見古文匿而不言之說:

(一)《書疏》及《左傳疏》均以王肅注《左傳》以所引〈夏書〉滅亡為太康時,今《左傳》肅《注》雖亡,其《家語・正論》篇文亦同《傳》,唯易「其行」為「厥道」。肅《注》亦云太康時,與孔所引傳注合。然《左傳》此下復引《書》文「允出茲在茲」,《家語・正論》同。又《左傳》襄公二十三年,孔子論臧武仲事,引〈夏書〉「念茲在茲」,《家語・顏回》篇亦同,肅《注》亦不云二文之時代。今梅本將此二文並入〈大禹謨〉。

(二)《家語・辨物》篇「昔武王克商,通道于九夷百蠻」,文本〈魯語〉,梅本竄入偽〈旅獒〉。〈辨樂〉篇「封王子比干之墓,釋箕子之囚,使人行商容之舊以復其位,既濟河西,馬散之華山之陽而弗復乘,牛散之桃林之野而弗復服」,文本〈樂記〉,梅本竄入偽〈武成〉。王肅《注》以上二事亦無一語涉及《書》。

(三)《家語・廟制》篇「是故天子七廟」,梅本〈咸有一德〉篇亦云「七世之廟」,肅《注》此篇未稱引〈咸有一德〉文。《家語》為肅私定,所作《聖證論》於祀帝昏期、廟制諸說不惜明引其文,若梅本偽經亦出於肅,何以諸家所引《聖證論》辯論廟制文從未引及偽《書》?故〈咸有一德〉孔《疏》亦曰:「劉歆、馬融、王肅雖則不見古文,皆以七廟為天子常禮。」

由上所證,知前人所云王肅得見古文,誠未能作為定論。申叔至以為

---

[36] 同前註,頁36上～37上。

「凡梅本孔《傳》與王同說者，均梅襲王，非王同孔。其與王《注》互異，則係轉襲他書。近儒所疑，說均未當」[37]。檢校申叔之論證，是在判今本《家語》為王肅所私定之認識上，以之與《尚書》經、傳、注、疏比勘而得。今因簡牘之出土，《家語》之真偽案亦須重新認定，故劉說不能因此而成為的論。《聖證論》辯論廟制不引偽《書》，可以致疑，亦非充足理由。唯其徵引孔《疏》「劉歆、馬融、王肅雖則不見古文，皆以七廟為天子常禮」[38]一語，以為「前《疏》所云肅見古文，本非定論」[39]，則足以破丁晏「王肅偽造說」中四條（董遒一條當附在陸、孔、劉三條之後）重要證據。其最後總結出「凡梅本孔《傳》與王同說者，均梅襲王，非王同孔。其與王《注》互異，則係轉襲他書」[40]之結論，適與丁晏相反而與閻若璩相同。

申叔逝世六年，章門弟子吳承仕發表〈《尚書》傳王孔異同考〉一文，吳氏是否見過《源流考》，今已無考。其蒐輯諸書中王《注》、孔《傳》之文，一一比勘，校其異同。吳氏於此文頗為自信，後作《經典釋文序錄疏證》曾云：「愚嘗審覈馬、鄭、王、孔、杜預、皇甫謐諸家《書》說，著為《異同考》四卷，疏證偽《書》非出王肅，而丁氏所立遂一時摧破矣。」[41]茲引述一條，以見一斑：

> 三十二、分北三苗。……偽《傳》：三苗幽闇，君臣善否，分北流之，不令相從，善惡明。王曰：「三苗之民，有赦宥者，復不從化，不令相從，分北流之。」（《正義》）鄭云：「流四凶者，卿為伯子，大夫為男，降其位耳。猶為國君，故以三苗為西裔諸侯。猶為惡，乃復分北流之，謂分北西裔之三苗也。」《正義》曰：「王肅意彼赦宥者，復繼為國君，至不復從化，故分北流之。禹繼鯀為崇伯，三苗未

---

[37] 同前註，頁39上～下。

[38] 同前註，頁39下。

[39] 同前註。

[40] 同前註。

[41] 吳承仕撰，秦青點校：《經典釋文序錄疏證》（北京市：中華書局，1984年），〈注解傳述人〉「或肅私見孔《傳》而秘之乎」下疏，頁68。

必絕後。《傳》意或如肅言。」案鄭、王說義大同。王云赦宥，即鄭之猶為國君。王云「復不從化」，即鄭之猶為惡。蓋謂三苗既竄，猶不悛革，懼其思逞，故復分北流之，使之散居各方，則凶人不得構會，斯乃離間同惡，非分別善惡之謂也。[42]

先比較鄭、王之說，以為基本相同。後又引《論衡‧率性》篇「三苗之民，或賢或不肖，堯、舜齊之，恩教加也」語，義與《傳》相近，以是證《論衡》為孔《傳》所本，而「與鄭、王所述大相逕庭」。最後指出孔穎達因有王、孔相同之主觀意識，故於《傳》義缺略處，率意以王說補之。吳氏徵引廣博，分析細緻，思慮周密，斷語中肯。雖其仍信孔《傳》為偽[43]，而研究過程中則盡量客觀。就中文同旨異、字異義同等等，非可形取貌比，依稀仿佛而論。總計其共得王、孔相異者一百二十五條，相同者一百零八條，孔無明文者二十三事，王說不可審知者十八事[44]。復就其異同，紬其條例，匯為十二條，質疑以丁氏為代表之「王肅偽造說」，文曰：

> 清儒惠棟、王鳴盛、孫星衍、李惇、劉端臨頗疑孔《傳》之出於肅，亦未敢輒定也。至丁晏撰《尚書餘論》，始質言之，後儒遂奉為不刊之論。由今觀之，丁說雖辨，猶未足任也。

> 《尚書正義》稱肅私見古文，固也。而〈益稷〉篇題下，則謂王肅不見古文而妄為說；《毛詩正義》亦屢言王肅不見古文。然則穎達本為

---

[42] 吳承仕：〈《尚書》傳王孔異同考續〉，《華國月刊》第 2 期第 10 冊（1925 年 10 月），頁 4～5。

[43] 吳承仕《經籍舊音序錄》「孔安國」下云：「承仕又按：孔《傳》本偽書，安國亦不解反語。」見吳承仕著，龔弛之點校：《經籍舊音序錄‧經籍舊音辨證》（北京市：中華書局，1986 年）頁 18。

[44] 按，此據吳承仕：〈《尚書》傳王孔異同考〉所載（《華國月刊》第 2 期第 7 冊〔1925 年 7 月〕，頁 4）。吳承仕《經典釋文序錄疏證‧注解傳述人》「王肅《注》十卷」（頁 72）下云：「愚嘗為《異同考》，錄得王義二百三十五事：說義同孔者百有七事，異孔者百二十八事。」或其後認識、統計有所變更。

存疑之詞，而丁氏執為誠證。其蔽一也。

王氏注本，蓋與馬、鄭大同，義多從馬，而亦有同鄭者。孔《傳》義多從王，而亦有舍王而用鄭者。而丁氏於王、孔異義，則棄置不道，偏執一邊，據為偽作之證。使其失而不舉，則近於龘疏；苟為知而不言，則鄰於蔽亂。二者之咎，將尸其一。其蔽二也。

克之為能，欽之為敬，諸此事類，本《爾雅》之故言，亦經籍之常訓。雖伏生、馬遷、歐陽、夏侯、衛、賈、馬、鄭諸儒，宜莫與易也。以此為同，又非其實。其蔽三也。

王義多本賈、馬，孔《傳》同王，或即上同賈、馬也。今舍賈、馬而獨責王肅，則失其本末矣。其蔽四也。

王義有同鄭而異孔者，說者乃謂故為參錯，以掩其作偽之迹。以此蔽獄，懼非惟明克允之義。其蔽五也。

孔《傳》文有省略，說義不可審知者，《正義》妄意王義同孔，遂取王《注》以彌縫孔《傳》之闕。說者翻據《正義》，以證王、孔之同，實則不爾。其蔽六也。

孔《傳》有采用王《注》而誤會王意者，《正義》未能明析也，其文句似同，而訓說少異。以此為證，又不足據。其蔽七也。

王、孔二義，其粗迹似同，而詞例有別，昧者不察，併為一談。其蔽八也。

王、孔義異，文意分了，而王《注》中有一語，適與孔會，或竟舍彼

全文，截取數字，以證二家之同，此舞文周內之術耳。其蔽九也。

王有二說，互相違伐，孰為定論，雖不可知，要宜兼收，不容偏廢
也。彼則取其同孔者，而棄其異孔者。其蔽十也。

有王義自通，而馬說近誤者，孫星衍等寧曲說以從馬。其蔽十一也。

有馬、鄭無文，僅存王、孔二說者，清儒唯王鳴盛、劉逢祿等閒有摭
拾，其餘則諱言王、孔，乃乾沒其義而據為己有。其蔽十二也。[45]

吳氏第一條揭櫫〈益稷〉《毛詩正義》屢言不見古文，適與申叔所說相同，
更見丁晏引陸、孔、劉說之不可憑信。第二條取同舍異，最為研究所忌。故
云「使其失而不舉，則近於鹵疏；苟為知而不言，則鄰於蔽亂」，此足以為
學者之戒。「王肅偽造說」者遇王義同鄭異孔者，指為故為參錯，以掩作偽
之迹。上引王鳴盛、皮錫瑞說即是，此最為荒唐。如此綜理文獻，則古書無
不可指為偽。《正義》取王《注》彌縫孔《傳》之闕失，在孔穎達或僅為注
疏之周至，而清儒以此證王、孔之同，亦偏逞私意，不顧實情。至於其他文
字異同之間，取捨獨憑胸臆者，更非客觀研究者所宜有。吳氏十二條非唯切
中惠、王、錢、戴、劉、李、丁諸儒鼓吹「王肅偽造說」者之病竇，亦足可
引起考證《古文尚書》者之深思。

　　同門黃侃對「王肅偽造說」亦有獨特見解。其說云：「孔《傳》偽託之
人，或云王肅；假使真出於肅，肅善賈、馬之學，其說必本於賈、馬者多。
且作偽必有據。……今謂偽《書》自不可據，而偽《傳》則過半可從；與其
信後人肊說，何如偽《傳》尚為近古乎？」[46]黃氏於是否王肅所偽問題不置可
否，卻以為即使出於王肅，亦有來源根據，因為偽《書》近古，猶愈於後世

---

[45] 吳承仕：〈《尚書》傳王孔異同考〉，頁1～3。

[46] 黃侃：〈講《尚書》條例〉，《黃侃論學雜著《說文略說》《音略》《爾雅略說》等十七
　　種》（上海市：上海古籍出版社，1980年）頁442。

臆說。至呂思勉則認為「斷言其為王肅所造，並無確據，然其為肅一派之學說則無疑」[47]，是與崔述之說近似。

經吳承仕詳細疏證之後，丁晏之觀點始不為人信從。劉咸炘論及《孔叢子》真偽時曾云：該書被丁晏《尚書餘論》「定為與《古文尚書》、《家語》同為王肅所造，此則未免肊斷」，「然王肅造《書》之說本無顯證，特近儒以其反鄭而肊之，實則肅欲反鄭，增竄古書以為己證可也，若因反鄭而造古書則太費事，非人情」[48]。其中「特近儒以其反鄭而肊之」一語，道出清儒攻訐王肅之普遍心態。江瀚在〈尚書餘論提要〉中評述云：「其實王氏注本，蓋與馬、鄭大同，而義多同馬，且亦有同鄭。孔《傳》義多從王，而亦有舍王用鄭者。晏乃於王、孔異義諱而不言，偏執一邊，據為肅偽作之證。況王義多本賈、馬，孔《傳》之同於王者，安知非即上同賈、馬，而獨責之肅。以此決獄，詎非文致周內，故入人罪乎？」[49]然其於丁氏篇末所揭示之蔡《傳》疑古文，〈舜典〉今文合於〈堯典〉而無篇首二十八字云云，許為「誠不愧所云細心讀書者矣」。持論亦中肯平實。張蔭麟亦云：「肅誠偽造或傳受其書，正可舉為利器？何為反秘匿之，而無一言及之乎？」[50]

陳夢家主張《古文尚書》是東晉孔安國所集[51]，故對丁晏觀點加以駁斥。其所列證據分為六條：一、據〈堯典〉《正義》，馬、鄭、王三家分《尚書》為〈虞夏書〉、〈商書〉、〈周書〉，孔《傳》本則分為〈虞書〉、〈夏書〉、

---

[47] 呂思勉：《中國史籍讀法》，《史學四種》（上海市：上海人民出版社，1981年）第7章〈治古史的特殊方法〉，頁92。

[48] 劉咸炘著，黃曙輝編校：《舊書別錄・孔叢子》，《劉咸炘學術論集・子學編》（桂林市：廣西師範大學出版社，2007年）下冊，頁432。

[49] 江瀚：〈尚書餘論提要〉，《續修四庫全書總目提要・經部》（北京市：中華書局，1993年）上冊，頁251上。

[50] 張蔭麟：〈偽《古文尚書》案之反控與再鞫〉，《燕京學報》第5期（1929年6月），頁810。

[51] 陳夢家〈《古文尚書》作者考〉一文作於一九四二年九月十六日以前（見陳夢家：《尚書通論》增訂本〔北京市：中華書局，1985年〕頁135，此章後附錄所署年月），一九五八年羅錦堂作〈《尚書》偽孔傳辨〉（《大陸雜誌》17卷12期〔1958年12月〕，頁5～9），亦謂孔安國另有其人。

〈商書〉、〈周書〉，兩者分法不同。二、據〈堯典〉《正義》云：「鄭、王皆以〈舜典〉合于此篇。」而孔《傳》本卻分為〈堯典〉、〈舜典〉兩篇。三、據〈康王之誥〉《正義》云：「馬、鄭、王本此篇自『高祖寡命』已上內于〈顧命〉之篇，『王若曰』已下始為〈康王之誥〉。」而孔《傳》本「王若曰」以前一百三十四字不內於〈顧命〉而置於〈康王之誥〉。四、據〈益稷〉《正義》云：「馬、鄭、王所據《書序》，此篇名為〈棄稷〉……又合此篇于〈皋陶謨〉，謂其別有〈棄稷〉之篇。」今孔《傳》本〈益稷〉、〈皋陶謨〉分為二篇。以上是王肅與孔《傳》分書與分篇之不同。五是馬、鄭、王本文字異於孔《傳》本者，六則是鄭、王本文字異於孔《傳》本者，兩者主旨皆是王、孔本文字不同，共計舉出十例。因此而云：「王肅偽造孔傳《尚書》，是一定不能成立了。況王註《尚書》，隋與唐初尚存，隋、唐二書〈經籍志〉皆箸錄，王、孔並行，如何能混為一書。」[52]

　　李振興著《王肅之經學》，既列〈馬、鄭、王三家《尚書》注異同表〉，復又專設「從今傳偽《古文尚書傳》文證梅本非王肅偽託」一節，列舉四十六條王《注》與孔《傳》相異者，證明非王肅偽託。更進而申述，若以王肅《注》與孔《傳》同而指為王肅偽造，則馬融、鄭玄《注》亦有與孔《傳》同者，豈能指為馬、鄭所偽託？故李振興認為：「梅本偽《傳》，乃雜取眾家之言，以自為說，乃無疑也。」[53]李氏未見吳承仕之文，其所舉證，乃遍蒐馬、鄭、王三家注比較而得，可謂與吳說殊途同歸。

　　蔣善國主張《古文尚書》是孔晁所集，故也對王肅偽造說進行辯駁。關於王肅《注》與孔《傳》文字異同，其引述吳承仕結論，已足以駁正丁晏觀點；而於王肅《注》與鄭玄《注》之異同，舉陳澧所舉之例，認為如果為孔《傳》出於王肅，不應同鄭說而異王說。「再說王肅注經，專與鄭玄為難，他豈能采鄭說偽造偽孔《傳》，來助鄭說、駁己說」。至於《家語》問題，他引述崔述的觀點，認為是「王肅之徒」所偽託而非王肅偽作。但他對《家

---

[52] 陳夢家：《尚書通論》頁 120～122。
[53] 李振興：《王肅之經學》（臺北市：嘉新水泥文化基金會，1980 年）頁 307～313。

語》之真偽仍未跳出一時代之認識，所以猶疑其辭，謂「至於《家語》本身本無羽翼孔安國作《古文尚書傳》事，所以即使王肅偽造《家語》，也不能證明他偽造偽《孔安國古文尚書傳》」[54]。

劉起釪雖信從《家語》為王肅偽造，然在羅列前人觀點之後認為，從邏輯和情理來看，王肅之《尚書》學在當時已成顯學，且以外戚之地位，足以世世延續王學，「怎麼會自己預料到自己的《古文尚書》學將來會消失，特預先另外編撰一部『孔安國傳』《古文尚書》放在一邊準備著，等待著自己的書消失後，會有人獻出自己編造的這部孔氏《古文尚書》來取代王氏《古文尚書》呢！真會荒謬得像李惇所說的『其所爭者在後世之名固不必及其身而出之』嗎？那他偽冒孔安國名義，只是替孔安國爭後世之名，而不是替王肅爭後世之名了」[55]。前人對王肅之懷疑與辯護，到劉起釪撰寫《尚書學史》可謂是一個總結，故他最終對懷疑者的質問也顯得最有摧毀力。

三　由「王肅偽造說」所引起的思考

從惠棟《古文尚書考》懷疑王肅偽造至今，已有二百五六十年歷史，幾與閻若璩《疏證》判《古文尚書》為偽之歷史相仿佛。時至今日，《古文尚書》真偽之爭仍在繼續，隨著清華簡先秦《尚書》殘篇之逐漸公布，似有越發激烈之勢，而要真正將魏晉時期《古文尚書》流傳之來龍去脈梳理清晰，尚須時日。「王肅偽造說」僅是《古文尚書》案中一個細枝末節，從懷疑、肯定到否定，雖然最後仍回歸到無罪原點，但卻能從中引出很多研究中思維的單向性、獨斷性、取捨原則之隨意性等問題，值得後人思考。

一、考證先秦、秦漢的文獻，必須對先秦、秦漢文獻之形成、流傳有一

---

54 蔣善國：《尚書綜述》（上海市：上海古籍出版社，1988 年）頁 345～349。

55 劉起釪：《尚書學史》（北京市：中華書局，1989 年）頁 191。按，劉起釪：《尚書研究要論》（濟南：齊魯書社，2007 年）第 2 篇〈東晉出現偽《古文尚書》〉（頁 24～29）中專闢「偽孔《傳》此時始立學官辟王肅撰偽孔《傳》至西晉已立學官說之非」一節，重申《尚書學史》之觀點而證據又有加強。

個清醒、正確的認識。將僅是被懷疑為偽的文獻作為自己的正反證據，必然導致結論的似是而非，故必須謹慎。丁晏將《家語》和《孔叢子》視作王肅偽造來證明《古文尚書》亦為王肅所偽之證據，即是顯著一例。《家語》和《孔叢子》之偽，僅是清儒崇鄭玄鄙王肅風氣下之集體觀念，原未經科學方法證明，且今因出土文獻之啟示，《家語》、《孔叢子》真偽又被重新審視，並非一定偽書，則丁晏之重要證據已無著落。退而論之，即使《家語》、《孔叢子》為王肅偽造，也不能就此推定《古文尚書》亦為王肅偽造，兩者之間無必然聯繫。

二、丁晏舉陸德明、孔穎達云王肅私見古文匿而不言，吳承仕、劉起釪等又舉孔穎達謂王肅不見古文，正反事實皆見於《正義》。從唐代《正義》滙集、組纂六朝義疏而言，正反例證同見於一書，適足以顯出《正義》因襲六朝多種義疏著作之痕迹，且其在分工組纂之後，滙集到主編手中，未能做前後嚴密統一之工作。故馬嘉運當時之駁正[56]，並非無的放矢。就研究取證角度而言，控辯雙方如果對正反事實搜羅未遍，則失之侷狹；若有意隱匿掩飾不利證據，則有虧學德。

三、分辨今古文及其家法、師法，最傳統也運用最多的方法是：經文，甄別文字異同；傳文，區別注釋旨意。而兩漢以還經學傳授的實際情況是：文字異同雖是分辨師法、家法之主要途徑，但並非一無例外。同一師法、家法中可以有文字異同，不同師法、家法中亦可有文字異同。筆者曾從整理漢魏至六朝《毛詩》流傳文本中得知，漢魏以後，《釋文》以前，《毛詩》仍在不斷產生異文。反之，從追溯同源同字方面思考，《尚書》孔壁古文「將始宅殷」和梅本「將治亳殷」，若以當今出土竹簡字形來審視衡量，「始」與「治」，完全可能是先秦至兩漢流傳中的誤書或誤認；「宅」與「亳」，也有可能是省文或壞字。歷史地看問題，這種誤書、誤認、省文、壞字，定

---

56 按《新唐書·儒學傳·孔穎達》云：「穎達與顏師古、司馬才章、王恭、王琰受詔譔《五經義訓》凡百餘篇，號『義贊』，詔改為『正義』云。雖包貫異家為詳博，然其中不能無謬冗。博士馬嘉運駁正其失，至相譏詆。有詔更令裁定，功未就。」〔宋〕歐陽修、宋祁：《新唐書》（北京市：中華書局，1975年）第18冊，頁5644。

點在什麼時代，異文就從什麼時代開始。儘管其多半形成於整理原始文檔之時，但整理形成文本之後並非一成不變。過分執持文字異同，會使我們墜入到狹窄之思維怪圈而看不清全局。

四、馬融所謂十六篇「絕無師說」，一般理解為古文十六篇沒有傳注文字，實乃絕對之誤解。所謂兩漢師說，殆指被立為博士而傳授之師法經解，未立為博士，雖可在野傳授，卻不能稱為「師法」或「師說」。《古文尚書》在朝廷博士制度之外傳授不絕，有傳授，必有解說，亦即有傳注文字。所以古文十六篇之傳注並非無源之水。筆者近數年來專注於秦漢經典傳記注疏體式之研究，比較孔《傳》與其他傳注，發現孔《傳》既有西漢傳記體式因子，而更多的是東漢以後注體之範式，此在某種程度上亦可認為是十六篇的「師說」。不瞭解西漢傳授方式，盲目因襲舊說，便無法正確揭示歷史。

五、無論證偽之丁晏一方，抑或辯護之吳承仕一方，在比較王、孔同時，皆以鄭、王異同為參照。因王肅好與康成立異，故鄭《注》、王《注》，相異則正常，相同反被認為非常，至於王義同鄭而異孔者，被指為王肅故為參錯，以掩作偽之跡。此實為有罪推定思維所驅使而產生之錯覺。博士制度下之漢、魏經師大多皆循師法、重證據，不可能處處自創新說。一部《尚書》，各家之解釋，應在「大同」下之「小異」才屬正常，且「小異」中之部分亦是各自對前人觀點取捨之異，如鄭玄、王肅對賈逵、馬融等師說之取捨，真正孤鳴獨發者畢竟少數。若是鄭、王、孔三家解釋全部相異，不敢想像一部《尚書》會被解釋為三種怎樣的史實與思想？

六、複雜的學術問題或歷史史實，有時不宜用簡單概念來表述。複雜事物一旦抽象化或概念化，往往會使真實僵化乃至變形。《古文尚書》和孔《傳》之來源，不僅要從文本上去研討，更須聯繫政治史、經學史、學術史、簡牘與紙張交替史多方面做綜合考慮、研究，絕不能用簡單的「真」、「偽」概念來一言以蔽之。如若必須用此概念，亦須先對「真」、「偽」兩字作一種哲學和語義學之定義。

七、懷疑是研究之起點，沒有懷疑便無從深入研究。然亦並非任何可懷疑之對象、事物都可以研究、證實。懷疑偏於感性，儘管蘊含理性成分；研

究偏於理性，卻無法擺脫感性成分。研究中對治情感因素的最有效良方是平心靜氣。乾嘉學風總體上是「實事求是」，但確實也表現出很多意氣之爭。理性地清理、區辨清人學術遺產中之是與非，需要樹立一種「實事求是」之精神和非主觀認同斥異的態度。

　　八、一種理論或觀點風行之後，往往會形成吠影吠聲之勢態。因為人生短暫，知識結構有限，不可能對各種問題都親自驗證。置身於某一歷史階段中，其認識很難跳脫歷史之侷限。故對「成見」與「定論」作盡量客觀的審視和時時對歷史侷限的自覺，是避免隨聲附影而使自己保持學術獨立性的基本保證。

二〇一〇年六月三日至十日草於榆枋齋

二〇一〇年七月二十日修訂

王肅《尚書》學研究

程興麗[*]

一 王肅未見孔《傳》本《尚書》

　　自閻若璩定案東晉梅賾所上孔《傳》本《尚書》為偽作起，歷代學者對於偽孔《傳》本的作者便有三種不同說法：一為皇甫謐，一為梅賾，一為王肅。早在唐代，劉知幾就說：「王肅注《今文尚書》大與古文孔《傳》相類，或肅私見其本而獨秘之乎？」[1]後惠棟《古文尚書考》中說：「王肅注《家語》亦以『今失厥道』當夏太康時。又《左傳正義》曰：『按王肅注《尚書》，其言多是孔《傳》，疑王肅見古文，匿之而不言。』《經典·序錄》曰：『肅注今文，而解大與古文相類，或肅私見孔《傳》而匿之。』據此二說，故棟常疑後出古文肅所僎也。」[2]但惠棟經過進一步思考，自知這一結論難以成立，於是便在《古文尚書考》的〈前言〉中又認為孔《傳》本《尚書》的偽造者為梅賾，放棄了王肅偽造的主張。最後丁晏總結各說，通過十九題，旗幟鮮明地主張王肅為孔《傳》本《尚書》的偽造者，後皮錫瑞在《經學歷史》中也認為：「（肅）偽造孔安國《尚書傳》、《論語》《孝經注》、《孔子家語》、《孔叢子》，共五書，以互相證明。」[3]

　　在很長的時期，有很大一部分學者從各個方面研究，均為王肅未見孔

---

* 揚州大學文學院

1 〔清〕朱彝尊：《經義考》（吉林市：吉林出版集團公司，2005年）頁925。

2 〔清〕惠棟：《古文尚書考》，《續修四庫全書》（上海市：上海古籍出版社，1995年）第44冊，頁74。

3 〔清〕皮錫瑞：《經學歷史》（北京市：中華書局，1959年）頁155。

《傳》本《尚書》提供了依據。朱彝尊《經義考》在孔安國《尚書傳》下說：「《正義》謂王肅注《書》，始似竊見孔《傳》，故注『亂其紀綱』為夏太康時，然考陸氏《尚書釋文》所引王《注》不一，並無及於增多篇內隻字，則子邕亦未見孔氏古文也。」[4]後吳承仕〈尚書傳王孔異同考〉一文，搜集《經典釋文》與《尚書正義》所引王肅《古文尚書注》與偽孔《傳》做了比較，其中相同者一〇八條，相異者一二五條，相異多於相同，從而證明王肅未見孔《傳》本《尚書》。最後陳夢家在《尚書通論》中通過對王肅《注》本和孔《傳》本的比較，分別從兩種文本的分書、分篇、文字等方面證明丁晏之說的謬誤。內容大體如下：

分書：馬、鄭、王三家分《尚書》為〈虞夏書〉、〈商書〉、〈周書〉，與孔《傳》本分為〈虞書〉、〈夏書〉、〈商書〉、〈周書〉不同。

分篇：王肅《注》本《尚書》，〈舜典〉合於〈堯典〉、〈益稷〉合於〈皋陶謨〉、〈康王之誥〉合於〈顧命〉，這與孔《傳》本分別將〈舜典〉、〈益稷〉、〈康王之誥〉分出不同，而且王肅本〈益稷〉作〈棄稷〉，不同於孔《傳》本。

文字：王肅《注》本《尚書》在文字方面很多地方均與孔《傳》本有異，如：〈堯典〉「帝曰『我其試哉』」，《正義》云「馬、王、鄭本說此經均無『帝曰』」；〈舜典〉「僉曰『益哉』」，《正義》云「馬、鄭、王本皆為禹曰『益哉』」；〈洪範〉「曰豫」，《正義》云「鄭、王本『豫』作『舒』」等等[5]。

按朱彝尊的研究，僅就《經典釋文》而言，發現王《注》「並無及於增多篇內隻字」，從而證明王肅未見孔《傳》本《尚書》；吳承仕是在搜集了《經典釋文》和《尚書正義》的王肅注《書》的資料基礎上的研究，側重於王《注》與孔《傳》的比較，從二者的差異多於相同這一角度論述王肅未見孔《傳》本《尚書》；陳夢家分別從分書、分篇、文字等方面，同樣重點從

---

[4] 〔清〕朱彝尊：《經義考》頁915。

[5] 陳夢家：《尚書通論》（北京市：中華書局，1985年）頁120。

王肅《注》與孔《傳》的比較入手來闡述其觀點，就他所舉的例子而言，也都是見之於《尚書正義》的。按他們的例證都取於《經典釋文》和《尚書正義》，資料都不算完備，因此在前人研究的基礎上，筆者以馬國翰《玉函山房輯佚書》所輯的王肅《古文尚書注》為基點，又通過《古經解鉤沉》和《尚書正義》補入資料，在完善資料的基礎上，通過對資料的整理，進一步為王肅未見孔《傳》本《尚書》提供佐證。

據《三國志》卷十三載：「肅善賈、馬之學，而不好鄭氏，采會同異，為《尚書》、《詩》、《論語》、《三禮》、《左氏》解，及撰定父朗所作《易傳》，皆列於學官。」[6]又《隋書‧經籍志》載「王肅，《古文尚書注》十一卷」，《舊唐書‧經籍志》、《新唐書‧藝文志》均作十卷，隋唐後亡佚。清人馬國翰的《玉函山房輯佚書》[7]輯有王肅《古文尚書注》二卷，共二二二條，其中包括〈書序〉十條。分別為：

〈尚書序〉十條；〈堯典〉四十一條；〈皋陶謨〉十五條；〈禹貢〉二十六條；〈甘誓〉一條；〈商書〉一條（與〈書序〉之「自契至於成湯，八遷，湯始居亳，從先王居，作〈帝告〉、〈釐沃〉」注同）；〈盤庚〉十條；〈高宗肜日〉二條；〈西伯戡黎〉一條；〈微子〉三條；〈牧誓〉二條；〈洪範〉二十二條；〈金縢〉四條；〈大誥〉十一條；〈康誥〉一條；〈酒誥〉一條；〈召誥〉六條；〈洛誥〉六條；〈多士〉四條；〈無逸〉五條；〈君奭〉六條；〈多方〉五條；〈立政〉六條；〈顧命〉二十條；〈呂刑〉四條；〈文侯之命〉二條；〈費誓〉五條；〈秦誓〉二條。

筆者又根據余蕭客《古經解鉤沉》[8]補得三條，分別為：

（1）〈禹貢〉：至于合黎，餘波入于流沙。（注：「合黎、流沙是地名。」）

（2）〈禹貢〉：導河積石。（注：「北條行河，中條行渭、洛、濟、淮，南條行江、漢。」）

---

[6]〔晉〕陳壽：《三國志》（北京市：中華書局，1971年），頁419。

[7]〔清〕馬國翰：《玉函山房輯佚書》（上海市：上海古籍出版社，1990年）。

[8]〔清〕余蕭客：《古經解鉤沉》，《四庫全書》本（上海市：上海古籍出版社，1989年）。

（3）〈金縢〉：禮亦宜之。（注：「亦宜襃有德也。」）

　　據孔穎達《尚書正義》[9]補得十條，分別為：

（1）〈尚書序〉：古者伏犧氏之王天下也，始畫八卦，造書契，以代結繩之
　　　政，由是文籍生焉。（注：「結繩，識其政事。」「文籍初自五帝，三
　　　皇未有文字。」）

（2）〈尚書序〉：承詔為五十九篇作傳。（注：「『注』名為『傳』。」）

（3）〈堯典〉：帝曰：「我其試哉！」（注：「此經皆無『帝曰』。」）

（4）〈堯典〉：格于藝祖。（注：「藝，禰也。」）

（5）〈堯典〉：羣后四朝。（注：「四面朝于方嶽之下。」）

（6）〈禹貢〉：昆崙、析支。（注：「昆崙，在臨羌西；析支，在河關
　　　西。」）

（7）〈禹貢〉：「五百里荒服」之「荒服」。（注：「政教荒忽，因其故俗而
　　　治之。」）

（8）〈禹貢〉：「三百里蠻」之「蠻」。（注：「蠻，慢也，禮儀簡慢。」）

（9）〈金縢〉：「金縢」之「縢」。（注：「縢，束也。」）

（10）〈君奭〉：召公為保，周公為師，相成王為左右。召公不悅，周公作
　　　〈君奭〉。（注：「周公既攝王政，不宜復列于臣職，故不悅。」）

　　此較馬國翰《玉函山房輯佚書》，〈尚書序〉多得二條，〈堯典〉多得三
條，〈禹貢〉多得五條，〈金縢〉多得二條，〈君奭〉多得一條。共計二三五
條。按補入的十三條註釋較《玉函山房輯佚書》之王肅《注》，並未有新
的篇目出現，二三五條注所涉及的篇目並無孔《傳》本增多之二十五篇，
二三五條注「並無及於增多篇內隻字」。

　　首先，王肅所注《尚書》的二三五條中，並沒有涉及孔《傳》本增多之
二十五篇，由此或可以看出王肅未見孔《傳》本《尚書》。王肅所注的篇目

---

9 〔唐〕孔穎達：《尚書正義》，李學勤主編本（北京市：北京大學出版社，1999 年）。

有：〈堯典〉、〈皋陶謨〉、〈禹貢〉、〈甘誓〉、〈盤庚〉、〈高宗肜日〉、〈西伯戡黎〉、〈微子〉、〈牧誓〉、〈洪範〉、〈金縢〉、〈大誥〉、〈康誥〉、〈酒誥〉、〈召誥〉、〈洛誥〉、〈多士〉、〈無逸〉、〈君奭〉、〈多方〉、〈立政〉、〈顧命〉、〈呂刑〉、〈文侯之命〉、〈費誓〉、〈秦誓〉，共計二十六篇。

　　將這些篇目與梅賾所上孔《傳》本《尚書》之篇目相較，則少：〈舜典〉、〈大禹謨〉、〈益稷〉、〈五子之歌〉、〈胤征〉、〈湯誓〉、〈仲虺之誥〉、〈湯誥〉、〈伊訓〉、〈太甲〉、〈咸有一德〉、〈說命〉、〈泰誓〉、〈武成〉、〈旅獒〉、〈微子之命〉、〈梓材〉、〈蔡仲之命〉、〈周官〉、〈君陳〉、〈康王之誥〉、〈畢命〉、〈君牙〉、〈冏命〉，共計二十四篇。

　　陳夢家先生已經在他的《尚書通論》中具體論述過，王肅本〈舜典〉合於〈堯典〉，〈益稷〉合於〈皋陶謨〉，〈康王之誥〉合於〈顧命〉，如此則王肅所注的《尚書》篇目比孔《傳》本《尚書》少二十一篇。再有，〈湯誓〉、〈梓材〉既為伏生本《今文尚書》篇目，也為王肅所傳孔壁《古文尚書》篇目[10]，王肅應作過注，或許只是亡佚之後，後人也沒有引及而已。那麼最後剩餘的十九個未見王肅《注》的篇目為：〈大禹謨〉、〈五子之歌〉、〈胤征〉、〈仲虺之誥〉、〈湯誥〉、〈伊訓〉、〈太甲〉、〈咸有一德〉、〈說命〉、〈泰誓〉、〈武成〉、〈旅獒〉、〈微子之命〉、〈蔡仲之命〉、〈周官〉、〈君陳〉、〈畢命〉、〈君牙〉、〈冏命〉正合孔《傳》本《尚書》增多的十九個篇目，再將〈太甲〉、〈說命〉、〈泰誓〉各分為上、中、下三篇，則正合孔《傳》本《尚書》增多之篇數，二十五篇。前文已述，朱彝尊於《尚書釋文》中所引王肅《注》的研究發現，王肅並未注及孔《傳》本增多之二十五篇，今筆者在《玉函山房輯佚書》之王肅《古文尚書注》的基礎上，又據《尚書正義》和《古經解鉤沉》輯補資料，在所得到的共二三五條注中，同樣發現沒有任何一條涉及孔《傳》本增多之二十五篇。

10　據王鳴盛《尚書後案》考證：「〈堯典〉：『我其試哉！』疏云：馬、鄭、王本皆無『帝曰』，當時庸生之徒漏之，是馬、鄭、王本即庸生本，亦即孔壁本。穎達口中，又不覺無心透露出來。」

按王肅為魏晉之際的經學大師，皮錫瑞在《經學歷史》中說「鄭學出而漢學衰，王肅出而鄭學亦衰」[11]，他憑藉著貴戚的身份與鄭學焦灼爭鋒，甚至與鄭學並列學官，由此可見他影響之大。一位有著如此影響的經學大師，如若他真的私見孔《傳》本《尚書》，抑或偽作了孔《傳》本《尚書》的話，他必定會對多出的那二十五篇作注，如若真有此注，也必定會在後世的《尚書》注本中被引用，必不會出現如今輯得的資料裏沒有任何為孔《傳》本《尚書》增多之二十五篇作注的痕跡。這或許可以表明，王肅實未見孔《傳》本《尚書》，更別提偽造孔《傳》本《尚書》。

其次，對於〈書序〉而言，王肅所注〈書序〉涉及的篇名與孔《傳》本增多篇名相同的有三篇，〈大禹〉、〈咸有一德〉、〈泰誓〉，但王肅僅對這三篇的〈序〉作注，並沒有注及內容，或可證明王肅未見孔《傳》本《尚書》。

在現有的輯到的資料裏，王肅注的十條〈書序〉分別是：〈書大序〉（一條）；〈汩作〉〈九共〉〈槀飫〉（一條）；〈大禹〉〈皋陶謨〉〈棄稷〉（一條）；〈帝告〉〈釐沃〉（一條）；〈咸有一德〉（一條）；〈泰誓〉（二條）；〈洪範〉（一條）；〈康誥〉〈酒誥〉〈梓材〉（一條）；〈文侯之命〉（一條）。共十五個篇目，九篇序言，再加一個大序。

王肅所注《書序》中，同見於孔《傳》本《尚書》增多的篇目有〈大禹〉（孔《傳》本作〈大禹謨〉）、〈咸有一德〉、〈泰誓〉三篇（按：〈棄稷〉，孔《傳》本為〈益稷〉，在王肅《注》本中合於〈皋陶謨〉，見前文，茲不贅述），這三個篇目都在百篇《書序》中[12]。據〈堯典〉《正義》「此《序》鄭玄、馬融、王肅並云孔子作」，可知，王肅實是見過百篇《書

---

11 〔清〕皮錫瑞：《經學歷史》頁155。

12 關於百篇《書序》也一直是爭議的焦點，陳夢家在《尚書通論》中說：「以《書序》為孔子作，創自劉氏父子，馬、鄭、王述其義。」但從宋代開始，懷疑之風乍起，不但懷疑其作者，也懷疑其所出時代，朱熹在《朱子語類》中就說道「某看得《書》小序不是孔子自作，只是周、秦間低手人作」，又說「《書序》不可信，伏生時無之。其文甚弱，亦不是前漢文字，只似後漢末人」。但據〈堯典〉《正義》「此《序》鄭玄、馬融、王肅並云孔子作」可知，王肅實是見過百篇《書序》的。

序》，對百篇《書序》作注也是再自然不過之事。而且，對於這三個同見於孔《傳》本《尚書》之增多篇目來說，王肅只為《書序》作注，並未注及內容，也就是說王肅所注的〈大禹〉、〈咸有一德〉、〈泰誓〉三篇之序，跟〈汨作〉、〈九共〉、〈槀飫〉一樣都是亡篇之序，並不是後來偽孔《傳》本的內容，由此也可以看出王肅並未見孔《傳》本《尚書》，更不可能是孔《傳》本《尚書》的偽造者。

又，〈泰誓〉序，王肅如此注「武王以大道誓眾」，孔穎達疏：「肅解彼偽文，故說謬耳。」孔穎達是堅信孔《傳》本《尚書》是真正的孔安國作傳的《古文尚書》，而他既說王肅所注的〈泰誓〉是「偽文」，由此可見，王肅所注的〈泰誓〉並非現傳的孔《傳》本的〈泰誓〉，因此才會被孔穎達嗤為「偽文」。這也就表明王肅實未見孔《傳》本《尚書》，如若有見，斷不會如此注解，孔穎達也不會在前文說「王肅之注《尚書》，其言多同孔《傳》」[13]，而此處又嗤王肅「解彼偽文」。

再有，王肅既從賈、馬之學，而「馬、鄭之徒百篇之序總為一卷，孔以各冠其篇首，而亡篇之序即隨其次第居見在之間」[14]，則王肅之注《書序》或也總為一卷，如此便也與孔《傳》本分置各篇之首異，只可惜王肅注早已亡佚，輯佚得的幾百條也很難再還原王肅《注》的本來面目，只能存疑。

按王肅是魏晉之際的經學大師，正所謂「王肅出而鄭學亦衰」，從他的學術地位來分析，他的強大的影響力是見之於後世的，如兩晉的禮法制度多用王肅之說。如此一位大師，如若他真私見孔《傳》本《尚書》，必定會借助其以擴充自己的影響，也必然會對增多的二十五篇作注，但在我們輯到的資料裏卻找不到隻字關於孔《傳》本增多之二十五篇的注解。

再有後世對王肅《注》的引用而言，在所收到的資料裏也沒有任何關於孔《傳》本《尚書》的信息。如果王肅真見孔《傳》本《尚書》，抑或偽造孔《傳》本《尚書》，以他的影響，一定會有他的註釋或論述流傳於後，但

---

[13] 〔唐〕孔穎達：《尚書正義》頁63。
[14] 〔唐〕陸德明：《經典釋文》（上海市：上海古籍出版社，1984年）頁148。

事實上在所有輯到的二三五條註釋中也沒有絲毫的痕跡。而且他對於亡篇之序〈泰誓〉的註釋和孔《傳》本〈泰誓〉的內容是有出入的,被孔穎達疏為「偽文」,這等等都表明王肅未見孔《傳》本《尚書》。

　　總之,從對王肅《古文尚書注》進行輯佚材料的整理中,筆者頗見一些關於王肅未見孔《傳》本《尚書》的徵兆。就王肅《古文尚書注》所注《書》之篇目來說,孔《傳》本《尚書》增多之十九個篇目、二十五篇經文,在現有的王肅《古文尚書注》的資料裏沒有任何顯現;就王肅所注《尚書》之序來說,他所注的〈大禹〉、〈咸有一德〉、〈泰誓〉只屬於百篇《書序》,並不是後出的孔《傳》本中的篇目,因為他只注解了《序》,並沒有涉及內容,而且和孔《傳》本《尚書》內容有相出入之處。由此或可見王肅實未見孔傳本《尚書》,更沒有偽造孔《傳》本《尚書》。

二　鄭學、王學之爭

　　《三國志‧王肅傳》「肅善賈、馬之學,而不好鄭氏」;又《經學歷史》:「鄭學出而漢學衰,王肅出而鄭學亦衰」;王肅為了和鄭學爭鋒,甚至「集《聖證論》以譏短玄」。由此可知,王肅《尚書》學一出現,便站在了和鄭學對立的立場上,憑藉國戚的身份與鄭學爭鋒,由此便出現了我國經學學術史上的一大熱題:鄭學、王學之爭。

　　遍檢孔穎達《尚書正義》,引王肅《古文尚書注》凡二二二條,鄭玄與王肅共注凡一二一條,五十條同,七十一條異,由此頗可知,王注多不同於鄭注,不好鄭學,而鄭、王之爭由此也可見一斑。相同之處多為字、詞之訓詁和關於版本的注解,尤其是版本的注解,二人相同之處達十三條,分別為:

　（1）〈堯典〉:帝曰:「我其試哉!」（馬、鄭、王本說:「此經皆無『帝曰』。」）

　（2）〈舜典〉:僉曰:「益哉!」（馬、鄭、王皆為:「禹曰:『益哉!』」）

　（3）〈益稷〉:（馬、鄭、王所據《書序》此篇名為〈棄稷〉。）

（4）〈禹貢〉：滎波既豬。（馬、鄭、王本皆作「滎播」。）

（5）〈洪範〉：時人斯其惟皇之極。（此經或言「時人德」，鄭、王諸本皆
　　　無「德」字。）

（6）〈洪範〉：曰豫，恆燠若。（鄭、王本「豫」作「舒」。）

（7）〈大誥〉：王若曰：「猷！大誥爾多邦，越爾御事。」（鄭、王本「猷」
　　　在「誥」下。）

（8）〈大誥〉：延洪惟我幼沖人。（鄭、王皆以「延」上屬為句。）

（9）〈大誥〉：厥考翼，其肯曰：「予有後，弗棄基？」（鄭、王本於「矧
　　　肯構」下亦有此一經。）

（10）〈酒誥〉：王若曰：「明大命于妹邦。」（馬、鄭、王本以文涉三家而
　　　　有「成」字。）

（11）〈多士〉：肆爾多士，非我小國敢弋殷命。（鄭、王本「弋」作
　　　　「翼」。）

（12）〈多方〉：因甲于內亂。（鄭、王皆以「甲」為「狎」。）

（13）〈康王之誥〉：（馬、鄭、王本此篇自「高祖寡命」已上內于〈顧命〉
　　　　之篇，「王若曰」已下始為〈康王之誥〉。）

這十三則材料中，有六條是馬、鄭、王同，七條為鄭、王同，鄭、王本字詞
的相同足以表明王學與鄭學焦灼的重點並非《尚書》之版本，反而他們所用
的版本是相似或是相同的，或者說是大同小異的[15]。這與他們都遵從賈、馬之
古文學有一定關係，據王鳴盛《尚書後案》考證，賈、馬、鄭、王所傳均為
孔壁本（見前文）。從上述十三條中，有六條都是「馬、鄭、王」同便可見
一斑。

　　在七十一條異注中，有三處大的論辯：

（1）〈堯典〉：日中，星鳥，以殷仲春。

　　　鄭注：日長者日見之漏五十五刻，日短者日見之漏四十五刻。

---

15 僅一條用字相異：〈禹貢〉「至於衡漳」，鄭本作「橫」，王本作「衡」。按孔疏：「衡」
　　古字為「橫」。

王難云：知日見之漏減晝漏五刻，不意馬融為《傳》，已減之矣。因
　　　　馬融所減而又減之，故日長為五十五刻，因以冬至反之，取
　　　　其夏至夜刻，以為冬至晝短，此其所以誤耳。

（2）〈舜典〉：殛鯀于羽山，四罪而天下咸服。

鄭注：禹治水事畢，乃流四凶。

王難云：若待禹治水功成，而後以鯀為無功殛之，是為舜用人子之
　　　　功，而流放其父，則禹之勤勞適足使父致殛，為舜失五典克
　　　　從之義，禹陷三千莫大之罪，進退無據，亦甚迂哉！

（3）〈益稷〉：弼成五服，至于五千，州十有二師。

鄭注：輔五服而成之，至於面方，各五千里，四面相距為方萬里。九
　　　　州州立十二人為諸侯師，以佐牧。堯初制五服，服各五百里。
　　　　要服之內方四千里，曰九州。其外荒服，曰四海。此禹所受，
　　　　《地記書》曰「昆侖山東南，地方五千里，名曰神州」者。禹
　　　　弼五服之殘數，亦每服者合五百里，故有萬里之界、萬國之封
　　　　焉。猶用要服之內為九州，州更方七千里。七七四十九，得方
　　　　千里者四十九。其一以為圻內，餘四十八，八州分而各有六。
　　　　《春秋傳》曰：「禹朝群臣於會稽，執玉帛者萬國。」言執玉帛
　　　　者，則九州之內諸侯也。其制特置牧，以諸侯賢者為之師。蓋
　　　　百國一師，州十有二師，則州千二百國也。八州凡九千六百
　　　　國，其餘四百國在圻內。與《王制》之法准之，八州通率封公
　　　　侯百里之國者一，伯七十里之國二，子男五十里之國四，方百
　　　　里者三，封國七有畸，至於圻內，則子男而已。

王肅注：方五千里者，直方之數，若其回邪委曲，動有倍加之較。且
　　　　于〈禹貢〉難云：賈、馬既失其實，鄭玄尤不然矣。禹之功
　　　　在平治山川，不在拓境廣土。土地之廣三倍於堯，而書傳
　　　　無稱也，則鄭玄創造，難可據信。漢之孝武，疲敝中國，甘
　　　　心夷狄，天下戶口至減太半，然後僅開緣邊之郡而已。禹方
　　　　憂洪水，三過其門不入，未暇以征伐為事，且其所以為服之

名，輕重顛倒，遠近失所，難得而通矣。先王規方千里，以為甸服，其餘均分之公、侯、伯、子、男，使各有寰宇，而使甸服之外諸侯入禾槁，非其義也。

第一條的論辯僅是科學知識層面的論述，在孔穎達看來，鄭玄的注解是錯誤的，而王肅是科學的。第二條則涉及了倫理教化，鄭玄認為禹治水功成之後，舜才將禹之父鯀殛於羽山，一方面，舜用人子之功而降罪人父，另一方面，禹之功也足以使其父致殛，這明顯不符合於儒家的倫理道德思想，因此王肅便予以強烈的回擊。第三條是對三代國土大小的認識不同，鄭玄認為方萬里，而王肅則以為方五千里。

由此也不難見王、鄭爭論之盛，針鋒相對，洋洋灑灑，氣勢浩然，其論難之爭鋒或大抵如此。其實，鄭、王之爭多基於其學術思想之不同。關於王肅不好鄭學的原因，歷來有學者認為王肅所好為賈、馬之古文之學，而鄭學卻博采今、古文之說，甚至融匯今、古文，以期調和今、古文之爭，作集大成之事，這讓注重儒家傳統的古文學家王肅很難接受，於是便引起了王、鄭之學的交鋒。《後漢書》卷三十五〈張曹鄭列傳〉載：「（玄）遂造太學受業，師事京兆第五元先，始通《京氏易》、《公羊春秋》、《三統曆》、《九章筭術》。又從東郡張恭祖受《周官》、《禮記》、《左氏春秋》、《韓詩》、《古文尚書》。以山東無足問者，乃西入關，因涿郡盧植，事扶風馬融。」[16] 鄭玄是先受今文，後受古文，融匯今古，「於是經生皆從鄭氏，不必更求各家」[17]。家法、師法的被打破，也成了遵守儒家傳統的王肅批駁鄭玄的一個原因。表現在鄭、王之爭方面，即是王肅多用馬融之說來反駁鄭學，共二十三條：

（1）〈舜典〉：禋

鄭注：禋之言煙，周人尚臭，煙氣之臭聞者也。

王注：絜祀也。（馬云：精意以享也。按《說文》「禋，潔祀也，一

---

16 〔東漢〕范曄：《後漢書》（北京市：中華書局，1965年）頁1207。
17 〔清〕皮錫瑞：《經學歷史》頁142。

　　　　曰精意以享也」，則馬同王。）

（2）〈舜典〉：羣后四朝

　　　鄭注：四朝，四季朝京師也。

　　　王注：四面朝于方嶽之下。（馬同王。）

（3）〈舜典〉：五流有宅，五宅三居

　　　鄭注：舜不刑此四人者，以為堯臣，不忍刑之。

　　　王注：謂在八議之辟，君不忍殺，宥之以遠。（馬云：謂在八議，君

　　　　　　不忍刑，宥之以遠。）

（4）〈皋陶謨〉：庶績其凝

　　　鄭注：凝，成也。

　　　王注：凝猶定也。（馬云：定也。）

（5）〈禹貢〉：冀州既載

　　　鄭注：載之言事。

　　　王注：載，載於書籍。（馬云：載，載於書。）

（6）〈禹貢〉：至於衡漳（衡，古橫字。）

　　　鄭注：橫漳，漳水橫流。

　　　王注：衡、漳，二水名。（馬云：衡，水名。）

（7）〈禹貢〉：島夷皮服

　　　鄭注：鳥夷，東方之民，搏食鳥獸者也。

　　　王注：鳥夷，東北夷國名也。（馬：島夷，北夷國。）

（8）〈禹貢〉：淮夷蠙珠暨魚

　　　鄭注：淮夷，淮水之夷民

　　　王注：淮夷，水名。（馬：淮、夷，二水名。）

（9）〈禹貢〉：織皮昆崙、析支、渠、搜，西戎即敘

　　　鄭注：衣皮之民，居此昆崙、析支、渠搜三山之野者，皆西戎也。

　　　王注：昆崙在臨羌西，析支在河關西。（馬、王不言「渠搜」，鄭並

　　　　　　「渠搜」為一。）

（10）〈禹貢〉：導岍及岐

鄭注：四列，「導岍」為陰列，「西傾」為次陰列，「嶓冢」為次陽
列，「岷山」為正陽列。

王注：三條，「導岍」北條，「西傾」中條，「嶓冢」南條。（馬同王
說。）

（11）〈禹貢〉：至于合黎

鄭注：合黎，山名。

王注：合黎，地名。（馬說同王。）

（12）〈禹貢〉：三百里蠻

鄭注：蠻者聽從其俗，羈縻其人耳。故云蠻，蠻之言縻也。

王注：蠻，慢也，禮儀簡慢。（馬云：蠻，慢也，禮簡怠慢。）

（13）〈盤庚〉：今汝聒聒

鄭注：聒聒，難告之貌。

王注：聒聒，善自用之意也。（馬云：聒聒，拒善自用之意。）

（14）〈盤庚〉：任有言曰

鄭注：任，古之賢史。

王注：任，古老成人。（馬云：古老成人。）

（15）〈洪範〉：農用八政

鄭注：農讀為醲，厚也。

王注：農，食之本也。食為八政之首，故以農言之。（馬云：食為八
政之首，故以農名之。）

（16）〈洪範〉：卜五，占用二，衍忒

鄭注：「卜五占用」謂雨、霽、蒙、驛、克也，「二衍忒」謂貞、悔
也。

王注：「卜五」者，筮短龜長，故卜多而筮少。「占用二」者，以
貞、悔占六爻。「衍忒」者，當推衍其爻義以極其意。（馬云
「占用二」，占筮也。與王本斷句同）

（17）〈金縢〉：啟籥見書

鄭注：籥，開藏之管也。

王注：籲，開藏占兆書管也。（馬云：藏卜兆書管。）

（18）〈康誥〉：康

鄭注：康，謚號。

王注：康，圻內國名。（馬同王說。）

（19）〈顧命〉：敷重篾席

鄭注：篾，析竹之次青者。

王注：篾席，纖蒻蘋席。（馬云：篾，纖蒻。）

（20）〈顧命〉：敷重底席

鄭注：底，致也。篾纖致席也。

王注：底席，青蒲席也。（馬云：底，青蒲也。）

（21）〈顧命〉：夷玉、天球

鄭注：夷玉，東方之珣玗琪也。天球，雍州所貢之玉，色如天者。

王注：夷玉，東夷之美玉。天球，玉磬也。（馬云：夷玉，東夷之美
玉；球，玉磬。）

（22）〈顧命〉：大輅、綴輅、先輅、次輅

鄭注：不陳金輅、革輅、木輅者，主於朝祀而已。

王注：不陳戎輅者，兵事非常，故不陳之。（馬同王說。）

（23）〈顧命〉：三吒

鄭注：徐行前曰肅，卻行曰吒。

王注：吒，奠爵也。（馬同王說。）

二十三條中，多為字詞訓詁的不同，而且表現多為地理名物和禮制器物
的解讀。由這二十三條不難看出，王肅並非單純地基於自己政治上的優勢，
利用自己貴戚的身份，標新立異，有意與鄭學為難，他的不好鄭學確實有古
文家的學術立場的原因，其中最具代表性的就是第十條，鄭玄的解讀明顯地
帶有今文學家陰陽學說的滲透，一個簡單的地理概念被他用陰陽學說解釋成
四列：正陽、次陽、正陰、次陰，因此王肅便站在古文家的立場上，遵循馬
融之說，按照地理形勢給予了科學的解釋。鄭玄在調和今古文的過程中，很
多注解不再遵從其師馬融，而王肅也正是抓住了這一點，展開與鄭玄的論

難。當然，這並不排除他有與前儒不同的地方，在《古文尚書注》表現為，
鄭、馬注相同，而王《注》不同，共五條：

（1）〈舜典〉：納于大麓

鄭注：麓，山足也。（馬同鄭。）

王注：麓，錄也。

（2）〈益稷〉：日、月、星辰、山、龍、華蟲

鄭注：舜時天子之衣畫日月耳。（馬云：天子服日月，而下十二章。）

王注：舜時三辰即畫於旌旗，不在衣也，天子山、龍、華蟲耳。

（3）〈益稷〉：弼成五服，至于五千

鄭注：輔五服而成之，至於面方，各五千里，四面相距為方萬里。

（馬云：面五千里，為方萬里。）

王注：五千里者，直方之數。若其回邪委曲，動有倍加之較。

（4）〈無逸〉：其在祖甲

鄭注：祖甲，武丁子帝甲也。（馬同鄭。）

王注：祖甲為太甲。

（5）〈顧命〉：四人綦弁

鄭注：青黑曰綦。（馬云：綦，青黑色。）

王注：綦，赤黑色。

又據皮錫瑞考證，王肅之父王朗師楊賜，楊賜家世傳《歐陽尚書》。檢
《後漢書・楊震列傳》，賜祖父楊震，「字伯起，弘農華陰人也。八世祖喜，
高祖時有功，封赤泉侯。高祖敞，昭帝時為丞相，封安平侯。父寶，習《歐
陽尚書》」，「震少好學，受《歐陽尚書》于太常桓郁，明經博覽，無不窮
究」。震中子秉，「秉字叔節，少傳父業，兼明《京氏易》，博通書傳」，秉
子賜，「賜字伯獻，少傳家學，篤志博聞」[18]。由此可見，王肅也並非純古文
學家，也受到了其父親《今文尚書》的影響，「故其駁鄭，或以今文說駁鄭

---

18 〔清〕范曄：《後漢書》卷54〈楊震列傳〉，頁1759。

之古文,或以古文說駁鄭之今文」[19],反而自亂家法,「反效鄭君而尤甚焉」。周予同也作如下論述:「自後漢鄭玄,博通古今,遍注群經,兼采今古文之說融匯冶鑄於一家,天下震其淵通,皆宗從之,於是今古文家法混淆矣。」又說:「鄭學行數十年後,乃有王肅發動反鄭學運動……他的經術和鄭玄一樣,也是博通今古文者,他的反對鄭學,完全出於個人的好惡,所以或用今文說駁鄭的古文說,或用古文說駁鄭的今文說,而且偽造《孔子家語》、《孔叢子》二書,作為反鄭專著《聖證論》的根據。後來,雖依權勢將他的《尚書》、《詩》、《論語》、《三禮》、《左氏解》和他的父朗的《易傳》立於學官,但今古文家法從此更加混淆,當時的儒者也只曉得參加鄭、王之爭了。」[20]周予同和皮錫瑞的觀點基本上是相同的,都表示了對王肅的否定。但通過上面的例子,我們也可以看出王肅反鄭學並非完全出於個人的好惡,確實有學術思想不同這一因素。

就如皮錫瑞所言,王肅同樣受到了今文學的影響,兼采今、古文之說而辯難鄭學,只是隨著古文學的興起,再加之以其他的因素,今文學家的《尚書》注已亡佚過甚,很難再找到王肅以古文駁鄭之今文、以今文駁鄭之古文的例證,而且周予同於《經學歷史》注釋「故其駁鄭,或以今文說駁鄭之古文,或以古文說駁鄭之今文」條下所舉的例子是《詩經》中的兩例,因此很難再現王、鄭互以今、古文在《尚書》學領域爭鋒的場面。儘管如皮錫瑞所言,王肅也受到了今文學的影響,也沒有真正遵從古文家法,但王肅至少有一個鮮明的不同於鄭玄的學術立場:不相信讖緯,反對讖緯,就如他堅決地反對玄學,正色斥責何晏、鄧颺一樣,這與鄭玄深受今文家讖緯思想的影響,甚至溺於《書緯》之說,以讖緯解經是截然不同的。

如〈書大序〉:「以其上古之書,謂之《尚書》。」王注:「上所言,史所書,故曰《尚書》。」鄭注:「尚者上也,尊而重之,若天書然,故曰《尚

---

[19]〔清〕皮錫瑞:《經學歷史》頁155。

[20] 朱維錚編:《周予同經學史論著選集》(上海市:上海人民出版社,1983年)頁16～17。

書》。」儘管王肅的《注》和《書序》所言有所出入，但他畢竟從史實出發，闡釋了我國史官文化這一歷史現象。但鄭玄的解釋便體現出了讖緯思想的滲透，《尚書璇璣鈐》：「尚者上也，上天垂文象，布節度，書也，如天行也。」他這是直接把《尚書》的性質定位為如「河圖」、「洛書」一樣是上天所賦予的。他依《書緯》之說，認為「尚」字是孔子所加，這是把《書》繫之於聖人，又說「若天書」，又把《書》繫之於天，呼籲要尊而重之。孔穎達說：「鄭玄溺於《書緯》之說，何有人言而須繫之於天乎？且孔君親見伏生，不容不悉，自云伏生『以其上古之書，謂之《尚書》』，何云孔子加也？」[21]

又如〈堯典〉：「曰若稽古。」王注：「順考古道。」鄭玄信緯，訓「稽」為同，訓「古」為天，言「能順天而行之，與之同功。」

又，〈舜典〉：「肆類于上帝。」王注：「上帝，天也。」鄭注：「昊天上帝謂天皇大帝，北辰之星也。」按「類」為祭名，應是祀天及五帝，因為昊天外更有五帝，「上帝」可以兼之。而鄭玄篤信讖緯，認為：「昊天上帝謂天皇大帝，北辰之星也。五帝謂靈威仰等，太微宮中有五帝座星是也。」鄭玄注《禮記‧大傳》也同此注，曰：「王者之先祖，皆感太微五帝之精以生。蒼則靈威仰，赤則赤熛怒，黃則含樞紐，白則白招拒，黑則汁光紀，皆用正歲之正月郊祭之；蓋特尊焉。《孝經》曰：『郊祀后稷以配天。』配靈威仰也。宗祀文王於明堂，以配上帝；泛配五帝也。」[22]

王肅於《聖證論》中站在反對讖緯的學術立場上駁斥鄭玄道：「案《易》，帝出乎震，震東方，生萬物之初，故王者制以木德王天下，非謂木精之所生。五帝皆黃帝之子孫，各變號代變而五行為次焉。何太微之精所生乎？……又《家語》云：季康子問五帝，孔子曰：『天有五行，木、火、金、水及土，四分化育成萬物，其神謂之五帝。』是五帝之佐也。猶三公輔

---

[21]〔唐〕孔穎達：《尚書正義》頁13。

[22]〔唐〕孔穎達：《禮記正義》，李學勤主編本（北京市：北京大學出版社，1999年）頁997。

王，三公可得稱王輔，不得稱天王，五帝可得稱天佐，不得稱上天，而鄭云以五帝為靈威仰之屬，非也。」[23]又，王肅於《家語》此條下注云：「五帝，五行之神，佐生物者，而讖緯皆為之名字，亦為妖怪妄言。」[24]

由此可見，儘管王肅《尚書》學也同樣融合了今古文之說，但他根本不同於鄭玄的就是在接受讖緯方面，鄭玄認同讖緯，而且沉溺其中，而王肅卻是堅決反對讖緯的。鄭玄信緯，因此援緯以解經，而王肅卻站在反對讖緯的立場上予以回擊。這一學術立場的不同也成為了二者爭鋒的原因之一。

總之，從現有的輯到的資料裏，我們看到的是王肅多用馬融之說駁斥鄭玄之說，這表明王肅有站在馬融的古文學的立場上來反對鄭學融合古今的因素，並非單單基於政治原因，有意炫奇，以期壓倒鄭學。當然也不排除他的創造性，但對於皮錫瑞所說的他們互相以今古文爭鋒，用古文駁今文，用今文駁古文，在現有的資料裏，還缺乏充分的證據，還得在完善資料的基礎上，進一步研究。還有一點，王學與鄭學爭鋒的基點就是鄭學沉溺讖緯，而王肅並沒有，反而是站在反對讖緯的立場上對鄭玄予以辯難，這一學術立場的不同也是引起鄭、王之爭的原因之一。

---

[23]〔清〕馬國翰：《玉函山房輯佚書》（上海市：上海古籍出版社，1990年）頁1995。
[24] 王肅注：《孔子家語》（上海市：上海古籍出版社，1990年）頁65。

丁若鏞《尚書》辨偽學初探

孫卓*

丁若鏞（1762～1836），字美鏞、頌甫，號茶山，堂號與猶堂，是朝鮮朝實學思想的集大成者。茶山品格方嚴，心思縝密，精於儒學，又頗傾心於西學，平生獨善其身，又心懷天下。他的代表著作有：《周易心箋》、《詩經講義》、《論語古今注》、《中庸自箋》、《孟子要義》、《小學講義》、《經世遺表》、《欽欽新書》、《牧民心書》等。茶山的人生軌跡可從〈自撰墓誌銘〉中窺探一二：「六經四書，以之修己；一表二書，以之為天下，所以備本末也。」[1]「一表二書」即《經世遺表》、《牧民心書》、《欽欽新書》。《經世遺表》闡述了他的經世主張，《牧民心書》提出了地方行政改革設想，《欽欽新書》則是專講立法斷案的法治之書。「六經四書」的經學和「一表二書」的經世學構成了茶山龐大的學問體系。「修己」和「為天下」是茶山思想的精髓。

茶山時代的朝鮮正處於社會變革的混亂時期，新興工商業者地位的提升動搖了兩班貴族的統治體制，統治階級內部黨爭持續發生。經濟的崩潰、政治的混亂和社會的衰敗，僅僅靠當時占主導地位的宋明理學及官吏制度是難以挽救的。至朝鮮朝中期，清代的考證學風傳至朝鮮半島，大批知識份子逐漸接受了這種研究學問的新方法，並對歷代經籍進行溯本求源的實際考證工作。大批的先進知識份子積極接受了中國顏元（1635～1704）、李塨（1659

---

* 揚州大學文學院
[1] 丁若鏞著，金誠鎮編，鄭寅普、安在鴻校：《與猶堂全書》（首爾市：景仁文化社，1975年）第1集，頁337。

～1733）的實踐實用主義，爭做可用之人，做有用之學。他們還從中國引進漢譯本的西方著作，在朝鮮半島廣泛傳播西方科學技術知識，並積極展開了對天文學、地理學、幾何學等方面的研究，由此掀起朝鮮近代史上的西學思潮。在東西學術的交互影響下，先進知識份子擯棄宋、明虛無理學，以孔、孟儒學為基礎，借鑒清代考證之風，積極吸收西方科學理論，在民族意識的啟蒙下，開創了以「實學」為標誌的朝鮮半島近代理論體系。茶山正是這一理論體系的開創者之一，是朝鮮朝「實修、實證、實用」思想的集大成者。

《梅氏書評》是茶山研究《尚書》的經學著作，其重點是全面對東晉梅氏《古文尚書》進行辨偽，是茶山考證經籍源流的具體實踐，是茶山實學思想的重要組成部分。本文著重討論茶山《尚書》辨偽學在學術史上的繼承與創新，從辨偽思路、方法及其思想三個角度，總結茶山《尚書》學的內容及特點。

一　茶山辨偽思路之創新

《梅氏書評》是茶山應清代考證之風對東晉梅賾《古文尚書》進行系統辨偽的著作。茶山的辨偽學是在閻若璩研究成果上的發展，就其辨偽思路來說，不以任何假設為前提，從實證出發，更重視研究梅氏《古文尚書》文本，同時能以辯證地眼光看待前賢的注釋。

（一）閻若璩的辨偽思路

閻若璩（1636～1704）在辨偽梅氏《古文尚書》時，開創了「由根柢而之枝節」的方法，認為由孔安國、馬融、鄭玄依次而傳的經文是真的孔壁古文。那麼，將這三家對《古文尚書》的經文及注疏進行整合，就可以復原出真的《古文尚書》，再用復原出來的《古文尚書》與梅賾的二十五篇《古文尚書》進行比對，若有不合，即知其來源有問題，也就可以證明其偽。閻若璩完成了始於宋代的關於梅氏《古文尚書》真偽的爭論，用系統全面的實

證判定梅氏《古文尚書》為偽書，成為「近三百年學術解放之第一功臣」[2]。「由根柢而之枝節」的方法論固然很嚴密，但往往容易陷入一種先入為主的觀念誤區。該論證方法基點的真實性值得深入考究，閻若璩先確立孔、馬、鄭依次而傳的經文是真孔壁古文，但真《古文尚書》自南朝宋以後已不復見，孔、馬、鄭在注疏過程中是否對經文進行過修改？閻若璩復原的是否為真孔壁古文？這些問題直接關係到與梅氏《古文尚書》比對的復原《古文尚書》的真實性和權威性。既然這種比對法的標準問題存在爭議，不如直接弄清梅氏偽書由何而來，將其所竊抄竄改的原著經文一一列舉出來，則其偽跡昭然，暴露於眾目之下。即便右梅之人再作辯解，鐵證如此，他們也不免只是徒費唇舌。茶山正是採用了這一方法，以梅氏古文文本為出發點，逐句探究，考證其偽。

（二）茶山辨偽思路的創新

治辨偽之學二十年後，茶山得見清儒宋鑑所著《尚書考證》一書，在《梅氏書評》中寫道「竊自幸海外僻陋之見得于中華大方之家不謀而同」。茶山當時未見閻若璩《尚書古文疏證》之真本，僅從宋鑑引閻之言得知其考證學之點滴。後得見此書，長歎而頓悟一直仰慕的「中華大方之家」實為閻若璩也，評價其書「爬櫛精嚴，引據浩博，辭無遺蘊，物無遁情，可謂大備」，並「就閻氏書略加訂議以備掩卷之忘」[3]。《梅氏書評》共四卷，前三卷逐篇辨偽時多引閻若璩的言論，第四卷著重評論《尚書古文疏證》，逐條推敲，旁徵博引，或贊精嚴，或批大誤，或指欠綜明，或評核而未備。

茶山認為：「傳道授統，接洙泗之真源者，必於是歸依；左箋右釋，濟學海之津梁者，必於是用力。」[4]治經學非要求得「真源」不可，即尋求最初的經籍文本。《梅氏書評》就是茶山盡其畢生之功力，以求《尚書》之「真

2　梁啟超：《中國近三百年學術史》（北京市：人民出版社，2008年）頁80。

3　丁若鏞著，金誠鎮編，鄭寅普、安在鴻校：《與猶堂全書》第2集，頁330～331。

4　同前註，〈十三經策〉，頁635。

源」而進行辨偽求真的學術成果。他辨偽的思路可借用其推崇的「洙泗」之學來概括，直接針對梅氏《古文尚書》二十五篇文本進行辨偽，不預設任何辨偽前提，相對閻若璩而言，辨偽的基點更加牢固，方法也更靈活多變，遠溯源流，近訂義理。此外，梅氏造偽總依孔安國、馬融、鄭玄的經文或注疏，不見他經所引真文，而閻若璩辨偽中總信鄭玄，未對其注詳加考究。茶山則不妄信前賢的注釋，並著重考證了這些「左箋右釋」的不合理之處，以此進一步揭梅氏造偽之跡。

1. 茶山重偽古文文本而不重比對的樣本

茶山不認為真的孔壁《古文尚書》是孔安國、馬融、鄭玄等人傳下來的注本，認為閻氏用於與梅氏古文作比對的樣本並不十分可靠，以此為辨偽的基點易為右梅之人所駁斥。《梅氏書評》則就梅氏古文文本出發，逐句揭示梅氏造偽的來源，並一一概括出其造偽的手法。如〈湯誥〉篇中，茶山就是從文本出發揭發其造偽來源及手法的。

> 肆台小子，將天命明威，不敢赦。敢用玄牡，敢昭告於上天神后，請罪有夏。聿求元聖，與之戮力，以與爾有眾請命。
> 【蒐輯】《論語》云曰：「予小子履敢用玄牡，敢昭告於皇皇后帝，有罪不敢赦。」
> 【蒐輯】《墨子》引〈湯誓〉曰：「聿求元聖，與之戮力同心，以治天下。」評曰[5]：「《墨子》所引〈湯誓〉蓋非〈湯誓〉之逸文，或似以誥而為誓，偽者思量到此，故用之于〈湯誥〉。」（丁若鏞：《與猶堂全書》第二集卷三十，頁171。）

梅氏分別從《論語》和《墨子》中竊取兩處文本，直接襲用了「小子」、「敢用玄牡」、「敢昭告於」、「聿求元聖」、「與之戮力」，將「予小子」改為「肆台小子」，「皇皇后帝」改為「上天神后」。茶山以實證來呈現造偽來

5　文中「評曰」皆為丁若鏞所言。

源，並用「蒐輯」來概括梅氏造偽手法。

2. 茶山由鄭注揭梅氏造偽之跡

茶山不直接採用鄭玄注，而從鄭玄注中挖掘梅氏造偽的源頭，並加以評論。如茶山針對梅氏〈君陳〉篇中「出入自爾師虞，庶言同則繹」一句，論述如下：

> 【蒐衍】《禮記》引〈君陳〉曰：「出入自爾師虞，庶言同。」鄭注：「自，由也。師、庶，皆眾也。虞，度也。言出內政教當由汝眾之所謀度，眾言同乃行之，政教當一也。」鏞案：「庶言同者，眾論如一也。謂政教出入以眾人之心度之，則一辭和同，無參差也。鄭云『眾言同乃行之』，如鄭所云則語尚未了。偽者見鄭注疑有脫字，乃演其文曰『同則繹』。」（丁若鏞：《與猶堂全書》第二集卷三十一，頁288。）

茶山由《禮記》引文中的真古文與梅氏古文比對，發現梅氏古文多「則繹」兩字，究其原因，查出梅氏是依鄭注之誤而肆意作衍文的。不僅揭示了梅氏造偽所依文本，還對梅氏所依注釋進行詳細考證，探求出梅氏造偽的緣由。

在〈冏命〉篇中，茶山詳考了梅氏多處竊用「道僕之文」的原因。

> 【剽取】「朝夕」，「出入起居」，「發號施令」，襲《周禮》道僕之文。評曰：「鄭玄迂謬，將以道僕行先王之道（鄭云：『道僕朝朝暮暮以與諸臣行先王之道。』）。偽者見鄭注，遂謂道僕職任尊重，偏竊道僕之文以作此篇。然出入政令等句，六官諸職恆有之，不唯道僕而已，奚取矣？」（同上，頁300。）

梅氏只見鄭玄關於「道僕」職責重大的論述，便從《周禮》中竊取「道僕之文」盡作偽〈冏命〉文本。由此，茶山指出梅氏依鄭注而剽竊他經以造偽。

再如，茶山認為梅氏古文〈蔡仲之命〉篇中「霍叔」作亂說源於鄭玄，梅氏、孔穎達皆沿用此說。

【冤案】霍叔之冤起于鄭玄《詩譜》。〈周本紀〉:「武王封紂子祿父殷之餘民,乃使其弟管叔鮮、蔡叔度相祿父治殷。」〈魯世家〉:「武王封紂子武庚祿父,使管叔、蔡叔傅之。」〈管蔡世家〉:「二人相武庚祿父,治殷遺民。」《書大傳》曰:「武王殺紂,立武庚繼公子祿父,使管叔、蔡叔監祿父,祿父及三監叛。」《漢書‧地理志》:「邶以封紂子武庚,鄘管叔尹之,衛蔡叔尹之,以監殷民,謂之三監。」鄭玄《詩譜》:「邶、鄘、衛者,庶殷頑民,被紂化日久,乃三分其地,置三監,使管叔、蔡叔、霍叔,尹而教之。」孔穎達《書疏》:「霍叔不監殷民,周公不伐霍叔,蓋在京邑聞管叔之言,流傳其言。」評曰:「嗟乎!冤哉!霍叔也。畔周党,誣兄罔上,以謀危宗國,是何等大惡。任指一夫以充三數,天下有是冤哉。據〈王制〉曰:『天子使其大夫為三監,監于方伯之國,國三人。』三監者,官名。本以三人之故,名曰三監。既名三監之後,不必三人也。」(丁若鏞:《與猶堂全書》第二集卷三十一,頁265。)

〈周本紀〉、〈魯世家〉等相關經籍中並無任何關於「霍叔」的記錄,而自鄭玄《詩譜》始有「霍叔」之說。茶山認為前人為合「三監」之數而妄加「霍叔」,此處不思甚也。上古時期懲罰制度嚴明,作亂者根據所犯罪行的輕重,接受不同程度的懲罰。據〈蔡仲之命〉載,周王殺了管叔,將蔡叔囚禁在郭鄰,而只把霍叔降為平民,三年不准錄用。由此可見霍叔所犯罪行相對較輕。自古批判作亂者皆只舉始作俑者或罪大惡極之人,甚少將參與者一一列舉。據此定梅氏古文之偽,缺乏完備的實證。

3. 茶山《尚書》學史的全面觀

茶山還黜〈大序〉,辨《正義》,釋《集傳》,駁《冤詞》,從《尚書》的版本到流傳,甚至篇目及序次,結合時代思想特徵,採用了歷時與共時相結合的比較方法。較閻若璩對梅賾《古文尚書》分立條目的辨偽方法更全面、系統,更具科學性和可靠性。如,茶山詳細地比對分析了伏生《今文

尚書》篇目、《史記》所載《尚書》篇目、鄭玄注《古文尚書》篇目，其中貫穿了對梅氏《古文尚書》篇目及次序的分析，為辨偽提供了更具體的例證（見附表）。茶山將鄭玄注《古文尚書》篇次與梅本篇次進行詳細比對，揭示梅本篇次編列的不合理性，以證梅氏「變亂」之偽跡。如：

> 鏞案：鄭本〈棄稷〉序在〈甘誓〉之下。〈棄稷〉者，太康時書也。〈周語〉云：「及夏之衰，棄稷弗務，不窋用失其官。」《史記》亦載是說。〈棄稷〉之戒自一篇也。梅本截取〈皋陶謨〉下半改之為〈益稷〉，並改其序文，合之曰〈大禹〉、〈皋陶謨〉。〈益稷〉序在〈禹貢〉之上，亂經大矣。今人謂棄名稷官不宜連稱，逐以梅書為近理。
> （丁若鏞：《與猶堂全書》第二集卷二十九，頁32。）

鄭本有〈棄稷〉篇，而梅本竊取〈皋陶謨〉一段造偽，並將偽篇〈益稷〉列於〈禹貢〉之上，與歷史事實不和。茶山通過比對古今《尚書》諸本篇目及次序，以期整理出《古文尚書》篇目及次序的真實情況，揭梅氏變亂之跡，為證偽提供更有力的實證。

茶山辨偽從梅氏《古文尚書》文本出發，並詳細考察了前賢的注釋，同時梳理《尚書》學史的脈絡，形成了更全面、科學的辨偽思路體系。在這種辨偽思路的指導下，茶山的辨偽方法更加靈活、豐富。

二　茶山辨偽方法之繼承與發展

閻若璩「年二十，讀《尚書》，至古文二十五篇，即疑其偽。沈潛三十餘年，乃盡得其癥節所在」[6]。由此可推，《尚書古文疏證》成書於一六八六年以後。《梅氏書評》記載：「丁亥（1827）冬（道光七年），譎海居，都尉過余於列上……都尉以其兄判書公命寄示閻氏《疏證》一函。」[7]約至一八二七

---

[6] 〔清〕錢大昕：〈閻先生若璩傳〉，《潛研堂文集》（北京市：商務印書館，1936年）。

[7] 丁若鏞著，金誠鎮編，鄭寅普、安在鴻校：《與猶堂全書》第2集，頁330～331。

年，茶山才得見《尚書古文疏證》全文，而此時他已專攻梅氏之偽近二十年。得見《尚書古文疏證》後，茶山一方面借鑒閻若璩精妙之處以補前論，另一方面修訂閻若璩疏誤之處以證己論。

（一）實證法的繼承與發展

　　茶山充分繼承和發展了閻若璩「引書比對法」、「典禮制度考證法」、「史實考證法」、「訓詁考證法」、「書例考證法」五大實證法[8]。《梅氏書評》對梅氏古文二十五篇文本進行逐句分析，遠溯源流，擇重考訂義理，將梅氏造偽方法具體概括為「剽襲」、「遺漏」、「割裂」、「誤用」、「改換」、「剽竊」、「考訂」、「蒐輯」、「蒐衍」、「蒐換」、「蒐刪」、「蒐旁」、「蒐換」、「蒐增」、「蹈襲」、「依據」、「竄改」、「變亂」、「誤漏」、「修飾」、「剽取」、「謬議」、「考核」、「旁剽」、「冤案」、「證誤」、「考異」共二十七項。同時還明確指出梅氏造偽所依經書之名，諸如：《韓非子》、《左傳》等，列舉出自己證偽所依經書之名，諸如：〈律曆志〉、《竹書紀年》等。茶山的辨偽方法深受閻若璩《尚書古文疏證》的影響，辨偽中多處引閻若璩之言以證己論，其辨偽的實證法正體現了茶山實學思想之「實證」觀及其探求《尚書》「真源」的嚴謹態度。此處著重研究茶山對引書比對法的繼承與發展，下文單獨研究其實證法的創新。茶山運用引書比對法較多，分立條目，且擇一詞以概括造偽手法，清晰系統地展現出茶山「實證」辨偽的方法體系。

　　引書比對法中完全借用閻若璩的辨偽成果，如論〈伊訓〉中梅氏「剽竊」一例：

　　于其子孫弗率，皇天降災，假手于我有命，造攻自鳴條，朕哉自亳。（〈伊訓〉）

8　魏慈德：〈閻若璩及其「尚書古文疏證」的研究方法論〉，《東吳中文學報》第 5 期（1999 年 5 月）。

【剽襲】《左傳》云：「上天降災。」又云：「天禍許國，假手於我寡
人。」評曰：「此閻潛丘之所輯。」（丁若鏞：《與猶堂全書》第二集
卷三十，頁181。）

茶山借用閻若璩所輯《左傳》兩句以辨偽，並將梅氏造偽手法定為「剽
襲」，即剽竊其他古書經文以為己用者，梅氏剽竊《左傳》兩句略加修改，
併為〈伊訓〉中一句。再如，茶山在〈泰誓上〉篇中揭梅氏「遺漏」之處：

嗚呼！惟我文考若日月之照臨，光于四方，顯于西土。惟我有周誕受
多方。予克受，非予武，惟朕文考無罪；受克予，非朕文考有罪，惟
予小子無良。（〈泰誓下〉）

【遺漏】《墨子》引〈太誓〉曰：「小人見奸巧乃聞不言也，發罪鈞。」
閻云：「馬融言書傳所引〈太誓〉甚多，略舉五事以明之。偽者不能
博極群書，止據馬融所及而餘多遺者。」評曰：「《墨子》所引〈太
誓〉皆在馬融所舉之外，偽者悉收之，適此章為不斂之稽耳。偽者之
綻由其悉蒐而不遺。」（丁若鏞：《與猶堂全書》第二集卷三十一，頁
235。）

「遺漏」即漏引古書所引真古文文句者，梅氏只依馬融所引〈太誓〉造偽
〈泰誓〉，而漏《墨子》所引真古文。茶山沿用閻若璩的發現，並用「遺漏」
概括出梅氏造偽手法。在以上兩例中，茶山借鑒了閻若璩的實證辨偽成果，
用「剽襲」、「遺漏」鮮明地概括出辨偽方法，並加以闡釋，條理清晰。
　　茶山還在閻若璩研究的基礎上，聯繫偽書上下文，揭示偽者不僅剽竊竄
改，還割裂原典文本，肆意變亂原典文本之義。如：

凡我造邦，無從匪彝，無即慆淫，各守爾典，以承天休。（〈湯誥〉）

【蒐輯】〈周語〉單襄公曰：「先王之令有之，曰：天道賞善而罰淫，
凡我造國，無從匪彝，無即慆淫，各守爾典，以承天休。」閻云：
「先王之令，文武之教也。單襄公，周臣也。周臣對周王而述周令，
鑿然而信，而偽者乃竄入〈湯誥〉中。」評曰：「先王之或夏或商姑

> 舍是。天道賞善，故可承天休。天道罰淫，故可無慆淫。今也，天道
> 一句徙之在上（中隔九十六字），以夏為淫，台居其善，非自矜乎？
> 既竊矣，何苦改之。」（丁若鏞：《與猶堂全書》，第二集卷三十，頁
> 172。）

梅氏將〈周語〉中的「天道賞善而罰淫」改為〈湯誥〉「天道福善禍淫」一
句，而後又加一段，才道「承天休」與「無慆淫」。茶山借鑒了閻若璩揭偽
文之源的成果，並進一步從全文角度分析梅氏割裂原典之法，批其變亂章法
之意。「蒐輯」即剽竊他經並割裂妄改原典文本者，此類還有「蒐輯」、「蒐
衍」、「蒐換」、「蒐刪」等。「蒐」即從其他經書中搜查出《古文尚書》的
逸文，後一字表示造偽的具體措施。如「蒐衍」即剽竊他經並添加字句而變
亂原典文本的，「蒐換」即剽竊他經並根據偽經中人物變換文本者，「蒐刪」
即剽竊他經而肆意刪減原典文本者。由此可見，茶山對概括造偽手法的用詞
也很有考究，這種字詞的斟酌正體現了其嚴謹細緻、治學求精的大家風範。

（二）虛證法的繼承與發展

閻若璩的辨偽方法虛實相融，其虛證法主要是從文體及風格特色的角度
進行證偽。茶山則認為偽書中多剽取古籍，不僅要從文體上辨偽，還要從義
理的角度揭真經偽經之差別，以攻梅氏「和糠和米」造偽之窮技。如：

> 真經贋經固有難易，贋經之中多收古籍，不可但以書體言也。真經義
> 理孤高，語脈超絕，讀此節時不知第二節當有何說，讀首篇時不知第
> 二篇當敘何事。蓋以當時事情非今人所能料度，抑聖人意旨非凡人所
> 能猜摸也。今〈太甲〉、〈說命〉之等步步馴習，面面嫻熟，一似後
> 世台閣之臣勉君德疏札樣子。而其敘事之法如史館日記，皆安排揣
> 度之文，其文體難易未暇論也。（丁若鏞：《與猶堂全書》第二集卷
> 三十，頁100。）

梅氏偽書多竊取古籍文本，單從文體角度入手很難辨偽。茶山注重聯繫偽經上下文，考訂義理，梳理文章脈絡，以此推究梅氏造偽的依據。

（三）茶山辨偽方法的創新

茶山的創新主要集中於實證法。他繼承了閻若璩的訓詁考證法，進一步提出從漢語辭彙史角度搜集梅氏造偽的證據。此外，茶山還在《尚書》辨偽學中引進西方科學技術知識，用科學性的實證解釋梅氏造偽之跡。

1. 訓詁考證法的創新

茶山常並用引書比對法與訓詁考證法，既逐句揭示偽經的來源，又從訓詁學角度分析梅氏錯用原典文本的原因。如〈武成〉篇「一戎衣，天下大定」一句，

> 【誤用】「一戎衣」襲〈中庸〉。評曰：「〈中庸〉鄭注讀之如『殪戎殷』。『殪戎殷』，〈康誥〉文也（古者甲冑不謂之戎衣）。偽者但見〈中庸〉，不見鄭注，誤用之耳。」（丁若鏞：《與猶堂全書》第二集卷三十一，頁255。）

茶山概括為「誤用」，即錯引他經文本者，將偽文與所引古書的注釋比對而見其誤。梅氏總依鄭注《古文尚書》造偽，而不見鄭注〈中庸〉，將所竊之文音義全改。鄭玄將〈中庸〉「一戎衣」注為「殪戎殷」，而梅氏未見此注，竊「戎衣」為甲冑之義。今文〈康誥〉篇中有「殪戎殷」一句，「殪」為滅亡之義，「戎殷」即大殷。梅氏之誤殃及後世，孔穎達《尚書正義》沿用梅氏誤釋，曰：「衣，服也。一著戎衣而滅紂，言與眾同心，動有成功。」[9]此解大誤也。茶山不僅查找出梅氏所竊的原典文本，還對原典的注釋詳加研

---

[9] 〔漢〕孔安國傳，〔唐〕孔穎達正義：《尚書正義》（上海市：上海古籍出版社，2007年）頁436。

究，從訓詁學角度辨偽，同時從語言史角度指出「古者甲冑不謂之戎衣」，
進一步列舉實證。

在辨偽過程中，茶山很注重對詞語斷代的研究，從語言史角度探求梅氏
造偽的實證。如〈武成〉中另一例，「垂拱而天下治」。

> 【剽取】《易大傳》曰：「黃帝、堯、舜垂衣裳而天下治。」評曰：
> 「垂拱與垂衣裳不同。〈玉藻〉云：『侍於君者，頤霤，垂拱，貌之敬
> 也。』秦漢以來，漸以拱手謂之垂拱。《史記·蘇秦傳》云：『今君
> 高拱而兩有之。』《風俗通》云：『三皇垂拱無為。』故偽者用之如
> 此，要非古經之文。」（丁若鏞：《與猶堂全書》第二集卷三十一，頁
> 257。）

梅氏剽取《易大傳》一句竄入武王滅商初定天下之事，改「垂衣裳」為「垂
拱」。茶山從語言史角度考察，指出秦漢典籍才開始用「垂拱」為拱手之
義。使秦漢的「垂拱」一詞出現在武王滅商初定天下之時，梅氏造偽之跡畢
露。「戎衣」和「垂拱」兩例是茶山超越閻若璩從漢語辭彙史角度證梅氏之
偽的具體實踐，是訓詁考證法上的創新。

2. 科學技術考證法的提出

一七九九年四月，茶山撰〈自明疏〉說道，其志於實學，乃為西人之學
問，特別是天文、地理、農政、水利、測量、醫療諸術也，認為西國之術適
合本國之實[10]。在《古文尚書》辨偽過程中，茶山引進了由中國傳至朝鮮的
西方科學技術知識，借助西學的天文、地理、曆法等科學技術知識，提出更
具說服力的辨偽證據。在閻若璩實證法的基礎上，茶山又提出了科學技術考
證法，即憑藉當時的科學成果，揭示梅書二十五篇在時間、地點及天文現象
方面的偽跡。同時，茶山認為前人依據他們所處時代的條件，推算上古天文
現象發生的時間和地點的做法是錯誤的，糾結於此是毫無意義的，這種做法

---

[10] 葛晉榮：《韓國實學思想史》（北京市：首都師範大學出版社，2002年）頁358。

缺乏科學性，且過於繁瑣。如關於《尚書古文疏證》卷一中第八條「言《左傳》載夏日食之禮，今誤作季秋」，茶山論述如下：

> 按：日食者，月掩日也。須日月目參直無斜勢，然後乃見日食，非真太陽有蝕，普天皆同也。夏后氏都于安邑，羲和所宅不知何邑。《書序》既云「胤往征之」，則羲和非京官之在安邑者也。今於三千年之上，追算普天率土之日食，可乎？唐都長安，宋都汴京，遼金元明皆都北京，是三都皆與安邑絕不相近。唐宋元明之人以其時欽天監之地，追算仲康之日食，其有知識乎？籍使算之以安邑之度數，亦是枉勞心力。何者？羲和所宅嵎夷乎？昧穀乎？所宅之地尚未考定，先算其地之日食，豈不孟浪？（丁若鏞：《與猶堂全書》第二集卷三十二，頁370。）

茶山指出日食是人的眼睛與太陽、月亮三者成一直線後才能看見的天文現象，因此只有處於特定地理位置的人們才能見到。三千年後，大批學者於當朝的欽天監推算上古日食的準確時間和地點，可謂違天地之定律也。由此，茶山進一步論證梅氏古文〈胤征〉篇為偽作，理由包括：其一，羲和為天子任命的區區曆官，為何要勞師動眾地整合六師前往討伐？且其勢如「火炎崑岡，玉石俱焚」，實為怪事。其二，上古時救食之禮非全不舉。發生日食時，掌管四時的羲和沉醉不省，雖「瞽奏鼓，嗇夫走，庶人走」而難行救食之禮也。同時，茶山還深刻地批判了後世學者依梅氏偽書考年紀月的做法。梅氏古文二十五篇既為偽書，那麼以此為依據而對上古紀年考月，就是毫無必要的，如批閻若璩推「仲康九月」之日食，「閻氏果于安邑造曆以推之乎。《左傳》所引《書》本無日食之文，日食不必推也」[11]。在辨偽梅氏《古文尚書》的過程中，充分引進西方科學知識，並將其與清代考證學結合得如此緊密，茶山可謂第一人也。

再如，在〈胤征〉篇中對中國地理位置及夏至的分析：

---

[11] 丁若鏞著，金誠鎮編，鄭寅普、安在鴻校：《與猶堂全書》第2集，頁405。

> 按：以夏至為陽長之極者，中國在赤道之北故也。其在赤道之南者，
> 夏至為陽消之極。誰肯曰正陽之月是四月乎？太陽本體四時常旺，所
> 謂日食，不過所見之地，普天未嘗同災也。（丁若鏞：《與猶堂全書》
> 第二集卷三十二，頁369。）

中國位於赤道的北邊，因此夏至為中國「陽長之極」。在地球上所處的地理
位置決定了該地何時為「正陽之月」。茶山從地理學角度分析出中國以夏至
為「陽長之極」，而位於赤道之南的地方並非如此，進一步指出太陽本體並
無絕對的陰陽說，因此也無「普天同災」的說法。

　　綜上所述，《梅氏書評》進一步發展了《尚書古文疏證》的實證法，以
辯證的眼光看待前人的研究，更重視從偽書全文與漢語辭彙史角度搜集實
證，引進了帶有時代特徵的西方科學技術知識，其二十七項造偽手法全面地
系統地展示了茶山實學思想下的考證之學，形成了全面、科學的茶山《尚
書》辨偽方法體系。

三　《梅氏書評》之時代思想特徵

　　「凡『時代』非皆有『思潮』，有思潮之時代，必文化昂進之時代也。
其在我國自秦以後，確能成為時代思潮者，則漢之經學，隋唐之佛學，宋及
明之理學，清之考證學，四者而已。」[12] 茶山自幼研習經學，熟讀中國歷代典
籍，歷經乾嘉道三朝，生逢西學東進及朝鮮變革時期，其思想體系是將孔、
孟儒學及西學與朝鮮現實進行融合的實踐成果，具備了東西學的時代特徵，
成為十九世紀朝鮮半島開化思潮興起的開端。《梅氏書評》正是這一思想體
系的組成部分，由此我們可探知茶山是如何批判宋、明性理學的，是如何融
入西學而形成實學思想體系的。

　　「洙泗」之學是茶山追溯孔、孟儒學本源而形成的經學方法論，以儒家
的「經國濟世」和「修己治人」為根本，反對宋、明虛無的性理學，是追

---

[12] 梁啟超：《中國近三百年學術史》頁12。

求實學意義的新儒學。他對朱子的觀點是辨證的：一方面他反對朱子性理學的空虛部分，包括當時朝鮮學者以此為基礎而展開的學說；另一方面，他讚賞朱子經籍考證之學，辨證地攫取了其對梅氏《古文尚書》疑偽中的實證學說，並稱其「眼力於經典真偽照燭如神」[13]。茶山對宋、明理學的批判，從反對陰陽五行說開始，認為自然本體並不存在陰陽的絕對說法，並從西方科學的角度解釋具體天文現象。如上文「科技考證法的提出」中提及的〈胤征〉一段，「太陽本體四時常旺，所謂日食，不過所見之地，普天未嘗同災也」。他認為太陽本身並無陰陽，要依據具體的地理位置來判定，同時指出日食並非天下所共見，因此否定了「普天同災」的說法。這就否定了萬物的絕對陰陽說，另借西學中的科學知識解釋天文現象。茶山深受西學中世界觀和宇宙觀的影響，具備更科學更寬廣的時空觀念，並將其精妙地運用於辨偽過程中。在解釋自然現象時，茶山否定了陰陽說，而採取西方科學知識，並將技術性的內容引進其實學思想體系。

十五歲時，茶山始讀西書，深為天主教教義和科學技術知識所吸引。二十三歲時，他接受了朝鮮朝西教創立者之一的李承薰的洗禮，成為天主教教徒。天主教在傳播伊始，就遭到堅持傳統儒學及性理學的朝鮮朝當權者的強烈排斥。不久之後，茶山就脫離天主教，專心研究西學，但天主教教義的影響一直伴隨餘生。茶山將《尚書》中的「天」和「上帝」理解為主宰萬物的創造者，是萬物之源。如對〈湯誥〉中「惟皇上帝，降衷於下民」一句的評說：

> 【剽竊】〈吳語〉夫差訊于申胥曰：「今天降衷于吳，齊師受服。」鏞案：「降衷云者，謂天降其慈善之衷以眷佑吳國也，非謂人胚胎之初降賦以仁義禮智之靈性也。〈吳語〉本指天衷，梅書取為人衷，可乎？真西山以『降衷』一語為開萬世性學之源，余謂上古之人皆知道之大源出於上帝，固不復立訓，惟務昭事，及其衰昧之後，群哲憂之，始論性命之理。」（丁若鏞：《與猶堂全書》第二集卷三十，頁171。）

---

[13] 丁若鏞著，金誠鎮編，鄭寅普、安在鴻校：《與猶堂全書》第2集，頁61。

茶山認為梅氏剽竊於夫差之口的「降衷」本義為「天降其慈善之衷」，而梅氏換用為「人胚胎之初降賦」。同時，茶山否定視陰陽為萬物根源的思想，認為「上帝」是萬物的創造者。

　　茶山在對宋、明性理學的批判中，逐漸同性理學的世界觀和自然觀相脫離，並引進實用性的西學作為補充，形成了東西學互補的實學思想體系。實學思想體系是多元化的，帶有鮮明的跨文化交際的印記。茶山在研究經籍時，應清考證之風，追溯「真源」以尋求其原始涵義，以期闡明傳統儒學的真意。同時，從宋代性理學的虛無性反思朝鮮社會的現實問題，在民族意識的催動下，積極主動地引進西方科學技術知識，開創了朝鮮朝「實修、實證、實用」的救國思潮。

　　《尚書》載政事之紀，述帝王之政。早在朝鮮半島的三國時期，《尚書》就已傳入新羅。十八世紀時，朝鮮王朝正經歷一個內憂外患、危機四伏的轉折時期，先進知識份子著意從朝鮮現實出發，上溯經籍，外求西學，以探尋改革救國之路。茶山沉潛一生治學求道，即便謫居鄉野也未曾擱筆，用力勤劬，精研密核。《梅氏書評》是茶山在閻若璩辨偽成就的基礎上，結合時代思想的特徵，憑藉其深厚的《尚書》學功力，辨偽梅氏古文二十五篇的巨著，是開啟海外《尚書》學辨偽研究的標誌。

附表

	伏生今文 《尚書》篇目	《史記》 所載《尚書》篇目	鄭玄所注古文 《尚書》篇目
虞書	堯典	堯典	堯典
			舜典
			汩作
			九共（九篇）
			槀飫
			大禹謨

夏書	皋陶謨	皋陶謨	皋陶謨
	禹貢	禹貢	禹貢
	甘誓	甘誓	甘誓
			棄稷
		五子之歌	五子之歌
		胤征	胤征
商書		帝誥	帝告、釐沃
		湯征	湯征
		女鳩	汝鳩
		女方	汝方
	湯誓	湯誓	夏社、疑至、臣扈
		典寶、夏社	湯誓
		仲虺之誥	仲虺之誥
		湯誥	湯誥
		咸有一德	咸有一德
		明居	明居、典寶
		伊訓	伊訓
		肆命	肆命
		徂后	徂后
		太甲訓（三篇）	太甲（三篇）
		沃丁	沃丁
		咸艾	咸乂（四篇）
		太戊	伊陟
		原命	原命
			仲丁
			河亶甲
			祖乙
		盤庚（三篇）	盤庚（三篇）
		說命	說命（三篇）
	高宗肜日	高宗肜日	高宗肜日
	西伯戡黎	西伯戡黎	西伯戡黎
	微子	微子	微子

周書			
		太誓	泰誓（三篇）
	牧誓	牧誓	牧誓
		武成	武成
	洪範	鴻範	洪範
		分殷之器物	分器
			旅獒
			旅巢命
	金縢	金縢	金縢
	大誥	大誥	大誥
		微子之命	微子之命
		歸禾	歸禾
		嘉禾	嘉禾
	康誥	康誥	康誥
	酒誥	酒誥	酒誥
	梓材	梓材	梓材
	召誥	召誥	召誥
	洛誥	洛誥	洛誥
	多士	多士	多士
	毌逸	毌逸	無逸
	君奭	君奭	君奭
			成王正
			將薄姑
	多方	多方	多方
		周官	周官
	立政	立政	立政
		賄息慎之命	賄息慎之命
			亳姑
			君陳
	顧命	顧命	顧命
		康誥	康王之誥
			畢命

			君牙
		冏命	冏命
			蔡仲之命
			費誓
	呂刑	甫刑	呂刑
	文侯之命	文侯之命	文侯之命
	費誓	肸誓	
	秦誓	秦誓	秦誓
總計	書序一篇，共二十九篇。	有序有文者十三篇，其有文無序者八篇，有序無文者四十一篇，有事實而有序無文者一篇，有事實而無序者一篇，共六十四篇。	鄭本已亡，據孔疏所記序次如上。百篇之內鄭所注釋者三十四篇。

王安石《尚書新義輯考彙評》訂補舉例

蔡根祥*

一　前言

北宋仁宗慶曆三年九月丁卯，范仲淹上書提議改進科舉考試制度，以為當「精貢舉」；他說：

> 三曰精貢舉：進士諸科，請罷糊名法，參考履行無闕者以名聞。進士先策論，後詩賦；諸科取兼通經義者，賜第以上，皆取詔裁；餘優等免選注官次第，人守本科；選進士之法，可以循名而責實矣。[1]

慶曆四年三月甲戌，翰林學士宋祁等又進言，主張：

> 取士當求其實，用人當盡其才。今教不本于學校，士不察于鄉里，則不能覈名實；有司束以聲病，學者專于記誦，則不足盡人才；此乃議者所共為言也。謹參考眾說，取其便于今者，莫若使士皆土著而教之於學校，然後州縣察其履行，則學者修飭矣。故為設立學舍保薦舉送之法，夫上之所好，下之所向；今先策論，則文詞者留心于治亂；簡程式，則閎博者得以馳騁矣；取大義，則執經者不專于記誦矣。其詩賦之未能肄者，雜用今體；經術之未能亙通者，尚如舊科；則中常之人皆可勉及矣。此所以盡人之才者也。故為先策論，過落用詩賦考

---

* 高雄師範大學經學研究所

[1] 〔元〕脫脫等編纂：《宋史》（臺北市：鼎文書局，1978年）卷314，頁10273，〈列傳〉第73〈范仲淹傳〉。以下用此書，均據此本。

式，問諸科大義之法，此數者其大要也。其州縣封彌謄錄，進士諸科帖經之類，皆苛細而無益，一切罷之。法行則申之以賞罰，如此養士有本，取才不乏，為治之本也。[2]

第二天乙亥，天子即以詔書作回應說：

曰：儒者通天地人之理，明古今治亂之原，可謂博矣。然學者不得騁其說，而有司務先聲病章句以拘牽之，則吾豪俊奇偉之士，何以奮焉？士有純明茂材之美，而無文學作成之法，其飭身立節者，使與不肖之人雜而並進，則無文德敏行之才可以見焉。此取士之甚弊，而學者自以為患，亦嘗屢以為言。比今詳酌，仍令政事府參定，皆謂本學校以教之，然後可求其行實。先策論則辨理者得盡其說，簡程式則閎博者可見其才；至于經術之家，稍增新制，兼行古法，以勉中人。煩法細文，一皆罷去；明其賞罰，俾各勸焉；如此則待人之意周，取人之意大。夫遇人以薄者，不可責其厚也。今朕建學興善，以尊士大夫之行，而更制革弊，以盡學者之才，教育之方，勤亦至矣。有司其務嚴訓導，精察舉，以稱朕意。學者其進德修業，不失其時，凡所科條，可為永式。[3]

仁宗嘉祐三年，王安石也上萬言書，痛陳當時科舉選才方式的弊端，他說：

唯太學有教導之官，而亦未嘗嚴其選；朝廷禮樂刑政之事，未嘗在於學；學者亦漠然自以禮樂刑政為有司之事，而非己所當知也。學者之所教，講說章句而已。講說章句，固非古者教人之道也。近歲乃始教之，以課試之文章。夫課試之文章，非博誦強學，窮日之力，則不能；及其能工也，大則不足以用天下國家，小則不足以為天下國家之

---

[2] 〔宋〕彭百川：《太平治迹統類》（臺北市：臺灣商務印書館，影印文淵閣《四庫全書》本）卷27，頁32，總頁687。《四庫》本皆用此。

[3] 〔宋〕彭百川：《太平治迹統類》卷27，頁32～33，總頁687。

用；……方今取士，強記博誦而略通於文辭，謂之茂才異等、賢良方
正。茂才異等、賢良方正者，公卿之選也。記不必強，誦不必博，略
通於文辭而又嘗學詩賦，則謂之進士。進士之高者，亦公卿之選也。
夫此二科所得之技能，不足以為公卿，不待論而後可知。……今朝廷
又開明經之選，以進經術之士；然明經之所取，亦記誦而略通於文辭
者，則得之矣；彼通先王之意，而可以施於天下國家之用者，顧未必
得與於此選也。其次則恩澤子弟，庠序不教之以道藝，官司不考問其
才能，父兄不保任其行義，而朝廷輒以官予之而任之以事。武王數紂
之罪，則曰官人以世；夫官人以世而不計其才行，此乃紂之所以亂亡
之道，而治世之所無也。[4]

從宋祁、呂公著等主張科舉要考經典大義，不務記誦；而王安石更進一步提
議廢除考詩賦。熙寧四年，朝廷依從王安石的意見，詔訂新的貢舉制度；詔
書說：

今定貢舉新制，進士罷詩賦，帖經、墨義，各占治《詩》、《書》、
《易》、《周禮》、《禮記》一經，兼以《論語》、《孟子》。每試四場，
初本經，次兼經，並大義十道；務通義理，不須盡用古注舊疏。次論
一首，次時務策三道，禮部五道。中書撰大義式頒行，量取諸科解
名，增解進士，以熙寧二年解明經數為率。[5]

既然新制專以經義取士，而試經義「不須盡用古注舊疏」，務令通義理，撰
作策論，表現自己的思想理念；於是，舊的經典注疏已經不足以應當時的需
要，所以，新經義的修纂，已經勢在必行，好讓應考者有定本可為依據。

神宗曾經對王安石說：

經術今人人乖異，何以一道德？卿有所著，可以頒行，令學者定于

---

[4] 〔宋〕王安石：《臨川文集》（影印文淵閣《四庫全書》本）卷39，頁9～18〈書疏〉，
〈上仁宗皇帝言事書〉。

[5] 〔宋〕李燾：《續資治通鑑長編》（影印文淵閣《四庫全書》本）卷220，頁1。

一。[6]

熙寧六年（1073），神宗詔設經義局，命當時宰相王安石，提舉修撰《周禮》、《詩經》、《尚書》等三經新義，作為科舉考試的標準本，考試程式就有了明確的依據。熙寧八年六月，《三經新義》修撰完成，頒於學官，以作為天下士子讀書準式，也作為熙寧變法思想的基礎。

其中《周禮義》二十二卷，是王安石親筆撰寫的；《詩義》二十卷、《尚書義》十三卷，雖然是雜出於眾手，實亦王安石經說範疇。《尚書義》是最早完成的，在熙寧七年就已經進上，撰寫人署為王安石的兒子王雱[7]。

王安石《三經新義》是官修定本，地位獨尊，海內士子莫不翕然宗之，故陳振孫稱王學獨行於世者六十年[8]。然王安石變法失敗後，逮南宋後，《三經新義》被視如敝屣，無人聞問，遂逐漸失傳。《周官新義》在明萬曆中所重編的《內閣書目》中，還記載有書名；所以，朱彝尊《經義考》也不敢就標著說這本書「已佚」，但注說「未見」而已；不過，朝廷、民間實際上已經沒有傳本，就連明以來的內閣舊籍，也實無此書。清朝四庫館臣從《永樂大典》中所徵引的《周官新義》文句加以輯集，得到不少佚文，集成輯佚本的《周官新義》十六卷附〈考工記解〉二卷。《尚書新義》自始未有學者加以輯集，直至臺灣大學程元敏教授才進行輯錄，編纂為《三經新義輯考彙評（一）尚書》一書，完成於一九八六年夏天，才使得王安石《尚書新義》重現其大概的面貌，學術功績厥偉。程元敏教授在書前的序言裏說：

> 曩余治宋人經解，兼涉有宋史書、當代文集、筆記，頗見《三經新義》佚文，恆隨手抄劄。比年，廁名上庠，承乏《書經》講席，暇

---

6 〔宋〕李燾：《續資治通鑑長編》卷229，頁5。

7 〔宋〕李燾：《續資治通鑑長編》卷265，頁5〈神宗〉下說：「丁未，同修經義呂升卿言：《周禮》、《詩義》已奏；《尚書》有王雱所進義，乞更不刪改。從之。」

8 〔清〕朱彝尊撰，林慶彰、蔣秋華點校補正：《經義考》（臺北市：中研院文哲所籌備處，1997年）卷79，頁279～280。「《新經尚書義》十三卷」條下引「陳振孫曰」。以下引用《經義考》，均用此本，不再贅述版權資料。

日更作有系統之蒐考；蓄積愈豐。欲先成《尚書新義》輯本，因更詳檢宋、元人文集（其中「論」及「雜著」等部分）、史籍、筆記及宋至清與近人《尚書》專著，都約五百種，自其中八十五書輯得《尚書新義》佚文及對該書之評論，並舊日積存材料，計得佚文五五八條、諸書所引凡一〇二二條次；評論二八二條、諸家評語凡三七五條次。──斯書沈晦六百年，於茲復大顯於世。[9]

雖然程先生已經花了不少心力來輯錄佚文，這本書也成為研究王安石《尚書》學說的最重要的根據資料。然而筆者在攻讀博士學位時，即以宋代《尚書》學為核心論題，潛心經年，也曾悉心蒐羅宋人《尚書》著作，並且對今天已經失傳的著作，尤其刻意抄錄；如蔡元定的〈洪範〉學說、吳才老《尚書》說等。至於王安石的《尚書新義》，由於已經有程先生的大著在，所以並沒有全面收集，不過，在撰寫論文的過程中，還是不時會發現沒有被程先生抄錄的佚文以及相關評論，同時也發現程先生所收集的部分，有一些材料經對比，顯然不是王安石的文字。正所謂智者千慮，亦可能有失；本論文即就程先生的專著為基礎，為之進行補訂工作。由於篇幅有限，僅列舉數例，以見輯彙周全之難。

二 《尚書新義》輯考彙評補訂

王介甫《尚書》學的著述，當首推《三經新義》中的《尚書新義》。至於《尚書新義》的撰寫過程，據《續資治通鑑長編》在熙寧八年六月丁未中說：

同修經義呂升卿言《周禮》、《詩義》已奏，《尚書》有王雱所進，議

---

9 程元敏：《三經新義輯考彙評（一）──尚書》（臺北市：國立編譯館，1986 年）〈前序〉，頁 2。以下凡用此書，不再贅陳版權資料。

乞不更刪改。從之。[10]

又據王安石《尚書義‧序》說：

> 熙寧二年，臣安石以《尚書》入侍，遂與政。而子雱實嗣講事，有旨
> 為之說，以獻。八年，下其說太學頒焉。[11]

可知《尚書新義》成書，是以王雱在經筵講《尚書》的講義為基礎。考《宋
史‧王安石傳‧附王雱傳》說：

> 召見，除太子中允崇政殿說書。神宗數留與語，受詔註《詩》、《書》
> 義，擢天章閣待制兼侍講。書成，遷龍圖閣直學士，以病辭，不拜。[12]

而《續資治通鑑長編》於熙寧七年四月己丑說：

> 太子中允崇政殿說書兼國子監同修撰經義，王雱為右正言天章閣待制
> 兼侍講。雱以疾不能朝，又詔特給俸，免朝謝，許從安石之江寧，仍
> 修撰經義。[13]

可知《尚書新義》書成而上進，實於七年四月之前，已經畢竟全功，在三經
之中，是最早的，這是因為有現成書稿的緣故。

總上所言，《尚書新義》的作者，應當為王雱，而不是王安石。所以，
晁公武直接以為「王雱元澤撰」，不列王安石為作者。而陳振孫則以為「雱
述其父之學」，《經義考》則並列王氏父子之名。至於朱熹在評論《尚書新
義》時，都直接指稱王荊公，未嘗有一語提及王雱；而王應麟承繼朱文公這
種說法，也以為王安石才是真正的作者[14]。

---

10 〔宋〕李燾：《續資治通鑑長編》卷265，頁5。

11 〔宋〕王安石：《臨川文集》卷84，頁3。

12 〔元〕脫脫等編纂：《宋史》卷327，頁10551。

13 見〔宋〕李燾：《續資治通鑑長編》卷252，頁34。

14 參見〔清〕朱彝尊撰，林慶彰、蔣秋華點校補正：《經義考》卷79，頁279～280：
  「王氏安石子雱《新經尚書義》」條。

現在考察王安石《尚書新義·序》說:「而臣父子以區區所聞,承乏與榮焉。」[15]可見這本書應該是王氏父子二人合作之功。況且王雱卒時纔三十三歲,《宋史》本傳雖然說王雱「性敏甚,未弱冠,已著書數萬言」,又說他曾經作《老子》訓傳、佛書義解數萬言,又注解有《道德經》[16],是神宗召見之前,王元澤本無儒學方面的著作;何況《尚書》一經,號稱為三代淵懿之理,詰屈聱牙之辭,王雱在那麼年輕的時候,是不容易對之有深刻的瞭解的。反觀王介甫則是深研經學,屢屢主張以經術治世,而所發的議論,大都好引經典文辭加以發揮。從《宋史》本傳中看,所引用王安石的高議長論,無不關於《尚書》的。可見王安石之於《尚書》,實有極精深的探研,與他兒子王元澤相校,實在是不可同日而語的。

而現在《尚書新義》已佚失不見,當然是在王安石之後,就在熙寧變法失敗後,學者對王安石的論說,大多盡力排抵,浸至完全消失於人世間。《經義考》引晁公武之言說:

> (王)雱成是經,頒於學官,用以取士。或少為異,輒不中程。由是獨行於世六十年,而天下學者喜攻其短,自開黨禁,世人罕稱焉。[17]

至於是在甚麼時間失傳的,就不得而知了。至少在朱彝尊時就已經說「佚」。不過,就是因為王安石的學說往往是宋元學人所好攻譏的對象,因而每每多引王氏著述文字來作為論議的鵠的,以此之故,《尚書新義》的片言殘簡,被保留在各宋元學者的論著裏,為數也是不少的。臺灣大學程元敏先生傾多年之功,輯成《三經新義輯考彙評(一)——尚書》一書,其嘉惠後學,貢獻良多。不過輯佚的工作是不容易完全沒有漏失的,因為好的輯佚,第一要能廣覽群籍,最好是完全的地毯式耙梳;第二是要能有精準的判斷,不可以指鹿為馬,也不能「掛萬漏一」。

---

15 見〔宋〕王安石:《臨川文集》卷84,頁4。

16〔元〕脫脫等編纂:《宋史》卷327,頁10551〈王安石傳〉後附〈王雱傳〉。

17〔清〕朱彝尊撰,林慶彰、蔣秋華點校補正:《經義考》卷79,頁279。

在輯錄王安石《尚書新義》的過程中，比較容易的，是從宋元以來諸學者的書裏，直接明指其為王氏之言，或稱「王介甫」、或曰「荊公」、或逕稱「安石」、或指為「新義」、或曰「王氏諸儒」、「王氏之徒」的，其中所引王氏《尚書新義》，比較明確可考；然而其中也有王姓的學者如王子雍、王博士、王炎等《尚書》論述，是有可能混淆的，然經過考辨，大都能涇渭分明。程元敏先生也注意到這點說：

> 更有明艾南英《禹貢圖註》（《學海類編》本）引「王氏曰」數條；其第一條，考之元人所引，為王炎《尚書小傳》之說，其餘亦無以證為安石說者，殆亦皆王炎之說，故並不收。[18]

有時候，雖然文字明白說是「王氏」的主張，但是因為作者議論是連續陳述的，王安石的論述跟作者的意見經常穿插交錯，不容易清楚劃出「王氏」的範圍，認定上就有可出入之處。

而最難的是引用文字裏，並未明說是王安石的《新義》言論，那就要經過精密的對比，才能確定是否為王安石的文字。就如蘇東坡作《書傳》，正是他貶謫儋耳之時，朝中權力政柄還是操諸主張新法之流，所以，蘇軾當然不會在書中明指王安石之說來一一加以辨駁的；然而眾所皆知，《東坡書傳》裏雖然絕未稱舉安石姓名字號，但是他所譏評的對象，每謂「近時學者」、「或曰」，而所譏評每每認為是「好異」、「喜鑿」、「猛政」、「用刑」、「新法」，這些無疑都應該是王安石主張的特徵；故此一定要從對比諸如林之奇的《尚書全解》、黃倫的《尚書精義》等，才能證知的確是為《尚書新義》而發的。可見輯佚工作真的是十分艱鉅，經常會失諸交臂而未察。

以下就上述幾種輯佚的難處與盲點，以筆者所見及的王安石《尚書新義》的論述文字，各舉數例來說明；對於程元敏先生的大著來說，筆者所陳只能算是「狗尾」，然而就學術而論，也是一點點資料的累積，使之更臻完

---

18 程元敏：〈佚文及評論之部引用書目考〉，《三經新義輯考彙評（一）──尚書》〈上編〉，頁247。

善；也是筆者對程元敏先生致上崇高敬意的一點心意。

（一）文稱「王氏曰」而實非王安石之說

如前所述，程元敏先生已經很注意這種可能性，而悉心加以過濾了，不過還是有「不速之客」誤入羅網的。

程元敏先生在《三經新義輯考彙評（一）——尚書》（以下簡稱《輯考彙評》）中，〈皋陶謨〉篇「皋陶拜手稽首，颺言曰：『念哉！率作興事，慎乃憲，欽哉。屢省乃成，欽哉。』乃賡載歌曰：『元首明哉，股肱良哉，庶事康哉。又歌曰：『元首叢脞哉，股肱惰哉，萬事墮哉。』」下，列出佚文第一二五條說：

> 皋陶以為人君不必下侵臣職，以求事功，但委任而責成功爾。「率作興事」者，分職授任，如咨命二十二人是也。「屢省乃成」，則「三載考績、三考黜陟」是也。能如是，則可謂之明君。君明則臣不敢欺，而思盡其職，庶事自各就緒矣。苟為不然，而欲下侵眾職，則元首叢脞而股肱懈怠。天下之事，豈一人所能辦哉？萬事之墮，固其宜矣。[19]

程先生註明是出於明朝王樵撰《尚書日記》卷四頁三十七。然而考之載籍，元代王充耘撰《讀書管見》卷上，在「帝庸作歌」條下說：

> 帝作歌則先股肱，欲倚重於其臣。皋陶賡歌則先元首，以責難於其君。所謂颺言者，乃歌之漸，非大言而疾也。與「工以納言，時而颺之」者同。蓋有韻則為歌，無韻則為言。而兩語皆以「欽哉」係其後，有咏歎歌颺之意，亦歌之類也。【皋陶以為人君不必下侵臣職，以求事功，但委任而責成功耳。「率作興事」者，分職授任，如咨命二十二人是也。「屢省乃成」，則「三載考績，三考黜陟」是也。能

---

[19] 程元敏：《三經新義輯考彙評（一）——尚書》頁45～46。

如是，則可謂之明君。君明則臣不敢欺，而思盡其職，庶事自各就緒矣。苟為不然，而欲下侵眾職，則元首叢脞而股肱惰怠；天下之事，豈一人所能辦哉？萬事之墮，固其宜矣。】[20]

這一段文字的下半（有括號部分），跟王樵《尚書日記》中所言完全相同。王充耘這段說解文字，前後連貫，一氣呵成，並非引用他人的言論甚明。由此可見王樵所引「王氏曰」，其實是元朝王充耘《讀書管見》中的言論，而不是王安石《尚書新義》裏的主張。

又程先生在《輯考彙評》〈盤庚下〉「敢恭生生，鞠人，謀人之保居，敘欽」條下，列佚文第二五九條說：

> 導其耕桑，薄其稅斂，使老幼不失其養，鞠人之事也。聯其比閭，合其族黨，相友相助，謀人保居之事也。既養之，又安之，則斯民之生生得矣。（《書傳會選》卷三，頁三八）[21]

程先生說這條出於明劉三吾等撰《書傳會選》卷三頁38。然而考之於明朝朱睦㮮撰《五經稽疑》卷二〈尚書〉條下「鞠人，謀人」的解說謂：

> 鞠、謀，蔡氏不解其義。新安王氏曰：「導其耕桑，薄其稅斂，使老幼不失其養，鞠人之事也。聯其比閭，合其族黨，相友相助，謀人之事也。既養之，又保之安之，則斯民之生生得之矣。」

朱睦㮮所引的文字，與《書傳會選》所引完全一致，而稱說是「新安王氏」所言；「新安王氏」是王炎，與《書傳會選》單稱「王氏」不同。而《欽定書經傳說彙纂》卷八「朕不肩好貨，敢恭生生，鞠人，謀人之保居，敘欽」條下，先引《集傳》之說，然後在「集說」下引說：

---

20 〔元〕王充耘：《讀書管見》（臺北：漢京文化事業有限公司，索引本《通志堂經解》第15冊）卷上，頁21，總頁9127。

21 程元敏：《三經新義輯考彙評（一）——尚書》頁92。

　　集說：王氏十朋曰：「導其耕桑，薄其稅斂，使老幼不失其養，鞠
　　人之事也，　其比閭，合其族黨，相友相助，謀人保居之事也。既養
　　之，又安之，則斯民之生生得矣。」

所引的文字也與《書傳會選》相同，但所稱名引用者為「王氏十朋」，這也
跟朱睦㮮所稱「新安王氏」不一致。這三段一樣的文字，其中兩處都不認
為是王安石的言論，那麼，《書傳會選》所稱的「王氏曰」，屬於王安石言
論的相對機率似乎是相當微小了。又《書傳會選》在「王氏曰」之前，先引
「陳氏大猷」的話，以時間先後而論，王安石應該早於陳大猷，以此也或可
推斷「王氏曰」並非王安石的言論。而這段文字不見於宋元學者所載，至明
朝才出現在《書傳會選》裏，則所稱「王氏曰」指早在宋朝的王安石，機率
至甚微小。

（二）未稱「王氏曰」而實為王安石言論

　　前面也已經稍為提及，在宋元學者的論述裏，提到王安石變法時，往往
因為礙於當時政治環境，王氏之學仍然當權秉政，想要達到「言之者無罪，
聞知者足以戒」，所以大都隱藏了王氏稱名、《新義》書題，只用「近時學
者」、「或曰」、「一說」之類為標題；如果未加考覈、對比，往往會視而不
見，變成漏網之魚的。像蘇東坡作《書傳》就是如此；蘇軾與王安石同時，
他的《書傳》之作，其實有很多是針對王氏之說而發，但是他不便說明，以
免加深自己所承受的外在壓力。
　　程先生當然也知道這種情形，所以，在《輯考彙評》中也經常認定蘇軾
的言論是針對王氏而發的，雖然文中並沒有說明是「王氏曰」的。如《輯考
彙評》在〈盤庚下〉「式敷民德，永肩一心」條下，引用評論說：

　　宋蘇軾曰：……盤庚，德之衰也。其所以信於民者未至，故紛紛如
　　此。然民怨誹逆命而盤庚終不怒，引咎自責，益開眾言，反覆告諭，
　　以口舌代斧鉞，忠厚之至，此殷所以不亡而復興也。後之君子屬民

> 以自用者，皆以盤庚藉口，予不可以不論。（《東坡書傳》卷八，頁
> 十四～十五）[22]

蘇軾評論的原文，並沒有指稱「王氏曰」，但是因為有人「厲民以自用者，
皆以盤庚藉口」，而這種論調就是王安石的特徵，所以，程先生認定這是針
對王安石而發的評論。

　　蘇氏既未明指為王氏的說法，而《尚書新義》又失傳，沒有辦法一一對
比以考論之，是故根據《東坡書傳》以考輯《尚書新義》佚文甚難。現在舉
二例來觀察這種情況。

　　在《東坡書傳》卷九〈武成〉篇，於「分土惟三」句下，蘇軾發為議論
評論「近歲學者」說：

> 公侯百里，伯七十里，子男五十里，自《孟子》、〈王制〉皆云爾，
> 此周制也。鄭子產言列國一同，今大國數圻，若無侵小，何以至焉，
> 而《周禮》乃云：「公之地五百里，侯四百里，伯三百里，子二百
> 里，男百里，凡五等。」《禮》曰「封周公于曲阜，地方七百里」，
> 皆妄也。……而**近歲學者**，必欲實《周禮》之言，則為之說曰：「公
> 之地百里而已，五百里者，并附庸言之。」夫以五百里之地，公居其
> 一，而附庸居其四，豈有此理哉！予專以《書》、《孟子》、〈王制〉
> 及鄭子產之言考之，知《周禮》非聖人之全書明矣。[23]

這一段話是根據諸侯封地大小，并附庸的土地來而計算的，這一說法未見其
他學者有如此主張，惟黃倫《尚書精義》引「胡氏曰」有相同的論調，然
而考查了《呂氏家塾讀詩記》卷三十一，於〈魯頌・閟宮〉一詩，「錫之山
川，土田附庸」句下引「王氏曰」：

> 孟子曰：周公之封於魯，為方百里也。地非不足也，而儉于百里。而

---

22 程元敏：《三經新義輯考彙評（一）──尚書》頁93。
23 〔宋〕蘇軾：《東坡書傳》（影印文淵閣《四庫全書》本）卷9，頁13。

《周官》以為諸侯之地，方四百里，蓋特言其國也，則儉于百里，併附庸言之，則為方四百里也。[24]

由此可以知道，將諸侯封地并附庸土地一齊合計的說法，據此以合《周禮》之數，其實也是王安石的論點；何況王安石又特重《周官》一經，而且親自為之撰寫《新義》，而蘇東坡則特譏《周官》一書為殘缺之言，也是專針對王氏以發的；可見此所引「近歲學者」的論述「公之地百里而已，五百里者，并附庸言之」，當為《尚書新義》之文。而蘇軾的譏評，也應該是針對性的評論了。清朝朱鶴齡撰《尚書埤傳》，於卷九「分土為三」句下說：

蘇軾曰：「……而**近來學者**，必欲實《周禮》之言，則為之說曰：『公之地百里而已，五百里者，并附庸言之。』夫以五百里之地，公居其一，附庸居其四，豈有此理哉！予專以《尚書》、《孟子》、〈王制〉及子產之言考之，《周禮》非聖人之全書明矣。」此論似為王荊公發，然《周禮》實不可信。

這真是前人先得我心的看法。

而《東坡書傳》卷二十，於〈費誓〉篇中「有無餘刑，非殺」句下，也表達了對「近時學者」的批評說：

近時學者，乃謂「無餘刑」，孥戮其妻子，非止殺其身而已。夫至于殺而猶不止，誰忍言之；伯禽，周公子也，而至于是哉！

按孔疏引王肅、鄭玄之說，皆以孥奴妻子為說，然皆云不殺之，而入於罪隸春槀。此云「非止殺其身而已」，是有異乎先儒。考諸《四庫全書》中所輯《周官新義》卷十五「若邦凶荒札喪寇戎之故」下云：

仇讎之罪，已書于士而得，則士之所殺也；已書于士而不得，則罪不

---

[24] 邱漢生輯校：《詩義鉤沈》（北京市：中華書局，1982年）頁300～301引之。是書乃輯錄王安石《詩經新義》材料而成。

> 嫌于不明，故許之專殺也。……若荒政除盜賊，〈費誓〉：「無餘刑，
> 非殺。」則以災寇之故，有加急焉。

其意謂士官既得其罪，殺之；書之而未得其罪，亦允許殺之而士官無罪，況
於荒政寇盜兵戎災變之時，士官之訊罪定刑，更有進於殺者，所以就更加急
激。有進於殺，則不可能不殺其身；既殺其身，復孥戮其妻子，方才是為有
進於殺其身；而此處特引〈費誓〉「無餘刑，非殺」，就是用以證明其說義
於古有據，可見王安石對「無餘刑，非殺」一句的解讀，就是「非止殺其
身」。復考《周官新義》司刑下云：

> 墨、劓、宮、刖、殺，棄人之刑也，以殺為不足，則又有孥人父母妻
> 子者；孥其父母妻子，非刑之正也，故不列於此。[25]

是王氏以為五刑之中，殺為最嚴，而有進於殺者，就應當為「孥戮」之刑；
總合而觀之，可見東坡所引的「近時學者」所言「無餘刑，孥戮其妻子，非
止殺其身而已」，應該就是王安石的《尚書新義》的文字論說。

不獨蘇東坡不提名而引用議論王安石的言論，其他學者也經常不說是
王氏之說，而其內容實在就是王氏的主張。比如夏僎《尚書詳解》卷二頁
四十八「帝曰：夔，命汝典樂，教胄子；直而溫，寬而栗，剛而無虐，簡而
無傲」中說：

> 一說又謂【「直而溫」至「簡而無傲」為「教人之道」】；且引【孔子
> 曰：「吾無隱乎爾。」是教人者欲其直。《詩》曰：「載色載笑。」是
> 教人者欲其寬。《記》曰：「師嚴然後道尊。」是教人者欲其剛。《易》
> 曰：「再三瀆，瀆則不告。」是教人者欲其簡。夔將以樂教胄子，必
> 在我者有是德，然後可以用樂。自「詩言志」以下，所謂以樂教人
> 也。故有是德然後用樂，則樂之和且可以感神人，況胄子乎！儻無德
> 以為之本，而徒用樂以為之文，則所用樂者不過聲音節奏之間而已，

---

25 〔清〕四庫館臣輯：《周官新義》（影印文淵閣《四庫全書》本）卷15，頁9。

何以教胄子哉！是故大司樂之教國子，亦必以德為之本，而後以六樂為之文者，正此意也。】此說不若前說為長，然舜之命伯夷典禮，既言「咨！伯汝作秩宗」，于下即言「夙夜惟寅，直哉惟清」，皆言典禮之官，其德當如此；則此言「命汝典樂，教胄子」，于下即言「直而溫」至「簡而無傲」者，是亦教人者其德當如此。以此推之，故知後一說于經亦通，故併存之。

考之程先生的書中，在〈皋陶謨〉「直而溫，寬而栗，剛而無虐，簡而無傲」句下，列佚文第六十八條說：

> 此四句乃教者之事。（《或問》卷上，頁二四）

而在這句之後，詳引宋陳大猷的評論說：

> 或問：「『直而溫』下四句，荊公言此『教者之事』；諸家多取之，如何？」曰：「晦菴謂如此說，則於教胄子上都無益。」愚謂：直、寬、剛、簡，決非施教者之事；王、張氏雖強引經，據於理，終非所安也。（《或問》卷上，頁二四）[26]

如果對比陳大猷對王安石主張的評論，可得出王安石主張的特徵有二：第一是主張這四句是「教者之事」，前人並無此說，是王安石的創論，而且後來有不少學者採用王氏的解說；第二是王安石解說這四句時，是「強引經」來論證「直、寬、剛、簡」都是「教者之事」。我們就根據這些條件來看夏僎所謂的「一說」，不單主張四句是「教人之道」，也就是「教者之事」，而且引《論語》孔子之言來證明「教人者欲其直」，引《詩經》來印證「教人者欲其寬」，引《禮記·學記》來說明「教人者欲其剛」，引《易經》來指出「教人者欲其簡」；這完全符合陳大猷所說的「強引經」來解說。更進一步來說，「一說」還強調「必在我者有是德，然後可以用樂」，是認為教人者必以德為本，而「無德以為之本，而徒用樂以為之文，則所用樂者不過聲音節

---

[26] 程元敏：《三經新義輯考彙評（一）──尚書》頁25。

奏之間而已」，這也符合陳大猷所說的「據於理」，也就是以義理仁德為說。

　　總合以上的種種條件而論，夏僎所引論的「一說」，是完全符合陳大猷所指出王安石解說這四句的特徵；在宋代諸家《尚書》解說中，根本就再也找不出其他可能如此符合條件的論調。則這一段「一說」應該可以認定是王安石《尚書新義》的佚文，以及相關的評論[27]。

（三）王安石《尚書新義》佚文範圍認定的問題

　　宋元學者引用王安石的主張來評論，雖然也常常明確說是王安石之說，不過，由於夾引夾論，作者的言論與引王安石《書義》文字交錯穿插，使得在輯錄的時候，判斷那一句是王安石的話，那一句是作者的評論，有時候是不容易清楚離析的。在判斷的時候有了誤判，也是很難避免的。程先生的《輯考彙評》書中，似乎也不能倖免。

　　程先生書中，如〈仲虺之誥〉中「惟王不邇聲色，不殖貨利，德懋懋官，功懋懋賞；用人惟己，改過不吝；克寬克仁，彰信兆民」句下，引王氏佚文第二一七條說：

> 用人惟己，己知可用而後用之。如此則是果於自任，而不從天下之所好惡也。**王者心術之真**，大抵如此。改過不吝，言己有過則改之，無復吝惜；若所謂過則勿憚改也。用人惟己，則善者無不從；改過不吝，則不善無不改；此所以能合并為公，以成其大也。其發而為政，又能寬以居之，仁以行之，蓋所謂以不忍人之心，行不忍人之政也。惟湯之德如上所言，茲其所以明信於天下，天下信之而欲以為君也。《孟子》曰：「以萬乘之國，伐萬乘之國，簞食壺漿以迎王師。」豈有他哉，避水火也。如水益深，如火益熱，亦運之而已矣。桀之所以失天下之心者，惟其肆為威虐，故民墜塗炭而莫之拯；湯於是時以寬仁

---

[27] 夏氏引文中加上【 】的文字，應該是王安石《尚書新義》的論述，後面則是夏僎的評論。

之德，彰信於天下，故天下歸之，若大旱之望雲霓。然湯之所以能成
寬仁之德者，其本則自於清淨寡欲，眇然天下，舉不足以動其心，故
能利與人同，以施其不忍人之政；茲其所以彰信於天下也。蓋撥亂反
正，以成帝王之業者，苟有利之之心，則將奪於物欲，見利而動，惑
於聲色貨利之私，遂至以私害公，不能執其所有，以與天下共其利；
剛愎自用，遂其非而莫之改，如此則所施者無非虐政，是水之益深，
火之益熱也。古之人有行之者，項羽是也。漢高祖與項羽當秦之末，
俱興義兵，以除殘去虐。較其勢則高祖之不如羽遠甚，然而高祖卒得
天下，羽失之者，以高祖之寬仁，而羽則惟肆其暴虐而已。原其高祖
之所以寬仁者，無他，亦本於此數者之德而已。觀其入秦關，珍物無
所取，婦女無所幸，封秦宮室府庫，還軍灞上，則其志已不小矣；而
又不愛爵賞，降城即以侯其將，得賂即以分其士，好謀能聽，從諫如
轉圜；惟此數者之德，皆備于己，**故其約法三章，悉除去秦法，而秦
民皆按堵如故，莫不欲高祖王秦者**。而項羽之所為，則皆反是，此其
成敗之勢所以不同也。以高祖之成帝業者而推之，則知仲虺所以推本
成湯誕膺伐夏救民之意，始於不邇聲色，不殖貨利，改過不吝，然後
繼之以克寬克仁，彰信兆民，可謂知所先後矣。（《精義》卷十六，
頁四～六；《全解》卷十四，頁十九）[28]

程先生既根據黃倫《尚書精義》卷十六所引「王氏曰」的文句，認定這是王
安石的《新義》原文，其後則引用林之奇《尚書全解》卷十四的材料，作為
同一條的評論說：

> 「惟己」與「慎厥終，惟其始」之惟同，言用人之言如自己出也。若
> 所謂「善與人同，舍己從人，樂取諸人以為善」也。王氏曰：「用人
> 惟己，己知可用而後用之。」如此則是果於自任，而不從天下之所好

---

[28] 程元敏：《三經新義輯考彙評（一）──尚書》頁75～77。

惡也。王氏心術之異，大抵如此。(《全解》卷十四，頁十九)[29]

如果不查考《全解》的原文，按照程先生書中的體例，似乎是說《尚書全解》有部分文字與《尚書精義》相同，從「王氏曰」以下是也；所以，佚文部分列出兩個來源，先列《尚書精義》，表示以《尚書精義》較為詳盡，所以根據它作佚文內容。然而翻閱了兩處的原文，發現並非如此：《尚書精義》以「王氏曰」起頭，而《尚書全解》則是「王氏曰」出現在中間；而且，《尚書全解》自「大抵如此」以下，還有一大段文字，跟《尚書精義》自「大抵如此」之後的文字是完全一樣的。為方便讀者起見，下表對列兩者文字，以見其真實情形：

《尚書精義》卷十六	《尚書全解》卷十四
王氏曰：用人惟己，己知可用而後用之。如此則是果於自任，而不從天下之所好惡也。**王者心術之真**，大抵如此。改過不吝，言己有過則改之，無復吝惜；若所謂過則勿憚改也。用人惟己，則善者無不從；改過不吝，則不善□無不改；此所以能合并為公，以成其大也。其發而為政，又能寬以居之，仁以行之，蓋所謂以不忍人之心，行不忍人之政也。惟湯之德如上所言，茲其所以明信於天下，天下信之而欲以為君也。孟子曰：以萬乘之國，伐萬乘之國，簞食壺漿以迎王師。	「惟己」與「慎厥終，惟其始」之惟同，言用人之言如自己出也。若所謂「善與人同，舍己從人，樂取諸人以為善」也。王氏曰：用人惟己，己知可用而後用之。如此則是果於自任，而不從天下之所好惡也。**王氏心術之異**，大抵如此。改過不吝，言己有過則改之，無復吝惜；若所謂過則無憚改也。用人惟己，則善者無不從；改過不吝，則不善者無不改；此所以能合并為公，以成其大也。其發而為政，又能寬以居之，仁以行之，蓋所謂以不忍人之心，行不忍人之政也。惟

---

[29] 程元敏：《三經新義輯考彙評（一）──尚書》頁77。

豈有他哉,避水火也。如水益深,如火益熱,亦運之而已矣。桀之所以失天下之心者,惟其肆為威虐,故民墜塗炭而莫之拯;湯於是時以寬仁之德,彰信於天下,故天下歸之,若大旱之望雲霓。然湯之所以能成寬仁之德者,其本則自於清淨寡欲,眇然天下,舉不足以動其心,故能利與人同,以施其不忍人之政;茲其所以彰信於天下也。蓋撥亂反正,以成帝王之業者,苟有利之之心,則將奪於物欲,見利而動,惑於聲色貨利之私,遂至以私害公,不能執其所有,以與天下共其利;剛愎自用,遂其非而莫之改,如此則所施者無非虐政,是水之益深,火之益熱也。古之人有行之者,項羽是也。漢高祖與項羽當秦之末,俱興義兵,以除殘去虐。較其勢則高祖之不如羽遠甚,然而高祖卒得天下,□羽失之者,以高祖之寬仁,而羽則惟肆其暴虐而已。原其高祖之所以寬仁者,無他,亦本於此數者之德而已。觀其入秦關,珍物無所取,婦女無所幸,封秦宮室府庫,還軍灞上,則其志已不小矣;而又不愛爵賞,降

湯之德如上所言,茲其所以明信於天下,天下信之,而欲以為君也。孟子曰:以萬乘之國,伐萬乘之國,簞食壺漿以迎王師,豈有他哉,避水火也。如水益深,如火益熱,亦運□而已矣。桀之所以失天下之心者,惟其肆為威虐,故民墜塗炭而莫之拯;湯於是時以寬仁之德,彰信於天下,故天下歸之,若大旱之望雲霓。然湯之所以能成寬仁之德者,其本則自於清寡欲,眇然天下,舉不足以動其心,故能利與人同,以施其不忍人之政;茲其所以彰信於天下也。蓋撥亂反正,以成帝王之業者,苟有利之之心,則將奪於物欲,見利而動,惑於聲色貨利之私,遂至以私害公,不能推其所有,以與天下共其利;剛愎自用,逞其能逞其能而莫之改,如此則所施者無非虐政,是水之益深,火之益熱也。古之人有失之者,項羽是也。漢高祖與項羽當秦之末,俱興義兵,以除殘去虐。較其勢則高祖之不如羽遠甚,然而高祖卒得天下,而羽失之者,以高祖之寬仁,而羽則惟肆其暴虐而已。原其高祖之所以寬仁者,無他,亦

本於此數者之德而已。觀其入秦關，珍物無所取，婦女無所幸，封秦宮室府庫，還軍灞上，則其志已不小矣；而又不愛爵賞，降城即侯其將，得賄即以分其士，好謀能聽，從諫如轉圜；惟此數者之德，皆備於己，**故其約法三章，悉除去秦法，而秦民皆安堵如故，莫不欲高祖王秦者。**而項羽之所為，則皆反是，此其成敗之勢所□不同也。以高祖之成帝業者而推之，則知仲虺所以推本成湯誕膺伐夏救民之意，始於不邇聲色，不殖貨利，改過不吝，然後繼之以克寬克仁，彰信兆民，可謂知所先後矣。

城即以侯其將，得賂即以分其士，好謀能聽，從 如轉圜；惟此數者之德，皆備于己，**故其約法三章，悉除去秦法，而秦民皆按堵如故，莫不欲高祖王秦者。**而項羽之所為，則皆反是，此其成敗之勢所以不同也。以高祖之成帝業者而推之，則知仲虺所以推本成湯誕膺伐夏救民之意，始於不邇聲色，不殖貨利，改過不吝，然後繼之以克寬克仁，彰信兆民，可謂知所先後矣。

以上兩段文字，其中有不同的地方，都用方框標出，也有彼此一二字有無的，則用方框替代。顯而易見，兩段文字除了極少處有異外，幾乎全同。其中最重要的差異，就是《精義》說「王者心術之真」，相對的《全解》則作「王氏心術之異」。如果光看《尚書精義》，既然是以「王氏曰」起首，而中間又說「王者心術之真」，那理所當然認為全段都是王安石的論述。不過，從文義語句而言，還是有問題的；第一，「用人惟己，己知可用而後用之」與「如此則是果於自任，而不從天下之所好惡也」，兩節文字意義就彼此矛盾，後說是批評前說的。第二，「王者心術之真」一句，「心術」一詞，通常是用在負面語義，類似「權謀」、「包藏禍心」的涵義，成語「心術不正」就是明例；而就傳統儒家思想而言，「王者」是不會用「心術」的，「心術」也不會有甚麼「真」可言的。

　　如果進一步對比林之奇的《尚書全解》文字，筆者以為程元敏先生標點林之奇《全解》的文字是十分正確的。程先生認為「王氏曰」後面的兩句「用人惟己，己知可用而後用之」，才是王安石的言說，所以用雙引號標示，而「如此則是果於自任，而不從天下之所好惡也。**王氏心術之異**，大抵如此」一段，是林之奇對王安石的的評論。考林之奇之意，就是在批評王氏之「果於自任，而不從天下之所好惡」，故下文又說：「遂至以私害公，不能推其所有，以與天下共其利；剛愎自用，逞其能而莫之改，如此則所施者無非虐政，是水之益深，火之益熱也。」[30]如果用對林之奇引用的文字理解來看黃倫《精義》，那矛盾就沒有了；差別就只有在「王者心術之真」與「王氏心術之異」而已。試想想，「真」與「異」很明顯是字形相近而誤，「者」字的草書與「氏」字也有些相似；根據矛盾現象來判斷，錯誤應該在《尚書精義》。

　　考之《宋史・王安石傳》中的記載，可見王安石多有剛愎自用，不恤人言的事實。而林之奇對王安石的批評很多，其中對王氏「剛愎自用」、「一意孤行」、「不恤人言」的性格與主張，是常加指斥的理由。如〈盤庚〉篇「無或敢伏小人之攸箴」，程先生輯錄王氏《新義》佚文第二四六條則說：

> 無或敢伏小人之攸箴者，戒之以無自用而違其下。……治形之疾以箴，治性之疾以言。小人之箴雖不可伏，然亦不可受人之妄言……故古之人聖讒說，放淫辭，使邪說者不得作，而所不伏者嘉言而已。（《全解》卷十八，頁十一）[31]

林之奇評曰：

> （蘇氏）此論甚善，亦有為而發也。當時王介甫變更祖宗之制度，立青苗、免役等法，而當朝公卿，下而小民，皆以為不便，而介甫決意行之，其事與盤庚遷都相類，故介甫以此藉口，謂臣民之言皆不足

---

30 〔宋〕林之奇：《尚書全解》（臺北縣：大通書局，1970年）卷14，頁20。
31 程元敏：《三經新義輯考彙評（一）——尚書》頁87。

恤。……(《全解》卷十八，頁十一—十一)[32]

可見林氏以為王氏每「咈百姓」以從己，違眾而自是，藉解經以自寬解。又〈大禹謨〉「罔違道以干百姓之譽，罔咈百姓以從己之欲」句，程先生輯王氏《新義》佚文第八十二條說：

> 咈百姓以從先王之道則可，咈百姓以從己之欲則不可。古之人有行之者，盤庚是也。蓋人之情，順之則譽，咈之則毀；所謂「違道以干百姓之譽」也，即咈百姓以從先王之道者也。(《全解》卷四，頁十)[33]

林之奇對王安石的言論，認為跟經典相悖的。所以，林之奇對於王氏的說法，發表了強烈的批評說：

> 此說大戾！夫盤庚將遷都，民咨胥怨而不從，盤庚不強之以遷也。方且優游訓誥，若父兄之訓子弟，至於再，至於三；必使之知遷都之為利，不遷之為害，然後率之以遷焉；何嘗咈之以從己哉！夫王者之安天下，必本於人情，未有咈百姓而可以從先王之道也。王氏此說，甚牴牾於聖經矣。(《全解》卷四，頁十)[34]

可見林之奇對王安石這種「咈百姓以從己」的言論，可謂甚惡之極，一再譏評。那麼，「大抵如此」以下一大段文字，顯然是林之奇評王安石的話，而不是王安石自己的言論。

再檢驗「大抵如此」以下的大段文字中，曾經舉漢高、項羽的行事與結局為例，以說明「果於自任，而不從天下之所好惡」的下場會是悲慘如項羽的；反之，漢高祖能「不愛爵賞，降城即以侯其將，得賂即以分其士，好謀能聽，從諫如轉圜」，所以才最後反敗為勝，卒得天下。這個歷史的對比事例，在林之奇《尚書全解》裏，曾不止一次加以運用與申述；如〈皋陶

---

[32] 程元敏：《三經新義輯考彙評（一）──尚書》頁88。

[33] 程元敏：《三經新義輯考彙評（一）──尚書》頁30。

[34] 程元敏：《三經新義輯考彙評（一）──尚書》頁30。

謨〉「皋陶曰：帝德罔愆，臨下以簡，御眾以寬，罰弗及嗣，賞延于世」句
下說：

> 臨下以簡，御眾以寬者，此謂操之於上者既無繁苛之法，則施之於民
> 者必無暴虐之政矣。蓋惟簡故能寬也。**漢高祖入秦關，約法三章，餘**
> **悉除去秦法，而秦民皆案堵如故**；由其簡，故能寬也。[35]

這一段裏，林之奇的部分言論文字，不單止跟《全解》「大抵如此」下文字
相同，甚至也與前述《尚書精義》裏所言完全相同。反觀王安石今日傳世的
著作裏，未曾見到提及漢高祖與項羽的歷史行事作議論的。以此可知「大抵
如此」下這一大段文字，並非王安石之言。

　　在所有輯錄到的佚文中，這一段有問題的「佚文」是最長的一段，這也
跟宋元學者引用王安石言論的習慣有異，一般而言，大都引用一小段，甚至
幾句而已；那麼這一大段「王氏曰」文字真的相當突兀。

　　黃倫的《尚書精義》一書，本是薈萃諸說，依經臚載，不加論斷，編輯
體例本來就稍涉氾濫，無所指歸，似為科舉士子閱讀而鈔撮成書者，故陳振
孫疑其「或書坊所託」[36]。而《尚書精義》後來本已經佚失了，現在的《尚書
精義》是四庫館臣從《永樂大典》裏輯集而成的。這本書既然本來就是鈔撮
的，其間容或有誤抄的；又經過《永樂大典》的抄錄，四庫館臣的轉寫，或
者因此而產生錯誤罷。

　　況且，林之奇《尚書全解》與黃倫《尚書精義》這兩大段相同的文字，
當然是有承襲關係的。黃倫《尚書精義》裏，引用最多的材料是張九成（無
垢）、張綱（張氏）、呂氏（東萊），間中也引用「林氏」（之奇）的言論，
當然可以確定林之奇早於黃倫，也就是說，只可能是黃倫從林之奇的言論
裏，抄錄出王安石的說法，而可能由於將「王氏心術之異」錯成「王者心術
之真」，因而誤將後面原本是林之奇的評論，當成王安石的言說收錄到《尚

35〔宋〕林之奇：《尚書全解》卷4，頁21。

36〔清〕朱彝尊撰，林慶彰、蔣秋華點校補正：《經義考》卷83，頁358，引陳氏之言。

書精義》裏了。也因此讓程元敏先生作出錯誤的輯錄判斷。

總而言之，王安石這一段的「佚文」，其實只有「用人惟己，己知可用而後用之」兩句而已。

（四）王氏《尚書新義》有未曾收錄者

程元敏先生在輯錄《尚書新義》佚文時，基本上已經將明顯標示為「王氏曰」的，都盡可能收羅了；然而筆者在研究的過程中，還是發現少數「漏網之魚」。如〈禹貢〉「庶土交正，底慎財賦，咸則三壤，成賦中邦」句下，程先生收錄佚文第一七九條說：

> 庶土交正，底慎財賦，言以眾土交相正，制財賦之法，致慎其事也。咸則三壤，成賦中邦，言九州之田咸有則，以成中邦賦法。蓋土賦有及四夷，田賦止於中邦而已。（《禹貢說斷》卷四，頁十八；《禹貢集解》卷二，頁五九；《全解》卷十一，頁四；《禹貢錐指》、《皇清經解》卷四五，頁二十）[37]

這一條主要根據傅寅的《禹貢說斷》引文，而其後評論則止引用了林之奇的意見。然而傅寅《禹貢說斷》卷四在該文句引用諸說後，還有有一段傅氏自己的評論，而且指明「荊公」的，他說：

> 咸則三壤，成賦中邦，此田賦也。必以中邦言者，蓋表其為什一之正，行之中國，謂之堯、舜之道，而非桀貊之道也。田賦如此，土賦從可知矣。荊公謂「土賦有及于四夷」，非也；四夷皆以貢言，不當以賦言也。

這一段稱名「荊公」的評論，正是針對這條佚文而發的，程先生沒有收錄，看來是程先生失收了。

---

[37] 程元敏：《三經新義輯考彙評（一）──尚書》頁62。

又《尚書新義》佚文〈旅獒〉篇，程先生只收得三條，都是針對「明王慎德，四夷咸賓；無有遠邇，畢獻方物。惟服食器用，王乃昭德之致于異姓之邦，無替厥服；分寶玉于伯叔之國，時庸展親」一段文字的。不過，在宋朝真德秀撰《西山讀書記》卷十五〈旅獒〉篇末，「嗚呼！夙夜罔或不勤，不矜細行，終累大德。為山九仞，功虧一簣」一段下，真德秀引有一段解說：

> 王氏曰：大德，細行之積也。

這應該是王安石的《尚書新義》佚文。考之這一個說法，不見於其他《尚書》學術著作的記載，唯獨蘇軾《書傳》卷十一〈周書·旅獒〉下，東坡注說：「大德，細行之積也。九仞，一簣之積也。」[38]雖然蘇軾沒有說明這個解讀的來源，推測可能是採用王安石的。

（五）《尚書新義》佚文的標點問題

佚文輯集了之後，當然要加以編輯，並且作正確的標點，使用者才不至於誤用。程先生當然也一一作過處理，不過就筆者所看到的，有些文句的標點是有問題的。茲就所見舉例說明如下：

《尚書·皋陶謨》篇「允迪厥德，謨明弼諧」一句，程先生輯錄佚文第九十一條說：

> 迪，道也。允迪厥德，謂所行之德允當于道。能允迪厥德，則心徹于內，而思慮不蔽。以之成謀，則明智徹于外，而視聽不悖。以之受弼，則諧。（《夏解》卷四，頁二；《全解》卷五，頁二）[39]

以上是程先生的標點。表面上看，好像沒有甚麼問題，然而對比相關資料就

---

[38]〔宋〕蘇軾：《東坡書傳》卷11，頁3。
[39] 程元敏：《三經新義輯考彙評（一）──尚書》頁33。

會發現，其中「以之成謀，則明智徹于外」一句的斷句有問題。考之於黃倫《尚書精義》卷六，引有張綱的論述，而張綱《尚書》學說多本之於王安石[40]，對照張綱所說的，就可以知道王安石的原文意義。張綱說：

> 堯、舜君也……又曰：能允迪厥德，則心徹於內，而思慮不蔽；智徹於外，而視聽不悖；以之成謀則明，謂其智足以燭理故也；以之受弼則諧，謂其仁足以從諫故也。

由張綱所申述王安石的意思，可以看出《尚書新義》佚文的標點，應該如下：

> 迪，道也；允迪厥德，謂所行之德允當于道。能允迪厥德，則心徹于內，而思慮不蔽，以之成謀，則明；智徹于外，而視聽不悖，以之受弼，則諧。

又如〈皋陶謨〉篇中「無教逸欲有邦」句下，程先生輯錄佚文第100條，其文曰：

> 天子當以勤儉率天下，諸侯不當以逸欲教有邦。蓋天子逸欲於上，則諸侯化之，亦將肆其逸欲以盤樂怠傲於下。使有邦者皆肆其逸欲，則生民之受其禍，可勝計哉！而其源則自夫上之人以逸樂導之也。誠使為天子者澹然無營，清心寡欲，舉天下之聲色貨利曾不足以動其心，彼諸侯者其敢肆其逸欲於下哉！（《全解》卷五，頁十三）[41]

---

[40] 〔清〕朱彝尊撰，林慶彰、蔣秋華點校補正：《經義考》卷80，頁293，張綱《尚書講義》條下，引用汪應辰之言曰：「綱行狀云：『公講論經旨，尤精於《書》；著為論說，探微索隱，無一不與聖人契，世號張氏《書解》。』竊以王安石訓詁經義，穿鑿傅會，專以濟其刑名法術之說；如《書義》中所謂『敢於殄戮，乃以义民；忍戚不可訖，凶惡不可忌』之類，皆害理教，不可以訓。綱作《書解》，掇拾安石緒餘，敷衍而潤飾之。今乃謂其言無一不與聖人契，此豈不厚誣聖人，疑誤學者。」

[41] 程元敏：《三經新義輯考彙評（一）——尚書》頁36。

以上是程先生的標點。同樣的，表面上是順理成章，文從字順的，但是其中「諸侯不當以逸欲教有邦」一句，細看是可議的；因為「諸侯」就是「有邦」者，如此斷句就變成複沓累贅了。考之於宋代真德秀《大學衍義》卷三十一「逸欲之戒」條下引用「皋陶曰：無教逸欲有邦」，並加上按語說：

> 臣按：此皋陶戒舜之辭。逸謂燕安怠惰之私，欲謂奢靡荒淫之好。人主一身，天下之表倡也，故**當以勤儉而率諸侯，不可以逸欲教有邦。**夫所謂教者，非昭然示人以意嚮也；逸欲之念，少萌于中，則天下從風而靡矣；此皋陶所以惓惓也。

可見「諸侯不當以逸欲教有邦」一句，「諸侯」二字當上屬，原文當為：「天子當以勤儉率天下諸侯，不當以逸欲教有邦。」

三　結語

　　輯佚的工作本來就很難萬全的，程元敏先生以多年來紮實的為學功夫，表現在研究的成果上，是有目共睹的。他不單止撰寫了多篇《尚書》學的研究論文，廓清疑難，嘉惠後學；也為研究王安石學術的後生晚輩，耗費不少心力，才完成《三經新義輯考彙評（一）——尚書》，並將《詩經新義》、《周官新義》也再行輯錄得更完備。近年來，程先生還出版了兩部《尚書》相關的巨著：一九九九年四月出版了《書序通考》，二〇〇八年出版了《尚書學史》，都可謂之煌煌巨著，是研究《尚書》學者的案頭必備參考書。

　　程先生也是宋代學術的巨擘，筆者的博士論文《宋代尚書學案》，畢業口考答辯時，程先生正是口考委員之一，而且是學術範圍完全切合的主要委員，這是其他四位口考委員都承認的。筆者的指導老師許錟輝教授甚至說：「如果不請程元敏教授來口考的話，那你的這本論文縱使通過答辯，也不會得到學術界認可的；雖然我們都知道程先生口考論文，是有名的嚴厲。」而在我的論文中，有好些地方是跟程先生意見相左的，更有認為程先生有疏失的。口考時，程先生意外地溫柔敦厚，一點都不嚴厲；他說是來為自己的學

術辯護的，對於我認為他有疏失之處，都一一舉證說明只是我的誤解。不過，程先生還是承認我所說的其中一個問題，的確是指出他的疏忽處，他接受我的「指正」；所以，程先生當時戲稱我是他的「一字之師」。

　　口考之後的多年來，筆者隨時都還在注意《尚書》的研究，對於王安石《尚書新義》佚文的輯錄，也保持著高度的留意。累積了多年所得，也印證了當年的一些看法，更精準地證明何者才是王安石《尚書新義》的佚文以及評論。在這過程中，更讓我深深體會程先生的功勞，輯佚工作真的不容易呢！

　　本論文的撰寫，只是作為程先生大著《三經新義輯考彙評（一）——尚書》的「狗尾」，補罅的泥灰罷了。筆者清楚地認知，是站在巨人的肩膀上繼續往上爬的，後來者如果不能得到尺寸的上進，就真的辜負了巨人肩膀的付出了。筆者要向這位巨人——程元敏先生——致敬。

顧棟高《尚書質疑》撰作小考

蔣秋華[*]

一 前言

清代詔修《國史儒林傳》時，首先被推薦的人選，是顧棟高（1679～1759），足見其學行在當時極受尊崇，因而得以入選，可謂頗孚眾望。徐世昌（1855～1939）云：

> 有清一代，經學以漢學為盛，而康、乾兩朝御纂諸經，漢、宋兼採，乾隆中，薦舉經學，為一時曠典，被擢者皆宋學也。其中震滄規模較大，最孚時論。[1]

此處敘述清代初期學術的流衍情形，是漢、宋學兼採的，受到朝廷重視而拔擢的學者，多屬宋學。這是乾隆早期的學術環境，四庫館尚未開辦，考據學風雖已興起，但還沒有達到極盛的局面，研治宋學者仍可與漢學家平等相處，甚至備受禮遇。顧棟高的學問就在如此的氛圍中，受到世人的崇仰，以及朝廷的肯定。

凡是得以在《國史儒林傳》立傳者，必其著作具備極高的學術價值，方可入選。顧棟高的著作頗多，經學方面，即有《春秋大事表》五十卷、附《輿圖》一卷，《毛詩類釋》二十一卷、《續編》三卷，《毛詩訂詁》八卷，

---

[*] 中央研究院中國文哲研究所

[1] 見徐世昌：《清儒學宋》（臺北市：明文書局，1981年《清代傳記叢刊》本）卷6〈震滄學案〉，頁1上。

《尚書質疑》二卷及《儀禮指掌宮室圖》若干卷。方志方面，他參與纂修
《河南通志》[2]、《淮安府志》[3]、《江南通志》[4]。年譜方面，撰有《司馬溫公年譜》
十卷、《王荊公年譜》五卷[5]。此外，尚有文集若干卷[6]。至於多數傳記著錄為
顧棟高撰著的《大儒粹語》二十八卷，則並不是他的作品[7]。

　　顧棟高有多種經學著作，相關的研究，以《春秋大事表》最多，如單篇
論文有吳樹文的〈顧棟高和他的《春秋大事表》〉[8]，張愛芳的〈《春秋大事表》
的特點〉[9]，劉文強的〈評顧棟高燭之武論〉[10]、〈晉本大國──略論顧棟高〉[11]。學
位論文有魏千鈞的《顧棟高《春秋大事表》研究》[12]和康凱淋的《顧棟高《春
秋大事表》春秋學研究》[13]。專著有陳廖安的《顧棟高春秋曆學研究》[14]。關於
其《詩經》學研究之作，有徐小蠻的〈顧棟高與《毛詩訂詁》〉一文[15]，以及

2　雍正八年（1730），應河東田文鏡聘修《河南通志》。

3　乾隆十一年（1746），於淮陰志館修《淮安府志》。

4　參見黃之雋：《江南通志》（臺北市：華文書局，1967年）頁32。

5　有關顧棟高之著述研究，可參江昭蓉：《顧棟高《詩經》著述研究》（臺北縣：淡江大
　學中國文學研究所碩士論文，2008年6月）頁42～43；陳廖安：《顧棟高春秋曆學研
　究》（臺北縣：讀冊文化事業公司，2009年）頁16～35。

6　顧棟高之文集，史傳或稱《萬卷樓文集》十二卷，或稱《震滄集》若干卷。

7　相關考證，可參陳廖安：《顧棟高春秋曆學研究》，頁28～35。

8　吳樹平：〈顧棟高和他的《春秋大事表》〉，〔清〕顧棟高著，吳樹平、李解民點校：
　《春秋大事表》（北京市：中華書局，1993年）頁1～47。

9　張愛芳：〈《春秋大事表》的特點〉，《史學史研究》2001年第3期，頁40～44。

10　劉文強：〈評顧棟高燭之武論〉，《孔孟月刊》第28卷第12期（1990年3月），頁
　28～33。後收入劉文強：《晉國伯業研究》（臺北市：臺灣學生書局，2004年）頁
　449～463。

11　劉文強：〈晉本大國──略論顧棟高〉，《第七屆清代學術研討會論文集》（高雄：中山
　大學，2002年）。後收入劉文強：《晉國伯業研究》，頁1～33。

12　魏千鈞：《顧棟高《春秋大事表》研究》（臺北市：臺灣大學中國文學研究所碩士論
　文，2005年6月）。

13　康凱淋：《顧棟高《春秋大事表》春秋學研究》（臺北縣：輔仁大學中國文學研究所碩
　士論文，2007年6月）。

14　此書於2009年出版，於2010年修訂後由臺北市新文豐出版公司重刊。

15　徐小蠻：〈顧棟高與《毛詩訂詁》〉，《清籍瑣議》（北京市：海洋出版社，1993年）頁

江昭蓉的《顧棟高《詩經》著述研究》[16]。《尚書》著作似無專文研究。為全面瞭解顧棟高的經學成就，本文試圖考查其《尚書質疑》撰述的相關問題。

二 撰述動機

顧棟高撰於乾隆十八年（1753）癸酉臘月朔日的〈尚書質疑序〉，曰：

> 臣七歲受《尚書》，當時苦其棘吻難讀。二十以後，頗疑蔡氏《書傳》未盡合經文本旨。其一時令，謂商、周不改時改月，顯與朱子不合。其二〈禹貢〉水道，謂三江為震澤入海之水，九江即洞庭，尤於六經無依據。至〈洪範〉以《洛書》立說，更屬後儒之傅會。最後讀蘇氏《書傳》，斥仲康為羿立，義和貳於羿而忠於夏，允侯為挾天子以令諸侯。又〈顧命〉成於七日之後，釋斬衰而即服袞冕，譏召公為非禮。說愈多而經愈晦。[17]

自述其學習《尚書》的經過。先是幼時讀此書，即以文字詰屈聱牙為苦。迨成年後，研讀蔡沈（1167～1230）的《書集傳》，卻不完全贊同其說法。指其書解說與經文本旨未能切合，主要有兩項：一是「時令」，蔡沈謂商、周時，只改月而不改時，與朱子（1130～1200）的說法不合；二是「〈禹貢〉水道」，以三江為震澤入海之河流，指九江就是洞庭湖，乃毫無依據。此外，對於世人以《洛書》比附〈洪範〉，也不能接受。其後顧棟高又讀蘇軾（1036～1101）的《東坡書傳》[18]，對他的部分解說，也感到不滿，尤其是

89～92。

[16] 江昭蓉：《顧棟高《詩經》著述研究》（臺北縣：淡江大學中國文學研究所碩士論文，2008年6月）。

[17] 見顧棟高：《尚書質疑》（臺北市：新文豐出版公司，1984年《尚書類聚初集》本）卷首，頁1上～1下。

[18]《四庫全書總目提要》（臺北市：漢京文化事業有限公司，1981年）卷11，總頁72曰：「《東坡書傳》十三卷，內府藏本。宋蘇軾撰。……晁公武《讀書志》稱熙寧以後，專用王氏（案：指王安石）之說，進退多士，此書駁異其說為多。今《新經尚書

〈胤征〉中對於羲和、胤侯二人忠奸的分判,以及〈顧命〉中之康王轉換吉服之快速[19],不能苟同。這是他年輕時的閱讀經驗,發現《尚書》不僅文字難通,學者的注釋也頗有問題,然而他卻沒有就此深入考察。

〈尚書質疑序〉又曰:

> 癸卯冬,蒙恩歸田,乃盡發《尚書》諸解讀之。見顧炎武《日知錄》云:「〈顧命〉中多脫簡,『伯相命士須材』以上,記成王顧命登遐之事,『狄設黼扆綴衣』以下,記康王踰年即位受命,朝群臣之事。」蘇氏之疑已釋其一。而以羲和為忠於夏,如司馬、楊堅討叛故事,則夏史先無此書法。夏自少康中興,已先革除羿黨,名號早已大定,蘇氏所云,特鹵莽未深考。[20]

雍正元年(1723)的冬天,顧棟高以奏對越次,罷職返家。此時有較多的時間,因而參看各家的注解,使他昔日的迷惑,有一部分獲得解答。尤其是顧炎武(1613~1682)的《日知錄》,對於〈顧命〉作出了「脫簡」的闡發[21],祛除了顧棟高對康王轉換吉服的困惑。至於《東坡書傳》對羲和與胤侯的忠奸問題,他也自行找到答案[22]。於是他對於《尚書》中的種種疑慮,開始撰寫一篇篇的駁辨。顧棟高〈尚書質疑序〉曰:

義》不傳,不能盡考其同異。但就其書而論,則軾究心經世之學,明於事勢,又長於議論,於治亂興亡,披抉明暢,較他經獨為擅長。……洛、閩諸儒,以程子之故,與蘇氏如水火,惟於此書有取焉,則其書可知矣。」

[19] 《四庫全書總目提要》卷11,總頁72曰:「至於以羲和曠職,為貳於羿而忠於夏,則林之奇宗之。以〈康王之誥〉服冕為非禮,引《左傳》叔向之言為證,則蔡沈取之。」

[20] 見顧棟高:《尚書質疑》,卷首,頁1下~2上。

[21] 顧炎武曰:「讀〈顧命〉之篇,見成王初喪之際,康王與其群臣皆吉服而無哀痛之辭,以召公、畢公之賢,反不及子產、叔向,誠為可疑。再四讀之,知其中有脫簡。」見《原抄本日知錄》(無出版時地)卷2〈顧命〉,總頁47。顧棟高有〈書日知錄顧命解後〉,見《尚書質疑》卷下,頁28上~31下。

[22] 顧棟高撰有〈書蘇氏允征傳後〉,辨駁蘇軾的說法,見《尚書質疑》卷上,頁55上~58上。

> 因每事各著論一首，積多得四十餘篇，名曰《尚書質疑》，以俟後好
> 學深思之君子。[23]

長年的研治，他寫下了四十多篇的議論文章，其中大部分是對經文大義及前
人疏解的省思討論，有一己的見解，也參考了他人的說詞。

〈尚書質疑序〉最後曰：

> 臣伏念伏羲初有卦畫，無文字，六經中惟《尚書》文字為最古，而一
> 厄於秦火之煨燼，再厄於漢儒之傅會，區區抱殘守闕之餘，而欲是正
> 數千載前之闕漏，其事誠難。然幸生經學昌明之世，於諸儒得折衷
> 其同異，而考校其得失，輒自謂有一隙之明，其於聖天子崇重經學之
> 義，未必無小補云。[24]

對於傳世最古的經典——《尚書》，顧棟高感嘆其一再遭到厄運的打擊，以
致難於解讀。不過他企圖藉由折衷前人的說解，撰成自家之言，以貢獻朝
廷，輔助教化。書中每篇均出現以「臣」論述的方式，即可見其撰作的目
的，是想獻給皇帝的。

三 流傳刊印

今傳《尚書質疑》，卷首有乾隆十八年（1753）顧棟高撰寫的序文，此
時他的年紀已高達七十五歲。二十四年（1759），以八十一歲卒於家。在其
生前，此書似未刊印，蓋以抄本流傳。編修《四庫全書》時，此書曾為江西
巡撫採進，館臣撰寫了提要，但未予收錄，僅以「存目」的方式處置。

《四庫全書總目提要》曰：

> 《尚書質疑》二卷，江西巡撫採進本。國朝顧棟高撰。棟高字震滄，

---

[23] 見顧棟高：《尚書質疑》卷首，頁2上。
[24] 見顧棟高：《尚書質疑》卷首，頁2上～2下。

> 晚年好治《春秋》，又自號左畬，無錫人。康熙辛丑進士，乾隆辛
> 未，薦舉經學，賜國子監司業。丁丑，又賜國子監祭酒銜。所著《春
> 秋大事表》，最為精密，其注《詩》亦有可觀，惟此一編，較他書為
> 次乘。其例不載經文，亦不訓釋經義，惟標舉疑義，每條撰論一篇，
> 為數凡四十有一。大抵多據理臆斷，不甚考證本末。[25]

對於此書的評價並不高，視其為顧棟高三類經著中最差者，據此可知其何以
未被收錄《四庫全書》中。

《尚書質疑》撰成之後，以抄本流傳近七十年，直至道光六年（1826），
始由蔣廷瓚為之刊刻。其〈識語〉曰：

> 無錫顧震滄祭酒，經學湛深，著述繁富，第刊板行世者，《春秋大事
> 表》之外，不少概見。予曩得其《尚書質疑》抄本三卷，什襲藏之有
> 年矣。茲偶檢閱，愛其考論精確，洵足為後學攻經者導之津梁。惜坊
> 間未有刻本，因亟為校對，付之剞劂，以裨後學焉。道光六年，歲次
> 丙戌，三月望日，丹徒蔣廷瓚夢峨氏書於梅花草庵。[26]

蔣廷瓚收藏抄本多年，因慕其「考論精確」，為供學者研讀，遂為之校對刊
行。此即道光六年之眉壽堂刊本，也是流傳的惟一刊本。其後，臺北市新
文豐出版公司於一九八四年據此本影印，收入《尚書類聚初集》。臺南縣莊
嚴文化出版公司於一九九七年亦據同一刊本影印，收入《四庫全書存目叢
書》。上海交通大學出版社於二〇〇九年，也影印收入《中國歷史地理文獻
輯刊》第二編《尚書禹貢篇集成》中，所據亦屬道光六年眉壽堂刻本。

史傳著錄《尚書質疑》，均作二卷，《四庫全書總目提要》亦作二卷，
惟眉壽堂刻本作三卷，殆彼此分篇不同所致。

---

25 見《四庫全書總目提要》卷14，總頁88。
26 見顧棟高：《尚書質疑》卷首，頁3上。

四　撰成時間

　　《尚書質疑》卷首有顧棟高乾隆十八年（1753）撰寫的序文，然而這並非此書完成之年代。

　　三卷刊本一共收錄四十一篇，卷上有二十篇，卷中有八篇，卷下有十三篇，另附載兩篇——分在卷上、卷中。大抵依經書篇目，僅因末篇為補作（屬〈堯典〉），故未合原秩。

　　三卷之刊本，於上卷各篇，多繫有撰成之時間，茲依時序，將各篇及顧棟高〈自序〉和蔣廷瓚〈識語〉，一併列於下：

篇第	篇名	撰成時間
4	〈舜巡狩四岳論〉	乾隆壬申（17,1752）二月上浣五日
11	〈禹貢三江九江辨〉	癸酉（18,1753）七月中浣八日
13	〈書程泰之禹貢論後〉	癸酉（18,1753）七月下浣三日
6	〈尚書有苗論〉	癸酉（18,1753）八月下浣二日
3	〈虞書五瑞五玉辨〉	癸酉（18,1753）重陽前一日
14	〈堯時洪水論〉	癸酉（18,1753）重九日
24	〈書蘇氏盤庚書傳後〉	癸酉（18,1753）十月下浣一日[27]
	〈尚書質疑序〉	癸酉（18,1753）臘月朔日
19	〈井田之制定於禹治水時論〉	癸酉（18,1753）臘月中浣三日
8	〈編年起於尚書論〉	癸酉（18,1753）臘月下浣四日
16	〈禹貢弱水辨〉	甲戌（19,1754）正月下浣七日
17	〈禹貢黑水辨〉	甲戌（19,1754）二月朔日
15	〈導山導水論〉	甲戌（19,1754）二月上浣九日
9	〈治梁及岐論〉	丁丑（22,1757）三月下浣一日
	〈尚書質疑識語〉	道光丙戌（6,1826）三月望日

---

[27] 此據顧棟高：《萬卷樓賸稿》（上海市：上海復旦大學出版社，2008年《上海圖書館未刊古籍稿本》，第1冊）頁46～47〈書蘇氏盤庚書傳後〉補。

　　以上所列只有十三篇，不到全書的三分之一，其餘諸篇的確切完成時間，則無記錄。據以上所列諸篇，可知《尚書質疑》是陸續完成的，而且並未依照經文的篇次撰寫。在〈自序〉之後，尚有多篇文章，最晚一篇，為乾隆二十二年，距顧棟高逝世僅兩年，可見他直到晚年，仍不斷撰寫修改《尚書質疑》。

　　此外，顧棟高的文集，近日有《萬卷樓賸稿》影印出版，其中有數篇與《尚書質疑》相關，亦列於下，以供比觀：

篇名	撰成時間
〈尚書康誥論〉	乾隆辛未（16,1751）又五月中浣八日
〈尚書康誥第二論〉	壬申（17,1752）二月上浣七日
〈書程泰之禹貢論後〉	癸酉（18,1753）七月下浣三日
〈書蘇氏盤庚書傳後〉	癸酉（18,1753）十月下浣一日

　　其中〈書程泰之禹貢論後〉、〈書蘇氏盤庚書傳後〉兩篇，文句與《尚書質疑》本極相近，且撰成時間相同，蓋刊刻時略有修訂。〈尚書康誥論〉、〈尚書康誥第二論〉兩篇，《尚書質疑》僅有〈康誥論〉一篇，蓋為顧棟高據二篇改寫而成。

五　結語

　　《萬卷樓賸稿》中，尚有一篇撰於乾隆十八年癸酉八月上浣五日的〈尚書通典略敘〉，曰：

> 武進楊子扶蒼，持所著《尚書通典略》二卷，乞余敘。……余從事《尚書》四十年，博覽深思，所篤信不疑者如此。頃讀楊子所著，則與余合者過半，竊自喜人心之同然。其間有不合者，容俟面相質証，

---

[28] 見顧棟高：《萬卷樓賸稿》第 2 冊，頁 153～155。

相與究及其義之歸。[28]

這是顧棟高為友人楊方達《尚書通典略》所作之序文，據此可知兩人著作之觀點頗相近。《四庫全書總目提要》曰：

> 《尚書通典略》二卷，江西巡撫採進本。國朝楊方達撰。是書皆考辨《尚書》典故，……其訓釋名物，多據理斷制，不由考證。……蓋典制之學，與義理之學，南轅而北轍也久矣。[29]

視楊氏之作屬於義理之學，與顧棟高以議論詮釋經文，實為同調。《四庫全書總目提要》評《尚書質疑》曰：

> 大抵棟高窮經之功，《春秋》為最，而《書》則用力差少。人各有所短長，不必曲為之諱也。[30]

此以秉持漢學觀而發論，自難欣賞顧氏此書。

---

[29] 見《四庫全書總目提要》卷14，總頁88。
[30] 見《四庫全書總目提要》卷14，總頁88。

皮錫瑞「論劉逢祿魏源之解《尚書》多臆說不可據」平議

蔡長林*

一　前言

　　作為一位立場堅定的今文學家，皮錫瑞在治經方法上，卻是頗有乾、嘉漢學的特色。不論早年的疏證《尚書大傳》、考證《今文尚書》，或者戊戌之後的疏證鄭學[1]。其治經之一大特色，誠為繁蕪細瑣之疏證考據，只有學術立場之別擇去取，略無個人心得抒發，可謂只有通經，而無致用。然皮氏晚年代表作《經學歷史》及《經學通論》二書，不但寓有強烈現實之感，還有治經大誼之寄託。觀其陳說，乃以存大體，玩經文的方式，擷取生平治學心得之精粹，融會今文大義之現實感，彙為二書。其中，《經學歷史》專論

---

* 中央研究院中國文哲研究所

[1] 按：皮氏以同情變法而遭廢棄，其專力治鄭氏學，頗寓身世之思，蓋以鄭氏亦遭黨錮之故也。光緒二十九年（1903）皮錫瑞在湖南師範館開講「經學家法」課程，當時所編講義原稿為《師伏堂經學雜記》。在第一冊中的一組經學文稿，是皮錫瑞講授「經學家法」課程時，所編講義原稿。這部《經學家法講義》手稿主要是皮錫瑞鄭學研究的心得。其中第十六則云：「少習鄭學，意欲舉鄭氏諸書，盡為注解，以《易》注已有惠棟、張惠言注解，《書》注有江聲、王鳴盛、孫星衍、陳喬樅疏解，《論語》有金鶚、劉寶楠疏解，服注《左氏》有李貽德疏解，緯書殘缺難通，乃姑置之。但作《孝經鄭注疏》及《尚書中候》、《尚書大傳》、《駁五經異義》、《發墨守》、《起廢疾》、《鍼膏肓》、《六藝論》、《魯禮禘祫義》、《鄭志》、《鄭記》、《答臨孝存周禮難》各種《疏證》，書皆刊行，以存鄭氏一家之學。」這一則記載不但指出皮氏治經與乾、嘉漢學考據之淵源，亦說明了皮氏於戊戌後用力之所在。

經學發展之升降，《經學通論》則開示後生治經之方。觀其立論，不過以尊孔、宗經、崇漢為指導思想，然後去取歷代經說，為其所主今文學張目[2]。

皮氏治《尚書》，要亦基於此一大原則，而後宗主《伏傳》、一準《史記》，固守今文師法，排斥古文之說。按清儒治《尚書》者多家，或取今文，或主古文，江聲、王鳴盛、段玉裁、孫星衍、陳喬樅、王先謙，著作紛綸，勝義迭出。皮氏於諸家或肯或否，要亦能平情討論，然皮氏獨於常州莊、劉一系，批駁甚為嚴厲。細按其故，在於皮氏以為諸家所論雖有同異，治經之態度則相對嚴謹；至於莊、劉之治經，未能依經為訓，反襲宋儒武斷臆說。按常州莊、劉一系，世人目為常州學派，為晚清今文學之所由昉。乃皮氏治經宗今文而斥常州今文學派，必有其特殊的學術立場與見解。細勘皮氏所論，當有助於吾人理解常州莊、劉《尚書》學之底蘊，同時於今文學之內涵宗旨，或亦有澄清之功。

二　莊、劉經說的宋學內涵

許多對於常州莊、劉之學的討論，多以今文學此一概念作為認識之基礎或論述之前提，而忽略了他們出身於科舉文人無法割裂的宋學情懷。其實，莊、劉著作中每可見宋學身影，早已為前人所見。例如楊向奎曾對莊存與援引宋代理學解《春秋》提出批評，以為是新的「天人之學」，前所未聞[3]。江瀚〈書序述聞提要〉則謂：「莊、劉一派，所以有異於同時考據諸儒者，實浸淫於宋學，特諱言之耳。」[4]其〈尚書今古文集解提要〉則曰：「清代考據盛

---

[2] 按：皮氏在《經學通論‧序》中言：「錫瑞竊以為尊孔必先明經。前編《經學歷史》以授生徒，猶恐語焉未詳，學者未能窺治經之門徑，更纂《經學通論》，以備參考。」

[3] 楊氏言：「（莊存與）用以和政治理論相結合的不是傳統《公羊》學史觀，而是引進了宋代理學。這混淆了學統……以理學解《春秋》，這是新的『天人之學』，前所未聞。」《繹史齋學術文集》（上海市：上海人民出版社，1983 年）頁 327～328。

[4] 柯劭忞等：《續修四庫全書總目提要‧經部》（北京市：中華書局，1993 年）上冊，頁 241。

行，說《尚書》者於孔《傳》、蔡《傳》往往棄若土苴，甚有陰用其說而沒有其名者，茲編不惟多取孔《傳》，亦間採蔡《傳》，可謂無門戶之見矣。」[5]又皮錫瑞《經學通論》云：「劉氏、魏氏不取馬、鄭，並不信馬、鄭所傳逸十六篇，其識優於前人；惟既不取馬、鄭古文，則當專宗伏生今文，而劉氏、魏氏一切武斷改經增經，從宋儒臆說而變亂事實，與伏生之說大背，魏氏尤多新解，皆不盡善。」（33章）又言：「解經但宜依經為訓，莊、劉、魏皆議論太暢，此宋儒說經之文，非漢儒說經之文，解經於經無明文者，必當闕疑，莊、劉、魏皆立論太果，此宋儒武斷之習，非漢儒矜慎之意也。」（30章）王逸明最近的研究，亦提出莊氏學術體質近於宋儒的論斷，而其目的則是為維持家族科舉的成功[6]。可見莊、劉說經，具有濃厚的宋學成分，而為皮氏所不喜。

其實，皮氏治《尚書》，雖主今文而斥古文，然於今、古文經說之異同是非，尚能平情討論，惟於宋儒說經，則深惡之，每出譏諷之言。皮氏曾言：

> 宋儒解經，善於體會語氣，有勝於前人處，而其失在變易事實以就其說，《尚書》載唐、虞、三代之事，漢初諸儒，去古未遠，其說必有所受，宋儒乃以一己所見之義理，懸斷千載以前之故事，甚至憑恃臆見，將古事做過一番，雖其意在維持名教，未為不善，然維持名教亦只可借古事發論，不得翻前人之成案。（23章）

5　同前註。

6　王逸明：《新編清人年譜稿三種‧武進莊存與莊述祖年譜稿》，〈自序〉頁2～3，以及頁41～42「乾隆三十三年」、頁54「乾隆四十五年」、頁82「莊存與著述目錄及版本情況」引阮元〈莊方耕宗伯經說序〉後編者按語。按：莊氏之學之所以具宋學身影，原因無它，因為即使高舉西漢，仍因其學術根源與科舉密切相關，而不能與宋學劃清界線；所以即使其後人治學範圍已逸出科舉領域，發揮於學術場域，仍可見其脫胎於宋學之論述，而招致皮錫瑞等學者的批評。詳細討論，請參拙著：《從文士到經生——考據學風潮下的常州學派》（臺北市：中央研究院中國文哲研究所，2010年）頁47～118。

按皮氏治經，立場雖是今文的，然其方法卻是疏證的。換言之，是一種具有前提立場的實事求是，從某方面來說，亦可謂是主觀考據之學。每以其所認定之今文經說為去取，不合者則駁斥之。皮氏所據者，伏生《大傳》、太史公《史記》、《白虎通》耳，以為皆今文說，所謂「漢初諸儒，去古未遠，其說必有所受」者。至於宋儒，雖以義理維持名教，然其治經並非借古發論，而在於翻前人之成案，故最為皮氏所排斥。例如今文說主文王稱王、周公居攝等事，宋儒出以君臣大義，強作解人，乃力主文王未曾稱王，周公不曾居攝，以為非如此，則為亂臣賊子之行，故為皮氏所駁。其言曰：

> 孔《傳》謂周公不稱王，伊尹將告歸，已與古說不符，而蔡《傳》引宋人之說又加甚焉。〈西伯戡黎〉，伏《傳》、《史記》皆云文王伐耆。黎即耆者，西伯即文王。蔡《傳》獨為文王回護，以西伯為武王，其失一也。〈大誥〉「王若曰」，鄭注：「王謂攝也。周公居攝命大事，則權代王也。」伏《傳》、《史記》皆云周公居位踐阼，則鄭說有據。蔡《傳》從孔《傳》，以為周公稱成王以誥，其失二也。〈康誥〉「王若曰：孟侯朕其弟小子封。」《漢書·王莽傳》引《書》解之曰：「此周公居攝稱王之文也。」蔡《傳》不信周公稱王之事，從蘇氏說，移篇首四十八字於〈洛誥〉上，又無以解「朕其弟」之語，遂以為武王封康叔，不知《史記》明言康叔封、冉季載皆少，未得封，是武王無封康叔事。《左氏傳》祝鮀言「周公尹天下，封康叔」，鮀以衛人言衛事，豈猶有誤？而橫造事實，擅移經文，其失三也。〈洛誥〉王命周公後，作冊逸誥，在十有二月，惟周公誕保文武受命惟七年，言周公七年致政，當歸國，成王留公，命伯禽就國為公後，蔡《傳》乃以為王命周公留後治洛，……周公老于豐，薨于豐，並無治洛之事，其失四也。宋儒習見莽、操，妄託古人，故極力回護，欲使後世不得藉口，不知古人行事，光明磊落，何待後儒回護，王莽託周公，無傷于周公；曹操託文王，無傷于文王。（23章）

按皮氏所言四事，基本上就是圍繞著宋儒力闢文王稱王、周公居攝之說所

為之駁論，認為應該尊重經典的實際，而不能因後世有藉經典行篡逆之事，從而對古典經說作主觀的修正，以為會適得其反。故言：「後世古義不明，即有親賢處周公之位者，亦多畏首畏尾，如蕭齊竟陵王子良。以此自誤，並以誤國。蓋自馬、鄭訓我之弗辟為避位，已非古義，宋儒以力辨公不稱王之故，臆撰武王封康叔，周朝設留後之事，以為佐證，使後世親賢當國者誤信其說，避嫌而不肯犯難，必誤國事，是尤不可不辨。」（23章）蓋有經說誤而政事誤之憂慮，此乃今文家堅強之經學政治觀。

皮氏之闢宋儒，略如上述。然常州莊、劉說《尚書》，其說理又有甚於宋儒者，故特為皮氏所不喜。以周公居攝一事而論，從莊存與經莊述祖到莊綬甲、劉逢祿、宋翔鳳，討論《尚書·金縢》篇的基本態度，都是成王聽信武庚等人散布的謠言，見疑周公。周公作〈鴟鴞〉詩明志，而成王不之信，周公乃避居東土。其後上天動威，成王感悟，乃親迎歸宗周，而後成王與周公咸有一德矣。於是周公相成王東征，誅武庚及管叔，放蔡叔。周公與成王事大略如此。至於鄭《注》以周公避居東土時，成王盡誅周公官屬黨羽之說，乃愚且誣之甚的無稽之談，而始作俑者則為荀子。又此一論述的前提，則是堅定的認同周公乃相成王而非踐阼居攝，因為其時成王年已不幼，已能聽政。與今文家傳世的成王年幼，周公稱王攝政之說，論點迥異。又成王發金縢，而後悔而迎歸周公之說，也與發金縢在周公已薨之後的今文說大不相同 [7]。

之所以如此論述，與莊存與出於教導皇子的設想有內在聯繫。踐阼稱王，在家天下的後世是一個禁忌的話題，即使貴為親王，亦不得有此非分之想。所以在莊存與的設計中，周公雖然道繼文、武，然源其根本，仍是一個謹守臣節的聖人。他承認有所謂周公相成王，然必無居攝踐阼之事，故載籍中有關周公攝政之說，最為存與所駁斥，以故連他最為依據的《史記》，也在批駁之列。在莊存與看來，最能妨害其塑造周公純臣之計畫者，首以居攝

---

7 此一論述之最精要者，可參莊述祖：〈與趙億生司馬書〉，《珍藝宧文鈔》卷6，頁10a～10b。

踐阼一事，此存與必去之而後快者。他曾說：

> 司馬遷嘗讀百篇之《序》，而不知成王、周公之事為荀卿、蒙恬所
> 亂。漢居秦故地，世習野人之言，於是有周公輔成王朝諸侯圖賜霍光
> 者，成王幼不能蒞阼階，遂記於《大、小戴記》，而列於學官矣。周
> 公踐阼，君子有知其誣者，而不能知成王即位，其年不幼也。[8]

為了闡明周公純臣之志，存與必不以周公攝政之說為是，其關鍵在於堅持成
王之即位，其年已不幼，則周公負孺子踐阼之說，可不攻而自破[9]。

至於莊述祖，基本上就是根據莊存與之說而發揮之，如其釋〈閔予小
子〉一詩，乃綜而言之曰：

> 學者不明周公相成王之事，妄為攝政改元之說，妄為周公權稱王之
> 說，妄為呼成王為孟侯之說。推而極之，不得不妄為周公辟居待罪之
> 說，又妄為成王賜周公天子禮樂之說。邪說橫議，顛倒經文，為後世
> 亂臣賊子所藉口，豈不悲哉！讀〈閔予小子〉之三，則其時成王、二
> 公雖未盡知周公之所以為之之意，而周公所為輔導嗣王、啟牖二公
> 者，皆可見矣。所遭雖變，而太平之業，未始不基於此也。讀《詩》
> 者不可不知也。[10]

述祖此說，不但以《詩》、《書》互參而得，更重要的是，已經掌握到存與

---

8 莊存與：《尚書既見》（光緒八年陽湖莊氏藏板）頁6～7。
9 按：戰國至秦漢間學者大抵以為成王沖齡即位，其確切年紀則小至繈褓中的嬰孩，大
　至十三、四歲，說法甚紛歧。顧頡剛則認為武王死時，成王已在壯年；而陳夢家亦主
　成王即位時，早已成年，二氏之說，或有受存與之影響。顧頡剛：〈武王的死及其年
　歲和紀元〉，《文史》18輯，頁5～8；陳夢家：〈西周青銅器斷代一〉，《考古學報》第
　9冊（1955年）。又按：成王即位之年齡與周公是否攝政稱王諸問題的相關討論，請
　參郭偉川編：《周公攝政稱王與周初史事論集》（北京市：北京圖書館出版社，1998
　年）；杜勇：《尚書周初八誥研究》（北京市：中國社會科學出版社，1998年）；楊朝
　明：《周公事跡研究》（鄭州市：中州古籍出版社，2002年）。
10 莊述祖：《毛詩周頌口義》（道光年間莊氏脊令舫刊板）卷3，頁8。

關於周公、成王事立說之關鍵，在於對周公純臣形像之塑造，而對於後世有據周公踐阼稱王之說行悖亂之事者，表示出極大的憤慨，故言：「謂周公屏成王而及武王，尤誖亂。《尚書》家據以說經，復子明辟、嘉禾延登，誰階之厲？」[11]這當然是出於一種以道德純化政治的想像，欲以周公為範型，為後世塑造純臣的形象，此種思路正是沿襲宋儒而來，故最為皮氏所不喜。

按皮錫瑞一生精治《尚書》，對清儒《尚書》研究得失瞭若指掌，作過不少切中肯綮的批評。他特別就劉逢祿、魏源治《書》的缺失，對常州一派的治經學風大加譏斥，《日記》中多次寫道：

> 觀劉申受《尚書集解》，多載陽湖莊氏之說，改易經字，移竄經文。夫國朝通儒所以崇尚漢學、詆斥宋學者，以漢學篤實，言必有徵耳。今改經以就己說，效王魯齋之尤而又甚，以此說經，聖人之書無完膚矣。以臆說為微言，以穿鑿為大義，此真經學之蠹賊。劉申受、魏默深皆尊信其說，愚所不解，王壬甫（闓運）亦間襲之。[12]

又言：

> 劉氏多用莊氏臆說，所謂微言大義，皆拾宋儒唾餘，魏默深又拾莊、劉之唾者也。本朝解《尚書》者，數家為最下，可取者殊鮮。[13]

又言：

> 予始見默深先生《書古微》，頗多武斷，將〈召誥〉、〈洛誥〉篇文任意顛倒，蹈宋人改經陋習，又引《書序》，力辨周公無稱王事，皆宋人唾餘，予意甚不然之。今見劉禮部《尚書今古文集解》、《書序述聞》，乃知其說皆出陽湖莊氏。莊氏經學大師，不期謬妄至此。予所

---

11 莊述祖：〈與趙億生司馬書〉，《珍藝宦文鈔》卷6，頁10a～10b。
12《師伏堂日記》，癸巳年六月十二日。
13《師伏堂日記》，丙申年六月廿八日。

以云國朝經師治《尚書》，皆未有得要領者也。[14]

又言：

> 觀《書古微》，前半尚有心得，至〈大誥〉、〈金縢〉後則全謬。蓋默
> 深誤用陽湖莊氏說，必不信周公攝王事，故于〈周書〉皆不可通，
> 〈召誥〉等篇將經文任意變亂，用魯齋《書疑》之故智；謂孔子刪訂
> 亦有誤，可謂非聖無法。[15]

按筆者行文，特言莊、劉之學者，乃因劉逢祿襲莊述祖，而魏源又襲劉逢祿
也。然源其根本，則皆出於莊存與之說。從皮錫瑞的批評來看，可以歸納為
兩個重點，其一是治經方法或態度上的批駁，如謂莊、劉、魏源說經武斷、
據宋儒臆說者，正以皮氏學問根柢在乾、嘉漢學，對議論之學，持否定態度
之故。所謂：「國朝通儒所以崇尚漢學、詆斥宋學者，以漢學篤實，言必有
徵耳。」其二為經說內容的批駁，則又以周公是否居攝稱王一事為核心，認
為莊氏因不信周公攝王事，故於〈周書〉皆不可通。而魏源「引《書序》，
力辨周公無稱王事，皆宋人唾餘」者。然而依皮氏之批駁，起莊氏於地下，
必不能平。因為這是治經目的相異的兩種學風，有其不可共量性，強以考實
為進退，必有不愜人意者。更何況皮氏的治經方法，是否真有助於確實理解
經義，及其所疏證的「今文」，是否即是真今文說，仍有待討論。以下仍依
治經方法及經說內容討論之。

三　皮氏之說平議

在進入討論之前，有必要思考考據學方法的侷限性。就筆者的粗淺觀
察，受到《尚書》今、古文系統自漢末以來即已淆亂不清的影響，後代學者
在判定某些《尚書》議題的時候，即使面對相同的材料，使用相同的方法，

---

[14]《師伏堂日記》，壬辰年六月初二日。
[15]《師伏堂日記》，壬辰年閏六月初七日。

其判定的結果，往往大相逕庭。例如《史記》引《尚書》究為今文說，抑或古文說，清代考據大家如孫星衍與段玉裁之間，即有截然不同的看法[16]；另外，「宅嵎夷」與「宅嵎鐵」，究竟何者方為今文夏侯說，何者才為古文鄭氏說，臧庸與王鳴盛，亦各有見解[17]；又如「納於大麓」之古典釋義，今文博士說與馬、鄭古文說的內容究竟為何，宋翔鳳、俞正燮、胡玉縉的考釋也迥然相異[18]。這種訓釋各異的情況，諸經傳記皆有，小到字詞訓詁，大到學術體系，常見兩造之爭論。即使如《論語》的〈學而〉一章，諸家對「學」字辭性（動詞或名詞）以及「學」字所指涉內涵（讀者、刪定六經、誦禮義）即

---

[16] 〔清〕段玉裁：《古文尚書撰異》（上海市：上海古籍出版社，1995年，《續修四庫全書》第46冊，影印乾隆道光間段氏刻《經韻樓叢書》本），〈序〉，頁2；卷1，頁86、96；卷32，頁46b；〔清〕孫星衍撰，陳抗、盛冬鈴點校：《尚書今古文注疏》（北京市：中華書局，1998年），〈序〉，頁2；〈凡例〉，頁1。

[17] 臧庸：〈上王鳳喈光祿書〉，《拜經堂文集》卷3，頁13。

[18] 按：宋翔鳳〈尚書說略・上〉有「大麓」一條，詳引「大麓」之今、古文釋義，並以為將「麓」稱為山林澤，此當時博士所傳，今文家常說。又胡玉縉《許廎學林》有「《書》四門大麓」條，以為：「此成周會同之權輿也。……古惟馬、鄭說及鄭《大傳注》為得其恉。……馬融、鄭康成並曰：『麓，山足也。』又鄭注《大傳》曰：『山足曰麓。麓者，錄也。古者天子命大事、命諸侯，則為壇國之外。堯聚諸侯，命舜陟位居攝，致天下之事，使大錄之。』……馬、鄭義與《大傳》合，《傳》出於伏生，卓然為西漢經說，不得以史遷從孔安國問故，偏主《史記》。《史（記）》或自為說也，即果出安國，亦當擇善而從。……爰作此疏，以存馬、鄭，以申伏勝，以黜史遷。」按：伏生《大傳》雖將「納於大麓」釋為「納之大麓之野」，然漢代經師於「大麓」之釋卻大異其趣，今文說為山林川澤，古文說則釋其字為林麓之「麓」，其義實領錄之「錄」。何者是，何者非，殆無定論，端視其今、古文立場而決。至於俞正燮《癸巳類稿》有「《書》大麓義」一條，乃謂《史記》所云：「堯使舜入山林川澤，暴風雷雨，舜行不迷。」為古文孔安國義，司馬遷從安國問，故得之；又謂以「麓」為「錄」，言舜大錄萬幾之政者，乃桓譚、鄭君用王莽餘論，或今文伏氏所傳，兼有此義，非孔安國義。三人所用據者皆同，然其說或互異、或顛而倒之，則所謂考據家言，不過以己意為去取，安得有客觀之考據？宋翔鳳：《過庭錄》（北京市：中華書局，1986年）頁71；胡玉縉：《許廎學林》（臺北市：世界書局，1963年）卷1，頁16～17；俞正燮：《癸巳類稿》（臺北市：世界書局，1980年）卷1，頁10～11。

已聚訟紛云[19]，至於篇章主旨或全書寓意，更不必論矣。所以，在各家看似簡單的訓詁文句背後，反映的往往是不同系統的學術見解及解釋取向。從某個角度來看，傳統學者在面對此類問題時，支持其考釋方向的，或決定其理解方向的，往往是由某些帶有先驗性的立場（例如其所繼承的學術派別所獨有的基本假設或信念或方法）所決定。

所以，就學術方法而言，不論是重典據考實，抑或重義理發揮，其實都無法真正對經典或古典經說作完全的判讀，此在今日以詮釋學眼光論之，已為不辨自明之事。更何況皮氏堅持所謂的今文說為孔門正傳，所據者即以太史公《史記》所載《尚書》說為大宗。然誠如上所言，《史記》引《尚書》究為今文說，抑或古文說，清代考據大家如孫星衍與段玉裁之間，看法即已南轅北轍，皮氏既堅持《史記》引《尚書》為今文說，此又預設立場之主觀考據也。在方法學上，其實不見得比莊、劉一系更高明。

如果上述言論可以被接受，那麼再來看莊、劉之說《尚書》，或者較能平情對待之。莊存與關於《詩》、《書》的言論，頗具特色，是研究莊氏經學思想的重要文獻。莊綬甲在〈尚書既見跋〉即言：

> 先大父嘗自言生平於《詩》、《書》之學最明，蓋好學深思，能見聖人之深，於聖人之於天道之常變，三致意焉。為說多取之於《序》，以《書》為孔子論次，本太史公書。《序》與《書》相表裏，別嫌明微，推見至隱，與《春秋》同義，非聖人不能作，亦非游、夏所能贊也。[20]

聖人的偉大之處在於他們能夠體悟天道，並且把這種體悟用文字表達出來，

---

[19] 詳細討論，可參廖名春：〈《論語》「學而時習之」章新探〉（二〇〇六年四月二十四日臺北市中央研究院中國文哲研究所「儒家經典之形成」專題演講）。

[20] 莊綬甲：〈尚書既見跋〉，《拾遺補藝齋文鈔》（道光18年李兆洛刊本）頁34a。

此說法來源於翼奉[21]，深耕於劉勰[22]，也常出現在莊存與的著作中[23]。莊存與自言其生平最得意者為《詩》、《書》之學，蓋以能見聖人之於天道之常變而深闡之。故其治經，以論、說闡述為主要形式，而以聖人之於天道為依歸，合於聖人天道者再三贊嘆，違於聖人天道者若有憾焉，而其意則在知人道之務矣。其孫綏甲冥心諷誦，謹條其大旨，弟為三卷：

> 一卷首篇正後儒之誤解〈禹謨〉為再征有苗，重為《書》訣，因以明不攻古文之意；次篇釋〈盤庚〉而證以二〈雅〉，因以著以經解經之法；三篇闡《書》之言天言命言性至明確，而惟後儒鹵莽讀之也。二卷皆論周公相武王輔成王之事。一衷於經與《序》，以明文、武之志事，述顯承之艱難，辨成王不能涖阼、周公踐阼攝政之誣。三卷皆論舜事父母之道，以孟子之言為本而證明逸書後述伊尹、周公之遇，皆所以明聖人之於天道也。[24]

莊存與心中有一鮮明的聖人觀：聖人，是道德及形象皆完美之人。存與對於周公的描述，已略如上述。此處再舉舜為例。按〈堯典〉、〈大禹謨〉皆

---

[21] 按：《漢書‧翼奉傳》載奉之言曰：「天地設位，懸日月，布星辰，分陰陽，定四時，列五行，以視聖人，名之曰道。聖人見道，然後知王治之象，故畫州土，建君臣，理律歷，陳失敗，以視賢者，名之曰經。賢者見經，然後知人道之務，則《詩》、《書》、《易》、《春秋》、《禮》、《樂》是也。」〔漢〕班固撰：《漢書》（北京市：中華書局，1990年）卷75，頁3167。

[22] 按：《文心雕龍‧原道》云：「爰自風姓，暨於孔氏，玄聖創典，素王述訓。莫不原道心以敷章，研神理而設教，取象乎河洛，問數於蓍龜，觀天文以極變。然後能經緯區宇，彌綸彝憲，發揮事業，彪炳辭義。故知道沿聖以垂文，聖因文而明道，旁通而無滯，日用而不匱。」〔梁〕劉勰：《文心雕龍》（臺北市：文史哲出版社，1988年）頁4。

[23] 例如莊存與《八卦觀象解》即曾引翼奉之言，而薛子衡〈八卦觀象解跋〉又引而申之曰：「先生之言曰：『聖人見道，然後知王治之象，賢者見經，然後知人道之務。知人道之務，則知王治之象矣。』若先生者，其真知人道之務矣。」〔清〕莊存與：《八卦觀象解》頁28a；〔清〕薛子衡：〈跋〉，頁3b。

[24] 同前註。

載舜征有苗之事。〈堯典〉曰:「流共工于幽洲,放驩兜于崇山,竄三苗于三危,殛鯀于羽山。四罪而天下服。」其事在舜攝位的二十八載之間。又〈大禹謨〉曾載:「帝曰:『咨禹!惟時有苗弗率,汝徂征!』」此處之「帝曰」,或如《書序》所云「禹成厥功,帝舜申之」之意,表示其事乃在舜已即帝位之後。若如此,則舜乃有兩征有苗之舉,而後世據此,即以有苗叛服不常,故有舜再命禹往征之事。存與則以為兩處所載當同為一事。且觀存與之論:

> 舜征有苗,再乎?曰:一征而已,未嘗再也。舜攝則命禹徂征,事在〈禹謨〉。[25]

存與此處所論,實以〈大禹謨〉所載「帝曰」之帝,乃後人對舜稱帝的追記之辭。舜之命禹征苗,尚在攝位二十八載之間,未即帝位之前,與〈堯典〉所載征苗實同為一事也。存與所持理由在於,若依〈大禹謨〉所載舜即帝位方命禹往征之說解釋之,則「舜豈自此乃敷文德,又豈恆舞羽至七旬乎」?觀存與之意,以為舜之文德早布,不應在即帝位之後而苗民未格,乃至於動干戈至七旬之久也。且虞舜之征苗,並非以大兵相殺,乃變置其君而已,不罪其民。非如此,不足以成舜之大聖也。存與認為,舜以苗民難化,故於征苗之後,特以化民成俗之任付禹及皋陶,此即分北三苗也。其事乃在舜即位,命官九載之後。而後苗民既同,乃近者說服而遠者懷之也。豈有苗民叛服不常,而禹攝位之後,再次行征伐之事?拋開偽古文的糾葛,我們很容易即可掌握存與描述舜與周公之基調,乃出於欲塑造一個至仁的帝王,以及君臣相得之形象,而不欲讓皇子們對古聖帝王有其德不完具以及好戰之印象的心理[26]。即此亦可知存與身為皇家導師之責任及其用心之良苦。

然執考據以治經者,對此卻不屑一顧。在皮氏之前,即有李慈銘對莊氏

---

[25] 莊存與:《尚書既見》卷1,頁1。

[26] 按:存與《象傳論》(頁4)論〈謙〉卦云:「不謂之盈,而謂之謙,三旬不降,班師振旅矣。舜命禹徂征,不忘其下之民焉。益贊禹拜,其道光明也。」即為此意。存與之論周公東征,亦以此意言之,故云周公東征,未嘗有行陣銜枚之事。

說《尚書》大加撻伐。今觀李氏之言：

> 莊氏之《尚書既見》，向讀龔定盦所譔〈碑〉文云云，私揣其書必毛
> 氏《古文尚書冤詞》之流，而侍郎（莊存與）素稱魁儒，又在毛氏之
> 後，既有為而作，當更援據精慎，不似毛氏之武斷。乃今閱之，既無
> 一字辨證其真偽，亦未嘗闡發其義理，但泛論唐、虞、三代之事勢，
> 憑私決臆，蔓衍支離，皆於經義毫無關涉。……附會糾纏，浮辭妨
> 要，乾隆間諸儒經說，斯最下矣。阮氏《學海堂經解》中屏之不收，
> 可謂有識。[27]

按乾、嘉時期興起的專門漢學，略有一評價學者的標準，這一標準雖未如今
日形成條文，公諸於世，但也非漫無可稽。這可從著作是否收錄於《皇清經
解》、《續皇清經解》得知。亦即是否有專門經學著作，可為評價的標準；
而這些著作是否收入兩部經解，更是生前身後進入其時學術主流的門檻[28]。
阮元刻《學海堂經解》，專收以考據治經之作，此書既被排除在外，可見得
不符考據之標準。而從李氏所言來分析，可以看到他對莊氏《尚書既見》的
批判，首要的就是不能援據精慎，辨證真偽；其次是未能闡發義理，於經義
毫無關涉。所以說此書是「憑私決臆，蔓衍支離」。在別處《日記》裏又批
評此書是「皆泛論大義，多主枚書（即偽《古文尚書》），絕無考證發明之
學」，「皆未免輕棄傳記，憑私臆造」[29]，其指控不可謂不嚴厲。從其評論中，
可以見到學術批評與時代價值選擇的關係。其時學術主流尚考據，故李氏援
以論斷學術者，正以考據精慎與否別優劣。另外，從其「未能闡發義理」、
「於經義毫無關涉」的批評觀之，不難看出彼此對「義理」的認定，存在著
極大的差距。李慈銘明顯走的是「訓詁明而義理明」的考據路線，並且對治

---

[27] 〔清〕李慈銘：《越縵堂讀書記》（臺北市：世界書局，1975 年）頁 109。

[28] 丁亞傑：〈序〉，《晚清經學史論集》（臺北市：文津出版社，2008 年）頁 1。有關
《正、續清經解》收錄標準之討論，可參虞萬里：〈正、續經解述略〉，《經學研究論
叢》第 1 輯（1994 年 4 月），頁 199～225。

[29] 同前註，頁 1167。

經仍保有「疏不破注」的基本立場，不希望後人對經典有太多的自我見解；莊存與則是意圖在廣泛的議論中，引導讀者體會內蘊於經典中的聖人氣象。一者意在發揮價值理想，一者意在貼近經典原貌，可以說，彼此對治經的認知，從形式到內涵，存在著顯著的不可共量性。

　　基本上，皮錫瑞與李慈銘對莊、劉《尚書》之學的批駁，都是在同一種語境底下進行，帶有濃厚的乾、嘉考據學求典實、重訓詁的背景。這樣的態度，曾是幾代學人據以論定學術優劣的基本立場，卻不見得對傳統經學內涵的理解，有多麼正向的意義。這倒不是說，治經不需求典實、重訓詁，而是不當以重訓詁與求典實作為評價傳統經說優劣的惟一標準。而且更應從歷時性的角度來思考此類出以議論，寓有強烈個人色彩的經說，在經典詮釋乃至經學史上所應具有的意義。進一步來說，隨著當代詮釋學理論的不斷開展，作者、文本、讀者之間的複雜關係，向學者演示了意義是多重性的，表現的方法也是多重性的事實。因為學者發現了文本語言和作者意圖的關係，以及讀者和作品語言的關係，都是不確定的變量關係，所以解讀技巧的多元性以及文本價值的多元化，將對傳統對經典的想像以及解經視野造成衝擊。上述這段話，若代之以經學語言，則是傳統治經意義上所講的探究聖人本意、回歸原典，在意圖或策略上或許尚可標榜，然而在方法上已不可行。相反的，古今學者對文本有意無意之「誤讀」所產生的新解釋，或者寄寓價值理想於經說中的想像性語言（即皮氏所謂鑿空臆斷者），在經典詮釋上，當允許其更有發言的權利。吾人理當有此認識：經典文本的意義更多的是取決於解釋者的解釋，或者說是閱讀者的理解，而不再是由作者所決定；至於理解的手段，也不當如乾、嘉漢學者所認為的，藉由文字、聲韻、訓詁的探研，或排比古經說、分別家法的手段即能解決。這一解放式的反轉，不論是置於對經學史的認知，抑或是置於經典詮釋的場域，都具有重大意義。

四　結語

　　近代湖南經師，除王闓運、王先謙之外，便要數到皮錫瑞。在《清史

稿》列傳中，二王先生都入〈儒林〉，獨皮氏不獲立傳，學者以為其原因頗為費解。又梁啓超撰《清代學術概論》，自莊存與、孔廣森、劉逢祿、龔自珍、魏源、王闓運、廖平，以迄南海康有為，都有所論列，然對於皮氏，獨付之闕如[30]。按皮氏不入清史儒林，其原因誠為費解。然梁氏《清代學術概論》獨於皮氏付之闕如，或有梁氏對今文學之獨特見解。按據皮氏一生治學，似可以目為今文學者矣。然皮氏以賈、馬、許、鄭之法治今文，或有立場別擇之特識，然於今文家規模經典、寓寄理想，尚有一間，此或為梁氏不以今文家視皮氏之根本原因。其故在於皮氏所堅持之今文學立場，仍是在考據語境中進行之故也。晚年所撰《經學通論》，雖寓有今文學之價值意識於其中，然其學術論斷，仍不能擺脫早期學術之制約，而能遼闊邀翔，故只可謂主觀考據，非今文家之嫡脈。

---

30 王韶生：〈論皮錫瑞之經學〉，《崇基學院學報》第 1 卷第 1 期，頁 87。

唐文治《尚書》學
及其《洪範大義》的經世關懷

鄧國光[*]

敘引　唐文治行誼[1]

　　唐文治（1865～1954），字穎侯，號蔚芝，別號茹經，生於江蘇太倉市的瀏河。其父唐受祺，號若欽，恩貢生，以塾師維生，曾編輯明清之際太倉大儒陸世儀（1611～1672）的著作，成《桴亭先生遺書》。其母胡氏，通經史，母教甚嚴。唐文治自幼發奮向學，十四歲讀完《五經》，十六歲中秀才，十八歲（1882年）省試中舉。於十七歲受業於太倉儒者王祖畬，習理學。王氏以理學治《春秋》[2]，長於制義，對唐文治日後的學術發展深具影響。通融經學與理學，是晚清主流學術的自身重整。唐文治深具這種通融的學術精神，服膺朱子之學，以朱子之學統攝王陽明心學，體用兼該。其治經的精神與日後提倡讀經，均刻意通融宋、明儒學與漢、唐經學。二十一歲入江陰南菁書院，受業於經師黃以周與王先謙。曾協助王先謙校訂《續皇清經解》。唐文治學而優則仕，時有否泰，後則辦學救時，所以依其仕行與興學

---

[*]　澳門大學中文系

[1]　唐文治先生行實依據唐文治：《茹經先生自訂年譜》，載《茹經堂文集》（臺北市：中國文獻出版社影印本，1970年），及王桐蓀等選注：《唐文治文選》（上海市：上海交通大學出版社，2005年）。

[2]　《翁同龢日記──光緒十八年壬辰（1892）》載：「王子祥（祖畬，散館改縣。）來見。此人理學有《左傳質疑》、《春秋……》【原文如此】三十卷，尤長於制義。張季述推為江南第一也。」《翁同龢日記》（北京市：中華書局，1993年）頁2549。

兩大類目綜述其行誼。

一八八二年中舉後，分派戶部江西司主事。座師翁同龢極為賞識，稱許「學問、性情、品行，無一不佳」，而延聘於家塾。一八九四年甲午之戰，上書軍機大臣翁同龢，因戰情的發展而呈上《邊務芻言》五書。第一篇諫直言國情事實於人君，令中樞充分了解大局以應變；第二篇力主重整東北防務，以衛北京；第三篇力主痛懲護國無方的高級將領；第四篇建議國內官員募集軍餉，避免騷擾商人與百姓，力言舉外債之弊；第五篇陳請當局堅定意志，嚴守內地，迅速反擊，規復朝鮮。同年並上萬言書〈請挽大局以維國運折〉，呼應康有為的維新主張。次年中、日《馬關條約》簽訂，康有為與江蘇舉人汪曾武等人發動「公車上書」，唐文治代擬〈上察院呈〉文，力爭保存臺灣主權。一八九六年任總理各國事務衙門章京，閱讀評點傳教士丁韙良譯的國際法著作《萬國公法》，以提高處理外交交涉的能力，但從此眼疾加劇。一八九八年二月，即戊戌變法的前三月，上〈謹殫血誠以維國脈折〉，提出政革救時的主張；並附呈〈請停止搜括之政片〉，呼籲停止一切向民間紳商小民盤剝的劣政。凡此皆顯示了知識份子發自良知的時代呼聲。

一八九八至九九年間，任戶部雲南司正主稿，反覆討論並條陳整頓流通貨幣，主張自鑄銀圓，流通全國，取代銅錢和外國銀圓並用的混亂貨幣政策，於晚清商政建樹良多。一九○○年庚子義和團亂作，八國聯軍入京，唐文治留守北京總理各國事務衙門，偶與拳民面相對質，既親歷極慘痛的屠殺場面，唐文治哀憫生民之心盡表無餘。作《記庚子六月冤獄》，記團禍的種種慘事；並作《記徐桐、崇綺事》，控訴邪臣禍國殃民，借理學之名破壞洋務和新法。唐文治因此特別注意真正的理學，其後的學術均不離理學「明體達用」的精神，皆誘發於時代的傷痛。

一九○一年九月，唐文治隨同戶部侍郎那桐赴日本道歉，代那桐撰寫《奉使日本國紀》，觀察出日本上下一心，專意於新學以維新，國運日隆；致慨於中國官員營私舞弊，乖違中朝的意旨，以致改革無效。一九○二年五月隨專使載振外訪歐、美，以參贊身份外訪，取道香港及新加坡，順便考察民情風俗，眼界大開；然後官式訪問法國和比利時。獲比利時國王授四星勳

章；赴英國倫敦祝賀英王愛德華七世登基的儀式；橫渡大西洋，考察美國，觀察新大陸政、經、社會與文教，深為所動，而強調民主制度的優長。西渡太平洋回國，途經日本；在日本訪問考察，日皇授予四星勳章。此行環地球一周，唐文治大增見聞，更堅定其素來所抱政經更革的主張；對照西方現狀，而更明確人心道德於現代社會為關鍵的主張。為大臣載振代筆撰寫《英軺日記》，通觀英、美、法、比、日五國政治、經濟、教育的狀況，以作中國自強的參借，一意重振士氣；強調美國國父華盛頓大公無私之情，意在砥礪人君心術，皆用意良苦的筆墨。

一九〇三年代載振作〈議復張振條陳商務折〉，條列復興國家商務和金融制度，並建議效法香港，鑄造統一的貨幣形態。一九〇四年十一月上〈請設立商會折〉力主設立商會，慈禧太后親詢釋疑而後允准，中國自始有商會的設立。自唐文治倡議建立商會之後，全國四十餘都市均設立了商會，為晚清及民初的政府融資及金融管理建立基本的支援性網絡。唐文治是中國二十世紀初重商主義的代表人物。一九〇五年日俄戰爭之後，上〈請飭東三省速舉要政折〉凡十條，力陳先發制人以改革東三省的政治經濟，以免淪為日本的殖民地。同年七月復上〈請設立勘礦總公司以保主權折〉，力主立法制訂採礦的活動，而保持土地的自主權。一九〇六年以農工商部左侍郎並署理尚書，上呈〈議復北洋大臣、政務處，奏路務議員辦事章程不無窒礙折〉，請各省設鐵路事務監察的路務議員，整頓借公謀私之風，與直隸總督袁世凱不合。此後袁世凱當國，唐文治從此絕意仕途。是年代載振致函日本近衞篤麿，勸日人和中國禍福與共，並以《萬國公法》譴責日、俄兩國爭奪中國土地的失義，義正辭嚴。

一九〇六年冬丁憂離京，守制南歸。載振也被參而離職，唐文治失去朝廷重臣的支持；種種建議，亦不能落實；例如甲午戰後，反對和議，堅持力保臺灣；《辛丑和約》之後，為建立商部，躬力策劃和部署；日、俄戰爭後，力陳消除滿、漢的閡隔。凡所提出的興利救弊的建議，皆遭到抵制。政治上已無所作為，於是引退。南歸上海後，全力辦學，以「救民命、正人心」，鼓勵氣節，尋求恢復民族尊嚴之途。

　　唐文治從政之時，目睹時艱，深刻體會士風頹敗、民心散渙、氣節淪喪諸種痛疾；認為國運之頹是多方面的原因，而關鍵在為政者的道德品質，能否存公道、去私心。改變士習，乃承弊起衰的要務。基於這種認識，唐文治極重視教育，期望透過師友的講習，砥礪道德，培養志尚，則民族的復興，並非遙不可及。唐文治主持學堂，逆抗時風而力倡經學，其活力淵源自這堅強的信念。

　　一九〇六年八月，唐文治任郵傳部上海高等實業學堂總監督，辛亥革命後，改號南洋大學。於一九一三年改稱交通部上海工業專門學校，一九二一年正式定名為交通大學。在這十四年間，唐文治特設專業學科，專款購置設備和圖書，禮聘中外名師任教，同時遣送學生留學，提昇工業專科學校的性質，辦成中國第一所完整的理工科大學。唐文治全力打造一所新型大學，培養具備創新能力的優秀科技人才，足以自製汽船與飛機。唐文治堅持的道德意志主導行為的信念，所主持的交通大學雖主理工科目，但不廢德育、體育、國文和外語；每週為學生親授國文，勵淬學生的意志。唐文治治事極勤，凡事親力親為，更嚴於律己，讀書甚勤。然不善護目，早年攻讀《萬國公法》而視力耗損，至此日甚。一九二〇年，唐文治五十六歲，幾近失明，為此而辭去交通大學校長的職務，休養無錫。

　　居無錫期間，富商施肇曾（1867～1945）議設「國學專修館」，力邀唐文治主持。一九二七年改名「國學專門學校」，一年後名「無錫國學專修學校」，自始定名，簡稱「國專」。唐文治以此延續明、清書院的學術傳統，於主流的西式學校體制外，甦生被抑壓的傳統學術，發揚師友互相砥礪的精神，為傳統學術開闢生存和發展的空間。唐文治具豐富的管理現代工程學科學府的經驗，極深刻體會大學和書院的差異，運用兩種不同的育才機制，相輔相成，以培養振興國家的人才。

　　「國專」特重經學，唐文治親自編訂《十三經讀本》，及撰寫各經的「大義」，以作門徑。由於學術訓練嚴格，培養自發的研究能力，門下多成為日後中國人文學科之中獨當一面的學者，各以其深厚的學術力量，反過來主持現代大學的學術研究和傳授。「國專」和北大、清華等大學的文科科系騎

崎，成為中國大學文科的重要師資來源，學術影響之深遠自不待言。錢仲聯回憶「國專」的學習生活說：

> 唐文治辦國專，教學方式類似舊時的書院，主要講授《五經》、《四書》、宋明理學、桐城派古文、舊體詩，旁及《說文》、《通鑑》和先秦諸子。義理、詞章、考據，學生可以就性之所近偏重，漢、宋學兼采。[3]

這是兼容並蓄，集傳統學術的大成，並因材施教，於是培育大批人才。其門人如陳柱、唐蘭、吳其昌、王蘧常、錢仲聯、蔣天樞、湯志鈞等極具實力的專家，為中國現代學術的中流砥柱，即使學有專門，非關經學，但以「國專」嚴謹的訓練，根深柢固，因而在不同的學術領域取得成就。

綜觀唐文治一生行實，親歷滿清、中華民國而至中華人民共和國，不論從政與辦學，俱以民族文化為意，一生光明磊落，是經師而兼人師。傳統學術的經世精神，得唐文治而傳揚。唐文治以經學為教，提倡讀經至為積極，在三十年代，乃倡導讀經的大旗手。論近代經學，此極為關鍵。於民國初年手編《十三經讀本》並諸經「大義」，因文明道，其表現為一具道德和學術實效的力量，根本於淑世情懷而施用於世的熱情，而非徒以文獻研究為尚的文字功夫。其中深厚歷史意識與時代關懷，有異於「夷經為史」的經學史研究。故論二十世紀的學術，不能繞過唐文治。

本論

一　超越今古門戶的門徑

自明迄清，《尚書》真偽之案大明。辨《尚書》今古之真偽，朱子為關

3　馬亞中主編：《學海圖南錄：文學史家錢仲聯》（南京市：南京大學出版社，2000 年）頁 7。

鍵。在此學術基礎上，唐文治引導後學面對經典的真實相，自然不會因循阮元刻的孔穎達《尚書正義》。但朱子雖有辨於真偽，其門人沈蔡編纂的《尚書集傳》，對比於明、清的研究成就，顯然陳陋。選擇符合入門本子，的確遇到困難。孫星衍的《尚書今古文注疏》號為精覈，但屬專門的考述，不便初學。經過慎重的考慮，唐文治選定宋人王應麟輯集，孫星衍補集的《古文尚書馬、鄭注》為讀本。唐文治在〈凡例〉交代說：

> 庚戌歲（1910 年），得孫氏補集《古文尚書馬、鄭注》，深為欣喜。蓋本宋王厚齋所輯而加詳，於漢經師遺說，大致備矣。是刻即用此本。惟於二十八篇外，增〈泰誓〉一篇，不無可商之處耳。至梅氏偽《書》，其中亦多名言，足資參考。任氏《尚書約注》依據蔡《傳》，易簡而明，附刻於後。[4]

用《古文尚書馬、鄭注》與任啟運的《尚書約注》，解注簡明，符合選旨。在顯示漢、宋學者解說《尚書》的大體面貌，而二書都具備充分的文獻存真意識，適合向世人展示《尚書》真實面目的目的。

唐文治《尚書》學的整體面貌具見於《洪範大義》附綴的《尚書大義》，分外、內篇。外篇十篇，敘述《尚書》的發展沿流，疏明經學家法，屬於經學史的基礎知識，而特別強調成書過程中的摻偽。但唐文治於後出之《書》不一概否定，還肯定其中保留了漢、晉儒者的至理格言，對後世統治者如何去私意而行公道，還是值得取鑑。在「辨真偽」方面，唐文治不一概否定《古文尚書》，亦肯定所謂偽《書》的價值：

> 梅賾本雖作偽，亦有精當可採之處。如
> 〈大禹謨〉：「惠迪吉，從逆凶，惟影響」、「與其殺不辜，寧失不經。好生之德，洽于民心」。
> 〈仲虺之誥〉：「佑賢輔德」兩節。

---

[4] 唐文治：《十三經讀本》（臺北市：新文豐出版公司，1980 年）頁 10。

〈湯誥〉：「惟皇上帝，降衷于下民，若有恆性」。

〈咸有一德〉：「德惟一，動罔不吉；德二三，動罔不凶」。

〈太誓〉：「吉人為善，惟日不足；凶人為不善，亦惟日不足」。

〈旅獒〉：「不寶遠物，則遠人格；所寶惟賢，則邇人安」。

〈君陳〉：「無依勢作威，無倚法以削。寬而有制，從容以和」之類。
語皆精粹不磨，足為法戒。蓋晉時去漢未遠，凡此粹語，必從漢儒傳
來者也。故後人讀梅氏《書》，以為漢、晉間極純粹文字可也。[5]

唐文治摘引的《書》辭，都是人君「為治」的金石良言。從「為治」的角度
言，反應該正視其中所蘊涵的政治智慧，這是漢、晉儒者累積寶貴精神財
富，梅賾的《古文尚書》不應以後出而受輕視。所謂「辨真偽」，最終也是
回歸到政道的義理上。

二　宣示《尚書》的治世政鑑

唐文治基於道統訓正人心的動機，透過詮釋《尚書》的義理，以期重
建從政者以身作則的政治倫理。《尚書大義》「內篇」二十篇，概括《尚書》
的「政體」，以至「政治學」，唐文治努力構建經學政治倫理，此見大體。
先列《尚書大義》內篇的標題如下：

〈堯典〉、〈皋陶謨〉篇為政治學（論三微五著心法要典）；

〈湯誓〉篇政鑑（論聖人革命順天應人）；

〈盤庚〉篇政鑑（論盤庚能融新舊之界、不尚專制）；

〈西伯戡黎〉、〈微子〉篇政鑑（論亡國之殷鑑）；

〈洪範〉篇政治學一（論禹用九數畫州立極以治民）；

〈洪範〉篇政治學二（論五行篇天人相與之理）；

〈洪範〉篇政治學三（論五事篇大人相與之理）；

5　唐文治：《十三經讀本》頁36～37。

〈洪範〉篇政治學四（論八政之原理、農工商兵宜相通而不相害）；

〈金縢〉篇政鑑（論周公戒成王不敢荒淫，以造周代八百年之基業）；

〈大誥〉篇政鑑（論聖人禪繼之公心與不滅人國之大義）；

〈康誥〉篇政治學（論明德新民之要旨）；

〈召誥〉篇政治學（論政治學必本於性命學）；

〈洛誥〉篇政鑑（論《尚書》學通於《孝經》學）；

〈無逸〉篇政鑑（論聖人自不息之學）；

〈君奭〉篇政鑑（論周公付託召公政事之重）；

〈多方〉篇政鑑（論君狂民頑所以亡國）；

〈立政〉篇政治學（論政治學本於九德，用人貴能灼見其心）；

〈呂刑〉篇政鑑（論聖人精意在破迷信、除肉刑、去贖刑）；

〈費誓〉篇政鑑（論軍紀之當整、軍法之當嚴）；

〈文侯之命〉、〈秦誓〉篇政鑑（論周、秦二代國祚盛衰強弱與存亡所以久暫之理）。

《十三經提綱》開宗明義指出「道政事」是《尚書》的旨意。篇題歸屬的兩大範疇，「政鑑」與「政治學」，均不離「道政事」的詮釋方向。兩大類都是建立在「道政事」的理解平臺上，然後解說其中的政治涵義。解說過程亦同時是立義的過程。

「道政事」是顧炎武所強調的立文宗旨。唐文治表揚晚明氣節之士，激勵時人，向表傾佩顧炎武與黃道周（不是黃以周）的職志。「道政事」指向「治道」，而非行政庶務，目的在為政，是解讀《尚書》的第一義。唐文治認為「治道」即後世的「政治學」，《尚書》是「政治學」的本原。其次才是「辨真偽」方面，然後是「審文法」。

於「審文法」一項，唐文治強調「求其精神」[6]，把握作者的精神是審文法的目的。透過《尚書》文辭表達的「義法」，熟讀深思，聖人論「治道」的精神自見。文以見道，審《尚書》義法而可知。唐文治貫徹直面經典的主

6　唐文治：《十三經讀本》頁37。

張，強調的是讀者精讀深思。

唐文治一意以「經學」救人心，從倫理的層面說《尚書》的政道，自然轉出本子文字之外，精讀深思而透進聖人的「精神」。《尚書》為「政治學」的起點，不是在制度和形式方面着眼，乃推本於統治的倫理自覺，原「心」以論治。唐文治的《尚書》學，歸宿於帝王為治的心法，是朱子以來儒學的基本思路。《十三經提綱》概述《尚書》廿八篇的精神，是從統治意志上開展論述。論〈堯典〉，則說：

> 此帝王之心學也。惟治心而後能敬天，惟敬天而後代天以成功。所以贊天地之化育者，發為萬幾，而實基於一心。[7]

說明統治意志輯控所有政治運作，統治者的心術是政治的得失關鍵。從心的角度切入，開出倫理的世界，自然與王陽明相會。唐文治會通理學和心學，不分彼此，是以倫理之化成作用而說。

論〈皋陶謨〉強調舜「無為而治」，發揮《論語》的說法，而指出為治的原則，在統治意志之適當運用「時」與「幾」，這足以顯示「人君之德」。唐文治沉痛說：

> 漢、唐以後之人君，知德者鮮矣。[8]

在「人君之德」的原點上，唐文治伸述《大學》「克明俊德」的大義，本朱子遺說，指出《大學》「明明德」是帝王治心之學，而《尚書‧康誥》顯示：

> 凡治天下國家者，首在治心。[9]

治心不是空言。帝王心法之運用，成於政治的基本信念，具現於箕子的〈洪

---

[7] 唐文治：《十三經讀本》頁34。

[8] 唐文治：《十三經讀本》頁34。

[9] 唐文治：《十三經讀本》頁34。

範〉。唐文治對《尚書》的理解層次，並非局限於辨別今古文經的真偽與高下，這些已經反覆討論於明、清數百年的學界，無庸置喙。唐文治為倡導其經世而選擇經注，這用心決定了詮解《尚書》的方向。在其處境來說，強調《尚書》經世的意義，較之於學術辨析，對正人心的層面更為切要。這種關切以添附唐文治自撰的《洪範大義》三卷於其後而更為顯著。從經世的動機而言，〈洪範〉稱得上是唐文治《尚書》學的重點。事實上，〈洪範〉學本來就是朱子學的要目，唐文治之用力於〈洪範〉，根本啟發於朱子。

三 〈洪範〉大義：修己以敬

諸經之中，《尚書》的〈洪範〉之學便成為唐文治經學義理的核心，最能彰顯經學義理對治社會政治和種種重大現實問題的適用性。

〈洪範〉之學又稱帝範之學，自漢、唐以來，是經學家用以經世建言的重要途徑。清代經學中的《尚書》研究，其根本建立在朱子的疑經基礎上，對作偽的問題予以深入的探討和判定，然基於康、乾兩朝君主對治統和道統注以前所未有的心力，從不同的途轍融化道統於治統之中，形成帝力左右經學發展的局面，士人經學只能下降到文獻與文物的考釋之間，不能觸諱，則所謂〈洪範〉之學，並未能真正開展。唐文治以宋儒的義理為法門，則宋儒所極用力的〈洪範〉學，自必成為其刻意張皇的對象。為此，唐文治撰寫《洪範大義》凡三卷，以承宋儒言義的統緒。

唐文治深望人君修德，樹立倫理榜樣，這是朱子之說〈洪範〉大義，有異於漢儒所說的「中道」義。唐文治順用朱子之說，標榜君德，強調約束君心，以經文遷就義理。謂古人亦有指稱人君為臣，相對於天下，人君應該稱臣。這種詮解不一定廣為接受，但理解唐文治的理路，則釋臣為君，屬於詮釋的策略，目的在說明〈洪範〉之為治法，雖天子亦莫能外，當遵守而勿失，則用意可嘉。

「道政事」之大者，莫過於展示「聖王」經世的大義。〈洪範〉宣示「古聖王之行政，在仁慈而行」，人君之仁與不仁，國政興衰的所由，治心的方

向在此仁政慈行。唐文治陳明身為遺民的箕子敢於向新朝的周武王直諫，是蒞政治民所應該親行實踐的典範。箕子是良臣的榜樣。〈洪範〉的大義關乎國運，不可輕忽。為此，唐文治譴責後世儒者解讀〈洪範〉「臣無以作威作福」句，誤以為人君無有拘檢。這種誤讀，助長人君放肆權力而敗壞政事，誤說經典而誤盡天下。此皆有為而發，顯示道統照領治統的朱子學意願。

　　《洪範大義》三卷乃參照古今諸家解注而成，發揮人君以身作則的君德論。是唐文治經學的代表作。《洪範大義》的主意全在「敬」義，乃本朱子「涵養須用敬」而說。唐文治釋〈洪範〉「初二曰敬用五事」，說：

> 敬者，千聖百王之心法也。[10]

指出敬意是王者心法，王道從這點道德自覺開端，引晚明黃道周之說：

> 敬者，思之權量也。五事皆敬，則無所不休。五事皆肆，則無所不咎。以敬為事，因之以為德性，因之以為學問，而後天人之行事，可得而言矣。[11]

「天人之行事」指王者之事。王者以道通天人，是稱王道，是〈洪範〉的關節。唐文治綜論五事的王道意義說：

> 夫五事者，人道備焉，聖功全焉，蓋自一身接於萬事，貌言視聽思五者盡之。五者各舉其職，則五者之職皆將不舉而萬事之理亂矣。此固敬勝義勝、直內方外之學所權輿，而夫子所謂「修己以敬」者，則尤合於此經之義。一語傳心之要典也。[12]

「修己以敬」見《論語》，是對天子極高的要求，孔子說「堯、舜其猶病諸」，即使堯、舜也未能完全符合標準。唐文治承朱子說經之旨，標榜君

---

[10] 唐文治：《十三經讀本》頁424。
[11] 唐文治：《十三經讀本》頁427。
[12] 唐文治：《十三經讀本》頁428。

德,指出統治意志「修身」,彰明政治行為務必從自身的道德修養為起點。釋〈洪範〉「皇極」引黃道周,說人君「當涵養德性」[13]。「修身」是治平天下的為政要義,這是儒家一貫的主張。修己以敬,目標甚明確,就是以敬重具體的「事」為治平的起點。治統的責任在養民命,其「事」自然是養民之事,敬其「事」是治統其本份。

　　唐文治於《洪範大義》一直堅持朱子解釋「皇極」為以身作則的標準義,不取漢、唐經說中的「大中」義,並據朱子的「標準」義,糾繩明、清以來諸家之說。這種現象,完全體現以義理讀經的態度。唐文治一而再高舉朱熹的「標準」義,為此項義理尋求指導現世政治或治統的總原則:

> 既屬稿,或見之曰:「子言皇極,不與近世共和政體相刺謬乎?」
> 余曰:此不讀書之論也。皇極者,標準也。不獨天下國家有一標準,即一身一心亦有標準。惟立一心之標準,推而至於一身一家一國天下,乃無不有標準,所謂本身以作則也。古人訓皇為君,篇中曰汝,曰臣,皆指君言,而與民為一體者也。故曰「錫汝保極」,惡得以為天子之制而諱言之乎?且即以天子之制言之,苟其合於大同之義,即無悖乎共和之理者也。苟違乎大同之義,則雖名為共和,而實則偏黨營私,為〈洪範〉之罪人。天下之以日亂,正由於經義之不明也,惡足與言治道乎哉?爰大書之,以告後世之讀〈洪範〉者。[14]

唐文治以「皇極」的朱子義倡導大公無私的精神,以充實孫文切切為念的「大同」的再造。則〈洪範〉「皇極」之義,並不因為是帝制時代的思想產物而褪色。若以公、私之念為標準,則朱子的以身作則的標準義,正符合大公無私的「大同」的追求,非但有益於當前「共和」的政體。

---

13 唐文治:《十三經讀本》頁 430。
14 唐文治:《十三經讀本》頁 465。

四 〈洪範〉的政事要務：農政

據〈洪範〉說君德，不離八政，為君德之事。君德不是空言，必須能實行八政。八政不修，則君德無存。所謂「政治」，指治理此八事。八政之首為「食」，這是人君為治的要務。食必重農，申明農政為急務。《洪範大義》中卷說：

> 後世農政不講，經國者絕無根本之計。始則士人兼併農人，繼則商人兼併農人，迄於今，工人、軍人無不兼併農人。舉全國之人數而統計之，十成之中，農民無二三焉。舉全國之土地而統計之，十成之中，五穀之田無三四焉。如是則人事失其司，土政棼其序，民無升斗之儲，有不鋌而走險者哉！美洲號稱富國，吾考其歲入，其取於農田者，百分之七十六，其重農之制，與中國古時相仿。近東方之國不明此理，率以工廠、商場、道路，一切佔奪農田，穀價騰踊，民不得食，乃求助於他國，此豈持久之道手？且穀價貴則民之生活愈苦，生活苦則民之廉恥愈喪，劫奪欺詐，相因而至，根本之患，孰有大於是哉！（中略）今吾國棄神農之教，違箕子之〈範〉，背〈王制〉之謨，重末輕本，懵然不察，十年而後，出穀日少；五十年後，稻田盡為平原，百姓之饑饉流離，更不知若何景象矣。（中略）此吾所以深望當事者之讀〈洪範〉，而以農政為兢兢也。[15]

唐文治以極實在民眾生存權、發展權，極論失落二千年的「君德」，致無視國命根本的農政。提昇農業生產既乏良方。唐文治尤其譴責無理吞併農地的罪行，破壞本來極有限的耕地，導致農作物遠不能滿足整體社會需求，而竟坐待外國的糧食救援，形如乞討。如此境況，尚何國家尊嚴之可言！而國家財政收入，因農業發展萎縮而大減，根本沒有辦法重投資金於土地利用。限

---

[15] 唐文治：《十三經讀本》頁443。

制於緊絀的財政，國家更難以運用金融的手段調平物價，惟有坐視大批農民破產，甚至逃亡，中國變成一個充滿流民的無家可歸者。逃亡的民眾逼於生計，無計可施，唯有鋌而走險，勾當不法，嚴重社會的平穩安全。造成這流民遍野的困局，罪在歷朝當政者的無識，惟短利是射，輕忽農政。三代以來聖人如箕子的重視民食，《孟子》重視經界，就是重視農政，保障民食，持養民命，這是王道的基本原則。但後世之在位者，卻反其道而行。於土地所有權的整理與安頓，不但未受正視，還以各種名目盤剝農民，破壞水土。政之失，莫大於之不敬百姓相生相養的農政。

唐文治重農的思想極濃，更因觀察過美國的農業的情況而強化，極陳復甦民生，非切實理順農政不可。強調土地兼併的危害，破壞農地，唯務建設大量工廠、商場、公路，本末倒置，得不償失。唐文治考察美國稅收之中百分之七十八來自農業，奠定國家富強的基礎；其管理工地農產的形式，有類於先秦重農的措施。但對照中國，農業和土地利用不是政治的關懷。地力凋耗，農民生計不保，體質智力都遠不如西方，或鋌而走險。處於生死線上的農民，竟由善良的百姓聚成破壞天下秩序的負力量。這不是危言聳聽。

唐文治論〈洪範〉而痛陳自來失政，推民於水火，陷民於貧困，若不從統治意志上提醒，堅決實施有效的農政，改善民生的狀況，則國政難有清明之日。唐文治一意寄望主事的官僚政客能夠正視〈洪範〉的智慧，以端莊的態度治事，以天下百姓的長遠福祉為關懷對象，而省定用心合乎「皇極」的人主為民模範義。是否因己之敬重國是，而影響下屬以及百姓，各自克盡其職。國民是否有活力、有上進心，全仗乎在上層展示出關懷民生的對策。

唐文治要求為政者讀〈洪範〉，精讀深思聖人為政的精神。人君苟能敬用五事，本敬心以治農政，終可以走向和平康莊的社會。不然，上下漁利百姓，破壞耕地，以營目前之小利，坐待糧價日漲，必然造成嚴重的不安。《洪範大義》成書於二十世紀二十年代，其中預言五十年後的民生慘況，對照歷史，其想像與現實之境況，相距不遠。「經學」之所以經世，唐文治的實踐足以明之。

五 〈洪範〉學的經世啓示：反思「黨治」

〈洪範〉「皇極」章向來是中國政論的基本話語來源，深刻影響傳統的政治觀念。十九世紀傳入的西方政治話語與型態，難免與傳統的話語產生滲合與排拒，而出現歧義。傳統的文詞辭彙，用於另一時空環境，涵意卻有別，這類詞意的演變，於六朝稱之為「格義」，是文化接解過程中的必然結果。〈洪範〉「皇極」章之「黨」義，與現代政治的「黨」義，便是一重要的例子。而唐文治於此刻意著墨，伸述政治的抱負並抨擊時政。與其說是經解，不若視之為政論更為切合。唐文治貞定《尚書》的根本之義在「道政事」，是本仁愛之心紓解及扭轉現實政治運作的困局，農政便是關鍵。

唐文治以〈洪範〉「王道平平，無偏無黨」為立論基礎，開展內涵全然不同的政黨統治的新型態的批判。這型態唐文治稱之為「黨治」。於字面義來說，「黨治」一詞，與〈洪範〉「王道平平」、〈禮運〉「天下為公」字面是違背的。在唐文治的語境中，「黨治」是貶義。唐文治亦集中力度於「阿黨」和「不公」的問題，從統治意志的倫理層面上開展政治批評。《洪範大義》「皇極篇」說：

> 生民之禍害，皆起於偏黨。偏黨生而好惡私焉。於是有「作好」、「作惡」之士。（中略）惟有黨，於是有所偏吾之黨，而邪焉、惡焉、非焉，不得不「作好」也，亦不敢不「作好」也。非吾之黨而正焉、善焉、是焉，不得不「作惡」，也不敢不「作惡」也。日作日偽，久之而邪正、善惡、是非之本心，顛倒於中而不自知。於是好人所惡，惡人所好，拂人之心而不自知。於是「作好」、「作惡」者，遂成真好、真惡。於是人心之為正、為邪、為善、為惡、為是、為非，亦皆顛倒無所判別。而天下於是大亂。（中略）綜觀《二十四史》，滅亡之禍，未有不由於偏黨者也。[16]

---

16 唐文治：《十三經讀本》頁445。

唐文治不是說風涼話,關注的不在「政黨」的構建型態,而是「政黨」如何用人運作國家機器。這問題涉及政黨如何組成、黨員運用權力以至招攬入黨的準則等實際的政黨運作。唐文治解讀經典與批判時代,一以貫之,從動機的運動過程中把握要義。

他根據〈洪範〉的「不偏不黨」的王道義,對「政黨」這個新的內容,予以相違經典的完全否定,再以道德的標準判決統治意志的非善:判定其必然墮落,必然拐向私惡、私利、私欲的人性黑洞,而成為藏污納垢、無惡不作的罪惡淵藪,與〈洪範〉開出的公道正直的王道義,背道而馳。唐文治揭露的是政黨上假公濟私、公器私用的醜陋行徑普遍泛濫,這是運作過程中顯示出來的弊端,並非新與舊的觀念衝突。

相反,以「黨」治為中心的共和政體,處處以「黨」的利益為施政的考量,而甚至借以謀取「私」利,大違中山先生「大同」之旨,此又表明「共和」的制度,如果沒有大公無私的精神以相應,則徒具虛名,無益於家國。唐文治以〈洪範〉之學伸述朱熹的無私天理義,實有感而發,亦有為而作,這就是唐文治以理說經的特別處。

以無私無偏之義說「皇極」的榜樣和標準義,唐文治特別痛心於民國時期「黨治」的禍國殃民,於《洪範大義》中卷上說:

> 或曰:「今西國之政黨甚矣。蓋民生而後有羣,有羣而後有黨,有黨而勢力盛,範圍廣。故國家不可無黨。善為政者,利用握機,斯可矣。子何戒黨之深也?」
>
> 曰:不然。凡為學說者,必當考其地與時,與其風俗人情,宜乎否乎,而後言之而行之。夫然後可以無弊,非可膠柱而鼓瑟也。
>
> 考「黨」字之義,從尚從黑。尚者,上也。黑者,地色也。居上天下地之中,知識未開之世,聚黑暗之人,發黑暗之言,論黑暗之事,則以最上之道與民,浸成黑暗之政與世,豈不痛哉!此古人制字之本誼也。
>
> 且「黨」也者,以心術為主,以學術為歸者也。彼西國所謂政黨者,

惟有政而沒有黨。有政治之學識,有政治之經驗,而後可以為黨也。
若徒知有黨而不知有政,譬諸稱政客者,客則客矣,未見其能為政
也,其可乎?然則黨乎黨乎,可輕言乎?

凡人有氣質心知之偏而不能無私。一二人之私有限也,一二十人之私
為害已無窮也,積而至於數十人、數百人,又至於千人,發之而不得
其正,則其為私也彌大矣!

且夫水之流也,涇、渭不同科;馬之馳也,良駑不並駕;人之相處
也,善惡邪正不並立。然而自古以來,正人必不勝邪人,惡人必不避
善人者,何也?彼其所處之勢既盛,則必有法以驅除之。而善人、
正人者難進易退,小人之道長,則拱手以去,入山林而惟恐其不深不
密。嗚呼!此黨禍之害,所以自古為昭,於今尤烈也。然則箕子之敷
言,在數千年以前已明燭及此,豈非智深而慮遠哉!

……而況比年以來,閭閻凋敝,死亡載道,靡知所終。而政治之紛
更,乃如一龍一蛇,一玄一黃,倏忽變幻而不可究詰。當事者每操一
反覆勝負之端,在下者即會遭一水火兵戈之厄。百姓方哀號而無措,
黨派正角逐而紛呶。

夫太平者,人心皆平之大效也。今黨派之不平,適足以啟人心之不
平,而詎有太平之望乎?……吾故特本箕子之訓,痛哭流涕言之,世
有達者,當不可河漢斯言。[17]

唐文治於釋經義之際,痛陳時事的弊端,慷慨激昂,發乎肺腑。如此釋經取
義,已經不再是文字訓詁的功夫,而關係當前政局與及中西政情。唐文治在
《論語大義》之中,復對黨治的問題發表更直接的看法:

天下患無實行之人,而尤患多議論之士。《禮記》曰:「天下有道,
則行有枝葉;天下無道,則辭有枝葉。」空言多而實事少,國其可危
也。周而不比,戒政黨也。為政黨者,先政而後黨,猶不免朋黨之

---

[17] 唐文治:《十三經讀本》頁446。

> 禍。若知有黨而不知有政,其為私也大矣。吁!可懼哉!可懼哉!罔
> 與殆,學術之偏也。異端蠭起,生於其心,害於其政,此有國者之大
> 憂也。[18]

唐文治對黨治問題的關注,實源於自身的深切體會。據日本宗方小太郎記錄
的民國初年中國政黨社團的情況顯示,唐文治在當時屬於共和黨的幹事[19]。共
和黨的成立是為了防止小黨分裂而謀求多數政黨團結力量,一同實現共和政
治。唐文治原屬的中華民國聯合會、共和統一會及國民協會,便是聯合的政
黨之一。當中,中華民國聯合會及國民協會都主張穩健,會員亦多為縉紳官
吏,唐文治更為後者之名譽會長,至一九一二年四月離任[20]。另外的共和統一
會,唐文治為發起人,該會以國內統一為願景,故成立不久後,已不見任何
政黨活動。唐文治對黨治的看法就是在參與這些政黨之際形成,黨派紛亂,
以權謀私,令國家無法團結統一,成為唐文治至為關切的政局之患。

　　唐文治說〈洪範〉的大義,根治病源,從統治意志的修養開始,新的政
體方才有希望,國家元氣始可恢復。為政者的倫理自覺,決定政治的良窳。
唐文治稱為「操守」,云:

> 操守為政治之命脈。未有不謹於操守而能辦天下之事者也。修其行而
> 邦斯昌。行之不修,而邦之不昌可知也。無操守之人長國家而務財
> 用,災害並至時,人斯其辜矣。[21]

唐文治概括當時主政者兩大病患,是為失德與斂財,皆原於私心作祟。全無
操守的政客把持國家,其禍無窮。唐文治溯源敗象之由,在於統治意志的比
周偏私,這是一切政治邪惡的根源。造成這種惡濁的旋渦,強調統治意志是

---

[18] 宗方小太郎:《一九一二年中國之政黨結社》,載《辛壬日記、一九一二年中國之政黨
　　結社》(北京市:中華書局,2007年),馮正寶譯,頁2815。

[19] 宗方小太郎:《一九一二年中國之政黨結社》頁141。

[20] 宗方小太郎:《一九一二年中國之政黨結社》頁159。

[21] 唐文治:《十三經讀本》頁445。

根源所在。統治意志處事有欠光明正大，更不斷透過種種權謀施政。因此，雖然新的政情出現，國家機器的運作，亦必須以堅強的政治倫理駕馭，此即孔子所說的「為政以德」。

六　〈洪範〉的歸宿：大公

唐文治《洪範大義》極力宣揚朱子解「皇極」為「標準」之義，宣示朱子所說人君理所當然必須為天下百姓，「以身作則」。本朱子義融攝王陽明「致良知」的「心學」，開出「治心」之義，不在區判朱、王的優劣高下，而統納「理學」、「心學」為「經學」的經世資源。於此通貫的基礎上，開出的對治時代問題的經世意義，顯豁在《洪範大義》「皇極」義的詮釋之中。唐文治的《洪範大義》關懷民瘼，宣示仁政的主張，指陳政治之利弊，本《尚書》具體闡明國政的發展，思考整個民族未來的出路和發展，體現其的憂患精神。

唐文治概述自宋以來對〈洪範〉「皇極」的詮解，謂：

> 〈洪範〉一篇，曾子固、王介甫、歸熙甫均有傳。子固為最精，為王、歸二家所不逮。惜解「皇極」為「大中」，不無錯誤。至蘇氏解經，向稱武斷，此篇文義甚明晰，足破五行家之迷惑。《朱子語類》載謨問老蘇著〈洪範論〉不取《五行傳》，而東坡以為漢儒《五行傳》不可廢。如何？「漢儒也穿鑿。如五事，一事錯，則皆錯。如何卻云：聽之不聰則其事應，貌之不恭則其事應。」是朱子亦以老蘇之說為然。[22]

表明採用朱熹之義，放棄漢、唐儒者解讀「皇極」為「大中」，並捨棄劉向以「五行」說〈洪範〉「休咎」的附會。選擇詮解經典的方式，與其經義的主張相輔相成。

---

[22] 唐文治：《十三經讀本》頁459～460。

綜觀《尚書大義》分列的「政鑑」與「政治學」兩大類，前者就「事」而論，而後者就「理」而說。從「事」的政鑑概括三代政事，包括「革命」、通融、政事不振、戒慎、不私、孝道、自強、任賢、去蔽、治軍、治法等，俱從興亡的史實汲取統治的教訓，這是以史為鑑的方式。唐文治正視《尚書》所載的興亡教訓，充滿濃厚的憂懼意識，與其運用「憂患」的觀念界說《周易》相通。但止於戒慎恐懼尚不足以樹立「經之所以為經」的導世義理，能否超越或結合孫文先生倡導的「革命」，唐文治顯然很在意。「政鑑」開宗明義論「革命」，標榜「順天應人」的古訓，已顯示用心。解說〈洪範〉「皇極」，用朱子的標準義詮釋立極的義涵，也同時發揮修德為根本的天下為公義。《大學》所說的「修身、齊家、治國、平天下」之所以可能，其實踐之道，不假外求，乃溯原人主之良知本心。如此則運朱子而兼攝王陽明，運用傳統的思想資料，重組對治時弊以及與革命黨人所標榜的「天下為公」義抗衡。

這原是極強烈的思想交鋒。革命黨人也是運用傳統的思想資料，尤其是王陽明的心學，以強化實踐革命的意志，而孫文打出「天下為公」的旗號，以鼓動人心。但戰國以來，「天下為公」已經異化成「天下非一人之天下」，而屬於打天下、爭權力土地的口實，這種思維勢態，一直保存於歷代革命之際、爭奪之時。因此，革命黨以叛黨身份張開「天下為公」的口號，於執政者必視之為掩飾篡奪，亦必然迫入垂死戰爭的局面。

唐文治同情革命者，亦支持孫文，這是從民族大義與國民長遠的幸福考慮。在現實世界，唐文治是晚清要員，主持過外交與商業，辦過大學，於康莊的建國大路亦存無限憧憬。如果清廷能夠接納他的重商政策，整頓農業，加強資本家融資興辦公共事業與公共工程，這都足以活躍整個政治經濟與社會活力。假如外憂內患不是紛至沓來，唐文治的育才大計更可為未來增添新力大軍，則中國的發展步伐，減少珊蹣的程度。唐文治以遺民身份，自不能熱烈擁「叛黨」的主張，否則自己亦淪為逆黨，犯下了無父無君的瀰天大罪。他只能同情，或暗中呼應。通敵，於任何時代都不容許。這是唐文治說經的苦惱。唐文治於一九三五年撰文提倡讀經，例以孫文助說。這是此

一時、彼一時的表達方式。在中華民國時期，國民黨執政，引用國父之言以助啟發政治與民眾，方向是對的，並非說唐文治既屬遺民，不應向新政權獻媚。唐文治德道觀念強，但未致蒙蔽理性。

孫文提出的「天下為公」，原來便是中國政治理想的核心。孫文之提出，亦毫無疑問出自公心。歷朝以「天下非一人之天下」為營私的口實，但孫文的確情懷純粹，一心一意挽救中國，務令中國進入富庶的局面。因此，唐文治詮釋「皇極」章的朱子「以身作則」義，在現世中確有典範。於解經的過程中重彈「天下為公」的實踐義，展示一向所堅守的救心以救國的原則。建立「天下為公」的實踐義理，與其說是針對對手孫文，不如說是出於對民族存亡及文化延續的長遠理想思考而內在呼應。唐文治《洪範大義》雖抨擊「黨治」的專權和偏私的舉措，但沒有挑戰「黨治」存在於中國的合理性和理據。他表面上罵民國初年的政黨是惡行的淵藪，這倒可以提醒各黨派反省其施政，是否存在公私不明的情況，而更有助黨治的正常發展和運作。

「政治學」從理的層面說。理指為治之理，本諸人心，施之四海。此心同則此理同，所施用亦不限一時一地。「政治學」首列王者治世的「心法」，次舉列四篇發揮〈洪範〉建州、天人、黨治三義的論文，然後本「性命」論為政的基本理念，殿之以洞鑒人才論，皆意在平治。唐文治的危機意識雖然通貫整套經學思想，在具體詮釋和演繹的過程中，對如何構建具備內在邏輯合理性的經義，還是自覺及有分寸的，以避免過分意氣用事。政理相對於政鑒，客觀的分析和論證比較切要。因此，唐文治於宣示政理的「政治學」詮釋過程中，很重視理據及對理據的說明。以下順《尚書大義》列述唐文治詮解《尚書》「政治學」的客觀理據。

首先在「性情」立論。據性情的感通，開展「政治」的教化功能。唐文治認為《尚書》之學，不在乎文字詁訓，乃是汲取「政治」的智慧，務求達到「德行學問與政治合而為一」[23]，以「拯今日之人心」。諄諄於德性與政治的內在關係，強調兩者密不可分，是實現政治上長治久安的大前提。基於德

---

23 唐文治：《十三經讀本》頁481。

行為主導的大原則，執政者理應以此為要務，這與唐文治向來主張的「修身」為本的朱子立教主張，互相呼應。

唐文治提出這觀念，是其闡述《尚書》「心法」的基本理據，並刻意向標榜西方政體的「共和」追求者進言：

> 世有誠求「共和」之治法者，當先與之讀《書》。[24]

「共和」是希臘哲學家認為最理想的政體，也要求統治者擁有美德。唐文治於時代轉變的時刻，不因勢利而阿附執政，而堅持實現良好政治的人性因素，這是一種對時代和民族的責任感，大異於趨炎附勢的戲論。不過，要求執政者讀《尚書》，而能超脫訓詁的桎梏，又能把握朱子《經》論的宗旨，這便不是新學出身的人蹴然而至了。

其次在本公心以立標準的〈洪範〉義立論。唐文治始終堅持朱子對〈洪範〉「皇極」即君德的主張，其政理建基於君主必須「以身作則」的信念。為政者先得修身，進而齊家、治國、平天下，皆一氣而下。唐文治解釋朱子的「以身作則」義之適合於「共和」的政體，實現「與民一體」的理想。

「與民一體」不是空言，與「大同」之義相通：

> 苟其合於「大同」之義者，即無悖乎「共和」之理者也。天下之所以治也。苟達乎「大同」之義者，則雖名為「共和」，而實則舞弊營私，為〈洪範〉之罪人。[25]

唐文治本「大同」正「共和」的名實，於執政的北洋政府或許有所違逆，但其實是有根據的。人皆知「大同」出《禮記·禮運》，卻不一定知其源出〈洪範〉。唐文治的政理從〈洪範〉取義，並非守舊和反動。

〈洪範〉啟導的「大同」義本來是殷遺民箕子總結殷政失敗的教訓，唐文治也屬遺民身份，其中感同身受的切膚之痛，交織種種辛酸的經歷。「實

---

[24] 唐文治：《十三經讀本》頁481。
[25] 唐文治：《十三經讀本》頁484。

則舞弊營私」句，是迸發出來的痛苦陳述。他強調的「與民一體」的「大同」，並非一紙空言。至於「共和」政府能否實現所標榜的口號，則完全在乎執政者的心術。心術公的，自然可以挨近「大同」的理想。然而「舞弊營私」的統治心術，每令唐文治痛心疾首，故每發為極嚴正的公私邪正的心術論，融攝王陽明致良知的理於朱子以身作則的「皇極」大義之中。

本此君民一體的精神，則在唐文治的政治語言之中，無所謂「階層」，強調的是士、農、工、商、兵五者互濟相容，並生並育。唐文治於傳統的「四民」，加上「兵」一類，是時代情勢使然。北洋政府本身由軍人支撐，軍人左右軍政大局，而軍人的利益，也超越四民之上。在一個極度扭曲的政情中高論「君民一體」的「大同」，事實極不討好。況唐文治早與袁世凱分途，原非一丘之貉。於民國初建，軍人政府立刻財政抵制其主持的交通大學，已見雙方的緊張。唐文治於政理中強調軍民和洽，實有深刻的時代因素。

唐文治面對軍人的統治，於政理上更強調國家用人之公。只有公平用人，選賢任官，方能有效解決軍人統治的種種弊端。唐文治慨歎：

> 乃至軍人則縱恣淫荒，法吏則貪賄黑暗，民不聊生，天下事尚堪問耶？[26]

則所謂「共和」，其實是「軍人」與「法吏」驕橫世界。唐文治對政情了解極深刻，他的「經世」的經說，原不是取悅執政集團。如果套用孔子「知其不可為而為」，則可體諒其尊經的苦心。

結論

唐文治主張運用經學對治二十世紀初民族所面對的困厄，並企圖透過復興經學重振國運，以「經學義理」啟導國政，視經學為挽救中國、復興中國

---

[26] 唐文治：《十三經讀本》頁496。

的良方。其瞻顧所及,中國如何走出困境,再現生機,而開萬世太平的基礎。如此主張,若考慮到他親自經歷過甲午屈辱、辛丑悲劇以至易代的慘痛事實,以及曾周遊歐、美、日,深考西方的政治、經濟、社會、文化與教育,對比中國的敗象,親證興亡,遺民式的精神狀態,發而為政鑑,其感受出自肺腑,自較真切;其救亡圖存之意念,亦比困守鄉隅的文士更為強烈。其尊經救世,非一時意氣之論。

問題已遠超越學術門戶的派性考慮,在新的政治體制下,要求新事物、新思想,勢所必然。所謂「經學」、「理學」、「心學」,在新時代平臺上,意義無別,都給歸類為「舊學」。給標籤為「舊」,亦面臨淘汰的威脅,傳統學術的存在已非天經地義。到這關頭,舊學彼此之間較量優劣高下,意義不大。相融互通,是必然的步伐。唐文治倡導經學,以經學為義理平臺,提倡程、朱理學,也標榜陸、王心學,兼攝兩者,溝通漢學與宋學的門戶,融化今文經學與古文經學,企圖匯聚出強大的原生學術力量,面對強大的外來對手,既以貫通學脈,也抱着「救世」的抱負,闖開新局面。

自其處境考察,唐文治熱切期盼經學的甦生,與二十世紀初的反傳統文化的思想狂潮,並非刻意針鋒相對。如果以新文化運動為觀察指標,順標為進步,反之則守舊與反動,固然歪曲歷史,亦誤解唐文治復興經學的意義。觀察歷史不能限於一種思路。尊經不必守舊。唐文治於主持上海交通大學時期,已經建樹良多。從實情實事上理解並轉化西方科技文明,提昇社會生產力的角度推動工業教育,培養具備創造能力的專才,開展晚清以來的科技高等教育。其對西方科技文明以至社會、政治面貌的深刻認識,思考的是如何利用、轉化,務求有益於中國長遠的建設。唐文治對待西學,不同於初出茅廬的年輕人的冒進情緒,而態度遠為成熟周至。唐文治對西方認識的廣度深度,不下當時任何提倡西化的先進人物,這是必須正視的事實。

二十世紀初,因為對西方世界的正面幻象而引伸出的否定傳統論,立意未必惡。但國是日非之際,眾議喧騰,無補於國運,則是鐵一般的事實。辛亥革命後的政治、經濟、文化、社會諸問題所引致的緊張勢態,不下之前;而新的政治形態,即「黨治」的政治運作形式,也無力應付新的局面,更

不能有效處理日本與西方種種挑釁與掠奪，民族尊嚴掃地無餘。唐文治曾經
擔任總理各國事務衙門的差事，於列強輕賤中國的情態，瞭如指掌。辛亥以
後的種種卑屈侮辱，唐文治感受的深刻和痛苦，絕不下於當時上街遊行的年
青學生。但唐文治經歷世變，見識廣博，思慮較成熟，不為當前局勢而遷怒
古人。他在這時刻提醒時代，不要眩惑於表象，欲挽狂瀾於既倒，必須從意
志上自我更新，統治意志務必以「公」治國，方能強立天下。這是唐文治痛
定思痛的識見。他雖然是遺民，對國是的理解，新人物的眼界未必及，關心
的是民族的未來，而非刻意對抗新的統治意志，惇懷故主。他尊經，不是復
古；相反，是為開新，提振民族文化的靈魂。

　　但唐文治身處江南，遠離政治漩渦的北京，高揚尊經救國，不一定能立
竿見影。唯精神上的感染力，也會燃亮後繼者的自強精神。強調唐文治為新
文化運動對立的守舊人物，不但曲解歷史，也無視社會發展過程中不同思想
並存的事實。廓清非此則彼的思維葛蔓，方能顯豁其經學的經世意義。

　　唐文治政論與客觀世界的距離，無疑是很鉅大的，這決定了其言論在現
實的影響力，甚至於到了闇而不彰的地步。但從歷史的進程觀察，以傳統的
學理駕馭一全新的政治運作，也可以說是發揮了經世的力量，起碼唐文治沒
有助紂為虐，處處本良心為民請命，即使螳臂擋車，但亦應該正視和顯豁。
其中的真知灼見，只有超越時代的浮躁及功利的考慮，才能夠真切地體會。

　　唐文治言人生莫大的學問和事業的「窮理」，乃是究極實現天下為公的
大同境地的基本元素，即與私欲無緣的公心。始終以大公無私之道解說諸經
的大義，這是經學的說法，不是哲學或文獻學的功夫。經學指經世致用與明
體達用之學，唐文治的詮經，是典型的經世的經學。唐文治於《自訂年譜》
壬戌五十八歲之下，於其經解核心的《洪範大義》極感滿意，謂其書能夠：

> 上契堯、舜之心傳，下開周、孔之統緒，本治己以治人，政治之學，
> 莫精於此矣。[27]

---

[27] 唐文治：《茹經年譜》頁89。

總言之，唐文治一本孔子開出的天下為公之義為義理的根本，說經為了張揚堯、舜相禪的無私政治，千言萬語，不過如此，是稱「經學義理」。本此義理成教為治，則學政相副，君師合一，治、道二統同途。唐文治本此主張詮經，先立詮說的大本。其強調的「家法」，乃指孔子一脈的德政禮治的為政主張。唐文治之所以把握這「孔子家法」的學脈的觀念，有體有用，實從朱子之學中深切體會而得。可以確定說：唐文治因朱子而了解孔子，而在此理解平臺上申說《十三經》的孔子的政治大義，離不開對政治人力的高度要求：躬行實踐，修己治人，從一身以至天下，表現為一股淑世的精神力，拯人生之陷溺，救民於水火之中，內聖而外王，平治天下而至大同。

魏校及其《尚書》經筵講義析論

陳恆嵩*

一 前言

經筵為皇帝御前講席，也是一種特殊的教育制度與政治制度，深遠影響唐、宋以來的政治情勢。程頤曾說：「人主居崇高之位，持威福之柄，百官畏懼，莫敢仰視，萬方承奉，所欲隨得。苟非知道畏義，所養如此，其惑可知。」[1]他又說：「天下重任，惟宰相與經筵，天下治亂繫宰相，君德成就責經筵。」[2]可見它與國家社稷的關係相當密切。

明太祖朱元璋出身閭閻，自幼貧困失學，後透過自己超人毅力與艱苦卓絕的努力，刻苦學習，終能獲得成功。他深刻感受到教育學習對帝王的領導統御有密切關聯，對皇室子弟的教育極端重視。因此在有明開國之初，即規劃皇室子弟的教育，於洪武二年四月，「命克仁等授諸子經，功臣子弟亦令入學」[3]。當時明太祖朱元璋就說：

> 人有積金，必求良冶而範之；有美玉，必求良工而琢之。至於子弟有美質，不求明師而教之，豈愛子弟不如金玉也？蓋師所以模範學者，使之成器，因其材力，各俾造就。朕諸子將有天下國家之責，功臣子

---

* 東吳大學中國文學系

[1] 〔宋〕程頤：《河南程氏文集》，收入《二程集》（北京：中華書局，2006年）卷6〈上經筵箚子〉，頁539～540。

[2] 〔宋〕程頤：《河南程氏文集》，《二程集》卷6，頁539～540。又參見〔清〕畢沅等編撰：《續資治通鑑》（臺北：洪氏出版社，1981年）卷79，〈宋紀〉七十九，頁1994。

[3] 〔清〕張廷玉等：《明史》（臺北：鼎文書局，1979年）卷135〈孔克仁傳〉，頁3924。

> 弟將有職任之寄。教之之道,當以正心為本,心正則萬事皆理矣。苟
> 道之不以其正,為眾欲所攻,其害不可勝言。卿等宜輔以實學,毋徒
> 效文士記誦辭章而已。[4]

朱元璋認為即使是積金美玉,質地精良異於凡品,仍須仰賴良工巧匠的細心雕琢,才能成為完美的精美玉石,而皇儲貴冑或功臣子弟,將來更負有保家衛國之重責大任,其美質應從小尋「明師而教之」,因才施教,雕琢成器,不可任由其「為眾欲所攻」,導致成長過程受到各種外來欲望的侵擾,養成偏差的思想人格,可見朱元璋對帝王或皇儲教育的重視。朱元璋潛心經藝,博求經史,讀書力求貫通,務得書中要旨,鑒於《尚書》內容記載虞、夏、商、周四代先王之事,疏通知遠,長於政事,深受歷代君王及聖賢所重視,他親自規定「儒臣進講《四書》,以《大學》為先;《五經》以《尚書》為先」[5],足見他多麼看重《尚書》裏所蘊涵的治國理念與方略。近代學者討論明代經筵制度的文章,已有不少成果[6],然大多著重在經筵制度的形成與政治關係等層面論述,較乏從經書講義的內容分析。職是之故,本文擬從魏校的《尚書》經筵講義內容探索,以呈顯《尚書》在經筵發揮其經世致用方面之情況。

二　魏校生平經歷及著作

魏校,字子才,江蘇蘇州府崑山縣人。生於明憲宗成化十九年(1483)

4　〔明〕余繼登:《典故紀聞》(北京市:中華書局,1997年)卷2,頁30~31。

5　〔明〕黃佐:《翰林記》(臺北市:臺灣商務印書館,1986年影印文淵閣《四庫全書》本)卷9〈講讀合用書籍〉,頁7上。

6　有關研究明朝經筵制度的碩士論文,計有孟蓉:《明代經筵日講制度述論》(上海市:上海大學碩士論文,2005年5月);蕭宇青:《明代的經筵制度》(廣州市:華南師範大學歷史文化學院碩士論文,2007年5月);單篇論文有張英聘:〈試論明代的經筵制度〉,《明史研究》第5輯(1997年);朱子彥:〈明萬曆朝經筵制度述論〉,《社會科學戰線》2007年第2期等。

九月，卒於明世宗嘉靖二十二年（1543）三月，享年六十一。

魏氏祖先本姓李，世居長洲葑門之莊渠城，魏校因而自號為莊渠[7]，人稱莊渠先生。魏校對於父母極為孝順，平日起居照顧，「夙興必省，夜必就寢所唔語，無恙乃即安」。如果偶爾遇到父母生病，他隨侍在旁，細心照料，甚至「晝夜目不交睫」[8]。

魏校自幼聰穎絕倫，讀書時四行俱下，博聞強記，學術淵深。弘治十七年（1504）舉應天鄉試第一，翌年進士及第。後授官南京刑部雲南司主事，遷陝西司員外郎、廣東司郎中。魏校心懷儒家仁義為本、哀矜莫喜之心，「每訊重囚，齋居默念，務期得情。凡獄之冤滯，人所不能決者，即片言決之。會審監刑，眾皆采衣即事，事畢，宴飲為樂，公則慘然澹服，是日不飲酒食肉」[9]。切實躬行曾子「哀矜勿喜」的教誨。魏校為人稟性耿直，不畏強權。武宗時，閹宦劉瑾擅權，勢力正熾，威福任情，遍布廠衛校尉，搜集官僚細過，威脅逼迫，致官僚皆懾服，見風轉舵，奔赴盈門，阿諛附勢之態，媚俗市儈之容，充塞朝廷。時劉瑾之弟守備南京，倚勢作威，官員都望塵奔謁，只有魏校未前往。

明武宗正德十六年（1505）膺任廣東提學副使，隔年即因奔父母之喪而離任。在廣東提學副使的任期，雖然僅有短短的一年，魏校卻在任期內，勇於任事，勵行革新，大規模搗毀當地淫祀，力用里社、社學推廣教育[10]，明儒以其戮「力以師道為己任，崇德行，略文詞，毀淫祠，興社學，禁火化，厚

7　參見〔明〕陸粲：〈嘉議大夫太常寺卿禮部右侍郎諡恭簡魏公行狀〉，收入〔明〕朱大韶編：《皇明名臣墓銘》，《明代傳記叢刊》（臺北市：明文書局，1991年《明代傳記叢刊》本）卷2，頁509～526。

8　〔明〕尹守衡：《明史竊》（臺北市：明文書局，1991年《明代傳記叢刊》本）卷74〈蔡陳林李魏列傳〉第52，頁8上～8下。

9　〔明〕焦竑編：《國朝獻徵錄》（臺北市：明文書局，1991年《明代傳記叢刊》本）卷70〈太常寺卿魏公校傳〉，頁16上。

10　有關魏校毀淫祀興社學的情形，可參閱日人井上徹：〈魏校的搗毀淫祠令研究——廣東民間信仰與儒教〉，《史林》2003年第2期（2003年4月），頁41～51。

人倫」[11]，頗受到時人讚譽，可見魏氏期望將儒學教育普及於廣東的理想。

　　明世宗嘉靖八年（1529），魏校由太常寺右少卿遷陞太常寺卿，職掌國子監事。當時張璁（1475～1539）為相，恃氣凌物，滿朝卿大夫皆須依例入謁相國。入謁的大臣多跼蹐隅坐，唯有魏校神態悠閒自然，未表現出畏懼謙恭之態，致遭張璁所妒恨。稍後魏校經桂蕚推薦，以國子祭酒擔任經筵講官，相國張璁意滋不悅。按照明代經筵講讀的慣例，「直講者前期進呈講章于輔臣，俟改而後講」[12]，然魏校所撰寫「故事講章先裁於相國，不贊一詞，而愈益嗛」[13]，後因進講不為明世宗所喜，不合帝旨意，又遭輔臣排擠，遂黯然下臺，改派太常寺卿添註少卿。然魏氏所講《尚書》講義二章，時人仍稱其「皆闡明大猷，切靡聖治，而詞旨卓越，竟不能贊一詞」[14]。足見魏校的經筵講章內容依舊受當世人所稱道，不因其經筵去職而貶低。

　　魏校博洽多聞，精通經史，生平著有《周禮沿革傳》、《大學指歸》、《六書精蘊》、《莊渠遺書》等書。所教授的弟子有唐順之、王應電、王敬臣等，為當世知名的學士儒臣，皆能傳其學。

三　明代經筵與日講制度

　　為古代帝王研讀經史典籍而特設的經筵講讀，雖早在漢代已出現，經筵名稱的確立，則始於宋代[15]，爾後蒙元承宋代體制。宋、元兩代的經筵制度

11〔明〕焦竑編：《國朝獻徵錄》卷70〈太常寺卿魏公校傳〉，頁16下。

12 參見〔明〕陸粲：〈嘉議大夫太常寺卿禮部右侍郎謐恭簡魏公行狀〉，收入〔明〕朱大韶編：《皇明名臣墓銘》卷2，頁518。

13〔明〕徐中行：〈明太常寺卿贈正議大夫資治尹禮部右侍郎恭簡魏公墓碑〉，收入〔清〕黃宗羲編：《明文海》（臺北市：臺灣商務印書館，1986年影印文淵閣《四庫全書》本）卷444，頁15上。

14 見〔明〕陸粲：〈嘉議大夫太常寺卿禮部右侍郎謐恭簡魏公行狀〉，收入〔明〕朱大韶編：《皇明名臣墓銘》卷2，頁518。

15 有關經筵名稱之涵義、確立及其起源問題，可參閱朱瑞熙：〈宋朝經筵制度〉，《中華文史論叢》第55輯（上海市：上海古籍出版社，1996年12月）頁1～52。及陳東

施行的內容與形式，與明代並不盡相同[16]。明代經筵起始於明太祖朱元璋攻
克婺州後，設「置中書分省，召諸名儒會食省中，日令二人進講經史，敷陳
治道」[17]。傾聽當時名儒講讀經史典籍，「凡觀書史中有句讀字義未明者，必
召翰林儒臣質之，雖有知書內侍、能文字人，不得近，蓋因是以延接賢士大
夫，不特紬繹義理而已」[18]。透過講讀經史，吸收文化知識與治國方略。然起
初因尚處於兵馬倥傯，事務匆忙繁劇階段，講讀並未有確定時間及所在，還
無法形成固定制度。明代的經筵要等到英宗正統年間（1436～1449）始確
立為常態的制度，根據《大明會典》的記載說：

> 國初經筵無定日，或令文學侍從之臣講說，亦無定所。正統初，始著
> 為儀，常以月之二日，御文華殿進講，月三次，寒暑暫免。日講說於
> 文華穿殿，其儀簡。……萬曆初，增定午講儀，視舊儀稍有損益。[19]

敘述明代經筵制度禮儀，從正統年間始擬定，以每月的二、十二、二十二日
三日為進講日，寒、暑期間則暫時休息。此種做法實沿襲前代經筵典制，其
中月講三次襲自元代，寒、暑輟講之制承襲自宋代。萬曆二年所增定的午講
儀，排定「春講以二月十二日起，至五月初二日止；秋講以八月十二日起，
至十月初二日止」[20]。

　　明代的經筵制度與前代稍有不同，在經筵之外又有日講。「經筵」又稱
「大經筵」，是指御前講席的開講儀式和每隔十天左右舉行的大型的群臣聽講

撰：〈中國古代經筵概論〉，《齊魯學刊》2008年第1期，頁52～58。

[16] 有關元代經筵制度，可參閱王風雷：〈元代的經筵〉，《內蒙古大學學報》（哲學社會科
　　學版）1993年第2期，頁26～33。

[17] 〔明〕黃佐：《翰林記》卷9〈御前講論經文〉，頁1上。

[18] 〔明〕黃佐：《翰林記》卷9〈講官趨召〉，頁13下。又見〔明〕黃佐、廖道南：《殿閣
　　詞林記》（臺北市：臺灣商務印書館，影印文淵閣1986年《四庫全書》本）卷15〈趨
　　召〉，頁15下。

[19] 〔明〕李東陽等、〔明〕申時行等重修：《大明會典》（揚州市：廣陵書社，2007年）卷
　　52，頁4下。

[20] 〔明〕李東陽等撰、〔明〕申時行等重修：《大明會典》卷52，頁4下。

活動。「日講」又稱為「小經筵」，是指「經筵」期間每日（或隔日）為皇帝開設的個人功課。在不舉行經筵的季節則進呈經史講義[21]。為陶冶君德，成就帝學，致君堯、舜，經筵的規畫相當周詳完備，誠如薛瑄（1389～1464）〈上講學章〉所說：

> 命廷臣集議經筵，儀式務從簡約，不尚奢華，仍博選公卿侍從文學之臣，有學術純正、持己端方、謀慮深遠、才識超卓、通達古今、明練治體者一二十人，使之更代入直。恭遇皇上視朝之暇日，御便殿，即召各臣進講。其所講之書，先〈大學〉、《論語》、《孟子》、〈中庸〉，兼講《尚書》、《春秋》，諸史則《資治通鑑綱目》，務要詳細陳說聖賢修己治人之要，懇切開告帝王端心出治之方。以至唐、虞、三代、漢、唐、宋以來，人君行何道而天下治安，為何事而天下乖亂，與夫賞善罰惡之典，任賢去邪之道，莫不畢陳于前。如此，則勸講之臣，庶可日修其職。講讀官之職既修，雖皇上聰明上智之資，實由於天錫，而朝夕緝熙啟沃之力，亦有益于聖心。聖學日新，聖德日明，于以修治道，則正心以正朝廷，正朝廷以正百官，正百官以正萬民，而治道有修明之效。[22]

薛瑄的言論說出所有歷來大臣衷心的期盼，即希望藉「學術純正、持己端方、謀慮深遠、才識超卓、通達古今、明練治體」的經筵講官，經由循循善誘，「詳細陳說聖賢修己治人之要，懇切開告帝王端心出治之方」以及唐、宋以前歷代君主「行何道而天下治安，為何事而天下乖亂」，苦口婆心的規勸，藉由「朝夕緝熙啟沃之力」，達成「聖學日新，聖德日明」的目標。然而理想與現實往往並不一定能相符，假若真正能按照上述規劃執行經筵與日講的進講，則明代的每個皇帝都能博覽經史，嫻熟治國政略技巧，無論

---

21 陳東：〈中國古代經筵概論〉，《齊魯學刊》2008年第1期，頁56。
22 〔明〕薛瑄：《薛瑄全集·文集》（太原市：山西人民出版社，1990年）卷24〈上講學章〉，頁951。

施政用人都堪稱許，然而實際上有明中晚期的皇帝，「大凡初即位時，由於各種複雜的原因，需要有經筵官這樣的朝臣介以輔助，所以多取勤政務學的態度，但隨著皇帝的長大成熟，政治經驗的豐富，不再需要這種為王者師的講官，凌駕於皇帝之上，對皇帝行為進行指責」[23]。史籍上屢屢見到大臣勸諫開經筵以勤學的奏疏，即可見一斑。例如：明武宗朱厚照生性好娛樂，喜游獵，「嗜酒而荒其志，好勇而輕其身」[24]，時常因嗜酒嬉樂而荒廢經筵學習，大臣屢次上奏疏勸諫。正德元年三月，內閣大學士劉建就進諫云：

> 自開講以來，不時傳旨暫免者，多以兩宮朝謁為詞。近又云：「擇日乘馬。」臣等愚見以為乘馬等事，似與講學兩不相妨。至於慈宮問安，往來不過頃刻，且兩宮以宗社為念，見皇上勤於講學，亦必喜動顏色。今以頃刻之問安，而廢一日之學業，恐非所以慰聖顏、承慈意也。伏乞日勤聽講，除舊例假日外，其餘尋常之日，不暫停免，使臣等得以少效涓埃，則聖德日隆，聖治日新矣。[25]

明武宗十五歲即位，係正值青春期活潑好動的少年，劉瑾等太監想出歌舞、角牴等遊戲投其所好，為逃避深宮內繁瑣的規矩，以及無趣又無聊的經筵講讀，遂想出以「兩宮朝謁」、「擇日乘馬」作為逃學的藉口。明代自英宗以後，大都是「生於深宮之中，長於婦人之手」，不懂世務的君主，為逃避枯燥的「經筵」和「日講」學習，常借口身體不適，宣布暫停，時斷時續的講學情況，虛耗寶貴的時光，導致明中葉以後皇帝文化修養偏低，執政能力不足，連帶使得朝廷政局動盪不安，損及國家的安定。

---

[23] 參見張英聘：〈試論明代的經筵制度〉，《明史研究》第5輯，頁147。

[24] 〔清〕夏燮：《明通鑑》（臺北市：宏業書局，1989年）卷45，頁224。

[25] 〔清〕龍文彬編纂：《明會要》（北京市：中華書局，1998年）卷14〈經筵日講〉，頁224。又見〔明〕郭正域編：《皇明典禮志》（臺南縣：莊嚴文化事業公司，1996年《四庫全書存目叢書》影印明萬曆刻本）卷13，頁1。

四　經筵講義內容之分析

　　魏校擔任經筵講官的時間並不長，就因受人事干擾而去職，淵博學識無法有效的獲得發揮，在極短的講讀期間裏，留存的講章並不多，今其文集《莊渠遺書》中留存的經筵講章，有〈康誥〉講章二篇、〈說命〉講章一篇、〈洪範・皇極〉講章一篇、〈大學講義〉一篇、〈孟子講義〉二篇、〈論語講義〉二篇、〈列女傳講義〉一篇、〈內則講義〉一篇。其間的講義涉及《尚書》的僅有『〈康誥〉講章二』、『〈說命〉講章』及『〈皇極講義〉』三篇十一則而已。綜觀其寫作體例，三篇內容大致相同，應係為嘉靖皇帝進講時的文稿。

　　各篇講章的寫作體例，魏校依照明代進呈經筵講章的撰寫慣例，先列《尚書》篇名，其次則摘錄講述的《尚書》各篇章經文，再次則先解題，如「這是〈商書・說命篇〉傅說戒高宗法天以治民的言語」等等，其次施加簡單說解文字，再次則開始講讀經文文意，闡釋所蘊涵之大義，其後進一步推衍，引申經文的可有意義。最後表達講筵官對皇帝施政的關心與期望。經筵講官為帝王讀述經史，期待君王道德的養成，成就堯、舜事業，然常因受人事糾葛，環境干擾，使得理想與事實相違離，魏校進講的經筵講章，結果不盡理想，可見其成效仍須視個別情況而定。為明白魏校的《尚書》經筵講章，以下詳細分析其內容，藉以呈顯其思想義涵。

（一）經典義理當踐履，見諸行事

　　綜觀歷代開國君主，大多憑藉天生的資質稟賦及卓越的領導統御能力，經過艱困的奮鬥，建立國家政權，嗣位帝王自幼生長富貴之家，權位的獲得是理所當然之事，無須廣涉經籍，博覽子史，刻苦惕勵，以參加科舉考試獲取功名。帝王教育與經生學士的教育，兩者讀書的目的截然不同，教育的方法自然應有所差異。宋代范祖禹（1041～1098）就曾明白指出兩者讀書目

的不同之處，他說：

> 人君讀書學堯、舜之道，務知其大指，必可舉而措之天下之民，此之
> 謂學也。非若人析章句、考異同、專記誦、講應對而已。[26]

范氏以為為君者讀書目的在「學堯、舜之道」，瞭解典籍裏的精要旨意，學習如何掌握統治國家的技巧和對政事的處理能力，並將此道理實際運用在治理國家百姓，不必耗費精力在「析章句、考異同、專記誦、講應對」上面。徐鹿卿（1189～1250）也認為帝王學並非在從事於經文的章句訓詁及名物制度訓解，主要在「發明正理，開啟上心」，徐氏說：

> 讀〈禹貢〉一書，當知古人所以為民除患者如此其勞，疆理天下者如
> 此其廣，立法取民者如此其審，尊所聞，行所知，不至於古不止也。[27]

徐氏在宋代擔任經筵講官時，為皇帝進講，即舉〈禹貢〉為例，說明閱讀〈禹貢〉並非食古不化的照搬經書文字，一味抄襲模仿，而應汲取大禹治河的「疆理天下」、「立法取民」的精神方法，如此才對君主治國理民有所助益。明代中葉，王鏊就說：

> 或謂貴為天子矣，尚何事於學？殊不知庶人之學與不學，係一家之興
> 廢。人主之學與不學，係天下之安危。夫天人性命之理，古今治亂是
> 非得失成敗，皆具于書，未有不讀而能知者，自古聖帝明王，未有不
> 由學者也。[28]

天人性命的道理，歷代的古今治亂是非得失成敗的原則，王鏊以為都備載於

---

[26] 〔宋〕范祖禹：《帝學》（臺北市：臺灣商務印書館，1986年影印文淵閣《四庫全書》本）卷3，頁3下。

[27] 〔明〕徐鹿卿：《清正存稿》（臺北市：臺灣商務印書館，1986年影印文淵閣《四庫全書》本）卷4，頁1上。

[28] 〔明〕王鏊：《震澤集》（臺北市：臺灣商務印書館，1986年影印文淵閣《四庫全書》本）卷19〈時事疏〉，頁12上～下。

聖賢的典籍之中，帝王雖富有天下，貴為天子，然若不讀書就無法獲得足夠的知識與治國的技能，無以應付施政理民的需要。薛瑄也認為應從大臣中選擇「有學術純正、持己端方、謀慮深遠、才識超卓、通達古今、明練治體者一二十人」，入值經筵進講《四書》、《尚書》等經史典籍，進講時「務要詳細陳說聖賢修己治人之要，懇切開告帝王端心出治之方。以至唐、虞、三代、漢、唐、宋以來人君行何道而天下治安，為何事而天下乖亂，與夫賞善罰惡之典，任賢去邪之道，莫不畢陳于前」[29]。充分說明經筵講官的職責，在講解「聖賢修己治人之要」、「帝王端心出治之方」，使皇帝可以獲得「朝夕緝熙啟沃之力」，達到「正心以正朝廷，正朝廷以正百官，正百官以正萬民」的功效。

魏校被拔擢出任經筵講官時，也秉持著緝熙啟沃君王之心，以為人君者，最重要在掌握經書典籍內蘊涵的義理要旨，注意大方向、大原則，而不在枝枝節節的事務上，他說：

> 夫義理有當汲汲講求者，有當闕疑而不必講者。蓋講求義理，正欲實踐履於身而見諸行事，故當汲汲。乃若文義有不可通者，則當闕之而不必解。若穿鑿牽彊，則反汩亂吾心之虛明，有害於聖學矣。[30]

魏校以為義理應分別何者當講求與不當講求，君王讀書，首先應致力於道理的實踐履行，見諸行事。若遇到經書文義不可通解之處，魏氏以為應秉持孔子「多聞闕遺，慎言其餘」的精神，不可牽強附會，妄加解讀，以免汩亂心智。魏氏又說：

> 仰惟皇上聖質超越古今，正宜廓大胸襟，講求聖王心學之要，開天聰明，不宜屑屑於文義間鑿破混沌。臣竊見講官所說，多滯於小小浮泛文義，而於帝王全體大用之實，罕有發明。[31]

---

29 〔明〕薛瑄：《薛瑄全集·文集》卷24〈上講學章〉，頁951。

30 〔明〕魏校：《莊渠遺書》（臺北市：臺灣商務印書館，1986年影印文淵閣《四庫全書》本）卷2〈御札〉，頁15上。

31 〔明〕魏校：《莊渠遺書》卷2〈御札〉，頁16上。

魏氏認為帝王教育是為培養治理國政的君王而設，首要在啟迪君王智慧，提升統治技巧，其成敗直接關係到整個國家的治亂興衰。帝王的全體大用，不在「屑屑於文義間鑿破混沌」，也不在「滯於小小浮泛文義」，也「不必於煩碎上用功」[32]，而是與經筵講官「每論經義，必問以今如何行？或訪時政，必問以此事與古合否」？實事求是，以踐履實行為準則，就能夠「博通天下義理而施諸政事之間」。

（二）鑒別群臣，慎防欺矇

自古以來，為君者最痛恨的是大臣彼此勾結串聯，形成朋黨，最忌諱的也是臣下結成朋黨[33]，無論是任何人，一旦被指實為相互朋比，集結私黨，必定遭到嚴厲的打擊制裁。「小人之黨見疑於人主」、「君子之黨亦見疑於人主」[34]，唐代李絳也說：「歷觀自古及今，帝王最惡者是朋黨。」[35]可見歷代皇帝為求鞏固其掌握權力，凡是涉嫌結朋黨者，就會採取最嚴厲的手段予以制裁。朱元璋為防他人窺伺皇權，強化君權的威猛，在主持《大明律》的修訂時，就嚴格規定：「若在朝官員，交結朋黨，紊亂朝政者，皆斬。妻、子為奴，財產入官。」[36]「凡諸衙門官吏，若與內官及近侍人員互相交結，漏泄事情，夤緣作弊，而符同奏啟者，皆斬。妻、子流放二千里安置」[37]，以防止臣僚的結朋黨。儘管防範如此嚴厲，明代黨爭的激烈傾軋，反而超過歷史上的任何一個朝代，屢屢為當世有識之士所憂慮。張萱在《西園聞見錄》引于慎

---

[32]〔明〕魏校：《莊渠遺書》卷2〈皇極講章〉，頁14上。

[33] 有關朋黨形成原因及其對政治的不良影響，可參閱朱子彥、陳生民：《朋黨政治研究》（上海市：華東師範大學出版社，1992年）一書的論述。

[34] 此為明代王世貞之言，引文見〔明〕張萱：《西園聞見錄》（臺北市：明文書局，1991年《明代傳記叢刊》本）卷100〈朋黨〉，頁16下。

[35]〔清〕董誥等編：《全唐文》（北京市：中華書局，1996年）第7冊，卷645〈對憲宗論朋黨〉，頁4下。

[36] 懷效鋒點校：《大明律》（北京市：法律出版社，1999年）卷2〈職制‧姦黨〉，頁34。

[37] 懷效鋒點校：《大明律》卷2〈職制‧交結近侍官員〉，頁35。

行分析朋黨的起因時說：

> 黨何為而成？成於私。私何為而起？起於利。利者，得失之心也。有
> 得失之心則愛憎之情入，有愛憎之惑則恩怨之迹明，有恩怨之分則勝
> 負之形立，有勝負之較則傾軋之機出矣。[38]

張氏認為黨派肇端於私利，為求私利必連帶產生得失、愛憎、恩怨、勝負等
情緒，由此而生出「傾軋之機」。魏校在世宗朝時任經筵講官，黨爭傾軋時
見，他深知大臣私結朋黨對國家社會所造成的影響，利用經筵講讀時，透過
分析〈洪範〉經文「凡厥庶民，無有淫朋，人無有比德，惟皇作極」一段文
字，詳細闡釋說朋黨對國家社稷的危害，他說：

> 淫朋比德，皆所謂私意偏見。道本天下公理，人惟各有私心，相與阿
> 其所好，結成朋黨。自昔人君深惡朋黨而欲去之，忿疾愈甚，交結愈
> 深，雖震以雷霆之威而不能去。[39]

朋黨的形成原因，緣由雖頗複雜，然主要都基於私心私利而勾結串聯一起，
彼此聲援呼應，造成政局的動盪不安，因而「人君深惡朋黨而欲去之」。然
而人君「忿疾愈甚，交結愈深」，朋黨形成，則積重難返，盤根錯節，即使
以至高的權力威嚇，依舊無法解決問題。應該如何解決這個問題呢？由於朋
黨之間，群體勢力龐大，往往互相牽引，彼此呼應，君主若無過人之智以辨
之，就容易受其蒙蔽欺瞞。

　　為防止人君受到朋黨的欺偽，魏校提出個人多年的觀察經驗，認為欲防
臣下欺瞞之弊，首先須知道人臣欺瞞君主之由，他說：

> 歷代人君深惡人臣之欺而莫能禁者，其弊有三：一曰壅蔽，上情不能
> 下宣，下情莫能上達，故欺蔽易生也。二曰猜疑，上以術防下，下亦
> 以術待上，故欺蔽愈多也。三曰苛察，小事欲致詳，大事反多廢，故

---

38 〔明〕張萱：《西園聞見錄》卷100〈朋黨〉，頁18。
39 〔明〕魏校：《莊渠遺書》卷2〈皇極講義〉，頁9下～10上。

欺蔽愈甚也。[40]

魏校總結提出「壅蔽」、「猜疑」、「苛察」三種欺詐的弊端。由於受到權臣的蒙騙，導致「上情不能下宣」，而臣民的「下情莫能上達」，自然容易上下其手，肆意遂行個人私利。如此易造成君主對臣下不信任，以權術防範，而臣下亦以權術窺伺君王，彼此互相猜忌，進而於細微之事苛察刁難，反致國家大事遭廢棄，成為社稷的危害。魏校主張「欲鑒別群臣，必取其忠信不欺者」，又能夠：

> 常於正大處推廣而毋察細微，常在道理上推廣而毋任術數。凡用一人，必先辯其人之心術，任賢勿貳，去邪勿疑。凡行一政，必先究其事之利弊，利則興之，弊則除之，慎重勿輕改。[41]

魏校認為皇帝用人能「任賢勿貳，去邪勿疑」，施政能夠「利則興之，弊則除之」，示以超然客觀、大公無私之襟懷，以廣納群臣，如此就能做到：

> 使庶民無有淫朋，群臣無有比德，朋黨不待禁而自消，惟在人君建立大中至正之道，有以深服人心，《易》所謂「渙其群」，《禮》所謂「一道德而同風俗」也。君心若有偏邪，身先自陷於黨，邪人迎合附和，真為朋黨者不能覺悟，反猜疑正人以為朋黨，天下之禍從此始矣。[42]

君主若想消弭官員間的結黨營私風氣，需要先樹立「大中至正之道」的領導風格，大公無私，公正不阿，「舉直錯諸枉」[43]，自然能深服臣下之心，「子率以正，孰敢不正」，猶如《周易・渙卦》六四爻辭「渙其群」，挽救渙散，

---

[40] 〔明〕魏校：《莊渠遺書》卷2〈論語講義〉，頁27上～27下。

[41] 〔明〕魏校：《莊渠遺書》卷2〈孟子講義〉，頁21下。

[42] 〔明〕魏校：《莊渠遺書》卷2〈皇極講義〉，頁9下～10上。

[43] 〔魏〕何晏注、〔宋〕邢昺疏、朱漢民整理：《論語注疏》（北京市：北京大學出版社，1999年）卷2〈為政〉第2，頁21。

促成團結，派系朋黨自然而然的消除。否則的話，人君無法稟承中正之心，稍有偏差，就會自陷於朋黨，以致為奸詐邪佞之人所欺騙，終日生活在身邊諛臣讒佞攀附迎和而不知，反而猜疑君子為朋黨，治亂興衰易位，將使朝廷陷入危機。

（三）欽哉恤刑，敬明乃罰

魏校自科舉登第後，首先派授的官職即為南京刑部雲南司主事，爾後陸續遷陞陝西司員外郎、廣東司郎中等職，均屬掌管刑獄訴訟事務。多年掌管刑獄的經驗，讓他深知刑獄與百姓生命關係甚鉅，須謹慎將事。他每次審訊重囚，都先齋居默念，期求務必探索隱情。「凡獄之冤滯，人所不能決者，即片言決之。會審監刑，眾皆采衣即事，事畢，宴飲為樂，公則慘然澹服，是日不飲酒食肉。」眾人以審訊得情，解決一件疑案職務，遂大肆宴飲慶祝為樂。魏校則能深體「哀矜勿喜」的教誨。他在進講〈康誥〉「王曰：嗚呼！封。敬明乃罰，人有小罪非眚，乃惟終，自作不典。式爾，有厥罪小，乃不可不殺。乃有大罪非終，乃惟眚災，適爾。既道極厥辜，時乃不可殺」一段經文時，魏校詳細說解：

> 「敬明乃罰」，這一句是綱，「人有小罪」以下，這幾句是目。眚是不知誤犯，終是明知故犯，式爾是有意為之，災是不幸，適爾是無意為之，這都是分別其情之輕重也。刑罰本非得已，不可不盡心，必須以敬為主，事事務要推究分明，庶幾情真罪當，乃可加刑，但立法有經常，用法有權變，方能盡得人情。且如有人犯著小罪的，論法雖輕，推究其情不是誤犯，乃是故犯，非人作孽，乃自作孽，公然出於有心，這等人姦惡可惡，最能敗常亂俗，不可不殺之以示懲戒，此即帝舜之「刑故無小」也。又如有人犯著大罪的，論法雖重，推究其情，不是故犯，乃是誤犯，非自作孽，乃天降災，偶然出於無心。及到官府，又能輸情服罪，這等人昏愚可矜，宜從 恤而不可殺之，此即帝

舜之「宥過無大」也。[44]

明代皇權至上，君主為鞏固君權的至高無上，往往藉刑罰以樹立威權，導致濫權肆殺的情況。魏校稟承曾子「哀矜勿喜」的教誨，認為刑罰本不得已而用之，不可不謹慎小心，因此在經筵講述時，對君王的刑律酷虐，不忘殷殷叮嚀，勸導君主對於犯下罪責的人，在對其實施刑罰時，應該要極為謹慎細心，詳加察閱案情緣由，必須以敬為處事原則，任何事務一定要推究分明，案情確當，才可施加刑罰。立法雖有經常，但用法一定有權變，才不誤殺無辜。他又說：

> 是知凡欲定罪，必須得情；若欲得情，必須明理；若欲明理，必須存心。故武王提出簡「敬」字來說。〈舜典〉所謂「欽哉欽哉，惟刑之恤哉」，正此意也。[45]

又說：

> 臣嘗考之，皋陶曰：「天討有罪，五刑五用哉！」可見人君用刑，只是代天行道。人臣用刑，又是代君行道，固不當有私惡，亦不當有私好，必須大公至正，合得民心，方纔合得天心。仰惟皇上事天如事親，時時對越；愛民如愛子，念念哀憐。更願以公平廣大之心，布愷悌慈祥之政，戒法吏之深刻而重循良，刪法令之繁苛而務寬大，使春生之德，每行於秋殺之中；陽舒之恩，常溢乎陰慘之外。和氣充塞，國祚靈長。〈呂刑〉云：「一人有慶，兆民賴之。」其寧惟永。[46]

魏校援引皋陶之言：「天討有罪，五刑五用哉。」他以為天心即民心，從民心的興替，即可瞭解天心的興替，職是之故，君主施政，凡事當循天道而行，不可肆意濫刑。人君施刑，是「代天行道」，「人君一身，終日是代上

---

[44]〔明〕魏校：《莊渠遺書》卷1，頁28上～28下。

[45]〔明〕魏校：《莊渠遺書》卷1，頁28下。

[46]〔明〕魏校：《莊渠遺書》卷1，頁27下～29下。

帝作事，口代天言，手代天工，賞是天命，罰是天討」，而「人臣用刑，又是代君行道」，從事賞罰當「平如秤，不得有偏重」，應效法古聖賢重法慎刑的作法，不可輕易施刑於臣民。由於上天是大公無私，人君人臣既是代天用刑，心理就不應有私惡或私好參雜其中，才合乎民心。他更提醒皇帝要以「公平廣大之心」，「戒法吏之深刻」，「刪法令之繁苛」，才能使朝野君臣和諧，國祚綿長。魏校經筵《尚書》講章，針對內容與義旨進一步的闡釋，對幫助後人瞭解經筵對《尚書》經世的作用有極大的助益。

（四）厚養治臣，以保其節義

經筵講讀的《尚書》內容釋義，主要是採用南宋蔡沈《書集傳》的解釋，解釋幾乎都按照《書集傳》的說法，無甚異說，也不注重經生讀經時那種章句訓詁方式，不僅重在「直說大義，惟在明白易曉」，而且要能根據經文大義，申說經世致用的義涵。魏校也如同歷朝經筵官一樣，利用進講說解經文之際，對時政提出批評，如於《尚書‧洪範》「皇極」章「人之有能有為，使羞其行，而邦其昌。凡厥正人，既富方穀，汝弗能使有好于而家，時人斯其辜。于其無好德，汝雖錫之福，其作汝用咎」一段經文，說：

> 國家所賴惟在賢才，羣臣之中，有能有為者，其才固可用矣。人君更須鼓舞作興，使進其行，則才德兼全，必能保我子孫黎民，國家自然隆盛。若有才而無德，心術不良，用之多生事喜功，反敗壞國家元氣矣。人君代天養民，凡厥治事之臣，皆代君養民，必須厚養以祿，保全其廉恥節義之心，方可責其為善。若仰不足以事父母，俯不足以畜妻子，飢寒切身，如《詩》所謂「室人交徧摧我」，則惟賢者為能至死不變，中人而下必將喪其所守，而陷於罪戾矣。士風既壞，嗜利無恥，不復知德之可好，於此輩無好德之人，而錫之以福，使其在位，則必貽禍於民，是乃人君自用咎惡之人，不得辭其過矣。人君不能體恤愛養羣臣，其流弊必至於此，故《易》曰：「聖人養賢，以及萬

民。」[47]

魏校認為皇帝想要治理好國家，必須仰賴才德兼備的賢士，方能「保我子孫黎民」，「國家自然隆盛」。賢士潔身自愛，難進而易退，他認為皇帝是天之子，係代天養民，口代天言，手代天工，賞是天命，罰是天討，凡是國家的治事大臣，都是代皇帝撫養人民。此種代天養民之臣，必須「厚養以祿」，讓他們生活安定，「仰足以事父母，俯足以畜妻子」，平日無「饑寒切身」之累，惇養才德，自然「保全其廉恥節義」，潔身自愛，也就能體恤愛養百姓。至於「有能有為者」，雖然其才堪用，卻未知是否有德。若所任用者是「有才而無德，心術不良」的臣子，他們大多不會體恤養護百姓，反而會生事喜功，貪圖財祿，反而敗壞國家國運。

五　《尚書》經筵講義對帝王教育之成效

經筵講讀的教材，大多偏重在《四書》、《尚書》、《大學衍義》、《資治通鑑》等經史書籍，由於皇帝年齡及閱歷、興趣不同的影響，明代初期的帝王，馳騁沙場，身經百戰，領導統御的經驗豐富，對於經筵講授的經史書籍所蘊涵的政治理論、統御方法，較能心領神會，雖然經筵講讀的時間短暫，他們依舊能夠選取可供自己鑒戒的內容，從中吸收其經驗和教訓。從明代的史料文獻中，經常可以看到有關經筵講讀對國家重要決策的討論，例如黃佐《翰林記》就記錄：

> 祖宗時，講官於講書後，得言時政闕失及陳論所見。洪武中，大學士吳沈進講畢，進「去邪勿疑」之說，因曰：「小人中懷奸邪，甚似忠信，不可不察。」上曰：「然。」憲宗在東駕時，學士劉詡講〈周書·無逸篇〉「文王懷保惠鮮」章，遂及時事數十，天顏豫悅，雖不言而深有契於心。未幾，嗣大位，即卻貢獻，減財賦，罷諸道鎮守官，皆

---

[47]〔明〕魏校：《莊渠遺書》卷2，頁11上～12上。

> 昔所論也。弘治中,侍講學士李東陽大旱應詔言事,摘經筵所講《孟
> 子》中要論切於治道者,析為數條,極論其理,而時政得失以類附
> 焉,上嘉納之。雖非面陳,然均之為啟沃之義。[48]

經筵重在講書後闡述時政闕失及指陳所見,黃佐記載太祖、憲宗、孝宗三帝
在舉行經筵講讀之後,講官摘錄講章要論,條陳時政的得失,三帝皆能虛心
接受之例,用以說明經筵施行有具體的成效。魏校則因進講未稱旨而被撤
換,此例被記載在明代《殿閣詞林記》內:

> 講官魏校進《書經》「罪疑惟輕」章,上批云:「桂萼薦校善解經
> 義,朕昨觀其講章,並未有過人者,且其前後率多諛詞,難居近侍,
> 著吏部調南京用。」[49]

魏校所進講《尚書‧大禹謨》「罪疑惟輕」講章,經嘉靖皇帝的觀覽後,認
為講章內容無過人處,卑而無高論,兼且講章前後甚多阿諛奉承之詞,引起
世宗皇帝龍顏不悅,因而要求吏部予以撤換。由此看來,魏校似乎不僅學識
平庸,且係詭隨媚君之徒,似乎與大禮議後阿諛奉承以取寵者同流。實際上
其中另有原因,據其同鄉陸鰲所撰寫〈嘉議大夫太常寺卿贈禮部右侍郎謚恭
簡魏公行狀〉的記錄:

> 明年轉國子祭酒,例謁輔臣,輔臣張璁恃氣傲物,卿佐入謁者多蹙踖
> 隅坐不安,先生至乃為正席,延上坐,先生弗辭,張色變,因從容與
> 語,則亦僮然自失。及先生以祭酒為經筵講官,桂所崇薦也,張滋不
> 悅。每上御經筵,直講者前期呈講章於輔臣,俟改而後入講。先生兩
> 入經筵,所講《尚書》二章,皆闡明大猷,切劘聖治,而詞旨卓越,
> 竟不能贊一詞,然內益猜忌,先生自是不能安其位矣。經筵講畢,遽

---

48 〔明〕黃佐:《翰林記》卷9〈講官陳論〉,頁14上～下。
49 〔明〕黃佐、廖道南:《殿閣詞林記》卷15〈月講〉,頁6上。此事又見〔清〕孫承澤
   撰、王劍英點校:《春明夢餘錄》(北京市:北京古籍出版社,1992年)卷9,頁132。

改太常寺添註少卿。[50]

魏校於嘉靖八年轉任國子祭酒，後桂萼推薦為世宗的經筵講官，因晉見輔臣張璁時態度不卑不亢，又因所寫「講章先裁於相國，不能贊一詞」[51]，遭致張璁的銜恨，最終遭到排擠出經筵講官行列。據沈佳《明儒言行錄》記錄為「以進講『敬明乃罰』章不合上旨」[52]，遭到改用。而查繼佐《罪惟錄》則以為是「進講經筵，不狗呈稿內閣故事。偶上前或操吳音，上不說，改太常寺卿」[53]。

可見魏校不論是因進講《尚書・康誥》「敬明乃罰」章或「罪疑惟輕」章，其講章對相國張璁不能贊一詞，以致遭到銜恨；又因進講解說時，說話操南方吳音，不為明世宗所喜，輔臣藉機陰排之，導致他遭到排擠，而無法發揮所長，貢獻所學，實令人感到惋惜。

六　結論

綜合上文幾節的論述，有關魏校及其經筵講章之研究，可作成以下幾點的結論：

其一，魏校聰穎絕倫，讀書博聞強記，學術淵深。出仕後，歷任刑部官員。審訊重囚，皆能秉持「哀矜勿喜」的心情，詳細查核案情。凡冤滯刑獄，人所不能決者，他都能片言決之。曾任廣東提學副使，於短短一年任期內，戮力崇德行，略文詞，毀淫祠，興社學，禁火化，厚人倫，將儒學教育

---

[50]〔明〕陸粲：〈嘉議大夫太常寺卿禮部右侍郎謚恭簡魏公行狀〉，收入〔明〕朱大韶編：《皇明名臣墓銘》卷2，頁517～518。

[51]〔明〕徐中行：〈明太常寺卿贈正議大夫資治尹禮部右侍郎恭簡魏公墓碑〉，收入〔清〕黃宗羲編：《明文海》卷444，頁15上。

[52]〔明〕沈佳：《明儒言行錄》（臺北市：臺灣商務印書館，1986年影印文淵閣《四庫全書》本）卷7〈魏校〉，頁49上。

[53]〔清〕查繼佐：《罪惟錄》（臺北市：明文書局，1991年《明代傳記叢刊》本）卷10〈魏校〉，頁1603。

普及於廣東。為人稟性耿直，不畏強權。當閹宦劉瑾擅權，威福任情，遍布廠衛校尉，搜集官僚細過，威逼官僚懾服，致見風轉舵，奔赴盈門，阿諛附勢之態，媚俗市儈之容，充塞朝廷，魏校則能潔身自愛，為才德兼具的賢士。

其二，明代的經筵制度，分為經筵與日講兩種。「經筵」又稱「大經筵」，指御前講席的開講儀式和每隔十天左右舉行的大型的群臣聽講活動。經筵春講以二月十二日起，至五月初二日止；秋講以八月十二日起，至十月初二日止。每月以二、十二、二十二等三天進講。地點在文華殿。「日講」又稱「小經筵」，是指「經筵」期間每日（或隔日）為皇帝開設的個人講授功課，地點最初在文華偏殿，幾經遷移，最後改在文華殿。日講進講時要求：「務要詳細陳說聖賢修己治人之要，懇切開告帝王端心出治之方。以至唐、虞、三代、漢、唐、宋以來人君行何道而天下治安，為何事而天下乖亂，與夫賞善罰惡之典，任賢去邪之道，莫不畢陳于前。」在不舉行經筵的季節，則進呈經史講義。明代中葉以後的皇帝，大都「生於深宮之中，長於婦人之手」，不懂世務，為逃避枯燥的「經筵」和「日講」，常借口身體不適，宣布暫停，斷續的情況，學習效果有限，導致明中葉以後皇帝文化修養偏低，執政能力不足，連帶使得朝廷政局動盪不安，國家的安危也受影響。

其三，魏校擔任經筵講官時，秉持著緝熙啟沃君心，陶冶君德，主張人君無論讀書或施政應掌握經書典籍的義理要旨，注意大方向、大原則，不在枝枝節節上鑽牛角尖。提醒皇帝注意朋黨，應慎加鑒別群臣，以防欺矇。也建議世宗刑罰本不得已而用之，要謹慎小心，對於犯罪的人，施刑要謹慎細心，詳加察閱案情緣由，凡事以敬為處事原則，任何事務都要推究分明，唯有當案情確定，才可施加刑罰，才不會誤殺無辜。

其四，魏校在從事經筵講授時，均能秉持《尚書》的篇章義旨去發揮經文中所蘊涵的要義，殷切叮嚀皇帝係「代天養民」，「人君一身，終日是代上帝作事，口代天言，手代天工，賞是天命，罰是天討」，從事賞罰當「平如秤，不得有偏重」，應效法古聖賢重法慎刑的作法，不可輕易施刑於臣民。經筵《尚書》講授的內容與義旨闡釋，對《尚書》學的研究與了解有極

大的助益。

　　其五，**魏校**學識才能俱佳，經桂萼推薦為經筵講官，因晉見輔臣張璁態度不卑不亢，又因撰寫講章，不能讓輔臣修改講義文辭，因而遭到張璁的銜恨，又曾在經筵講讀時，說話操南方語音，不為明世宗所喜，輔臣遂藉機陰排擠他，遭到改任的命運。魏校本人不受世宗賞識，經筵講讀時間又相當短暫，無法充分發揮經書要旨，感格君心，貢獻所學，令人感到惋惜。

明代皇族的《尚書》講習

連文萍*

一　前言

　　本論文所謂「皇族」，主要指以皇帝為中心的皇室子弟，包括皇太子、親王及分封各地的宗藩等[1]。隨著國祚綿長，明代皇族的數量日趨龐大，教育問題隨之複雜，其中皇帝與皇太子的教育成敗，攸關國家興亡，而宗藩的宗學教育，也成為難解的政治議題。皇族因為地位崇高，所以他們接受教育的方式、師生間的關係，均與一般民間士人不同，特別是皇帝的經筵、日講[2]，因為皇權至上，輔臣及講官多所畏懼臣服，他們為皇帝「進講」的內容，均須上疏請示核可，皇帝亦可質疑、評鑑講官，不合意者則予以貶斥。

　　關於明代皇族的講習制度、內容、成效等問題，近年來多為學界注意，但較集中在經筵、日講制度的討論，以及講章內容的考述等[3]，本論文選取明

---

* 東吳大學中國文學系

[1] 「明代皇族」包括皇帝、皇后、皇太子、親王、公主，以及分封各地的宗藩，宗藩系統又有藩王、鎮國將軍、輔國將軍、奉國將軍、鎮國中尉、輔國中尉、奉國中尉、郡主、縣主、郡君、縣君等，還有被廢的庶人。本論文限於資料及篇幅，討論主題集中在明代男性的皇族子弟，女性皇族的教育問題暫不討論。

[2] 經筵與日講都是針對皇帝進行的教育制度。經筵在明初時無定制，亦無定所，據〔明〕李東陽等撰，〔明〕申時行等重修：《大明會典》（揚州市：廣陵書社，2007年）卷52〈禮部十・經筵〉，頁917：「正統初始著為儀常，以月之二日御文華殿進講，月三次，寒暑暫免。」換言之，經筵即為每月的二日、十二日、二十二日，儒臣會講於文華殿。日講即每日講讀，是在經筵之外的時日進行，《大明會典》卷52〈禮部十・經筵〉，頁917，謂：「日講於文華穿殿，其儀簡。」

[3] 明代皇族教育的相關研究中，尹選波〈培養聖德，開導聖學——張居正對萬曆皇帝

代皇族的儒學講習教育中,深被重視且成效較佳的《尚書》,作為論述的重點,先綜論明代皇族儒學講習的特色,再依次探討明代皇族《尚書》講習的進程、教材的編纂及講習的成效等問題,祈能由微知著,了解《尚書》與明代帝王學的關係,也略窺明代皇族《尚書》講習的概況。

二 明代皇族儒學講習的特色

明代皇族講習的內容,與民間的士人教育一樣,均以儒家學說《四書》、《五經》為主軸,但皇族儒學教育的講習方法、講述重點和目的,與一般士人有別,即使同是皇族,皇帝、皇太子的教習也不同於宗藩。

皇帝或皇太子接受儒學講習的目的,首在涵養君德,並學習治國之道,如:洪熙元年(1425)二月壬子,明仁宗朱高熾(1378～1425)諭華蓋殿大學士楊士奇(1365～1444)等曰:

> 東宮開講筵,蓋欲皇太子日聞正道,養成德性。講官當以大經大法進說,其前史所載非聖賢之道,無益於治者,勿言。[4]

皇帝或皇太子接受儒學講習,強調道理的講說與領會,不必如一般士人在章句、文辭上用心,如明成祖朱棣(1360～1424)在皇長孫出閣就學時曉諭

朱翊鈞的早期教育論述〉(《廣東社會科學》2007 年第 4 期,頁 118～125)、張英聘〈略述明代的經筵日講官〉(《邢臺師範高專學院》1995 年第 4 期,頁 14～16、45)、趙玉田〈明代的國家建制與皇儲教育〉(《東北師大學報》2001 年第 4 期,頁 36～42)、朱鴻林〈明神宗經筵進講書考〉(《華學》第 9、10 輯〔2008 年 8 月〕,頁 1367～1378)、〈高拱與明穆宗的經筵講讀初探〉(《中國史研究》2009 年第 1 期,頁 131～147)等,針對皇帝的經筵日講及相關的教育制度,多有深入論述,學位論文則有杜建國《明代皇族教育問題研究》(吉林市:吉林大學文學院史學碩士論文,2006 年 10 月)、劉慶宇《明清宗室教育比較研究》(遼寧市:遼寧大學碩士論文,2005 年 5 月),提出較全面的觀察論述,可參。

4 見《明仁宗寶訓》(臺北市:中央研究院歷史語言研究所,1965 年)卷 1〈教皇太子〉,頁 10。楊士奇,名寓,以字行,江西泰和人,建文初年,以薦入翰林,參與編纂,後試禮部第一,成祖時官左春坊大學士、少傅、少師等職。

輔臣，即謂：

> 爾等宜盡心開導，凡經史所載孝弟仁義，與夫帝王大訓，可以經綸天
> 下者，日與講究，浸漬之久，涵養之深，則德性純而器識廣，他日所
> 資甚大，不必如儒生繹章句、工文辭為能也。[5]

同時，皇帝或皇太子的儒學講習，不是孤立的、單一的灌輸，而是與史書相
參印證，以知興替治亂，並驗證當日時局時事，以付諸實用為目標，如《大
明會典》所載：

> 凡入侍太子，與坊、局翰林官番直進講《尚書》、《春秋》、《資治通
> 鑑》、《大學衍義》、《貞觀政要》諸書，前期纂輯成章進御，然後赴
> 文華殿講讀，講讀畢，率其僚屬，以朝廷所處分軍國重事及撫諭諸蕃
> 恩義，陳說于太子。[6]

故向皇帝或皇太子進講，是經書與史書交互進講，經、史互為補益驗證，
再分析講論當朝的軍國大勢，具有理論與實際並重的意義，並已演為一定
的講習進程。但實際的施行，仍會考慮皇帝或皇太子的各別條件，作相應
的修正與討論，如明萬曆時，輔臣高拱（1512～1578）即針對明神宗朱翊
鈞（1563～1620）的講習，有謂：「我皇上甫十齡，穆皇上賓，其于祖宗大
法，蓋未得于耳聞也。精神命脈既所未悉，將何以鑒成憲繩祖武乎？今日講
經書，後又講《貞觀政要》等書，臣愚謂宜先知祖宗家法，以為主本，而
後可以證以異代之事，不然，徒說他人，何切於用？」[7]因此，建議編輯《實

5　見《明太宗實錄》（臺北市：中央研究院歷史語言研究所，1965年）卷66（永樂五年
　　夏四月辛卯），頁926。又見徐學聚：《國朝典彙》（臺南縣：莊嚴出版公司，1996年
　　《四庫存目叢書》影印明天啟四年刻本）卷8，〈朝端大政八‧東宮〉，頁377。關於皇
　　帝經筵的講讀方式與經生學士不同，陳恆嵩：〈徐鹿卿及其《尚書》經筵講義研究〉
　　（《嘉大中文學報》第2期〔2009年9月〕，頁33～54）有所論述，可參。

6　李東陽等撰、申時行等重修：《大明會典》卷216〈詹事府〉。又，卷52〈東宮出閣講學
　　儀〉，頁921，也有皇太子每日講讀經史的詳細規定。

7　見高拱：《本語》（臺北市：臺灣商務印書館，1996年《叢書集成簡編》本第185冊）

錄》所載祖宗事蹟成書，在經筵、日講中先行進講。

皇帝或皇太子的輔臣與講官，經過精選，多是當代大儒、翰林院學士或權臣，其中翰林院尤為輔臣、講官的培育機構，新進士中的首甲，以及經過遴選的庶吉士們，要在翰林院中進行再教育，以應付朝廷的需求，其中「進講」就是首要任務之一，要「教之以明解經書，發揮義理，以備進講」[8]，但翰林院的教習內容，是否符合或達到進講的需求，在當日是一個爭議的問題[9]。

輔臣和講官，與「受教者」皇帝或皇太子之間，關係十分複雜，皇帝或皇太子既是他們「進講」的對象，同時也是他們生死去留的操控者，因為皇權至上，輔臣及講官必須臣服，不但講習內容須經上疏請示核可，皇帝亦可質疑、評鑑講官，不合意即予貶斥。如果講習的對象是皇太子，也就是未來的儲君，輔臣與講官的心態，也雜揉著政權的接班、護衛等種種因素，使得皇帝或皇太子的講習並非單純的教育問題。

此外，輔臣與講官之間的關係，除了有官職尊卑的問題，層級較低的講官，撰寫講章必須先經層級高的輔臣核可，方能上疏呈請皇帝核示，更牽涉到輔臣與講官之間學術背景的差異，可能影響到儒學進講的內容[10]，這些過程可能只是講習時的小插曲，但也有演為政爭恩怨者，下文將會討論。

親王所接受的講習內容，也以《四書》、《五經》為主，尚未就藩的親王，可能與皇太子一起學習，如明太祖朱元璋（1328～1398）「建大本堂，

卷5，頁47。高拱，字肅卿，新鄭人，嘉靖二十年（1541）進士，累官文淵閣大學士，曾為明神宗輔臣，後為張居正及宦官馮保所排，詔數罪逐之。

[8] 語出高拱：《本語》卷5，頁49。

[9] 如高拱在《本語》卷5，頁49、50，即謂翰林院教習庶吉士的實況：「今也止教詩文，更無一字言及于君德治道，而又每每送行賀壽以為文，栽花種柳以為詩，群天下英才為此無謂之事，而乃以為養相材，遠矣。」關於翰林院教習，筆者撰有〈明代翰林院的詩歌館課研究〉（《政大中文學報》第12期〔2009年12月〕，頁231～260），可參。

[10] 筆者：〈明神宗與《詩經》講習〉（臺灣師範大學《國文學報》第49期〔2011年6月〕），針對張居正、王錫爵等輔臣上疏請示《詩經》講習進程、《詩經》講章的編纂內容，及兩人學術背景的差異，對於《詩經》講習的影響等，有所論述，可參。

取古今圖籍充其中，徵四方名儒教太子、諸王，分番夜直，選才俊之士充伴讀。帝時時賜宴賦詩，商榷古今，評論文字無虛日」[11]。當時的皇家講習情境，可謂融洽和樂。

明初，諸王也曾與功臣子弟一起讀書，如洪武二年（1369）四月，明太祖命孔克仁[12]等授諸子經，功臣子弟亦令入學，當時明太祖曉諭講官，強調「朕諸子將有天下國家之責，功臣子弟將有職任之寄」，因受教者的身份與日後將擔當的重責大任，故強調以「正心」為教育的根本準則，而輔以「實學」，故謂：「教之之道，當以正心為本，心正則萬事皆理矣。苟導之不以其正，為眾欲所攻，其害不可勝言。卿等宜輔以實學，毋徒效文士記誦詞章而已。」[13]

明代的親王出閣讀書儀，在天順二年（1458）確定，也是由《四書》、《五經》的講讀開始，據《大明會典》所載，其中最先研讀的要籍是《大學》和《尚書》：

> 王每日所讀書，《大學》一本，《書經》一本，授書務要字樣真正，講書直說大義，務要通曉，先一日進講章，三日一溫書，就溫講仍進講章。[14]

親王的講官，要慎擇進士之老成有學問者擔任，但其地位不高，與皇帝的輔臣或講官有機會親近聖駕，更是大有差別。黃佐（1490～1566）《翰林記》即記錄：

> 進士被是選者，恣出怨言，吏部聞之，實人情不堪之故也。苟行通融之法，陞轉如常格，自當無不效命者。[15]

---

[11] 見張廷玉等：《明史》（臺北市：鼎文書局，1979年）卷115〈興宗孝康皇帝傳〉，頁942。

[12] 孔克仁，句容人，生卒年不詳，嘗與明太祖論天下形勢。

[13]《國朝典彙》卷8〈朝端大政八·東宮〉，頁371。

[14]《大明會典》卷52〈諸王讀書儀〉，頁923。

[15] 黃佐：《翰林記》（臺北市：臺灣商務印書館，1966年）卷10〈親王出閣讀書〉，頁

進士被選為親王的講官者，缺乏升遷轉任的機會，特別是親王就藩後，講官即拜為長史，不復陞轉，所以黃佐記錄了弘治三年（1490）時，進士被選任者「恣出怨言」，不樂於效命的實況。

當然，在明代的歷史上，不乏宗藩樂於學，慎選良師教習子弟，如有「孝友慈祥，博綜典籍」之譽的蜀獻王朱椿（？～1423），延攬當時名士李叔荊、蘇伯衡等商榷經史，明太祖以「蜀秀才」目之。其就藩後，聞漢中博士方孝孺（1357～1402）之名，特禮聘為世子傅[16]，即屬佳話。然親王及宗藩的講官升遷制度欠周，一方面反映親王及宗藩的儒學講習並未受到朝廷重視，一方面則反映講官的講讀心態，可能影響親王及宗藩的講習素質與成效，越多的親王及宗藩的講習素質不佳與成效不彰，自然成為政治上的嚴重問題。

親王分封就藩之後的儒學講習，除了講官派任及升遷等問題，可能影響教學的心態及成效，宗藩子孫接受講習的目的也值得探究。宗藩子孫因不准參加科舉，不像民間士人可以透過儒學教習來求取功名，所以不必在章句、文辭上的額外用心及嚴格訓練。又因身份特殊，深為朝廷所防備，他們的教育問題並不被朝廷重視，到明神宗時，方由朝廷明定宗學制度，並規定宗學所講讀的書籍：

> 令各生誦習《皇明祖訓》、《孝順事實》、《為善陰騭》等書，至於《四書》、《五經》、《史鑒》、《性理》，亦相兼講讀。[17]

宗學的講讀重點在於《皇明祖訓》、《孝順事實》、《為善陰騭》等書，顯示朝廷對宗藩子孫教育的要求，以最基本的道德人倫為先，所以《四書》、《五經》諸書是相兼講論的方式講讀，此乃「先行後文」之意[18]。

136。

[16] 見朱謀㙔（1549～？）：《藩獻記》（北京市：書目文獻出版社，《北京圖書館古籍珍本叢刊》影印明萬曆刻本，1994年）卷2〈蜀獻王諱椿〉，頁757。

[17]《大明會典》卷57〈宗學〉，頁993。

[18]《明神宗實錄》卷50（萬曆四年五月壬寅），頁1150，河南撫按孟重等條上宗學事宜

不過如果宗藩樂於向學或喜好文雅，皇帝仍會勉勵他們能在儒學上用心，以便進德修業。如晉端王朱知烊（？～1533），好文雅，嘗校《漢文選》、《唐文粹》、《宋文鑑》及明世宗朱厚熜（1507～1566）所撰《敬一箴》，雕版刊行，並於嘉靖八年（1529）進獻給明世宗御覽，世宗賜敕即以經學相勸勉[19]。

三 明代皇族《尚書》講習的進程

明太祖對於《尚書》特別重視，曾與翰林院學士宋訥（1311～1390）討論研讀《尚書》的心得，有謂：「朕每觀《尚書》至『敬授人時』，嘗嘆敬天之事，後世中主猶能知之，敬民之事，則鮮有有知者。蓋彼自謂崇高，謂民皆事我者，分所當然，故威嚴日重而恩禮浸薄，所以然者，只為視民輕也。視民輕則與己不相干而畔渙郭散不難矣，惟能知民與己相資則必無慢視之弊。」[20]可見明太祖對《尚書》的熟稔，以及藉由是書體悟治國之道的情形。他甚至曾親自向群臣講說〈大禹〉、〈皋陶〉、〈洪範〉，「反覆開諭群臣，聞者莫不驚悅」[21]。是故，《尚書》在明太祖的重視下，成為皇族儒學教育的首要教材，特別是皇帝與皇太子，《尚書》更為帝王學的重要學科。

明代皇帝經筵皆以《尚書》起步，並與《大學》搭配進講。如天順八年

十二事：「一議學制……二議師職……三議教規，凡宗生十三歲以上，方許開送入學作養。如年歲未足，各就私塾或本府教授訓誨。其各生講解經書、《性鑒》外，仍授以《皇明祖訓》、《孝順事實》諸書，使知先行後文之意。……得旨：宗學敕印不必給，餘如議行。」

19 見朱謀㙔：《藩獻記》卷1〈晉藩〉，頁751。

20 見《明太祖實錄》卷146（洪武十五年七月庚戌）。

21 見《明太祖實錄》卷145（洪武十五年五月乙丑）：「上幸國子監謁，先師孔子，釋奠禮成，退御經筵，祭酒吳顯等以次講畢，上謂之曰：『中正之道無逾於儒。上古聖人不以儒名而德行實儒，後世儒之名立，雖有儒名，或無其實，……卿等為師表，正當以孔子之道為教，使諸生咸趨於正，則朝廷得人矣。』復命取《尚書》〈大禹〉、〈皋陶〉、〈洪範〉親為講說，反覆開諭群臣，聞者莫不驚悅，遂賜宴闆竟日而還。」

（1464）八月，明英宗初開經筵，少保吏部尚書兼華蓋殿大學士李賢（1408
～1466）講《大學》經之一章，吏部左侍郎兼翰林院學士陳文（1405～
1468）講《尚書·堯典》首章[22]。又如弘治元年（1490）三月，明孝宗初開經
筵，由少傅兼太子太師吏部尚書謹身殿大學士劉吉（1427～1493）講《大
學》經首一節，禮部右侍郎兼翰林院學士劉健（1433～1526）講《尚書·
堯典》首一節[23]。故《翰林記》謂：

> 聖祖潛心道藝，於凡經史百家之書無不貫通。然每自博求約，惟務
> 得其要，聖學益醇如也。當今儒臣進講，《四書》以《大學》為先，
> 《五經》以《尚書》為先，今經筵因之。[24]

經筵之外，皇帝的日講也以《尚書》及《大學》開始。據《春明夢餘錄》
所載，張居正為年幼的明神宗制定的日講課程，即每日講讀《大學》、《尚
書》，其方法是先讀《大學》十遍，次讀《尚書》十遍，再由講官各隨進
講[25]。換言之，就是先通讀背誦，再由講官講解內容。

　　在進講的過程中，皇帝如有疑問或是閱讀心得，會與輔臣及講官討論。
如《春明夢餘錄》即記載，宣德三年（1428）二月明宣宗聽講〈舜典〉，有
感而謂：「觀二〈典〉、三〈謨〉，則知萬世君臣為治之道不出乎此。」他同
時也向講官發問：「當時君臣都俞吁咈，更相告戒，用圖治功，氣象藹然，
何後世之不能及？」講臣對曰：「明良相逢，故治化之盛如此。」宣宗曰：
「天生聖人為後世法，孔子刪《書》，斷自唐、虞，使人知有堯、舜，所謂萬
世帝王之師也。」[26]這段紀錄顯見明宣宗對於《尚書》別所領會，他的回答胸
有成竹，甚至比講官的看法更有力，因此成為重要的進講紀錄。

---

[22] 見《明憲宗實錄》卷8（天順八年八月癸未），頁177。

[23] 見《明孝宗實錄》卷12（弘治元年三月丙子），頁279。

[24] 《翰林記》卷9〈講讀合用書籍〉，頁122。

[25] 孫承澤：《春明夢餘錄》（上海市：上海古籍出版社，1993年《四庫筆記叢書》影印
　　本）卷9〈文華殿〉，頁111。

[26] 《春明夢餘錄》卷9〈文華殿〉，頁100。

　　除了當面發問或討論，也有以書札相詢，如魏校（1483～1543）的《莊渠遺書》，收錄其進講經筵時的講章〈康誥講章〉、〈說命講章〉、〈皇極講章〉等[27]，也著錄了〈御札〉，乃明世宗聽講後，因講官說解未周全，所以致書向魏校詢問：

> 朕聞講以〈洪範〉第七疇之二段曰驛曰克者，蔡《傳》以驛為金兆，克為土兆，似有未安。既心有疑，須問於博學高見，卿其為朕詳明指說來聞。[28]

魏校得御札，為世宗解惑的同時，也對其樂學善問感到欣喜，有謂：「仰惟皇上因講官說經未安，問及微臣，臣不覺手舞足蹈，自慶於心，曰上真可以為堯、舜矣。《書》曰『好問則裕，自用則小』，《易》曰『君子學以聚之，問以辯之』，堯稽於眾，舍己從人，舜好問而好察邇言，樂取諸人以為善。皇上每讀經史，有得有疑，輒賜宣問，則何堯、舜之不可及也。」[29]此可見君臣以書札論學的實況。

　　如果講官進講不合上意，也可能遭到撤換，前述魏校講《尚書》，並不為明世宗所喜聞，後即遭罷黜，其原因多方，如《春明夢餘錄》即謂：「講官魏校進《書經》〈罪疑惟輕章〉講說，上批云：『桂萼薦校善講義，觀其講章，並未有過人者，且其前後率多諛詞，難居近侍，著吏部調南京用之。』」[30]

　　皇帝在宮中自行翻閱經史，也會宣召講官講論，《翰林記》謂：「聖祖時，凡觀書史中有句讀字義未明之處，必召翰林儒臣質之。雖有知書內侍能文字，人不得近，蓋因是以延接賢士大夫，不特紬繹義理而已。」又引《太

---

[27] 見《莊渠遺書》（臺北市：臺灣商務印書館，1983年影印文淵閣《四庫全書》第1267冊）卷1，頁686～689；卷2，頁691～700。魏校，字子才，號莊渠，崑山人，弘治十八年（1505）進士，授南京刑部主事，歷官廣東提學副使、太常寺卿等。

[28] 見《莊渠遺書》卷2〈御札〉，頁699。

[29] 同前註。按，以上所論魏校、崔銑的經筵講章，蒙陳恆嵩教授提示，謹此誌謝。

[30] 《春明夢餘錄》卷9〈文華殿〉，頁103。

宗寶訓》，謂：「上視朝之暇，輒御便殿，閱書史，或召翰林儒臣講論，則永樂以後，蓋莫不然。」[31]

皇太子出閣講學，亦由讀《四書》開始，並搭配經、史的研讀講授。如弘治十一年（1498）三月，大學士徐溥等上皇太子出閣講學儀注，詳細描述皇太子每日講學常儀，有謂：「先讀《四書》，則東班侍讀官向前伴讀十數遍，退復原班；次讀經書或史書，則西班侍讀官向前伴讀亦然。務要字音正當，句讀分明。」「每日夜讀本日所讀授書，各十數遍，至熟為止。」「凡讀書三日後一溫，須背誦成熟。遇溫書之日，免授新書，講官通講，須曉大義。」[32]

皇太子出閣講學所讀經書中，以《尚書》為優先，但《尚書》對年齡尚幼的皇太子不免艱澀難懂，其解決之道，明英宗與李賢的對話可為參考。天順二年（1458）正月，皇太子朱見深出閣讀書，明英宗召見講官李賢，問講讀次序：

> 賢對曰：「《四書》經史次第進講，宜先《大學》、《尚書》。」上曰：「《書經》有難讀者。」賢曰：「如二〈典〉、三〈謨〉、〈太甲〉、〈伊訓〉、〈說命〉諸篇，明白易曉，可先講讀。」上曰：「然。」[33]

是故《尚書》為皇帝經筵日講、皇太子出閣講學的優先教材，但在篇章選擇上有難易之分，皇太子的講讀以明白易曉的篇章為主。

至如親王的講讀次第亦然，《大明會典》載諸王讀書儀：「王每日所讀書，《大學》一本，《書經》一本，授書務要字樣真正，講書直說大意，務要通曉，先一日進講章，三日一溫書，就溫講仍進講章。」[34]

---

[31]《翰林記》卷9〈講官趨召〉，頁126。

[32]《明孝宗實錄》卷135（弘治十一年三月丁酉朔），頁2367、2368。

[33]《國朝典匯》卷8〈朝端大政八・東宮〉，頁385。

[34]《大明會典》卷52〈禮部十・諸王讀書儀〉，頁923。

四 明代皇族《尚書》講習的教材

為皇族講習所需而編輯教材，早在明太祖時就十分積極，如他曾親自編纂《祖訓錄》一卷，頒賜諸王，成為皇族教育的必讀教材；命宋濂（1310～1381）等編纂《宗藩昭鑒錄》五卷，專門提供宗藩子弟講讀取法；又編《歷代公主錄》一卷，訓勉公主[35]。

關於《尚書》教材的整編，明太祖曾詔徵劉三吾等定正宋儒蔡沈（1167～1230）《書集傳》，其動機是認為蔡沈的《書集傳》義有未當：「上觀蔡氏《書傳》日月五星運行與朱子《書傳》不同，及其他注說與番陽鄒季友所論間有未安者，遂詔徵天下儒臣定正之。」[36]至洪武二十七年（1394）九月書成，賜名《書傳會選》，命禮部刊行天下[37]。

最重要的整編是明成祖時期的《五經、四書大全》，其中《書傳大全》十卷，以蔡沈《書集傳》為底本，再編錄宋、元學者的說解，書成頒行天下，為士子課讀《尚書》、投考科舉的範本[38]。此書與《書傳會選》的整編，都是彙集前說、刪汰異說，使注釋和說解都合乎朝廷的認可，但《書傳會選》書成後，雖頒刻天下，然較為罕行[39]，《書傳大全》則盛行於當世。

---

[35] 以上各書俱見《明史》卷97〈志第七十三・藝文二・故事類〉，頁644。

[36] 《明太祖實錄》卷232（洪武二十七年四月丙戌）。

[37] 見《明太祖實錄》卷234（洪武二十七年九月癸丑）。關於明太祖詔徵儒臣劉三吾等定正宋儒蔡沈《書集傳》，游均晶：《蔡沈《書集傳》研究》（臺北縣：花木蘭文化出版社，2010年）有所論述，可參。

[38] 《明太宗實錄》卷168（永樂十三年九月己酉），頁1872：「《五經、四書大全》及《性理大全》書成。先是上命翰林院學士兼左春坊大學士胡廣（1370～1418）等編類是書，既成，廣等以稿進。上覽而嘉之，賜名《五經、四書、性理大全》，親製序於卷首，至是繕寫成帙，計二百二十九卷。廣等上表進，上御奉天殿受之，命禮部頒行天下。」關於《五經大全》之纂編，陳恆嵩《五經大全纂修研究》（臺北市：東吳大學中研所博士論文，1998年）已有所論述，可參。

[39] 《明史》卷96〈志第七十二・藝文一・經類・書類〉，頁634「洪武中敕修《書傳會選》六卷」，下注：「太祖以蔡沈《書傳》有失，詔劉三吾等訂正之。又集諸家之說，足其

也有將《尚書》內容打散，與其他經書按經說內容重新分類整編，另成新的書籍，如明太祖曾曉諭群臣：

> 朕閱古聖賢書，其垂訓立教，大要有三，曰敬天、曰忠君、曰孝親。君能敬天、臣能忠君、子能孝親，則人道立矣。然其言散在經傳，未易會其要領。爾等其以聖賢所言三事，以類編輯，庶便觀覽。

洪武十六年（1383）二月書成，賜名《精誠錄》。《精誠錄》共分〈敬天〉、〈忠君〉、〈孝親〉三卷：〈敬天〉一卷，取《易》十章、《書》七十二章、《詩》十七章、《禮記》二十七章、《孝經》、《論語》各一章；〈忠君〉一卷，取《易》、《大學》、《中庸》各一章、《書》四十六章、《詩》十章、《禮記》十四章、《左傳》六章、《國語》一章、《論語》十四章、《孟子》十二章；〈孝親〉一卷，取《易》二章、《書》三章、《詩》九章、《禮記》四十八章、《論語》十一章、《孝經》十九章、《大學》二章、《中庸》三章、《孟子》十章[40]。這部書是明太祖便於「觀覽」所用，各卷所選篇章，《尚書》入錄最多，顯見明太祖對《尚書》的接受觀點，不僅在於有益治道，也有助所謂「人道」的確立。

不論是東宮出閣講學、皇帝的經筵與日講，講官都要編寫講章。講章相較於經文的箋注，是屬於較高層次的教材，多以演繹經說義理為主，《翰林記》謂進講以講章進呈，始於明成祖時期，成祖對於講章的撰寫，曾有諭令：「帝王之學，切己實用，講說之際，一切浮泛無益之語勿用。」[41]

講章既由來已久，明代為皇帝或皇太子講《尚書》的講官實不可勝數，其講章有單獨成書流傳者，如《明史・藝文志》著錄張居正（1525～1582）《書經直解》八卷、郭正域（1554～1612）《東宮進講尚書義》一卷、羅喻

未備。書成頒刻，然世竟鮮行。永樂中，修《大全》，一依蔡《傳》，取便於世子肄業，此外不復有所考究也。」

[40] 見《明太祖實錄》卷152（洪武十六年二月己丑）。此書《明史》卷97〈志第七十三，藝文二・故事類〉，頁644著錄。

[41] 《翰林記》卷9〈講章〉，頁121。

義（萬曆四十一年〔1613〕進士）《洪範直解》一卷[42]。

張居正《書經直解》係為明神宗講讀《尚書》所編，因當時神宗方才十餘歲，所以說解務實易懂，加上講讀時間長，因而講授的內容篇章完整，深被看重，由司禮監刊刻流傳。明萬曆時太監劉若愚（1584～?）在所著《酌中志》，曾詳列當時司禮監有板之書，其中與《尚書》有關者，有《書經大全》十本、《書傳》六本、《尚書御製洪範篇序》一本，也包括張居正的《書經直解》十三本[43]。

郭正域為萬曆十一年（1583）進士，選庶吉士，授編修，擔任皇長子講官，所撰《東宮進講尚書義》，應為當時作品[44]。

羅喻義進講《尚書》，則演為政爭。羅喻義為萬曆四十一年（1613）進士，天啟年間官諭德，直經筵六年，莊烈帝朱由檢（1610～1644）嗣位，充日講官。《明史》謂其進講《尚書》，撰《布昭聖武講義》，中及時事，頗傷執政，忤權臣溫體仁。溫體仁為萬曆二十六年（1598）進士，崇禎時累官禮部尚書，後兼東閣大學士，他以「故事，經筵進規，多於正講，日講則正多規少」，責喻義「以日講而用經筵之制」，遂下吏部議處。羅喻義上奏自辯：

> 講官於正文外旁及時事，亦舊制。臣輒轉敷陳，冀少有裨益。體仁刪去，臣誠恐愚忠不能上達，致忤輔臣。今稿草具在，望聖明省覽。

但其仍遭議處革職閒住，士論交惜[45]。此事件顯示明代經筵與日講不惟實施方式不同，講授內容也有區別，經筵容許講官於講授正文之外旁及時事，日講則是以說解、討論正文為主。

另在朱彝尊《明詩綜》，亦著錄明仁宗為太子時，命徐善述編纂《尚

---

[42] 見《明史》卷96〈志第七十二・藝文一・經類・書類〉，頁634、635。

[43] 見《酌中志》（北京市：北京古籍出版社，2001年）卷18〈內版經書紀略〉，頁158～162。

[44] 見《明史》卷226〈列傳第一一四・郭正域傳〉，頁1604。

[45] 見《明史》卷216〈列傳第一〇四・羅喻義傳〉，頁1542。

書直指》進講[46]。徐善述，字好古，天台人，永樂初累官春坊贊善，教習皇
太子，是明代初期的名臣，與明仁宗師生關係佳，仁宗「令旨呼其字而不
名」[47]。可惜所編講章今已未見。

　　講章也有未單獨成書，而刊入個人文集流傳者，如明孝宗在東宮時，
程敏政（1446～1499）進講《尚書》，編有《青宮直講》；即位後的進講講
章，則編為《經筵日講》，均刊入《篁墩文集》[48]。

　　由於這些講章多是個人抄錄、保存的副本，常為零星篇章、不成規模，
如崔銑（1478～1541）的《洹詞》，收錄正德十一年（1516）二月為明武
宗朱厚照（1491～1521）進講〈商書‧說命篇〉的〈經筵講義〉[49]，然僅只一
篇而已。又如申時行（1535～1614）的經筵日講講章頗多，曾錄副本藏於
家中東閣，但因遭意外焚燬殆盡，只能將剩餘十三篇，刊入文集《賜閒堂
集》[50]。

　　至如宗藩研讀的《尚書》教材，與皇帝、皇太子相類，如成化十九
年（1483）七月，徽王朱見沛（？～1506）為子乞求書籍，明憲宗朱見深
（1447～1487）賜予《孝順事實》、《為善陰騭》、《尚書》、《四書》、《資

---

46 《明詩綜》（臺北市：世界書局影印本，1970年）卷1上〈仁宗昭皇帝〉，頁4：「獻陵
　　天稟純明，雅志經術。東朝監國，命徐贊善善述纂《尚書直指》進講。詩成，亦命善
　　述改竄。」

47 同前註。

48 〈青宮直講‧尚書〉見《篁墩文集》（臺北市：臺灣商務印書館，1983年影印文淵閣
　　《四庫全書》第1252冊）卷3、4，頁40～79；〈經筵日講‧尚書〉見卷7，頁118～
　　142。程敏政，字克勤，號篁墩，安徽休寧人，成化二年（1466）舉進士，授翰林院
　　編修，歷左諭德，侍講東宮，孝宗時官至禮部右侍郎。弘治十二年（1499）任給事
　　中，主會試，被誣鬻題，下獄。獲釋後回家，悲憤而卒。

49 見《洹詞》（臺北市：臺灣商務印書館，1983年影印文淵閣《四庫全書》第1267冊）
　　卷1，頁417～418。崔銑，字子鍾，河南安陽人，弘治十八年（1505）進士，授編
　　修，歷官南京吏部主事、南京國子監祭酒等，曾任明武宗之經筵講官。

50 見《賜閒堂集》（臺南縣：莊嚴文化事業公司，1997年《四庫全書存目叢書》第134
　　冊）卷39〈講章〉目錄，頁799。申時行，字汝默，長洲人，舉嘉靖四十一年（1562）
　　進士第一，授修撰，為明神宗之輔臣，後為首輔。

治通鑑》、《貞觀政要》等書[51]。嘉靖十二年（1533）六月，潘王朱胤杙（？
～1549）奏乞賜《昭鑑錄》、累朝御製文集、《文華寶鑑》、《四書》、《五
經》、《十九史綱目》、《通鑑》諸書，明世宗則賜予《五經》、《四書集注》
各一部[52]。上述宗藩乞書與皇帝賜書的紀錄，《尚書》都屬重要經典，為課讀
皇族子弟所需。然所謂經筵、日講的講章，則是皇帝、皇太子的講習專用，
其他皇族並沒有這類專門講章的編寫。

五　明代皇族《尚書》講習的成效

明代皇族的《尚書》講習方式，包括講解、背誦與討論，在皇族本身的
積極向學、講官的嚴格認真之下，能產生較好的成效，但如果皇族本身怠
墮、不樂於學，講官也體察上意、敷衍苟且，相關講習制度與規定自是如同
虛設。然在儒家經典中，《尚書》由於是講習的首要教材，所以講習成效在
各經之中較為卓著，其中尤以《尚書》的箋注最為獨特。

檢索《明史・藝文志》的著錄，明代多位皇帝親自箋注的儒家經典就是
《尚書》，分別是明太祖《尚書洪範》、明仁宗《體尚書》、明世宗《書經三
要》，《明史・藝文志》並有各書簡要說明：

> 明太祖注《尚書洪範》一卷。帝命儒臣書〈洪範〉，揭於御座之右，
> 因自為注。
> 仁宗《體尚書》二卷。釋《尚書》中〈臯陶謨〉、〈甘誓〉、〈盤庚〉
> 等十六篇，以講解更其原文。
> 世宗《書經三要》三卷。帝以太祖有注〈洪範〉一篇，因注〈無
> 逸〉，再注〈伊訓〉，分三冊，共為一書。已乃製〈洪範序略〉一
> 篇，復將〈臯陶謨〉、〈伊訓〉、〈無逸〉等篇通加注釋，名曰《書經

---

[51] 《明憲宗實錄》卷242（成化十九年處秋七月乙巳），頁4087。
[52] 《明世宗實錄》卷151（嘉靖十二年六月辛巳），頁3447。

三要》。[53]

明代皇帝親自箋注《尚書》實有多種意涵：其一，顯示對《尚書》的治國之道特別看重，如明太祖箋注《尚書洪範》，書成於洪武二十年（1387）二月，他召見贊善劉三吾時，即謂：「朕觀〈洪範〉一篇，帝王為治之道也，所以敘彝倫，立皇極，保萬民，敘四時，成百穀。本於天道，而驗於人事。箕子為武王陳之，武王猶自謙曰：『五帝之道，我未能焉。』朕每為惕然，遂疏其旨，為朝夕省覽。」[54]這一段說明，呈現出他對《尚書·洪範》的認知與定位，除了以之自省，他還對群臣講說，皇帝的儒學教育側重《尚書》，自是不言可喻。

其二，顯示出皇帝或皇太子接受《尚書》教習的效果，能夠箋注《尚書》，不論是整編前說，或別有新見，必有一定的學力，是教習成果的最佳檢驗與證明。

其三，顯示出對《尚書》的喜好，箋注除了是個人學養的發揮，也是興趣與偏好的反映，明仁宗及明世宗的箋注《尚書》，還具有繼承太祖衣缽，有傳承祖訓的意味。

其四，顯示對前朝的追摹與複製，以明太祖箋注《尚書·洪範》而言，可能不只是個人對〈洪範〉的認同與偏愛，而是別有其他精神層面的因素。因為在此之前，宋仁宗趙禎（1010～1063）也曾撰著《洪範政鑑》十二卷，明太祖出身卑微，未接受良好教育，由自卑而自矜，箋注《尚書洪範》，自是別具意義，加上明朝立國，君臣上下都有意識的追摹甚至複製前朝盛世[55]，因此箋注《尚書》是追摹與複製前朝的方式，也是對傳統的回歸與繼承。

---

53 《明史》卷96〈志第七十二·藝文一·經類·書類〉，頁634。

54 見《明太祖實錄》卷180（洪武二十年二月甲辰）。劉三吾，茶陵人，仕元為廣西提學副提舉，洪武十八年（1385）年始召為左贊善，遷翰林學士。

55 明代臣子對前朝的追摹、對傳統的回歸，筆者在〈明代翰林院的詩歌館課研究〉（《政大中文學報》第12期〔2009年12月〕，頁231～260）有相關討論，可參。

明太祖、明仁宗、明世宗能箋注《尚書》，必是對《尚書》的內容相當熟稔且有心得。其中明太祖精於《尚書》，常與諸臣講論，已如前述。至如撰著《體尚書》的明仁宗，《明仁宗實錄》謂其「端重沉靜，言動有經，四、五歲宮中聞讀書聲輒喜，自是書冊翰墨不去手……獨好學問，日從儒臣論說不厭」[56]，「不吝雅，志儒術，務學問，諸經皆通，於《書》尤熟。嘗曰為治不本此書，雖或小康，皆苟為而已」[57]。明仁宗好學，得到高評價，《翰林記》即評論曰：「故仁宗之為皇太子也，監國視朝之暇，專意文事，手不釋卷，被服寬博，大類儒者。」[58]

撰著《書經三要》的明世宗，本為宗藩世子，因明武宗無子，詔令入嗣大統。其父興獻王朱祐杬（？～1519），為明憲宗第四子，「嗜詩書，絕珍玩，不畜女樂，非公宴不設牲醴」，邸旁有陽春臺，數與群臣登臨賦詩[59]，亦屬賢王，對於子弟教育不輕忽，但世宗閱讀《尚書》的相關記錄似未見。

在明代的皇帝中，又有明宣宗朱瞻基（1398～1435），曾在宣德九年十二月（1434）召少傅楊士奇等，出示御書〈洪範〉篇及御製序文，諭之曰：「所論或未當，卿等當直言勿隱。」[60]

明憲宗朱見深（1447～1487）聽講《尚書》，則曾有實行的紀錄。憲宗在東宮時，學士劉珝（1426～1490）為講〈周書・無逸〉的〈文王懷保惠鮮〉章，兼及時事數十，《翰林記》記載：

> 天顏豫悅，雖不言而深有契於心。未幾，嗣大位，即卻貢獻，減財賦，罷諸道鎮守官，皆昔所論也。[61]

為皇帝或皇太子進講經書，要能發揮效果，講官的講授態度與技巧均十分重

---

[56]《明仁宗實錄》卷1上〈卷首〉，頁1。

[57] 同前註，卷1上〈卷首結語〉，頁312。

[58] 同前註。

[59]《明史》卷115〈列傳三・睿宗獻皇帝傳〉，頁943。

[60]《翰林記》卷6〈召示文翰〉，頁80。

[61]《翰林記》卷9〈講官陳論〉，頁127。

要，《明史》載，劉珝為正統十三年（1449）進士，天順中侍講東宮，憲宗即位，直經筵日講時：「每進講，反覆開導，詞氣侃侃，聞者為悚。學士劉定之（1409～1469）稱為講官第一，憲宗亦愛重之。」[62]

此外，明神宗在張居正的嚴格調教下，對《尚書》的內容亦十分熟悉，《明神宗實錄》記載，萬曆三年（1575）七月丁未講讀畢，「有頃，中官持《尚書》一帙，至〈微子之命〉篇，用黃紙乙其處，以示輔臣。言：『上于宮中讀書，日夕有程，常二四遍覆背，須精熟乃已。』輔臣及講官相顧嗟異，以為上好學如此，儒生家所不及也」[63]。只是對照明神宗的治國作為，熟讀《尚書》並未產生學以致用的效果。

至如宗藩研讀《尚書》，並未有特別知名者。因為許多宗藩擁有優裕財力及時間精力，如果願意投入學習，他們大都能多元涉獵，研讀興趣廣泛[64]，有不少宗藩以博通經史著稱，但常是不專主一經。如周藩鎮國中尉朱睦

---

[62]《明史》卷168〈列傳第五十六·劉珝傳〉，頁1218。

[63]《明神宗實錄》卷40（萬曆三年七月丁未），頁920～921。

[64] 在《藩獻記》的紀錄中，有許多宗藩嗜學，能廣博涉獵群籍，如卷2，〈蜀藩〉，頁757，蜀獻王朱椿「博綜典籍」，明太祖以「蜀秀才」目之，他曾禮聘方孝孺為世子傅，並延攬名士蘇伯衡等商榷玄史。卷2〈代藩〉，頁758，代藩代簡王之玄孫朱俊格「嗜學，善屬文，聚書數萬卷，尤好古篆籀墨蹟，嘗手橅六十餘種勒石，名曰《崇理帖》。」卷3〈寧藩〉，頁760，寧獻王朱權「好學博古，諸書無所不窺，旁通釋老，尤深于史」。卷3〈唐藩〉，頁766，康穆王朱芝址「博通群經，尤嗜繪事，法書名畫未嘗一日去手」。而宗藩涉獵多方，能多有著述，如周定王朱橚有醫學著作《救荒本草》、《普濟方》；周藩鎮國中尉朱睦㮮有史學著作《河南通志》、《中州人物志》、《大明帝系世表》等；鄭藩世子朱載堉有音樂著作《樂律全書》、曆法著作《萬年曆》等。在《藩獻記》的紀錄中，有許多宗藩嗜學，能廣博涉獵群籍，如卷2，〈蜀藩〉，頁757，蜀獻王朱椿「博綜典籍」，明太祖以「蜀秀才」目之，他曾禮聘方孝孺為世子傅，並延攬名士蘇伯衡等商榷玄史。卷2〈代藩〉，頁758，代藩代簡王之玄孫朱俊格「嗜學，善屬文，聚書數萬卷，尤好古篆籀墨蹟，嘗手橅六十餘種勒石，名曰《崇理帖》。」卷3〈寧藩〉，頁760，寧獻王朱權「好學博古，諸書無所不窺，旁通釋老，尤深于史」。卷3〈唐藩〉，頁766，康穆王朱芝址「博通群經，尤嗜繪事，法書名畫未嘗一日去手」。而宗藩涉獵多方，能多有著述，如周定王朱橚有醫學著作《救荒本草》、《普濟方》；周藩鎮國中尉朱睦㮮有史學著作《河南通志》、《中州人物志》、《大明帝

檉（1517～1586），「被服儒素，覃精經學，從河、洛間宿儒游。年二十通《五經》，尤邃於《易》、《春秋》」，「約宗生以三、六、九日午前講《易》、《詩》、《書》，午後講《春秋》、《禮記》，雖盛寒暑不輟」。著有《五經稽疑》[65]。又如，趙藩奉國將軍朱載堉，「日研究六經，精探理奧」[66]。

宗藩以精研《尚書》聞名者不多，推測可能與《尚書》被視為治國大法，是帝王學的要籍，性質十分特殊有關，宗藩沒有治理國家的需求，精研《尚書》是否可能引起不必要的猜疑聯想，是值得深入探討的問題。

宗藩中只有少數講讀《尚書》的紀錄，如明太祖第六子楚昭王朱楨（1364～1424），曾抄錄《御注洪範》及《大寶箴》，並模仿其父，將之置於座右[67]。《藩獻記》稱朱楨「天資英睿，有謀略」[68]，其抄寫《御注洪範》的目的，大抵基於對《尚書》的興趣、學習觀覽之便，也帶有對自我的看重與期許，以及對父親的認同與繼承，而其作為亦給子孫帶來深遠影響，楚藩的子孫即多以博洽能文著稱，武岡王朱顯槐（？～1590）還曾於嘉靖四十三年（1564）八月上書請設宗學[69]，顯示楚藩一脈對於教育的重視。

又如明英宗第五子秀懷王朱見澍（？～1472），亦是賢王，他就藩時憂慮途中擾民，令併日行。而王居狹隘，左右請遷文廟以便擴建，他不聽，曰：「居近學宮，時聞絃頌聲，顧不美乎！」《明史》記錄一則他與王府長史討論《尚書》的軼事：論至〈西伯戡黎〉，長史誠主吳氏說，曰：「戡黎者，武王也。」右長史趙銳主孔氏說，曰：「實文王事。」爭之失色。見澍則曰：「經義未有定論，不嫌往復。今若此，非先皇帝簡二先生意也。」[70]

系世表》等；鄭藩世子朱載堉有音樂著作《樂律全書》、曆法著作《萬年曆》等。

[65]《明史》卷116〈列傳第四・諸王一・鎮國中尉朱睦㮮〉，頁948。

[66]《藩獻記》卷4〈趙藩〉，頁775。

[67]《明史》卷116〈列傳第四・諸王一〉，頁948。

[68]《藩獻記》卷1〈楚藩〉，頁754。

[69]《藩獻記》卷1〈楚藩〉，頁754、755。

[70]《明史》卷119〈列傳第七・諸王四・秀懷王朱見澍〉，頁966。

六 結論

明代皇族人數眾多，他們的《尚書》講習，是個牽涉政治、學術等的複雜議題，且所謂的《尚書》講習，也不僅是《尚書》本文的講讀與接受，而應是多元的，包括進德修業、應用治世等，但相關的資料十分零散，不易蒐求，所以本論文的討論只可謂初步而已。限於篇幅，以下僅以數點作為總結：

其一，明代皇族對《尚書》講習的重視，與明太祖的親身提倡關係密切，明太祖曾與諸臣討論研讀《尚書》心得，並向群臣講說〈大禹〉、〈皋陶〉、〈洪範〉等篇章，也曾親自箋注〈洪範〉，由《尚書》體悟治國親民之道，因此明代皇族多紹承聖祖，以《尚書》作為帝王學的首選學科，也視之為《五經》中最足以應用治世的典籍。

其二，在皇帝的經筵、日講中，《尚書》與《四書》優先進講，並與史書相參印證，講官也會順應內容，提示當日的時局，與皇帝討論，以求理論與實際並重。皇太子出閣講學，也以《尚書》優先講習，但若皇太子年齡幼小，則會選擇較明白易曉的篇章，如二〈典〉、三〈謨〉、〈太甲〉諸篇，先行講讀。皇帝或皇太子《尚書》講習的方式、講述重點和目的，與一般士人有別。一般士人為因應科考，所以在章句、文辭上分外用心，皇帝或皇太子《尚書》講習的目的則在涵養君德，並學習治國之道。宗藩亦將《尚書》講習作為教育起步，但因為他們身份特殊，深被朝廷防備，且沒有治國的需求，因此較未受到重視。

其三，明成祖時編纂《書傳大全》，以蔡沈《書集傳》為底本，再編錄宋、元學者的說解，頒行天下，成為士子課讀《尚書》、投考科舉的範本。明代皇族《尚書》講習的內容，亦以《書傳大全》為據，其中皇帝的經筵、日講及皇太子的東宮講習，會由輔臣與講官特別編撰《尚書》講章，輔臣與講官之間學術背景的差異、對《尚書》講習的不同認知等等，可能影響講章的內容，甚至演為政爭。此外，皇帝的經筵與日講都講習《尚書》，但講授

內容有所區隔，經筵容許講官於講授正文之外旁及時事，日講則是以說解、討論正文為主。

其四，明代皇族《尚書》講習，在皇族本身的積極向學、講官的嚴格認真之下，能產生較好的成效，甚至有能力箋注說解《尚書》，除明太祖曾箋注《尚書‧洪範》，明仁宗撰著《體尚書》、明世宗撰著《書經三要》，均能紹承乃祖，難能可貴。但明代中期以後，多數皇帝並不熱中讀書，如《翰林記》即謂「武宗後多事宸遊，經筵罕御」[71]，多數的輔臣及講官們也畏於皇權，趨於屈奉順從，經筵、日講形同虛設，《尚書》的講習成效自是難以彰顯。至如宗藩的《尚書》講習，因《尚書》被視為治國大法，朝廷並未刻意鼓勵，也不在意教學成效，宗藩對《尚書》不方便刻意用心，也少見專門著述。

---

[71] 《翰林記》卷9〈經筵恩賚〉，頁128。

《日講書經解義》之帝王教化觀探析

何銘鴻[*]

一　前言

　　《尚書》乃中國古代極重要的一部經典，其書記載著先秦、遠古之歷史、政理，為帝王之嘉謀要略，歷來研究《尚書》之學者，多集中於今古文經之問題、辨偽、典章制度之考證等，對於此書所載之帝王治世之道的核心思想，著墨甚少。清聖祖康熙在其《日講書經解義》之序言即云：「蓋治天下之法，見于虞、夏、商、周之書，其詳且密如此，宜其克享天心，而致時雍太和之效也。」[1]其典、謨、訓、誥諸言辭，亦為中國各體散文之始祖。先秦時代為《六經》之一，西漢時為《五經》之一，唐、宋時亦入《十二經》與《十三經》之林，為典型長久之儒家「典範」，《文心雕龍·宗經篇》所謂：「經也者，恆久之至道，不刊之鴻教也。」是也。學者資之可以疏通知遠，觀其因革損益之道，實乃為政之基石，稽古之先務也。自漢代以來，便有大臣為帝王解說經義之記載[2]，其後歷魏、晉、隋、唐等朝代之演變，逐漸形成制度，即所謂「經筵」、「直講」者，正式確立約莫在宋仁宗朝，是一種專為教育皇帝而設的特殊教育制度，此後歷宋、元、明、清諸朝，由盛而

---

[*] 臺北市立教育大學中國語文學系

[1] 〔清〕庫勒納等奉敕編：《日講書經解義·御制日講書經解義序》（臺北市：臺灣商務印書館，1983年影印文淵閣《四庫全書·經部·書類》第65冊）頁1。

[2] 如《前漢書·蔡義傳》云：「上（漢昭帝）召見（蔡）義說《詩》，甚說之，擢為光祿大夫給事中，進授昭帝，數歲，拜為少府，遷御史大夫。」見《漢書》（北京市：中華書局，1988年據上海中華書局1936年《四部備要》本縮印）卷66，頁949。

衰，逐漸流於形式[3]。清代士大夫進入朝廷政治體制內，幾乎都兼任侍讀或侍講，侍讀或侍講隸屬翰林院，為皇帝的近臣幕僚，同時最重要的意義，即在於向皇帝陳說經史大義。清代凡侍讀學士、侍讀、侍講及崇政殿說書皆稱為經筵官，此官為儒臣之榮選，乃至清要顯美之官[4]。侍讀學士曹本榮於苦讀之時，嘗云：「吾將以為學也。學貴澹泊明志，使吾學有成，一旦得以致之吾君，使吾君為堯、舜，飢寒困苦非所惜也。」[5]即可見一斑。又，經筵侍讀之官秩雖卑淺，卻能夠有機會在皇帝面前論述政事得失，「經筵進講，君臣相互講明經義，論辯時事，其於君王之德行學識及對政事的認識，自有莫大助益」[6]。經筵日講是講官們對帝王授課、討論、甚至規勸，是發揮講官們間接影響的重要機會，如能因此而獲得皇帝的賞識，甚至能夠平步青雲，獲得拔擢。「經筵」制度之實施，歷經各朝代之演變，雖未必完全達到當初立制之目的，但是，在表示帝王對於「師道」之尊崇以及帝師們意欲藉此機會傳達一些教化與建言方面，確實達到了一定的效果。本文所欲探討的，即是經筵講官們藉著《尚書》日講，對於當朝帝王所要傳達的教化觀點。

二 清代之經筵制度簡述

清代經筵制度的發展概況，依據陳東先生的說法：「清代經筵歷程分為確立期（入關前及順治朝）、鼎盛期（康熙朝）、變質期（雍正、乾隆、嘉慶朝）、復興期（道光、咸豐朝）、衰亡期（同治、光緒、宣統朝）五個時期。清朝經筵制度作為一種帝王教育制度在順治晚年得以確立，康熙時期達

---

3 關於宋代經筵制度，可參見朱瑞熙：〈宋朝經筵制度〉一文，收於《中華文史論叢》第55輯（上海市：上海古籍出版社，1996年12月）。

4 朱鴻：〈君儲聖王，以道正格——歷代的君主教育〉，收於劉岱主編：《中國文化新論制度篇——立國的宏觀》（北京市：三聯書店，1992年）頁441。

5 計東：〈中憲大夫內史院侍讀學士曹公本榮行狀〉，收於錢儀吉：《碑傳集》（北京市：中華書局，1993年）第4冊，卷43，頁1187。

6 朱鴻：〈君儲聖王，以道正格——歷代的君主教育〉，頁442。

到鼎盛，康熙二十五年以後，日講經筵制度的實質內容終止，經筵制度開始變質。雍正、乾隆以後經筵制度徹底形式化，成為帝制宣傳的工具。道咸年間晚清理學家一度試圖復興經筵舊制，但終究未果。咸豐以後，每年一度的經筵大典也宣告終止，清代經筵名實具亡。」[7]可將清代經筵制度的發展分為確立期、鼎盛期、變質期、復興期、衰亡期共五個時期，其中康熙朝為鼎盛時期，是清代經筵制度最為落實的一個時代。自康熙九年（1670）十一月議定經筵、日講日期之後，經筵每年分春秋二次舉行；日講初訂為隔日進講，康熙十二年（1673）改為每日進講，成為一年中不間斷的「日講」；康熙十六年（1677）又在講官進講前，增加了皇帝親自講解朱注或講章的內容，一直到康熙二十五年（1686）之後，情況才稍有緩和[8]。康熙五十年（1711）二月，經筵之時，康熙向大學士們述及登位五十年來對於經筵日講的實施心得：「從來經筵之設，皆帝王留心學問，勤求治理之意。但當期有實益，不可止飾虛文。朕觀前代講筵，人主惟端拱而聽，默無一言。如此則人主不諳文義，臣下亦無由而知之。若明萬曆天啟之時，何嘗不舉行經筵，特存其名耳，何裨實用。朕御極五十年，聽政之暇，勤覽書籍，凡《四書》、《五經》、《通鑒》、《性理》等書，俱經研究。每儒臣逐日進講，朕輒先為講解一過，遇有一句可疑、一字未協之處，亦即與諸臣反復討論，期於義理貫通而後已。蓋經筵本係大典，舉行之時，不可以具文視也。」[9]稱康熙帝為中國歷代以來最為用功的一位皇帝，亦不為過。本文所參據之文本《日講書經解義》[10]，即是根據康熙朝日講《尚書》之內容所編纂而成，最可見得當時之大臣欲藉《尚書》之日講，傳達給皇帝何種之教化內容。

---

7 陳東：《清代經筵制度研究》（濟南市：山東大學中國古代史博士學位論文，2006年11月）頁Ⅲ。

8 陳東：《清代經筵制度研究》頁16～18。

9 〔清〕高宗敕撰：《大清聖祖仁（康熙）皇帝實錄》（臺北市：華文出版社，1969年）第5冊，卷245，康熙五十年二月辛巳條，頁3273～3274。

10 〔清〕庫勒納等奉敕編：《日講書經解義》。為節省篇幅，以下所言《日講書經解義》，概以《日講》稱之。

三 《日講書經解義》所呈現之帝王教化觀

（一）德治為上

《尚書》所載自堯、舜以下諸聖君賢臣之事蹟，欲萬世之帝王以堯、舜為法，且不獨帝王也，儒者亦當以堯、舜為法。孔子祖述堯、舜之道，孟子言人性本善之說，言必稱堯、舜，又曰人皆可以為堯、舜，可知為人者皆當以堯、舜為法。至若堯、舜以下，則禹、皋陶、湯、伊尹等，其德皆有可法者，故《書》篇屢言及其德之美而可法者，或明言、或隱括，欲後世之君王以此修養其德，「以德治國」，發揮「上行下效」的領導典範效用，亦符合《大學》所云「修身」、「齊家」、「治國」、「平天下」的安邦治國之思想進路。《日講》云：「今汝既為君長，誠能正己率屬，本孝友以齊其家，由忠義以訓其臣，則倡率有本，雖不事威虐之末以繩其下，而下之人未有不觀感而化者。」[11]即是此「上行下效」之謂。至於「德」、「德治」的具體內涵是什麼？《日講》是如何來詮釋這具體內容的？筆者以電子版《文淵閣四庫全書》進行檢索，如以「德」字為關鍵字，共有一四三四筆資料符合，其中又以卷四（二五六筆）、卷五（一一九筆）、卷六（一一六筆）、卷八（二〇六筆）最多，其次卷九、卷十、卷十三也都有八十三筆以上。進一步檢視原文文本，則「德」所包含的具體內涵甚廣，包括：仁、敬、誠、孝悌、儉約、謙、寬、柔等，與孔子對於「君子」之定義所需具備的德行，基本上是相符合的。然而，因《日講》本身並非嚴謹的學術著作，因此，對於各種德行的內涵僅作簡明扼要的陳述，其主要之目的在於提示此德行對於帝王的重要性與影響之大，茲舉數例以明其說：

---

[11]《日講》卷8〈康誥〉，頁222。

1. 《日講》云：「夫為治之道，莫善於德化。莫不善於刑威，莫但恃嚴刑以督責乎民，則民將不知所措而怨咨者眾。……德足以化刑，心足以立德，訓刑之終，歸本於德。見導民之具在此，不在彼也。」[12] 乃以德化為治國之先，此一觀念自古以來即為儒家之基本理念，因此，作為一以史為鑑的治道之《書》，所傳達的亦無非是此一思想。《日講》所發揮者亦如是，所以五十八篇《尚書》中多處可見此一思想的陳述，可說是帝王統治之道的核心。

2. 德治如何落實為實際之統治行為？《日講》云：「蓋為人君者貴乎有德，然德非徒存諸心而已，當見之行事，使政無不善乃為實德。」[13] 德在人君，僅存於心，見諸行事，乃為實德。因此，《日講》進一步就〈大禹謨〉「德惟善政，政在養民，水火金木土穀惟修，正德利用厚生惟和，九功惟敘，九敘惟歌，戒之用休，董之用威，勸之以九歌，俾勿壞」一節所言之「金、木、水、火、土、穀」、「正德、利用、厚生」、「九功」、「九歌」等，逐一說明，以落實「所謂政者，又在為百姓興利造福，使民無不安，乃惟善政」之說，並總結曰：「此皆保治之道，帝之所當深念者。」

3. 君位繫於君德，君德純一，乃能常保。〈咸有一德〉引伊尹之語曰：「天難諶，命靡常，常厥德，保厥位，厥德靡常，九有以亡。」《日講》於其下申論之曰：「君膺天命而有天下，勿恃天心之眷顧，景命之維新，當思天難信而命靡常也，靡常之命不可恃，而所恃以凝命者惟德。人君之德能純一不雜，始終無間，則為天命之所歸。」[14] 此種以「德」應「天命」的說法影響中國幾千年來的思想，歷代君王無不重視君德的要求，因此，君德之純一不雜，便成了人君修德之大者，而「純一不雜」即是一種「敬天勤民」[15]，不為私欲所蔽的心念。此種以「純一不雜」來

---

[12] 《日講》卷8〈康誥〉，頁225。

[13] 《日講》卷2〈大禹謨〉，頁32。

[14] 《日講》卷4〈咸有一德〉，頁110。

[15] 同前注，頁111。

解說君德的說法，乃是受到宋代理學思想之影響。案清初考據實學雖已漸興，但在官方學術仍以理學為主，因此，《日講》中仍隨處可見宋代理學思想的陳述，上述君德純一不雜的說法即是。又如同篇「德惟一，動罔不吉」一節，《日講》即云：「人君之德誠能純乎天理而無理欲之間雜，確乎有常而無始終之遷改，則德惟一矣。」[16]此明顯以宋儒理學之說法來強調君德之純一，雖是後起之說，但是自宋代以下，卻能對帝王之君德產生千百年來屹立不搖的教化作用，影響不可謂不大。

（二）齊家為先

《大學》云：「身修而後家齊。」帝王既以德修其身，則次之以「齊家」，即符合由內而外的修齊之道。《易・家人・彖辭》亦言：「父父、子子、兄兄、弟弟、夫夫、婦婦，而家道正，正家而天下定矣。」故〈堯典〉載四岳之言「瞽子父頑、母囂、象傲，克諧，以孝烝烝，乂不格姦」與「釐降二女于潙汭」之事，正足以為齊家之道之典範，《日講》以之為說云：「虞舜是瞽者之子，其父則心非德義而頑，繼母則言不忠信而囂，繼母所生之弟象，又傲慢不恭，此天倫之變，人所難堪者，舜卻能諧和之以孝道；供人子之職以事其親；體父母之心以及其弟，負罪引匿，至誠感動，使之進進以善自治，父母漸化而為慈，傲弟漸化而為友，不至於大為姦惡，非盛德其孰能之。」[17]又云：「蓋人之常情，或勉強於父母兄弟之間，而不能掩飾于夫婦隱微之際，若能正始有道，則舜德益徵而四岳之所薦為不虛矣。于是治裝下嫁二女于潙水之北，始為舜婦于虞氏之家。堯又訓誡二女曰：『欽哉！當兢業以執婦道。』以天子之女下嫁匹夫，驕慢易生故也。」[18]此不僅呈現了帝舜齊家之道，尚得以見堯訓其女以婦德：即使以天子之女下嫁匹夫，仍須

---

16 同前注，頁112。

17 《日講》卷1〈堯典〉，頁14。

18 同前注，頁14～15。

兢兢業業以執婦道。故日講官於此節特詳加注意，以帝舜齊家之典範教化帝
王。

以父子之道而言，瞽之允若、夔之教胄、伊尹之立愛、太甲之奉先、蔡
仲之蓋愆、君陳之令德等，皆足堪效法也；而丹朱之不肖、蔡度之不孝，則
可以為戒。故《日講》之言丹朱云：「丹朱為人，口不道忠信之言，又好與
人爭辯曲直，有開明之才，用之于不善，若人而使之秉掌國鈞，方將作聰明
以亂舊章，豈可登用乎？蓋帝王出治，知人為要，論道經邦之任，必賴厚重
端凝之品，非區區便給所能勝者。故辯言亂政，盛世之所深戒者。」[19]又言周
王告蔡仲云：「爾（蔡仲）前人蔡叔，謀危宗社，爾庶幾揜蓋其不忠不孝之
罪愆，惟務盡忠，惟務盡孝，爾前人無可繼述，乃超邁其往迹。凡事從自身
力行，必須能勤以自強，無敢或怠，用垂法于汝子孫，使之有所則傚。然亦
不在他求也，但率循乃祖文王之常教，無若爾父蔡叔之悖違君命，則忠孝之
道盡矣。蓋止忠止孝，文王之德，即文王之彝訓也。敬慎守藩斯為忠，能蓋
前愆斯為孝，忠孝固無二理。凡為臣子者，不可不勉也。」[20]

（三）勤民為要

古代乃農業社會，百姓多以務農為生，民風純樸，民智未開。故古之帝
王，其勤民之道，不外教之養之二端，〈泰誓〉所云：「作之君，作之師。」
即此之意也。故勤民之法必先去民之害而後進之以養，進之以教，而帝王之
治功成矣。〈益稷〉所載禹之平水土乙事，即先去其害民者也，民害既去，
則繼之以農政（播穀）、商政（懋遷有無）等，皆為養民之道耳。《日講》
於此一節下云：「往時洪水氾濫，勢若漫天，浩浩然包山駕陵，下民困於水
災，昏迷墊溺。予承帝命治水，乃乘四載，依山而行，除木以通道路，相度
地勢之高下，審視水勢之源流。此時五穀不登，我及益教民網罟漁獵，進眾

---

[19] 同前注，頁12。

[20] 《日講》卷10〈蔡仲之命〉，頁287。

鮮食以充飢；先開決九州之川各至于海，使大水有所歸；次疏濬田間畎澮各至于川，使小水有所洩，此時田畝可辨，我及稷教民播種稼穡，進眾艱食猶兼鮮食，至于水土盡平，山林川澤之貨利盡出。又勸勉其民，遷有于無，化其居積以濟匱乏，天下眾民然後皆得粒食，因以定貢賦、施政教，而萬邦興起治功焉。」（頁46）以禹平治水土之為功先後，曉諭帝王當以此孜孜為心，持盈慮深，去民之害，養民之需，欲為良君，必如是也。

至若教民之例，亦有數條，如〈舜典〉之「百姓不親，五品不遜，汝作司徒，敬敷五教，在寬」一節，《日講》即申述教民之義云：「契平成甫奏，教化未洽，百姓容有恩義乖離，不相親睦，以致五倫之品節亦多不相遜順。今命汝仍為司徒之官，任教民之職，必加意敬謹，以宣布五品之教，使人知所遵守，不可少有怠忽。又必寬裕不廹，徐俟民之自化，以復其天性之良，則親遜成風矣。蓋敷教之道必主于敬，而尤在于寬，敬則不慢，寬則易從，二者不可偏廢。敬以濟寬而寬不失于縱弛，寬以濟敬而敬不傷于急廹，誠萬世掌教者之所不能易也。」[21]此言既已播時百穀以養民，則君王當繼之以教，以遂勤民之事，教民之道主「敬」，五倫之教莫不以敬為主，而尤在於寬，寬則不迫，不迫則易從，如此方能百姓親，五品遜，而教化行焉，蓋以唐虞之治功，為如此之典範，後世勤民之政，安能捨是而他求哉？

又如〈大禹謨〉「德為善政，政在養民」一節，本為記載大禹陳述為百姓興利造福之善政之義，《日講》於此之敘述則曰：「（水、火、金、木、土、穀）六者既修，于是教之明倫理、修禮義以正其德。教之作什器、通貨財以利其用。又教之勤生業、節用度以厚其生。將此三者一一區畫，各得其宜，各當其理，使無不和合。此六者與三者總謂之九功，既能修和，則養民之政各有成功，一順其當然之理而不至錯亂矣。……然始勤終怠，人之常情，已成之功能保其久而不廢乎？是故百姓有勤于九功者，當以善言戒勵，使知所勉，有怠于九功者，當以刑罰督責，使知所畏，而又恐其出于勉強或不能久也，復勸之以九歌，即取百姓前日歌咏之言，協之律呂、播之聲

---

[21]《日講》卷1〈舜典〉，頁24。

音、用之鄉人、用之邦國，以感動之，使百姓歡欣趨事，鼓舞不倦，則修者常修，和者常和，前日之成功得以永久不壞，而養民之政曲成而不遺矣。此皆保治之道，帝之所當深念者也。」[22] 蓋「教民」之內涵甚廣：明倫理、修禮義、作什器、通財貨、勤生業、節用度等，無一不欲使民各得其宜，知所勸勉，又恐其不能持之以恆，復勸之以九歌，要者，皆欲成其教民之功也。故言「此皆保治之道，帝之所當深念者也」。

其次，〈洪範〉九疇之三，所謂「八政」者，亦教養之大法。《日講》於此，述之甚詳，其云：「其一曰食，民賴食以生，分井授田，使之家給人足，王政之首務也。其二曰貨，民資貨以用，通商惠工，使之有無均濟，亦王政所先也。其三曰祀，生養既遂，當思報本……其四曰司空……其五曰司徒，民之逸居，不可無教，于是有惇典庸禮之政，敷教以化民焉。其六曰司寇，教之弗率，不可廢刑，于是有詰姦禁暴之政，明刑以弼教焉。……八者雖有緩急先後，人君舉而措之，皆所以厚民生也。故曰農用八政，要之，治內之政六，而司寇居後，必教養兼備，然後不得已而用之也。治外之政二，而師居末，必邇人安，遠人格，而後征不庭。」[23] 〈洪範〉九疇自來即目為治國之大法，此處獨標農用八政，亦可知此八政尤為要中之要也。

（四）用人以賢

《韓非子・用人》云：「聞古之善用人者，必循天順人而明賞罰。循天，則用力寡而功立；順人，則刑罰省而令行；明賞罰，則伯夷、盜蹠不亂。如此，則白黑分矣。」[24] 韓非乃法家之集大成者，其用人之法雖有循天、順人、明賞罰三者，然要旨皆主於操賞罰之二柄，以求統治之功效，與儒家德治之說，大相逕庭。儒家治國既以德治為上，其用人之法則主任賢去邪；

---

[22]《日講》卷2〈大禹謨〉，頁32～33。

[23]《日講》卷6〈洪範〉，頁176。

[24]〔清〕王先慎注：《韓非子集解》（臺北市：華正書局，1987年）頁168。

而所以辨其賢與邪者，則為用人之本也。《日講》云：「人君治天下，以得人為本務。」[25]又云：「人君為治之道，其大者有二：一在于知人，一在于安民。蓋人不能知，則用舍失當，無任眾職而興事功。」[26]蓋以君王之治道，知人用人，關係至巨，「君王左右之大臣，位望隆重，為天子之股肱，近臣職任親密，為天子之心膂」。而「職尊者有安危之寄，職親者有習染之移，不可不審擇其人，但恐人君于尊者易疏，於親者易狎，知以不得人為憂者」[27]。因此，《尚書》中提出了九德之法，所謂：「寬而栗，柔而立，愿而恭，亂而敬，擾而毅，直而溫，簡而廉，剛而塞，彊而義。」（〈皋陶謨〉）《日講》對此進一步申述曰：「人固難知，而觀人有法。凡人必有德乃為賢人，總言此德之見諸行事者，其目有九；總言其人之有德者，必須指其所行某事某事以為證驗，則事皆有據而名實不爽，不患人之難知矣。……人能于此九者，彰著于行事之間，且始終如一，常有而不變，斯可謂成德之吉士哉。以此觀人，則下無遁情而知人之哲得矣。」[28]蓋觀人之法，其目有九，此皆為賢人之德而見諸行事者，名實相符，則人不難知矣。

　　然而九德皆備，豈不難哉？《日講》復於下文申述曰：「凡人于九德，不必其盡備而貴其有常，如九德之中有其三者……使之為大夫而有家，必能夙夜匪懈以治其家，而家之事無不明治矣。九德之中有其六者……使之為諸侯而有邦，必能克謹無怠以治其邦，而邦之事無不明治矣。夫德之有常者，多寡不同而皆宜于用如此，人君若能合而受之，分布用之，將見有九德者皆願出而效其才能，以任國家之事。凡大而千人之俊，小而百人之乂，皆在官使。于是百僚彼此相師，百工及時趨事，順于五辰以修人事……由是一切功績皆有成效而無復有廢墜怠弛之患矣。夫人君能知人而善用之，則賢才進而治功成。」[29]蓋以九德之目，不必盡備而貴其有常，有常之德，必見諸於日常

---

[25]《日講》卷11〈立政〉，頁299。
[26]《日講》卷2〈皋陶謨〉，頁41。
[27]《日講》卷11〈立政〉，頁299。
[28]《日講》卷2〈皋陶謨〉，頁42。
[29] 同前注，頁42～43。

行事而不輟，得一德有一德之用，人君若能善此知人之術，「合而受之，分布用之」，「則賢才進而治功成」。蓋用人之本宜端，用人之道宜盡，「天子能以一心察天下之幾，不能以一身兼天下之務，所用庶官必須得人，若庶官用非其才，職業必曠……蓋庶官所行之事，皆代天事，曠庶官之事是曠天事也，此庶官所以不可曠也。夫敦勤儉以率諸侯，端用人之本也；擇賢能以任眾職，盡用人之道也，知人之事，其庶矣乎。」[30]

　　知人之法既得，則得人之後，務須任賢勿貳，去邪勿疑，使小人無間以乘，賢臣得以助人君以成治功。《日講》云：「自古帝王用人，始則患於知之不真，繼則患於信之不篤，夫苟未用之先，明選慎擇，而匪人無倖進之階，既用之後，任專信篤而君子無孤立之懼。吁咈一堂，皐□同室，何難再見哉？」[31]既以慎選明擇而委任之，猶必時時護持，不使小人得間，如此則疑貳不生，人君得以收任賢之效。故《日講》繼之以文王任人之專為例云：「文王得人之盛，不但知之明，用之當也，且任之極專。凡于號令之庶言，所當宣布法司之庶獄，所當聽斷禁戒儲備之庶慎，所當修舉既選用得人，即專任而責成之。文王無所兼理其職務，惟視有司牧夫之各治其事。」[32]故知任賢圖治之道，其要在知人，其法有九，既已擇賢任之，必專任之，信而不疑，不使小人得間，人君之左右大臣，股肱心膂既賢，則所舉皆得其人，而政無不立矣。

（五）納諫濟失

　　夫邦國之大，非一人得以治之，不能以一身兼天下之務，故需得人以輔人君之治；廣延眾論，以濟人君之失。故自先秦以下，人君莫不欲廣納眾言，以求賢自輔，〈大禹謨〉載堯之言曰：「佳言罔攸伏，野無遺賢，萬邦

---

[30] 同前注，頁43。
[31] 《日講》卷11〈立政〉，頁305。
[32] 同前注，頁303。

咸寧。稽于眾，舍己從人，不虐無告，不廢困窮，惟帝時克。」即謂堯能廣延眾論，稽於眾人，以求事理之當，舍己之非，以從人之是。《日講》云：「必須稽考於眾人言，有善即舍己從之，然後人樂告以善，而嘉言罔伏也。又必廣詢民瘼，有窮而無告者，一一周恤，不忍虐害，然後德澤遠被，而萬邦咸寧也。又必博求賢哲，雖困苦貧賤者，一一舉用，不致廢棄，然後多士畢集，而野無遺賢也。」[33] 蓋以君納眾賢，既用其才，又聽其言，國乃得治。〈皋陶謨〉亦云：「允迪厥德，謨明弼諧。」以為人君當蹈行古人之德，廣納人言，使己多所見聞，少有過失，以博大此聰明之性，以輔弼和諧其治國之政。是故《日講》云：「為君者誠能躬行實踐以修其德，則為臣者知其君樂于聞善，所以為之謀者，無隱匿而不明者矣；知其君樂于聞過，所以弼其失者，無乖忤而不諧者矣。」[34] 聞過聞善，皆得以輔佐人君，而國可治矣。

　　是以規諫人主之責，百官皆承其任也，行於制度之後，則百官或有不盡其責，不堪其任者，必施以常刑，以懲其未直言以相規諫之責也。故〈胤征〉有云：「先王克謹天戒，臣人克有常憲，百官修輔，厥后惟明明。每歲孟春，遒人以木鐸徇于路，官師相規，工執藝事以諫，其或不恭，邦有常刑。」《日講》則申之曰：「夫（君）既有克謹天戒之明，而大小臣工又共加恐懼修省，故其君內無失德，清明在躬，外無失政，治道光顯，而為明明之后矣。謨訓昭示如此，猶恐人心或久而易玩，每歲首孟春之月，遣宣令官遒人，手搖木鐸，傳諭于路曰：『凡職官有道者，或遇朝廷之德政闕失，即直言以相規正；百工技藝之人，如遇奇巧足以蕩上心者，亦各執所司之事，隨事進諫。』此規諫者責難于君之恭也，其或不規不諫，而緘默容身，是謂不恭，國家自有一定之刑，不爾宥矣。」[35] 孟子亦云：「責難于君謂之恭。」（〈離婁篇〉）官師百工不能規諫，是謂不恭，不恭者有刑，則古人納諫之誠，可想見矣。

---

[33]《日講》卷3〈大禹謨〉，頁30。
[34]《日講》卷2〈皋陶謨〉，頁40。
[35]《日講》卷3〈胤征〉，頁81～82。

〈伊訓〉亦云：「先王肇修人紀，從諫弗咈，先民時若。」又曰：「臣下不匡，其刑墨。」蓋以太甲嗣位之初，伊尹述成湯之德而教誨之，言湯始修三綱五常之理，有過則改，從諫如流，必以前輩有德之人是順。《日講》復云：「先王知從善者君德之要，凡臣下之來諫者，必虛心聽受而無有拂逆，先王知耆舊者君德之輔，凡先民之有德者，必屈己順從而與之同心。其居上也，民情無不照察，邪佞無所欺蔽，能盡臨下之道，而克明其為下也，進賢至于再三，蒙難無所于避。能盡事上之道而克忠，取人之善，則隨才任使而不為求全，檢己之身則惟日孜孜而常恐不及我先王，于上下人己之間，無不各盡其修如此，是以德日以盛，而天與人歸。」[36]此言先王求治人以輔，其後復兼立治法以警臣也，故曰：「其刑墨。」蓋因「先王之得天下甚難，其慮天下亦甚遠，不特自修人紀己也，又必廣求賢哲，布列在位，以輔佐于爾後人，使將順其美，匡救其失，庶幾保先業而不至于廢墜也。然使哲人輔之，佞人從而敗之，君德何由成乎？又制為官刑，以儆有位」。其目的在於使「有位者皆當盡言直諫，以匡扶其過，若隱忍坐視而不言，是食君之祿而不忠者也，則必以墨刑加之，不特儆于有位也，彼蒙童初學之士，亦皆以此訓誡之，欲其入官而知所以正諫，縱使老成凋謝，猶賴有繼起之忠良，得而用之，先王之為後嗣慮者，其深且遠如此，吾王其可不知戒哉！古者凡為人臣，皆有進諫之責，先王非獨勸之使言，又刑之使不得不言，此開廣聽納之良法也」。[37]信哉此言！後世之臺諫、言官，位不高而言重，其為君、為國、為民而勇於直言極諫之風節和精神，莫不源於此矣。

（六）兵刑為下

《日講》云：「夫為治之道，莫善於德化，莫不善於刑威。莫但恃嚴刑以督責乎民，則民將不知所措而怨咨者眾……況刑者所以齊民之具，俾我

---

[36]《日講》卷4〈伊訓〉，頁98。
[37] 同前注，頁99。

為一日之用而已，豈常用之法哉。」[38] 又曰：「德足以化刑，心足以立德，訓刑之終，歸本於德。」[39] 可知經筵講官所欲傳達達者，乃儒家自古以來所傳下之治國中心思想，即以「德」立國，以「德」化民，刑罰之事，乃不得已而用之，非可常用也，刑罰之要義，仍歸本於德化。《日講》於刑罰之源起云：「我聞古有訓言，鴻荒之世風俗淳厚，民志敦厖，無所事于刑罰。黃帝之時，蚩尤始開作亂之端，積漸薰染，延及于良善之民，皆為寇賊，傚鴟鴞之跋扈，而自以為義、為姦、為宄，奪攘人之所有，矯詐虔劉，無所不至，非用刑以懲之，則亂端何由遏絕，刑辟之興，實始于此。由此觀之，五刑之設，原為寇賊姦宄，不當濫及于平民，可知矣。」[40] 可知古人制刑之由，原為止亂，非終日恃刑以求民之守法也，故曰：「刑者，聖人不得用之。」[41]

為進一步說明刑罰不可氾濫嚴苛，傷及無辜，〈呂刑〉篇記載了苗民制刑乙事為例，而《日講》亦進一步論述了苗民淫刑之惡，上聞於天，故天命聖主以除其惡：「五刑自古有之，然以懲亂，非以虐民，自蚩尤為暴，而苗民承其餘習，不用善以導其民，而惟用刑以威其眾，舉五刑而虐用之，名之曰法，以殺戮無辜之人，爰始過為劓鼻、刵耳、椓竅、黥面之刑而濫用之，凡犯此罰者，並坐之刑，其罪不當而有辭者，亦不加差別，苗民之淫刑流毒如此。……上天鑒視有苗之民，無有馨香之德，其發而上，聞者惟刑罰腥穢之氣，有苗淫刑之惡，上通于天如此，故天命聖主而除其惡也。」[42] 故其後帝舜以常道正民，「其時好惡明、賞罰當，雖鰥寡之無告，為善則必蒙福，亦未有蔽而不得伸者，常道昭、人心正、鬼神之說自不得而惑之，此大舜止邪遏亂之原，為千古之大智也」。[43] 凡此種種皆在於彰明古聖人感以德為威，不以刑為威，故百姓莫不警然於遷善遠惡，為善去惡矣。

---

38 《日講》卷 8〈康誥〉，頁 225。

39 同前注。

40 《日講》卷 13〈呂刑〉，頁 352。

41 同前注。

42 《日講》卷 13〈呂刑〉，頁 352～353。

43 同前注。頁 354。

　　至於兵者，雖亦國之大事，卻居於八政之末，如刑者亦非不得已而用之，故《日講》云：「要之，治內之政六，而司寇居後，必教養兼備，然後不得已而用之也。治外之政二，而師必居末，必邇人安，遠人格，而後征不庭，且用兵尤非聖人所得已也。」[44] 蓋治內治外，皆以德化為本，德治為上，故兵刑二者，皆非聖人所輕試。〈大禹謨〉載禹征有苗之時，益贊於禹，以德化之，無須勤兵以遠，其後苗民果回心來歸。故《日講》以之為例云：「夫一苗民也，以兵臨之則不服，以德感之而即來。可見服遠之道，惟在內治之修，內治不修而徒恃師武臣之力，非聖人之所貴也。觀虞廷雍容太和景象，千古而下，不猶可想見邪？」[45] 可知德化之效，更勝於兵刑千百倍矣。此語雖不無過份誇大之形容，亦可知儒家以德立國、以德治國之思想，其影響已數千年矣。

　　倘若不得已而用兵，則必體上天好生之德，不可過於濫殺，須誅其首惡而寬宥其餘，非與眾人為敵也。《日講》云：「蓋人之有善有惡，猶山之有玉有石，火炎崑山之岡，勢必玉石俱焚。儻將帥用兵，不分善惡，濫殺而有過逸之德，則酷烈甚于猛火。今我往征，但誅其首惡羲和，其餘迫脅相從之黨，非出于本心者，當原宥而不治。至于舊染汙惡之俗，非本不善者，亦皆與赦除，使之改過自新，斯則誅惡宥善，兩得其道，而無負王命，克當天心者矣。」[46] 以胤侯聲討羲和廢職之罪，但誅首惡，寬宥其餘，益以證「不得已而用兵」之論。至若兵戎之政，「可百年不用，不可一日無備」[47]，故修備不可不預，所謂安不忘危，治不忘亂，亦民命之所關，不可不慎也。《日講》云：「兵戎亦國政之大……人主纘承大業，當安不忘危，治不忘亂。苟太平無事之日，武事不修，則廢弛陵替，其何以壯國威而篤前烈乎？今王必須修治爾戎服兵器，精嚴武備，內以操戰勝攻克之威，外以杜奸邪窺伺之漸，將見王靈遠播，遍及九州，超越大禹所經之迹，且威加四方，旁行天下，以至

---

[44] 《日講》卷6〈洪範〉，頁176。
[45] 《日講》卷2〈大禹謨〉，頁40。
[46] 《日講》卷3〈胤征〉，頁83。
[47] 《日講》卷12〈康王之誥〉，頁335。

四海之外，無不畏威懷德，心悅誠服矣。……從來好大喜功，窮兵黷武，固帝王之戒，然狃於晏安，武備日衰，卒有禍亂，張皇莫救，亦豈廟堂之勝算哉！」[48]再者，整軍修備，將領之治軍嚴明與否，關係至鉅。蓋領兵之將乃國之司命，存亡安危，莫不繫之。故《日講》亦以論人君曰：「行兵之際，為將者紀律嚴明，而執法破情，有犯必誅，使威常勝其愛，則人皆畏將而不畏敵，奮勇敢戰，信能濟伐暴除殘之大事矣。若專務姑息，而徇情廢法，當殺不斷，使愛常勝其威，則人皆畏敵而不畏將，觀望退縮，不待敗績而信其無成功矣。」[49]故知將領六軍眾士，雖威愛並施，亦以威常勝於愛，須賞罰嚴明，以求紀律嚴明，蓋「行軍治兵之際，以賞罰明斷為主，賞罰不當，則恩不足勸而威不足懲，欲以成功，難矣。故曰用賞者貴信，用罰者貴必」[50]。故知兵不可恃將平日之愛以於戰陣之時，須知師出以律，自有威在必行者，絕不可牽制於愛耳。

再者，興兵伐人，必「師出以義」，以仁義之師而罰無道，此民心之向背，乃弔民伐罪，師出有名，非人君之好大喜功，窮兵黷武也。《日講》言民心之歸商非一日也，其云：「是時天下國君，暴亂者多，王即以此仁義之師，而并征無道，其時四方之民，苦于其上之不德，而望我王之救之也……望而不至，反出怨言，此非實有傷于中，而望王之至，必不爾也，及王師既至，則見其民妻孥相慶曰：『吾儕困苦，待我仁君久矣，今我君來，吾儕其死而復生乎？』惟其望之之深，故感之之切，而喜我王之至者又如此。夫惟仁者無敵於天下，湯伐罪弔民，民之悅之如時雨降，此其所以為仁者之師乎！」[51]〈費誓〉載伯禽之初封，淮夷、徐戎作亂，伯禽亦以安國家、衛王室而率師伐之，亦為師出有名也，蓋「師出以義，則瑕者堅，否則堅者亦瑕矣」。即便兵器戎備，無一不精，倘師出無名，則堅者亦瑕矣。

---

[48]《日講》卷11〈立政〉，頁307～308。

[49]《日講》卷3〈胤征〉，頁83。

[50]《日講》卷4〈湯誓〉，頁87。

[51]《日講》卷4〈仲虺之誥〉，頁90。

四 結語

　　蓋《尚書》乃帝王之書，實非溢美。其文字所載，雖為虞、夏、商、周等上古時代之歷史，其所包含之思想意涵，則內自修身，外至治國、平天下之要理，皆在其中。其史雖在數千年之遙，其理雖放諸今日之世，亦足資借鏡也。康熙皇帝〈御制日講書經解義序〉即自云：「蓋治天下之法，見於虞、夏、商、周之書，其詳且密如此。」[52]上述所舉，礙於篇幅與時間之限制，僅及《日講書經解義》之大要，今歸納其核心思想，計有六項，分別是：德治、齊家、勤民、用人、納諫、兵刑等。「德」乃「君德」，為輔養聖躬，薰托德行，治國之本也。《大學》有云：「欲治其國者，先齊其家。」此亦宋代程朱理學之所倡言「八目」之一，清初既以程朱理學為主，則講官依此進講，亦欲人主「家齊而後國治」也。其後「勤民」、「用人」、「納諫」、「兵刑」者，無一不與治國之大要有關，文本所載，雖未及枝微末節之處，然君臣之間以史論政之語，躍然紙上，皆足見講官成就君德之志與帝王勤政向學之意也。

---

[52]〔清〕庫勒納等奉敕編：《日講書經解義》頁1。

《尚書·康誥》句讀一則[1]

姚振武[*]

《尚書·康誥》開始的一段是這樣的：

> 惟三月哉生魄。周公初基。作新大邑于東國洛。四方民大和會。侯甸男邦采衛。百工播民和。見士于周。周公咸勤。乃洪大誥治。[2]

其中「侯甸男邦采衛。百工播民和。見士于周。周公咸勤」一句，歷來理解各異，句讀分歧，是我們要討論的。偽孔《傳》：「五服之百官播率，其民和悅，並見即事于周。」對於這種解釋，楊樹達批評道：「釋士為事，是也，云見即事于周，文義不明，非勝義也。」[3]這是對的。不僅如此，關於這個「播」，歷來解釋也各式各樣。偽孔《傳》謂之「播率」，令人莫名其妙。楊樹達則以「侯甸男邦采衛百工播」為讀[4]。孫星衍《尚書今古文注疏》：「言百官布列。」這大概可以看作楊讀的來源。但考先秦典籍，「播」為「散佈」、「播揚」、「流蕩」諸義，強烈傾向帶賓語或介賓結構，單獨作謂語十分罕見。況從言語韻律上看，這樣點讀也是頭重腳輕，極不自然。這大概就是偽孔《傳》憑空增一「率」字以足韻律的隱衷吧。今人黃懷信則注為：「播：

---

* 中國社會科學院語言研究所

1 本文源自拙作〈古漢語「見 V」結構在研究〉（《中國語文》1988 年第 2 期）中的一條註釋。這次發表，展開了內涵，增加了材料，完善、充實了觀點。在成文過程中，多次與孟蓬生先生討論，獲益良多，謹致謝忱。文中錯誤，概由筆者負責。

2 句讀依阮刻本《十三經註疏·尚書正義》。

3 楊樹達：〈書康誥見士于周解〉，見《積微居小學述林》（北京市：中國科學院出版社，1954 年）。

4 同注3。

布，佈告。」[5]這就更令人糊塗。按：似應以「播民」為讀。王世舜注：「播民，指邊遠地帶諸侯國的臣民。」[6]王注可謂近之。「播」有散佈義，《尚書‧舜典》：「汝后稷播時百穀。」偽孔《傳》：「播，布也。」又有流蕩義，《尚書‧大誥》：「予惟以爾庶邦，于伐殷逋播臣。」偽孔《傳》：「用汝眾國，往伐殷逋亡之臣。」孔疏：「我惟與汝眾國往伐殷逋亡播蕩之臣。」播臣即播民，古「臣」即「民」。《詩‧小雅‧北山》「率土之濱，莫非王臣」，《管子‧法禁篇》引《尚書‧泰誓》：「紂有臣億萬人，亦有億萬之心，武王有臣三千而一心。」皆是其例。可見，播民和播臣一樣，泛指散佈於四方的老百姓。

「見」，注家多語焉不詳。江聲《尚書集注音疏》注：「民皆和悅效見職事于周。」孫星衍《尚書今古文注疏》：「言百官布列，民皆和悅，效事於周。」於是，後來就有人注為：「見：效、效力。」[7]然而，「見」有「效力」義嗎？考察先秦典籍，恐怕很難找到旁證。

其實當作「見士于周」。楊樹達〈書康誥見士于周解〉[8]有云：

> 樹達按，《說文‧一篇上士部》云：「士，事也。」《詩‧豳風‧東山》云：「勿士行枚。」毛傳云：「士，事也。」蓋士事古音相同，故二字多通作，《書》文見士即見事也。知者：《匽侯[9]旨鼎》云：「匽侯旨初見事于宗周。」〈玠鼎〉云：「己亥，玠見事于彭。」皆與《書》文例相同。異者，金文用事，為本字，《書》文用士，為假字耳。

楊氏這一見解是十分正確的。「見+動詞+于（於）+名詞」，在漢語是一個十分古老的句式。〈匽侯旨鼎〉和〈玠鼎〉都是西周早期器物，可見此句式來源之深。

5 黃懷信：《尚書注訓》（濟南市：齊魯書社，2002年）頁259。

6 王世舜：《尚書譯注》（成都市：四川人民出版社，1982年）頁151。

7 顧寶田：《尚書譯注》（吉林市：吉林文史出版社，1995年）頁117。

8 見《積微居小學述林》。

9 侯，原書如此。查〈匽侯旨鼎〉原拓片作「矦」，知「侯」為「矦」之誤。

　　「見事于周」這種形式在先秦並不是孤立的。「見＋動詞＋于（於）＋名詞」句式在先秦一直不絕如縷，可以容納多種語義關係。其「見」當讀「現」，為顯示義[10]。例如：

　　　　嗚呼，乃沈子妹克蔑，見厭于公。（〈沈子簋〉西周早期）

　　　　乃惟時昭文王，迪見冒聞于上帝，惟時受有殷命哉。（《尚書‧君奭》）

「迪」在這裏是個助詞，有加強語氣的作用[11]。冒聞即上聞，「見冒聞于上帝」是一個「見＋動詞＋于（於）＋名詞」式。王鳴盛《尚書後案‧君奭》有云：

　　　　案曰：《說文‧冃部》云：二月萬物冒地而出。《漢書》言治田有陳根脈發土長冒橛之語，是冒有上進義，故云冒聞。《傳》云覆冒，非也。

王案所見極是。「冒」的上進義在現代漢語裏依然十分明顯。

　　該句式前面還可以加上狀語。例如：

　　　　公大史咸見服于辟王，辨于多政。」（〈作冊般〉西周早期）

陳夢家注：「公大史率諸侯使見於王，故曰咸見服。咸，皆也。」[12]雖然陳氏關於「見」的理解不一定正確，但他以「皆」注「咸」卻是十分準確的。「咸見服于辟王」就是「咸見事于辟王」。「見服」就是「見事」。《爾雅‧釋詁上》：「服，事也。」「見事（服）」為當時常語。此語在《史記》中仍有留存：

---

[10] 請參考姚振武：〈古漢語「見V」結構再研究〉，《中國語文》1988年第2期。

[11] 請參閱何樂士、敖鏡浩、王克仲、麥梅翹、王海棻編：《古代漢語虛詞通釋》（北京市：北京出版社，1985年）頁105。

[12] 見陳夢家：《西周銅器斷代》（北京市：中華書局，2004年）頁57。

> 文王病時，臣意家貧，欲為人治病，誠恐吏以除拘臣意也，故移名數，左右不修家生，出行游國中，問善為方數者事之久矣，見事數師，悉受其要事，盡其方書意，及解論之。（〈扁鵲倉公列傳〉）

> 臣意聞菑川唐里公孫光善為古傳方，臣意即往謁之，得見事之，受方化陰陽及傳語法，臣意悉受書之。臣意欲盡受他精方，公孫光曰：「吾方盡矣，不為愛公所，吾身已衰，無所復事之。是吾年少所受妙方也，悉與公，毋以教人。」（〈扁鵲倉公列傳〉）

例（1）前言「事之」，後言「見事數師」，所指乃一事。例（2）前言「見事之」，後言「事之」，亦指一事。可見「見事」相當於「事」，服務的意思。其中「見事數師」與「見士于周」句式極為接近，只不過省略了介詞而已。而古漢語介詞「于」是經常可以省略的。

　　至此，就可以來探討「和」了。「和」，最多的一種解釋是「和悅」，大概也是阮刻本所體現的精神。果如此，則這個「和」管到哪？如果只管到「播民」，即所謂「其民和悅」之類，那麼上面的「侯甸男邦采衛百工」文意則無著落。如果全管，「侯甸男邦采衛百工播民」，再加一個字的「和」，句子又陷於嚴重的頭重腳輕。況且前面已有「四方民大和會」之說，其「和」已有祥和、和悅之意。下再出「和悅」之「和」，豈不重複？所以這樣理解，句子也不自然。

　　還有一種對「和」的理解，就是看作一個總括副詞。曾運乾《尚書正讀》：「和，咸也、同也。和見者，咸見於公也。」這是值得重視的。曾氏的斷句是：

> 惟三月哉生魄，周公初基作新大邑于東國洛，四方民大和會。侯甸男邦，采衛百工，播民和見，士于周。周公咸勤，乃洪大誥治。

我們認為，曾氏「和見」云云，使原文有了二層意思，一是見周公（賓語省略），一是事周公。恐非勝義。但以「咸」注「和」，是極有啟發性的。

聯繫到上面「咸見服于辟王」，可知〈康誥〉這一句當作「和見士于周」，「和」即「咸」也。

「和」，自來就有「共」、「合」等義。《莊子·徐無鬼》：「夫神者，好和而惡姦。」郭象注：「與物共者，和也。」[13]《史記·周本紀》：「召公、周公二相行政，號曰『共和』。」歐陽修〈明正統論〉：「昔周厲王之亂，天下無君，周公、召公共行其政十四年而後宣王立，是周之統嘗絕十四年而復續，然為周史者，記周、召之年謂之共和。」《禮記·郊特牲》：「陰陽和而萬物得。」孔穎達疏：「和猶合也……天地與之和合，則萬物得其所也。」[14]

可見「和見士于周」就是「共同見士（事）于周」，也就是「共同服務于周」的意思。

「和」作總括副詞用，在先秦也是有他例可循的。例如：

> 龠舞笙鼓，樂既和奏。（《詩經·小雅·賓之初筵》）

「和奏」者，合奏也。程俊英譯：「眾樂齊奏。」陳子展譯：「一切樂器都已和諧演奏。」[15]

> 立君子以修禮樂，立小人以教用兵。立鄉射以習容，春和獵耕耘，以習遷行。（《逸周書·大聚》）

黃懷信注：「和，合。『耕耘』二字衍，當在下句。」譯：「立文德君子以修明禮樂，立技勇之士以教使用兵器；立鄉射之禮以練習容儀，春季合獵以練習遷行。」[16]

以上的「和」，無論是解作「齊」，還是解作「合」，都是作總括副詞用，「共同」、「全都」的意思，與「咸」是完全相通的。

---

[13] 見郭慶藩：《莊子集釋》（北京市：中華書局，1961年）頁826。

[14]《十三經注疏》（北京市：中華書局，1980年影印阮刻本）頁1447。

[15] 見程俊英：《詩經譯注》（上海市：上海古籍出版社，2004年）頁380。陳子展：《詩經直解》（上海市：復旦大學出版社，1983年）頁798。

[16] 見黃懷信：《逸周書校補注譯》（西安市：西北大學出版社，1996年）頁204～205。

「和」還有「和善」、「溫和」之意，在這個意義上也可以作狀語。例如：

> 雩朕皇考共叔，穆穆趩趩，和詢于政。(〈逨盤〉西周晚期)

「和詢于政」就是和善地問政。

現在，我們可以把〈康誥〉這一段作如下斷句：

> 惟三月哉生魄，周公初基，作新大邑于東國洛，四方民大和會。侯、甸、男邦，采、衛百工，播民[17]，和見士于周，周公咸勤，乃洪大誥治。

除了上文中已列的斷句之外，我們再列出另幾家的斷句於下，以供比較：

> 惟三月哉生魄，周公初基作新大邑于東國洛。四方民大和會，侯甸男邦采衛百工播，民和，見士于周。(楊樹達〈書康誥見士于周解〉)

> 惟三月哉生魄，周公初基，作新大邑于東國洛，四方民大和會。侯甸男邦采衛，百工播，民和，見士于周。周公咸勤，乃洪大誥治。(皮錫瑞《今文尚書考證》〔盛冬鈴、陳抗點校，北京市：中華書局，1989年〕)

> 惟三月哉生魄，周公初基作新大邑于東國洛。四方民大和會。侯甸男邦采衛，百工播，民和，見士于周。周公咸勤，乃洪大誥治。(孫星衍《尚書今古文注疏》)

---

17 曾運乾：《尚書正讀》(北京：中華書局，1964年)：侯、甸、男、采、衛，九服之五也。以外則為蠻夷鎮藩四服。……侯甸男邦，即侯甸男服之邦君。疏云：言邦見其國君，是也。采衛百工，即采衛之百官也。播民，即藩國之人也。戎狄以號舉，君臣同辭，不辨其為邦伯與百工也。

惟三月哉生魄，周公初基作新大邑于東國洛，四方民大和會。侯甸男邦，采衛百工，播民和見，士于周。周公咸勤，乃洪大誥治。（王世舜《尚書譯注》）

惟三月哉生魄，周公初基作新大邑于東國洛，四方民大和會。侯甸男邦，采衛百工，播民和見，士于周。周公咸勤，乃洪大誥治。（顧寶田《尚書譯注》）

這樣斷句語法清楚，意思顯豁、流暢。楊樹達先生認為：「見事猶蓋言述職。」（見〈書康誥見士于周解〉）然而播民本無職可述，亦可見「見事」並非述職[18]。

---

[18] 最近，承王志平兄見告，顧頡剛、劉起釪先生《尚書校釋譯論》即是以「和見士于周」為讀。經查，確實如此。顧、劉注云：

于省吾云：「《禮記·郊特牲》『陰陽和而萬物得』疏：『和，猶合也。』『合』，周初作『卿』或『迨』。〈令鼎〉『有嗣眾師氏、小子射』。『射』即合射。〈盄子鼎〉『王命盄子西方于省』。『迨』猶『會』也。『見士』即『見事』。『士』、『事』古通。金文凡卿士之『士』作『事』。〈玖鼎〉：『玖見事于彭。』〈匽侯旨鼎〉：『匽侯旨初見事于宗周。』是『見事』周人語例。」（《新證》）按隸古寫本如內野本「士」作「事」，與金文同。此西周語「見事于周」，即「效事于周」之意。（參考江聲《音疏》及孫星衍《注疏》）

——見顧頡剛、劉起釪：《尚書校釋譯論》（北京：中華書局，2005年）頁1298。

姚按：顧、劉斷句雖正確，但注引于省吾說釋「和」為「會」，以「士」為「卿士」，則句意的解釋依然不可取。又引江聲、孫星衍說為補充，但以「效」釋「見」恐亦無據，正文中已有論述。感謝志平兄的提示。（姚振武2011年4月15日補志）

讀《尚書》志疑

趙生群[*]

　　《尚書》詰屈聱牙，號為難讀。雖經歷代學者訓釋，猶不能無疑。今刺取數事，撰為此文，敬祈達人方家不吝賜教。

照臨　光　顯

　　《尚書・泰誓下》：「惟我文考，若日月之照臨，光于四方，顯于西土。」孔《傳》：「言其明德充塞四方，明著岐周。」[1]

　　按：臨，照也。「照臨」同義連文。《方言》卷十三：「臨，照也。」《廣雅・釋詁》：「臨、燿，照也。」照、臨二字皆可訓「照耀」。《詩・邶風・日月》：「日居月諸，照臨下土。」《詩・小雅・小明》：「明明上天，照臨下土。」

　　「光」、「顯」亦有照耀之意。《說文・火部》：「光，明也。」《說文・頁部》：「顯，頭明飾也。」又，《日部》：「㬎，眾微杪也。從日中視絲。古文以為顯字。」段玉裁《注》：「此九字《廣韻》作『眾明也，微妙也。從日中視絲』十一字。疑當作『眾明也。從日中見絲，絲㪫眇也』。」[2]《廣雅・釋詁》：「顯，明也。」是「顯」、「光」皆有「明」義。《說文》：「明，照也。」故「顯」、「光」皆有「照耀」之義。《廣雅・釋詁》：「鑑、鏡、光、景、

---

[*] 南京師範大學文學院
[1] 《尚書正義》（北京市：中華書局，1985 年影印阮元校刻本《十三經注疏》）卷 16，頁 221。
[2] 《說文解字注》（上海市：上海古籍出版社，1981 年影印本）七篇上，頁 307。

臨、燿，照也。」

此文云「我文考若日月之照耀，照于四方，照于西土」。孔《傳》未釋「照臨」二字，後世譯注多受其影響。

嚴恭寅畏天命自度

《尚書・無逸》:「周公曰：『嗚呼！我聞曰，昔在殷王中宗，嚴恭寅畏天命，自度，治民祗懼，不敢荒寧。」

孔《傳》:「言太戊嚴恪恭敬，畏天命，用法度。」[3]

按：嚴，當讀作「儼」。《釋文》曰：「嚴如字，又魚檢反，注同，馬作儼。」「嚴恭寅畏」四字平列，皆「恭敬」之義。《爾雅・釋詁》:「儼、恪、祗、翼、諲、恭、欽、寅、熯，敬也。」郭璞《注》:「儼然，敬貌。」又，「天命自度」四字當連讀。中井積德曰：「天命自度，謂以天命自律也。」[4]

立王

《尚書・無逸》:「自時厥後立王，生則逸。生則逸，不知稼穡之艱難，不聞小人之勞，惟耽樂之從。自時厥後，亦罔或克壽。或十年，或七八年，或五六年，或四三年。」

孔《傳》:「從是三王，各承其後而立者，生則逸豫無度。」[5]

按：立王，猶「嗣王」、「嗣君」也。上文曰「肆中宗之享國，七十有五年」，「肆高宗之享國，五十有九年」，「肆祖甲之享國，三十有三年」，下文曰「文王受命惟中身，厥享國五十年」，「立王」與「中宗」、「高宗」、「祖甲」、「文王」相對，當為名詞。下文曰「繼自今嗣王，則其無淫于觀于

逸」。此「嗣王」即「立王」也。又曰：「周公曰：『嗚呼！自殷王中宗及高宗及祖甲及我周文王，茲四人迪哲。厥或告之曰：『小人怨汝詈汝。』則皇自敬德。厥愆，曰朕之愆允若時。不啻不敢含怒。此厥不聽，人乃或譸張為幻，曰小人怨汝詈汝，則信之，則若時。不永念厥辟，不寬綽厥心，亂罰無罪，殺無辜，怨有同。是叢于厥身。周公曰：『嗚呼！嗣王其監于茲。』」此節文字，以「中宗」、「高宗」、「祖甲」、「周文王」與「嗣王」相對，文法與前相同，唯改「立王」為「嗣王」耳。

先秦文獻「立王」多用作「嗣王」之義。如：昭公三年《傳》：「楚人日徵敝邑以不朝立王之故。」「立王」謂繼位之王。《詩・大雅・桑柔》：「天降喪亂，滅我立王。」「立王」亦謂嗣王。

與「立王」詞法相類者，有「立君」。昭公八年《左傳》：「夏四月辛亥，哀公縊。干徵師赴于楚，且告有立君。公子勝愬之于楚，楚人執而殺之。公子留奔鄭。」昭公元年《傳》：「鄭游吉如楚，葬郟敖，且聘立君。」「立君」即嗣君[6]。成公四年《傳》：「四年春，宋華元來聘，通嗣君也。」襄公二年《傳》：「穆叔聘于宋，通嗣君也。」襄公五年《傳》：「夏，鄭子國來聘，通嗣君也。」襄公二十九年《傳》：「其出聘也，通嗣君也。」襄公三十年《傳》：「楚子使薳罷來聘，通嗣君也。」昭公十二年《傳》：「夏，宋華定來聘，通嗣君也。」又曰：「齊侯、衛侯、鄭伯如晉，朝嗣君也。」《傳》或曰「聘立君」，或曰「通嗣君」，或曰「朝嗣君」，其義皆同。

顯休命

《尚書・多方》：「天惟時求民主，乃大降顯休命于成湯。」

孔《傳》：「天惟是桀惡，故更求民主以代之，大下明美之命於成湯，使王天下。」[7]

---

6 楊《注》謂「聘新立之君」，亦誤。
7 《尚書正義》卷16，頁228。

按：顯、休同義，「顯休命」，猶言「明命」。「顯」有「明」意，說已見前。《廣雅·釋詁》：「旭，明也。」王念孫曰：「〈周頌·載見篇〉：『休有烈光。』休與旭亦聲近義同。」[8]《尚書·說命下》：「敢對揚天子之休命。」「休命」與「顯休命」同義。〈說命上〉：「疇敢不祇若王之休命。」〈武成〉：「陳于商郊。俟天休命。」〈太甲上〉：「先王顧諟天之明命。」〈咸有一德〉：「克享天心，受天明命。」《尚書》或言「顯休命」，或言「休命」，或言「明命」，其義無別。

---

8 《廣雅疏證》（南京市：江蘇古籍出版社，1984年）卷4，頁112。

《尚書易解》訓詁特點脞論

王大年*、郭慶花**

　　周秉鈞先生（1916～1993），字源遠，湖南汨羅人，著名的語言學家、教育家。周先生一九三六年秋入武漢大學中文系，從師於章黃學派的傳人劉博平先生，習文字、音韻、訓詁之學，後來又師事小學大師楊樹達先生。先生學識淵博，一生成就頗多：著《古漢語綱要》，「於文字、音韻、訓詁、語法、修辭，挈其綱惟，自為家法，一時治古漢語者多宗之。晚年作《說文一日箋》，或因聲求義，或取甲骨文金文證許書，尤多創識」[1]。在訓詁研究方面有《荀子箋記》、《楚辭箋記》等專書著作，周先生主編的《古漢語學習叢書》是我國第一部系統介紹古漢語知識的重要叢書，蜚聲中外。可以說先生的學術成就是多領域、多方面的，而於治《書》情有獨鍾。周先生「采先賢之盛意，幾盡畢生心血，成《尚書易解》、《白話尚書》和系列《尚書》論文」[2]。

　　《尚書》作為我國最早的政史資料彙編，其研究與整理已有兩千多年的歷史，有關著作可謂汗牛充棟。但由於《尚書》年代久遠，在流傳過程中又多有變異，文多不通，義多難解。韓愈〈進學解〉中談及《尚書》時曾有「周誥殷盤，詰屈聱牙」之說，至晚清時期連王國維這樣的大學者也感歎「於《書》所不能解者殆十之有五」（〈與友人論《詩》《書》成語書〉）。由

---

* 湖南大學中文系

** 湖南大學中文系

[1]　王石波：〈周秉鈞教授墓誌銘〉，《周秉鈞先生紀念文集》（長沙市：古漢語研究，1994年）頁5。

[2]　錢宗武：〈尚書易解的訓詁成就〉，《周秉鈞先生紀念文集》頁75。

漢及清再到近現代，作為五經之一的《尚書》研究，在文字考釋、辨偽、義理闡釋等方面取得了豐碩的成果，但《尚書》依舊晦澀難懂、詰詘聱牙。直至周秉鈞先生「刪專著之繁冗，采先賢之勝義」[3]，輯成《尚書易解》一書，才變「博引旁徵、汪洋浩瀚」[4]的《尚書》注疏，為「讀者易了」的淺近文言，變「詰詘聱牙」的《尚書》古書為「庶幾乎人人可讀」[5]的《尚書》讀本。

《尚書易解》在訓詁研究方面，主要有以下特點。

一　取精用宏，刪繁就簡，深入淺出

朱熹曾叮囑蔡沈：「《尚書》有不必解者，有須着意解者，有須略解者，有不可解者。」[6]「《尚書》收拾於殘闕之餘，卻必要句句義理相通，必至穿鑿。不若且看他分明處，其他難曉者姑闕之可也。」[7]朱熹強調：「解經不必做文字，只合解釋得文義通，則理自明，意自足。今多去做文字，少間說來說去，只說得他自己一片道理，經意卻磋過了。嘗見一僧云：今人解書，如一盞酒，本是好，被這一人來添些水，那一人來又添些水，次第添來添去，都淡了。」[8]蔡沈遵從師道，作《書集傳》，注釋較為簡易。但對《書集傳》稍作考究便可發現蔡沈有些傳語仍未掙脫「繁瑣」的臼窠。閱讀《尚書易解》方感天清氣爽，和風撲面。周秉鈞先生的《尚書易解》，深諳朱子、蔡氏簡易之法，注解「力求明白易懂。講明訓詁，疏通文義而止，不做煩瑣考證」[9]，不旁徵博引，要言不煩，易簡理得，真正為《書經》注疏提供了簡易的典範。

3　周秉鈞：〈自序〉，《尚書易解》（上海市：華東師範大學出版社，2010年）頁4。

4　同前注。

5　周秉鈞：〈楊遇夫先生序〉，《尚書易解》，頁1。

6　〔宋〕朱熹：〈答蔡仲默〉，《晦庵先生朱文公續集》，《朱子全書》（上海市：上海古籍出版社，2002年）第25冊，卷3，頁4717。

7　〔宋〕朱熹：《朱子語類》（北京市：中華書局，1986年）卷78，頁1982。

8　同前注，頁2607。

9　周秉鈞：〈凡例〉，《尚書易解》頁5。

　　據統計，《今文尚書》通篇凡三二〇六三字，《尚書易解》全書包括正文在內僅僅二十萬言，平均每字經文與注文之比為一比六點二四，周先生可謂是惜墨如金。《尚書易解》注釋有的是隻言片語，多者寥寥幾句，於汪洋浩瀚的《尚書》注疏中披沙揀金，由博返約，化艱難為平易，立論平實精當。試從兩方面明之。

（一）析例開篇〈堯典〉，識傳語易簡暢達。

　　　　曰若稽古。

　　《尚書易解》：曰，《文選》李善注作「粵」。蔡沈曰：「曰若，發語辭。」稽，考也。曰若稽古，即稽考古事。焦循曰：「曰若稽古乃使臣之言。於堯殂落後書其故事，古云『稽古』，乃自今述古之稱。若書當時之事，則不加此四字也。」

　　經文四個字，解經文字七十三個字，經文與解經文字之比約一比十八。七十三個字說明八件事。1.曰與粵是通假字。2.「曰若」是個複音詞。3.指明「曰若」無詞彙意義，僅有語法意義，作「發語詞」（即今天的句首語氣助詞）。4.指明「稽」的字義，即「考」。5.指明「曰若稽古」的經文意義。6.發凡史家體例：「稽，考也。史臣將敘堯事，故先言考古之帝。」7.說明〈堯典〉不是史家實錄，而是史家整理。「曰若稽古」為此類史籍慣用語。8.區分使用「曰若稽古」的條件，指明該處為追溯古事。

　　　　帝堯曰放勳，欽明文思安安。

　　《尚書易解》：馬融曰：「放勳，堯名。」欽、明、文、思、安安，堯之五德也。思一作「塞」，安一作「晏」。馬融曰：「威儀表備謂之欽，照臨四方謂之明，經緯天地謂之文，道德純備謂之思。」鄭玄曰：「敬事節用謂之欽，照臨四方謂之明，經緯天地謂之文，慮事通敏謂之思。」《考靈耀》鄭玄注曰：「道德純備謂之塞，寬容覆載謂之晏。」

　　《尚書易解》引用馬融、鄭玄的注釋，考證「欽明文思」的意義，論堯之五德，引用書證僅取其中七字短句，可謂至簡。

（二）比較《書集傳》蔡注，識傳語易簡暢達。

　　四庫館臣評價蔡沈的《書集傳》曰「疏通證明，較為簡易」[10]。然以《尚書易解》與《書集傳》對比，即可知前者更為「簡易」。

　　　疇若予工？（〈虞夏書・堯典〉）

　　《書集傳》：若，順其理而治之也。〈曲禮〉「六工」有土工、金工、石工、木工、獸工、草工。《周禮》有攻木之工、攻金之工、攻皮之工、設色之工、摶埴之工，皆是也。帝問誰能順治於百工之事者。

　　《尚書易解》：疇，誰也。若，善也。此用作動詞，猶言治理。工，馬融曰：「主百工之官。」疇若予工，言誰人治理我百工之官。

　　經文四個字，解經文字《書集傳》為六十四個字，《尚書易解》為三十八個字。從篇幅而言，後者是前者的二分之一多一點，注釋極為簡潔；從內容上看，《尚書易解》不但解讀了《書集傳》所包含的「若」、「工」的意義，而且還注釋「疇」為人稱代詞「誰」，並且指出了「若」字詞類活用的的語法特徵。經文解釋更是文從字順，易簡理得。

　　　古我先王，亦惟圖任舊人共政。王播告之修，不匿厥指，王用丕欽。
　　　罔有逸言，民用丕變。今汝聒聒，起信險膚，予弗知乃所訟。（〈商
　　　書・盤庚上〉）

　　《書集傳》：逸，過也。盤庚言先王亦惟謀任舊人共政。王播告之修，則奉承於內，而能不隱匿其指意，故王用大敬之。宣化於外，又無過言以惑眾

10〔清〕紀昀等：〈書經集傳提要〉，《四庫全書總目》（北京市：中華書局，1965年）卷11，頁93。

聽，故民用大變。今爾在內，則伏小人之攸箴；在外，則不和吉言于百姓。嘵嘵多言，凡起信於民者皆險陂膚淺之說，我不曉汝所言果何謂也。詳此所謂「舊人」者，世臣舊家之人，非謂老成人也。蓋沮遷都者，皆世臣舊家之人，下文「人惟求舊」一章可見。

　　蔡沈《書集傳》對以上經文的注釋側重義理闡釋，解經多微言大義，而缺少對難解字詞的考釋，《尚書》初學者讀來有不解之嫌。且《書集傳》對「舊人」的解釋「世臣舊家之人，非謂老成人也」與《尚書易解》「久於其位者」相比，有繁瑣之弊。

　　《尚書易解》：圖，謀也。任，使用。舊人，久於其位者。共政，共同管理政事。王，指先王。播，《說文》：「布也。」之，猶是也，結構助詞。修，〈晉語〉注：「行也。」王播告之修，謂施行先王之布告。匿，隱也。指，同恉，意也。丕，大也。欽，敬也。言舊人施行先王之布告，不隱匿其意旨，王因此大敬之。逸，〈釋言〉：「過也。」言舊人無有過言，民因此大化而從上也。聒聒，馬融曰：「拒善自用之意。」起，興起。信，古伸字。膚，浮也。乃，汝。訟，爭辯也。言汝拒善自用，起而申說危害膚浮之言，予弗知汝所爭辯者果何意也。

　　此解說由淺入深，循序漸進，讀來方覺渙然冰釋。

　　　邦之杌隉，曰由一人；邦之榮懷，亦 一人之慶。（〈周書下‧秦誓〉）

　　《書集傳》：杌隉，不安也。懷，安也。言國之危殆，繫於所任一人之非；國之榮安，繫於所任一人之是。申繳上二章意。

　　《尚書易解》：杌隉，不安也。曰，聿也。語首助詞。懷，安也。尚，《說文》：「庶幾也。」慶，善也。言國之不安，聿由一人；國之榮安，亦庶幾一人之善！此謂人君不可不好賢榮善也。穆公自勉之詞。

　　《尚書易解》常見文義闡釋平白如話；難懂字詞挖掘漸進深入，而又不流於繁瑣考據，從單個字詞到句子解讀，文從字順，字字珠璣。無關緊要的話不說，可有可無的話不講，《尚書易解》簡易暢達。

二　注重文法，虛實兼治，識微知著

　　小學大師楊樹達先生在《詞詮‧序例》中諄諄告誡後學者：「凡讀書有二事焉：一曰明訓詁，二曰通文法。訓詁治其實，文法求其虛，清儒善說經者，首推高郵王氏，其所著書，如《廣雅疏證》，徵實之事也；《經傳釋詞》，搗虛之事也。其《讀書雜志》、《經義述聞》，則交會虛實而成者也。嗚呼！虛實交會，此王氏之所以卓絕一時，而獨開百年來治學之風氣者也！」[11]在《高等國文法‧序例》中，楊樹達先生再次強調：「余往曾言：治國學者必明訓詁，通文法。近則益覺此二事相須之重要焉。蓋明訓詁而不通文法，則訓詁之學必不精；通文法而不明訓詁，則其文法之學亦必不至也。」[12]以文法通訓詁是清儒訓詁的一大特色，也是清代訓詁取得卓越成就的重要原因。但清代還沒有完整意義上的語法理論，先儒在運用過程中還有諸多限制。漢語缺乏形態變化，它借助豐富的虛詞、嚴格的語序和靈活多變的句法結構來表達語法意義。系統的漢語語法研究起步較晚，老一輩學者治《書》多不甚解語法。周先生則不然，作《尚書易解》，他重視語法，並且能夠在語言運用中，嫻熟地運用漢語的語法規律，解疑釋難，成績斐然。

（一）辨詞法疑難

　　　　皋陶曰：「都！亦行有九德。亦言，其人有德，乃言曰，載采采。」
　　　　（〈虞夏書‧皋陶謨〉）

　　亦，《經傳釋詞》解釋為「語助詞」。《詞詮》解釋為：「語首助詞，無義。」《尚書正讀》解釋為副詞。周秉鈞先生不墨守陳規，獨闢蹊徑，得其

---

[11] 楊樹達：《詞詮》（北京市：中華書局，1978年）頁5。
[12] 楊樹達：《高等國文法》（北京市：商務印書館，1984年）頁11。

新解。

《尚書易解》：亦，當讀為迹，動詞，猶檢驗也。《墨子‧尚賢中》：「聖人聽其言，迹其行。」《楚辭‧惜誦》：「言與行其可迹兮。」此迹行、迹言連文之證。《論衡》說此二語曰：「以九德檢其行，以事效考其言。」全句：「言檢行有九德，檢言，如其人有德，乃告之曰：試治事。」周先生將「亦」訓釋為「迹」，作「檢驗」解，訓詁依據充分。

孔《傳》：「采，事也。」采采即「某事某事」。《尚書正讀》：「采采，非一事也。」《尚書譯注》：「采采，指許多事。」注家均視「采采」為疊音詞。

《尚書易解》：載，語首助詞。采，事也。采采，事其事也，動賓結構。

周先生把諸家訓為疊音詞的「采采」釋為動賓結構、詞的重疊，切合文意，破難解之詞為易解，實為《尚書》學界一大亮點。《尚書》今文重言五十六例，古文重言十六例，舊注多以疊音詞訓之，詰屈難懂，扞格難通。周秉鈞先生運用現代詞法理論，仔細剖析，終區分為疊字、疊詞兩類。《今文尚書》有十三例重言，以疊詞訓之，渙然冰釋：〈堯典〉篇有「明明揚側陋」。（上明字，動詞。下明字，賢明，指貴戚）。〈微子〉篇有「乃罔畏畏」（畏畏，讀為畏威，畏與威古通用）。〈康誥〉篇有「庸庸，祗祗，威威，顯民」（庸庸，用可用也。祗祗，敬可敬也。威威，畏可畏也）。周秉鈞先生對《尚書》重言現象的語法分析，解決了數千年來困擾《尚書》學界的一大難題。

> 輯五瑞。既月乃日，覲四岳群牧，班瑞於羣后。（〈尚書‧堯典〉）

對於「既月乃日」的解釋，各家不盡相同。《尚書說》：「月上日受終盡其月乃日，日見岳牧與羣后而班瑞焉。」《尚書句解》：「既月，盡正月一月。乃日朝覲四岳群諸侯以觀其能否。」解釋較為牽強。

《史記‧五帝本紀》作「擇吉月日」。屈萬里據此，於《尚書今注今譯》釋該句為：「既月，謂王選定吉日乃日；謂選擇吉日。」解釋雖確，可未指明用法，讀之知其然而不知其所以然。

《尚書易解》：既月乃日，日與月皆作動詞，言既擇月乃擇日也……舜既攝位，使四岳群牧輯斂五瑞；擇月擇日，覲見四岳羣牧，而還瑞於群后。

指明「既月乃日」的用法，詮釋其意義，解釋簡潔明瞭，平淡篤實。寥寥數字即將「既月乃日」的意義闡釋清楚，不但點明意義，更指明其用法，令人豁然開朗。

（二）明特殊句式

> 東漸於海，西被於流沙，朔南暨聲教訖于四海。禹錫玄圭，告厥成功。（〈虞夏書‧禹貢〉）

對於「禹錫玄圭」的解釋，歷來多有爭議。蔡沈《書集傳》訓「錫」為「與」，言禹與玄圭於舜，「錫，與『師錫』之『錫』同。水土既平，禹以玄圭為贄而告成功於舜也」。屈萬里《尚書今注今譯》「錫，與『錫貢』及『納錫』之錫同義，獻也」，「禹於是把青黑色的圭，獻給天子，來報告他已經成功了」。以上解釋與上古由上及下的圭禮矛盾。

曾運乾《尚書正讀》改釋該句曰：「禹錫玄圭者，《史記》易為『於是帝錫禹玄圭』，則此為倒文矣。」其釋義雖是，但於文法卻未得。

《史記‧夏本紀》：「東漸於海，西被於流沙，朔、南暨：聲教訖于四海。於是帝錫禹玄圭，以告成功於天下。天下於是太平治。」

《尚書易解》：錫，賜也。圭，《說文》：「瑞玉也。」玄圭，玄色之圭。禹被賜玄圭，告成功於天下。

周先生解釋與《史記》所闡述的史實恰可互證。釋該句為施受同辭的被動句，禹被賜予玄圭，與當時圭禮相契合。此解在糾正前人誤注的基礎上，令人耳目一新。

> 丕則敏德，用康乃心，顧乃德，遠乃猷，裕乃以；民寧，不汝瑕殄。
> （〈周書‧康誥〉）

　　《尚書易解》之前，注家多以「猷裕」連文。

　　蔡沈《書集傳》：「此欲其不用罰而用德也。歎息言汝敬哉，毋作可怨之事，勿用非善之謀、非常之法。惟斷以是誠，大法古人之敏德，用以安汝之心，省汝之德，遠汝之謀。寬裕不迫，以待民之自安。若是，則不汝瑕疵而棄絕矣。」王世舜《尚書譯注》從蔡說：「遠，深遠。猷裕，道，指治民之道。你要深謀遠慮，這樣你才能使民眾安定下來。」注「以」為「與」，但在譯文中卻沒有體現。

　　孫星衍《尚書今古文注疏》：「猷裕者，《方言》云：道也。」「偽《傳》以『猷』字絕句，『裕』字不屬，則不詞矣。上文云：『乃猷裕民。』〈君奭〉云：『告君乃猷裕。』」孫星衍認識到了古注詮釋存在問題，但又拘泥於「猷裕」一詞，只得斷句為「遠乃猷裕，乃以民寧，不汝瑕殄」。

　　屈萬里《尚書今注今譯》：「猷裕，道也，《述聞》說。」「要使你的道德高度的適應，（這樣）才能使百姓們安寧。」王世舜《尚書譯注》：「遠，深遠。猷裕，道，指治民之道，你要深謀遠慮，這樣你才能使民眾安定下來。」

　　兩譯文釋義「乃」字，前一個為代詞，後一個為副詞，欠妥。文例也與上文「康乃心，顧乃德」不合。

　　《尚書正義》以「猷」字絕句，卻以「裕乃以民寧」為句。孔安國訓「猷」為「謀思」，以又無解，確有不詞之嫌。

　　《尚書易解》「遠乃猷」，絕句，「裕乃以」絕句。猷與繇通，《詩・巧言》「秩秩大猷」，《漢書・敘傳》注作「秩秩大繇」可證；繇，役也；遠乃猷，謂寬其繇役。裕，足也。以，用也。裕乃以，謂足其用也。寧，安也。瑕，疵也。殄，絕也。民寧，不汝瑕殄者，言如是，則民安寧，不疵瑕汝，不殄絕汝矣。

　　周先生以「猷」、「裕」各自為詞，加以釋義。「遠乃猷，裕乃以」於上文「康乃心，顧乃德」句式相同，文氣貫通。「遠乃猷，裕乃以」式的句例在《尚書》中常見。該篇還有「裕乃身」、「恫乃身」、「往盡乃心」、「敬明乃罰」、「高乃聽」等句。且《尚書・盤庚》篇有「恐人倚乃身」、「既勞乃

祖、乃父」、「永建乃家」,〈召誥〉篇有「自乃御事」,〈洛誥〉篇有「篤敘乃正父」、「不敢廢乃命」,〈立政〉篇有「宅乃事,宅乃牧,宅乃準」,〈文侯之命〉篇有「紹乃辟」等。「猷」、「裕」、「以」三字新解,也合乎古注雅訓。字字有着落,文從字順,深合文意。

> 天休于寧王,興我小邦周,寧王惟卜用,克綏受茲命。今天其相民,矧亦惟卜用。嗚呼!天明畏,弼我丕丕基!(〈周書·大誥〉)

《尚書譯注》斷句為「寧王惟卜,用克綏受茲命」。注曰:「惟,語中助詞……用,因而。克,能夠。綏,讀作瑞,綏的借字。」譯文曰:「文王通過占卜,繼承了上帝所授給的大命。」

《尚書易解》斷句為「寧王惟卜用,克綏受茲命」。釋前句「寧王惟卜用」為「文王惟卜是用,能安受此命」的賓語前置句。

「惟+名詞賓語+動詞」是《尚書》賓語前置的主要句式。〈大誥〉篇有「今天相其民,矧亦惟卜用」,〈牧誓〉篇有「惟婦言是用」,〈梓材〉篇有「唯德用」等句例,恰可與「寧王惟卜用」相互印證。根據楊樹達、管燮初先生的考證,甲骨刻辭亦常見這種句式。周先生《尚書易解》根據先秦賓語前置式通例,如此斷句,甚確。

(三)審句法語氣

漢語有豐富的多義詞。然而在特定的語境中,語詞又有特定的義項,據文索義則文從字順,反之則會文辭混雜,乃至南轅北轍。楊遇夫先生言:「漢儒注經,雖長於訓詁名物,於詞氣文法絕不留意,故其訓釋往往與詞氣不調,詰鞫為病。有宋朱子有見於此,其於諸經先之以涵泳本文,故於文理詞氣之間往往訢合無間。」[13]「若王氏者,義詁之深微,既能抗手漢儒,而

又兼承朱子審核詞氣之結晶品也。」[14]周先生訓釋《尚書》，細味文情以通訓詁，建樹頗豐。

> 既克商二年，王有疾，弗豫。二公曰：「我其為王穆卜。」周公曰：「未可以戚我先王？」（〈周書·金縢〉）

「未可以戚我先王」，舊注均釋為一般的陳述句。對「戚」的解釋主要有以下三種：一訓為「近」。孔《傳》：「穆，敬；戚，近也。召公、太公言王疾當敬卜吉凶。周公言未可以死近我先王，相順之辭。」二訓為「憂」。蔡沈《書集傳》：「戚，憂惱之意。未可以武王之疾而憂惱我先王也。」三訓為「動心」。屈萬里《尚書今注今譯》「戚，動心」，譯文曰：「（只是占卜）不能夠感動我們的先王。」

《說文·玉部》：「璹，玉器也。璹，讀若淑。殊六切。」《說文·尗部》：「尗，豆也。式竹切。」周秉鈞先生稽考《說文》，根據璹、尗聲音相通之理，注曰：「戚，當讀為禱，告事求福也……未可戚我先王，反問之詞，謂當禱告我先王也。太公、召公主張敬卜吉凶，周公則主張向先王求福。」周先生破「戚」為「禱」，審定「未可以戚我先王」為反問句式，與下文「若爾三王是有丕子之責于天，以旦代某身」的迫切心境相合。斷該句為反問句式，充分表達了周公寧可代武王去死以換取武王早日康復的迫切心情，文脈一致，前後照應。正千年之誤解，實為審詞氣之功。

> 庶士有正越庶伯君子，其爾典聽朕教！（〈周書·酒誥〉）

「其爾典聽朕教」句中「其」字，舊注一般不釋。屈萬里《尚書今注今譯》：「其爾，猶爾其也。」譯文曰：「你們要經常聽從我的教訓。」解釋「其爾」卻未標明「其」字的用法。

《尚書易解》：其，庶幾也，表祈使語氣。

周先生在解釋文字的同時指明其語氣，並於句末用嘆號標注，令讀者一

---

[14] 同前注。

目了然,自可心領神會。

> 王曰:「吁!來,有邦有土,告爾祥刑。在今爾安百姓,何擇,非
> 人?何敬,非刑?何度,非及?」(〈周書・呂刑〉)

這段話為穆公告誡諸侯斷獄的方法,舊注多斷句為「何擇非人,何敬非
刑,何度非及」。《尚書易解》注釋該段僅在各句間用逗號隔開,斷句為:
「在今爾安百姓,何擇,非人?何敬,非刑?何度,非及?」注曰:「汝安百
姓,當何所擇,非吉人乎?當何所敬,非刑罰乎?當何所謀,非得宜乎?」
周穆王說這些話的目的是告誡諸侯如何斷獄,他是用自問自答的形式說明這
一問題的。前句用「何」字提出問題,回答用反問形式,用「非」字,以否
定的形式表達肯定的內容,語氣更為有力。周先生在斷句過程中僅僅加了三
個逗號構成設問句式,答句用否定句的形式,借用反詰的語氣表達了肯定的
內容,不僅文意明白如話,也取得了較好的修辭效果,解釋甚確。

三 師法不拘,敢創新識,實事求是

做學問要的是踏踏實實、客觀謹慎的態度,不可不懂裝懂,信口雌黃。
周先生做學問態度謹慎,嚴肅認真,實事求是,堅持言而有徵,從不妄下結
論。他如此教導學生:「作學問,應該踏踏實實,下結論要根據確鑿。不要
主觀武斷,妄下結論。」[15]周秉鈞先生在《尚書易解・凡例》中指出「本書注
解,採集前賢成說,實事求是,擇善而從。其有未明,則間出己意」[16],「訓詁
力求有據」,「解釋虛詞,多采《經傳釋詞》和《詞詮》之訓。臆必之說,
概不敢從」[17]。周先生承先哲樸學之長,注重義理考據,承真理,亦存闕疑。

---

[15] 李傳書:〈厚積薄發條理貫通──學習恩師周秉鈞先生的治學精神〉,《周秉鈞先生紀
    念文集》頁71。
[16] 周秉鈞:〈凡例〉,《尚書易解》頁5。
[17] 同前注。

鳥獸蹌蹌，《簫韶》九成，鳳皇來儀。夔曰：「於！予擊石拊石，百獸率舞，庶尹允諧。」帝庸作歌。（〈虞夏書‧皋陶謨〉）

孔《傳》釋「鳥獸蹌蹌」為「鳥獸化德，相率而舞蹌蹌然」。釋「鳳皇來儀」為「儀，有容儀。備樂有奏而致鳳皇，則餘鳥獸不待九而率舞」。孔《疏》釋「百獸率舞」為「百獸相率而舞」。《尚書注疏》：〈大司樂〉云：大合樂以致鬼神，以和邦國，以諧萬民，以安賓客，以說遠人，是神人和也……百獸率舞即〈大司樂〉云「以作動物」，〈益稷〉云「鳥獸蹌蹌」是也。人神易感，鳥獸難感。百獸相率而舞，則神人和可知也。夔言此者以帝戒之，云神人以和，欲使勉力感神人也，乃答帝云百獸率舞則神人以和，言帝德及鳥獸也。

歷代注疏均解釋此句為虞舜和大臣們和諧有禮，鳥獸都被感化了，相率而群起皆舞，充滿着天人感應的神學色彩。

《尚書易解》獨為新說，認為這是記錄氏族公社時期的宗教舞蹈。「鳥獸蹌蹌謂扮演飛鳥走獸者蹌蹌然而舞也」，「鳳皇來儀謂扮演鳳皇之舞隊又來相見也」，「百獸率舞，扮演百獸之舞隊則順樂聲而舞」。這些注釋簡潔明瞭，反映了古代社會的圖騰崇拜，再現了宗教樂舞的盛況，此解極合史實，破歷代訓詁難題。

據統計《尚書易解》全書有近十處「今不可考」、「今不可確指」、「未知孰是」等表示闕疑的部分。孔子曰：「知之為知之，不知為不知，是知也。」周先生是智者，也是我們求知者的榜樣。

周秉鈞先生治《書》成就的取得，與他海納百川的學者風範是密不可分的。周先生作《尚書易解》，不拘泥於今古文《尚書》門第之爭，廣博地參閱古書，注釋多勝意。《尚書》舊注繁多，注釋往往是仁者見仁、智者見智。要於汪洋浩瀚之中披沙揀金，折中舊說，謀為新篇，並非易事。《尚書易解》著述精當、準確，且多有發明。

嗚呼！古我前后，罔不惟民之承保。后胥慼鮮，以不浮于天時。（〈商書‧盤庚中〉）

對於該段文字歷來多讀承字斷句，慼字斷句。解釋多據偽孔《傳》：「言我先世賢君無不承安民而恤之，民亦安君之政，相與憂行君令。浮，行也。少以不行於天時者，言皆行天時。」孔穎達《尚書正義》：「以君承安民而憂之，故民亦安君之政，相與憂行君令，使君令必行，責時群臣不憂行君令也。舟船浮水而行，故以浮為行也；行天時也，順時布政，若〈月令〉之為也。」蔡沈《書集傳》：「承，敬也。蘇氏曰：『古謂過為浮。浮之言勝也。后既無不惟民之敬，故民亦保后，相與憂其憂，雖有天時之災，鮮不以人力勝之也。』」

孫星衍《尚書今古文注疏》：《說文》引此經「慼」作「戚」，蓋謂貴戚大臣。據〈洛誥〉「承保乃文祖受命民」，他認為該句應該在保字斷句，「后胥戚鮮」作一句。

楊筠如先生《尚書覈詁》沿襲孫氏的斷句，解釋「后胥慼鮮」為：「后者，厚之假字……慼，親也。鮮，〈釋詁〉善也。」

《尚書易解》：慼，當作戚，謂貴戚大臣。胥，古謂字，《說文》：「諝，知也。」章太炎：「凡古言諝者，今言清楚，或言清爽。」鮮，明也。后胥者，君后清楚也。戚鮮者，貴戚明白也。以，因也。浮，罰也，聲之轉，見《禮·投壺》注。言君主清楚，大臣明白，因不為天時所罰也。

周秉鈞先生兼采先賢之勝意，參考常見文例與前代訓詁資料斷句為「古我前后，罔不惟民之承保。后胥慼鮮，以不浮于天時」，解釋「后胥慼鮮」為「君主清楚，大臣明白」的主謂式並列結構，文清融洽，語義貫通。

著名樸學大師章太炎先生在《檢論》一書中指出：「吳始惠棟，其學好博而尊聞，皖南始江永、戴震，綜形名，任裁斷，此其所以異也。」周先生正是在廣覽群書的基礎上「綜形名，任裁斷」的典範。

《尚書易解》撰成於四十年代，一九五零年楊樹達先生為之作序，嘉許之「於是先儒所稱詰詘聱牙號為不易讀者，得君爬梳而整比之，庶幾乎人人可讀矣」[18]。但周先生仍不斷地予以損益修改，直至一九八四年十一月嶽

---

[18] 周秉鈞：〈楊遇夫先生序〉，《尚書易解》頁1。

麓書社出版，歷時三十八年，《尚書易解》才公之於世人。此書一出，譽滿學林，引起了學術界，尤其是《尚書》學界的高度重視和極力推崇，《尚書易解》成為《尚書》訓詁的代表作，後世治《書》多引《易解》。至一九九零年，距《尚書易解》出版短短六年，據湖南師範大學科研處統計，就有一百二十六種專著專論引用《尚書易解》，《尚書學史》等八種專書介紹評論，《湖南師大學報》、《讀書》、《文匯報》（香港）等六種報刊發表書評。

《尚書易解》成績斐然，但周先生依舊淡泊名利、潛心鑽研。一九八八年撰《白話尚書》，著作增加了「偽古文尚書」部分，譯文以直譯為主，輔以意譯，融會貫通，準確暢達。周先生還對《尚書易解》欠妥處進行了訂正，注解方面更加精當。

> 越玉五重、陳寶、赤刀、大訓、弘璧、琬琰、在西序。（〈周書·顧命〉）

《尚書易解》選用曾運乾先生《尚書正讀》的倒語說：「越玉五重，陳寶」，語倒，猶言「陳寶，越玉五重」也。王念孫：〈顧命〉：陳寶，赤刀。《傳》以「陳寶」為「陳先王所寶之器物」。《正義》引鄭氏說同。此以「陳寶」為刀名，則與「赤刀」同類，或用今文說也。周先生《白話尚書》采王念孫之說，改釋該句為「越玉五種，寶刀、赤刀、大訓、大璧、琬、琰，陳列在西牆向東的席前」。無需倒語，文從字順。可謂後出轉精，令人信服。

周先生惟真理是從，敢於自以為非，大師風範，令人神往。

「文王受命惟中身」新解

趙平安[*]

　　《尚書・無逸》：「文王受命惟中身，厥享國五十年。」孔安國《傳》：
「文王九十七而終。中身，即位時年四十七，言中身舉全數。」孔穎達《正
義》：「文王年九十七而終，《禮記・文王世子》文也。於九十七內減享國
五十年，是未立之前有四十七。在禮諸侯踰年即位，此據代父之年，故為即
位時年四十七也。計九十七年，半折以為中身。則四十七時於身非中，言中
身者舉全數而稱之也。」[1]孔安國和孔穎達都是從文王即位的年齡的角度來理
解「中身」，又不得不承認文王受命實際上不是「中身」，「中身」只是舉全
數言之。從字面上看，「中身」的本義大約是指身體的中段。《戰國策・魏
四》：「有蛇於此，擊其尾，其首救；擊其首，其尾救；擊其中身，首尾皆
救。」用的就是本義。用中身來表示年齡，是一種比喻的說法。九十七之半
是四十八點五歲，文王受命是四十七歲，並不完全密合。孔安國和孔穎達都
看出這一點，所以說舉其概數。有的注家因為這個矛盾，直接說「中身謂中
年」（鄭玄注，《詩經・大雅・文王》《正義》引）。後世還有模仿此類用法
的。如《文選・南朝宋顏延年〈陶徵士誄〉》：「年在中身，疢維痁疾。」柳
宗元〈唐故邕管招討副使鄧君墓誌銘〉：「年極中身，葬茲高岸。」
　　為便於理解，我們先把這句話的上下文抄錄如下：

　　　周公曰：「嗚呼！我聞曰：昔在殷王〔太宗，不義惟王，舊為小人；

---

* 清華大學歷史系
[1] 《尚書正義》卷16，阮元校刻《十三經注疏》（北京市：中華書局，1980年）上冊，頁
　　110。

作其即位。爰知小人之依，能保惠于庶民，不敢侮鰥寡：肆太宗之享國三十又三年。其在〔中宗，嚴恭寅畏，天命自度，治民祗懼，不敢荒寧：肆中宗之享國七十又五年。其在高宗，時舊勞于外，爰暨小人；作其即位，乃或亮陰，三年不言，其惟不言，言乃雍；不敢荒寧，嘉靖殷邦，至于小大，無時或怨：肆高宗之享國五十有九年。（其在祖甲，不義惟王，舊為小人；作其即位。爰知小人之依，能保惠于庶民，不敢侮鰥寡：肆祖甲之享國三十又三年。）自時厥後立王，生則逸。生則逸不知稼穡之艱難，不聞小人之勞，惟耽樂之從。自時厥後亦罔或克壽，或十年，或七、八年，或五、六年，或四、三年。」周公曰：「嗚呼！厥亦惟我周，太王、王季克自抑畏。文王卑服，即康功田功；徽柔懿恭，懷保小民，惠鮮鰥寡；自朝至于日中昃，不遑暇食，用咸和萬民。文王不敢盤于遊田，以庶邦惟正之供。文王受命惟中身，厥享國五十年。」[2]

從這一句的語言環境來看，先以殷代聖明君主為例，再談到周文王，主要說周文王與殷三宗一樣，盡君王之道，故能享國長久。在敘述殷三宗的時候，都沒有提到什麼時候即位。顯然，文王什麼時候即位，並不是敘述的重點。傳統的說法有商榷的餘地。

從戰國文字的用字習慣和周文王史實來看，我們認為「中身」應讀為「忠信」。

現在我們見到的《孔傳古文尚書》，其中有三十三篇內容同於伏生傳授的《今文尚書》二十八篇（從〈堯典〉中分出下半為〈舜典〉，從〈皋陶謨〉中分出下半為〈益稷〉，〈盤庚〉分為三篇，從〈顧命〉中分出下半為〈康王之誥〉），增多的二十五篇，後世叫做「晚書」。「『晚書』二十五篇雖然不是真正的孔壁古文，不妨看作是《古文尚書》的西晉輯佚本。」[3]

---

[2] 引自顧頡剛、劉起釪：《尚書校釋譯論》（北京市：中華書局，2005年）第3冊，頁1532。

[3] 江灝、錢宗武譯注，周秉鈞審校：《今古文尚書全譯》（貴州市：貴州人民出版社，

　　〈無逸〉在先秦文獻中被引用四次，在西漢伏生今文本中為第二十篇，伏生門下三家今文本中為第二十一篇，東漢馬、鄭古文本中為第二十五篇，皆列於〈周書〉，《孔傳古文尚書》為全書第四十三篇，列為〈周書〉第十七篇。稱得上是傳流有序。和其他絕大多數先秦古書一樣，〈無逸〉也經歷了戰國文字階段，後來又經過「隸古定」，轉變為隸楷。在這個過程中，會保留戰國文字的印記。

　　〈無逸〉「惠鮮鰥寡」，皮錫瑞《今文尚書考證》：「《漢書・景十三王傳》曰：『惠於鰥寡。』〈谷永傳〉引《經》曰：『懷保小人，惠於鰥寡。』……《後漢書・明帝紀》中元二年詔引『惠於鰥寡』，皆不作『惠鮮』。」段玉裁《古文尚書撰異》認為「『鮮』為『於（于）』之訛」。《荊門郭店楚墓竹簡・語叢一》第二十二簡、《語叢二》第二十三簡、《語叢三》第五十一簡，《上海博物館藏戰國楚竹書（一）・緇衣》第二簡「於」與鮮寫法相近，可為證明。郭店簡《語叢》和上博簡《緇衣》是「具有齊系文字特點的抄本」[4]，它和《孔傳古文尚書》寫法相合絕不是偶然的現象。因為《孔傳古文尚書》中至少有三十三篇源出孔壁（含〈無逸〉），也應是齊系文字的抄本。在由齊系文字轉寫為隸楷的過程中，由於「於」、「鮮」寫法相近，就被轉寫成「鮮」。這個「鮮」顯然是戰國文字的印記。

　　「中身」屬於相類的現象。

　　在戰國璽印中，經常可以見到「中身」印，如《古璽彙編》2688～2705、4660，也可以見到「士中身」印，如《珍秦齋藏印（戰國篇）》198，其代表性寫法如下：

 （《璽匯》2705）

（《璽匯》2702）

1990年）頁7。

4　馮勝君：《郭店簡與上博簡對比研究》（北京市：線裝書局，2007年）頁320。

（《璽匯》2700）

（《璽匯》2698）

（《璽匯》2688）

（《璽匯》2697）

（《珍秦齋藏印（戰國篇）》198）

王仁聰先生曾對「中身」印加以考釋，他說：

> 身與申古音同通用，……古信、申同字，故身與信亦可通用。……中
> 身……即是忠信。[5]

對於這種說法，李家浩先生曾詳加論證。他不僅梳理說明了「中」、「身」二字的形體，而且指出：「『忠』從『中』聲。從語言上看，『忠』應是由『中』派生的一個詞，故『中』、『忠』二字可通。」又舉璽印中「身士」、「言身」、「貴身」以及中山王壺、長信侯鼎、信安君鼎「訒」說明「身」與「信」音近古通，從而證明王說「中身」即「忠信」，當屬可信[6]。

「文王受命惟忠信」就是文王因為忠信而受命。忠信是忠誠信實的意思。《禮記・禮器》：「忠信，禮之本也。」《論語・公冶長》「必有忠信」，劉寶楠《正義》：「忠信者，質之至美者也。」《逸周書・常訓》：「九德：忠、信、敬、剛、柔、和、固、貞、順。」列為九德之首。忠信不僅是獲得

---

[5] 《香港中文大學文物館藏印集》（香港：香港中文大學，1980年）。

[6] 李家浩：〈從戰國「忠信」印談古文字中的異讀現象〉，《北京大學學報》（哲學社會科學版）1987年第2期，頁10～11。

君王信任的重要前提，而且也是獲得百姓擁戴的重要前提。《大戴禮記・子張問入官》：「故非忠信，則無可以取親于百姓矣。」

周文王的忠信事例，舉不勝舉。《論語・泰伯》：「三分天下有其二，以服事殷。周之德，其可謂至德也已矣。」包咸注文說：「殷紂淫亂，文王為西伯而有聖德，天下歸周者，三分有二，而猶以服事殷，故謂之至德。」[7]《上海博物館藏戰國楚竹簡（一）・容成氏》：「文王聞之，曰：『雖君無道，臣敢勿事乎？雖父無道，子敢勿事乎？孰天子而可反？』紂聞之，乃出文王于夏台之下而問焉，曰：『九邦者其可來乎？』文王曰：『可。』文王於是乎素端、屨、裳以行九邦，七邦來服，豐、鎬不服。文王乃起師以向豐、鎬，三鼓而進之，三鼓而退之，曰：『吾所知多存，一人無道，百姓其何罪？』豐、鎬之民聞之，乃降文王。文王持故時而教民時，高下肥磽之利盡知之。知天之道，知地之利，思民不疾。昔者文王之佐紂也，如是狀也。」都屬此類。正因為文王忠信，所以能不斷凝聚力量，終於成為受命之君。《史記・周本紀》：「西伯曰文王，遵后稷、公劉之業，則古公、公季之法，篤仁，敬老，慈少。禮下賢者，日中不暇食以待士，士以此多歸之。伯夷、叔齊在孤竹，聞西伯善養老，盍往歸之。太顛、閎夭、散宜生、鬻子、辛甲大夫之徒皆往歸之。」「西伯陰行善，諸侯皆來決平。於是虞、芮之人有獄不能決，乃如周。入界耕者皆讓畔，民俗皆讓長。虞、芮之人未見西伯，皆慚，相謂曰：『吾所爭，周人所恥，何往為，只取辱耳。』遂還，俱讓而去。諸侯聞之，曰『西伯蓋受命之君』。」

關於文王受命，出土資料和傳世文獻中都有記述。〈何尊〉：「文王受茲大命。」〈大盂鼎〉：「丕顯文王受天有大命。」《詩經・大雅・大明》：「有命自天，命此文王。」《逸周書・祭公》：「皇天改大殷之命，維文王受之，維武王大克之。」應指受天命而言。

說文王因為忠信而受天命，從上下文，從用字習慣，從歷史事實來看，都是說得通的。

7　程樹德：《論語集釋》（北京市：中華書局，2006 年）頁 560。

《尚書》《史記》異文的訓詁價值研究

黎千駒[*]

　　古書異文的產生主要有兩種原因，一是古書在不斷流傳過程中，形成了不同的版本。在這些不同的版本中，因傳寫、抄錄、刊行而難免出現一些異文現象。二是人們在引用某種古書時因所依據的版本不同，或引用時因抄錄的訛誤而出現一些異文現象。這兩種異文，往往皆古人所謂「書三寫，魚成魯，虛成虎」[1]。因此皆需校勘而定其是非，這正如王引之所說：「經典之字，往往形近而訛，仍之則義不可通，改之則怡然理順。」[2]我們在讀《史記·五帝本紀》和《尚書》時發現這麼一種現象：《史記·五帝本紀》在撰寫相關人物傳記需引用《尚書》時，基本上是抄錄《尚書》，然而內容有所增刪，文字有所改易。這種增刪和改易，就使得《史記·五帝本紀》與《尚書》的相關內容上出現了大量的異文現象。這種異文的產生，往往並非版本的原因，也非司馬遷引用時因抄錄的訛誤而出現的，而是司馬遷有意為之。他在引用《尚書》資料時，幾乎是在用今譯的方法把《尚書》中的一些詰屈聱牙的語言轉換成漢代的語言。因此，如果我們把《史記·五帝本紀》與《尚書》中的相關篇目加以對照，校勘其用字的差異，則往往可以據此來探求和考釋出《尚書》中的某些疑難詞句，而無需借助於古注或工具書。此可謂讀古書之一法，亦可探求出先秦至西漢時某些語言演變的情況。具體而言，《尚書》、《史記》異文的訓詁價值主要體現在由異文而識異體字、由異文而

---

[*] 湖北師範學院語言學研究中心
[1] 葛洪：《抱朴子·遐覽》。
[2] 王引之：《經義述聞·通說下》。

明通假字、由異文而繫聯同源詞、由異文而知同義詞、由異文而知詞義句意、由異文而明句式、由異文而定前賢注釋之是非等七個方面。

一　由異文而識異體字

　　異體字又叫「異形字」，也有叫或體、重文的，字典裏叫做「俗字」，這是相對於常用的「正字」而言。異體字是指讀音相同、意義相同，而形體不同，在任何情況下都可以互相代替的字。在文字未規範之時，書寫者用該字的何種形體，或許是根據自己的習慣，或許也有其他方面的考慮。例如：

　　（1a）《尚書・堯典》：眚災肆赦。

　　（1b）《史記・五帝本紀》：眚烖過，赦。

　　（2a）《尚書・堯典》：四罪而天下咸服。

　　（2b）《史記・五帝本紀》：四辠而天下咸服。

　　例（1），《說文》：「烖，天火曰烖，从火，𢦏聲。災，或从宀火。……災，籀文。」《說文》中把「烖」作為正字，而把「灾」、「災」作為重文處理。後來「災」與「烖」都成了「灾」的異體字。例如《漢書》常用「灾」。《漢書・文帝紀》：「人主不德，布政不均，則天示之以灾，以戒不治。」在〈五帝本紀〉中，《史記》用「烖」字，而在〈孝文帝本紀〉中則用「災」字，例如《史記・孝文帝本紀》：「人主不德，布政不均，則天示之以災，以戒不治。」

　　例（2），《說文》：「辠，犯法也。从辛，从自，言辠人蹙鼻苦辛之憂。秦以辠似皇字，改為罪。」「罪，捕魚竹網。从网非。秦以罪為辠字。」按，「罪」的本義是「捕魚器」，「辠」的本義是「犯罪」，秦始皇認為「辠」字與「皇」字相似，故用「罪」來代替「辠」，後來「辠」反倒成了「罪」的異體字。《尚書》中「罪」似應作「辠」，然何以寫作「罪」呢？是否由此可以證明秦以前「罪」字就可表示「犯罪」呢？不可，段玉裁指出：「經典

多出秦後，故皆作罪。」[3]《史記》不必遵秦之規定，因此仍然使用「皋」字；但在〈項羽本紀〉中卻用「罪」字，例如《史記・項羽本紀》：「天亡我，非用兵之罪也。」

由以上兩例，我們似乎可以這樣認為：或許司馬遷認為「烖」和「皋」是先秦時通行的字，而「災」和「罪」是秦漢時通行的字，為了切合時代的用字特徵，因此他在〈五帝本紀〉中使用「烖」和「皋」；在寫秦漢時人物傳記時則使用「災」和「罪」。

二 由異文而明通假字

通假又叫通借，或曰假借。「通」是通用，「假」是假借。所謂通假，就是指古文中音同或音近的字的通用和假借，它是古人在書寫的某個詞時候，放著本有的正字不用，卻臨時借用一個音同或音近的字來代替而產生的一種用字現象。本有的正字叫本字，臨時借用的字叫通假字或通借字，也叫假借字，簡稱借字。《尚書》多用借字，容易給讀者帶來閱讀障礙，《史記》有時改為本字，則可令讀者之疑惑渙然冰釋。例如：

（1a）《尚書・堯典》：禹，汝平水土，惟時懋哉！

（1b）《史記・五帝本紀》：禹，汝平水土，維是勉哉！

（2a）《尚書・皋陶謨》：皋陶曰：「都！在知人，在安民。」禹曰：「籲！咸若時，惟帝其難之。知人則哲，能官人。安民則惠，黎民懷之。能哲而惠，何憂乎驩兜？何遷乎有苗？何畏乎巧言令色孔壬？」

（2b）《史記・夏本紀》：禹曰：「籲！皆若是，惟帝其難之。知人則智，能官人；能安民則惠，黎民懷之。能哲能惠，何憂乎驩兜，何遷乎有苗，何畏乎巧言善色佞人？」

由異文可知，《尚書》「時」通「是」。這是《尚書》用借字而《史記》用本字。按，《漢語大字典》「時」字條未收此義項，可據此增補。

3　段玉裁：《說文解字注・「罪」字注》。

《尚書》、《史記》異文的通假還有三種情況值得我們注意：有時《尚書》用本字而《史記》改用借字，有時《尚書》用某個借字而《史記》改用另一個借字，有時《尚書》用借字而《史記》改用表示本字意義的字。例如：

（3a）《尚書·堯典》：肆類于上帝，禋于六宗，望于山川，**遍**于群神。

（3b）《史記·五帝本紀》：遂類于上帝，禋于六宗，望于山川，**辯**于群神。

　　張守節《正義》：「辯音遍，謂祭群神也。」由異文可知，《史記》「辯」通「遍」。這是《尚書》用本字而《史記》用借字的情況。

（4a）《尚書·堯典》：厥民隩。

（4b）《史記·五帝本紀》：其民燠。

　　《說文》：「燠，熱在中也。」即「暖；熱」。「隩，水隈，崖也。」即「水涯深曲處」。《說文》：「奧，宛也。室之西南隅。」即「房屋的西南角；也泛指房屋的深處」。周秉鈞《尚書注譯》：「隩，通奧，室。」由此可見，《尚書》和《史記》各用了不同的借字。

（5a）《尚書·舜典》：教**胄**子。

（5b）《史記·五帝本紀》：教**稚**子。

　　王引之《經義述聞·尚書上》：「教胄子」，《說文》引作「教育子」，《周官·大司樂》注亦作「教育子」，《史記·五帝紀》作「教稚子」。引之謹案，育子，稚子也。育字或作毓，通作鬻，又通作鞠。古謂稚子為育子，或曰鞠子。凡未冠者通謂之稚子，稚子即育子。育胄古聲相近，作胄者，假借字耳。王引之認為，「胄」通「育」，「育子」即稚子。由此可見，《尚書》用借字「胄」，而《史記》改用表示本字「育」的意義的「稚」字。

三　由異文而繫聯同源詞

　　同源詞是由同一個語源直接或間接派生出來的一組音近義通的詞。所謂「音近義通」，是指音義皆近，或音近義同，或義近音同。同源詞往往是以某一詞義特點為中心，而以語音的細微差別（或同音），表示相近或相關的幾個意義。同源詞在經傳往往通用，我們亦可由異文而系聯同源詞。例如：

（1a）《尚書・堯典》：歲二月，東巡守。……五月南巡守。……八月西巡守。

（1b）《史記・五帝本紀》：歲二月，東巡狩。……五月南巡狩。……八月西巡狩。

「守」（shòu）是「諸侯為天子守土」，「狩」是「帝王出外巡視」。《孟子・梁惠王下》：「天子適諸侯曰巡狩，巡狩者，巡所守也。」《禮記・王制》：「天子五年一巡守。」陸德明《經典釋文》：「守，本又作狩。」《白虎通・巡狩》：「王者所以巡狩者何？巡者循也；狩，牧也。為天下循行守牧民也。」《正字通》：「狩，與守通。」「守」與「狩」為同源詞。按，王力先生《同源字典》未收此組同源詞，可據此增補。

（2a）《尚書・堯典》：厥民析，鳥獸孳尾。孔安國：乳化曰孳，交接曰尾。

（2b）《史記・五帝本紀》：其民析，鳥獸字微。

《說文》：「孳，汲汲生也。」「字，乳也。」段玉裁注：「人及鳥生子曰乳。」《說文・敘》：「字者，言孳乳而寖多也。」「孳」與「字」為同源詞，經傳往往通用。

《說文》：「尾，微也。」《釋名・釋形體》：「尾，微也，承脊之末稍，微也。」「尾」與「微」為同源詞。按，王力先生《同源字典》未收此組同源詞，可據此增補。

四　由異文而知同義詞

同義詞是語音不同而意義相同或相近的一組詞。同義詞一般分為兩類：一類是等義詞，另一類是近義詞。近義詞的兩個詞，意義並不完全相同，人們一般所說的同義詞指的就是這類近義詞。古代訓釋材料中的單訓、互訓、同訓、遞訓等皆可作為判斷同義詞的參考依據。某部古籍不同版本中的異文材料有時也可作為判斷同義詞的參考依據。例如：

（1a）《尚書・堯典》：申命羲叔，宅南交。

（1b）《史記・五帝本紀》：分命羲叔，居南交。

「宅」的本義是「住宅；房舍」，《說文》：「宅，所托也。」引申為「居住」，《爾雅‧釋宮》：「宅，居也。」「居」的本義是「蹲著」，《說文》：「居，蹲也。」引申為「居住」，《易‧繫辭下》：「上古穴居而野處。」由此可見「宅」與「居」在「居住」義上為同義詞。

（2a）《尚書‧堯典》：宵中，星虛，以殷仲秋。

（2b）《史記‧五帝本紀》：夜中，星虛，以正中秋。

《爾雅‧釋言》：「宵，夜也。」《爾雅‧釋詁》：「殷，正也。」由此可見「宵」與「夜」，「殷」與「正」為同義詞。

五　由異文而知詞義句意

《史記》往往採取用今語釋古語的方式來改動《尚書》的相關文字或整個句子，因此讀者可以由《史記》來推知《尚書》中某些詞語的意義，甚至整個句子的意義。例如：

（1a）《尚書‧堯典》：乃命羲和，欽若昊天。

（1b）《史記‧五帝本紀》：乃命羲和，敬順昊天。

《尚書》「欽若」難懂，鄭玄曰：「敬事節用謂之欽。」《爾雅‧釋言》：「若，順也。」《史記》用今語釋古語的方式而改「欽若」為「敬順」。

（2a）《尚書‧皋陶謨》：願而恭，亂而敬。

（2b）《史記‧夏本紀》：願而共，治而敬。

《爾雅‧釋詁下》：「亂，治也。」《說文》：「亂，治也。」按，「亂」的「治理」義在《尚書》中多見，但在先秦其他文獻中已罕見，《左傳‧襄公二十八年》有「武王有亂臣十人」之語，《論語‧泰伯》有「武王曰『予有亂臣十人』」之語，或許皆是引自〈泰誓〉「予有亂臣十人」。西漢時「亂」的「治理」義已完全消失，《史記》用今語釋古語的方式而改「亂」為「治」。

（3a）《尚書‧堯典》：允釐百工，庶績咸熙。

（3b）《史記‧五帝本紀》：信飭百官，眾功皆興。

　　《史記》幾乎是用逐字對應直譯的方式來改寫《尚書》的這段原文，這就使得《尚書》這兩句話變得通俗易懂了。

六　由異文而明句式

　　《史記》往往採取用今語釋古語的方式來改動《尚書》的某些句式，因此讀者由此可以發現《尚書》中所反映出的某些與西漢，甚至西周時代不同的句式特點。周秉鈞先生指出：《尚書》二十八篇還反映許多古代漢語語法特點。它很少使用句末語氣詞。例如：〈西伯戡黎〉「我生不有命在天」句是個反問句，卻沒有表示反問的句末語氣詞，《史記‧殷本紀》引作「我生不有命在天乎」，加了一個「乎」。它的主動句和被動句在形式上沒有什麼區別。例如：〈禹貢〉的「禹錫玄龜」句，《史記‧五帝本紀》作「於是帝錫禹玄圭」，原來是個被動句。《尚書》二十八篇中「者」字結構還沒出現。例如：〈堯典〉的「下民其諮，有能俾乂」，《史記‧五帝本紀》作「下民其憂，有能使治者」[4]。下面我們再略加闡發。

（1a）《尚書‧堯典》：明明揚側陋。

（1b）《史記‧五帝本紀》：悉舉貴戚及疏遠隱匿者。

（2a）《尚書‧堯典》：瞽子，父頑、母嚚，象傲。

（2b）《史記‧五帝本紀》：盲者子。父頑、母嚚，弟傲。

《尚書》中的「側陋」、「瞽子」，《史記》分別改為「疏遠隱匿者」、「盲者子」。此可證周秉鈞先生「《尚書》二十八篇中『者』字結構還沒出現」結論之正確。

（3a）《尚書‧堯典》：帝堯曰放勳。

（3b）《史記‧五帝本紀》：帝堯者，放勳。

（4a）《尚書‧堯典》：帝舜曰重華。

（4b）《史記‧五帝本紀》：虞舜者，名曰重華。

---

[4]　周秉鈞：《尚書注譯‧前言》（長沙：嶽麓書社，2001年）。

《尚書》判斷句不用「者」字,《史記》則在主語後面用「者」字表停頓。這表明《尚書》二十八篇中「主語+者,謂語」這種判斷句式還沒出現。

　　(5a)《尚書・堯典》:惇德允元,而難任人,蠻夷率服。

　　(5b)《史記・五帝本紀》:行厚德,遠佞人,則蠻夷率服。

《尚書》像並列複句,《史記》加一「則」字,則知為條件複句。這表明《尚書》二十八篇中複句往往不用關聯詞語,而是使用意合法。

　　(6a)《尚書・堯典》:寅賓出日,平秩東作。

　　(6b)《史記・五帝本紀》:敬道日出,便程東作。

　　(7a)《尚書・堯典》:寅餞納日,平秩西成。周秉鈞注:餞:送行。納日,入日,落日。

　　(7b)《史記・五帝本紀》:敬道日入,便程西成。

《尚書》作「出日」、「納日」,為述賓短語;《史記》分別作「日出」、「日入」,為主謂短語。二者語序正好顛倒。

　　(8a)《尚書・堯典》:期三百有六旬有六日。

　　(8b)《史記・五帝本紀》:歲三百六十六日。

　　(9a)《尚書・堯典》:十有一月,朔巡守。

　　(9b)《史記・五帝本紀》:十一月,北巡狩。

《尚書》表示零數時,皆在整數和零數之間加個「有」字,其他先秦作品也大抵如此。按,甲骨文和金文表零數時也多用「有(又)」,但也有例外,例如:

　　(10)郭沫若《卜辭通纂》:八日辛亥,允戈伐二千六百五十六人。

　　(11)〈小盂鼎〉:萬三千八十一人。

《史記》則往往不加「有」字,而是把整數和零數直接結合,如例(8b)和(9b)。讀者由此而可知上古兩種零數標記法的演變情況。當然先秦時代加「有」的零數標記法不會隨著西漢時整數和零數直接結合的方式占主流地位而立刻消失,因此《史記》有時也加「有」字來表零數,與《尚書》保持一致,例如:

　　(12a)《尚書・堯典》:帝曰:「咨!汝二十有二人,欽哉!惟時亮天功。」

（12b）《史記‧五帝本紀》：舜曰：「嗟！汝二十有二人，敬哉！惟時相天
　　　　事。」

七　由異文而定前賢注釋之是非

　　《尚書》注釋，歷代名家輩出，這就為我們閱讀《尚書》掃清了許多障
礙。然而有時幾家對某字某句的訓釋各不相同，這就需要讀者辨識其正誤，
擇善而從。有時借助《尚書》、《史記》異文也可以幫助我們來判定前賢注
釋之是非。例如：

（1a）《尚書‧堯典》：帝曰：「咨！四岳。朕在位七十載，汝能庸命，巽朕
　　　　位？」岳曰：「否德忝帝位。」

（1b）《史記‧五帝本紀》：堯曰：「嗟，四岳，朕在位七十載，汝能庸
　　　　命，踐朕位？」岳應曰：「鄙德忝帝位。」

　　蔡沈《尚書集傳》引吳氏曰：「巽、遜，古通用。」陸德明《經典釋
文》：「巽音遜，馬云：『讓也。』」皆解釋為「謙恭；謙讓」，蓋誤。

　　裴駰《集解》引鄭玄曰：「言汝諸侯之中有能順事用天命者，入處我
位，統治天子之事者乎？」張守節《正義》：「四岳皆云：鄙俚無德，若便
行天子事，是辱帝位。言己等不堪也。」按，訓「巽」為「遜；謙恭；謙
讓」，與「巽朕位」文意不合。根據《史記》異文可知，「巽」通「踐」。
按，「巽」上古屬文部，「踐」屬元部，文元旁轉；「巽」上古屬心紐，「踐」
屬從紐，心從旁紐。《禮記‧中庸》：「踐其位。」鄭玄注：「踐，猶升也。」
按，《漢語大字典》「巽」字條未收此義項，可據此增補。

（2a）《尚書‧堯典》：帝曰：「吁！靜言庸違，象恭滔天。」

（2b）《史記‧五帝本紀》：堯曰：「共工善言，其用僻，似恭漫天，不
　　　　可。」

　　孫詒讓曰：「滔，通謟，《爾雅‧釋詁》：『謟，疑也。』」孫詒讓認為
《尚書》「滔，通謟」，並引《爾雅‧釋詁》「謟，疑也」為證；而司馬遷的
解讀則是：「滔，漫也。」滔天即漫天，文從字順，不必言通假，因此《史

記》改「滔」為「漫」。張守節《正義》:「共工善為言辭,用意邪僻也。似於恭敬,罪惡漫天,不可用也。」

（3a）《尚書‧堯典》:帝曰:「吁!咈哉,方命圮族。」

（3b）《史記‧五帝本紀》:堯曰:「鯀負命毀族,不可。」

孔《傳》:「方命者,謂好比方命名。」蔡沈《尚書集傳》:「方命者,逆命而不行也。」孔《傳》把「方」解釋為「比方」;蔡沈解釋為「違;逆」;《史記》解釋為「負;違背」。按,蔡沈和司馬遷的解釋雖用詞不同,然意思相同。由此可見《史記》是用今譯的方式來改動《尚書》,亦可知孔《傳》之誤。

（4a）《尚書‧皋陶謨》:烝民乃粒,萬邦作乂。

（4b）《史記‧夏本紀》:眾民乃定,萬國為治。

鄭玄曰:「粒,米也。眾民乃復粒食。」王引之《經義述聞‧烝民乃粒》:「『粒』當讀為〈周頌‧思文〉『立我烝民』之立。」按,「粒」通「立」,而「立」的意義是「定;安定」,這裏《史記》是用本字「立」的意義「定」來改寫《尚書》中的借字「粒」,可見在司馬遷看來,「烝民乃粒」之「粒」並非米粒。可以說,王引之的訓釋與司馬遷之意相同。

綜上所述,運用校勘中的考異文之法來讀古書,可以說明我們解決語言文字上的某些閱讀障礙。值得注意的是,運用校勘中的考異文之法來探求和診釋詞義時,應遵循正確分辨異文材料的原則。這主要體現在兩個方面:第一,要正確分辨異文材料的類別。例如:

（1）《尚書‧堯典》:「師錫帝曰:『有鰥在下,曰虞舜。』」《史記‧五帝本紀》作:「眾皆言於堯曰:『有矜在民間,曰虞舜。』」「矜」是「鰥」的借字,《尚書》用本字,而《史記》用了借字,不能把它們理解為同義詞或同源詞。

（2）《尚書‧堯典》:「震驚朕師。」《史記‧五帝本紀》作「振驚朕眾。」按,《爾雅‧釋詁》:「震,動也。」《廣雅‧釋詁》:「振,動也。」「震」與「振」音同義通,為同源詞,因此經傳往往通用。《爾雅‧釋詁》:「師,眾也。」可見「師」與「眾」為同義詞,因此《史記》

　　往往用同義詞來替換《尚書》中比較難懂的詞語。

（3）《尚書・皋陶謨》：「夙夜浚明有家，日嚴祗敬六德。」《史記・夏本紀》作：「蚤夜翊明有家，日嚴振敬六德。」「夙」的意義是「早晨」，《史記》用「早」的借字「蚤」來改寫《尚書》中與「早」同義的「夙」字。

第二，要正確分辨異文材料中的訓詁同義與修辭同義。例如：

（4a）《尚書・皋陶謨》：汝無面從，退有後言。

（4b）《史記・夏本紀》：女無面諛，退而謗予。

（5a）《尚書・堯典》：帝曰：「吁！嚚訟，可乎？」

（5b）《史記・五帝本紀》：堯曰：「吁！頑凶，不用。」修辭，否定句與反詰句。

　　例（4），「從」是順從，「諛」是阿諛奉承，「有後言」是在背後議論；「謗予」是在背後議論我的過錯。「從」與「諛」、「有後言」與「謗予」的意義不可以互訓，它們並不構成訓詁中的同義詞，然而它們在語境中可以構成同義關係：「從」則可能阿諛奉承，「諛」則肯定順從。「有後言」是在背後議論；「謗予」是在背後議論我的過錯。前者抽象，或者具體。例（5），「可乎」是反詰問句，「不用」是否定句。它們所表達的意思相同，只不過前者委婉，而後者直接。上述兩種異文情況，我們分別稱之為修辭中的同義詞和同義句式。因此我們當然就不能根據這樣的異文材料來探求和詮釋詞義了。

　　綜上所述，《書》、《史》異文材料極為複雜，必須仔細甄別。

《今文尚書》名詞性謂語句再探

黃南津*、周祖亮**

　　名詞性謂語句是指由名詞或名詞性短語充當謂語的句子，一般標記為
NP1～NP2。其中NP2必須是名詞性詞語或短語；而NP1的成分則相對複雜
一些，它可以是名詞性詞語，也可以是主謂短語、述賓短語等非名詞性短
語，甚至可以是句子。但是，並非所有的漢語名詞都能自由地充任謂語，名
詞或名詞性詞語要作謂語，必須具有陳述義的語義特徵[1]。本文以時賢對名
詞性謂語句的相關論述為基礎，對《今文尚書》的名詞性謂語句為再作考察與
分析，以就教於方家。

一　關於古代漢語名詞性謂語句的類別

　　在討論《今文尚書》名詞性謂語句之前，有必要對古代漢語名詞性謂語
句的類別再作簡單分析。句子謂語的主要作用是對主語進行判斷、敘述、描
寫等，根據其作用，可以將句子分為判斷句、敘述句與描寫句等。在現代漢
語中，一般來說，名詞性謂語主要表示判斷功能，動詞性謂語主要表示敘述
功能，形容詞性謂語主要表示描寫功能。

　　但是就古代漢語實際情況而言，名詞性謂語的功能絕不僅限於對主語的

＊　廣西大學文學院

＊＊ 西南大學漢語言文獻研究所

[1]　周日安：〈體詞謂語句的生成條件〉，《佛山科學技術學院學報》1996年第3期，頁49
　　～55。

判斷。楊伯峻、何樂士先生按照名詞謂語的作用，把古代漢語名詞性謂語句分為四類，即判斷句、描寫句、說明句與對答句[2]。下面在轉述兩位先生主要觀點的同時，再聯繫時賢的相關論述，略作評析。

1．判斷句。楊伯峻、何樂士先生把專指名詞性謂語構成的判斷稱為狹義判斷句，其中又分為句子無繫詞與有繫詞兩種。由於時賢已對名謂性謂語句的判斷句論之甚詳，故不贅述。

2．描寫句。指由幾個名詞或名詞短語並列作謂語，或與其他謂語配合，對有關對象的相貌、服飾或景色進行描繪。例如：

（1）牂羊墳首，三星在罶。（《詩經·小雅·苕之華》）[3]

（2）陵魚人面，手足，魚身。（《山海經·海內東經》）

（3）天子雕弓，諸侯彤弓，大夫黑弓，禮也。（《荀子·大略》）

（4）衛文公大布之衣，大帛之冠，務農訓材，通商惠工。（《左傳·閔公二年》）

（5）春冬之時，則素湍淥潭，迴清倒影。（《水經注·江水下》）

（6）後小山下怪石亂臥，鍼鍼叢棘，青麻頭伏焉。（《聊齋志異·促織》）

在以上例句中，（1）、（2）例描寫主語的相貌，（3）、（4）例描寫主語的服飾，（5）、（6）例描寫景色。張文國先生曾討論過古漢語中名詞性成分作說明謂語的問題，其研究表明，古漢語中名詞性成分作說明謂語，一是表示體貌特徵，二是表示衣食住行。他同時指出，這類名詞性謂語句的NP2常見形式是名詞與名詞、形容詞或數詞組成偏正短語，然後整體上充當說明謂語，是描寫性的[4]。顯然，張先生所指的這類說明謂語，實際上應該屬於名詞性謂語句中的描寫句。

3．說明句。指名詞性謂語對主語的內容、歸屬或身份進行說明。例

---

[2] 楊伯峻，何樂士：《古漢語語法及其發展》（修訂本）（北京市：語文出版社，2001年）頁700～704，709。

[3] 清晰見，本文對名詞性謂語都加下劃線。

[4] 張文國：〈論古漢語的名詞謂語句〉，《中北大學學報》2006年第2期，頁1～5。

如：

（7）周有八士：伯達、伯適、仲突、仲忽、叔夜、叔夏、季隨、季騧。
（《論語‧微子》）

（8）齊侯之夫人三：王姬、徐嬴；蔡姬。（《左傳‧僖公十七年》）

（9）牛羊父母，倉廩父母；干戈朕，琴朕，弤朕。（《孟子‧萬章上》）

（10）朱紱皆大夫，紫綬悉將軍。（白居易：〈輕肥〉）

上述四例，（7）、（8）例說明主語的內容，（9）例說明主語的歸屬，
（10）例說明主語的身份。但是在名詞性謂語句中，還有一種前果後因的表
達形式，主語陳述結果，謂語則說明造成結果的原因。王力先生認為，這
種採用判斷句的形式來解釋原因，是判斷句最常見的活用法[5]。郭錫良先生將
這種現象解釋為：在表示因果關係的複句中，用帶「也」的判斷句放在表示
結果的分句之後來說明原因[6]。而我們認為，在表示因果關係的名詞性謂語句
內，雖然有些句子的前一部分由小句構成，比較複雜，但是它和後面的名
詞謂語是緊密相連的，只是作為整個句子的主語，而整個句子並不一定是複
句。這種名詞性謂語句的謂語部分可以採用「這是由於……的緣故」判斷格
式來加以理解，如果把說明句視為名詞性謂語句的一種獨立類別，也就可以
把這種形式的名詞性謂語句歸入到說明句之中，而不僅僅是把它們看作判斷
句的活用。例如：

（11）吳起之裂，其事也。（《墨子‧親士》）

（12）城門之軌，兩馬之力歟？（《孟子‧盡心上》）

（13）鄭之從楚，社稷之故也。（《左傳‧宣公十二年》）

（14）滕、薛、小邾之不至，皆齊故也。（《左傳‧襄公二年》）

在表示因果關係的說明性名詞性謂語句中，有些句子的NP2甚至帶有
「故」作為標記，如例（13）、（14）。

另外，楊伯峻、何樂士先生還認為名詞性謂語句中存在一類對答句。它

---

[5] 王力：《古代漢語》（校訂重排本）（北京市：中華書局，1999年）頁248。

[6] 郭錫良：《古代漢語》（修訂本）（北京市：語文出版社，1999年）頁302。

由問句和答句組成，而且答句中只有名詞謂語，一般沒有多餘成分，這種用法在詩詞中多見。例如：

（15）誰從穆公？子車、奄息。（《詩經·秦風·黃鳥》）

（16）何以贈之？玉佩、瓊瑤。（《詩經·秦風·渭陽》）

（17）子貢問曰：「賜也何如？」子曰：「女，器也。」曰：「何器也？」曰：「瑚璉也。」（《論語·公冶長》）

（18）不辜者誰也？曰：人也。予之不祥者誰也？曰：天也。（《墨子·天志中》）

誠然，對答句是名詞性謂語句中一種比較特殊的類型，屬於只有名詞謂語的非主謂句。我們認為，對答句雖然在形式上比較特殊，然而在謂語的作用（語義功能）方面還沒有脫離判斷、描寫、說明這三種功能。如例（15）～（18）四例的答句實際上都是表示判斷功能，完全可以將它們歸入到判斷句中。因此，對答句不應該看作一種具有獨立功能的名詞性謂語句。

綜上所述，按照名詞性謂語的功能，古代漢語名詞性謂語句應分為三類，即判斷句、描寫句和說明句。在判斷句中，存在肯定判斷與否定判斷兩種形式；而名詞性描寫句與說明句都只有肯定式，目前還沒有發現它們的否定形式。究其原因，主要是由於人或事物的特徵狀態、組成部分等是一種客觀存在，不以人的意志為轉移，因此可以用名詞性詞語對其進行肯定的描寫或說明；如果要加以否定，就必須採用動詞、形容詞等其他非名詞性謂語形式。

二 《今文尚書》名詞性謂語句的功能分類

考察《今文尚書》的名詞性謂語句，其謂語功能主要表現為對主語的判斷。對其中的判斷句，學界已有很多精確論述，如錢宗武先生在討論《今文尚書》判斷句的類型與句法特點時，指出：「主語＋名詞性謂語句」形式二十二例，「主語＋惟＋名詞性謂語句」形式三十六例，「主語＋乃＋名詞性謂語句」形式一例，「主語＋則＋名詞性謂語句」形式一例，「主語＋曰＋名

詞性謂語句」形式六十三例，「主語＋是＋名詞性謂語句」形式一例[7]。另外，錢先生等人還提到，通過窮盡性的考察與分析，《今文尚書》有肯定判斷句七十一例、否定判斷句十五例、由肯定判斷句與否定判斷句組成的表示並列關係的複句式判斷句十五例[8]。

　　但是，根據前面所討論的名詞性謂語的三種功能，我們認為，《今文尚書》的名詞性謂語句除了具有明顯的判斷功能之外，也有部分表現為潛在的描寫與說明功能。

1・描寫功能。《今文尚書》用名詞性謂語來描寫主語的性質、狀態、特徵，　名詞性謂語主要由偏正短語充當。

1・1　描寫主語的性質特徵。例如：

（19）厥土惟白壤。（〈虞夏書・禹貢〉）

（20）厥土黑墳。（〈虞夏書・禹貢〉）

（21）厥土白墳。（〈虞夏書・禹貢〉）

（22）厥土惟黃壤。（〈虞夏書・禹貢〉）

以上四例，都是由名詞性偏正短語充當謂語，雖然整個句子表面上可以理解為判斷形式，但是其中謂語部分的形容詞都形象地描寫了土地顏色。

1・2　描寫主語的服飾。例如：

（23）二人雀弁。（〈周書・顧命〉）

（24）一人冕。（〈周書・顧命〉）

（25）王麻冕黼裳，由賓階隮。（〈周書・顧命〉）

（26）太保、太史、太宗皆麻冕彤裳。（〈周書・顧命〉）

上述四例，其名詞性謂語都是對主語（人）的服飾進行描寫。正如張文國先生指出，名詞性成分作謂語表示衣食住行，是古漢語中獨有的語法現象；它是古漢語名詞的一個正常功能，而不能看作是活用為動詞。

---

[7]　錢宗武：《今文尚書語法研究》（北京市：商務印書館，2004年）頁31～32，350～353。

[8]　錢宗武，劉彥傑：〈《今文尚書》判斷句研究〉，《湖南師範大學學報》（社會科學版）1999年第6期，頁111～117。

2‧說明功能。《今文尚書》名詞性謂語句的說明功能主要表現為用名詞性謂
　　語來說明主語的內容。例如：

（27）厥貢漆、絲。（〈虞夏書‧禹貢〉）

（28）厥貢鹽、絺。（〈虞夏書‧禹貢〉）

（29）厥篚厥絲。（〈虞夏書‧禹貢〉）

（30）厥貢漆、枲、絺、紵。（〈虞夏書‧禹貢〉）

以上四例，其名詞性謂語都是直接說明了主語（貢品）的內容。

　　對於《今文尚書》名詞性謂語句的描寫、說明功能，目前學界可能還
存在不同意見。楊伯峻、何樂士先生在討論古代漢語判斷句時，就列舉了
（19）～（21）三例〔2〕；錢宗武先生在論述《今文尚書》判斷句的類型
時，列舉了（27）例，但是他同時認為「『漆、絲』作謂語，說明『厥貢』
的具體內容」。確實，我們在《今文尚書》中沒有發現大量典型的表示描
寫、說明功能的名詞性謂語句，（19）～（22）、（27）～（30）八例甚至也
可以當作判斷句處理，但是相對於後來秦漢文獻中所出現的大量典型的名詞
性描寫句與說明句而言，上述例句至少可以說是這些典型描寫句與說明句的
萌芽。

三　《今文尚書》名詞性謂語句的語義功能與語義關係

　　名詞性謂語的語義功能主要表現為它具有陳述義。我們認為，先秦漢語
名詞性謂語句的語義功能主要表現為八種陳述義[9]，分別是：①判斷義（包括
比喻義），②數量義（包括時量義），③性質義，④領有義，⑤存在義，⑥
處所義，⑦比例義，⑧說明義；其中最常見的是判斷義，其次是數量義，再

---

[9] 我們當時所討論的名詞性謂語句包括了數量詞組作謂語的句子，實際上是體詞性謂語
　　句。

次是性質義與領有義，其餘四種少見[10]。在先秦漢語名詞性謂語句的主謂之間主要存在八種語義關係，它們是：①同一關係，②相屬關係，③量化關係，④比分關係，⑤時間關係，⑥空間關係，⑦疑問關係，⑧因果關係；其在文獻中出現的頻率，由大到小，依次為同一關係、相屬關係、量化關係、時間關係，其餘四種則比較少見[11]。由於我們所討論的名詞性謂語句範圍較廣，把體詞性謂語句都當作名詞性謂語句處理，如果去除其中數詞、量詞或數量短語作謂語的句子，先秦漢語名詞性謂語句的實際語義功能，就只表現為判斷義（包括比喻義）、性質義、領有義、存在義、處所義、說明義六種，其語義關係也只有同一關係、相屬關係、空間關係、疑問關係、因果關係五種。

考察《今文尚書》名詞性謂語句，其語義功能與語義關係也有以下一些表現形式。

1・語義功能。《今文尚書》名詞性謂語句的語義功能主要表現為判斷義、性質義、說明義、處所義等四種形式。

1・1　判斷義。指NP2表示NP1的類別和屬性，《今文尚書》名詞性謂語句有肯定判斷和否定判斷兩種形式，但是沒有比喻形式。例如：

（31）海、岱惟青州。（〈虞夏書・禹貢〉）

（32）王司敬民，罔非天胤。（〈商書・高宗肜日〉）

1・2　性質義。指NP2描述NP1某個方面的特徵。例如：

（33）四人綦弁。（〈周書・顧命〉）

（34）卿士邦君麻冕蟻裳。（〈周書・顧命〉）

1・3　說明義。在《今文尚書》中，名詞性謂語句的說明義是僅指NP2說明NP1的內容。例如：

（35）厥篚織、纊。（〈虞夏書・禹貢〉）

（36）厥貢璆、鐵、銀、鏤、砮、磬、熊、羆、狐、狸。（〈虞夏書・禹

---

[10] 周祖亮：〈先秦名詞性謂語句的語義功能〉，《襄樊學院學報》2006年第1期，頁77～81。

[11] 周祖亮：〈先秦漢語名詞謂語句的語義關係〉，《襄樊學院學報》2008年第9期，頁49～54。

頁〉）

1‧4　處所義。指NP2表示NP1的所指，NP1是處所詞或含處所意義的專有
　　　名詞，NP2表示處所。例如：

（37）五百里甸服。（〈虞夏書‧禹貢〉）

（38）五百里侯服。（〈虞夏書‧禹貢〉）

2‧語義關係。《今文尚書》名詞性謂語句的語義關係主要有同一關係、相屬
　　關係、空間關係等三種形式。

1‧1　同一關係。指NP1和NP2從不同的角度同指一個事物，或者整個句子
　　　說明了NP1是NP2這個集合中的一個元素。例如：

（39）厥貢惟球、琳、琅玕。（〈虞夏書‧禹貢〉）

（40）汝惟小子，乃服惟弘。（〈周書‧康誥〉）

1‧2　相屬關係。在意義上，NP1和NP2是整體與部分的關係，或者NP2是
　　　NP1不可分割的一部分，或者NP2為NP1所佔有。例如：

（41）王麻冕黼裳，由賓階隮。（〈周書‧顧命〉）

（42）太保、太史、太宗皆麻冕彤裳。（〈周書‧顧命〉）

1‧3　空間關係。就是存現關係，NP2所表示的人或物存在於NP1所表示方
　　　位或處所之中，對NP1進行判斷。它反應了NP1與NP2之間的空間位
　　　置。例如：

（43）五百里要服。（〈虞夏書‧禹貢〉）

（44）五百里荒服。（〈虞夏書‧禹貢〉）

　　　總的來說，與先秦其他文獻中的名詞性謂語句相比，《今文尚書》名詞
性謂語句的語義功能與語義關係的表現形式顯得非常有限。

　　　作為傳世文獻的《今文尚書》，其中名詞性謂語句主要出現在〈虞夏
書‧禹貢〉、〈周書‧顧命〉等篇章，而且數量十分有限。當今，山川呈
瑞，地不愛寶，大量出土文獻資料源源不斷地被發掘整理，蔚為大觀。這些
資料給人們提供了沒有「失真」的信息，甚至改變了以往某些被視為「定
論」的重要觀點。欣聞清華大學出土文獻研究與保護中心所收藏、整理的

「清華簡」中發現多篇前所未見的《尚書》佚篇，在名詞性謂語句研究方面，我們期待清華簡《尚書》材料能夠提供更豐富的語言學資料。

《今文尚書》「在」字被動標記

錢宗武*

　　文獻語言中的被動句一般分為兩大類。一類是句子形式上具有表示被動語法標記的被動句，這就是通常所說的「被動句式」，或稱之為「形式被動句」。形式被動句的語法標記主要是「於」、「見」、「為」、「被」四個詞。「於」、「為」、「被」在句子結構中的位置處於施動者的前面，其語法作用是引進動作行為的主動者，語法學家一般以之為介詞。「見」的句法位置總在動詞前面，表示後面的動詞是個被動詞，如果要引進動作行為的主動者必須用「於」，構成「見……於……」式表示被動意義的句子，語法學家一般以「見」為副詞。一類是句子形式上沒有表示被動語法標記的被動句，用主動句的形式表示被動的概念，主語是動作行為的受事者。語法學家有些稱這種句子為「意念被動句」，也有的稱之為「語意被動句」。

　　文獻語言中被動句的類型特點是形式被動句多於語意被動句。先秦兩漢文獻中的形式被動句，除用「於」、「見」、「為」、「被」四個詞表示被動外，「為」字被動句又可分為四個小類，即：「為＋主動者＋動詞」、「為＋動詞」、「為＋主動者＋所＋動詞」和「為所＋動詞」；「見」字被動句可分為兩個小類，即：「見＋動詞」和「見＋動詞＋於＋主動者」；「被」字被動句也可分為兩個小類，即：「被＋動詞」和「被＋主動者＋動詞」。有學者統計，《論語》、《孟子》、《墨子》、《莊子》、《荀子》、《韓非子》、《左傳》、《國語》、《戰國策》以及出土文字資料，形式被動句有四〇一例[1]，而這一時期的

---

* 揚州大學文學院
[1]　易孟醇：《先秦語法》（長沙市：湖南教育出版社，1989 年）頁 103。

語意被動句則相對較少。

　　《今文尚書》的被動句的類型特點是語意被動句多於形式被動句。《今文尚書》的被動句凡六十二例，語意被動句四十六例，形式被動句十六例，兩者之間的比約為四比一。在形式被動句的十六個例句中，〈周書〉部分就有十五例，〈商書〉部分僅〈盤庚中〉一例，〈虞夏書〉部分竟沒有一例形式被動句，只有語意被動句。形式被動句在〈虞夏書〉、〈商書〉、〈周書〉之間的比例是○比一比十五。較之甲文，《今文尚書》已出現形式被動句；較之先秦兩漢文獻，《今文尚書》僅有兩種形式被動句。這些事實說明《今文尚書》正處於從意念被動向形式被動式的發展過渡階段。《今文尚書》中眾多的語意被動句都要憑藉上下文的語境資訊來判斷，易生歧解，而語言交際明確化的要求促使形式被動式在西周以後得到充分的發展。

　　《今文尚書》的被動句與西周金文中的被動句相比較，大同小異。異者主要表現在語意被動句的內部關係方面。西周金文的語意被動句內部關係是一致的。管燮初先生在《西周金文語法研究》中總結這一現象時說：「並列關係的動詞謂語，幾個並列的動詞結構的語氣要求一致，都是主動語氣或者都是被動語氣，要是有一個動詞結構確定是被動語氣，其他並列成分也是被動語氣。」[2]《今文尚書》語意被動句內部關係並不一致。諸如：〈商書・高宗肜日〉：「王司敬民。」司，《史記》引作「嗣」。「王」是「嗣」的施動者，而「敬」的施動者是「民」，「王」又成了受事主語。〈商書・微子〉：「我其發出狂。」《史記・宋世家》「狂」作「往」，「我」是「往」的施事主語，而「發」孫詒讓讀為「廢」（廢棄），「我」又成了受事主語。先秦兩漢文獻語意被動句內部關係也不一致。例如：《左傳・成公三年》：「故不能推車而及。」及，被趕上，表示被動語氣。「推」後帶賓語「車」，表示主動語氣。《今文尚書》被動句與西周金文被動句比較所反映的個性，也反映了《今文尚書》時期是漢語被動句式產生和發展的時期。

　　《今文尚書》的被動句與先秦兩漢文獻被動句相比較，不同點主要表現

2　管燮初：《西周金文語法研究》（北京市：商務印書館，1981年）頁60。

在形式被動句的語法標記方面。先秦兩漢文獻中表示被動的常見語法標記「見」、「被」、「為」、「所」等字《今文尚書》裏都有。見，七見。被，四見。為，三十五見。所，九見。「見」、「被」、「為」、「所」卻沒有一例用於被動句作為表示被動的語法標記。《今文尚書》僅有文獻語言中常見的表示被動的語法標記「於」，還有一個表示被動的語法標記「在」。「在」既不見於甲文和金文，也不見於後世歷代文獻，也就是說《今文尚書》僅有文獻語言中常見的形式被動句中的「於」字句和不常見的「在」字句。

「在」字形式被動句，以「在」為語法標記，這是任何一種古漢語語法著作和教材都從未論及的被動句式，這也是任何一種文獻專書語法研究從未論及的被動句式，然而在《今文尚書》中並非孤例，一共有4見，皆見於〈周書〉部分，結構類型為：動詞＋在＋主動者。

　　　兹亦惟天若元德，永不忘在王家。（〈周書·酒誥〉）

孔《傳》：「言此非但正事之臣，亦惟天順其大德而佑之，長不見忘在王家。」[3]孔安國以「在王家」為「見忘在王家」，顯然，孔安國是把「永不忘在王家」作為一個被動句式，「在」猶之於「於」，「見忘在王家」的句式類型或即先秦兩漢常見被動句式類型：「見＋動詞＋於＋主動者」。周秉鈞先生認為：「忘，被忘記。」[4]《白話尚書》譯此句為：「這些是上帝所讚賞的大德，將永遠不會被王家忘記。」[5]在，介引動作行為的施動者。

　　　庶群自酒，腥聞在上。（〈周書·酒誥〉）

黃式三認同江聲以「在」為「於」，介引動作行為的施動者「上」，「腥聞在上」即「臭勝聞於上」。《尚書啟蒙》：「『自酒』一作『嗜酒』。『腥』本作『勝』。江曰：『馨香之遠聞者，紂不惟以明德之馨香薦祀升聞於天，誕惟民之怨氣。眾群臣之酒臭勝聞於上，故天降喪亡于殷，無愛于殷，惟

3　〔唐〕孔穎達：《十三經注疏·尚書正義》（北京市：中華書局，1980年）頁206。

4　周秉鈞：《白話尚書》（長沙市：嶽麓書社，1990年）頁139。

5　同前注，頁134。

以紂淫泆，故速召也。」」[6]在《今文尚書》中「聞」凡二十八見，除用作名詞外，作動詞用在被動句中有五例，約占總詞次的五分之一。「腥聞在上」於上文「登聞於天」兩個被動句的動詞皆為「聞」。介引動作行為主動者「上」與「天」的介詞一為「於」、一為「在」，「於」、「在」皆猶「被」。屈萬里先生《尚書今注今譯》譯「腥聞在上」即為：「腥氣被上天都聞到了。」[7]「在」，表被動。

　　夏迪簡在王庭，有服在百僚。（〈周書・多士〉）

　　〈多士〉這兩句歷來歧解紛紜，學者們或不辨「迪簡」與「王庭」的施受關係，抑或不辨「夏迪簡在王庭」與「有服在百僚」是否為同一句式。孔《傳》曰：「簡，大也。今汝又曰：夏之眾士蹈道者，人在殷王庭，有服職在百官，言見任用。」[8]孔安國以「夏迪簡在王庭」之「在」為動詞。江聲《尚書集注音疏》：「夏王之後進簡擇在王庭，其眾士有服治職事在百僚者，蓋周「滅武庚」、「遷殷民」二事皆殷民所不順，其稱夏、殷故事必比對以相形，則「簡迪在王庭」，謂封夏王之後，對「滅武庚」言；「有服在百僚」，謂祿用夏臣，對「見遷」言也。《史記・夏本紀》云：湯封夏之後是簡在王庭，為封夏後之明證也。」[9]此為殷多士怨周之言。江聲以為「夏迪簡在王庭」即「湯封夏之後」，則「夏」即「夏之後」，是「迪簡」的受事者，「王庭」即「湯王庭」，是「迪簡」的施事者。《尚書正讀》：「殷革夏命，夏之多士迪簡在王庭，有職在百僚。周革殷命，無是也。」[10]《尚書覈詁》亦曰：「此殷民言殷雖滅夏，而猶用其臣，以不滿於周之遷己耳。」[11]夏迪簡在王庭，《尚書新

6　〔清〕黃式三：《尚書啟蒙》（上海市：上海古籍出版社，2002年《續修四庫全書》第48冊）頁763。

7　屈萬里：《尚書今注今譯》（臺北市：臺灣商務印書館，1969年）頁110。

8　〔唐〕孔穎達：《十三經注疏・尚書正義》，頁220。

9　〔清〕江聲：《尚書集注音疏》（上海市：上海古籍出版社，2002年《續修四庫全書》第44冊）頁565。

10　曾運乾：《尚書正讀》（北京市：中華書局，1964年）頁218。

11　楊筠如：《尚書覈詁》（西安市：陝西人民出版社，1959年）頁230。

箋與上古文明》：「在，介詞，介引動作行為的施事者，介引『簡』之施事者『王庭』，表被動。」[12]有服在百僚，《尚書新箋與上古文明》：「在，介詞，介引動作行為進行的處所、範圍，介引『有服』的範圍『百僚』。句中『在＋賓語』構成的介賓短語作補語。」[13]

　　迪簡在王庭，尚爾事，有服在大僚。（〈周書‧多方〉）

　　這個句式與上一個句式基本相同。這是周公歸政成王之後，淮夷和奄國又發動叛亂。成王親征，召公為保，周公為師，討伐淮夷，滅了奄國。成王自奄返回鎬京，各國諸侯都來朝見，周公代替成王作的誥辭。周公勉勵各諸侯國君聽從天命，和睦相處，將會被周中央朝廷引進選用。如果被周中央朝廷引進選用後又能努力工作，還將會擔任更重要的官職。「在」介引「迪簡」的施事者，「在」猶「被」。

　　在《今文尚書》中，介詞「在」與介詞「於」的語法功能基本相同。「于」介引動作行為的主動者，凡十三見，除〈商書‧盤庚中〉有一見外，皆見於〈周書〉部分。「在」介引動作行為的主動者，凡四見，皆見於〈周書〉部分。應該說「于」、「在」介引施事者這一語法功能的時代基本相同。石毓智先生認為：「古今漢語被動式的辭彙選擇具有明顯的規律性。不同的歷史時期，往往傾向於選擇同類語義特徵的詞。」[14]不同歷史時期被動標記的辭彙來源具有傾向性。具體來說，商周至魏晉時期被動標記辭彙來源是表示方位、原因的介詞「于（於）」和「為」。這是形式被動句發展的第一階段。這一個階段是從第三者的角度來詮釋被動事件的，即從第三者的客觀的角度來觀察被動事件中施事的地位，施事被看做事件發生的「地點」或者「原因」[15]。「于」與「在」都是介詞，都可以用來表示「地點」，這表明「在」

---

[12] 錢宗武、杜純梓：《尚書新箋與上古文明》（北京市：北京大學出版社，2004年）頁228。

[13] 同前注。

[14] 石毓智：《語法化的動因與機制》（北京市：北京大學出版社，2006年）頁29。

[15] 同前注。

字應該可以和「於」字一樣用來作為被動標記。當然，滿足語義條件的詞不一定都會發展成有關的語法標記。

在《今文尚書》中，「于」和「在」經常互文見義。〈周書・文侯之命〉:「丕顯文、武，克慎明德，昭升于上，敷聞在下。」「于」、「在」互文，皆作介詞，表示動作行為的範圍。〈周書・酒誥〉的「登聞于天」與下句「腥聞在上」的「于天」、「在上」互文，「于」即「在」，「天」即「上」。「于」、「在」亦皆作介詞，介引動作行為的主動者。

「于」、「在」皆為漢語最早的介詞。在甲文中，「于」、「在」常介引動作行為的對象或處所。在金文中，「于」仍為高頻介詞，介引動作行為的對象或處所，而「在」僅作存現動詞，且語例很少。「在」之通假字「才」則被大量用作介詞和存現動詞。這一語言現象或許可以說明「在」、「于」介詞比例懸殊的主要原因，同時也反映了文獻語言仲介引物件和處所的介詞「于」逐漸替代介詞「在」介引物件處所的發展方向。在一個多自由度的複雜語言系統中，如果有一個或幾個不穩定的自由度存在，那麼這一個或幾個不穩定的自由度就要把穩定的自由度拖著走，一直拖到相對空間中某個穩定的目的點。「在」和「于」等同處一個同義語言系統中，在歷時同義類化的語言演變中，「在」逐漸失去介引物件處所的語法功能，越來越多地作存現動詞。「在」的通假字「才」由於形義分離，亦在後世文獻語言中被淘汰，既不能同音替代存現動詞「在」，也不能同音替代介引物件處所的介詞「在」。「于」在甲文時代就是一個高頻多功能介詞，在後世文獻語言中，上古動詞和語助詞的用法逐漸失落，介詞的用法越來越得到強化。但是，「于」在文獻語言還不能完全替代「在」，「于」、「在」同義僅僅是某一義位的中心變體相同，各自的非中心變體是不能互相替代的，有趣的是現代漢語「于」僅保留其介詞的文言用法，「在」又替代「于」作介詞。

《今文尚書》介引動作行為物件處所的介賓結構多作補語。表示物件的介賓短語作補語凡二一四見，作狀語五十見；表示處所的介賓短語作補語凡一九一見，作狀語僅七見。存現動詞「在」和介引動作行為物件處所的介詞語法位置非常接近，容易混同。二者共現於一個語言結構，容易區別。

例如：《詩經・小雅・魚藻》：「魚在在藻，依于其蒲。」前一個「在」是存現動詞，後者是介詞。二者不在同一結構中共現時，就要仔細分辨前後的語法關係和語義聯繫。例如：〈周書・酒誥〉的「腥聞在上」，「在」並不表示「腥聞」存在的處所，而是介引「聞」的施動者「上」，因為緊接著的一句就是「腥聞在上」的結果「故天降喪于殷」，「腥聞在上」的「上」即「降喪于殷」的「天」。

「在」字被動句或許是《今文尚書》特有的形式被動句型，但「在」並非漢語被動句唯一特殊的語法標記。《戰國策》中就有「與」字被動句。《戰國策・秦策五》：「（夫差）遂與勾踐禽。」「與勾踐禽」即「被勾踐擒」。「與」作為被動句的語法標記，或「由其『給與』之義引申虛化而來」[16]。近代漢語中也有用「吃」作為被動句的語法標記。《秋胡戲妻》：「我倒吃他搶白了這一場。」張相《詩詞曲語詞匯釋》：「吃，猶『被』也。」[17]現代漢語中也有用「給」作被動句的語法標記，例如「狗給打死了」，就是「狗被打死了」。《古漢語同義虛詞類釋》認為：「『給』之訓『被』當由『與』發展而來。因『與』既有『被』義，又有『給』義。」[18]

遠古漢語在結構形式上沒有主動被動的區別，甲骨文中沒有形式被動句即為明證。周法高先生說：「被動不用記號，而憑文義來判斷，可能是較早的辦法。」[19]金兆梓先生也認為：「施動受動不分，實在是遠古語言未完備時，所不能免的現象。」[20]最初的語言現象只有主動句，其語義結構及語序是：施事＋動作＋受事。但是隨著社會不斷向前發展，人們在長期的社會實踐中不斷開拓視野，不斷認知新生事物，由於對客觀世界的深入認識，人們要表達越來越豐富的語言資訊，那麼語言的表達方式就相應發達起來。若是

---

[16] 余德泉：《古漢語虛詞類釋》（長沙市：湖南教育出版社，1993年）頁521。

[17] 張相：《詩詞曲語詞匯釋》（北京市：中華書局，1953年）頁644。

[18] 余德泉：《古漢語虛詞類釋》頁522。

[19] 周法高：〈中國古代語法・造句篇〉，《臺北歷史語言研究所專刊之三十九》（1960年）。

[20] 金兆梓：《國文法之研究》（北京市：中華書局，1955年）頁19。

施事作話題，那麼語序結構與話題結構是一致的，也就不必存在標記。如果以受事作話題，那麼語序結構與話題結構就不一致：語序結構要求動詞前是施事者，話題結構要求動詞前是受事者，因此產生矛盾。解決這種矛盾方法，一是直接把受事放在主語位置，二是用標記指明句首名詞的語義角色是受事——這以後就產生了被動標記。《今文尚書》的〈虞夏書〉部分沒有被動句式，〈商書〉部分僅有1例，餘皆見於〈周書〉部分，這一語言事實與金文僅存在「於」字被動句形成互證，這或許可以證實漢語被動句式出現在商周時期，「于」字被動句是漢語最早的形式被動句。「在」字被動句式僅存於〈周書〉，或許可以說明「于」是最早表示被動意義的語法標記，「在」也是最早表示被動意義的語法標記之一。

　　《今文尚書》用「動詞＋于＋主動者」表示的被動句式凡九見，「于」字後引出的主動者，皆為「上天」（上帝、天、上、帝、皇天）；用「動詞＋在＋主動者」表示的被動句凡四見，「在」字後引出的主動者為「王家」、「上」、「王庭」。西周金文中「于」引出的主動者除「上天」外，還有「王」、「公」、「侯」等，這些都是「天」的化身。為什麼最早的被動句式介詞介引的施動者都是「上天」及上天的化身呢？或許遠古人民生活在十分惡劣的自然環境中，當他們面對無可抗拒的自然力沒法解釋時，冥冥之中產生對天無限的恐懼和敬畏。「天」就成了自然和社會威力無比的主宰，人們的一切都屈從於天。在語言表達上就自然而然地突出「天」的力量，而「于」的出現，是為了引出「天」，在視覺上起到一種標識作用。漢語被動句的產生可能是陳述者為了在漢字形式上突出動作行為的主動者，也就是說漢語被動句產生的直接動因可能是基於修辭的需要。通過這種句法形式使施動者焦點化，這裏的「于」、「在」字就可以看做焦點標記，其後的成分是焦點。從而，我們也可以推知漢語形式被動句的產生是為了語言交際的明瞭準確。

　　《今文尚書》形式被動句的語法標記雖然僅有常見的「于」和不常見的「在」，但在漢語被動句歷時和共時發展的縱橫座標軸上，則清楚地顯示《今文尚書》被動句處於語意被動句向形式被動句的發展過渡階段。

曾運乾《尚書正讀》語序觀芻論

李斌*、陳志萍**

　　語序是一種重要的語法手段，漢語由於缺乏西洋語言那樣的形態變化，很多語法意義要通過語序來表示，所以語序在漢語的語法裏顯得特別重要。《尚書》是我國最早的歷史文獻資料彙編，其漢語語料十分珍貴。自漢代以來，治《書》之人逐漸增多，到清代對《尚書》的研究已呈現出嶄新的局面，但重點集中在訓詁、文字、辭彙等方面。由於我國語法學研究起步比較晚，一八九八年《馬氏文通》標誌著我國第一部語法學著作的誕生，據學者統計，三十年後，何定生先生一九二八年發表在《國立中山大學語言歷史研究所週刊》上的〈尚書的文法及其年代〉是最早研究《尚書》語法的著作，雖以「文法」為名，但主要是對一些《尚書》裏的辭彙及短語進行解釋，而少句法分析，可能還算不上是嚴格意義上的語法研究。毫不誇張地說，《尚書正讀》正是從訓詁研究轉向語法研究的發軔之作。楊樹達在〈曾星笠《尚書正讀》序〉中說道：「為《尚書正讀》一書，於訓詁、辭氣二者，既極其精能矣，而又能以此通解全書，直不欲令其有一言之隔，讀者依其訓釋以讀經文，有如吾人讀漢唐人之詔令奏議。」「於訓詁、文法，兩者兼具」正是《尚書正讀》的最大特點。

　　《尚書》是我國現存最早的一部史書。其所涉及的時代，上自唐、虞，下迄春秋前期，長達一千三四百年，歷來號稱難讀，韓愈曾有「詰屈聱牙」之說，要讀懂、讀通《尚書》並非易事。就否定句而言，周秉鈞先生曾經指

---

* 長沙民政學院
** 揚州大學文學院

出，否定句中賓語的位置問題較複雜，先秦以前置為主，但後置也已經產生，並逐漸發展。到了漢代，後置的逐漸佔優勢了。南北朝以後，否定句中代詞賓語後置的發展，已經在口語中完成[1]。試問，後人眼中的《尚書》怎能不「詰屈聱牙」呢？曾運乾在《尚書正讀》中說到：「倒言之者，周初詞氣，不與後同。《尚書》此類甚多，不憭其詞氣，則見為詰屈也。」[2]可見，曾運乾正是意識到了《尚書》在語法上的獨特性，從而發展了他自己的語序觀。

曾運乾對《尚書》語法的解讀，有詞法、句法，且句法居多，在句法分析中，對「倒語」的研究又著墨最多，通過筆者初步統計，闡釋《尚書》語序問題的達六十九例，這些語法意識雖然尚未形成系統，但處處顯示著曾運乾的語序意識。

曾運乾研究《尚書》語序，是以他所處時代的詞序規律為標準，來衡量古語的句法，合則認為是順的，不合則認為是倒的。我們所謂「倒」，從古代漢語本身講，當然是順的[3]。這種特殊的句子，正是我們研究的重點。在書中，曾運乾將倒裝句統稱為「語倒」、「倒語」或「倒文」。曾氏對「倒語」的分析，如同散落在各處的耀眼的珍珠，下面筆者將從不同角度進行分析。

一　曾氏《尚書正讀》語序觀形成的歷史因素

古人在閱讀典籍的過程中，早已發現了「倒語」這種語言現象的存在。他們對倒語（或稱倒文、倒言）也有論述，主要是散見於各類專著中，如：

> 《詩‧汝墳》：「既見君子，不我遐棄。」《正義》曰：「不我遐棄，猶云不遐棄我，古人之語多倒，《詩》之此類眾矣。」（唐‧孔穎達《毛詩正義》）

---

[1] 周秉鈞：《古漢語綱要》（長沙市：湖南教育出版社，1981年）頁444。

[2] 曾運乾：《尚書正讀》（北京市：中華書局，1964年）頁182。

[3] 洪誠：《洪誠文集》（南京市：江蘇古籍出版社，2000年）頁121。

> 倒言而不失其言者，言之妙也，倒文而不失其文者，文之妙也。
> （宋‧陳騤《文則》）
>
> 伯魚之母死，朝而猶哭。孔子曰：「誰與，哭者？」……先問誰與，後
> 云哭者。倒裝文法，恰似驚問情狀。」（清‧姜宸英《湛園箚記》）

這些學者對漢語語序的認識還不成系統，只是他們自身閱讀時產生的主觀感受，是一種感性的認知。其實，對漢語語序的認識在先秦時代就已經萌芽了，但是漢語語法學始終都沒有興起，直到《馬氏文通》模仿西學，第一次描寫漢語語法，語序也作為語法問題來加以全面的研究。馬氏說：「是書本旨，專論句讀。」可全書十卷，只有卷十專論句讀，很多句法現象都是講字類時候論及的，因而不少關於語序的文字也便散見於各篇。

馬建忠是明確提出語序觀點的第一人。馬氏對漢語語序的基本特徵作了總括性的說明：

> 蓋句讀所集之字，各有定位，不可易也。觀乎界說，證以所引，凡起
> 詞必先乎語詞；語詞而為外動字也，則止詞後焉，如為內動字也，不
> 必有後之者矣。間有介詞與其司詞，系乎內動字為加詞者，則先後無
> 常。語詞而為表詞也者，亦必後起乎起詞。凡狀詞必先其所狀。夫靜
> 字以肖事物者，亦所以狀名、代字也，故先所肖焉。推此意也，讀之
> 為起詞、止詞者，先後各從其位。其用狀詞者，亦必先其所狀，不
> 先者，惟以為所比之讀耳。此句讀集字與其所位之大都也。（馬建忠
> 《馬氏文通》）

《馬氏文通》也將倒裝句稱為「倒文」，並從語法結構上總結出了倒裝的一些規律。

（一）動賓倒裝，馬氏稱「止詞先動字」。

「止詞後乎外動字，常也。惟外動字加弗辭，或起詞為『莫』、『無』、『諸』，泛指代字，其止詞為代字者，皆先動字。」[4]即否定句中代詞作賓語，賓語前置。

（二）介賓倒裝，馬氏稱「司詞先介字」。

「詢問代字為司詞，則先其介字。」[5]即疑問代詞作介詞賓語，置於介詞之前。

（三）主謂倒裝，馬氏稱「語詞先於起詞」。

在《尚書正讀》中，有很多倒語的分析正與上述定義不謀而合。如：

（1）〈盤庚〉：予迓續乃命于天，予豈汝威。

《尚書正讀》：予豈汝威，言非威脅汝。[6]

（2）〈呂刑〉：在今爾安百姓，何擇非人，何敬非刑，何度非及。

《尚書正讀》：三語皆倒，猶言非人何擇，非刑何敬，非服何度也。三者皆宜審慎。[7]

（3）〈皋陶謨〉：朋淫于家，用殄厥世，予創若時。

《尚書正讀》：淫，淫亂，鄭云：朋淫，淫門內，是也。殄，絕也。世者，〈周語〉注云：父子相繼曰世。創，懲也。二語倒

4　馬建忠：《馬氏文通》（上海市：商務印書館，1983 年）頁 156。

5　同前注，頁 400。

6　曾運乾：《尚書正讀》頁 105。

7　同前注，頁 284。

文，言予創若時，用殄厥世。意言予懲創其如是，故殄其事，使
其不得父子相繼也。[8]

例句（1）中指出，賓語「汝」處於動詞「威」前面，正屬於賓語前
置。例句（2）中曾運乾認為，疑問代詞「何」做賓語，置於介詞「非」之
前。例（3）指出，主語「予」應處於謂語「用殄厥世」的前頭。

這些句子的論述和馬建忠在《馬氏文通》中的論述不謀而合，我們不能
說曾運乾不是受了《馬氏文通》的影響。但是在《尚書正讀》中，曾運乾
對《尚書》倒語的論述並不局限於我們上文探討的這幾種，還包括兩分句倒
置、狀語後置、定語後置、兩賓語的倒置，甚至是主語和賓語倒置的。如：

（4）〈微子〉：殷遂喪，越至于今。
　　《尚書正讀》：殷遂喪，越至于今，倒語。猶云越至于今殷遂喪
　　也。[9]
（5）〈康誥〉：惟時敘，乃寡兄勖。
　　《尚書正讀》：本文語倒，乃寡兄勖當在句首。[10]
（6）〈康誥〉：有厥罪小，乃不可不殺。
　　《尚書正讀》：有厥罪小，倒語，猶云有厥小罪也。與下文乃有大
　　罪對文。[11]
（7）〈酒誥〉：惟曰我民迪小子。
　　《尚書正讀》：我民迪小子，語倒，猶云小子迪我民也。[12]

例（4）中，「越至于今」是狀語，此句是狀語後置。例（5）這個句子
前面是結果，後面是原因，乃字連接結果與原因，是因果複句中兩分句倒

---

[8] 曾運乾：《尚書正讀》頁42。
[9] 同前注，頁117。
[10] 同前注，頁160。
[11] 同前注，頁163。
[12] 同前注，頁174。

置。例（6）中「小」作為「罪」的修飾語，這個句子是定語後置。例（7）這個句子是主語和賓語位置顛倒，但必須說明的是，曾運乾對此句的解釋是錯誤的。單純就句子結構而言，這個句子是主、謂、賓的結構，但孔《傳》有言：文王化我民教導子孫，惟土地所生之物皆愛惜之，則其心善。《尚書正義》孔穎達疏：其民及在位不問貴賤，子孫皆化，則至成長為德可知也[13]。《尚書正義・校勘記》中說道：盧云：「古本『曰』下有『化』字。今按：依《傳》當有「化」字[14]。我們認為孔《傳》的思路是可取的，此句應是「化我民迪小子」，是一個兼語句，而不是一個倒裝句。

看來，曾運乾對《尚書》倒語的研究與馬建忠對「倒文」的闡釋有一定的相似性，但曾運乾還將「倒文」的外延擴展，試圖解釋《尚書》中更多的語序問題。曾運乾的思維是開闊的，語法的意識是強烈的，這也是為何他對待「倒語」有「過枉矯正」的原因。這個問題筆者將另作思考，這裏不再贅言。

二 曾氏《尚書正讀》體現的語序功能

（一）語序制約著句法結構

漢語在詞法上缺乏形態變化，語序就顯得特別重要。語序的不同直接影響到句法結構。句子中內部成分線狀排列的不同必然導致句法結構的不同。

（1）〈禹貢〉：禹錫玄圭，告厥成功。

《尚書正讀》：禹錫玄圭者，《史記》易為「於是帝錫禹玄圭，以

---

[13] 〔漢〕孔安國傳、〔唐〕孔穎達疏：《尚書正義》（上海市：上海古籍出版社，2001年）頁552。

[14] 同前注，頁572。

告成功於天下」，則此為倒矣。[15]

孔《傳》：禹功盡加于四海，故堯錫玄圭以彰顯之，言天功成。

《尚書正義》孔穎達疏：禹之蒙賜，必是堯賜，故史敘其事。禹功盡加于四海，故堯賜玄圭以彰顯之。

《書集傳》蔡沈傳：水土既平，禹以玄圭為贄而告成功於舜也。水色黑故以玄云。[16]

關於「禹錫玄圭」的解釋，歷來解說紛紜，筆者僅選取兩種代表性的說法進行說明。孔安國、孔穎達都認為是帝賜玄圭表彰大禹治水的功勞，錫，表示被動義被賜。蔡沈則認為大禹治水成功拿著玄圭作為禮物見帝。蔡沈的解釋存在兩個問題，一是無法解釋「錫」這個字的意思，二是「水色黑故以玄云」這個解釋未免過於牽強。曾運乾贊成孔安國、孔穎達的說法。不僅如此，曾運乾理順了句子中的施事和受事的關係。單純地從句子結構看，這有可能是一個主謂賓結構，但事實上這是一個省略的被動句，特殊的雙賓語句式。禹是錫的物件，是受事，玄圭是錫的內容。施事「帝」被省略了。他從語言學的角度提出了這個句子是「倒語」，有了理論意識。孔安國、孔穎達雖然意見和曾運乾是一致的，但還處於一種從經驗角度出發的感性認識中，是結合上下文語境產生的理解，並沒有對這種現象進行解釋，尚未上升到理論和規律層次。

（2）〈堯典〉：以孝烝烝。

《尚書正讀》：以孝烝烝，倒語，猶言烝烝以孝也。[17]

孔《傳》：烝，進也。言能以至孝和諧頑囂昏傲，使進進以善自治，不至於奸惡。[18]

《尚書正義》孔穎達疏：以至孝之行和頑、囂、昏傲，使皆進進

---

[15] 同前注，頁84。

[16] 〔宋〕蔡沈：《書集傳》（南京市：鳳凰出版社，2010年）頁66。

[17] 曾運乾：《尚書正讀》，頁15。

[18] 〔漢〕孔安國傳、〔唐〕孔穎達疏：《尚書正義》頁58。

於善道，以善自治，不至於奸惡。[19]

孔安國、孔穎達都認為，以是介詞，「以孝」表示手段，烝烝是目的，這是一個狀中結構。曾運乾與兩位前輩不同，他認為「孝」是目的，烝烝是動作，這是一個動補結構。

（3）〈呂刑〉：庶民罔有令政在于天下。

《尚書正讀》：庶民在句首，倒裝語。[20]

孔《傳》：天道罰不中，今眾民無有善政在於天下，由人主不中，將亦罰之。[21]

《尚書正義》孔穎達疏：天道下罰，「罰不中」者，令使眾民無有善政在於天下，「由人主不中」。為人主不中，故無善政。天將亦罰人主，「人主」謂諸侯。此言戒諸侯也。[22]

孔安國、孔穎達都從訓詁的角度解釋了這句話的意思，即「今眾民無有善政在於天下」，經文中，「庶民」作為主語，是動作的發出者。但是曾運乾認為這是一個倒裝句。「庶民」應出現在句末，作為動作的承受者，做賓語，此句應作「罔有政令在於天下庶民矣」。

（二）語序揭示了詞類活用

漢語缺少詞形變化，詞類和句法功能之間不存在一一對應的關係，因而不能單純依靠句子本身來判定，這時語序就可以大派用場。

（1）〈禹貢〉：中邦錫土、姓，祗台德先，不距朕行。

---

[19] 同前注，頁62。

[20] 曾運乾：《尚書正讀》，頁286。

[21] 〔漢〕孔安國傳、〔唐〕孔穎達疏：《尚書正義》頁791。

[22] 同前注，頁793。

《尚書正讀》：祗台德先倒文，猶言先祗台德也。[23]

孔《傳》：天子建德，因生以賜姓，謂有德之人生此地，以此地名賜之姓以顯之。王者常自以敬我德為先，則天下無拒違我行者。[24]

《尚書正義》孔穎達疏：「天子建德，因生以賜姓」，隱八年《左傳》文。既引其文，又解其義。土，地也。謂有德之人生於此地，天子以地名賜之姓，以尊顯之。〈周語〉稱帝嘉禹德，賜姓曰姒；祚四岳，賜姓曰姜……臣蒙賜姓，其人少矣。此事是用賢大者，故舉以為言。王者既能用賢，又能謹敬。其立意也，常自以敬我德為先，則天下無有距違我天子之行者。[25]

曾運乾同意孔安國、孔穎達的說法，這個「先」不是名詞先後的先，而是意動用法，以……為先的意思。「先祗台德」指以他們的品德為先。

（2）〈洛誥〉：伻來，以圖及獻卜。

《尚書正讀》：獻卜倒文，猶言以圖及卜獻也。[26]

孔《傳》：將定下都遷殷頑民，故並卜之。遣使以所卜地圖及獻所卜吉兆，來告成王。[27]

《尚書正義》孔穎達疏：我以乙卯至洛，我即使人來以所卜地圖及獻所卜吉兆于王。[28]

《書集傳》蔡沈傳：圖，洛之地圖也；獻，卜獻其卜之兆辭也。[29]

若「圖」與「卜獻」是一個用連詞「及」來連接的並列結構，而「卜

---

[23] 曾運乾：《尚書正讀》，頁83。

[24]〔漢〕孔安國傳、〔唐〕孔穎達疏：《尚書正義》頁242。

[25] 同前注，頁242。

[26] 曾運乾：《尚書正讀》，頁202。

[27]〔漢〕孔安國傳、〔唐〕孔穎達疏：《尚書正義》頁593。

[28] 同前注，頁594。

[29]〔宋〕蔡沈：《書集傳》，頁186。

獻」是一個賓語在動詞前的動賓結構，那麼「圖」就可能是一個動詞，表示圖謀的意思。而曾運乾認為「圖」與「卜」是並列結構，那麼「圖」與「卜」的詞性相同，是名詞。

> （3）〈盤庚〉：汝曷弗念我古后之聞？
>
> 《尚書正讀》：古后之聞，所聞于古后者。[30]
>
> 孔《傳》：古君先王之聞，謂遷事。[31]
>
> 《尚書正義》孔穎達疏：先王為政，惟民之承。今我亦法先王，故承安汝，使汝徙，惟歡喜安樂，皆與汝共之。[32]
>
> 《書集傳》蔡沈傳：爾民何不念我以所聞先王之事，凡我所以敬汝，使汝者，惟喜與汝同安爾。[33]

所字結構一般表示的是名詞性的，曾運乾用一個所字結構解釋「古后之聞」，說明「古后之聞」的「聞」是一個名詞，而「所聞于古后者」的「聞」是一個動詞。由此可見，「古后之聞」是一個偏正結構。

（三）語序影響語用效果

語言變化和御用效果之間的關係十分密切，要達到一些特殊的語用效果往往要借助於語言變異的手段。

> （1）〈多方〉：慎厥麗，乃勸。厥民刑，用勸。
>
> 《尚書正讀》：厥民刑用勸，語倒，猶言刑厥民用勸，與慎厥麗乃勸對文。[34]

---

30 曾運乾：《尚書正讀》，頁104。

31 〔漢〕孔安國傳、〔唐〕孔穎達疏：《尚書正義》頁351。

32 同前注，頁351。

33 〔宋〕蔡沈：《書集傳》，頁101。

34 曾運乾：《尚書正讀》，頁240。

孔《傳》：湯慎其施政於民，民乃勸善。其人雖刑，亦用勸善。言政
刑清。[35]

曾運乾改變了語序之後，前後兩句對仗工整，突出了語用效果，較之孔
安國，已經有了比較明確的修辭意識。

（2）〈盤庚〉：用罪罰厥死，用德彰厥善。

《尚書正讀》：用罪罰厥死者，用死罰厥罪也。

孔《傳》：罪以懲之使勿犯，伐去其死道，德以明之，使勤慕競
為善。[36]

《尚書正義》：有過，罪以懲之，使民不犯非法，死刑不用，是
「伐去其死道」。「伐」若伐樹然，言止而不復行用也。有善者，
人主以照察之德加賞祿以明之，使競慕為善，是彰其善也。此
二句相對，上言「用罪罰厥死」，下宜言「用賞彰厥生」，不然
者，上言用刑，下宜賞善，死是刑之重者，舉重，故言死；有善
乃可賞，故言「彰厥善」。[37]

從給出的材料我們可以看出，孔穎達已經意識到了這段經文是「相對」
的，這一點和曾運乾相同。但曾運乾認為「用罪罰厥死」應作「用死罰厥
罪」，與下文「用德彰厥善」相對。「死」與「德」，「罪」與「善」相對。

曾運乾對於《尚書》的訓詁，一言以蔽之，是百家之中擇其善，其文
法，是對客觀語法事實的理性認識，不像前人的語法思想，尚處於感性認
知，而是總結客觀規律。不可避免的，《尚書正讀》中也出現了一些不正確
的認識，如〈秦誓〉中「我皇多有之」，曾運乾說道：我皇，語倒，猶言況
我也。蔡沈認為皇是遑的通假字，孔穎達將皇解釋為前，還有人將皇解釋為
程度副詞太的，但無一人認為這是一個倒置句，看來曾運乾認為此句是倒

---

[35] 〔漢〕孔安國傳、〔唐〕孔穎達疏：《尚書正義》頁669。

[36] 同前注，頁348。

[37] 同前注，頁348。

語，還得拿出更多的證據，否則難以令人信服。

三　曾氏《尚書正讀》揭示了原始思維心態

（一）思維的「由主到次」

　　人們對具體事務的認識是從整體到局部。人們反映和表達事物，往往先勾畫其大概輪廓，後描繪其細微特徵（先粗後細）；先說出主要方面，後補充其次要方面（先小後大）。在語言產生初期，句子中的語序往往呈現某種自然狀態，因而附加成分常常放在主要成分之後。修飾成分後置，是上古漢語詞序的一個重要特徵。在《尚書正讀》中具體表現在以下兩個方面：

1. 定語與中心詞的次序。在先秦典籍中，定語和中心語的次序不固定，作為修飾成分的定語往往置於中心詞之後。這是因為中心詞一般表示認識物件的主體，定語則描寫其附加特徵。

　　〈康誥〉：有厥罪小，乃不可不殺。

　　《尚書正讀》：有厥罪小，倒語，猶云有厥小罪也。與下文乃有大罪對文。[38]

　　孔《傳》：汝盡聽訟之理，以極其罪，是人所犯，亦不可殺，當以罰宥論之。[39]

　　《尚書正義》孔穎達疏：以上既言「明德」之理，故此又云「慎罰」之義，而王言曰：嗚呼封，又當敬明汝所行罰，須明其犯意。人有小罪，非過誤為之，乃惟終身自為不常之行，用犯汝。如此者，有其罪小，乃不可不殺，以故犯而不可赦。[40]

---

[38] 曾運乾：《尚書正讀》，頁163。

[39] 〔漢〕孔安國傳、〔唐〕孔穎達疏：《尚書正義》頁536。

[40] 同前注，頁537。

　　此類例子在《尚書正讀》中數不勝數，這裏僅舉一例說明。在「罪小」這個短語中，「罪」是中心語，「小」是定語，它作為修飾成分置於中心語「罪」之後。

　　2. 介賓結構在句中的次序。上古漢語中，介賓結構絕大多數是置於謂語之後的。

　　　（1）〈微子〉：殷遂喪，越至于今。

　　　　　《尚書正讀》：殷遂喪，越至于今，倒語。猶云越至于今殷遂喪也。[41]

　　　（2）〈盤庚〉：勿褻在王庭。

　　　　　《尚書正讀》：勿褻在王庭，語倒，猶言在王庭勿褻也。[42]

　　　（3）〈無逸〉：文王不敢盤于游田，以庶邦惟正之供。

　　　　　《尚書正讀》：本文語倒，猶云文王不敢以庶邦惟正之供，盤游于田也。[43]

　　　　　孔《傳》：文王不敢樂於遊逸田獵，以眾國所取法則，當以正道供待之故。[44]

　　　　　《尚書正義》孔穎達疏：以眾國皆于文王所取其法，則文王當以正義供待之故也。言文王思為政道以待眾國，故不敢樂於遊田。文王世為西伯，故當為眾國所取法則。[45]

　　上述例子中，「越至于今」、「在王庭」、「以庶邦惟正之供」均作句子的狀語，處於謂語之後。

---

41 曾運乾：《尚書正讀》頁117。

42 同前注，頁103。

43 同前注，頁223。

44 〔漢〕孔安國傳、〔唐〕孔穎達疏：《尚書正義》頁634。

45 同前注，頁634。

（二）思維的「由實到虛」

　　這主要表現在以下兩個方面：

1. 謂語和賓語的次序。漢語中的名詞（包括專有名詞和一般名詞）與動詞相比，其所指往往更為具體，更具有可視性。而漢語句子中的賓語多是由名詞（或代名詞）充當的，受思維「由實到虛」的規則影響，賓語前置成為上古漢語詞序的重要特徵。

　　　（1）〈盤庚〉：予迓續乃命于天，予豈汝威？
　　　　　《尚書正讀》：予豈汝威，言非威脅汝。[46]
　　　（2）〈大誥〉：民獻有十夫予翼，以于敉寧武圖功。
　　　　　《尚書正讀》：予翼，倒文。翼，輔也。〈皋陶謨〉予欲左右有民，汝翼，與此意義正同。[47]
　　　　　孔《傳》：今天下蠢動，今之明日，四國人賢者有十夫來翼佐我周，用撫安武事，謀立其功。[48]
　　　（3）〈梓材〉：肆王惟德用，和懌先後迷民。
　　　　　《尚書正讀》：王惟德用，猶〈召誥〉言王其德之用也。倒文。[49]
　　　　　孔《傳》：今王惟用德和悅，先後天下迷愚之民。
　　　　　《尚書正義》孔穎達疏：言「用德」，亦是明德也。[50]
　　　（4）〈康王之誥〉：越玉五重，陳寶。
　　　　　《尚書正讀》：越玉五重陳寶，語倒，猶言陳寶越玉五重也。[51]

---

[46] 曾運乾：《尚書正讀》頁105。

[47] 同前注，頁151。

[48]〔漢〕孔安國傳、〔唐〕孔穎達疏：《尚書正義》頁509。

[49] 曾運乾：《尚書正讀》，頁186。

[50] 同上頁567。

[51] 同上頁201。

「汝」作為「威」的賓語,「予」作為「翼」的賓語,「德」作為「用」的賓語,「越玉五重」作為「陳寶」的賓語,處於謂語動詞前。

2.直接賓語和間接賓語的次序。直接賓語和間接賓語的先後取決於兩者之間哪個更為具體。

〈盤庚〉:今予其敷心腹腎腸,歷告爾百姓于朕志。

《尚書正讀》:心腹腎腸四字連用,如〈益稷〉股肱耳目之比。歷,數也。披肝瀝膽,盡情相告,故曰歷告。此文語倒,猶云歷告朕志于而百姓也。[52]

此句是雙賓語句,「爾百姓」是間接賓語,「朕志」是直接賓語。爾百姓是一個比較具體的名詞片語,所以置於前面,而朕志是一種抽象的名詞,放在後面。

作為民國時期的一部訓詁著作,曾運乾對語序有這樣的認識,實屬不易。正如前文所說,曾運乾在倒語分析時有些「過枉矯正」,並非每一條都言必有據,但他這種語序意識讓人敬佩,他已經意識到了先秦原典語言中所體現的先民思維,雖然還不曾有系統,但在民國時期已經代表了較高的水準。歷來學者對曾運乾的研究,僅僅局限於音韻學領域內,認識到《尚書正讀》價值的人比較少,而研究《尚書正讀》價值的更是為數不多,這是一大憾事。隨著研究的深入,《尚書正讀》必定會像是《尚書》研究寶庫中的鑽石,永遠璀璨奪目,閃爍光芒。

---

[52] 同上 頁108。

段玉裁校釋《尚書》的特色

趙航*

段玉裁是清代著名的文字音韻訓詁學家，他的《說文解字注》是研究《說文》的最權威的著作，「千七百年無此作」，沒有人能夠趕上或超過的。一部著作就奠定了他小學家的地位，並成為清代乾嘉時期語言文字學領域的領軍人物之一。段玉裁同時是、或者首先是一位成就卓著的經學家，卻往往被人們所忽視，介紹評介的論著相對要少得多。其實，在他存世的30多部著作中，經學方面的成果還是相當豐富的。《古文尚書撰異》、《毛詩故訓傳定本小箋》、《詩經小學》、《周禮漢讀考》、《儀禮漢讀考》、《春秋左傳古經》等，都是經過歷史的洗磨、依然熠熠生輝的不朽之作，受到學術界的充分肯定[1]。即使是在他的《說文注》中，經過他校釋的「十三經」，每種都在百條以上，只是限於體例，他的說經精義，如耀眼的明珠，散見於《說文》各篆之下。倘能按每部經書種類分列出來，未嘗不是一部部精采紛呈的力作。因此，黃侃先生在〈與人論治小學書〉中就曾十分精闢地概括段氏經學與小學的相得益彰的關係。他說：「段注多說經義，類皆精核。使人因治《說文》而得治經之法。其可寶貴，政在於此。」所以，我們對他的經學成就，是絕對不能低估的，如果因為重視《說文注》，就誤以為段氏在其他方面成就是不足觀的，這樣的看法，就未免很不客觀、很不全面了。

段玉裁在經學研究上，對「五經」都下過很深的功夫。讀經必從解詁始，讀經必由訓詁以明義理，是他基本的學術思想。他始終實踐這一思想，

---

* 南京曉莊學院
[1] 參見拙著：《段玉裁評傳》（南京市：江蘇人民出版社，2009年）。

故常常能發先儒所未發，在許多領域取得超越前代的輝煌業績。以《尚書》而言，他所著的《古文尚書撰異》，就是經學研究成果的重要代表，是繼閻若璩的《尚書古文疏證》、惠棟的《古文尚書考》之後的又一巨著，產生廣泛而深遠的影響。它的學術價值和社會價值已被越來越多的人認同、繼承。該書的寫作，開始於乾隆四十七年，完成於乾隆五十六年，前後用了十多年時間。這十幾年，正是段玉裁精力充沛的壯年時期，他得以充分地展示自己學有根柢、思想敏銳的優勢，夙興夜寐，筆耕不輟，並用他熔鑄古今的思想，畫龍點睛的筆法，留下這部高品位的文獻學的珍品。有人統計，《說文注》校釋的典籍有三〇二種，《撰異》校釋的典籍也有一七四種，除去重複的，兩書校釋的典籍有三四五種。單是屬於經書類的就有一四三種，占了所校典籍的五分之二。《撰異》共校釋經籍二十一種，其中，《說文注》、《撰異》並有校釋的十一種，只係《撰異》有校釋的八種，僅為《說文注》有校釋的二種[2]。由此可見，在《撰異》中，經過校釋的的有關《尚書》著作就有十九種之多，幾乎包括清代中期以前《尚書》的版本、辨偽、校勘、考釋等方面的所有重要著作。

段氏對於經他校釋的這些《尚書》著作，總體上，完全採取實事求是的態度。對其中的精義美言，則引申發明，如遇謬說、曲解，則考定駁正，是是非非，客觀公允。而對每一部具體著作，他的視角又是有明顯差別的。這種差別主要表現在兩方面：在內容上，一種是拘泥於原來字句的校釋，一種是在忠實文本前提下，能綜合各種知識的創造性的發揮，段氏更著眼於後者；在時間上，如果把這些著作粗分為古、今兩大類的話，段氏的基本傾向是尊「古」而正「今」：對古代的《尚書》著作，他更多的是敬畏和尊重；對同時代研究《尚書》的著作，則努力挖掘作品的再生潛力，更著眼於能給後人的研究以參照和借鑒。學術事業的發展，總是沿著今勝於古、後勝於前這樣的大趨勢前進的，這是不可抗拒的自然規律，但前提條件是在繼承前輩學者成績的基礎上，吸取其精華，發揚光大。力求薪火相傳，有所突破，有

2　余行達：《說文段注研究》（成都市：巴蜀書社，1998 年）頁131。

所超越，這才符合「前修未密，後出轉精」的精神。所以，在段玉裁的潛意識裏，始終貫穿這樣一種理念，即後代學者超過前代，是毫無疑義、理所當然的，對他們著作的評判要求更嚴格、甚至更苛刻些，也正是為了推動學術事業的健康發展。這種真正意義上的「與時俱進」思想，至今仍有深刻的指導價值。

前代學者所著的《尚書》著作，以馬融、鄭玄、孔安國、孔穎達、蔡沈等為代表。同時代學者著作，以閻若璩、惠棟、江聲、王鳴盛等為代表。在同時代學人的著作中，閻若璩的《尚書古文疏證》，段氏的《撰異》校釋了十二條，惠棟的《古文尚書考》、《尚書鄭玄注》及《尚書大傳》共校釋了十五條，江聲的《尚書集注》八條，王鳴盛的《尚書後案》十六條。這四個人，閻若璩、惠棟算是清代前期人，是段的前輩學者，江、王二人，都是清代中期人，他們分別比段年長十四歲和十三歲。江聲，元和人，號艮庭，段的《說文注》在刻印前，曾由江聲用篆書摹寫了兩卷，他的孫子江沅又曾向段問學，他們同住蘇州，關係自然親近；王鳴盛，嘉定人，字鳳喈，號禮堂，又號西莊，晚年號西沚。先後從沈德潛、惠棟學詩和經義，以敏慧稱。乾隆十九年進士，授翰林院編修，累官至內閣大學士。後告歸，閉戶讀書，居蘇州三十餘年卒。比較江、王的《尚書》著作，《尚書後案》的影響要更大些。《集注》以取材弘富勝，《後案》以「間出己見」勝。《後案》三十卷，是王鳴盛晚年所作，化三十餘年時間。目的是發揮鄭玄之學，他說自己「遍觀群書，搜羅鄭注，惜已殘闕，聊取馬（融）、王（肅）傳疏益之，又作案以釋鄭義。馬、王傳疏與鄭異者，條析其非，折中于鄭氏。名曰後案者，言最後所存之案也」。可見他是充滿自信的，更何況《後案》在寫作中還繼承了他老師惠棟的一些觀點。因此，用《尚書後案》代表清代特別是清代中期研究《尚書》的主要成果，用校釋《後案》這種形式，來宣傳段氏本人的《尚書》學思想，體現他注釋學的特色，或許是比較恰當的。

段玉裁的《尚書撰異》，說到底，是對校釋之校釋。改正疏漏、定其是非，是必備的基礎性工作，這是必須做的。比如，《尚書・枀誓》「無敢寇攘」的「攘」，段批評惠棟沿襲舊注，將「攘讀曰襄」是錯的，而王鳴盛的

《後案》又跟著錯，就更不應該了。除此之外，對《後案》的「撰異」，更能體現段氏「借校釋書，示人大路」的，是以下幾方面：

一、窮源竟流，分析致誤的原因。段氏在校釋別人的訛誤時，對於一般容易識別的錯誤，避免枝蔓，從不條分縷析，往往用「非也」、「誤也」來概括。但對於妄改古書、強作解人等錯誤，則詳細分析致誤的原因，使人知其然，又知其所以然。

〈禹貢〉「雲夢土作乂」，是說（水系疏通以後）雲夢澤一帶可以耕作了。句中「雲夢土」或作「雲土夢」，是古、今文《尚書》的區別。有的說「雲夢土」，就是指雲夢澤；有的說「雲土夢」，即雲、夢，二澤名。杜預注《左傳》說：「江南為雲，江北為夢。」[3]關鍵是如何解釋其中的「土」字，段氏按照「孔《傳》」說法，是指雲夢之澤，其中有平土丘（即平土之虛），水去可以耕作畎畝之治。把「土」解釋為湖水退潮後暴露出來的可以耕作的土地，這就比較清楚了。段氏還分析「雲夢土」誤作「雲土夢」的過程，是始於《唐石經》，而始作俑者是宋太宗的詔改，據《夢溪筆談》記載。清·胡渭的《禹貢錐指》將《石經》的「皇帝太宗」又徑改為「唐太宗」，而《後案》因襲了這個錯誤。

〈禹貢〉：「岷山之陽，至于衡山，過九江，至于敷淺原。」周秉鈞先生的《白話尚書》的解釋是正確的：敷淺原，廬山。曾運乾也說。「開通岷山南面，到達衡山，過洞庭湖到達廬山。」顏師古注曰：「敷淺原，一名（博）傅陽山，在豫章歷陵南。」而《漢書·郡國志》所含豫章郡，有縣十八，其中歷陵下有注：傅易山、傅易川在南，古文以為傅淺原。段氏認為，《水經》的山水澤地凡六十，敷淺原為地名，班固合傅易山、傅易川釋敷淺原，雖仍然當成地名，但當成山、水的合稱，已經不準確了，《正義》單舉博陽山，則造成訛誤，而《後案》又傅會原字，謂敷淺原為水名，就更為錯誤了。

二、重視闡發全書的條例。條例是一本書的靈魂，是讀懂、讀通該書的登堂入室的鑰匙。要能揭示一本書的條例，就必須把零散的材料融會貫通，

3　周秉鈞《白話尚書》（長沙市：嶽麓書社，1990 年）頁 17。

燭幽闡微，揭發出規律性的東西，又運用發現的規律來貫串零散的材料，檢驗條例的可靠性。掌握條例，既可幫助我們解決具體問題，又能從方法論角度提高我們的歸納能力，是一舉兩得的事。貫通條例，是段氏始終堅持的治學方法，在《撰異》中亦復如此，而且形成他自己的特色。

〈堯典〉「允恭克讓，光被四表」中的「恭」，是恭敬，《後案》說「恭古作共」，誤以為共、恭是古今字，當然不對。因為從《尚書》全書用字的條例看，「凡恭肅字皆從心，供奉、供給字則作共，分用畫然」。「分用畫然」的結論，正是段氏考察《尚書》的用例得出的普遍規律。而且，現存的《漢石經》的〈無逸〉篇的「徽柔懿共」、「惟正之共」皆作「共」，「嚴恭寅畏」作「恭」，也提供了有力的佐證。其他典籍如《毛詩》表示「恭敬」的也都作「恭」，只有〈韓奕〉的「虔共爾位」的「共」，鄭《箋》作：「古之恭字，或作共。」這裏說「或作」，表示僅見、偶爾用之，不是常態，就不足為憑了。

〈大誥〉「天閟毖我成功所」，意思是，天帝慎重地告訴我們成功的辦法。這是所謂完全式的雙賓語句型[4]。閟，慎重，毖，告訴，所，道，辦法。其中「閟毖」兩字的解釋是難點。《後案》根據古注解釋為「勞慎」，段玉裁不以為然。他說，《爾雅·釋詁》「毖、神、溢，慎也」是一組同義詞，而「毖」、「秘」、「閟」三字古代又通用，這樣的語言事實證明「閟」、「毖」都有「慎」義。只是因為上文「無毖於恤」的「毖」已訓「勞」，此處「毖」字再見，故分析之為「毖，慎也」，這是古人注經的一種條例。段氏還舉例說，〈召南·采蘩〉的「于以采蘩，于沼于沚」句中兩個「于」字，《傳》釋為「于，於」，《箋》釋為「于以，猶言往以也」，以區別於下一個「于」字。又〈邶·谷風〉「昔育恐育鞫」的兩個「育」，《傳》云「育，長」，《箋》則云「昔育之育，稚也」，以區別於下面「育鞫」的「育」。這裏的「毖」，本來只作「慎」講，因為上文「毖」訓「勞」，使「毖」兼慎、勞二訓，而淺者以為「毖」既訓「勞」，就不應當訓「慎」，於是增加

4　錢宗武：《今文尚書語法研究》（北京市：商務印書館，2004 年）頁 407。

與「慎」義近的「閔」，組成「閔愍」，以傅會《傳》之「慎勞」。段氏感歎說，這就是「學者用其所知，改所不知」的錯誤了。

三、主張援引書證的準確性。書證是立論有據的重要標誌，也是闡釋學的基本手段。段氏除一般要求引文的完整、準確，不隨意刪減、不曲解原意外，特別強調「櫽括無誤」和「語義完全」，這是他校釋的又一特色。

「櫽括無誤」，他舉了〈堯典〉「寅淺內日」的例子。「寅淺內日」的意思是，恭恭敬敬地送別落日。句中「淺」字是本字，借字作「餞」，有的人就本字解釋為「薄迫」，並引申為「滅」、「沒」，有的人就借字解釋為「送」。《集韻》所引「『寅淺納日』，馬融讀『通作餞』」，是說馬融時代對表示同一意義的「淺」、「餞」是通假關係，而《後案》卻引作「餞，馬作淺」，就是理解上的錯誤了。段玉裁還認為，《今文尚書》直接解釋「淺」為「送餞字」，是「用字太巧，不若作淺為善也」。

所謂「語義完全」，是指引文時脫漏了相關詞語。他舉了〈堯典〉「至于岱宗柴」的例子。「柴」（祡）是一種祭祀的禮節。《史記》、《後漢書》在相關條目的注釋中，都引了鄭玄注，但《後案》在「柴，祭東嶽者。考績柴燎也」一句時，刪「考績」二字，只說「柴，燎也」，沒有「考績」，柴燎就失去實際意義了。

四、既防止「文理未安」，又主張「臨文不拘」，是段氏校釋的第四個特色。

〈顧命〉「甲子，王乃洮沬水」，是說成王病重時，洗了頭髮洗了臉，（整齊衣冠，接見群臣，交代後事。）「洮沬水」這種句式本來就很特殊，實際上是「洮沬以水」，用水洗頭髮，用水洗臉，省略了介詞「以」。《三國志·吳書》的「裴注」，引了虞翻的一段話，他說鄭玄解釋《尚書》的錯誤，其中就有「成王疾困憑幾，洮沬為濯以為澣衣成事」句，《後案》摘出「洮沬為濯」四字，繫之鄭注，本想為鄭辯護，結果卻適得其反，原因就在於他沒有看到，「濯」上有脫文，當云「洮讀為濯」，應該把洮、沬、濯這三個動詞的用法分辨清楚。

所謂「文理未按」，是由於結構混亂造成的。〈西伯戡黎〉：「乃罪多，

參在上。」參，當作毚，《漢簡》、《古文四聲韻》所見《石經》作毚，讀作毚，懶惰懈怠。段氏說，據《玉篇》參本作 ，所見《石經》作 ，甚協。謂爾罪多積毚，如丘山腥聞在上也。《經典釋文》「參，七南反」，是經天寶、開寶妄改後的本子，迄今千餘年，故遙溯正之。《後案》則多誤會。

〈呂刑〉「士制百姓于刑之中」，《後案》因為偽孔「士」釋為「皋陶」，而《後漢書・楊震傳》說他孫子楊賜不接受封官，在申述理由時，引了《尚書》「三后成功，惟殷於民，士制百姓于刑之中，以教祗德」的話，也未提到皋陶，因此說話是不完整的，就妄改以就其說。段認為，「皋陶不在三后之數，賜之所以恥也。」《後案》卻誤解楊賜的話，這是不對的。

〈禹貢〉的「作十有三年乃同」中的「年」，《後案》依據《爾雅》的載、歲、祀、年，分別用於不同時代的記載，說「年」應作「載」，段舉了〈堯典〉「百姓如喪考妣，三載四海遏密八音」，《孟子》作「三年」，〈洪範〉「惟十有三祀，王訪于箕子」，劉歆、《論語》引書皆作「年」。因此，他認為，古人往往「臨文不拘」，即為文時不一定每一個用字都要拘泥於古代典籍的出處，用同義詞代替是允許的。

五、尊重古注又不迷信古注，信古而不泥古，這是段玉裁的一貫主張。《說文注》中堅持這一主張，「經注」中仍然堅守不渝。有人因此指責他武斷、魯莽，很多時候是抹殺了他可貴的創新思想。以《尚書》為例，〈洪範〉的「卜五，佔用二，衍忒」，是講古代用龜甲、蓍艸卜卦的分類。對雨、霽、蒙、驛、克，要卜；對貞、悔，要卦。因此，鄭注於「用」字句絕，「二」字屬下，作「卜五佔用，二衍忒」。現在通行本作「卜五，佔用二，衍忒。」《後案》迷信《史記集解》是這樣斷句的，段玉裁指出，這是王鳴盛不瞭解《集解》是錯的，依據的《史記》的正文也是錯的。

〈西伯戡黎〉的「不虞天性」，〈殷本紀〉作「不虞知天性」，多了一個「知」字。這是本於今文本的《尚書》。《後案》說，偽孔本亦有「知」字，段批評他知其一不知其二，偽孔是竊取《史記》作注的。

〈多士〉的「時惟天命，無違。朕不敢有後，無我怨」一句中第一個「無」字，《隸釋》、《漢石經》殘碑作「元」，《後案》因此認為是「無」誤

作「元」,段批評這也是想當然。因為《漢石經》時代,「無」不會簡化為「无」。

應該說,王鳴盛是清代中期有影響的學問家,他的《尚書後案》在搜羅舊注、發揮鄭學方面有其特殊的成就。段玉裁《撰異》的可貴之處是,他既充分肯定王氏著作在《尚書》學上的不可替代作用,又非常嚴肅地指出他存在的不足,甚至謬誤。不僅在於他能從高手林立之中,獨具慧眼,參透真諦,讓人嘆服他的精深與睿智,更在於他從散亂,甚至枯燥的注釋中,抽繹出普遍而帶有規律性的結論,用以指導更為廣泛的學術實踐。這種貢獻就比一般的正訛指謬,意義更為深遠了。

《古文尚書撰異》解經的語言哲學觀考論

（美國）艾米莉*、（中國）金戈**

　　「六經」是華夏文化的源頭典籍，經過以孔子為代表的儒家學派的整理與傳承，逐漸發展出對經書內容進行闡釋研究的治經之學。漢武帝罷黜百家，獨尊儒術，造就了漢代經學的興盛，也奠定了經學在我國學術史上的統治地位。《尚書》的文獻性質是政史資料彙編，因而無論是先秦時期的「六經」，還是「五經」、「九經」、「十一經」，以迄宋代的「十三經」，《尚書》在群經中的地位又都極為尊崇。圍繞《尚書》的闡釋與研究，歷代學者留下了卷帙浩繁內涵豐富的注疏詮釋。經學的闡釋與研究通常又與小學緊密結合，正如戴震所言：「經之至者，道也；所以明道者，其詞也；所以成詞者，字也；未有能外小學文字者也。由文字以通乎語言，由語言以通乎古聖賢之心志。」[1]戴震辨明經學與小學的依存關係：小學不是經學的附庸，而是「通乎古聖賢之心志」的津梁。解經能力取決於語言文字能力，更取決於解經者深層次的語言哲學觀。

　　有清一代，經過閻若璩、惠棟等博學碩儒以大量無可辯駁的事實和精湛有力的論證，梅賾本《尚書》之偽最終定讞，「先漢今文古，後晉古文今」[2]的觀點獲得學術界的普遍認同。學者們多開始專注於「先漢今文」的研究與整理，段玉裁的《古文尚書撰異》即為這一轉型期的代表作。是書在「尚

---

* 美國邁阿密大學
** 揚州大學文學院
[1] 〔清〕戴震：〈古經解鉤沉序〉，《戴震文集》（北京市：中華書局，1980 年）頁146。
[2] 〔元〕吳澄：《草廬全集·題伏生授書圖詩》：「先漢今文古，後晉古文今。若論伏氏功，遺像當鑄金。」

書」前冠之以「古文」二字，並非特指《尚書》學史的專名孔壁傳本「古
文」，而是指「先漢今文古」的伏生傳本。段玉裁以其深厚的小學功底和廣博
的文獻識見，析分《今文尚書》二十八篇為三十一篇，加上《書序》，因篇
為卷共三十二卷，鉤隱索微，旁徵博引，別古今，正訛誤，展現了層出不窮
的精理要義。是書題名「撰異」，亦明確宣示了段氏《尚書》研究的理念與
特點：「略於義說，文字是詳，正晉、唐之妄改，存周、漢之駁文。」[3] 段氏
《尚書》研究的理念與特點已經具有哲學高度的觀照意義。概而言之有三：

　　一是明辨共性與個性的關係。解經的共性途徑必須「由文字以通乎語
言，由語言以通乎古聖賢之心志」。解《書》的個性途徑當以先辨析字形
為要。《尚書》在流傳過程中經歷的劫難在傳世典籍中是比較突出的，段玉
裁在《古文尚書撰異·序》中概述《尚書》從先秦至北宋流傳狀況：「經惟
《尚書》最尊，《尚書》之離厄最甚。秦之火，一也；漢博士之抑古文，二
也；馬、鄭不注古文逸篇，三也；魏、晉之有偽古文，四也；唐《正義》不
用馬、鄭用偽孔，五也；天寶之改字，六也；宋開寶之改《釋文》，七也。」
（頁1）《尚書》歷經「七厄」，或遭毀，或失傳，或改寫，或改字，面目已
非。這些皆為人為劫難，此外還有漢字在漫長時空中書體變化和形體變化，
古籀篆隸，古今字，正俗字，異體字，通假字本字，兼之《尚書》在傳播過
程中的得而復失，失而復得，逸書偽書，今文古文，傳抄傳刻，訛謬百出。
明字形之變異，辨變異之始末，方能析字義之本原，探求經典之本真。「由
字以通其詞，由詞以通其道」[4]。

　　二是明辨漢字形音義生成序列。漢字是表義體系的文字，一個漢字就是
一個形音義的綜合體，這是漢字的本質特點。漢字形音義是否自然天成，與
生俱來？這似乎與解經毫無關涉，實際上對任何一個解經者都是不能回避的
問題。《說文》總是「先釋其義」，「次釋其形」，「次說其音」，「合三者以

---

[3] 〔清〕段玉裁：〈序〉，《古文尚書撰異》，《續修四庫全書》（上海市：上海古籍出版
　　社，2002年）第46冊，頁2。
[4] 〔清〕戴震：〈古經解鉤沉序〉，《戴震文集》頁140。

完一篆」。許慎指出了漢字有形有音有義，但沒有說明先後生成順序。明代戴侗認為：「夫文，生於聲音也。有聲而後形之以文。」[5]阮元在〈與郝蘭皋戶部論《爾雅》書〉也指出「古人字從音出」[6]，戴侗和阮元都認為先有音而後有形。段氏踵繼前賢，在中國語言學史上第一次正確闡述了形音義的完整生成鏈。他在《說文·司部》「詞，意內而言外也」注中指出：「有是意于內，因有是言于外，謂之詞。……意即意內，詞即言外；言意而詞見，言詞而意見。意者，文字之義也；言者，文字之聲也；詞者，文字形聲之合也。凡許之說字義，皆意內也；凡許之說形、說聲，皆言外也。有義而後有聲，有聲而後有形，造字之本也；形在而聲在焉，形、聲在而義在焉，六藝之學也。」[7]在為王念孫《廣雅疏證》所作的序中又進一步闡述道：「小學有形、有音、有義，三者互相求，舉一可得其二；有古形、有今形，有古音、有今音；有古義、有今義，六者互相求，舉一可得其五。古今者，不定之名也。三代為古，則漢為今；漢、魏、晉為古，則唐、宋以下為今。聖人之制字，有義而後有音，有音而後有形。學者之考字，因形以得其音，因音以得其義。」[8]段玉裁揭示了「有義而後有音，有音而後有形」的「造字」順序以及「審形以知音，審音以知義」的「識字」順序，具體可作如下的圖式：

$$\text{造字} \quad 義\text{-----}▶音\text{-----}▶形$$
$$\text{識字} \quad 形\text{-----}▶音\text{-----}▶義$$

由義到音再到形的造字順序，符合內容決定形式的觀點，由形到音再到義的識字順序，則顯示了形式反映內容的觀點。內容決定形式，形式反映內容。正確體認「造字」和「識字」順序，對於解經有重要的認識論價值。《古文

---

5 〔明〕戴侗：《六書故·六書通釋》（上海市：上海社會科學院出版社，2006年）頁10。

6 〔清〕阮元撰，鄧經元點校：《揅經室集》（北京市：中華書局，1993年）頁124。

7 〔清〕段玉裁：《說文解字注》（上海市：上海古籍出版社，1981年）九篇上，頁429～430。

8 〔清〕王念孫：《廣雅疏證》（南京市：江蘇古籍出版社，2000年）頁2。

尚書撰異》考釋的體例以漢字形體的分析為基點，從形式的表現特點來推知其所指內容「古聖賢之心志」，正是這一認識論的實踐。

三是辨明漢字形、音、義三者關係。辯證法認為任何事物內部的諸要素都是相互聯繫的，漢字的形、音、義也是互相聯繫又互相依存的。段氏抓住漢字形音義互相關聯的特點，提出解經「三者必互相求」的觀點：「說其義而轉注、假借明矣，說其形而指事、象形、形聲、會意明矣，說其音而形聲、假借愈明矣。一字必兼三者，三者必互相求，萬字皆兼三者，萬字必以三者彼此交錯互求。」[9]解經的基礎是正形，解經的關鍵是識音，解經的目的是得義，音始終處於形和義之間的樞紐位置，段氏認為：「治經莫重于得義，得義莫切于得音。」阮元也指出「言由音聯，音在字前，聯音以為言，造字以赴音」，「義從音生也，字從音造也」[10]。《古文尚書撰異》從辨析字形出發，進行形音義的互相推求和立體式研究，正形後釋義注音，為求知經典確解奠定堅實的基礎。

藉助正確的語言哲學思想，段玉裁采用多種方法，進行綜合分析，撥開詞形異變重重迷霧，辨形析義，因聲求義，多有創獲。

一　根據文字歷時共時的演變規律，索求詞義

（一）辨文字書體演變

《尚書》歷來號稱難讀，韓愈曾有「詰屈聱牙」之嘆。「詰屈聱牙」與漢字的書體演變是有一定關聯的，殷商以降，殷商甲骨文，兩周鐘鼎文，秦時篆隸，兩漢隸書，漢字書體多有變異。《尚書》文本流傳到清代，辨別各個版本因為書體變換而形成的歧異是正確解經的前提。《說文》所記九三五三

---

9 〔清〕段玉裁：《說文解字注》十五篇上，「爰明以喻」下注，頁764。
10 〔清〕阮元撰，鄧經元点校：《揅經室集》頁124。

個正篆，保存了篆文的寫法系統，既可作為研究商周古文字的參考，又可作為聯繫今文字和古文字的橋梁。另外，《說文》還標明籀文二二〇餘字，標明古文約五〇〇字，保留了書體演變的重要資料。在《古文尚書撰異》中，段玉裁就充分運用《說文》書體演變材料辨析文字歧異，多有新識。如：

（1）宗彝、藻、火、粉米、黼、黻、絺繡。（〈虞夏書・皋陶謨〉）

　　《撰異》：希，偽孔本作「絺」，今從鄭。

　　《周禮・司服》注：「《書》曰：『予欲觀古人之象，日、月、星、辰、山、龍、華蟲、作繢；宗彝、藻、火、粉米、黼、黻、希繡。』此古天子冕服十二章。希，讀為黹，或作絺，字之誤也。」玉裁按：據此，則鄭本《尚書》作「希繡」與《周官》「希冕」字同讀希為黹，謂作絺者誤，孔本作絺，正鄭所謂誤本也。而孔訓為葛之精者，其謬戾尚可言哉！今本《周禮注》轉寫誤為：「希，讀為『絺』，或作『黹』，字之誤也。」絺、黹字互譌，學者多不能辨正。《尚書正義》引《尚書》鄭注云：「希，讀為『黹』。黹，紩也。」此與《周禮注》合，尋鄭本《尚書》必作「希」，《正義》依附孔本不分別之，曰「鄭本作『希』，云『希讀為黹』」，輒改「希」為「絺」，使從孔，此大非也。《釋文》：「絺，徐敕私反，又敕其反，馬同鄭，陟里反，刺也。（七亦反，刺繡）」陟里者，黹之反語，鄭但有「讀為黹」之云，無「陟里反」之云，於期義得其音也，陸氏亦當云鄭作希，而不為分別之詞，亦非也。或開寶誤刪之。云「馬同」者，馬同孔作「絺」，訓葛之精者。

　　又案：今《說文》無「希」字，而有稀、絺、晞、豨、睎、郗、莃等字，皆以希為聲，以〈虞夏書〉「希繡」、《周官經》「希冕」斷之，則希者，古文「黹」字也。從巾，所紩也；從爻，象繡文也，俗借為稀少字，鄭君乃不得其本義，而曰「希讀為黹」，是為以今字易古字。

　　希，黹古字也，《說文》當於「黹」字下補之曰「希，古文黹字也（古文、籀文不可定），從巾上以爻，象形」，臆為此說而無可證據。

　　案：「絺繡」字，段玉裁從鄭玄作「希」。《說文・糸部》：「絺，細葛也。

从糸，希聲。」《說文‧黹部》：「黹，箴縷所紩衣也。」但今本《說文》無「希」字。鄭玄《周禮‧司服》注認為「希」字「讀為黹」，《尚書正義》亦援引鄭玄注，與《周禮注》合，證明了鄭本《尚書》為「希」。學者多不能辨正今本《周禮注》因轉寫而形成的「絺」、「黹」互譌的現象，而「讀為」兩字，段氏在《撰異》中也指明古書中是易字的專用術語，也即闡明通假字與本字的關係，因此《尚書正義》依據孔安國改為「絺」，訓為「葛之精者」。段氏簡要釐清了經文「希」字作「絺」字的原因後，結合《說文》中存在諸多以「希」為聲符的字，經文中有「希繡」、「希冕」字等現象，推測希是「黹」的古文。接著從字形上對「希」的本義進行了分析，與「黹」字本義契合。由於「希」字常假為「稀少」字，鄭玄無從得知「希」之本義，故認為「希」與「黹」是假借字與本字。段則認為兩字是古今字，「黹」為小篆，但「希」為小篆以前何種書體，段並不確定。

（2）濬畎澮距川。（〈虞夏書‧皋陶謨〉）

《撰異》：《說文》十一篇〈川部〉曰：「川，貫穿通流水也。〈虞書〉曰：『濬〈〈距（今本《說文》作「距」，蓋誤）川。』言深〈、〈〈之水會為川也。」〈〈部〉：「〈，水小流也，《周禮》『一耦之伐廣尺深尺謂之〈』。」古文作「甽」，從田、川。篆文作「畎」，從田，犬聲。〈〈〈部〉曰：「〈〈，水流澮澮也，方百里為〈〈，廣二尋，深二仞。」〈谷部〉曰：「睿，深通川也，從谷，從㠯，殘地阬坎意也。〈虞書〉曰：『睿畎澮（今本作「距」，蓋誤）川。』」玉裁按：《說文》兩引此句而一作「濬」，一作「睿」。濬者，倉頡古文。睿者，小篆也。一作〈，一作畎。〈者，倉頡古文（〈、〈〈、川三字必一人所制，皆倉頡古文也，「甽」字從田川，當是籀文，今本《說文》籀誤為古耳。）。畎者，小篆也。一作〈〈，一作澮。〈〈者，倉頡古文。澮者，同音假借字也。〈川部〉引「濬〈〈距川」，此壁中故《書》如是，〈谷部〉引「畎澮川」，此孔安國以今文讀之者也。

案：《說文》之〈川部〉、〈谷部〉分別引《書》「畎澮」字，一作「〈〈〈」，

一作「畎澮」。據《說文》,「畖」、「畎」兩字均為〈⟨部〉「⟨」下的重文,且一為古文,一為小篆。兩字都從田,但並未見《說文・田部》收錄。段氏援引《說文》釋義,推測「畖」字為籀文,「⟨」為倉頡古文,「畎」為小篆,辨明了三字所對應的書體。澮,《說文・水部》:「澮水,出靃山,西南入汾。从水,會聲。」單憑「澮」字形體無以得知經義,而「⟨⟨」字從形體上即可辨識出意義,且據今本《說文》「澮」、「⟨⟨」都為「古外切」,故段氏認為「⟨⟨」亦為倉頡古文,「澮」為「⟨⟨」同音假借。〈川部〉及〈谷部〉引《書》「濬畎澮距川」句,亦一作「容」,一作「濬」。對此,段氏亦運用《說文》提供的古文字資料辨明兩字是書體的差異:「容」字是《說文・谷部》所列正篆,「濬」為「容」字古文,確切說是倉頡古文。在釐清了對應文字的書體演變後,段氏進一步指出〈川部〉所引經文為「壁中本」,〈谷部〉所引為孔安國用漢時文字摹寫後的經文。

(3) 甲子,王乃洮頮水。(〈周書・顧命〉)

《撰異》:頮,《說文》小篆作「沬」,古文作「頮」。頮,从水、廾、頁,會意。兩手匊水灑面也。今《說文》作「湏」,乃是誤字。《尚書音義》、《文選・報任少卿書》注所引皆不誤。

案:《說文・水部》:「沬,灑面也,从水,未聲。湏,古文沬从頁。」根據小篆,則該字為形聲字,從形符上看,與水有關,「灑面」與經文「洗臉」之義吻合,但形義關係並不顯明。「頮」字未見於今本《說文》,《玉篇・水部》有該字。早就有人指出「沬」與「頮」意義相同,如《漢書・律曆志下》:「故〈顧命〉曰:『惟四月哉生霸,王有疾不豫,甲子,王乃洮沬水。』」顏師古注:「沬,洗面也。」「沬,即頮字也。」為何「沬即頮字也」。〈顧命〉:「甲子,王乃洮頮水。」陸德明《經典釋文》:「頮,音悔,《說文》作『沬』,古文作『頮』。」指出「頮」字是「古文」,也就是小篆以前的書寫形體,但亦未對形義關係作出具體分析。段玉裁承繼前修,從形體上分析「頮」這個會意字的造字理據:

「水」為「廾」兩手所捧之物,「頁」為動作所指對象。段氏結合因書體演變而造成的文字差異,清晰地辨明了文字的形義關係,契合經義。在此基礎上,段玉裁指出《說文》中「沬」字的古文「湏」,是「頮」的誤字,輔以《尚書音義》、《文選·報任少卿書》注所引作為旁證,糾正了《說文》的錯誤。

(二)別文字形體演變

由於複雜的時空因素,漢字使用過程中出現了古今、異體、正俗、本字通假字等複雜的形體歧異現象,這些歧異現象都逐層積澱在古代文獻之中。《尚書》作為傳世典籍中最早的文獻之一,各篇的異文別字少則幾個,多則幾十個,整個文本呈現的文字歧異尤甚於其他文獻。若不能分清歧文異字之間的關係,必然不能正確地訓解詞語,求經典之本原更無從談起。疏解經文中的字詞,首先就要求學者對文字的形體流變諳熟於心,進而能貫通詞語的本義、引申義、假借義。段氏已能非常嫻熟地根據漢字的形體流變規律推求字義。諸如:

(1)惟箘簬、楛,三邦底貢厥名。(〈虞夏書·禹貢〉)

《撰異》:《說文》五篇〈竹部〉「箘」字下曰:「箘,簬也。從竹,囷聲。」「簬」字下曰:「箘,簬也。从竹,路聲。〈夏書〉曰:『惟箘簬楛。』」「簵」字下曰:「古文簬,从輅。」玉裁按:〈竹部〉引〈夏書〉作「簬」,謂「簵」為古文。而〈木部〉「楛」字下引〈夏書〉則作「簬」,蓋壁中古文作「簬」。《說文》有於小篆見古文者,如「簬」下引〈夏書〉。而下云古文作「簵」,則壁中本作「簵」可知也。

《戰國策》作「簬」,小篆也。《尚書》作「簵」,古文也。

鄭注曰:箘簬,聆風也。合之《說文》,則箘簬合二字為名,乃是一物。《正義》云竹有二名,或大小異也。箘、簬是兩種竹。《正義》非是。竹有二名九字乃《正義》語。胡氏鵃明,誤繫之鄭注。(《釋文》箘字下:

韋昭，一名聆風。此當作韋昭云：箘簵，一名聆風。脫去三字。）

案：箘簵，孔《傳》以為二物。孔氏曰：「箘簵，美竹。楛，中矢榦。三物
皆出雲夢之澤。」孔《疏》亦以為二物：「竹有二名，或大或小異也。
箘、簵是兩種竹也。」鄭注「箘簵」為聆風，似為一物。段玉裁以為：
「合之《說文》，則箘簵合二字為名，乃是一物。」《尚書校釋譯論》：
「似單稱為箘為簵，合稱則為箘簵，仍為一物。顏師古注《漢志》：『箘
簵，竹名，楛，木名也，皆可為矢。』則顯然以為一物。而此物特以
堅勁稱。黃氏《通考》：『箘簵，竹名，竹之堅者，材中矢笴。』此當
據《戰國策·趙策一》：『董子之治晉陽也，公宮之垣，皆以秋蒿苫楚廧
之，其高至丈餘。……於是發而試之，其堅則箘簵之勁不能過也。』因
特堅勁，故能為矢。」[11] 經文「惟菌簵、楛」，《說文·竹部》引作「惟
箘簵楛」，〈木部〉引作「簵」。段氏比較兩引之差異，結合《說文》所
說的「簵」為「簬」字古文的說法，指出《戰國策》「簬」，小篆也；
「簵」為壁中古文。雖然段玉裁並沒有指出「簵」與「簬」是古今字關
係，但符合其提出的古今字的觀點：「凡言古今字者，主謂同音而古用
彼此而今用此異字。」[12]

（2）予顛隮。（〈商書·微子〉）

《撰異》：《說文》二篇〈足部〉曰：隮，登也，从足，齊聲。〈商書〉
曰：「予顛隮（汲古閣刊《說文》增「告」字於「予」字上）。」玉裁按：
隮，訓登，亦訓隊（俗作墜），猶亂之訓治，徂之訓存，苦之訓快，皆窮則
變，變則通之理也。隮者，「隮」之或體，而《說文》不收，此等要不必改
阜從足。《正義》引昭十三年《左傳》曰：小人老而無子，知隮於溝壑矣。
陸德明本從手作「擠」，誤。

案：經文「顛隮」字，《說文·足部》引作「顛隮」，段氏先指出「隮」存

---

[11] 顧頡剛、劉起釪：《尚書校釋譯論》（北京市：中華書局，2005 年）頁 666～667。

[12]〔清〕段玉裁：《說文解字注》頁 49。

正反兩訓，可訓為登，亦可訓為墜，而訓為墜則正與經義契合。「隮」字《說文》未收，見於《玉篇・阜部》。兩字聲符都為「齊」，形符一從足、一從阜，表達了不同的認知關注度。「足」重在凸顯發出「登」、「墜」等動作需要依靠足，無論是「登」，還是「墜」，動作結束狀態與起始狀態相比，都有一個高度的差異，因此選用形符「阜」。段玉裁揭示兩字為異體字，不必因《說文》不收「隮」字而改為「躋」。最後援引《正義》引《左傳》例以證明「隮」字訓墜，亦常見於經文，並指出陸德明本從手之誤。

（3）簫韶九成，鳳皇來儀。（〈虞夏書・皋陶謨〉）

《撰異》：《春秋》襄二十九年《左氏傳》「季札見舞韶箾」者，說者云「韶箾」即「簫韶」。《說文》五篇〈竹部〉：「箾，以竿擊人也。从竹，削聲。虞舜樂曰『箾韶』。」玉裁按：「箾韶」即「韶箾」，猶「拊搏」即「搏拊」也。「箾韶」絕非「以竿擊人」之謂，字之假借也。本《左傳》，許叔重〈音部〉引《書》作「簫」，〈竹部〉則取《左氏》作「箾」，古經傳異字顯然，淺人乃必欲改《尚書》從《左氏》，非也。《困學紀聞》曰：「古文作『箾韶』，謂宋次道家之古文也。」其不足信可見矣。《左氏》一曰「象箾南籥」，再曰「韶」。箾，《釋文》前音朔，後音簫。《正義》曰：「賈逵注『象箾』云：『箾，舞曲名，言天下樂（音洛）削（今本誤箾）去無道。』」以削訓箾，其於「韶箾」又不知何解，竊以為《左氏》無「簫」字，「箾」即其假借之簫字，古簫宵、尤幽二部合音最近，肅聲、肖聲得相假借，《尚書》古今文皆作「簫韶」，宋均之說當可信。

案：本來漢字尚形，但先秦乃至兩漢典籍中，假借字不少，以致造成了形義分離。因此，以微觀的文字作為解經的著力點，不可避免要「排除通假造成的形、義分離現象，求得本字，以便更好地運用以形說義的原則」[13]。簫，「本《左傳》，許叔重〈音部〉引《書》作『簫』，〈竹

---

[13] 陸宗達：《訓詁簡論》（北京市：北京出版社，1980年）頁106。

部〉則取《左氏》作『箭』。」許慎兩引〈皋陶謨〉，一作「簫」，一作「箭」。知「簫」古有二體「簫」、「箾」。《說文・竹部》：「簫，參差管樂。象鳳之翼。从竹，肅聲。」「參差管樂」即「長短不齊的竹管樂器」，段氏據「箾」、「簫」字形體析義，認為「箾」字用假借義，非用本義，指出賈逵釋義之誤，進而從語音上分析了「箾」假借為「簫」的依據。

段氏綜合運用形體分析、歷史比較的考釋方法，探求《尚書》詞彙意義，無論是參照古文字構形材料，還是細演漢字演化規律，都取得了重大突破，解決了許多困擾前賢時修的問題。段氏的研究已經逐漸呈現突破研究漢字形體結構的藩籬，轉而闡釋漢字作為詞彙載體的功能，透過漢字形體的表層，逐步發掘漢語詞義的深層，以求漢語詞義系統的趨勢。

二 訂正形體的訛誤正本清源，索求詞義

詞形的分析有助於理解詞義。在印刷術發明以前，學術傳播的主要方式是師生之間口耳相傳，老師傳經時由於方音等方面的原因形成音訛，學生記錄時由於倉促忘其字以別字代之等原因形成形訛，皆為在所難免，兼之古文獻在漫長的時間和遼闊的空間中傳播，經過不同文化層次的人連續不斷無數次的傳抄、傳寫、傳刻，形成了訛脫闕衍等多方面的異變現象。詞的形式因異變而失真，這為正確訓解詞義造成很大的阻礙。若不經校勘而強為訓釋，難免是望文生義，扞格難通。這就需要首先校訂詞形，還詞形以本真。「蓋古籍流傳既久，或漫漶殘缺，或傳抄錯誤，或經人妄改，致一句不明，意或難通，一字訛脫，義或兩歧，非經校勘，不能識其原文而明其本意。清儒於此，最為特擅，名家如林。」[14]《尚書》為群經之首，清代校勘學家於此用力甚勤，創獲頗豐。他們詳細搜集兩漢今、古文《尚書》的異文別說，辨析考證，說明字形變異的原因，有許多精闢的見解。段氏在勘形尋義方面實踐尤

---

[14] 古國順：《清代尚書學》（臺北市：文史哲出版社，1988 年）頁 234。

多：

（一）訂正形近致誤

（1）濰、淄其道。（〈虞夏書・禹貢〉）

《撰異》：「淄水」之字，〈地理志〉作「甾」。〈夏本紀〉、《水經注》則作「淄」。《廣韻》曰：「古通用菑。」按《周禮・職方》「其浸菑時」，字正作「菑」，則可知非甾缶字也。今依《釋文》、唐石經、《廣韻》作「淄」，或以《說文》無从水之「淄」而必改為甾，非治經之法也。（甾缶字與菑畬字隸體相似，此水名依《釋文》、唐石經作从菑畬也。考《廣韻》「甾」字下曰：「同『菑』。」又《說文》：「東楚名缶曰甾。」則甾訛菑而認為一字，蓋其誤久矣。）《說文》無「淄」，而「濰」下引〈夏書〉「濰淄」，恐轉寫失之。抑說解中字體有不與篆文合者。江氏叔澐曰：「篆文至為審慎，而說解中閒有出入，可毋以說解中所有補篆文所無。」其說是也。

案：《撰異》所說〈地理志〉乃《漢書・地理志》。顏師古注：「甾字或作『淄』，古今通用也。」[15]《說文・甾部》：「東楚名缶曰甾，象形。」《說文・水部》未收錄「淄」。《說文・艸部》：「菑，不耕田也。从艸、甾。《易》曰：『不菑畬。』」據《廣韻》古通用作「菑」，而段氏認為根據《周禮》「菑」與「甾」字是有區別的，兩字相訛誤源自隸體相似，且訛誤由來已久。至於《說文》無「淄」字釋義而在「濰」下引《書》出現，段氏猜測是「轉寫失之」。

（2）聽曰聰，思曰睿。（〈周書・洪範〉）

《撰異》：《古文尚書》「思曰睿」，《今文尚書》作「思心曰容」。

《說文》十篇：「思，容也。从心，囟聲。」向時錢辛楣少詹事亦舉為「睿」作「容」之證。玉裁按：「容」乃「睿」之字誤，不得因伏、董、

---

15 〔漢〕班固撰，〔唐〕顏師古注：《漢書》（北京市：中華書局，1999 年）頁 1233。

劉、班說〈洪範〉作「思心曰容」，而謂許同也，許此乃訓字，非訓《尚書》也。《今文尚書》「思心曰容」，思不訓容。謂思貴容耳？不當，為是不完之語。假令或云視，明也。聽，聰也。貌，恭也。言，從也，豈成文理乎？容訓深通川也，人之思如睿川，然「思」與「睿」雙聲，故以睿訓思。此如髮，拔也；尾，微也；門，聞也；戶，護也；皆以同音為訓。《說文》有此一例，而字與容相似，遂誤為容矣。《說文》之「睿」為「容」，《漢書》之「容」誤更為「睿」，真是物必有耦。至於「容」與「睿」，二字形異音異義異。小篆「容」，古文作「𣿢」（《說文》引「容畎澮」）。小篆「叡」古文作「睿」，此形異也；容，私閏切，睿，以芮切，此音異也；《毛詩故訓傳》曰：「睿，深也。」馬注《尚書》，鄭注《大傳》，許造《說文》皆曰：「睿，通也。」此義異也（許君曰：「深通川也，此比傳從谷言之。」）。思如睿川，而不期於睿，則有雖深而不通者矣。故思必期於睿，容者人所同，然睿者道所必然也。故「思曰睿」，猶「容曰睿」也。

案：思曰睿，《今文尚書》作「思心曰容」。段氏認為「容」為「睿」之誤字。容，《說文·宀部》：「盛也。从宀，谷。」無論是容，還是思，從形義關係上並不能分析出兩字彼此之間的聯繫。許慎訓《說文·心部》「思」字為容，非訓經文之「思」為容，「思心曰容」亦非等同於訓「思」為容。結合前後經文，段氏指出若「思」訓為容，則不成文理，進一步說明經文「思」無容義。《說文·谷部》曰：「睿，深通川也，从谷，从目，殘地阬坎意也。」人思考也要象通川一樣，能夠通達。「睿」與「思」雙聲，《說文》亦存在多組以同音為訓的字，故段氏指明「思」可訓「睿」，而「容」與「睿」字形相似極易訛誤，由此真正辨明了為何會存在思訓容現象的原因。不獨《說文》，《漢書》亦將兩字互訛。

「睿」與「容」是何種關係？段氏結合文字的形音義，分析指出兩字是「形異音異義異」，而且「容」是動作，「睿」是動作的一種結果狀態：通達。聯繫經義，段氏指出「思曰睿」即「容曰睿」。

（3）比介于我有周御事。（〈周書・召誥〉）

《撰異》：日本山井鼎云：「足利本、古本『介』作『迩』。」玉裁按：孔《傳》凡「介」皆訓「大」，不應此獨訓「近」，疑本作「迩」，而訛「介」字之誤也。迩，古文「邇」，見《義雲章汗簡》。

案：段氏首先根據山井鼎的版本對校，發現異文。其後從詞義入手，依據孔《傳》凡訓「介」都有「大」義，認為此處應為「迩」字。「迩」、「介」字形相近易誤。據《說文・辵部》：「邇，近也。」「迩」為「邇」字古文。糾正了詞形之訛誤，還原字形的本貌，自然也就能明瞭孔《傳》何以訓「近」。

（二）訂正改字致誤以求確詁

（1）隨山刊木。（〈虞夏書・皋陶謨〉）

《撰異》；栞，唐石經已下作「刊」，衛包改也，今更正。《說文》六篇〈木部〉曰：「栞，槎識也。从木、㸚。闕。〈夏書〉曰：『隨山栞木。』讀若『刊』。枅，篆文，从幵。」玉裁按：云闕者，謂從㸚，不知何字，象形、會意、諧聲何屬也。《說文》列字俱以小篆居首，以籀文、古文廁小篆之下，亦閒有以小篆廁古、籀之下者，此篆文從幵，則為古文，出於孔壁可知矣。李斯改「栞」為「枅」，則孔安國以今文讀古文，早易「栞」為「枅」。《史記・夏本紀》述〈皋陶謨〉「行山栞木」，然則《今文尚書》亦作「栞」可證。許云「讀若刊」者，謂音與「刊」同，非「栞」、「刊」同字也。假令「栞」、「刊」同字，則當刊傳〈木部〉云「槎識也」者。「槎，衺斫也」。衺，斫木使其白，多以為道路高下表識，如「孫子斫樹白書」之類。故云「槎識」。〈夏本紀〉述〈禹貢〉曰：「行山表木。」以「表」訓「栞」，是「槎識」為《尚書》古訓，可知衛包誤以「栞」、「刊」為古今字，乃改「栞」為「刊」。刊，剟也，字不從木，非謂斫木即謂《左氏》「有井堙木刊」之語，然不可用《左氏》改〈虞夏書〉又明矣。《說文》俌「隨山栞木」云「〈夏書〉」不云「〈虞書〉」者，俌〈禹貢〉非俌〈皋陶謨〉也。玩《正

義》則「栞」之改「刊」在天寶之前。

案：今所見經文「刊木」字，唐石經已下皆然，為衛包所改，段氏認為應還
原為「栞」字。據《說文》，「栞」字為篆文。《說文》列文字之書體之
體例，一般以小篆居首，而後列籀文、古文，也有將小篆列於籀文、古
文之後的。此處小篆列於最後，則「栞」為孔壁古文。先秦李斯改「栞
」為「栞」，後孔安國以今文讀古文必易「栞」為「栞」，但《說文》
釋形並未明確該字屬何種造字法。《史記·夏本紀》引述〈皋陶謨〉此
句經文字作「栞」，亦可證《今文尚書》作「栞」。古書中「讀若」為
擬音，故許慎所言「讀若刊」是指音同，非指「栞」、「刊」同字。〈夏
本紀〉述〈禹貢〉，以「表」訓「栞」，契合經義，亦證《說文》中
「槎識」之義即為經義。徐鍇《說文解字繫傳》：「隨所行林木，衺斫其
枝，為道表識也。」段氏指出衛包誤認「栞」、「刊」為古今字是其易字
之因。分析「刊」字形體，非從木，其義亦非「槎識」，與「栞」形義
俱無涉。結合《尚書正義》，段氏明確「栞」易為「刊」應在天寶之前。

（2）惇敘九族，庶明勵翼。（〈虞夏書·皋陶謨〉）

《撰異》：厲，衛包改作「勵」，今更正。攷《正義》孔訓「勉勵」，王
訓「砥礪」，鄭云：「厲，作也。」鄭說本《爾雅·釋詁》。古者砥礪、勉勵
皆作「厲」，無作礪、勵者。「厲」本旱石，引伸為「勉厲」、「厲作」，不
獨鄭本作「厲」，王、孔本亦作「厲」也。《正義》三說分三體，淺人區別
臆造如是。〈蜀志·劉先主傳〉先主上言漢帝曰：「在昔〈虞書〉：『敦敘九
族，庶明厲翼。』」注云：「鄭曰：『厲，作也。』」

案：段氏首先指出「勵」是衛包所改，本應作「厲」，還原經文本字。《說
文·厂部》：「厲，旱石也。從厂，蠆省聲。」從孔穎達、鄭玄等對
「厲」的解釋出發，指出鄭玄之說來自《爾雅》，以證明古來「厲」即可
表示砥礪、勉勵之義。本義「旱石」與「勉厲」兩者是本義與引申義的
關係，故訓材料中都作「厲」。段玉裁同時指出《正義》引孔《傳》作

「勵」，引王肅作「礪」，引鄭玄作「厲」[16]。一字三體之說是錯誤的，最後援引〈蜀志〉中所引該句的鄭玄注釋以證之。

（3）弗迓克奔以御西土。（〈周書‧牧誓〉）

《撰異》：今本「御」作「迓」，此必天寶中衛包所改也。衛包見孔訓「御」為迎，《釋文》「御」五嫁反，乃改作「迓」。《說文》：「訝，相迎也。」迓，訝之或字也，俗間但知迓訓迎矣，古音御、訝同在魚虞模部，故多假御為訝。如《詩‧召南》：「百兩御之。」《毛傳》：「御，迎也。」〈大雅〉：「以御于家邦。」《毛傳》：「御，迎也。」〈曲禮〉：「大夫士必自御之。」鄭注：「『御』當為『訝』，迎也。」《列子‧周穆王篇》：「鄭人有薪于野者，遇駭鹿，御而擊之。」殷敬順曰：「御，音訝，迎也。」然則孔必經文作「御」而訓迎矣。《正義》曰：「王肅讀『御』為『禦』。」《匡謬正俗》曰：「〈牧誓〉：『弗御克奔。』」然則唐初經文作『御』甚顯白。今本《釋文》曰：迓，五嫁反，馬本作 。此乃開寶中改竄之《釋文》，非陸氏原書也，原書必當云：御，五嫁反，馬本作「禦」。蓋古迎、訝用「御」字，彊禦、禦侮亦用「御」字。偽孔訓御為迎，鄭君、王子雍訓御為禦，馬本直作禦，與《史記‧周本紀》合。經文作「御」，故鄭、王與孔訓異。若本作「迓」字，則鄭安得云「彊禦」，馬安得云禁乎？《匡謬正俗》譏徐先民音〈牧誓〉之「御」為五所反，與孔《傳》不合，不知先民意，用馬、鄭、王義不從孔義也。自南朝呂來駕御字去聲，彊禦、禁禦字上聲，訝、迓字五嫁切，唐天寶之滅古如此。

案：今本《尚書》「御」作「迓」，段氏亦認為是天寶中衛包所改。「御」與「迓」兩字義相近，均可訓為「迎」。兩字音相近，古音在魚虞模部，故兩字可通假。經籍中亦多假「御」為「訝」。段玉裁從王肅的訓詁及《匡謬正俗》中的論斷中得出：在唐初經文中作「御」，古時迎、訝義及彊禦、禦侮義都用「御」字的結論。從「迓」字根本無從得出鄭玄所訓

16〔唐〕孔穎達：《尚書正義》，《十三經注疏》本（北京：中華書局，1980 年）頁 138。

的「彊籞」，馬融所訓的「禁」義。同時他也斷定，今本《釋文》並非陸德明原書，遭遇了〈序〉中所言的第七厄「宋開寶之改《釋文》」。

段玉裁以文字形體辨析為基點，勘正詞形在流傳過程中的異變，根據正確的詞形探析、索求字義，是獲取經典確解的前提。只有在復原文本的基礎之上進行訓詁解釋，才能得出較為可信的結論。段氏《古文尚書撰異》所采用的方法亦不止上述所舉，還運用了諸如：正避諱字，除詞義訓解障礙；校增衍脫漏，還經文本真；考異字同詞，辨古書名物等方法。此外，段氏還發凡體例，辨明了「讀為」、「讀如」、「讀曰」等訓詁術語。這些都是以後值得研究的內容。

有清一代是經學歷史最為輝煌的時代，一方面王朝文化政策驅使大批學者皓首窮經，另一方面學術研究的主流總是呼應王朝政治的歷史進程。《尚書》作為王政之書，《尚書》研究議題也常常是王朝政治議題。清代幾乎所有讀書人都讀過《尚書》，幾乎所有著名的學者都研究過《尚書》。讀《書》的目的是讀懂讀通，治《書》的基礎也是讀懂讀通，但多數學者為了讀懂讀通《尚書》，都是以小學為工具，做一些技術性的工作，只有少數學者才能登高望遠，獨闢新徑，創為條例，取得超邁前人的豐碩成果。段玉裁又是這少數學者中的少數佼佼者，他能從語言哲學的高度，辨明解經的共性特點與個性特點，辨明漢字形音義的生成序列及其相互關係，從形切入，撰異文，探流變，識始末，正訛誤，究本源，拓展《尚書》研究新的途徑和新的方法。

在學術史上，人們認識的只是位列清代《說文》四大家之首的段玉裁，不甚瞭解對中國語言學基礎理論研究作過傑出貢獻的段玉裁；認識的只是作為語言學家的段玉裁，不甚瞭解作為經學家的段玉裁。《古文尚書撰異》作為一部偉大的經學著作，成就了偉大的經學家段玉裁。段玉裁不僅是乾嘉學人的旗手，也是小學和經學大師。我們要籀讀細繹《古文尚書撰異》，走近段玉裁，走進他精微的學術世界和博大的思想深處。

劉勰「《書》標七觀」說考源

馬士遠*

　　〈宗經〉篇常被認為是《文心雕龍》「文之樞紐」的「樞紐」，在我國早期文學理論發展史中占有十分突出的地位。劉勰在該篇中有「《書》標七觀」[1]的說法，今人多引《尚書大傳・略說》篇載記的孔子與子夏、顏回論《書》時的相關表述來對其標註，其實《孔叢子・論書》篇裏亦有《書》之七觀相關內容的載記。〈論書〉篇相關內容僅為孔子與子夏論《書》時的相關表述，並沒有提到顏回，而且所涉及的具體《書》篇及其所觀之序次，與〈略說〉篇亦有著稍微的差異。從考證學角度而言，根據《尚書大傳・略說》篇單一的記載來斷定孔子曾有《書》之七觀說，不免顯得有些武斷，故《孔叢子・論書》篇相關內容的記載就顯得非常重要，至少為考證孔子七觀說提供了重要的旁證。伏生引述孔子《書》教之心傳來教授漢初的門徒弟子，是符合史實的，至於兩者有關孔子《書》之七觀說的文字差異，甚至一些具體內容亦有著明顯的不同，主要原因理應是由傳述者的不同造成的，這種現象在先秦、兩漢時屬於常見現象。

　　七觀說屬於論《書》類的內容，兩處文獻均載記為孔子提出，筆者認為此說是符合史實的。論《書》的現象並不是孔子先為之，在孔子之前有關《書》之說解的現象早已有之，孔子只不過是對此傳統的承傳和進一步拓展而已。故本文認為孔子論《書》提出七觀說，與孔子論《詩》可「興、

* 曲阜師範大學文學院

1 本文因引用傳統古籍文獻較多，只在行文中直接說明出處，不再對引用常見古籍作註，只對近現代的參考文獻做註。

觀、群、怨」一樣，完全是有可能的。從較為可信的傳世文獻《論語》有關孔子論《書》的內容來看，雖然不多，但孔子在以《書》為教時，確實曾提出過一些有關《書》的說解。《尚書大傳・略說》、《孔叢子・論書》兩篇都將「七觀」說載記為孔子所言，而且稍有差異，恰恰說明此說絕不是空穴來風，當為兩漢甚或晚至魏、晉時儒家不同《尚書》學派收集整理載記下來的來源於先秦時期的有關孔子釋《書》的「傳」文或傳說，並不能說明此說確為漢、魏時人所偽造。因七觀說較早言簡意賅地概述了《尚書》中的核心要義，故對後人詮釋《尚書》的向度具有重要的啟示作用。

一 《尚書大傳》及其七觀說考源

《尚書大傳》一書，舊題秦博士伏生撰。伏生單名勝，字子賤，山東濟南人，為漢代《今文尚書》學派的開山始祖。《後漢書・鄭玄傳》載鄭康成最早為《尚書大傳》作註，據宋王應麟《玉海》三十七卷轉引陳騤《中興書目》所抄錄的鄭玄為其《尚書大傳註》所寫的〈序〉裏，關於《大傳》的作者卻又有另一種說法：「（《尚書大傳》）蓋自伏生也。伏生為秦博士，至孝文時，年且百歲。張生、歐陽生從其學而授之，音聲猶有訛誤，先後猶有差舛，重以篆隸之殊，不能無失。生終後，數子各論所聞，以己意彌縫其闕，別作《章句》；又特撰大義，因經屬指，名曰《傳》。劉向校書，得而上之，凡四十一篇。」據此又多認為《尚書大傳》同《論語》的成書過程極為類似，是伏生弟子張生、歐陽容等根據伏生所教《書》之大義而撰成。臺灣鄭裕基先生就此分析認為：「說伏生是這本書的作者，似乎不太精確。不過書中記錄的是伏生講課的內容，將著作權歸諸伏生，好像也不算離譜的事。」[2]

《尚書大傳》的成書年代當為伏生去世不久，而且在鄭玄之前一直以四十一篇的版本在傳播。從文獻載記來看，《尚書大傳》成書後在漢代流布

---

2 鄭裕基：〈談談《尚書大傳》和它對語文教學的助益〉，《國文天地》第22卷第5期（2009年5月），頁18。

很快，流傳非常普遍。生活於漢武帝時的夏侯勝就曾詮釋過《尚書大傳》中的「時則有下人伐上之痾」，鄭玄的《尚書大傳註》就曾轉引過夏侯勝是如何說解該句中的「伐」宜為「代」的；劉向所著的《洪範論》更是其「發明《大傳》，著天人之應」的結果；在《白虎通義》一書中，《尚書大傳》之專名更是多見，該書的〈禮樂〉、〈誅伐〉、〈災變〉、〈王者不臣〉、〈文質〉、〈三正〉諸篇都可以找到不少「《尚書大傳》曰」的相關表述。查《漢書‧藝文志》並未發現直接著錄有《尚書大傳》之名，只著錄有「《傳》四十一篇」，緊隨在「《尚書古文經》四十六卷；《經》二十九卷」之後，但未標明作者，學界多認為此「《傳》四十一篇」即為《尚書大傳》。至於班固為何不直接著錄為「《尚書大傳》」而是著錄為「《傳》四十一篇」，個中原因也許是受劉向《別錄》、劉歆《七略》體例的影響，畢竟《尚書大傳》即為劉向「校書，得而上之」的「凡四十一篇」之《傳》。

陸德明《經典釋文‧序錄》最早載《尚書大傳》三卷，伏生作。《隋書‧經籍志》亦著錄為《尚書大傳》三卷，鄭玄註，並說「伏生作《尚書傳》四十一篇」。《唐書‧藝文志》亦照例將此書著錄為三卷，伏生作。劉勰在《文心雕龍‧練字》篇曾說：「《尚書大傳》有『別風淮雨』，《帝王世紀》云『列風淫雨』。『別』、『列』，『淮』、『淫』，字似潛移。」但劉勰所看到的《尚書大傳》具體情況已無法查考，理應為由漢代鄭玄所註的八十三篇本向隋唐時期的三卷本轉變期間的本子。

《尚書大傳》三卷本之流傳，在唐、宋之間又有變化，宋晁公武《郡齋讀書志》曰：「今本四卷，首尾不倫。」葉夢得亦云：「今世所見，惟伏生《大傳》，首尾不倫，言不雅馴。」陳振孫《直齋書錄解題》更有「印版刓闕，合更求完善本」的說法。足見至宋《尚書大傳》的流傳本還出現過四卷本，而且已經出現前後不倫、版面殘缺的現象。元、明兩代公私書目都不曾著錄《尚書大傳》，今天我們能看到的僅為後人的輯本，以清人的輯本為多。如孫之騄所輯的《尚書大傳》三卷，《補遺》一卷；董豐垣的《尚書大傳考纂》三卷，《備考》一卷，《附錄》一卷，《補遺》一卷；惠棟的《尚書大傳註》四卷，《補》一卷；盧見曾刊行的《尚書大傳》四卷，《補遺》一

卷，盧文弨為盧刊本作的《考異》一卷，《續補遺》一卷；袁鈞的《尚書大傳註》三卷，《尚書略說》一卷，《尚書五行傳註》一卷；王仁俊《尚書大傳佚文》一卷，《補遺》一卷；另外還有王謨的《尚書大傳》二卷，任兆麟的《尚書大傳》一卷，孔廣林的《尚書大傳註》四卷，黃奭的《尚書大傳註》一卷。而陳壽祺的《尚書大傳定本》[3]五卷、《洪範五行傳》三卷，皮錫瑞的《尚書大傳疏證》七卷本較其它者最為精審，王闓運的《尚書大傳補註》七卷本亦有可觀之處，但較陳、皮二氏所輯所證顯然較為疏略。

《尚書大傳》為最早的解說《書》的專著，雖為依附《書》的解經之作，但其解經的具體內容相當廣博，與《韓詩外傳》頗為相似，故而在探討先秦《尚書》學說的具體模式方面價值巨大。《四庫提要》認為該書「古訓舊典往往而在」、「於經文之外撮拾遺文」，今人臺灣學者程元敏先生也認為該書「雜采古事異辭，審證經義，實非盡釋經」[4]。《尚書大傳》分為〈唐書〉、〈虞書〉、〈虞夏書〉、〈夏書〉、〈商書〉、〈周書〉、〈略說〉七卷，七觀說之相關內容見於〈略說〉卷。〈略說〉卷為伏生通論全五代《書》義和孔子及弟子《書》學問答之內容，多屬於「雜采古事異辭，審證經義」、「古訓舊典」、「於經文之外撮拾遺文」之類。

《尚書大傳》雖已失傳，但其七觀說的具體內容尚賴一些傳世文獻的稱引而得以保存。清陳壽祺《尚書大傳輯校》據《路史·外紀》卷九所輯有以下表述：

> 子夏讀《書》畢。孔子問曰：「吾子何為於《書》？」子夏曰：「《書》之論事，昭昭若日月焉。所受於夫子者，弗敢忘，退而窮居河濟之間，深山之中，壞室蓬戶，彈琴瑟以歌先王之風，有人亦樂之，無人亦樂之，上見堯、舜之道，下見三王之義，可以忘死生矣。」孔子愀然變容曰：「嘻！子殆可與言《書》矣。雖然，見其表未見其裏，窺其門未入其中。」顏回曰：「何謂也？」孔子曰：「丘常悉心盡志，

3　原名《尚書大傳箋》，後改名為《尚書大傳定本》，附《敘錄》一卷、《辨訛》一卷。

4　程元敏：《尚書學史》（臺北市：五南圖書出版公司，2008 年）頁 467。

以入其中，則前有高岸，後有大谷，填填正立而已。『六誓』可以
觀義，『五誥』可以觀仁，〈甫刑〉可以觀誠，〈洪範〉可以觀度，
〈禹貢〉可以觀事，〈皋陶謨〉可以觀治，〈堯典〉可以觀美。通斯七
者，《書》之大義舉也。」

《路史‧外紀》未明說此段文本徵引於何種文獻，但《太平御覽》四百十九
人事部六十、《困學紀聞》卷二、《小學紺珠》卷四並引此段文本中「六誓」
以下的相關文本，而且均明言引自《尚書大傳》，故此段文本為《尚書大傳》
文本無疑。陳壽祺對此另加按語曰：

薛季宣〈書古文訓序〉亦有此文，未有「通斯七者，《書》之大義舉
也」二句，亦不稱所出。而末敘「七觀」云：「是故〈帝典〉可以觀
美，〈大禹謨〉、〈禹貢〉可以觀事，〈皋陶謨〉、〈益稷〉可以觀政，
〈洪範〉可以觀度，〈六誓〉可以觀義，〈五誥〉可以觀仁，〈甫刑〉
可以觀誠。」其序次與《孔叢子》同，與《御覽》、《困學紀聞》所引
《大傳》「七觀」異，則非《書大傳》之文明矣。《孔叢》言〈大禹
謨〉、〈益稷〉者，蓋偽作者羼入，而不知真古文與今文皆無〈大禹
謨〉，其〈益稷〉一篇則統於〈皋陶謨〉中也。

陳氏此說受到了清人辨偽之學的影響，故認為《孔叢子》之說為偽作，此種
說法尚有不少商榷之處，下文另將別論。

二 《孔叢子》及其七觀之說考源

《孔叢子‧論書》篇所記孔子《書》之七觀說的相關內容為：

子夏問《書》大義。子曰：「吾於〈帝典〉見堯、舜之聖焉，於〈大
禹〉、〈皋陶謨〉、〈益稷〉見禹、稷、皋陶之忠勤功勳焉，於〈洛誥〉
見周公之德焉。故〈帝典〉可以觀美，〈大禹謨〉、〈禹貢〉可以觀
事，〈皋陶謨〉、〈益稷〉可以觀政，〈洪範〉可以觀度，〈泰誓〉可以

觀義，〈五誥〉可以觀仁，〈甫刑〉可以觀誡。」

〈論書〉篇為傳世本《孔叢子》的第二篇。《孔叢子》共二十三篇，由《孔叢子》（二十一篇）、《連叢子》（二篇）、《小爾雅》（為《孔叢子》的第十一篇）三部分組成，是一部記述自孔子至東漢中期十幾位孔氏家族著名人物的言語行事的雜記。由於分卷不同，現存有兩個版本，一是見於《四庫全書》的三卷本，一是見於《四部叢刊》的七卷本，二者大同小異，應來源於同一個祖本。〈論書〉篇共計十六章，主要記載了孔子從不同角度與門弟子或列國諸侯，或宏觀、或微觀詮釋論辯《書》的言行片段，具體而言，包括孔子回答子張關於「受終於文祖」、「有鰥在下，曰虞舜」、「奠高山」、「堯、舜之世，一人不刑而天下治，何則？以教誠而愛深也。龍子以為教壹而被以五刑，敢問何謂」四章，回答子夏問《書》大義、辨析子夏「何為於《書》」二章，回答宰我「納於大麓，烈風雷雨弗迷」、「禋於六宗」二章，回答季桓子「茲予大享於先王，爾祖其從與享之」一章，回答孟懿子「欽四鄰」一章，回答公西赤「其在祖甲，不義惟王」一章，回答魯定公「維高宗報上甲微」、「庸庸祗祗，威威顯民」二章，回答齊景公「明德慎罰」一章，回答魯哀公「予擊石拊石，百獸率舞，庶尹允諧」一章，以及孔子直接論「《書》之於事」一章。「七觀」說見於《孔叢子・論書》篇孔子回答「子夏問《書》大義」章。

《孔叢子》舊題孔鮒撰，但班固《漢書・藝文志》未記載此書名，書名最早見於三國魏時王肅所作的《聖證論》中。因孔鮒至王肅四百多年間無人提及此書名，而且書中的一些內容屬於孔鮒之後的事，顯然非孔鮒所能撰，故自宋、明以來多視其為偽書。第一個為《孔叢子》作註的宋咸認為前六卷二十一篇為孔鮒撰，後一卷為孔臧所附益，而朱熹懷疑此書應是宋咸本人偽作。亦有學者認為王肅首先偽造了《孔子家語》，後又偽造了《孔叢子》，以便兩書互證為真。今人李學勤、黃懷信等學者認為此書之成書時間應當提早，且可能是「孔子家學」，可能是孔子二十世孫孔季彥或其後某位孔子後裔搜集先人言行材料編輯而成，非王肅等人偽造，故近年來，《孔叢子》一

書的價值才重新為學界所重視。王均林先生則繼李、黃二人之後進一步指出：

> 從考證作者入手來論證《孔叢子》的真偽，在方法論上存在錯誤。從《孔叢子》全書來看，《孔叢子》部分與《連叢子》部分不是一位作者所撰……就《孔叢子》部分而論，除開《小爾雅》，剩下的20篇，在題材上與《說苑》、《韓詩外傳》相類似，都是一些孔子子孫的言行片段，篇幅短小。這些言行片段，必非記述於一時一人之手；而且推測其數量不少，零星散處。到了漢代，孔子子孫中有人出來加以搜集、整理，編訂成書，於是有了《孔叢子》。因此，《孔叢子》沒有作者，只有編者。這位編者很可能是孔鮒，但孔鮒沒有最後完成全書的編訂工作，他的後人（兒子或孫子）繼承其未竟的事業，連帶將孔鮒的言行一並編入書中。[5]

臺灣學者許華峰通過比對《孔叢子》稱引《尚書》的相關材料後，則指出：

> 《孔叢子》所引《尚書》來源不一。而且亦無意將所引的《尚書》版本統一。其中，引《尚書》相關材料與《偽孔經傳》不相違背的部分，並無明確的證據可以證明一定引自《偽孔經傳》，而不是出自其它來源。就整體的引用情況而言，《孔叢子》比較重視與《今文尚書》相關的篇章。少數可能與「《偽孔本》多出《今文尚書》諸篇」相關內容，往往不明言出自《尚書》，且文字多與《偽孔本》不同。[6]

王鈞林先生認為包括〈論書〉篇在內的《孔叢子》部分沒有固定的作者，只有搜集整理者，是有一定道理的。許華峰認為「《孔叢子》所引《尚書》來源不一，而且亦無意將所引的《尚書》版本統一，引《尚書》相關材料與

---

5 舊題孔鮒撰，王鈞林、周海生譯註：《孔叢子》（北京市：中華書局，2010年）頁6～7。

6 許華峰：〈《孔叢子》引《尚書》相關材料的分析〉，《先秦兩漢學術》第3期（2005年3月），頁171。

《偽孔經傳》不相違背的部分，並無明確的證據可以證明一定引自《偽孔經傳》，而不是出自其它來源」，亦較為合理。而今人閻琴南據楊慎《古雋》卷二所引作「孔鮒曰」，「帝典」作「堯典」，且無「大禹謨」、「益稷」，與《大傳》同，認為《孔叢子》與《尚書》有關的內容本襲用《尚書大傳》，但在後來的流傳過程中，發生了文字訛誤，懷疑〈帝典〉係「今本《孔叢子》襲《大傳》改」，「益稷」二字係「今本妄增」，導致今本《孔叢子》〈論書〉篇的內容異於《尚書大傳》。筆者以為此說欠妥。不過閻琴南關於「秦誓」與「六誓」之別的說法，還是有道理的：

> 諸本「秦」或作「泰」，疑雙誤。當據《書大傳》改作「六」，蓋《孔叢》此章乃襲《書大傳》成文，後世訛「六」為「大」，復緣「大」與「泰」近（形似音亦通），而書作「泰」，今本作「秦」者，蓋《書》有〈秦誓〉，且「秦」與「泰」形近所致。薛季宣〈書古文訓序〉引正作「六」，「六誓」與下文「五誥」亦相對，此可為旁證。[7]

若按程元敏「六誓」當為〈甘誓〉、〈湯誓〉、〈泰誓〉、〈牧誓〉、〈大誓〉、〈費誓〉六者來講，「『六誓』可以觀義」是完全能夠講得通的，每一誓都可以觀到出師於義的內容。但若說「〈秦誓〉可以觀義」則就講不通了，因為從〈秦誓〉裏根本觀不到義，而是悔過之辭盈餘滿篇。故閻琴南認為「訛『六』為『大』，復緣『大』與『泰』近（形似音亦通），而書作『泰』，……『秦』與『泰』形近所致」，若從內容對應上來看，也是能夠成立的。

從所觀之結果來看，「七觀」在《尚書大傳》裏包括觀義、觀仁、觀誠、觀度、觀事、觀治、觀美，在《孔叢子·論書》篇裏包括觀美、觀事、觀政、觀度、觀議、觀仁、觀誠，都是七者，只有「政」與「治」、「義」與「議」之間的差異，二者只是字異，實則義同。從敘述之序次來看，「七

7　閻琴南：《孔叢子斠證》（臺北市：中國文化學院中國文學研究所碩士論文，1975 年）頁 48。

觀」在《尚書大傳》裏是義、仁、誠、度、事、治、美，在《孔叢子》裏是美、事、政、度、議、仁、誠。序次之別，可能為言說習慣不同造成的。從所涉具體篇目來看，七觀說在《尚書大傳》裏包括「六誓」、「五誥」、〈甫刑〉、〈洪範〉、〈禹貢〉、〈皋陶謨〉、〈堯典〉，總計十六篇；在《孔叢子·論書》篇裏包括〈帝典〉、〈大禹謨〉、〈禹貢〉、〈皋陶謨〉、〈益稷〉、〈洪範〉、〈秦誓〉、〈大誥〉、〈康誥〉、〈酒誥〉、〈召誥〉、〈洛誥〉、〈甫刑〉，其中〈帝典〉是單指〈堯典〉還是〈堯典〉、〈舜典〉的合稱，已很難考證，故計十三篇或十四篇。二者雖有篇目之差異，但從傳世文本來看，〈益稷〉一篇統於〈皋陶謨〉之中，〈舜典〉一篇統於〈堯典〉之中，事實上僅有〈大禹謨〉與〈大禹謨〉、〈禹貢〉，「六誓」與〈秦誓〉之別。傳統觀點認為〈大禹謨〉既不在今文篇目之內，亦不在真古文篇目之內，是偽古文所滲入，但出土文獻郭店戰國楚墓竹簡中的《成之聞之》篇中有〈大禹〉篇名，李學勤先生認為〈大禹〉即〈大禹謨〉。

　　由郭店戰國楚墓出土竹簡、上博簡及最新發現的清華簡的部分相關內容可知，孔子早在戰國初期已經被尊為聖人，其言語已被廣泛稱引，而孔門弟子又先後曾在廣大的區域內傳播過孔子之術，戰國時期流傳的孔子論《書》、釋《書》史料大部分文本的主旨理應出自孔子，《大傳》、《孔叢子》兩則文獻正體現了孔子《書》學的一些基本主張。至於二者在一些細節上的差異或出入，不但不能證明「七觀」說是漢魏時期學者偽造，更不是今古文學者在偽造時引起的衝突或露出的破綻，反而更真實地證明了孔子七觀說確實有著遙遠的文獻來源，在官方、民間都在以某種樣式流傳，因當時的書寫、方言或門派之別等多種原因，其局部內容稍有出入，是很正常的事。

三　孔子論《書》與七觀說之要義考源

　　從文獻載記來看，不僅古《書》早於孔子已有之，對古《書》的解說行為，亦早於孔子而有之。皮錫瑞曾就此現象指出：「孔子以前，未有經名，而已有經說，具見於左氏內外傳，《內傳》所載……夏后之『九功九歌』，

文武之『九德七德』，〈虞書〉數舜功之『四凶十六相』，⋯⋯非但比漢儒故訓為古，且出孔子刪定以前。」程元敏先生則進一步指出：「《左傳》所稱夏后功歌、文武德、舜功，蓋《尚書古傳》，孔子嘗編次之。」[8]程氏言孔子曾編次過《尚書古傳》，不僅在情理之中，因為孔子以《書》為教，雖有一些屬於言前人所謂言的自我見解，亦必參考古人的詮釋，不可能不對前人的零散《書》傳進行系統整理編次，而且亦有文獻明確載記，《史記・孔子世家》云：「孔子⋯⋯序《書》、《傳》，上紀唐、虞之際，下至秦繆，編次其事。⋯⋯故《書》、《傳》、《禮》、《記》自孔氏。」司馬遷在這裏所說的《傳》即為《書》之《傳》，為孔子所編次。這些《傳》文或說解多是在孔子與其弟子問答《書》時生發出來的，並曾被孔門後學記載下來或在一定區域內得以傳播，後來又被戰國時期的一些儒學流派所接受。孔子的《書》學思想對後世儒家學說影響很大，尤其對漢代《書》學及治政思想影響甚巨。孔子的《書》教思想包括宏觀、微觀不同層面，隱含於孔子本人對於《書》的認知以及具體的用《書》實踐中，一方面表現為孔子對《書》中的思想進行充分地汲取、吸收，另一方面表現為對這些思想進行選擇性地弘揚傳播。孔子的《書》教思想在某種意義上講，就是孔子教化思想與《書》所蘊含的政治思想的有機結合。義、仁、戒、度、事、治、美七者，實為孔子實施王道政治的基本主張，是孔子整體思想體系中的核心部分。「七觀」說中的仁、義、美是孔子對《書》中所倡導的「德」、「治」、「事」、「政」等命題的擴展與深化，儒家早期所主張的中庸思想也是在孔子對〈洪範〉中「度」命題準確把握之後，由其弟子們進行提升的結果，孔子明德慎罰思想更是淵源於〈甫刑〉之可觀誡。

孔子為何認為可以從《書》之「六誓」中能看到義呢？「義」為會意字，從我，從羊。「我」是兵器，又表儀仗，「羊」表祭牲，故其本義為一種天命道德範疇，指按照天命的要求而應當做的，包括合宜的道德、行為或道理，即天命之正義。《周禮・秋官》曰：「誓，用於軍旅。」《墨子・非

8　程元敏：《尚書學史》頁358。

命上》曰:「所以整師旅,進退師徒者,誓也。」可見,「誓」主要是指君王諸侯在征伐交戰前率隊誓師之辭,交戰征伐之前,統治者對師旅的誓辭必定要陳述征伐的正義性,故孔子提出了「六誓」可以觀義的思想。〈甘誓〉、〈湯誓〉、〈泰誓〉、〈牧誓〉、〈大誓〉、〈費誓〉六篇均為戰前的誓辭,〈甘誓〉是夏啟討伐有扈氏的誓師辭,其申訴征伐有扈氏原因的誓辭為:「威侮五行,怠棄三正,天用勦絕其命,今予惟恭行天之罰。」〈湯誓〉是商湯討伐夏桀的誓師辭,其申訴征伐夏桀的誓辭為:「非台小子,敢行稱亂!有夏多罪,天命殛之。今爾有眾,汝曰:『我后不恤我眾,舍我穡事,而割正夏?』予惟聞汝眾言,夏氏有罪,予畏上帝,不敢不正。今汝其曰:『夏罪其如台?』夏王率遏眾力,率割夏邑。有眾率怠弗協,曰:『時日曷喪?予及汝皆亡。』夏德若此,今朕必往。」〈泰誓〉可分為三篇,上篇是武王伐商大會諸侯時的誓師辭,其申訴征伐商紂王原因的誓辭為:「今商王受,弗敬上天,降災下民。沈湎冒色,敢行暴虐,罪人以族,官人以世,惟宮室、臺榭、陂池、侈服,以殘害于爾萬姓。焚炙忠良,刳剔孕婦。皇天震怒,命我文考,肅將天威。」「惟受罔有悛心,乃夷居,弗事上帝神祇,遺厥先宗廟弗祀。犧牲粢盛,既于凶盜。乃曰:『吾有民有命!』罔懲其侮。天佑下民,作之君,作之師,惟其克相上帝,寵綏四方。有罪無罪,予曷敢有越厥志?同力,度德;同德,度義。受有臣億萬,惟億萬心;予有臣三千,惟一心。商罪貫盈,天命誅之。予弗順天,厥罪惟鈞。予小子夙夜祗懼,受命文考,類于上帝,宜于冢土,以爾有眾,底天之罰。天矜于民,民之所欲,天必徒之。爾尚弼予一人,永清四海,時哉弗可失!」中篇是武王率領軍隊渡過孟津駐紮在黃河北岸後的誓師辭,其申訴征伐商紂王原因的誓辭可分為兩部分,一是總申商紂王力行無度:「今商王受,力行無度,播棄犁老,昵比罪人。淫酗肆虐,臣下化之,朋家作仇,脅權相滅。無辜籲天,穢德彰聞。」二是從天命、人事兩方面力陳商紂王的罪行:「惟天惠民,惟辟奉天。有夏桀弗克若天,流毒下國。天乃佑命成湯,降黜夏命。惟受罪浮于桀。剝喪元良,賊虐諫輔。謂己有天命,謂敬不足行,謂祭無益,謂暴無傷。厥監惟不遠,在彼夏王。……受有億兆夷人,離心離德。」下篇是討伐

大軍出發前的誓師辭,其申訴征伐商紂王原因的誓辭為:「天有顯道,厥類惟彰。今商王受,狎侮五常,荒怠弗敬。自絕于天,結怨于民。斮朝涉之脛,剖賢人之心,作威殺戮,毒痛四海。崇信奸回,放黜師保,屏棄典刑,囚奴正士,郊社不修,宗廟不享,作奇技淫巧,以悅婦人。上帝弗順,祝降時喪。」〈牧誓〉亦是武王在牧野與商紂王決戰前的誓師辭,其申訴討伐商紂王原因的辭為:「古人有言曰:『牝雞無晨;牝雞之晨,惟家之索。』今商王受惟婦言是用,昏棄厥肆祀弗答,昏棄厥遺王父母弟不迪,乃惟四方之多罪逋逃,是崇是長,是信是使,是以為大夫卿士。俾暴虐于百姓,以奸宄于商邑。今予發惟恭行天之罰。」〈費誓〉是魯公伯禽率師討伐淮夷、徐戎時在魯國費地發布的誓師辭,其申訴討伐淮夷、徐戎原因的誓辭為:「徂茲淮夷、徐戎並興。」〈大誓〉之辭已亡佚。〈甘誓〉、〈湯誓〉、〈泰誓〉、〈牧誓〉、〈費誓〉均是有德之君討伐昏君,通過這五誓,我們可以非常清楚地分清正義與非正義,可以使我們對於戰爭的合理性以及聖王的統治有更深層次的理解。〈秦誓〉是秦穆公兵敗於崤以後的自誓辭,並未申訴進行戰爭的正義性,而滿篇充斥著待士過失的悔辭以及對好賢容善的體認,很難觀到義。

　　孔子為何認為可以從《書》之「五誥」中能看到仁呢?《禮記・經解》曰:「上下相親謂之仁。」《說文》曰:「誥,告也。」《說文通訓定聲》曰:「上告下之義,古用誥。」「五誥」指〈大誥〉、〈康誥〉、〈酒誥〉、〈召誥〉、〈洛誥〉。〈大誥〉是周公以成王的口吻在東征前對多邦諸侯及其官員的誥辭,〈康誥〉是周公對康叔封衛的誥辭,〈酒誥〉是周公對康叔封衛的誥辭,〈召誥〉是周公、召公關於如何鞏固政權的論辭,〈洛誥〉是周公歸政成王的誥辭。「五誥」均為西周初年所作,其告辭充分體現了以文、武、周公、成王為核心的周初統治者營周安殷的辛勞和心繫臣民的關切之情,我們可以從周初統治者的言行中領悟到上下相親之「仁」,以及做一個「仁」者所應具備的基本才能和品質,亦可以觀到周初統治者推行仁政於殷之遺人。

　　孔子為何認為可以從〈甫刑〉中能觀到誠呢?《說文》曰:「誠,救也。」周穆王初年,濫用刑罰,政亂民怨,呂侯為相後,勸導穆王明德慎

罰，采用中刑，結果國家得到了很好地治理。〈呂刑〉是周穆王對四方司政
典獄及諸侯大臣的一篇誥辭，但其內容體現了呂侯的刑罰主張，故篇名為
〈呂刑〉。呂侯後為甫侯，故也叫〈甫刑〉。該篇內容涉及刑罰的目的、五刑
的內容、實施刑罰的原則等法律方面的內容，使人們認識到量刑公平、適
度、慎罰的重要性，孔子認為通過看〈甫刑〉就可以認識到刑罰適度的道
理，對刑罰采取慎重的態度，認為理解這一點對於成功治理國家可以說是非
常重要的。在郭店楚簡《緇衣》篇中，孔子引用三條《尚書》文本來宣揚他
的「慎罰」主張，其中二條出自〈呂刑〉篇，即〈呂刑〉云「非用命，制以
刑，惟作五虐之刑曰法」，孔子是用苗民濫用刑罰而導致「乃絕厥世」的反
面例子來說明慎罰的重要性；〈呂刑〉云「播刑之迪」，孔子引用這句話是
為了說明量刑要公平。可見，出土文獻是與孔子所說的「〈甫刑〉可以觀誡」
主張一致的。

　　孔子為何認為可以從〈洪範〉中能觀到度呢？度為形聲字，從又，庶省
聲，「又」即手，古代多用手、臂等來測量長度。本義為計量長短的標準。
度體現出的是一種動態的平衡，從某個角度講，陰陽的對立統一就是度。在
〈洪範〉中，箕子向武王陳述了「洪範九疇」，即「初一曰五行，次二曰敬用
五事，次三曰農用八政，次四曰協用五紀，次五曰建用皇極，次六曰乂用三
德，次七曰明用稽疑，次八曰念用庶徵，次九曰嚮用五福、威用六極」。每
一疇體現的都是一種動態的秩序、標準或程度。孔子認為，把握度的原則，
在各方面都具有重要的指導意義，只有適度，才能算是「中」，二者具有同
等的含義。〈洪範〉中「建用皇極」的「極」字就代表「中」，故孔子說：
「發乎中而見乎外以成文者，其唯〈洪範〉乎。」在「洪範九疇」的每一疇
的具體陳述中，「適度」的思想更是隨處可見。另外，《論語・堯曰》所記
帝堯的話「咨！爾舜。天之歷數在爾躬，允執其中」，也是孔子對「中」思想
的宣揚，是與其「〈洪範〉可以觀度」思想一致的。

　　孔子為何又認為〈大禹謨〉、〈禹貢〉可以觀事呢？事為形聲字。從
史，之省聲。史，掌管文書記錄。甲骨文中事與吏同字，本義為官職，《說
文》曰：「事，職也。」〈大禹謨〉中有「六府三事允治」之說，「事」字在

這裏就是指一種官職。〈大禹謨〉記錄了舜帝與大臣禹、益、臯陶討論政務的情況,〈禹貢〉記錄了大禹區劃九州、制定貢賦、治理山川、規定五服的業績。孔子說「〈大禹謨〉、〈禹貢〉可以觀事」,即指通過學習〈大禹謨〉、〈禹貢〉,就可以掌握治理國家大政的本領。

孔子為何又認為〈臯陶謨〉可以觀治或觀政呢?政字為會意兼形聲字,從攴從正,正亦聲。攴,敲擊,統治者靠皮鞭來推行其政治,「正」是光明正大。故政的本義為匡正。〈臯陶謨〉記述了臯陶向禹陳述如何為君的言論。臯陶認為做君的要「知人」、「安民」,並提出了著名的「九德」之說,即「寬而栗,柔而立,願而恭,亂而敬,擾而毅,直而溫,簡而廉,剛而塞,強而義」。孔子認為〈臯陶謨〉可以觀治或觀政,事實上是在高度評價舜、禹、臯陶的治政言行,認為虞廷君臣雍穆共治的言行可為後世效法,後人可以從中學習到治國經驗。

為什麼孔子會認為可以從〈堯典〉或〈帝典〉中看到美呢?因為從〈堯典〉或〈帝典〉篇中能看到堯、舜揖讓,九官相與推賢之美政。甲骨文中「美」是人戴著羊頭跳舞,似乎與原始的巫術禮儀祭祀活動相關。美又與善同意,如《論語·顏淵》:「君子成人之美,不成人之惡。」今〈堯典〉稱帝堯「欽明文思安安,允恭克讓。光被四表,格於上下。克明俊德,以親九族;九族既睦,平章百姓;百姓昭明,協和萬邦。黎民於變時雍」。記述了堯任命羲、和掌管天文歷法,並讓位於舜的事跡。孔子說〈堯典〉可以觀美,既是對堯「聖人」人格的贊美,也表達了孔子對唐、虞禪讓理想政治的稱許和嚮往。

七觀說是孔子對《書》之大義的說解,代表著孔子《書》學思想的核心觀點,可以說是孔子對於《書》之教化作用最為本質的認識。子夏受之於夫子且志之弗敢忘的「上有堯、舜之道,下有三王之義」,在孔子看來,只不過是《書》之表,孔子經過「悉心盡志以入其中」,又發現了《書》有「七觀」之義,這才是《書》之裏。《荀子》曰:「《書》者,政事之紀也。」仁、義、政、美、事、度、誠七者實為孔子推崇的德治施政大綱,體現了孔子心繫天下的高度責任感。正是在孔子這一以「七觀」為核心內容思想體系

構建過程之中，逐漸形成了早期儒學的一些重要理論範疇，其核心部分即為義、仁、誠、度、事、治、美七者。

五　結語

　　「七觀」之說最早見於《尚書大傳》、《孔叢子》二書，二者所記雖均明示為孔子在與弟子論《書》時提出，但所涉具體《書》篇及其序次又稍有差異。二者局部差異之原因應是多方面的，並不能就此認為「七觀」說屬於秦漢時期儒者的臆造，實為從戰國流傳下來的一些有關孔子論《書》的文獻或傳說。「七觀」之說不僅代表著孔子對《書》教化作用最為本質的認識，而且在兩漢時期曾發揮過重要影響，一度是非常流行的《書》學觀念，是漢代《書》學理論中最為核心的思想。孔子的《書》教「七觀」說，在我國先秦文學理論批評中亦占有十分突出的地位，對我國文以載道、文以明道的現實主義文學創作傳統、文藝批評理論的形成產生了重要影響，特別是對漢魏六朝時期的文藝理論批評的發展影響甚巨。從孔安國受《古文尚書》的司馬遷對孔子的《書》教觀領悟得最為深刻，其「究天人之際，通古今之變」的《史記》創作觀可以說是對孔子《書》教思想的最好註腳，《書》的有關文本不僅成為後世史家編撰中國上古歷史的重要文獻史料，而且《書》的行文體例所蘊含的就事析理、一事一議、不枝不蔓、事簡而理明的寫作藝術，也成為史傳文學創作的範例，為「文以載道」的中國傳統文學觀導夫先路，同時也首開《書》之文體學研究的先河，對漢賦勸百諷一風格的形成亦有一定的影響。

《尚書》的語體特點

朱巖*

　　語言是一個靜止的符號系統，系統內的各層級符號在被使用以後，稱之為言語。不同的使用環境制約著說話人對這些符號的選擇，選擇的結果便是語體。語體是適應不同交際功能、不同題旨需要而形成的言語體系，這個體系最直接地反映了一種文體的特點與風格。

一　語體與文體

　　周振甫先生在闡述劉勰「宗經」思想時講：

> 宗經就是宗法經書，寫作以儒家的經書為標準，倣法五經來作文。劉勰指出「五經」的文章各有特點：（一）《易經》……（二）《書經》是記錄各種文告宣言的，要求意義明白。這是說，像文告、宣言之類的文章，一定要寫得意思非常明白。（三）《詩經》的言志，是通過起興、比喻，運用辭藻的……這種手法，適用於表達深切的感情，所以說「故最附深衷矣」。（四）《禮》……（五）《春秋》……這五種不同的寫作方法，適應於不同的內容，不同的場合，構成不同的文體，所以它又是各種文體的淵源。[1]

---

* 江蘇省鹽城師範學院文學院

[1] 〔南梁〕劉勰著，周振甫註：《文心雕龍今譯》（北京市：中華書局，1986 年）頁 24～25。

周先生此言意在分析劉勰「文源五經」思想的合理性，同時也給了我們一個重要啟示，那就是由不同對像、不同目的、不同場合構成的應用語境，會使創作者對自己已經掌握的語言系統進行「選擇」[2]，將語言符號變成具體的言語，以完成某種文體的交際功能。這種「選擇」的結果，便是語體。

胡裕樹、宗廷虎先生在《修辭學與語體學》中對語體作如下定義：「語體是適應不同交際功能、不同題旨情境需要而形成的運用語言特點的體系。」[3]王德春在《語體學》中概括了語體的三個本質性特徵：「1、一定類型的語境；2、與語境相應的語言手段；3、反映客體的特定方式。」[4]這兩段表述都強調了語境對語言選擇的制約性，也反映出語體是運用語言的結果。

語體是文體形態的重要元素，包括因語境而產生的種種運用語言的方式。語體學是現代文體學的重要組成部分，其核心理論是文體及其風格（style）在諸多同義的語言結構中進行「選擇」的結果[5]。

古代中國同樣具有這樣的思想，曹丕《典論·論文》：「夫文本同而末異。蓋奏議宜雅，書論宜理，銘誄尚實，詩賦欲麗。此四科不同，故能之者偏也。唯通才能備其體。」[6]「末」是「本」之用，故「能之者偏」，講的就是不同語境中不同「選擇」導致的語體區別。鍾嶸《詩品·宋徵士陶潛》：「宋徵士陶潛詩……文體省淨，殆無長語。」張懷瑾註：「『累言』、『冗語』猶長語。」[7]意思即陶詩中，儘管「長語」與「省淨」之語傳遞的信息並無差異，但因表達意蘊的需要，陶潛沒有選擇「累言」、「冗語」，而是選擇了「省淨」之語，從而形成了陶詩獨特的風格。

不同語境會對語言的「選擇」產生影響，如下面三段話，皆為周公之

2 劉世生、朱瑞青編著：《文體學概論》（北京市：北京大學出版社，2006年）頁4～5。

3 胡裕樹、宗廷虎：〈語體論〉，中國華東修辭學會、復旦大學語言文學研究所編：《修辭學與語體學》（合肥市：安徽教育出版社，1987年）頁1。

4 王德春、陳瑞瑞：《語體學》（南寧市：廣西教育出版社，2000年）頁3。

5 許力生：《文體風格的現代透視》（杭州市：浙江大學出版社，2006年）頁6～9。

6 〔唐〕李善等：《六臣注文選》（北京市：中華書局，1987年）卷52，頁967。

7 張懷瑾：《鍾嶸詩品評注》（天津市：天津古籍出版社，1997年）頁298。

語：

> 爾克敬，天惟畀矜爾；爾不克敬，爾不啻不有爾土，予亦致天之罰于
> 爾躬！天惟。（〈多士〉）

> 嗚呼，君子所，其無逸。先知稼穡之艱難，乃逸，則知小人之依。相
> 小人，厥父母勤勞稼穡，厥子乃不知稼穡之艱難，乃逸乃諺。既誕，
> 否則侮厥父母曰：「昔之人無聞知。」（〈無逸〉）

> 君奭！弗弔，天降喪于殷，殷既墜厥命，我有周既受。我不敢知曰：
> 厥基永孚于休。若天棐忱，我亦不敢知曰：其終出于不祥。（〈君奭〉）

(1)是周公以征服者的身份對殷商遺民的訓辭，態度嚴厲，語氣逼人，沒
有絲毫迴旋的餘地。(2)是周公對成王說的話，作為攝政王，向成王進言，畢
恭畢敬，勸勉含蓄，符合臣子的身份。(3)周公是對召公說的話，由於二人身
份平等，說話完全是商量的口吻，異於前兩例。

那麼這種差異是怎麼產生的呢？其中一個最重要的因素，便是周公在不
同的語境下，對人稱代詞進行了不同的「選擇」。

「我」、「予」「卬」、「余」、「吾」等組成一組同義群組，底層語義核一
致，表層形式不一樣，如果純粹從傳遞信息角度看，不管選擇那一個，都
不妨礙信息的傳遞。但「我」多用於表自謙，「予」大致表自尊，如此的差
別使得不同的選擇產生了不同的語言效果。「子」雖然不是自稱代詞，但傳
遞信息的時候，經常作對稱代詞用，表示的是尊稱[8]。「爾」多用於表示訓誡
的語境；「汝」多用於表示親熱或尊重的語境[9]。正是這些語言符號的區別，

8　先秦文獻「我」與表尊稱的「予」對舉時，自謙之意尤明。《莊子・天道》：「子，天
　之合也，我，人之合也。」〈天運〉：「予年運而往矣，子將何以戒我乎？」「子」、
　「我」對舉，「子」表尊稱，「我」表謙稱。

9　王力先生認為：「上古人稱代詞具有相當整齊的系統，各詞都有對應關係：『吾』、
　『余』、『予』和『汝』相配；『我』和『爾』相配。」王力：《漢語史稿》（北京市：中

使得周公話語因語境不同而形成的三種不同風格。〈周書〉的〈康誥〉、〈梓材〉、〈無逸〉、〈君奭〉諸篇對稱時皆用「汝」,〈周書〉的〈多士〉和〈多方〉對稱時皆用「爾」(〈多士〉「爾」34見,〈多方〉「爾」52見,竟無一個「汝」),這些特殊的語言用法,與言辭的對象、說話的環境、表達的情緒有著密切的聯繫。所以說,語境是語體賴以存在的重要因素,語境制約著說話人的語言「選擇」。

再來看一組同義結構中的「選擇」:

(1)區:用肇造我區夏,越我一、二邦以修我西土。(〈康誥〉)

(2)小:孟侯,朕其弟,小子封。(〈康誥〉)

「區」與「小」除了語義和語法差別外,還有感情色彩的差異。「小」是中性詞,不帶特殊的感情。「區」在《今文尚書》中有自謙之義。「區夏」就是自謙自己為「小小的夏國」。《廣雅・釋詁》:「區,小也。」《尚書新箋與上古文明》:「周邦自稱夏。〈君奭〉:『惟文王尚克修和我有夏。』可證。周原居今陝西西部,地域狹小,所以自稱小夏。」[10]第一句中的「區」如果被替換成「小」,則顯示不出說話人對詞語的「選擇」,也就無法進入說話的語境。再如:

(1)黎:百姓昭明,協和萬邦。黎民於變時雍。(〈堯典〉)

(2)群:既月乃日,覲四岳群牧,班瑞于群后。(〈堯典〉)

(3)庶:肆予告我友邦君越尹氏、庶士、御事。(〈大誥〉)

(4)多:王若曰:爾殷遺多士!(〈多士〉)

此組詞都有「眾多」義項,但每個詞所修飾和描寫的對象不同,具有比較明顯的語言選擇痕跡。《今文尚書》中,「群」和名詞中心詞構成的偏正結構共九次,修飾人物名詞中心詞八次,分別見之於〈堯典〉、〈皋陶謨〉、〈金縢〉、〈康誥〉和〈呂刑〉。修飾「后」四次,修飾「牧」「神」「公」各

華書局,1980年)中冊,頁260。

[10] 錢宗武、杜純梓:《尚書新箋與上古文明》(北京市:北京大學出版社,2005年)頁164。

一次，修飾「弟」（周公的諸弟）一次。「后」、「牧」、「神」、「公」與「周公的諸弟」，或為神靈，或為君王，或為王公大臣。「庶」在今文《尚書·周書》中固定的修飾周王朝的附屬國或附屬國的臣民。諸如：〈洪範〉的「庶人」（一次）、〈洪範〉的「庶民」（十一次），〈梓材〉、〈無逸〉和〈呂刑〉的「庶民」（各一次）；〈大誥〉的「庶邦君」（一次），〈酒誥〉的「庶伯」（一次）、「庶尹」（一次）。周公平定三監叛亂以後，對被迫遷徙的殷商臣民也稱為「庶」。諸如：〈酒誥〉的「庶邦庶士」，〈召誥〉的「庶殷」（四次）、「殷庶」（一次）。周王對同盟國則稱「友」。例如：〈牧誓〉中周武王對參加伐紂的西方同盟國的君臣就稱「西土之人」、「我友邦冢君御士」。當然，偶爾對諸侯國也稱「友」。可見，《尚書·周書》中「庶」較之「群」是「次一等的多」，詞語的選擇有著鮮明的等級意義。「群」和「庶」具有限定義素，在描寫或修飾的對象上具有限定性。「多」與「庶」的文化色彩意義差不多，也是表示「次一等的多」。《尚書》的〈周書〉中就有〈多士〉和〈多方〉的篇名，「多士」和「多方」就是周人對殷商遺民和殷商舊邦的稱呼。「庶」與「多」還可用來修飾「士」這一階層。這些意義相同，所指對像有差別的同義組群，在不同的語境中，說話人各取所需，顯示了語言使用為言語後的多樣性。

　　以上分析之例，只是語體分析中有關詞彙「選擇」的很細微的一部分，在語體當中，同義組群很多，選擇也就很多，包括語音的選擇、語義的選擇、句法的選擇等等方面，正是不同的選擇而產生了文體的整體風貌。所以郭英德在他的《中國古代文體學論稿》中談到借鑒語言學成果研究文學問題時講：

> 文學作品中用得最多、最廣的基本詞彙和基本句型構成了文學語言的共核語言（common-core language），這種共核語言表明各種文體之間異中有同，同大於異。但是，不同的文本語境要求選擇和運用不同的語詞、語法、語調，形成自身適用的語言系統、語言修辭和語言風格

　　　　由此而構成一種文體的語體。[11]

郭先生對西方文體學準確而深刻的領悟，對我們有很大的啟發性。即我們在關注語體之「異」的同時，還要關注其「同」，文體的特色除了來自於外部的比較，很大程度上還與內部的「異」與「同」的對立有著密切的聯繫。

　　「選擇」既可以形成一種語體的「常規」，不同於這個「常規」便是「偏離」[12]。「常規」可以顯示語體的特點，「偏離」與「常規」的對立也能夠顯示語體的特點。以語言學為基礎的現代文體學的核心內容，是認為由「選擇」而產生的語體「偏離」現象與文體風格的形成密切相關，也就是說語言常規與對語言常規的「偏離」，結合在一起，產生了文體的特性，這種特性是鑒別文體的重要手段。下面我們在此基礎上，總結《尚書》語體的特點，語體的特點實際上也就是《尚書》的文體特點之一。

二　《尚書》語體的特點

　　分析一種文體的語體特點，就是離析出語體的「常規」以及不符合這種「常規」的「偏離」。「規範」與「偏離」都是對語言的選擇，一種文體中的語體就是在這樣的兩次選擇下顯示出自己的特點。《尚書》的語體特點有四條，分述如下。

（一）單音為常規，複音為詞彙偏離

　　《尚書》文本中的詞以單音節詞為主，複音節詞為輔。例如，《今文尚書》的動詞共七八一個，包括單音動詞六九〇個，占總比例的百分之八十八點三，複音動詞九十一個，占總比例的百分之十二點七；形容詞總量二四五

---

[11] 郭英德：《中國古代文體學論稿》（北京市：北京大學出版社，2005 年）頁 9。

[12] 詳參胡壯麟：《理論文體學》（北京市：外語教學與研究出版社，2000 年）第八章「偏離與突出」，頁 91～102。

個，其中單音形容詞一九二個，占總比例的百分之七十八點三，複音形容詞
五十三個，占總比例百分之二十二點七[13]。這一數據表明，《尚書》使用單音
節詞是一種語體規範。儘管單音節詞佔優勢是古代漢語語言系統中原有的特
點，但文本中單音節與複音節的比例卻可顯示出不同的文本對單音與複音的
「選擇」取向，從而帶來兩種文本之間的語體差異。我們以《尚書》與同期
的《詩經》及後代的《呂氏春秋》進行比較。

《詩經》的形容詞總量為九一六個，其中單音節四九一個，占形容詞
總量的百分之五十三點六；其中複音節四二五個，占形容詞總量的百分之
四十六點四[14]。《呂氏春秋》的形容詞總量為五七一個，其中單音形容詞四〇
六個，占形容詞總量的百分之七十一點一；複音節一六四個，占形容詞總量
的百分之二十九點九[15]。將三種文本的數據置於一處，便可以清晰的觀察到
《尚書》語體規範的獨特之處。

表1：《尚書》、《詩經》、《呂氏春秋》單、複音節形容詞比例表

文本	形容詞總量	單音數目	所佔比例	複音數目	所佔比例
《詩經》	916	491	53.6%	425	46.4%
《尚書》	245	192	78.3%	53	22.7%
《呂氏春秋》	517	406	71.1%	164	29.9%

共時角度看，《尚書》的複音形容詞比例遠遠低於《詩經》，表明《尚
書》與《詩經》對語言系統中複音形容詞儲備的使用率不一樣，也就是說使

---

[13] 兩項數據分別來自孫麗娟《今文〈尚書〉動詞研究》（揚州市：揚州大學漢語言文字學
專業碩士論文，2007年）與揚飛《今文〈尚書〉形容詞研究》（揚州市：揚州大學漢
語言文字學專業碩士論文，2007年）。

[14] 數據來自車艷妮：《〈詩經〉中的形容詞研究》（北京市：首都師範大學漢語言文字學
專業碩士論文，2005年）頁9～11。

[15] 數據來自般國光：《〈呂氏春秋〉詞類研究》（北京市：華夏出版社，1997年）頁75。

用語言者根據說話場景、內容、方式等因素對語言符號進行了「選擇」，這一對比表現出散文與韻文在形容詞使用方面的差別。歷時角度看，《尚書》的複音形容詞比例低於《呂氏春秋》，這一「選擇」，顯示出不同時期的散文在形容詞使用方面的差別。共時與歷時的對比表明，《尚書》的語體既不同於韻文，也不同於其他散文，有著自己的特性。

所以僅就形容詞使用這一方面，《尚書》語體的這一「常規」便顯示出《尚書》表達上的特點：簡質。如果說《尚書》「佶屈聱牙」的歷時體認產生了《尚書》的「高古奇崛」的語言風格，那麼《尚書》的語體風格便是「簡質」（通常也表述為語言風格），儘管「簡質」體現在方方面面，但單音節形容詞在文本中佔絕對優勢是形成《尚書》「簡質」風格的重要因素。

在以單音節詞為主的文本中，出現了複音詞，便產生了對常規的偏離，這種複音詞在文本中的出現使得閱讀者產生關注，從而加強了表達效果。

我們以疊音形容詞為例。《今文尚書》中單音節形容詞無論在詞量還是使用頻率，所佔的比重大於複音節形容詞，《今文尚書》單音節形容詞有「欽、明、文、思、允、恭、親、睦、雍、否、側、陋、幽、諧、任、哲、敬、擾、義、惇……」等一九二個，複音形容詞只有「安安、浩浩」等五十三個，其中疊音的更少，只有二十一個。《尚書》的形容詞使用常規是單音節，複音形容詞的使用是對常規的偏離，疊音形容詞的使用則是更突出的偏離。疊音形容詞的主要作用，周秉鈞先生歸納為：描寫容狀、增強語氣、調節語調。[16]結合周先生的歸納，現將《今文尚書》中的21個疊音詞全部列出，並簡要說明它們產生的語體表達效果。

---

[16] 周秉鈞：《古漢語綱要》（長沙市：湖南人民出版社，1981年）頁240。

表2：《尚書》中的疊音形容詞及其語體表達效果

詞目	詞例	語體表達效果
安安	欽明文思安安。（〈堯典〉）	《爾雅·釋言》：「安，晏也。晏晏然和喜，無動懼也。」著力表現了堯帝的溫和寬容與雍容大度。
湯湯	湯湯洪水方割。（〈堯典〉）	蔡沈《書集傳》：「湯湯，水盛貌。」突出了洪水波浪滔天，翻滾沸騰之貌。
蕩蕩	蕩蕩懷山襄陵。（〈堯典〉） 無偏無黨，王道蕩蕩。（〈洪範〉）	孔《傳》：「蕩蕩，言水奔突有所滌除。」強化了洪水急流之勢，強化了王道無擋之威。
浩浩	浩浩滔天。（〈堯典〉） 浩浩懷山襄陵。（皋陶謨）	《玉篇》：「浩，浩浩，水盛也。」極寫水勢浩大，山陵廣袤。
烝烝	以孝烝烝，乂不格奸。（〈堯典〉）	《爾雅·釋訓》：「烝烝，作也。」郭璞註：「皆物盛興作之貌。」形象表現孝之醇厚。
業業	有邦兢兢業業。（〈皋陶謨〉）	《尚書新箋與上古文明》：「業業，畏懼。」極言小心謹慎之貌。
贊贊	思曰贊贊襄哉。（〈皋陶謨〉）	《尚書易解》：「贊贊，疊音之者，肖其語氣也。」感歎之意溢於言表。像
桓桓	尚桓桓，如虎如貔。（〈牧誓〉）	鄭玄：「威武貌。」形象再現伐紂之士的勇武之形。

（續）

詞目	詞例	語體表達效果
<u>丕丕</u>	弼我<u>丕丕</u>基。(〈大誥〉) 以並受此<u>丕丕</u>基。(〈立政〉)	《爾雅・釋訓》:「丕丕，大也。」極言基業宏偉。
焰焰	無若火始焰焰。(〈洛誥〉)	《說文》:「焰，火行微焰焰也。」刻畫火之態勢。
肄肄	則肄肄不違。(〈顧命〉)	《尚書易解》:「肄肄，勤勞之意。」強化語氣。
眇眇	眇眇予末小子。(〈顧命〉)	孫星衍《尚書今古文註疏》:「眇眇，微也。」自謙之意彰顯無遺。
泯泯 棼棼	泯泯棼棼，罔中于信。(〈呂刑〉)	孔晁云:「泯、芬，亂也。」極言蒙昧無信。
穆穆	四門穆穆。(〈堯典〉)	凸現四門的莊嚴靜謐。
番番	番番良士，旅力既愆。(〈秦誓〉)	孫星衍《尚書今古文註疏》:「番番，為老人狀貌。」形象描繪老臣白髮垂老之態。
仡仡	仡仡勇夫，射御不違。(〈秦誓〉)	《尚書新箋與上古文明》:「仡仡，壯健勇武的樣子。」凸現將士之豪情。
截截	惟截截善諞言。(〈秦誓〉)	極言辭淺薄之態。
昧昧	昧昧我思之。(〈秦誓〉)	《廣雅・釋訓》:「昧昧，暗也。」悔恨之意溢於言表。
斷斷	斷斷猗無他技。(〈秦誓〉)	強化語氣之堅定。
休休	其心休休焉。(〈秦誓〉)	鄭玄說:「休休，寬容貌。」極言胸懷之寬。

　　這些疊音形容詞在單音形容詞佔絕對優勢的文本中，強烈的吸引了人們的目光，偶一點綴，便成佳句，數詞連綴，更增韻味，使得《尚書》行文在簡質的共性基礎上獲得了靈動之感。從現代文體學角度看，正是這種常規與偏離的對立，形成了《尚書》語體雖簡質但不刻板的獨特風格，成為《尚書》文體話語序列與其它文體話語序列的重要區別。

（二）散句為常規，整句為句式偏離

　　整句與散句，就信息的傳遞角度看，並無區別，但卻有區別語體的功能，因為用整句還是用散句就意味著句式的選擇、話語場合與表達意願的不同，會產生完全不同的選擇，從而顯示出「偏離」。

　　《尚書》文體以散句為主，〈盤庚〉及周初八誥幾乎沒有整句，皆為散句。整句寥寥可數，只見以下幾例：

> 盤庚既遷，奠厥攸居。
> 朕及篤敬，恭承民命。
> 若乘舟，汝弗濟，臭厥載。（以上〈盤庚〉）
> 弗造哲，迪民康。
> 天休于寧王，興我小邦國，寧王惟卜用，克綏受茲命。（以上〈大誥〉）
> 惟聖罔念作狂，惟狂克念作聖。（〈多方〉）

周誥殷盤，是典型的誥辭，由事而發，是論事之篇，就論事而言，強調的是把理說透，最適合論事的句式自然是不受結構限制的散句。《尚書》論事篇章在《尚書》中佔了一半以上的篇目，所以從總體來說，散句是《尚書》語體的句式常規。

　　戰前動員、頒布法律、展示禮制等語境中，說話人便需要使用一些整散結合的句式來顯示語氣的凌厲及莊重：

時甲子昧爽，王朝至于商郊牧野，乃誓。王左杖黃鉞，右秉白旄以麾，曰：「逖矣，西土之人！」王曰：「嗟！我友邦冢君……稱爾戈，比爾干，立爾矛，予其誓。」（〈牧誓〉）

公曰：「嗟！人無譁，聽命。徂茲淮夷、徐戎並興。善敹乃甲胄，敿乃干，無敢不弔！備乃弓矢，鍛乃戈矛，礪乃鋒刃，無敢不善！」（〈費誓〉）

「番番良士，旅力既愆，我尚有之。仡仡勇夫，射御不違，我尚不欲。惟截截善諞言，俾君子易辭，我皇多有之！（〈秦誓〉）

兩造具備，師聽五辭；五辭簡孚，正于五刑；五刑不簡，正于五罰；五罰不服，正于五過。五過之疵：惟官、惟反、惟內、惟貨、惟來。其罪惟均，其審克之！（〈呂刑〉）

越七日癸酉，伯相命士須材。狄設黼扆、綴衣。牖間南嚮，敷重篾席，黼純，華玉，仍几。西序東嚮，敷重厎席，綴純，文貝，仍几。東序西嚮，敷重豐席，畫純，雕玉，仍几。西夾南嚮，敷重筍席，玄紛純，漆，仍几。（〈顧命〉）

劃線部分的整句置於散句之中，增強了語句的表達效果。《尚書》中的整句還有：

朕敬于刑，有德惟刑。

荒度作刑，以詰四方。

上刑適輕，下服；下刑適重，上服。

民興胥漸，泯泯棻棻，罔中于信，以覆詛盟。

稷降播種，家殖嘉穀。三后成功，惟殷于民。

惟敬五刑，以成三德。一人有慶，兆民賴之，其寧惟永。（以上〈呂刑〉）

格爾眾庶，悉聽朕言。

有夏多罪，天命殛之。

予畏上帝，不敢不正。（以上〈湯誓〉）

礪乃鋒刃，無敢不善！（〈費誓〉）

番番良士，旅力既愆，我尚有之；仡仡勇夫……（〈秦誓〉）

至訓誦文本，可謂通篇整句。因為誦訓必須要琅琅上口，並便於記憶，所以〈禹貢〉、〈洪範〉中的整句則隨處可見：

導荷澤，被孟豬。

嶓冢導漾，東流為漢。

厥貢漆絲，厥篚織文。

彭蠡既豬，陽鳥攸居。

厥土惟壤，下土墳壚。

漆沮既從，灃水攸同。

三危既宅，三苗丕敘。

厥土黑墳，厥草惟繇，厥木惟條。

壺口、雷首至于太岳。底柱、析城至于王屋。（以上〈禹貢〉）

身其康強，子孫其逢。

俊民用章，家用平康。

水曰潤下，火曰炎上，木曰曲直，金曰從革。

貌曰恭，言曰從，視曰明，聽曰聰，思曰睿。（以上〈洪範〉）

這裏僅僅例舉了誦訓文本中一些既整又韻的語句，其餘文繁不錄。再如〈皋陶謨〉，記錄君臣相謀之語，並有圖騰歌舞描寫，整句使用頗多：

在知人，在安民。

柔而立，願而恭，亂而敬，擾而毅……

侯以明之，撻以記之。

明庶以功，車服以庸。

百工惟時，撫於五辰。

朋淫于家，用殄厥世。

鳥獸蹌蹌，《簫韶》九成。（以上〈皋陶謨〉）

散句是《尚書》語體的常規,〈堯典〉、〈禹貢〉、〈洪範〉、〈顧命〉、〈秦誓〉、〈費誓〉、〈呂刑〉等篇章中,整句使用相對較多,形成了一種整散結合話語序列。與單音詞中偶用複音詞帶來的語體效果一樣,整句與散句的結合,常規與偏離的對比,使《尚書》語體產生一種既平實古樸又靈動跳躍的特點。

如〈堯典〉,講述「定歷授時」、「薦用人才」、「巡守天下」、「任命百官」等部分,大都整散結合,顯示出敘緩有序、錯落有致的語體特色。我們以「巡守天下」為例:

> 歲二月,東巡守,至于岱宗,柴。望秩于山川,肆覲東后。協時月正日,同律度量衡。修五禮、五玉、三帛、二生、一死贄。如五器,卒乃復。五月南巡守,至于南嶽,如岱禮。八月西巡守,至於西嶽,如初。十有一月朔巡守,至于北嶽,如西禮。歸,格于藝祖,用特。五載一巡守,群后四朝。敷奏以言,明試以功,車服以庸。

記東、南、西、北四方巡守,用詞多同,故極整齊,四方情況記載詳略不一,句式多變,整段文本顯得錯落有致。《禮記·王制》也有一段類似的內容,則顯示出不同的語體特色:

> 歲二月,東巡守,至於岱宗,柴而望祀山川,覲諸侯,問百年者就見之。命大師陳詩,以觀民風。命市納賈,以觀民之所好惡,志淫好辟。命典禮,考時月定日,同律、禮、樂、制度、衣服,正之。山川神祇有不舉者為不敬,不敬者君削以地。宗廟有不順者為不孝,不孝者君絀以爵。變禮易樂者為不從,不從者君流。革制度衣服者為畔,畔者君討。有功德於民者,加地進律。
> 五月,南巡守,至於南嶽,如東巡守之禮。
> 八月,西巡守,至於西嶽,如南巡守之禮。
> 十有一月,北巡守,至於北嶽,如西巡守之禮。

　　歸假於祖禰，用特。[17]

《禮記》中的這一段文本，最後幾處連續選擇「如東巡守之禮」句式進行整句處理，略顯呆板。〈堯典〉則選用「如岱禮」、「如初」、「如西禮」整中有散的方式表達，則疏密有致。同一個內容，選擇了不同的句式，產生的便是語體差異。

（三）無韻為常規，有韻為語音偏離

　　《詩經》的「風」、「雅」、「頌」、「賦」、「比」、「興」，本來是詩的六種傳述方式[18]，與音樂密切相關，所以《詩》文句多合韻。對《詩經》語體而言，有韻是常規。《尚書》的「典」、「謨」、「訓」、「誥」、「誓」、「命」，是告誡封賞之辭，必須言明原委、講清道理，強調的是語義的邏輯性，故《書》文本多不協韻，無韻是常規。如果《書》中出現了有韻文本，即出現了偏離現象，顯示出語體的特點。這種無韻與有韻的對立，使得《尚書》語體於古樸中別生一種悠揚之感，其營造的藝術效果，與後代散文相比，自有其特殊魅力。

　　《尚書》用韻很普遍，只是沒有形成《詩經》那樣的規範。但《尚書》中的韻例已經足以說明韻律偏離的存在：

> 日永（陽韻），星火，以正仲夏（魚韻）。（〈堯典〉）
> 予決九川距四海（之韻），浚畎澮距川（文韻）。（〈皋陶謨〉）
> 厥貢惟土五色（職韻），羽畎夏翟（藥韻）。（〈禹貢〉）
> 有扈氏威侮五行（陽韻），怠棄三正（耕韻），天用剿絕其命（耕韻），今予惟恭行天之罰（月韻）。（〈甘誓〉）

---

[17] 黃侃經文句讀：《禮記正義》（上海市：上海古籍出版社，1990年）頁246～248。
[18] 詳參王小盾：〈詩六義原始〉，《經典的形成、流傳與詮釋》（臺北市：臺灣學生書局，2007年）。

有夏多罪（微韻），天命殛之（之韻）。（〈湯誓〉）

其有眾咸造，勿褻在王庭（耕韻）。盤庚乃登進厥民（真韻）。（〈盤庚〉）

高宗肜日（質韻），越有雊雉（脂韻）。（〈高宗肜日〉）

殷之即喪（陽韻），指乃功（東韻），不無戮於爾邦（東韻）。（〈西伯戡黎〉）

商其淪喪，我罔為臣僕（屋韻）。詔王子出迪（覺韻）。（〈微子〉）

予小子新命於三王（陽韻），惟永終是圖（魚韻）。（〈金縢〉）

矧今卜並吉（質韻）？肆朕誕以爾東征（耕韻）。（〈大誥〉）

兄亦不念鞠子哀（微韻），大不支於弟（脂韻）。（〈康誥〉）

越小大邦用喪（陽韻），亦罔非酒惟辜（魚韻）。（〈酒誥〉）

亦既用明德（職韻），后式典集（緝韻），庶邦丕享。（〈梓材〉）

其惟王勿以小民淫用非彝（脂韻），亦敢殄戮用乂民（真韻）（〈召誥〉）

文武勤教（宵韻），予沖子夙夜毖祀（之韻）。（〈洛誥〉）

乃命爾先祖成湯革夏（魚韻），俊民甸四方（陽韻）。（〈多士〉）

不敢荒寧（耕韻），嘉靖殷邦（東韻）。（〈無逸〉）

在祖乙（質韻），時則有若巫賢（真韻）。（〈君奭〉）

尚爾事（之韻），有服在大僚（宵韻）。（〈多方〉）

稷降播種（東韻），家殖嘉穀（屋韻）。三后成功（東韻），惟殷于民。（〈呂刑〉）

柔遠能邇，惠康小民（真韻），無荒寧（耕韻）。（〈文侯之命〉）

人無嘩，聽命（耕韻）。徂茲淮夷、徐戎並興（蒸韻）。（〈費誓〉）

雖則云然（元韻），尚猷詢茲黃髮（月韻），則罔所愆（元韻）。（〈秦誓〉）

此處所舉，尚不是《尚書》文本中用韻的全部，籍此可見《尚書》的語體韻律方面特色。

　　這裏我們所講的「韻律偏離」與上述「句式偏離」是兩個不同的概念，儘管在文本的表層可能是一致的，但它們實際是分屬語音層與語法層兩個不同層面的選擇結果。如：

> 乃命重、黎，絕地天通，罔有降格（鐸韻）。群后之逮在下（魚韻），明明棐常（陽韻），鰥寡無蓋。（〈呂刑〉）

此句為散句，但有韻存在，「魚」、「鐸」、「陽」三韻構成陰陽入對轉。

> 五紀：一曰歲，二曰月，三曰日，四曰星辰，五曰曆數。（〈洪範〉）

此句為整句，但無尾字協韻現象。

　　《尚書》用韻也遠沒有《詩》文本那麼頻繁與有規則，從而顯示出屬於自己的用韻特點。即便如〈洪範〉這樣明顯的特別講究音節協和的誦訓文本，也是這樣的情況：

> 三德（職）：一曰正直（職韻），二曰剛克（職韻），三曰柔克（職韻）。平康正直（職韻），強弗友剛克（職韻），燮友柔克（職韻）。沉潛剛克（職韻），高明柔克（職韻）。惟辟作福（職韻），惟辟作威，惟辟玉食（職韻）。臣無有作福作威玉食（職韻）。臣之有作福作威玉食（職韻），其害于而家，凶于而國（職韻）。人用側頗僻，民用僭忒（職韻）。（〈洪範〉）

王力先生將一韻到底的韻式分為偶句入韻、首句入韻、句句入韻三類。此段是有別於這三類的特殊情況，18小句，除分散不規則的3句，其餘15句句末字皆押「職」韻。

（四）直陳為常規，比喻為語義偏離

　　比喻是傳統修辭手法的名稱，作為一種思維方式，一般稱為隱喻（metaphor），比喻是說話人將一種信息轉換成另一種信息進行傳遞的方式，

即用乙語義將甲語義表現出來。比喻的使用實際是說話人對語義表達方式的「選擇」。

《尚書》本是誥令訓誡之文，表達以直陳為主。直陳就是直接陳述事實與情況，明白無誤的進行判斷，不迂迴規避。所以《尚書》中的以說話人或聽話人為主語或賓語的判斷句屢見不鮮：

> 不克終日勸于帝之迪，乃爾攸聞。（〈多方〉）
> 乃非民攸訓，非天攸若，時人丕則有愆。（〈無逸〉）
> 嗚呼！篤棐時二人，我式克至于今日休？（〈君奭〉）
> 嗚呼！王司敬民，罔非天胤，典祀無豐于昵！（〈高宗肜日〉）
> 非予罪，時惟天命。（〈多士〉）
> 人有小罪，非眚，乃惟終自作不典。（〈康誥〉）

以上所舉之例，只是《尚書》判斷句式中很小的一部分，類似句式隨處可得。《尚書》用以直陳語義的方法還有很多，不再例舉。所以對《尚書》而言，直陳語義是語體常規。

在一定的語境中，說話人嘗試用另外一種方法去表達語義信息，此時便出現了對常規的偏離，如〈盤庚〉：

> 罔有逸言，民用丕變。今汝聒聒，起信險膚，予弗知乃所訟。「非予自荒茲德，惟汝含德，不惕予一人。予若觀火，予亦拙謀作，乃逸。若網在綱，有條而不紊；若農服田，力穡乃亦有秋。汝克黜乃心，施實德于民，至于婚友，丕乃敢大言汝有積德。乃不畏戎毒于遠邇，惰農自安，不昏作勞，不服田畝，越其罔有黍稷。汝不和吉言于百姓，惟汝自生毒，乃敗禍姦宄，以自災于厥身。乃既先惡于民，乃奉其恫，汝悔身何及？相時憸民，猶胥顧于箴言，其發有逸口，矧予制乃短長之命？汝曷弗告朕，而胥動以浮言，恐沉于眾？若火之燎于原，不可嚮邇，其猶可撲滅？則惟汝眾自作弗靖，非予有咎。

盤庚遷都，遭到臣民的強烈反對，為此他先後三次告諭臣民，以上是三次

告諭中的一段文本。整段文本，以直陳語義為主，凌厲的語氣瀰漫於字裏行間。但在講述當前形勢時，盤庚說：「予若觀火，予亦拙謀作，乃逸。」用火之明亮耀眼比喻自己的洞察秋毫；在要求民眾遵守王令不辭勞苦遷都時，他說：「若網在綱，有條不紊；若農服田，力穡乃有秋。」用捕魚、耕作這些日常活動曉喻「去奢行儉」的好處；在說明舊臣妄言惑眾情況時，他說：「若火之燎于原，不可嚮邇，其猶可撲滅？」用野火燎原之勢形容反對遷都言論帶來的惡果。盤庚連續三次使用比喻方法，取得了很好的語體表達效果。〈盤庚〉中還有多處比喻：「若顛木之有由櫱，天其永我命于茲新邑。」用「顛木」、「由櫱」替代「國家」、「殷都」，傳達遷都才會有生的希望的信息；「予告汝于難，若射之有志。」用劍靶的標誌替代心中的志向，傳達決意遷徙的信息；「爾惟自鞠自苦，若乘舟，汝弗濟，臭厥載。」用舟船替代興國之舉，傳達同舟共濟的希望。這些表達語義的方法，不同於《尚書》語體的直陳常規，是一種對常規的偏離，偏離與常規的對立形成了語體的特點。

《尚書》中的比喻偏離，還有如下十餘處：

> 今殷其淪喪，若涉大水，其無津涯。殷遂喪，越至于今！（〈微子〉）
> 王曰：「古人有言曰：『牝雞無晨；牝雞之晨，惟家之索。』今商王受惟婦言是用，昏棄厥肆祀弗答，昏棄厥遺王父母弟不迪……」（〈牧誓〉）
> 勖哉夫子！尚桓桓，如虎如貔，如熊如羆，於商郊。（〈牧誓〉）
> 已！予惟小子，若涉淵水，予惟往求朕攸濟。（〈大誥〉）
> 王乃初服。嗚呼！若生子，罔不在厥初生，自貽哲命。（〈召誥〉）
> 孺子其朋，孺子其朋，其往！無若火始焰焰；厥攸灼敘，弗其絕。（〈洛誥〉）
> 今在予小子旦，若游大川，予往暨汝奭其濟。小子同未在位，誕無我責收，罔勖不及。耇造德不降我則，鳴鳥不聞，矧曰其有能格？（〈君奭〉）

《尚書》中近二十處的比喻表達，與隨處可見的直陳表達相比起來，出現頻率很低。《尚書》中使用比喻的數量，不可與同期的《詩經》相提並論，也不可與後代的《孟子》一百六十餘處的比喻相比[19]，但正是這種偏離程度，形成了《尚書》自身獨有的語體。這種在直陳中零星點綴比喻的語體，往往使整段語篇，既古拙又新鮮，既陌生又熟悉，使人印象深刻，誦讀不倦。陳柱《中國散文史》分析〈盤庚〉篇比喻用法時云：

> 古書中善譬喻當以此篇為權輿。曰「若顛木」、「若觀火」、「若網在綱」、「若農服田」、「若火之燎於原」、「若射之有志」，六「若」字極分明。而「惰農自安」數句穿插其中，更有趣味。[20]

陳柱先生所謂的「極分明」，正是語體常規與語體偏離鮮明對立才出現的語體效果。

綜之，語體是言語，是對語言的使用。語言系統是靜止的，其中的詞彙、語音、語法結構只有在使用後才能變成活生生的言語。不同的交際目的與不同的交際環境制約著說話人對語言符號的選擇。選擇形成了語體的「常規」與「偏離」。《尚書》的語體常規是：使用單音節詞、使用散句、句不協韻、語義直陳。這些「常規」形成了《尚書》語體特色：簡質。《尚書》中對語體「常規」的「偏離」表現在：使用疊音形容詞、使用整句、句尾協韻、比喻表義，這些「偏離」給《尚書》的行文帶來了靈動與活潑。從現代文體學角度看，這種常規與偏離的對立，形成了《尚書》語體雖簡質但不刻板的獨特風格，成為《尚書》文體話語序列與其它文體話語序列的重要區別。

---

[19] 譚家健、鄭君華：《先秦散文綱要》（太原市：山西人民出版社，1987年）頁108。

[20] 陳柱：《中國散文史》（北京市：東方出版社，1996年影印商務印書館1937版編校再版）頁19。

《今文尚書》中的譬式推理

王蕾*

　　古代傳統社會中的中國人對一種類似於西方傳統邏輯類比的思維方法——「譬」情有獨鍾。古代辯者在辯論中用得最頻繁的辯論方式就是「譬」。那麼何為「譬」？《墨經・小取》：「譬也者，舉他物而以明之也。」惠施從認識作用的角度給「譬」下過一個具有邏輯哲學意義功能的定義，為劉向《說苑》所錄：「夫說者，固以其所知，諭其所不知，而使人知之。」「諭」，《說文》：「告也。」東漢王符的《潛夫論・釋難》認為「辟」「即譬之省」，清段玉裁《說文解字注》：「或借為譬。」《淮南子・要略》：「假像取耦，以相譬喻。」「耦」，《說文》：「俗借偶。」「偶」，有「相合」、「和諧」之意。可以認為，「譬」是憑藉事物形象相合來解釋所要說明的物件。東漢王符《潛夫論・釋難》：「夫譬喻也者，生於直告之不明，故假物之然否以彰之。」惠子則認為譬是用已知來說明未知。已知者為何？惠子未作進一步的解釋。王符則指出，這「已知者」是「物之然否」，即事物的共有屬性（「然」）或共無屬性（「否」）。其實先秦的「譬」和一般的比喻是有區別的：一般的比喻主要是一種修辭手段或語言藝術；而「譬」是借比喻這種形式來表達邏輯推理的內容，主要是一種推理方法。我們姑且稱之為「譬式推理」[1]。

　　「譬」有兩種功能，一是形象描繪，這相當於修辭學上的比喻；另一是

---

*　中國科學院自然科學史研究所

[1]　花勇：〈說「譬」〉，《楚雄師專學報》2000 年第 1 期，頁 46。

抽象思維，這相當於邏輯上的類比式論證[2]。「譬」是思維方法，同時又是認識方法，具有邏輯學和認識論的雙重意義，也就是廣義的類比推理。先秦的「譬」既不同於一般的比喻，也不同於普通的類比推理。它兼備二者之長，既有類比推理的邏輯力量，又有比喻的生動氣韻。先秦時期，社會巨變、諸侯紛爭、處士橫議。當權者需要適合的言論來作為自己統治的理據或策略，同時那些謀臣策士也紛紛著書立說或論辯遊說以便謀一己之利。可以說，「譬」是適應那個時代需求的產物，與整個社會大環境有關。無論是《孟子》、《墨子》、《韓非》，還是《左傳》、《國語》、《戰國策》，幾乎無所不用「譬」。用「譬」以推理、論證或說明，以易喻難、以淺喻深，能夠收到良好的效果。

　　「譬」一方面具有形象性、生動性的特點，另一方面還具有「客觀的依據」。不同類的事物之間既有不同之處，又有相同之處，事物的不同屬性之間既有區別，又有聯繫。類比的依據在這裏，譬的依據也在這裏[3]。黑格爾曾經說過：「古代的思想家喜歡使思想上的困難穿上一層感官表象的外衣。」[4]「譬」是從具體、淺顯的事例、事理推出或說明抽象的事理。「譬」能夠以直觀化抽象，使深刻的哲學思想寓於鮮明生動的形象之中。

　　《今文尚書》所體現的我國古代先民的邏輯思維是建立在具體性、直觀性和經驗性基礎之上的。譬式推理既具有修辭學中的譬喻功能，又具有邏輯中的類比功能。無論在盤庚告喻臣民遷都理由的論辯中、還是在周公勸導各諸侯國的國君和眾位大臣的誥辭中，譬式推理都廣泛為用，備受推崇。在《今文尚書》中表現君臣日常言談和論辯的〈盤庚〉、〈大誥〉、〈君奭〉等章節中都有「譬」的具體應用。它為人們規定了思維的出發點，指引了思維的向度，體現了中國古代思想家博喻巧譬、觸類而長的邏輯品格。中國古代的思維方式和文化發展向來具有連續性。因此，與其說《今文尚書》本身包含

2　曾春海等：《中國哲學概論》（長春市：吉林出版集團有限責任公司，2009 年）頁 156。

3　黃朝陽：〈譬的思維〉，《晉陽學刊》2001 年第 4 期，頁 33。

4　黑格爾：《哲學史講演錄》（北京市：商務印書館，2004 年）頁 274。

著豐富的譬式推論思想，倒不如說它孕育了中國古代多彩多姿的譬式推論思想。

《今文尚書》中的譬式推理，其思維進程方向體現了由個別到個別的進程；其認知功能體現了由已知到未知的功能。此外，《今文尚書》中的譬式推理還體現了全息性特徵。在《今文尚書》中，只要事物與事物之間在「理」上相通，事物情況在某一點上類同，就都可以進行類比。例如，〈商書·盤庚〉中就用「結網于綱」、「辛勞才有獲」等情況做譬，與「關鍵時候要採取正確有效的行動」的事理進行類比。

《今文尚書》中譬式推理聯結詞有「若」、「（若）……乃……」等。在命題邏輯中，簡單命題究竟是一個什麼樣的命題，究竟是真是假，實際上是無關緊要的。真正重要的是複合命題的性質，以及由這種性質所決定的複合命題與其支命題之間，以及複合命題相互之間的邏輯關係。而這是由命題聯結詞決定的[5]。從邏輯推理上說，譬喻之詞分前提和結論；從論證上說，分論據和論題。《今文尚書》中的說理常以「若」、「（若）……乃……」等聯結詞，攜帶譬喻。其中包含修辭學上的比喻，更重要的是兼有類比推論的功能。聯結詞「若」一般具有引出譬喻的作用，而「乃」則具有導出結論的作用。由此可見，遠在先秦時期譬式推理就已經超越到語言學的修辭意義之外，獲得了新的意義。

總的來說，《今文尚書》中的譬式推理兼有邏輯類比和修辭比喻功能。

首先談談邏輯類比功能。中國的自然條件和社會條件形成了古代中國的整體性思維。中國處於溫帶和亞熱帶氣候帶，氣候溫和，降水量豐富，非常適宜動植物的生長。因此古代中國動植物種類就非常豐富。正是由於人們最開始的實踐活動面臨的是如此繁多的物種，所以，首要任務就是如何把這些物種區別開來。這樣就形成了古代中國的一個重要概念——「類」。辨「類」講究的是分辨事物之間的同異關係，這就決定了古代中國不可能對某一事物進行個別、孤立、片面的觀察，而是把它同其他事物聯繫起來，加以對比進

---

5 陳波：《邏輯學導論》（北京市：中國人民大學出版社，2006年）頁48～49。

行觀察，從而形成事物之間的同異比較[6]。從我們對《今文尚書》的考察可以獲悉，商、周時期我國古代先民就已經具有了初步的辨「類」觀念。

《今文尚書》中的譬式推理同時還具有修辭比喻功能。中國古代先民不僅熱衷於比喻的運用，而且堂而皇之地把它當作有效的證明方法。這是為何？原來，交談和辯論為了說服人，必須有充分的說服力。但是說服力和論證性又不是一回事。說服力包括邏輯上的論證性，另外又深受辯說氛圍、辯說者舉止風度、語言風格等非邏輯因素的影響。在實際辯說過程中，並不需要嚴密繁瑣的邏輯論證，而要求直觀上就是有效的辯說手法。比喻的形象性、生動性恰好投合了這一實用需要[7]。辯說，尤其是口頭辯說，並不需要繁瑣嚴謹的邏輯論證，而要求語言表述直觀上就是有效的。「譬」可以使複雜的論證簡單化、抽象的思想具體化、枯燥的理論生動化，因此它符合這一要求。譬式推理之所以成立的根本，是由於思想物件同取譬事物之間有類似點構成。中國古人假物取譬、引喻察類的原生態，就是將情景相關、意義相通的事物，成為可以理喻的東西。正如李宗桂先生所說：「中國傳統思維方式中的類比、比喻、象徵等思維形式，從本質上看，是同一形態的東西。比喻是類比的表現形式，象徵即是隱喻，是一種特殊的比喻。三者都建立在經驗的、具象的基礎上，都是主體借助一定的物象或原理，以闡明特定的情感意志的一種方法。」[8]

譬式推理中也蘊含著比喻的要素。所謂比喻也就是描寫事物或說明道理時，用同它有相似點的別的事物或道理來打比方。從歷史發展的角度來看，比喻是漢語中最重要的一種傳統修辭手法。它產生得很早，歷代被人們廣為運用，直到今天仍是人們最常用的一種修辭手法。早在先秦時代比喻就產生了，並逐漸得到了運用。從書面文字記載的材料看，《尚書》中就有生動的比喻。《尚書》中的比喻取材於當時的現實生活，都很生動有力。比喻在

6　張美玲：〈中國傳統思維與邏輯思想〉，《重慶工學院學報》（社會科學版）2007年第7期，頁35。

7　黃朝陽：〈比喻與辯說〉，《龍岩師專學報》（社會科學版）1998年第4期，頁79。

8　李宗桂：《中國思維偏向》（北京市：中國社會科學出版社，1988年）頁100。

《尚書》上的有些篇章中出現得比較多，有人做過統計，僅〈商書・盤庚上〉一共只有不到四十句話，就用了七個比喻[9]。《今文尚書》中的比喻都是取材於當時的客觀實際，這些從現實生活經驗出發的譬喻都顯得非常生動[10]。

據統計，《今文尚書》中譬式推理共計十五例，而其中以〈商書・盤庚〉中例子最為多。

（1）若顛木之有由蘖，天其永我命于茲新邑，紹復先王之大業，厎綏四方。（〈商書・盤庚〉）

將舊都比作顛木，新都比作由蘖。用「倒伏的樹又長出了新枝」、「被砍伐的殘餘又發出嫩芽」來類比「我們的國運在新都奄邑延續下去」，說明只有遷都才會有美好的未來。這一類比十分形象、合理。

（2）若網在綱，有條而不紊；若農服田，力穡乃亦有秋。汝克黜乃心，施實德于民，至于婚友，丕乃敢大言汝有積德。（〈商書・盤庚〉）

只有把網結在綱上才會有條理，只有辛勤播種才會有好收成。依此類推，只有不謀私利地真正為人民著想才會有積德。這是盤庚說服臣民要服從王命進行遷都的一段話。為了增強說服力，盤庚運用了比喻。朱駿聲解釋這段話說：「『綱』喻『君』，『網』喻臣，言下從上令，則有常而不亂也。『服田』喻勞苦，『有秋』喻樂利，言遷徙則一勞而永安也。」

（3）汝曷弗告朕，而胥動以浮言，恐沈于眾？若火之燎于原，不可嚮邇，其猶可撲滅？（〈商書・盤庚〉）

盤庚決意遷殷，這遭到了眾大臣的反對。大臣們四下傳播謠言，蠱惑民眾，民心大亂。於是盤庚用「大火在原野上燃燒，不能面向，不能接近，更不用提撲滅」、「恐之沈于眾，若火之燎于野」來類比大臣們違背盤庚意願，用無稽之談互相鼓動，恐嚇煽動民眾一事，用「火之燎原」的道理來比喻謠言動眾的嚴重後果。

（4）予告汝于難，若射之有志。（〈商書・盤庚〉）

9　於廣元：《漢語修辭格發展史》，（長春市：吉林人民出版社，2003 年）頁 17～18。
10　游國恩等主編：《中國文學史（第一卷）》（北京市：人民文學出版社，1963 年）頁 46。

盤庚勸導眾大臣：箭是理所當然應該射在箭靶上的。以此類推，大臣是理應團結在盤庚身邊的。同時以射箭要達到目標來說明自己遷都的決心磐石不移。

（5）爾惟自鞠自苦，若乘舟，汝弗濟，臭厥載。（〈商書‧盤庚〉）

用「乘舟」做譬，說明不想遷都的嚴重後果，就是只能等待船沉，坐以待斃。

（6）今殷其淪喪，若涉大水，其無津涯。（〈商書‧微子〉）

用「渡河時幾乎找不到渡口和河岸」和「殷商腐朽滅亡的嚴重地步」進行類比，形象地說明了殷商王朝腐朽糜爛統治的搖搖欲墜和必將滅亡。

（7）予惟小子，若涉淵水，予惟往求朕攸濟。（〈周書‧大誥〉）

周公堅信吉卜是指引他前進的上天的天命，以「渡過深淵時應當尋求渡過去的方法」來類比「尋求平息叛亂的方法」。

（8）天亦惟用勤毖我民，若有疾，予曷敢不于前寧人攸受休畢！（〈周書‧大誥〉）

周公用「如果文王有疾病，我們應該好好攘除」來類比他自己「天命指示我們，讓我們完成前文王的功業」的觀點。

（9）若昔朕其逝，朕言艱日思。若考作室，既底法，厥子乃弗肯堂，矧肯構？厥父菑，厥子乃弗肯播，矧肯獲？厥考翼其肯曰：予有後弗棄基？肆予曷敢不越卬敉寧王大命？若兄考，乃有友伐厥子，民養其勸弗救？（〈周書‧大誥〉）

周公在這段論辯中陳說事理、辯證是非，運用排比反問句進行類比推理的演繹。深刻有力的論證和反駁加強了議論的說服力量，氣勢勢不可擋。

（10）天惟喪殷，若穡夫，予曷敢不終朕畝？（〈周書‧大誥〉）

周公為了維護自己東征滅殷的觀點，繼續採用譬式推理，以「農夫不敢不完成自己的田畝工作」來作譬，類比「天命要求我們滅殷，我們不能不聽從上天的旨意」。

（11）若有疾，惟民其畢棄咎。若保赤子，惟民其康乂。（〈周書‧康誥〉）

好像自己有病一樣，看待臣民犯罪，臣民就會拋棄罪惡；好像保護小孩一樣，保護臣民，臣民就會康樂安定。

（12）若稽田，既勤敷菑，惟其陳修，為厥疆畎。若作室家，既勤垣墉，惟其塗墍茨。若作梓材，既勤樸斲，惟其塗丹雘。（〈周書‧梓材〉）

周公用「若稽田」、「若作室家」、「若作梓材」等一連串的比喻來說明治國要繼續努力的道理，論述觀點鮮明，說服力很強。

（13）王乃初服。嗚呼！若生子，罔不在厥初生，自貽哲命。今天其命哲，命吉凶，命歷年；知今我初服，宅新邑。（〈周書‧召誥〉）

以「教養小孩」做譬，類比「上天給初理政事的王予明哲」。

（14）無若火始焰焰；厥攸灼敘，弗其絕。（〈周書‧洛誥〉）

周公勸導成王去洛邑。他以「要保護剛開始燃燒時氣勢很弱的火，決不能讓它熄滅」來做譬，勸導、鼓勵成王去洛邑率領眾臣完成大業。

（15）今在予小子旦，若遊大川，予往暨汝奭其濟。（〈周書‧君奭〉）

周公以「與奭同游于大河」來做譬，希望召公同心同德輔助成王，勉勵召公共同完成文王的功業。

在統治階級內部，統治階層常常以議政的形式進行論辯；在諸侯國之間的外交事務中，利益的爭奪也以論辯為重要的手段之一。語言中必然蘊含著邏輯，《今文尚書》中的邏輯思維在君臣之間討論具體的政治倫理問題的對話中得以體現。眾所周知，武力爭鬥的手段是利益爭奪的極端形式。相比之下，運用譬式推理手段借助辯說來實現自身目的、維護自己觀點，這對於統治階級來說，不失為一種較為溫和的方式。

《尚書》五行、《周易》「後天八卦方位」與人體形態邏輯研究

王俊龍*

一　問題的提出：五行與八卦是否科學？

《尚書》論及五行法則，《易傳》中有應用五行思想的具體內容。

《尚書‧甘誓》首先提出五行法則，《尚書‧洪範》具體解釋了五行的內容。《尚書‧甘誓》曰：「大戰于甘，乃召六卿。王曰：『有扈氏威侮五行，怠棄三正，天用剿絕其命，今予惟恭行天之罰。』」《尚書‧洪範》曰：「五行：一曰水，二曰火，三曰木，四曰金，五曰土。水曰潤下，火曰炎上，木曰曲直，金曰從革，土爰稼穡。潤下作鹹，炎上作苦，曲直作酸，從革作辛，稼穡作甘。」

《易傳》中涉及五行的內容十分豐富，〈說卦〉中最為集中。〈說卦〉曰：「乾為天，為金。」「坤為地，為母。」「震為雷，為龍。」「巽為木，為風。」「坎為水，為月。」「離為火，為日。」「艮為山，為徑路。」「兌為澤，為口舌。」〈說卦〉曰：「帝出乎震，齊乎巽，相見乎離，致役乎坤，說言乎兌，戰乎乾，勞乎坎，成言乎艮。萬物出乎震，震東方也。齊乎巽，巽東南也；齊也者，言萬物之絜齊也。離也者，明也，萬物皆相見，南方之卦也，聖人南面而聽天下，向明而治，蓋取諸此也。坤也者，地也，萬物皆致養焉，故曰：致役乎坤。兌，正秋也，萬物之所說也，故曰：說言乎兌。戰乎乾，乾西北之卦也，言陰陽相薄也。坎者水也，正北方之卦也，勞卦也，

萬物之所歸也，故曰：勞乎坎。艮，東北之卦也。萬物之所成終而成始也，故曰：成言乎艮。」〈說卦〉「後天八卦方位」與五行關係密切。南方為離火，北方為坎水，東方為震卦，東南為巽木，西方為兌卦，西北為乾金。那麼，〈說卦〉「後天八卦方位」中的五行與現行五行是否一致呢？被古人奉為法則而廣泛使用的五行是否科學呢？陰陽五行的本質是什麼？

二　八卦與五行的邏輯本質

「後天八卦方位」與五行關係密切。八卦是合乎邏輯的，五行相生也是合乎邏輯的。

（一）八卦的邏輯結構與「後天八卦方位」邏輯圖

八卦在本質上是八個邏輯範式，「後天八卦方位」顯示八卦的邏輯關係。見表1。

表1　「後天八卦方位」邏輯圖

八卦形態		八卦邏輯	
巽☴離☲坤☷	A∪B	A∩B	B∪¬A
震☳　　兌☱	（A∪B）∩（¬A∪¬B）		¬A∩¬B
艮☶坎☵乾☰	（¬A∩¬B）∪（A∩B）	¬A∪¬B	A∩¬B

其中，A∩¬B為乾，B∪¬A為坤；¬A∪¬B為坎，A∩B為離；A∪B為巽，¬A∩¬B為兌；（A∪B）∩（¬A∪¬B）為震，（¬A∩¬B）∪（A∩B）為艮。

通過反演律一樣，摩根定律容易證明，八卦中存在四對互補關係。

反演律：$\overline{A∩B}$＝¬A∪¬B，$\overline{A∪B}$＝¬A∩¬B。

　1.乾、坤互補：卦象相反，邏輯互補。

$A \cap \neg B$為乾，$B \cup \neg A$為坤。而$A \cap \neg B = \neg A \cup B$，故乾、坤互補。

2. 坎、離互補：卦象相反，邏輯互補。

$\neg A \cup \neg B$為坎，$A \cap B$為離。而$A \cap B = \neg A \cup \neg B$，故坎、離互補。

3. 巽、兌互補：卦象相反，邏輯互補。

$A \cup B$為巽，$\neg A \cap \neg B$為兌。而$A \cup B = \neg A \cap \neg B$，故巽、兌互補。

4・震、艮互補：卦象相反，邏輯互補。

$\overline{(A \cup B) \cap (\neg A \cup \neg B)}$為震，$(\neg A \cap \neg B) \cup (A \cap B)$為艮。

而$(A \cup B) \cap (\neg A \cup \neg B) = (\neg A \cap \neg B) \cup (A \cap B)$，故艮，震艮互補。

（二）五行相生的邏輯證明

五行相生的道理大致上可以通過邏輯演算加以證明。五行相生在邏輯上表現為包含、互補或反演諸關係。〈說卦〉曰：「巽為木。」但在邏輯上，巽卦對應土，這是要引起注意的區別。八卦與五行的對應：震卦對應木，兌卦對應金，離卦對應火，坎卦對應水，巽卦對應土。見表2。

證明：設為土；相應地，設為金，為水，為木，為火。

表2 五行與邏輯

五行			五行與八卦			五行邏輯	
火			離☲			$A \cap B$	
木	土	金	震☳	兌☱	$(A \cup B) \cap (\neg A \cup \neg B)$	$A \cup B$	$\neg A \cap \neg B$
水			坎☵			$\neg A \cup \neg B$	

顯然，當$A \cap B$存在，$A \cup B$亦存在，故火生土。同理，當$\neg A \cap \neg B$存在，$\neg A \cup \neg B$亦存在，故金生水。

若$\neg A \cup \neg B$存在，$A \cup B$亦存在，推知$(A \cup B) \cap (\neg A \cup \neg B)$亦存在，故水生木。

若（A∪B）∩（¬A∪¬B）存在，且（A∪B）∩（¬A∪¬B）＝$\overline{(¬A∩¬B)}$∪（A∩B），A∩B為火，木中有火，故木生火。

若A∪B存在，且$\overline{A∪B}$＝¬A∩¬B（金與土互補），¬A∩¬B亦存在，故土生金。

證畢。

因此，五行相生是合乎邏輯的。五行相生在邏輯上表現為包含、互補或反演諸關係。但是，五行相生的順序與五行迴圈的次序是不一致的，「後天八卦方位」的五行變化次序是：土，木，火，金，水，……，這也是要提請注意的。五行相生的次序是：土，金，水，木，火，……。我們不妨把「後天八卦方位」的五行變化次序稱之為陽五行，而把五行相生的次序稱之為陰五行。因此，所謂「陰陽五行」不但指「陰陽」與五行的結合，同時，也包含「陽五行」與「陰五行」的內涵。

三 五官的邏輯內涵與五行迴圈

（一）五官的邏輯內涵

〈繫辭上〉曰：「是故《易》有大極，是生兩儀。兩儀生四象。四象生八卦。」

五行與八卦並不一一對應，而是與四象相對應。四象生八卦，四象中已經蘊含八卦中最基本的邏輯原理，見表3。

表3 四象與五官的邏輯意義

四象	邏輯	五官	意義
⚌	A∩¬A	舌	析取
⚏	¬A∩¬B	目	反演
⚎	A∪¬A	耳	和合

☵	A∩B	鼻	分判
	A∪B	口	合併

　　五官是合乎法則的生物形態，五官中蘊含邏輯法則。四象、五官與五行是相互對應的，見表4。

　　令1＝A∩B為金，-i＝A∪B為土，i＝¬A∩¬B為木，-1＋i＝A∩¬A為火，-1-i＝A∪¬A為水，見表5。

　　其中，i與-i，在數學上既是正負關係，同時又構成共軛關係。同理，-1＋i與-1-i亦構成共軛關係。土與木、水與火構成兩共軛關係。

表4　五官與四象中的邏輯

邏輯			四象		五官		
	A∩¬A			☰	舌		
¬A∩¬B	A∪B	A∩B	☷	☵	目	口	鼻
	A∪¬A			☵	耳		

　　數理上的共軛關係表現為邏輯上的互補關係。因為$\overline{A∪B}$＝¬A∩¬B，所以，土與木是互補關係。同理，$\overline{A∪¬A}$＝A∩¬A，因此，水與火是互補關係。

　　邏輯上的互補關係決定五行相生的次序，而數學上共軛的關係決定五行迴圈的次序。因此，五行相生次序與五行迴圈次序是五行中的一對矛盾。

表5　五官邏輯與五行數理

五行			邏輯			五數		
	火		A∩¬A			-1	-1＋i	
木	土	金	¬A∩¬B	A∪B	A∩B	i	-i	1
	水		A∪¬A			-1-i		

（二）五行迴圈的數理依據

五行相生的變化次序（陰五行）：土，金，水，木，火，……，即

-i, 1, -1-i, i, -1 + i…

五行是依據相生的次序迴圈的，前面已經證明五行相生是合乎邏輯的。那麼，五行迴圈的次序是否存在相應的數學模型呢？答案是肯定的。

「後天八卦方位」的五行週期變化（陽五行）：土，木，火，金，水，……，即

-i, i, -1 + i, 1, -1-i…

以上兩個次序的五行結構是一樣的，區別只是變化次序有別。而「後天八卦方位」的五行變化結構其實是一種數學模型。

五行結構本質上是兩個參數的五週期迴圈，構成五行迴圈的兩個參數是：-i, i。兩個參數的5週期迴圈有公式可循，其公式是：

f(x, y) ＝ ，

對於a，b兩個參數，其構成的迴圈次序是：

a, b, f(a,b), f(b, f(a,b)), f(f(a,b), f(b, f(a,b))) ＝ a…

兩參數的5週期變化公式：，，，，，，，…

其中多項式是一個對稱多項式。如果與對換，該多項式不變。所以，，，這三個多項式是對稱的。

在「五行」公式中可以不限於使用自然數，其他負數、分數、小數、無理數、虛數……只要你高興的話（但一般不能使用「四元數」或其他虛而又虛的「超複數」），統統都能用，不過在開始或中間運算過程中都要注意，不能使分母為0，從而使除法運算失去意義[1]。

五行的迴圈不是任意的兩個參數決定的，如果那樣的話，五行就會成為一種數學遊戲。五行是由虛數生成的複數模型。五行所反映的是二維平面空

---

[1] 談祥柏：《數：上帝的寵物》（上海市：上海教育出版社，1996 年）頁 111。

間的週期變化規律，其迴圈模式由，兩個參數決定。因此，五行既是合乎邏輯的，又是合乎數理的。

當土為，木為，則火為，水為，金為．

對於，兩個參數，其構成的迴圈次序是：

-i（土），i（木），-1＋i（火），1（金），-1-i（水），…

恰好與「後天八卦方位」中的五行迴圈次序相同。可見，由，兩個參數構成的迴圈次序是「陽五行」。

在五行的週期變化結構中水（陰）、火（陽）對稱于金。同樣，五行相生程式中水（陰）、火（陽）亦處於對稱於金的位置。「後天八卦方位」中的五行模式提供了一種與數理模型相匹配的對稱形式，五行模式是完全科學的。

四　四元模式與五行模式比較

中國崇尚五行模式，西方流行四元模式。

四季迴圈是機械的運動，五行迴圈是有機的運化。二者之間的這一差別是要特別注意的。五行可應用於有機體的循環系統，這一功用是四元素迴圈模式所不具備的。「土、水、火、氣」四元素可稱之為四元行。西方傳教士曾將「四元行」與中國的「五行」作過有趣的比較。傳教士首先對「行」作了規定：「行也者，純體也，乃所分不成他品之物，惟能生成雜物之諸品也。所謂純體者，何也？謂一性之體無他行之雜。……純者即土水火氣四行也。」（《空際格致》）認為土水火氣之所以稱為「元行」，就因為它們是「純」而不雜。而中國的「五行」之所以不能成立，首先在於金、木二行是「雜」。傳教士認為，五行說的「雜」還表現在五行相生相剋的互相滲透、流轉，而四元行作為「至純」者，其次序確然不移[2]。那麼，西方傳教士用

---

[2]　陳衛平：《第一頁與胚胎——明清之際的中西文化比較》（上海市：上海人民出版社，1992年）頁212。

「純」和「雜」來對比四元行和五行說有什麼樣的理論啟示呢？陳衛平先生認為，傳教士對於四元素說和五行說的比較，在某種程度上看到了中西哲學的差異。傳教士用「雜」來指責五行說中的金木二行，就是認為它們沒有像四元素說那樣，貫串著對原初物質的執著求索的精神。特別是他們批評了五行說的相生相剋，認為它使原初物質喪失了「至純」的本性。其實，相生相剋是整個五行說的精髓所在。相生相剋的兩個序列突出地告訴人們，五行說的基本點在於強調事物的發展是互相制約、互相轉化的過程。這就表現出了有機宇宙哲學的特徵。傳教士認為五行說是「雜而亂」，正是針對五行說有機論的特徵而言的[3]。

中國的五行學說是內含兩對矛盾的結構系統，其結構的中心是土。土為地，氣蝕下而生地，氣清揚而生天。五行學說與中國的氣本體學說是完全相符合的。

真正的四元模式是四象模式，四象模式在本質上是五行模式，即五官模式。口為土，既是雜食的口，又是無底的黑洞。口，作為黑洞是「大象無形」的；口，擁有最大的包容能力和生成功能。

五　五行應用中的兩個常見問題

四週期與五週期的變化數理是不同的，四季的變化與五行的變化機理是有明顯差異的。五行學說把四季中搞出一個「長夏」來，硬是變四季為五季，以此迎合五行迴圈，這是存在問題的。無端生出的「長夏」並不能說明五行學說是有缺陷的，而恰恰反映了對五行的不當應用。把五行畫成正五邊形的情形經常發生，這又是一種對五行的錯誤應用。五行中的土是五行的中心，把五行畫成正五邊形則意味著土的中心地位的喪失，這是不合五行之理的。五行中蘊含數理。五行模式其實與平面的直角坐標是對應的，「土」就是源，就是原點，是座標的中心。明白這一點就不會把五行的分佈畫成正五

3　同前注，頁 213～214。

邊形。而且，五行模式對於數理亦有其應用價值。土是厚德載物的，它生成萬物。因此，土的儲藏功能說明，中心的原點0是萬數之源。

六　結語

　　綜上所述，《易傳》中蘊含有五行的內容，四象、五官與五行關係密切，《尚書》提出的五行法則大致上可以通過邏輯加以證明，而五行迴圈次序則完全是合乎數理的。因此，五行與八卦的結合是由其內在的邏輯所決定的，陰陽與五行的結合不是人為的撮合，五行是自然的邏輯法則，陰陽五行不是人的發明而是人的發現。

「飲食醉飽」與「剛制於酒」
——從《尚書‧酒誥》等看酒在商、周文化中的地位

朱宏勝[*]

　　周初統治者在總結殷商滅亡的歷史教訓時認為，商紂王一改先王前賢「迪畏天顯小民，經德秉哲」，「成王畏相惟御事，厥棐有恭，不敢自暇自逸」（《尚書‧酒誥》）的優良作風，沉湎於酒，不修王德，荒於政事，終遭亡國殺身之禍。殷人「崇飲」和「群飲」的嗜酒傾向，遠在亡國之前就普遍存在，殷商有識之士早有明察。殷紂王庶兄微子控斥紂王「我用沈酗于酒，用亂敗厥德于下」，結果造成了「今殷其淪喪，若涉大水，其無津涯」（《尚書‧微子》）的危險局面。周革殷命後，為了鞏固新政權，防止殷縱酒之風繼續蔓延，杜絕周人相沿成習，重蹈殷人覆轍，周公特命康叔在殷商故地的衛國宣佈戒酒，是為〈酒誥〉。周公在〈酒誥〉中告誡康叔說：「封，我西土棐徂，邦君御事小子，尚克用文王教，不腆于酒，故我至于今，克受殷之命。」這是說周人因為能謹遵文王的教誨，不多飲酒，所以現在才能接受上帝賜給的大命；而殷人「惟荒腆于酒」，「故天降喪于殷」。所以，周公誡諭康叔等周之貴族，以殷為戒，切勿沈酗於酒：「今惟殷墜厥命，我其可不大監撫于時？」又警告殷頑：對「群飲」的縱酒行為，除「殷之迪諸臣」必須

* 黃山學院文學院

得到教育，保證不再如此；其餘的人一律加以嚴懲，處以死刑：「盡執拘以歸于周，予其殺。」

周人禁酒思想不僅見之於《尚書・酒誥》，還見之於《詩》、見之於銘。如《詩經・大雅・蕩》：「文王曰咨，咨女殷商，天不湎爾以酒，不義從式。」〈大盂鼎〉銘：「殷正百辟，率肆於酉（酒），古（故）喪（師）。」[1]〈大盂鼎〉記王遣盂就國之事，吳大澂以為此鼎為成王時作，銘文述殷人酗酒事以戒盂，與〈酒誥〉辭意略同。綜觀此類文獻資料，我們不難發現，商周時期，酒和政治關係密切，甚至可以直接影響到國家的興亡。但是，今人並不瞭解其時的用酒制度，更談不上理解酒在當時文化中所占的地位與分量了，故常誤讀歷史，肆意案斷，學術紛爭不斷。其中最典型的，便是因為諸多歷史資料均有周人對酗酒的忱戒之辭，故普遍認為周人絕不允許醉酒，故在解讀諸如《詩經》等涉及到酒的文獻時，率皆本〈酒誥〉為說，以為皆是批評酗酒。如〈賓之初筵〉，〈序〉云：「〈賓之初筵〉，衛武公刺時也。幽王荒廢，媟近小人，飲酒無度，天下化之，君臣上下，沈湎淫液，武公既入，而作是詩也。」[2]《後漢書・孔融傳》李注「《韓詩》曰：〈賓之初筵〉，衛武公飲酒悔過也。言賓客初就筵之時，賓主秩秩然俱謹敬也，賓既醉止，載號載呶，不知其為惡也」[3]；《焦氏易林・大壯之家人》「舉觴飲酒，未得至口，側棄醉酗，拔劍斫怒，武侯作悔」[4]，是皆將詩旨解為「悔過」。歷代解《詩》家為了使「悔過」詩旨能自圓其說，遂強析詩篇，謂前兩章是思古，後三章是刺今——昔之飲酒有序如彼，今之飲酒無儀如此，於是為誡焉。事實上，綜觀詩文本，則不僅不見「武公」，亦不見「悔過」。故熟知周代禮儀制度的鄭玄箋曰：「飲酒於有醉者，有不醉者，則立監使視之，又助以史，使督

---

[1] 本文參考了俞敏〈大盂鼎銘文詁訓〉一文對〈大盂鼎〉銘文的釋讀。見《俞敏語言學論文集》（北京市：商務印書館，1999年）頁424。

[2] 《十三經注疏》（上），頁484。

[3] 《史部・正史類・後漢書》（卷一百），《四庫全書》光碟版。

[4] 《子部・術數類・占卜之屬・焦氏易林》（卷三），《四庫全書》光碟版。

酒，欲令皆醉也。」[5]可惜鄭說是而後世注家皆非之，諸家皆因〈酒誥〉等而誤解商周用酒制度。

商代用酒制度無文獻可考其詳，但周因商制，雖有更革，亦可由周制推知大概。〈酒誥〉誠然主張「剛制於酒」，「德將無醉」；然亦明言「祀茲酒」，「致用酒」，甚至「飲食醉飽」，將這看似矛盾的內容結合起來，才是周人的用酒制度。

一 「祀茲酒」

酒的發明，傳說始於夏禹時的儀狄。酒在很長時期裏，大約直到西周中期以前，一直被認為是上帝的恩賜，最初只用於祭祀行禮，為神享用。〈酒誥〉開篇云：「祀茲酒，惟天降命，肇我民，惟元祀。」說的便是這個意思。〈周頌〉說以酒為祭「匪今斯今」，並不自今日始，乃是「振古如斯」（〈載芟〉）。今日之祭者，不過是「以似以續，續古之人」（〈良耜〉），也就是說酒用於祭，古已有之。甲骨文「酒」寫作「🍶」或「🍶」，前者象陶罐形，後者中間是一個酒瓶，兩側的曲線表示酒有溢出的形象，而綜覽甲骨卜辭，凡涉及酒的文字，率皆與祭祀有關。商代的酒分「酒」和「鬯」，其詳不明，所可知者，「鬯」的原料與「酒」不同，是用秬（黑黍）釀成，又用鬱金香，故其味芬香，謂之「鬱鬯」。酒祭的範圍很廣，不論天地山川先王先公都是祭祀的對象，而鬯祭則只用於祭先王。這反映了商代的酒確實是貴族生活中的一件大事[6]。周代以降，酒祭有兩類，一類是降神的酒祭，用鬯酒；一類是陳供和獻尸的酒祭，用「五齊三酒」。在當時稱作「酒」的即「五齊三酒」，都是米酒。泛齊、醴齊、盎齊、緹齊、沈齊，合稱「五齊」；事酒、昔酒、清酒，統稱三酒[7]。先秦文獻中，酒的名稱很多，但就其釀造方

---

5 《十三經注疏》（中），頁 487。

6 詹鄞鑫：《神靈與祭祀──中國傳統宗教綜論》（南京市：江蘇古籍出版社，1992 年）頁 240。

7 參見〈天官・酒正〉，《十三經注疏》（下），頁 668～669。

式而言，不外兩類：一是醴類，一是酒類。「五齊」都屬於醴類。

祭祀用酒以味薄為尊，據說是年代越古用酒越淡。《禮記‧明堂位》云：「夏后氏尚水，殷尚醴，周尚酒。」「水」為露水，其味最薄，「醴」厚於「水」而薄於「酒」。周制以「玄酒」最尊，凡祭天地和祫祭祖先都陳列「玄酒」，《史記‧禮書》「大饗上玄尊」，說的就是此。「玄酒」其實就是清水，張守節《史記正義》引皇侃云：「玄酒，水也。上古未有酒，而始之祭，但酌水用之。至晚世雖有酒，存古禮，尚用水代酒也。」[8]此說頗有歷史眼光，應為定讞。而「五齊三酒」，則因「五齊」味薄而尊，故用於敬神獻尸。鬯酒又因香氣濃郁，用於灌祭降神，即把鬱鬯澆在地上，通過氣味迎來神靈。

二 「飲食醉飽」

酒為神靈獨享的局面不知什麼時候被打破，酒逐步擴散到各種禮儀中，《詩經‧周頌‧豐年》和〈載芟〉「為酒為醴，烝畀祖妣，以洽百禮」，說的就是這個史實。「百禮」不僅指祭祀，養老、饗賓諸禮也可包括其中。自此，飲酒不再是神的特權，人們也可以享用了。

不過，最初的飲酒是象徵性的。《禮記‧郊特牲》曰：「至敬不饗味，而貴氣臭也。諸侯為賓，灌用鬱鬯，灌用臭也。」鬱鬯用氣味迎神靈，饗禮和祭禮中亦用鬱鬯來敬獻賓客，也只嗅嗅而已。這種敬獻賓客的方式，應該是對以酒敬神的效法。此後由嗅改為啐或嚌，啐即嘗，《禮記‧雜記下》鄭玄注：「嚌、啐，皆嘗也。嚌至齒，啐入口。」[9]《尚書‧顧命》蔡沈注：「以酒至齒曰嚌。」[10]這種象徵性飲酒，是但行其禮而不取其味，只是節文儀式而已。啐、嚌式象徵飲酒直到成康時代的一些重要典禮場合，如饗禮、鄉飲酒

---

8 《史部‧正史類‧史記正義》（卷二十三），《四庫全書》光碟版。

9 《十三經注疏》（中），頁 1561。

10 蔡沈注，錢宗武、錢忠弼整理：《書集傳》（南京市：鳳凰出版傳媒集團鳳凰出版社，2010 年）頁 236。

禮等，仍然保持著。值得注意的是，《禮記·射義》又有「酒者，所以養老也，所以養病也」的說法，這說明先民們除了認為酒可通神外，還認識到酒的保健功效，故真正的飲酒伴隨著這樣的認識，很快就推行開來了。同「祀茲酒」相比，人之飲酒有這樣一些值得注意的規定：

首先，對酒有尊卑級別規定。與敬神的酒以味薄為尊相反，祭禮參與人員飲酒以味厚為尊，故事酒供執事飲用，昔酒供祭末群臣陪位者飲用，清酒供祭祀時賓長獻尸、尸酬賓長飲用[11]。

其次，對飲酒時間、方式有嚴格規定。如繹祭之禮，所謂繹祭，即天子、諸侯於祭祀之明日又祭，乃行儐尸之禮，謂之繹。繹祭之日，只有祭酒、啐酒，而不得飲，不得食，祭畢，為答謝尸之辛勞，則以賓禮事尸，於是可飲可食。

再次，禮儀不同，飲酒種類不同。如，賓客飲食之禮有三：曰饗、曰食、曰燕。饗禮最隆，食禮次之，燕禮最輕。饗禮已亡，但從禮書與西周銅器銘文相關記載可稍得其概[12]。即饗禮在廟，有祼（灌鬯）、有獻（主人酌獻賓，賓酢主人，主人酬賓，謂之一獻。獻的次數依賓主身份不同而不同）、有侑幣（以玉帛弓馬之類酬賓），立而成禮，飲則唯醴。燕禮則不同，所設之飲，以酒為主。

最後，對飲酒數量有嚴格規定。飲酒須醉，是當日宴飲的風氣，且符合禮制。據〈鄉射禮〉和〈大射〉，最後有「無算爵」和「無算樂」。無算爵，〈大射〉鄭玄注曰：「爵行無次數，惟意所勸，醉而止。」[13]無算樂，「升歌間合無次數，惟意所樂。」[14]在莊嚴的、有限止的儀式之後，是輕鬆的、無限止的歌與酒，從而將儀式活動推向高潮。不過，其時醉酒符合禮制，依禮的不同卻又有細的分別。一，同姓私燕，行飲私之禮，以飫飽為度，不必盡醉。《韓詩外傳》：「夫飲之禮，不脫屨而即序者謂之禮，跣而上坐者謂之

---

[11] 參見《禮記·郊特牲》疏、《周禮·酒正》以及今人詹鄞鑫的相關論述。

[12] 劉雨：〈西周金文中的「周禮」〉，《燕京學報》新3期（1997年8月），頁85～92。

[13]《十三經注疏》（下），頁1043。

[14]《十三經注疏》（上），頁1044。

宴，能飲者飲之，不能飲者已，謂之醹。」[15]二，養老之禮，以醉為度。《尚書・酒誥》：「爾大克羞耇惟君，爾乃飲食醉飽。」孫星衍疏云：「古者天子諸侯皆有養老之禮，言爾大以賢能進為耇老，惟君使爾飲食醉飽。」（《尚書今古文注疏》）《周禮・天官・酒正》：「凡饗士庶子，饗耆老孤子，皆共其酒，無酌數。」鄭玄注曰：「要以醉為度。」三，君臣之燕，有小燕和正燕之別。侍君小燕之禮，以三爵為節。《禮記・玉藻》：「君子之飲酒也，受一爵而色灑如也，二爵而言言斯，禮而三爵，而油油以退。」若正燕，則有無算爵。淩廷堪曰：「凡飲酒之禮，有獻，有酢，有旅酬，有無算爵，此一定之節次也。」「獻酒，賤者不與。至旅酬、無算爵，則凡執事者無不與，終於沃洗者，故曰『所以逮賤也』。蓋獻、酢、酬所以申敬，旅酬、無算爵所以為歡也。」（《校禮堂文集》卷十五）

現在再回過頭來看〈酒誥〉，就不難理解為什麼一方面要求「無彝酒」、「不腆於酒」，另一方面又有「厥父母慶，自洗腆，致用酒」，甚至「爾大克羞耇惟君，爾乃飲食醉飽」的說法了。可見，周人禁酒僅僅是用嚴厲的手段制止社會普遍酗酒的風氣，不僅祭祀少不了酒，其他禮儀中亦少不了酒。「食之飲之，君之宗之」（〈大雅・公劉〉），「飲之食之，教之誨之」（〈小雅・綿蠻〉），周人將飲與食結合起來，制定了涉及生活方方面面的禮儀，使酒不再是神的專利，亦非商人那樣毫無節制的濫飲。禮儀飲酒不僅不禁，甚而在有的場合主張不醉不罷。故〈魯頌・有駜〉鄭箋曰：「絜白之士群集於君之朝，君以禮樂與之飲酒，以鼓節之咽咽然，至於無算爵，則又舞燕樂以盡其歡，君臣於是則皆喜樂也。」[16]而〈賓之初筵〉：「既立之監，或佐之史。彼醉不臧，不醉反恥。」鄭箋曰：「飲酒於有醉者，有不醉者，則立監使視之，又助以史，使督酒，欲令皆醉也。」鄭氏此箋，後世注家往往非之，以為既設酒監，又添酒史，是為了在宴席間監督防止飲酒無度，其實鄭

---

15 案，此轉引自揚之水：《詩經名物新證》頁250注釋51。揚之水說：「此為佚文，《初學記》引，此據吳淑《事類賦注・飲食部》『酒』條所引，字句稍有不同。」
16 《十三經注疏》（中），頁610。

說不誤，飲酒盡醉亦合乎於其時禮儀。至於顧炎武《日知錄》卷三「不醉反恥」條云：「『彼醉不臧，不醉反恥』，所謂一國皆狂，反以不狂者為狂也。以箕子之忠而不敢對紂之失日（《韓非子》），況中才以下有不尤而效之者乎！」[17]則是借題發揮了。

三　「剛制於酒」

〈酒誥〉不僅要求「無彝酒」、「不腆于酒」，更是規定要「剛制于酒」，為什麼要戒酒呢？這與商紂破壞用酒制度有關。

紂王盲信天命，認定「我生不有命在天」，失卻了敬畏天帝、神靈和先祖之心。於是「殷民乃攘竊神祇之犧牷牲用以容」（《尚書‧微子》），將祭神的犧牲和酒拿來享用作樂，結果破壞了禮儀制度，失去了維繫其統治的精神支柱，「小民方興，相為敵讎」，商朝非崩潰滅亡不可了。周得天下，而「殷鑒不遠」（〈大雅‧蕩〉），對殷人酗酒亡國的慘痛有深刻的記憶，故「剛制於酒」，竭力恢復為紂王所破壞的以祭祀為重心的用酒制度，傳達敬天畏神之心，構建維繫其統治的精神支柱。

如何才能做到「無彝酒」、「剛制于酒」呢？周公借文王之口說道：「欽惟祀，德將無醉。」（〈酒誥〉）一，只有在祭祀的時候才飲酒；二，以德扶助自己，以德制約自己，以不醉為度。將酒與德聯繫起來的作法淵源有自，前引〈微子〉就曾批評辛紂酗酒「用亂敗厥德于下」。不過，西周統治集團面對「大邑商」驟然而亡的事實，認識到「天命靡常」，總結夏、殷「不敬厥德，乃早墜厥命」（《尚書‧召誥》）的慘痛教訓，更重視「聿修厥德」（〈大雅‧文王〉），並提出了「敬天保民」的思想。故同樣是祭祀酒，殷、周卻表現出了不同的文化取向，「為酒為醴，以洽百禮」，周人將酒德納之於禮，飲酒之是非得失，主要看其社會效果如何，是否合乎禮儀。他們並非絕對反對醉酒，所要反對的是不合禮儀的飲酒行為，不合禮儀的用酒，即使

---

[17]《子部‧雜家類‧雜考之屬‧日知錄》（卷三），《四庫全書》光碟版。

不醉亦在反對之列；合乎禮儀的用酒，即使是醉酒亦不予反對。這就是說，周人汲取殷商酗酒亡國的教訓，嚴禁酗酒；同時，又因自殷商時起，民有嗜酒之風，故又順民情所好，允許在一定時間和場合盡情暢飲，並將暢飲制約於禮儀，以酒觀德，「德將無醉」。

允許盡情暢飲，「飲食醉飽」不僅順民之欲，還與其時酒的觀念有關。酒是上帝的恩賜，可通神靈，主要作為獻給神靈祖先的祭品，故酒極為神聖、珍貴，其飲用有特定對象、特定時間、特定目的、特定程式。而如此神聖、珍貴的酒不僅可以通神，還有神奇的療效，「酒者，所以養老也，所以養病也，求中以辭爵者，辭養也」(《禮記·射義》)[18]。酒可以養老，可以養病，故周人在重大典禮中，如鄉射禮、大射禮等，特別是養老禮中，總是以醉為度。主人極力勸酒，務使賓醉；賓則「求中以辭爵」，務必不失禮。這一切反映的是等級社會中君臣之間的脈脈溫情與和諧互動。體現的是周人敬神睦族、尊老親賢的文化精神和價值取向。

總之，商、周時期，人們對酒懷有特殊的敬畏之心，用酒和用樂一樣，不是簡單地為了娛樂工具，而是關乎教化、關乎國運的大事。「祀茲酒」，酒的主要功用是通祖先神祇；其次，「飲食醉飽」，酒又用來睦族親賢。嚴格用酒制度，「剛制於酒」，飲酒觀德，不只是防止社會財富的浪費和風氣的腐化，更重要的是能夠維護「尊尊親親」的封建禮儀，鞏固以天地神祇、祖先神靈為社會意識導向的宗法統治之精神支柱。

---

[18]《十三經注疏》（下），頁1689。

《尚書》及兩漢經學有關巫咸的敘事 與角色認定

賈學鴻*

　　《尚書》曾被著名經史學家金景芳先生稱為「中國自有史以來的第一部信史」[1]，在經學中，它是承載儒家道統思想的五經之一，地位舉足輕重。研究兩漢經學家對《尚書》的注解，不僅可以深入開掘這部古老歷史文獻的價值，還能窺察漢代經學的風貌。下文將由《尚書》中的巫咸切入，分析不同注家解釋的差異性，並追索其原因。

一　漢代經學家關於《尚書》中巫咸的敘述

　　巫咸之名首見於《尚書》，是在《尚書・咸乂》篇的《書序》中。《書序》對〈咸乂〉題解道：「伊陟相大戊，亳有祥桑穀共生於朝。伊陟贊于巫咸，作〈咸乂〉四篇。」〈咸乂〉四篇繫《商書》，正文已亡佚，今僅存其序，交待了〈咸乂〉四篇成文的時間以及簡單緣由。伊陟是商王太戊的相，將亳都「桑穀共生於朝」的怪事報告給了巫咸，巫咸提出了應對方案，並作〈咸乂〉記錄下來。贊，明告；乂，《說文》解為「芟草也」，引伸為治理。《書序》[2]最早見於漢代張霸所獻百兩篇本《尚書》，是根據《左傳》和《史

* 揚州大學 新聞與傳媒學院

[1]　金景芳：〈序〉，《〈尚書・虞夏書〉新解》（瀋陽市：遼寧古籍出版社，1996年）。

[2]　《漢書・儒林傳》載：「世所傳《百兩篇》，出東萊張霸，分析合二十九篇以為數十，又采《左氏傳》、《書序》為作首尾，凡百二篇。篇或數簡，文意淺陋。」

記》的文獻資料編輯而成[3]。

對於《書序》的上述記載，唐代孔穎達《正義》作了如下解釋：

> 伊陟輔相大戊于亳都之內，有不善之祥桑穀二木共生于朝。朝非生木
> 之處，是為不善之徵。伊陟以此桑穀之事告于巫咸，使錄其事，作
> 〈咸乂〉四篇。乂，訓治也，言所以致妖須治理，故名篇為〈咸乂〉
> 也。伊陟不先告太戊而告巫咸者，〈君奭〉云：「在太戊時，則有若
> 巫咸乂王家。」則咸是賢臣，能治王事。大臣見怪而懼，先共議論而
> 後告君。下篇序云「太戊贊于伊陟」，明先告于巫咸，而後告太戊。[4]

孔穎達對《書序》所作的解釋，突出了兩方面內容：一方面強調桑穀共生於
朝的不祥特徵。祥，在上古時期兼指吉兆和凶兆。《管子・樞言》有：「天
以時使，地以材使，人以德使，鬼神以祥使，禽獸以力使。」這裏的祥，說
的是預示吉凶的徵兆。《詩經・小雅・斯干》曰「維熊維羆，男子之祥」，
《尚書・伊訓》中的「作善，降之百祥；作不善，降之百殃」，都是指吉兆。
由「桑穀共生於朝」的反常現象推斷，《書序》中的祥應指凶兆，但《書序》
沒有明確表達。孔穎達則用「不善之祥」強調了它的凶兆特徵，並以二樹的
生長地點不當加以解釋。此外，「言所以致妖須治理」，點明這一怪異現象
是妖魔作亂。另一方面突出了巫咸的作用。太戊朝廷出現桑穀共生的怪異事
象，執政大臣伊陟首先把這種情況向巫咸進行通報，巫咸針對這種怪異事象
加以解釋，並提出應對措施，這便是〈咸乂〉四篇的大致內容。同時，孔穎
達引用《尚書・君奭》的語句說明巫咸在商王朝的治理者身份。《書序》的
記載極其簡略，孔穎達的解說則對這一事件作了歷史性的還原，突出了的事
件的反常性和巫咸的地位。

關於〈咸乂〉四篇之事，《史記・殷本紀》也作了記載：

> 帝太戊立，伊陟為相。亳有祥桑穀共生于朝，一暮大拱。帝太戊懼，

3　李民、王健：〈序〉，《尚書譯注》（上海市：上海古籍出版社，2000年）。
4　孔穎達：《尚書正義》，《十三經注疏》影印本（北京市：中華書局，2008年）頁166。

問伊陟。伊陟曰：「臣聞妖不勝德，帝之政其有闕與？帝其修德。」太戊從之，而祥桑枯死而去。伊陟贊言于巫咸，巫咸治王家有成，作〈咸艾〉，作〈太戊〉。

〈咸艾〉又作〈咸乂〉。〈殷本紀〉和《書序》這兩則材料敘述的是同一件事情，只是〈殷本紀〉不僅交待事情的梗概，還添加幾點細節：首先，把事件的怪異性加以形象化。「一暮大拱」，說明桑穀二樹一夜之間便長成兩手合圍粗的大樹，突顯其生長速度的怪異；「帝大戊懼」，通過商王的恐懼，從側面襯托出事件的反常。其次，將人的行為與反常事象聯繫起來，以桑樹枯死突出人的行為與怪異事象的關聯，提升了它的故事性和傳奇色彩。第三，司馬遷認為〈咸乂〉、〈太戊〉是對巫咸治理王家、大戊修德的記錄。

司馬遷的《史記‧殷本紀》彰顯出形象生動的文學色彩，但其所記載的事實與《書序》存在差別。按照〈殷本紀〉的敘事，殷王太戊首先向伊陟講述了桑穀共生於朝的怪異事象，並詢問這一古怪現象產生的原因以及祛災的辦法。經過伊陟的開導，太戊修德，使怪異現象消失。事情過去之後，伊陟才把這一情況講述給巫咸，於是作〈咸艾〉、〈太戊〉之文，用以敘述事件的始末。然而，對「巫咸治王家有成」的經過並沒有深入說明。由此可見，司馬遷突出的是伊陟的作用，而不是巫咸。

《書序》和〈殷本紀〉的記載存在明顯差異，那麼，究竟哪種說法更合乎歷史實際呢？這便涉及到對巫咸身份的認定。

二 巫咸在先秦兩漢文獻中的巫官形象

對於《書序‧咸乂》提到的巫咸，陸德明《經典釋文》寫道：「巫咸，馬云：『巫，男巫也，名咸，殷之巫也。』」[5]馬即馬融，東漢經學家。按照馬融的說法，巫咸是殷商王朝的巫師，供職於太戊在位期間，巫是其職業，咸

5　孔穎達：《尚書正義》頁166。

是其名。孔穎達《尚書正義》稱：「鄭玄云：『巫咸，謂之巫官者。』」[6]鄭玄是馬融的弟子，他所持的看法與其師馬融相同，都認定巫咸的職官是朝廷巫師。

《書序‧咸乂》孔安國《傳》曰：「巫咸，臣名。」孔安國是孔子第十一世孫，西漢前期的經學家，他把巫咸說成是大戊王朝的大臣，而沒有指出他的巫師身份。孔穎達作為孔安國的後裔，繼承了他祖先的說法，也把巫咸認定為朝廷大臣，而不提他的巫師角色，他寫道：

> 〈君奭〉《傳》曰：「巫，氏也。」當以巫為氏，名咸。此言臣名也，言是臣之名號也。鄭玄云：「巫咸，謂之巫官者」。案〈君奭〉咸子又稱賢，父子並為大臣，必不世作巫官，故孔言巫氏是也。[7]

孔穎達贊成孔安國的說法，認為巫咸之稱，巫指姓氏，咸為名，和巫師職業沒有瓜葛，他依據的是《尚書‧君奭》的記載。《尚書‧君奭》確實提到巫咸，而且是《尚書》正文唯一出現巫咸的篇目，具體記述如下：

> 公曰：「君奭，我聞在昔成湯，既受命，時則有若伊尹，格于皇天。在太甲，時則有若保衡。在太戊，時則有若伊陟、臣扈，格于上帝，巫咸乂王家。在祖乙，時則有若巫賢。在武丁，時則有若甘盤。率惟茲有陳，保乂有殷，故殷禮陟配天，多歷年所。」

這段話出自周公旦之口，是他對同姓兄弟召公奭所作的陳述。他歷數殷王朝明君賢臣遇合的歷史故事，勸說召公奭與他同心同德、輔佐周成王。周公提到的殷商賢臣有巫咸、巫賢，孔安國《傳》：「賢，咸子，巫氏。」孔穎達《正義》：「賢是咸子，相傳之然。父子俱為巫，知巫為氏也。」[8]對於巫咸、巫賢父子，孔安國、孔穎達都把巫釋為姓氏。孔安國沒有提到巫咸與巫師的

6　孔穎達：《尚書正義》頁166。

7　孔穎達：《尚書正義》頁166。

8　孔穎達：《尚書正義》頁214。

關係，孔穎達則根本否定巫咸父子的職官是巫師，與馬融、鄭玄所作的解釋截然不同。司馬遷曾經向孔安國學習《古文尚書》，他在《史記·殷本紀》中對巫咸所作的敘述，沒有提及和巫師的關係，顯然與孔安國的影響密切相關。

　　巫咸究竟是殷商王朝的賢臣，還是以巫師為職業的朝官，單憑《尚書》的記載無法加以確認，還需要參照其他相關文獻進行辨析。《說文解字·巫部》：「巫，巫祝也。女能事無形，以舞降神者也。象人兩袖舞形。與工同意。古者巫咸初作巫。」對此，段玉裁解釋道：

> 祝乃覡之誤。巫覡皆巫也，……《周禮》祝與巫分職，二者雖相須為用，不得以祝釋巫。……
>
> 〈君奭〉曰：「在大戊，時則有巫咸，乂王家。」《書序》曰：「伊陟相大戊，伊陟贊于巫咸。」馬云：「巫，男巫，名咸，殷之巫也。」鄭云：「巫咸，謂之為巫官者。」〈封禪書〉曰：「伊陟贊巫咸，巫咸之盛，自此始也。」謂巫覡自此始也。或云大臣必不作巫官，是未讀〈楚語〉矣，聖賢何必不作巫乎！[9]

許慎是東漢中期人，所處時段與馬融相同，而早於鄭玄。他根據巫字的構形，指出它所表示的是歌舞娛神之義，指的是巫師，並且稱巫咸是巫師之祖。段玉裁提供的信息更加密集，許慎稱「古者巫咸初作巫」，段玉裁指出這句話「蓋出自《世本·作篇》」。《世本》成書於戰國期間，記載黃帝至春秋時期諸侯、大夫的姓氏、世系、都邑等。《世本》成書的戰國時期，人們已經認定巫咸是最早的巫師，許慎、馬融、鄭玄對巫咸所作的身份認定，可以溯源到《世本》，是根據《世本》的記載所下的結論。《世本》是司馬遷寫作《史記》時重要的參考文獻，其中《世本》關於「巫咸始作巫」的說法，被司馬遷所繼承，但沒有體現於〈殷本紀〉，而是寫入〈封禪書〉：

> 至帝太戊，有桑穀生於廷，一暮大拱，懼。伊陟曰：「妖不勝德。」

9　段玉裁：《說文解字注》（杭州市：浙江古籍出版社，1999年）頁201。

太戊修德，桑穀死。伊陟贊巫咸，巫咸之興自此始。

這段記載與〈殷本紀〉相關敘述基本一致，但結尾的「巫咸之興自此始」是〈殷本紀〉所無，從語氣判斷，明顯是脫胎於《世本‧作篇》「巫咸作巫」的記載。〈封禪書〉所述多是祭祀神靈之事，其中強調「巫咸之興自此始」，顯然是把巫咸作為溝通人與神的巫師看待，否則不會對巫咸的作用如此重視。由此看來，司馬遷對於巫咸所作的角色認定並不是一以貫之，而是自相牴牾，有時顯得模糊含混。〈殷本紀〉中的巫咸作為治理殷商王朝的賢臣出現，而回避了他與巫術的關聯，司馬遷在這篇傳記中繼承的是他的導師孔安國的觀點。而在〈封禪書〉中，司馬遷繼承的是《世本》的說法，把巫咸視為巫師之祖，只是沒有明確地加以表述。

巫咸是位巫師，在經學著作以外的多部典籍中，都可以得到確證。《山海經‧大荒西經》寫道：

有靈山，巫咸、巫即、巫盼、巫彭、巫始、巫真、巫禮、巫抵、巫謝、巫羅十巫。從此升降，百藥爰在。

巫咸是靈山神巫之一，群巫在靈山采藥，反映的是遠古時期巫醫不分的歷史事實。巫咸是位巫師，而且居十巫之首，這與「巫咸始作巫」的說法密不可分，他既然是始作巫者，因此，後來的巫師首領也就以巫咸稱之。《山海經‧海外西經》還有巫咸國，即由群巫組成的國家。

巫咸還出現在《莊子‧天運》篇，面對人們對天地萬物運行規律的追問和質疑，巫咸祒曰：「來！吾語女。天有六極五常，帝王順之則治，逆之則凶。九洛之事，治成德備，監照下土，天下戴之，此謂上皇。」對於「祒」字，鐘泰先生認為祒與詔相通，「祒之為詔，猶稷之為禝，媒之為禖，從示，以表其神也」[10]。在這裏，巫咸是一位神巫，通曉自然萬物之理。《周禮‧筮人》所列九筮之名，其二為巫咸，明確交待巫咸是古代著名的巫師。

屈原的〈離騷〉有「巫咸將夕降」之語，王逸注：「巫咸，古神巫也，

---

10 鐘泰：《莊子發微》（上海市：上海古籍出版社，2002年）頁310。

當殷中宗之世。」[11]王逸主要生活時段是東漢安帝、順帝時期,與許慎、馬融基本處於同一歷史階段,他也把巫咸認定為殷商王朝太戊時期的神巫,與許慎、馬融的看法相同。

《韓非子・說林下》有諺語曰:「巫咸雖善祝,不能自祓也;秦醫雖善除,不能自彈也。」表明巫咸的巫祭專長。《史記:天官書》歷數「昔之傳天數者」,認為殷商時期的「傳天數者」要數巫咸。諸多文獻資料表明,巫咸之所以廣傳於世,主要靠他的巫師身份。那麼巫師是否為官呢?

據《呂氏春秋・審分覽・勿躬》記載:「大撓作甲子,黔如作虜首,容成作曆,羲和作占日,尚儀作占月,后益作占歲,胡曹作衣,夷羿作弓,祝融作市,儀狄作酒,高元作室,虞姁作舟,伯益作井,赤冀作臼,乘雅作駕,寒哀作禦,王冰作服牛,史皇作圖,巫彭作醫,巫咸作筮。此二十官者,聖人之所以治天下也。聖王不能二十官之事,然而使二十官盡其巧,畢其能,聖王在上故也。」《呂氏春秋・勿躬》篇記述了古代早期的二十種發明,其創始人都有官職在身,其中「巫咸作筮」也列其中。

殷商王朝以鬼神為尊,巫風盛行。《禮記・表記》有「殷人尊神,率民以事神」[12]的記載,與夏代重命、周人尚禮不同,巫術是殷商王朝社會生活的重要內容,巫師成為朝廷的高級官員,自然也就不足為奇。古代王畿周邊,每五百里為一個服役地帶,共分「五服」。據學者蔣方研究,商朝時期,由商王直接統治的區域叫內服,內服之官分作兩類,一類是處理王朝政務的外廷官員,如尹、卜、占、巫、祝、史、作冊等,尹,有的是輔弼之臣,或稱賢相;巫、祝是神職人員,祭祀活動中充當人與神之間的媒介。另一類是負責商王個人事務的官員,如宰、臣等[13]。巫咸應是負責神職的巫官,地位也是相當尊貴的。

從實際情況考察,《尚書》中提到的巫咸,是殷商王朝太戊在位時期的

---

11 洪興祖:《楚辭補注》(北京市:中華書局,2006 年)頁 36。
12 王文錦:《禮記譯解》(北京市:中華書局,2001 年)頁 813。
13 蔣方:《中國文化史九繹》(武漢市:湖北人民出版社,2000 年)頁 51。

巫師，在朝廷任職，是早期的巫官。那麼，《書序‧咸乂》所記載的「伊陟贊于巫咸」，朝廷出現怪異事象之後，伊陟向巫咸進行通告，原因何在呢？這從有關殷商王朝的類似傳說中可以找到答案。《呂氏春秋‧季夏紀‧制樂》篇寫道：「成湯之時，有穀生於庭，昏而生，比旦而大拱，其吏請卜其故。」這裏出現的怪異事象與《書序‧咸乂》的記載基本相同，只是把它說成是發生在商湯王之時。出現怪異事象要通過卜筮預測吉凶，尋求應對措施，「其吏請卜其故」，敘述的就是要請巫師進行預測、指點。由此看來，太戊時期朝廷出現的怪異事象，「伊陟贊于巫咸」，當是朝廷執政大臣伊陟向巫咸通告情況，令其進行卜筮預測，找出應對措施。至於巫咸所作的〈咸乂〉四篇，當是這位巫師對怪異事象進行卜筮的情況報告，其中包括卜筮的過程、結論等。

通過巫師的占卜問筮而稽疑解惑，是殷商時期常見的做法。《尚書‧洪範》寫道：

> 稽疑：擇建立卜筮人，乃命卜筮。……汝則有大疑，謀及乃心，謀及卿士，謀及庶人，謀及卜筮。

相傳〈洪範〉是殷商貴族箕子向周武王傳授的治國方略，反映的是殷商舊制。其中提到的「擇建立卜筮人」，指選擇能夠占卜問筮的巫師在朝廷任職，以供稽疑之用。《書序‧咸乂》所述的「伊陟贊于巫咸」，指的正是「謀及卜筮」，令巫師預測吉凶。

巫咸身為巫官，因為〈咸乂〉，或者說因為成功應對了大戊時期「桑穀共生於朝」的災象，被認為是「乂王家有成」，從而聞名於世。這對於漢代學者來說應當不陌生。然而漢代經史學家對巫咸的巫師角色，有的給予肯定，有的則回避不談，有的則含糊其詞，不能一以貫之，這要從漢代經學中尋求答案。

三 《尚書》及兩漢經學家對巫咸角色的認定

《左傳・莊公二十三年》有言曰：「君舉必書，書而不法，後嗣何觀？」上古社會，君王的一言一行都要載入史冊，以垂鑒後人。《尚書》本出自史官之手，記載了上自堯、舜，下至秦穆公的重要事件，代表了主流意識和正統思想。特別是漢代經學興起之後，《尚書》成為儒家學派的五經之一，經過經學家的整理和注解，承載著儒家崇尚明君賢臣的觀念，推崇的是堯、舜、禹、湯、文、武、周公等有賢德的歷史人物，像巫咸這樣以巫術見長的巫師，常常是「敬而遠之」。

巫咸在《尚書》是出現的機率很少。因為巫咸在處理「桑穀共生於朝」一事上有功，《書序・咸乂》才提到他。《尚書・君奭》談到巫咸，是穿插在「我聞在昔成湯，既受命，時則有若伊尹，格于皇天。在太甲，時則有若保衡。在太戊，時則有若伊陟、臣扈，……。在祖乙，時則有若巫賢。在武丁，時則有若甘盤」之間的，周公向召公陳述商朝諸多賢臣，把巫咸與群賢並提，但在五個「時則有若」的排比句中，又添加了一句「巫咸乂王家」。在周公看來，巫咸與伊尹、保衡、伊陟、臣扈等群賢還是有差別的，巫咸處於次要地位。

漢代經學，有今文經學，有古文經學，今文經學主要闡述微言大義，多流於空疏；古文經學注重文字訓詁，典章制度的考訂。兩派都有嚴格的家承師法，對經文的理解差別很大。但在經學發展中又呈現出相互融通的趨勢。總體來看，漢代經史學家對《尚書》中巫咸所作的解說明顯分為兩派。一是以孔安國為代表的古文學派，把巫咸說成是殷商王朝的賢臣，而回避他的巫師角色。「古文家的解釋工作是在宣揚聖道王功的思想指導下進行的，也有不少強經就我的不正確訓詁。」[14]孔安國對巫咸所作的解釋和角色認定，體現

---

[14] 錢宗武、杜純梓：《尚書新箋與上古文明・緒論》（北京市：北京大學出版社，2004年）頁3。

出古文家的理念與局限，加之《古文尚書》兩漢時未能立於官學，因此他的
說法在漢代經學界影響較小。東漢的馬融、鄭玄兼通古文和《今文尚書》，
他們對巫咸所作的解釋和認定，兼顧其賢臣與巫師的雙重角色，遂使得這種
觀點得到普遍的認同。和馬融處於同一歷史階段的許慎，師從古文大師賈
逵，他從文字構形切入，對巫咸的巫師身份作了認定，與西漢古文家孔安國
對巫咸的認定明顯有別。至於司馬遷的《史記》，是繼承孔安國的說法，把
巫咸說成殷商王朝的賢臣，而回避他的巫師身份；有時則又用恍惚的語氣
暗示巫咸交接神靈的功能，把他納入巫師的行列。「司馬遷曾從孔安國學過
《古文尚書》，他在《史記》中關於《尚書》的記載是今古文並用。」[15]司馬遷
在《史記》中有關巫咸的敘事和所作的角色認定，反映出他兼用今文和《古
文尚書》，在多種說法中斟酌取捨並且因文而異的特點，顯得駁雜不純，而
這正是司馬遷離經叛道的印證，也是《史記》豐富性的一種體現。

---

[15] 李民、王健：〈前言〉，《尚書譯注》頁21。

揚雄《方言》某詞見於某地並非意指該詞為當地特徵詞略考

孫玉文[*]

　　理想的方言特徵詞，應該是指僅見於某地的詞語。但是要找出這樣的方言特徵詞是很難的。漢語方言區域廣袤，方言詞語的使用犬牙交錯。沒有周遍性地調查完所有的漢語方言，是沒有充分的依據下斷語說某詞僅見於某地的。這個結論，我們有正反兩方面的經驗教訓可以證實。常常可以見到這樣的現象：先是某人說某詞僅見於某地，不久就有人站出來撰文說，這個詞在另外一個地方也在使用。

　　理想的方言特徵詞難求，我們當然可以退而求其次，將方言特徵詞定義為主要見於某地的詞語，或一般只見於某地的詞語。例如李如龍先生在《漢語方言特徵詞研究・前言》中說：「漢語方言特徵詞是具有特徵意義的方言詞，在方言區內普遍應用、大體一致，在外區方言又是比較少見的。」就含有這方面的考慮。這並不是說，人們應該放棄對理想的方言特徵詞的探求。恰恰相反，我們應該將理想的方言特徵詞的探求作為自己的一項重要的研究目標。

　　中國語言學自從進入現代期以來，深受歐美學術的影響，方言研究也不例外。歐美的方言研究，很重視方言特徵詞的探索。我國學者接受了這一研究取向，用來研究漢語的方言詞彙，從而推進了方言的研究。人們很自然地聯想到：揚雄《方言》說某詞見於某地，是否也是指該詞僅見於某地呢？根據揚雄本人的〈答劉歆書〉，揚雄本來將他自己的這本著作叫做《殊言》，

* 北京大學中文系

暗含這樣一個意思：全國漢語各方言都使用的詞語是「同言」，他一般不會收錄。可見揚雄《方言》所收的「異言」，多多少少在使用區域上是有所限制的。但是，我們不能據此得出結論說，《方言》說某詞見於某方言，則該詞就一定僅見於該方言。

我在〈《揚雄方言校釋匯證》評介〉中提出：揚雄《方言》說共同語的某某詞，甲方言用a詞，乙方言用b詞，丙方言用c詞，他並沒有說丁方言，戊方言，己方言等等沒有用a或b或c；即使是甲乙丙方言，也難保每個方言區的具體土語用詞有參差的現象。也就是說，「某，甲方言說a，乙方言說b，丙方言說c」，並不等於「某，只有甲方言的所有土語說a，只有乙方言的所有土語說b，只有丙方言的所有土語說c」。換句話來說，其中有某些詞，並不能根據《方言》就斷定它們是某方言區別於其它方言的獨有的詞。我的這個說法的意思是：《方言》中注明某方言有某用法，並不能根據《方言》的記載就認為這個詞僅見於這個方言，不見於其他方言。有些詞可能碰巧只是見於《方言》所標示的方言區域，但是揚雄的本意並不在此。揚雄的本意只是說，某詞某方言區域在使用，並不包含其它區域不使用該詞這樣一層意思。

這個問題很重要，因為如果我們要把「時」和「空」的概念都引進到漢語詞彙史的研究中來，就得面對這樣的問題；而且利用《方言》來研究東西漢之交的漢語方言分區，方言之間的語音對應關係等也得面對這樣的問題。

當時提出這個問題，有兩個方面的考慮：一是，《方言》記載某詞的使用區域跟當時的文獻產生的區域不能完全對上茬兒。二是，我考慮到漢代的地域廣袤。羅常培、周祖謨《漢魏晉南北朝韻部演變研究》（第一分冊）頁七十二談到《方言》所涵蓋的地域：「東起東齊海岱，西至秦隴涼州；北起燕趙，南至沅湘九嶷；東北至北燕朝鮮洌水之間，西北至秦晉北鄙，東南至吳越東甌，西南至涼益蜀漢。地域包括極廣，幾乎囊括漢代的全部版圖。」要說某一個詞只見於某一個方言，這就意味著不見於其他方言。揚雄在作方言調查時，必須窮盡調查了當時所有的方言，才能下此斷語。顯然，窮盡畢生精力，揚雄也不可能做到這一點，因為「言有易，言無難」。

　　上述的兩點考慮，用來說明《方言》有「某，甲方言說a，乙方言說b，丙方言說c」，並不等於「某，只有甲方言的所有土語說a，只有乙方言的所有土語說b，只有丙方言的所有土語說c」這樣一種條例，只能算是一種假說。現在我試圖用《方言》的內部證據證明它有這樣一個條例。

　　《方言》中某一個方言詞，作為被釋詞，多數情況下不重複解釋。但是，也有同一個方言詞重複解釋的情況。這種重複注釋的情況，透露出《方言》某處說某方言用了某詞並不排斥其他方言也用該詞的資訊。有的重複注釋，不同的地方可能詞義稍有側重，然很難坐實。不過，這不影響本文的討論。如果一個方言詞僅見於它後面所列的具體的方言區域，不見於別的方言，那麼幾處重複解釋的所列的方言區域應該是一樣的。事實上，並不完全如此。這就有力地證明：《方言》中至少有一部分方言詞，作為被釋詞，在某處揚雄注明見於某方言，並不表明揚雄認為該詞只見於該方言，不見於其他方言。

　　下面列出一些具體的例證。各卷之後圓括號裏的阿拉伯數字是華學誠《揚雄方言校釋匯證》給每卷裏頭揚雄所釋詞條編定的序號。

（一）「虔」字的重複解釋。

　　卷一（16）：「虔、劉、慘、㦖，殺也。秦晉宋衛之間謂殺曰劉，晉之北鄙亦曰劉。秦晉之北鄙、燕之北郊、翟縣之郊謂賊為虔。晉魏河內之北謂㦖曰殘，楚謂之貪，南楚江湘之間謂之欺。」

　　卷三（24）：「虔、散，殺也。東齊曰散，青徐淮楚之間曰虔。」

　　卷一說「虔」作「殺」講，見於「秦晉之北鄙、燕之北郊、翟縣之郊」。根據《方言地理名詞釋》，《方言》的「秦」大致包括今陝西、四川以及甘肅東部，「晉」大致包括今山西省西南為中心的狹小地區，「燕」大致包括薊在內的漢代廣陽郡以及周圍的部分地區，「翟縣」為漢置，治所在今山西黎城西南。

　　卷三說「虔」作「殺」講，見於「青徐淮楚之間」。根據《方言地理名詞釋》，「青徐淮楚之間」的「青」包括今山東北部和東部，「徐」包括今山東的南部、安徽和江蘇的北部地方，「楚」主要包括以郢都為中心的江漢平原及其周圍的地區，「淮」《名詞釋》未作為一個條目收錄。

　　將這兩處「虔」的使用地域聯繫起來看，在地域上基本沒有重合。所以卷一說「虔」見於「秦晉之北鄙、燕之北郊、翟縣之郊」，並不是說它在「青徐淮楚之間」就不出現；同樣地，卷三說「虔」見於「青徐淮楚之間」，並不是說它在「秦晉之北鄙、燕之北郊、翟縣之郊」就不出現。

（二）「攓」字的重複解釋。

　　卷一（29）：「撏、攓、摭、挻，取也。南楚曰攓，陳宋之間曰摭，衛魯揚徐荊衡之郊曰撏。自關而西秦晉之間凡取物而逆謂之籑，楚部或謂之挻。」

　　卷十（17）：「攓，取也。楚謂之攓。」

　　卷一說，「攓」作「取」講，見於「南楚」。根據《方言地理名詞釋》，《方言》的「南楚」主要在今湖南，也包括湖北長江以南以及廣東和廣西北部的部分地區。卷十說，「攓」作「取」講，見於「楚」。上文提到，「楚」主要包括以郢都為中心的江漢平原及其周圍的地區。

　　將這兩處「攓」的使用地域聯繫起來看，地域儘管都在「楚」，但是一個是「南楚」，地域靠南，範圍要小；一個是「楚」，地域要大。南楚和楚，地域上肯定有重合的部分，但無疑有不同。所以卷一說「攓」見於「南楚」，並不是說它在南楚之外的其他楚地不出現。

（三）「憮、俺、憐」字的重複解釋。

　　卷一（6）：「憮、俺、憐、牟，愛也。韓鄭曰憮，晉衛曰俺，汝潁之間

曰憐，宋魯之間曰牟，或曰憐。憐，通語也。」

又（17）：「亟、憐、憮、俺，愛也。東齊海岱之間曰亟，自關而西秦晉之間凡相敬愛謂之亟，陳楚江淮之間曰憐，宋衛邠陶之間曰憮，或曰俺。」

這裏有幾個詞重複注釋，但涵蓋的地域不完全一致。先說「憮」字。「憮」一處說是「韓鄭」的用法，根據《方言地理名詞釋》，《方言》的「韓」代表戰國時韓國的西部領土，「鄭」大致包括今河南中部一帶。一處說是「宋衛邠陶之間」，根據《方言地理名詞釋》，「宋」大致包括以今商丘市為中心的河南東部以及山東西南、江蘇西北和安徽北部的部分地區，「衛」包括今河南北部以及河北南部山東西部一帶，「邠」在今山西旬邑縣西，「陶」在漢代的定陶，今山東定陶。卷一一處說「憮」作「愛」講見於「韓鄭」，並不是說它在「宋衛邠陶之間」就不出現；另一處說見於「宋衛邠陶之間」，並不是說它在「韓鄭」就不出現。

再說「俺」字。一處說「晉衛」的用法。根據《方言地理名詞釋》，「晉」大致包括今山西省西南為中心的狹小地區，「衛」包括今河南北部以及河北南部山東西部一帶。一處說是「宋衛邠陶之間」的用法。這兩處提到的地域是不同的。一處說見於「晉衛」，並不是說它在「宋衛邠陶之間」不出現；另一處說見於「宋衛邠陶」，並不是說它在「晉衛」不出現。

後說「憐」字。一處說「通語也」，則是指當時的共同語；又說是「汝潁之間」，根據《方言地理名詞釋》，「汝」即汝水，也就是今河南境內的北汝河、南汝河、洪河，「潁」即潁水，「汝潁」流域主要在漢代的潁川、汝南兩郡，在《方言》中屬於北楚，與鄭、韓接界。另一處說是「陳楚江淮之間」的用法。根據《方言地理名詞釋》，「陳」包括以今淮陽為中心的河南東部、安徽北部的部分地區，「楚」主要包括以郢都為中心的江漢平原及其周圍的地區，「江淮」主要指西漢時淮南國中的九江郡和衡山郡，中心城市是今壽春、合肥。這兩處的說法，其中一處說是「通語」，見於「汝潁之間」，並不是說它在「陳楚江淮之間」就不使用；另一處說見於「陳楚江淮之間」，並不是說它在「通語」和「汝潁之間」就不用。

（四）「逞、苦」的重複解釋。

卷二（15）：「逞、苦、了，快也。自山而東或曰逞，楚曰苦，秦曰了。」

卷三（13）：「逞、曉、恔、苦，快也。自關而東或曰曉，或曰逞。江淮陳楚之間曰逞，宋鄭周洛韓魏之間曰苦，東齊海岱之間曰恔，自關而西曰快。」

根據有人的意見，這兩個「快」意思可能稍有區別，前者多指快樂、快意，後者多指明快，但是二義相通。不過，這很難視為定論。即使只是相通也不要緊，二義的差別也是極其細微的。

先說「逞」。卷一說「逞」見於「自山而東」，卷三說見於「自關而東」，又見於「江淮陳楚之間」。「自山而東」可以理解為「自關而東」。但是「江淮陳楚」不見於卷一。「江淮陳楚」所指區域，可參「三」。可見卷一所說「逞」見於「自山而東」，並不是說它在「江淮陳楚之間」就不用。

再說「苦」。卷一說「苦」見於「楚」。卷三說見於「宋鄭周洛韓魏之間」。根據《方言地理名詞釋》，「宋」大致包括以今商丘市為中心的河南東部以及山東西南、江蘇西北和安徽北部的部分地區，「鄭」大致包括今河南中部一帶，「周」即東周時的首都洛陽及周圍的狹小地區，「洛」的意思跟「周」差不多，「韓」代表戰國時韓國的西部領土，「魏」指以大樑（今河南開封）為中心的地區。可見，卷一說「苦」見於「楚」，並不是說「宋鄭周洛韓魏之間」就不使用；卷三說「苦」見於「宋鄭周洛韓魏之間」，並不是說「楚」就不使用。

（五）「徦」的重複解釋。

卷一（13）：「假、徦、懷、摧、詹、戾、艐，至也。邠唐冀兗之間曰假，或曰徦。齊楚之會郊或曰懷。摧、詹、戾，楚語也。艐，宋語也。皆古

雅之別語也，今則或同。」

又（27）：「躐、郅、跂、佫、躋、躐，登也。自關而西秦晉之間曰躐，東齊海岱之間謂之躋，魯衛曰郅，梁益之間曰佫，或曰跂。」郭璞注「佫」：「格亦訓來。」

卷二（13）：「儀、佫，來也。陳潁之間曰儀，自關而東周鄭之郊齊魯之間或謂佫曰懷。」（按，有脫文，但意思應該是指：有用「佫」的，有用「懷」的）

解釋的詞一處路用「至」，一處用「登」，一處用「來」，表面上差得遠，實際上這裏的「佫」意思是一樣的，或者說是極近的。

先說「佫」。卷一說「佫」見於「邠唐冀兗之間」和「梁益之間」。根據《方言地理名詞釋》，「邠」在今山西旬邑縣西，「唐」在今山西翼城縣西，「冀」大致相當於今山西、河北兩省的中部和南部，「兗」包括今山東西部、河南北部以及河北東部的部分地區，「梁」指梁州，即今秦嶺以南、金沙江以北的地區，主要包括今四川、陝南一帶，「益」兼有西夷和南夷、滇部分地區。卷二說見於「自關而東周鄭之郊齊魯之間」，根據《方言地理名詞釋》，「自關而東」指函谷關或今潼關以東地區，「周」即東周時的首都洛陽及周圍的狹小地區，「鄭」大致包括今河南中部一帶，「齊」包括今山東北部（不含膠東半島）和河北東南部，「魯」包括以曲阜為中心的泰山以南今山東西南的汶、泗、沂、沭流域。

可見，卷一說「佫」見於「邠唐冀兗之間」，並不是說「梁益之間」和「自關而東周鄭之郊齊魯之間」就不使用；說見於「梁益之間」，並不是說「邠唐冀兗之間」和「自關而東周鄭之郊齊魯之間」就不使用；卷二說見於「自關而東周鄭之郊齊魯之間」，並不是說「邠唐冀兗之間」和「梁益之間」就不使用。

再說「懷」。卷一說「懷」見於「齊楚之會郊」，卷二說見於「自關而東周鄭之郊齊魯之間」，所指的區域顯然有不同。這裏的「會郊」，郭璞注釋說：「兩境之間。」因此，說見於「齊楚之會郊」，並不是說「自關而東周鄭之郊齊魯之間」就不用它；說見於「自關而東周鄭之郊齊魯之間」，並不

是說「齊楚之會郊」不用它。

（六）「姑」的重複解釋。

卷二（35）：「剋、蹶，獪也。秦晉之間曰獪；楚謂之剋，或曰蹶；楚鄭曰 ，或曰姑。」

卷十（3）：「央亡、嘿屎、姑，獪也。江湘之間或謂之無賴，或謂之〔犬 右〕。凡小兒多詐而獪謂之央亡，或謂之嘿屎，或謂之姑。姑，娗也，或謂之猾。皆通語也。」

卷二說「楚鄭……或曰姑」。「楚」見前。「鄭」大致包括今河南中部一帶。卷十說「江湘之間……或謂之姑」，根據《方言地理名詞釋》，「江湘之間」指洞庭湖周圍比較狹小的地區。

可見，卷一說「楚鄭……或曰姑」，並不是說「江湘之間」不能這樣用；卷三說「江湘之間」，並不是說「楚鄭」不能這樣用。

（七）「展」的重複解釋。

卷一（20）：「允、訦、恂、展、諒、穆，信也。齊魯之間曰允，燕代東齊曰 ，宋衛汝潁之間曰恂，荊吳淮汭之間曰展。」

卷七（11）：「展、惇，信也。東齊海岱之間曰展，燕曰惇。」

卷一說「展」作「信」講見於「荊吳淮汭之間」，根據《方言地理名詞釋》，「吳」指今江蘇大部和安徽、浙江的部分地區；卷七說見於「東齊海岱之間」，根據《方言地理名詞釋》，「東齊」指今膠東半島一帶，「海岱」指從黃海到泰山南麓包括淮泗在內的廣大地區。

卷一說見於「荊吳淮汭之間」，並不是說「東齊海岱之間」不能用「展」，卷三說「東齊海岱之間」，並不是說「荊吳淮汭之間」不用「展」。

（八）「逴」的重複解釋。

卷二（12）：「逴……自關而西秦晉之間凡蹇者或謂之逴，體而偏長短亦謂之逴。」郭注前一「逴」：「行略逴也。」

卷六（12）：「逴、騷……蹇也。吳楚偏蹇曰騷，齊楚晉曰逴。」郭注：「行略逴也。」

這裏「逴」都是「行略逴」的意思，卷二說見於「自關而西秦晉之間」，卷六說見於「齊楚晉」，所指地域重合的少。因此，說見於「自關而西秦晉之間」，並不排斥「齊楚晉」使用此詞；說見於「齊楚晉」，也不排斥「自關而西秦晉之間」也用。

（九）「悼」的重複注釋。

卷一（7）：「悼……哀也。齊魯之間曰矜，陳楚之間曰悼……秦晉之間或曰矜，或曰悼。」

又（9）：「悼、惄、悴、憖，傷也。自關而東汝潁陳楚之間通語也。汝謂之惄，秦謂之悼，宋謂之悴，楚潁之間謂之憖。」這裏「哀」和「傷」的意思差不多。

一處說「悼」作「哀傷」講見於「陳楚之間」和「秦晉之間」，一處說見於「秦」。這裏頭當然有地域重合的部分，但是更主要的是不同，即便是「秦晉之間」也跟「秦」不同。因此說「悼」作「哀傷」講見於「陳楚之間」和「秦晉之間」，不排斥它在「秦」使用；說見於「秦」，也不排斥它在「陳楚之間」和「秦晉之間」使用。

（十）「緻、裗裾」的重複注釋。

卷四（2）：「襜褕，江淮南楚謂之褌裕，自關而西謂之襜褕，其短者謂

之裋褕。以布而無緣、敝而紩之謂之襤褸。自關而西謂之袚褸，其敝者謂之紩。」

又（34）：「襜褸謂之襱。繄絡謂之桓。楚謂無緣之衣曰襤，紩衣謂之褸，秦謂之紩。自關而西秦晉之間無緣之衣謂之袚褸。」

先說「紩」。卷四一處說「紩」見於「自關而西」，一處說見於「秦」。根據《方言地理名詞釋》，「自關而西」指函谷關或今潼關以西地區，「秦」包括今陝西、四川以及甘肅東部。這兩處的地名不可能完全一致。因此說見於「自關而西」，不排斥更大的範圍「秦」使用它。

再說「袚褸」。卷四一處說「袚褸」見於「自關而西」，一處說見於「自關而西秦晉之間」。這裏的問題是後面一處除了「自關而西」跟另一處相同，還包括「秦晉之間」。「晉」在函谷關以東。因此，說見於「自關而西」，不排除「晉」部分地方使用它；說見於「秦晉之間」，不排除「自關而西」使用它。

（十一）「甄」的重複注釋。

卷五（10）：「甄……自關而西晉之舊都河汾之間，其大者謂之甄，其中者謂之瓵；自關而東趙魏之郊謂之甕，或謂之罌；東齊海岱之間謂之甕。罌，其通語也。」

又（11）：「罃……周洛韓鄭之間謂之甄，或謂之瓮。」同樣是指「小口罌」，前面說「甄」見於「自關而東趙魏之郊」，後面說見於「周洛韓鄭之間」。

根據《方言地理名詞釋》，「自關而東」指函谷關或今潼關以東地區，「趙」主要包括今河北南部和山西東部一帶，「魏」指以大樑（今河南開封）為中心的地區。「周」即東周時的首都洛陽及周圍的狹小地區，「洛」的意思跟「周」差不多，「韓」代表戰國時韓國的西部領土，「鄭」大致包括今河南中部一帶。因此，說見於「自關而東趙魏之郊」，並不是說「周洛韓鄭之間」就不用；說見於「周洛韓鄭之間」，也不是說「自關而東趙魏之郊」

不用「甄」。

（十二）「怒、慎」的重複注釋。

　　卷一（10）：「慎、濟、暜、怒、濕、桓，憂也。宋衛或謂之慎，或曰暜。陳楚或曰濕，或曰濟。自關而西秦晉之間或曰怒，或曰濕。自關而西秦晉之間凡志而不得、欲而不獲、高而有墜、得而中亡謂之濕，或謂之怒。」

　　又（11）：「鬱悠、懷、怒、惟、慮、願、念、靖、慎，思也。晉宋衛魯之間謂之鬱悠。惟，凡思也。慮，謀思也。願，欲思也。念，常思也。東齊海岱之間曰靖，秦晉或曰慎。凡思之貌亦曰慎，或曰怒。」

　　先說「怒」。同樣是表示「憂傷」的意思，一處說「怒」見於「自關而東」，一處說見於「東齊海岱之間」和「秦晉」，另外，卷一（8）：「喧、唏、惟忄、怛，痛也。凡哀泣而不止曰喧，哀而不泣曰唏。于方：則楚言哀曰唏，燕之外鄙朝鮮洌水之間少兒泣而不止曰喧。自關而西秦晉之間凡大人少兒泣而不止謂之唴，哭極音絕亦謂之唴。平原謂啼極無聲謂之唴 。楚謂之噭咷。齊宋之間謂之喑，或謂之怒。」這是說見於「齊宋之間」。卷一（9）：「怒，傷也……汝謂之怒。」這是說見於汝水一帶。根據《方言地理名詞釋》，「自關而東」指函谷關或今潼關以東地區，「東齊」指今膠東半島一帶，「海岱」指從黃海到泰山南麓包括淮泗在內的廣大地區，「秦」大致包括今陝西、四川以及甘肅東部，「晉」大致包括今山西省西南為中心的狹小地區，「齊」包括今山東北部（不含膠東半島）和河北東南部，「宋」大致包括以今商丘市為中心的河南東部以及山東西南、江蘇西北和安徽北部的部分地區，「汝」即汝水，包括今河南境內的北汝河、南汝河、洪河。

　　這裏，「自關而東」、「東齊海岱之間」、「秦晉」、「齊宋之間」、「汝」，都不具有包含或重疊的關係。說見於其中的一處，並不排斥見於另外三處。

　　再說「慎」。同樣表示「憂傷」的意思，一處說「慎」見於「宋衛」，一處說見於「東齊海岱之間」和「秦晉」。這裏說見於「宋衛」，並不是說

「東齊海岱之間」和「秦晉」就不用；說見於「東齊海岱之間」和「秦晉」，並不是說「宋衛」就不用。

可見，《方言》中說表達某一個概念，某地用某詞，並不是說只有某地用某詞，其它的地域不用該詞。揚雄只是據實記錄他的見聞，不是在作出全面調查，不是在知道了某詞只有某地用而別的地方不用之後，才寫上某詞見於某地。換句話說，《方言》中某詞見於某地，並沒有暗含不見於其它地域的意思；《方言》中的很多方言詞不能作為某一個地域獨有而為其它地域所無的用詞。

將這一點解釋出來很重要，因為它牽涉到如何利用《方言》研究秦漢時期的方言區劃、方言之間的語音對應和詞彙史等重要問題。因此本文不揣冒昧，作如上揭示，以求教於語言學界。

*本文初稿寫成後，蒙劉勳甯、王洪君、李小凡、葉文曦、汪鋒等先生提出寶貴的修改意見，謹致謝忱！

《三國志》稱引《尚書》考論

董廣偉[*]

　　《尚書》「宣王道之正義，發話言於臣下」[1]，是歷代統治者都必須借鑒的治政大法，但到東漢末年，隨著政權的解紐，群雄混戰，干戈滋擾，中國進入了長期的大動蕩、大混亂時期，在兩漢時紛爭的今、《古文尚書》也隨著今、古文經學地位的變化而發生了轉變，隨著古文經學的被立於官學，《古文尚書》取得了一定的發展。筆者研究陳壽[2]所撰《三國志》及裴注，從其稱引《尚書》的情況來看，發現三國時期仍有不少士人修習、研究過《尚書》，並能對《尚書》熟練運用，以之與現實結合，充分發揮了它的治政功能，在某種程度上承傳了《尚書》的治政傳統。又因三國鼎立，使《尚書》的流傳與致用形成了各自的圈子，各有其特點：魏多主古文，在論事、上疏、製作等政治活動中多借用《尚書》；蜀漢政權則今文、古文《書》學並存，對《尚書》引用治政的比較少，卻多注重《書》之讖緯學；吳地的《尚書》學不僅今古文兼采之，而且還存在著今、古文《書》學之爭。試分論如下：

---

* 曲阜師範大學文學院

1　〔唐〕劉知幾撰，〔清〕浦起龍釋：《史通通釋‧六家》（上海市：上海古籍出版社，1982年）頁2。

2　據《華陽國志》卷十一〈后賢傳〉記載：「陳壽……少受學于散騎常侍譙周，治《尚書》、《三傳》……」據程元敏先生考證，在《三國志》〈后妃傳序〉、〈上諸葛亮集〉及列傳「評曰」中，可得陳壽《書經》說四事。

一　曹魏政權與《書》學之致用

　　東漢末年，軍閥的逞志干戈，不可避免地加速了儒學的衰落，但考察士人的言行及學術情況，可以發現，一直主要在私學裏發展的古文《書》經學卻沒有在戰亂中消失，反而被立於官學，獲得了一定發展和傳播的時機。魏文帝黃初五年立太學於洛陽，置五經博士，單就《尚書》學而言，立官之賈、馬、鄭、王四家《尚書》之學，亦皆主古文。齊王曹芳正始間刊刻的三體石經，亦「以『古文』居上猶經正」。據程元敏先生考證，終其一代三十八家，絕多主古文，且諸家在論事、上疏、製作等政治活動中，多用《尚書》。具體而言，主要體現在以下幾方面：

　　一是荊州官學的建立。作為一方軍閥，劉表並沒有參加當時的混戰，而是保持中立，為戰亂中的人們開闢了一片綠洲，並極力促進儒家思想的教育發展。《三國志·劉表傳》注引《英雄記》：「州界群寇既盡，表乃開立學官，博求儒士，使綦毋闓、宋忠等撰《五經章句》，謂之後定。」[3]這就是有名的荊州官學的建立。這條資料雖極簡單，卻向我們昭示了經學發展的重要里程碑：「從經學發展看，荊州經學堪稱漢魏之際官方經學由今文經變為古文經的轉折點，古文經合法立於官學。」[4]這就為古文經學的迅速發展和傳播開闢了道路，而《古文尚書》也由此取得了發展的契機。如宋忠等人撰寫的《五經章句》就應包含了《尚書》。關於宋忠的資料比較少，但從其所傳授的弟子的記載中，可以看到一些情況。《三國志·尹默傳》中載尹默「益部多貴今文而不崇章句，默知其不博，乃遠遊荊州，從司馬德操、宋仲子等受古學。皆通諸經史」；李譔「父仁，字德賢，與同縣尹默俱遊荊州，從司馬徽、宋忠等學。譔具傳其業，又從默講論義理，五經、諸子，無不該覽……

---

[3]　〔晉〕陳壽撰，〔宋〕裴松之註：《三國志》（北京市：中華書局，1987年）卷6，頁212。下文引用《三國志》不再作註，只在行文中標出卷數。

[4]　王曉毅：《儒釋道與魏晉玄學形成》（北京市：中華書局，2003年）頁47。

著古文《易》、《尚書》、《毛詩》、《三禮》、《左氏傳》、《太玄指歸》，皆依準賈、馬，異於鄭玄」；王肅亦從宋忠學，「善賈、馬之學……采會異同，為《尚書》、《詩》、《論語》、《三禮》、《左氏解》，皆列於學官」，可知這三人對《古文尚書》都應有一定的研究，則宋忠等人所傳授的五經就應包含了古文《易》、《尚書》、《左氏春秋》等內容，這就在一定程度上保持了《古文尚書》等的傳授與傳播，促進了它的發展。

二是曹魏統治者對《尚書》比較重視並能熟練運用其語匯。比如曹操，儘管其政治思想來源比較多樣化，甚而一直有「魏武好法術，而天下貴刑名」[5]之說，然裴松之引《魏書》亦言「以能明古學，復徵拜議郎」，這裏古學應指古文經學。他不但能熟練引用經書中的語句，對子女也同樣重視經學教育。如文帝曹丕在《典論·自序》中就言「余是以少誦《詩》、《論》，及長而備歷五經、四部，《史》、《漢》、諸子百家之言，靡不畢覽」，這裏「五經」的學習中已包含了《尚書》，而在他本人的文章或詔書中，亦多次引用《尚書》，如「桓、靈之間，有虎賁王越善斯術，稱於京師」，「虎賁」語出《尚書·立政》：「王左右常伯、常任、準人、綴衣、虎賁。」在關於禪代之事的上書中，又有「且聞堯禪重華……舜授文命」，語出《尚書·大禹謨》「大禹曰文命，敷於四海」；「舜之命禹，告功」，語出《尚書·禹貢》「禹錫玄圭，告厥成功」；「臣聞舜有賓於四門之助，乃受禪於陶唐」，語出《尚書·舜典》「賓於四門，四門穆穆」等等，可見曹丕對《尚書》是極為熟悉並能熟練運用其中的語匯的。同樣，曹植雖只言其「誦讀《詩》、《論》及辭賦數十萬言」，但從他文章中可以看到，他對《尚書》同樣熟悉，如在其上疏陳審舉之義的文中言「曰：『有不世之君，必能用不世之臣；用不世之臣，必能立不世之功』」，「《書》稱『無曠庶官』」等；在為文帝誄中又言「望祭四嶽，燎封奉柴」，語出《尚書·舜典》「歲二月，東巡守，至於岱宗，柴。望秩於山川」等等，則可知曹植同樣修習過《尚書》；曹操還曾明

---

5 〔唐〕房玄齡等：《晉書》（北京市：中華書局，1996年）卷47〈傅玄傳〉，頁1317。下文引用《晉書》不再作註，只在行文中標出卷數。

確地要求好勇武喜騎馬擊劍的兒子曹彰「讀《詩》、《書》」，由此可知，儘管曹操重視刑名法術，但作為儒家經典的《尚書》仍是其要求子弟必讀的基本典籍，這反映了統治者對儒家學說的看重和對儒學素養的重視，體現了儒學為政的思想。

就是基於這種思想的指導，統治者才在戰亂中不斷地下詔書要求尊儒貴學，進行五經課試，終致在太學門外刊刻石經。裴松之引《文章敘錄》談邯鄲淳書法時，曾言「至正始中，立三字石經」[6]，而盧弼認為，魏正始年間刊刻三體石經，包括《尚書》、《春秋》、《左氏傳》等，這就為《尚書》的傳播和學習確立了官方的版本，可知《尚書》之被重視的程度。而齊王芳在正始五年（西元244年）時「講《尚書》經通」，則知《尚書》確實是統治者必修的經學科目。同樣的情況也發生在高貴鄉公身上，「講《尚書》業終，賜執經親授者司空鄭沖、侍中鄭小同等各有差」，並幸太學與庾峻討論《尚書》，《晉書‧庾峻傳》言「峻援引師說，發明經旨，申暢疑滯，對答詳悉」，而《三國志》詳細記載了高貴鄉公與庾峻的對答。高貴鄉公所習鄭學是古文經學，而庾峻持王肅學，也屬古文經，則知當時是古文經占據了統治地位，而《尚書》因其有為世教的特點受到了統治者的充分重視，不但修習，並立於官學，為博士所習，如前述王肅所著《尚書》、《詩》等均立於學官，就是一例。盧弼《三國志集解》引馬國翰言「肅注在魏立學，頗著盛名」，庾峻等人就已修習其學了，這就在一定程度上擴大了它的影響。

三是士大夫們對《尚書》的重視與運用。儘管戰亂及社會的動盪使得士人到處逃避，難以有充裕的時間進行學術研究，但他們對經學的注重卻從未停止。荀彧就曾勸曹操「考論六經，刊定傳記，存古今之學，除其煩重，以一聖真」，其他如袁渙、華歆、王昶、劉馥等人都提出了類似的建議，表達了他們對儒學衰落的哀痛和對振興經典的期望。同時他們也在生活中身體力行，修習典謨並加以運用。如鍾繇審毛玠引用《尚書》：「《書》云：『左不共左，右不共右，予則孥戮女。』」語出《尚書‧甘誓》「左不攻於左，汝不

6　盧弼：《三國志集解》（北京市：中華書局，2006年）頁135～136。

恭命；右不攻於右，汝不恭命……用命，賞於祖；弗用命，戮於社，予則孥戮汝」；「急恆寒若，舒恆燠若」，語出《尚書‧洪範》「曰豫，恆燠若；曰急，恆寒若」等，可知他對《尚書》是很熟悉的。鍾繇曾與嚴幹論《左傳》與《公羊傳》，「謂左氏為太官，而謂《公羊》為賣餅家，故數與幹共辨析長短」，則鍾繇屬於古文經學派，其子鍾會承襲家學，「年四歲受《孝經》，七歲誦《論語》，八歲誦《詩》，十歲誦《尚書》……」，則《尚書》仍是必修的典籍。又如王朗，「以通經，拜郎中」，「師太尉楊賜」，楊賜祖楊震精研《歐陽尚書》，屬今文經學派，但楊賜已轉為古文經學派，學術視野擴大了，是知王朗對《尚書》應有所學習。王朗在與許靖信中言「《書》曰『人惟求舊』」，語出《尚書‧盤庚上》「遲任有言曰『人惟求舊，器非求舊，惟新』」；「深思《書》、《易》之義，利結分於宿好」；又曰「過聞『受終於文祖』之言於《尚書》」，語出《尚書‧舜典》「正月上日，受終于文祖」等等，可見王朗對《尚書》是很熟悉的。其他如蔣濟，對文帝講「夫『作威作福』，《書》之明誡」，語出《尚書‧洪範》「臣無有作福作威玉食。臣之有作福作威玉食，其害于而家，凶于而國」；杜恕上疏談考課，引「《書》稱『明試以功，三考黜陟』」，語出《尚書‧舜典》「敷奏以言，明試以功……三載考績，三考，黜陟幽明」；「唐、虞之君，委任稷、契、夔、龍而責成功，及其罪也，殛鯀而放四凶」，語出《尚書‧舜典》「流共工于幽州，放驩兜于崇山，竄三苗于三危，殛鯀于羽山，四罪而天下咸服」；陳群議復肉刑，「《書》曰『惟敬五刑，以成三德』」「出自《尚書‧呂刑》「惟敬五刑，以成三德」；崔琰師從鄭玄，針對曹丕田獵無度的情況諫文帝，「蓋聞盤於遊田，《書》之所戒」，語出《尚書‧無逸》「周公曰『……文王不敢盤于遊田，以庶邦惟正之供』」；王粲亦曾赴荊州依劉表，《三國志》稱其「著詩、賦、論、議垂六十篇」，而盧弼在《三國志集解》中補記王粲尚有《尚書釋問》四卷；盧毓父親盧植曾師從馬融，有《尚書章句》，曹操稱其「學為儒宗」；盧毓亦以學行見稱，在討論士亡法時，引用《尚書》，「《書》云『與其殺不辜，寧失不經』」，可知對《尚書》是很熟悉的；邯鄲淳被列為儒宗，曾用古文字體書寫《尚書》，裴松之引《文章敘錄》言「魏初傳古文

者，出於邯鄲淳。敬侯寫淳《尚書》，後以示淳，而淳不別。至正始中……轉失淳法」等等。

另有一些士人因戰亂不斷，避亂隱居，以吟詠《詩》、《書》等為樂，並教授生徒，在其所能及的情況下，影響周圍地區，形成良好的儒學範圍。如國淵，曾師事鄭玄，裴松之引《魏書》稱其「篤學好古，在遼東，常講學於山巖，士人多推慕之」，亦屬古文經學派，雖無明文言其對《尚書》的傳習，然從其經歷來看，講授《尚書》是有極大可能的；管寧隱居遼東，「遂講《詩》、《書》，陳俎豆，飾威儀，明禮讓」，擴大了《尚書》的影響；寒貧者，「本姓石，字德林」，從長安宿儒欒文博學習，「門徒數千」，「始精《詩》、《書》」等等。從這些人的經歷來看，雖然儒學的衰落已是無可挽回，但他們自身仍然非常重視對儒家經典的學習，注重加強自身的儒學素養，並盡可能利用機會實行儒家仁政，與民休息，或向周圍的人傳授經典，使「民化其德」，至少在一定區域內推行了儒家的德治思想，其中《尚書》可以說功不可沒，它反映了士人為政的思想。

同時，在古文經立於學官之時，曹魏政權內還有著今文經學的流傳，其代表人物是高堂隆，他是漢儒高堂生的後代，可謂是家學淵源。高堂隆很注意引用《尚書》中的話來勸諫統治者，如明帝即位之初，大臣提出要慶祝一下，高堂隆引〈舜典〉加以反對，「唐、虞有遏密之哀」，語出《尚書·舜典》「帝乃殂落。百姓如喪考妣，三載，四海遏密八音」；青龍年間，明帝大建宮室，並要把長安大鐘取來，高堂隆又引《尚書》勸諫，「故《簫韶》九成，鳳皇來儀」，語出《尚書·益稷》「《簫韶》九成，鳳凰來儀」；針對冀州大水，高堂隆又上疏諫：「使鯀治之，績用不成，乃舉文命，隨山刊木」，語出《尚書·大禹謨》和《尚書·禹貢》「大禹曰文命」，「禹敷土，隨山刊木」；病重時仍憂社稷，上疏中言「玉衡曜精」，語出《尚書·舜典》「璿璣玉衡，以齊七政」，「鹿臺之金，巨橋之粟」，語出《尚書·武成》「散鹿臺之財，發巨橋之粟」等。今文經學多信讖緯之學，而高堂隆也利用此點來震懾皇帝，試圖達到勸諫的目的，如趁「有星孛於大辰」的時機，高堂隆諫「《書》曰『天聰明自我民聰明，天明畏自我民明威』」，語出《尚書·皋

陶謨》:「天聰明,自我民聰明。天明畏,自我民明威,達于上下,敬哉有土。」警告皇帝不要漠視民意。儘管其勸諫未能真正起到作用,但從中我們可以看到《尚書》中的儒家仁政思想是這些經學家們所推崇並力圖施之實踐的,它對緩和社會矛盾有一定作用。

從上述三方面所引《尚書》的情況來看,由於動蕩時代的特點,真正研究《尚書》的學者並不很多,但學習過《尚書》的士人卻是很多的,這一方面是受傳統儒家思想慣性的影響,儘管「綱紀既衰,儒道尤甚」,不少人「師商、韓而上法術,競以儒家為迂闊,不周世用」,但士人家族往往注重加強儒家修養,甚或承繼家學;另一方面也是認為儒家思想的確是治世的良藥,雖說是「治定之化,以禮為首。撥亂之政,以刑為先」,然在許多士人眼中,推行仁政,以德治國才是根本,因此在儒家經典中最具政治文化色彩的《尚書》以其所包含的三代政治、軍事、文化、典章制度等豐富的內容而成為統治者施政或士人發表政治見解、進行建議或勸諫時的重要參考書或徵引對象,則《尚書》成為他們的修習基本典籍也就是必然了。主要有這麼幾點:

首先是給統治者提供對政事或制度的歷史借鑒。如文帝禪代之時,回答許芝的上書言「公旦履天子之籍,聽天下之斷,終然復子明辟,《書》美其人」,語出《尚書‧洛誥》「周公拜手稽首曰『朕復子明辟』」,意即要仿效周公,把執政大權仍還給皇上;辛毗等人上奏中有言「神明之意,候望禋享」,語出《尚書‧舜典》「禋于六宗」,意為勸曹丕像舜一樣登上帝位,神明都等著祭祀了;獻帝詔書「釐降二女,以嬪於魏」,語出《尚書‧堯典》「釐降二女于媯汭,嬪于虞」,意為要襲唐、虞禪代故事;曹丕借堯、舜事假意推辭,言「故堯將禪舜,納于大麓,舜之命禹,玄圭告功;烈風不迷,九州攸平,詢事考言,然後乃命」,分別出自《尚書‧舜典》和《尚書‧禹貢》「納于大麓,烈風雷雨弗迷。帝曰『格!汝舜。詢事考言』」和「禹錫玄圭,告厥成功」;董卓謀廢少帝,盧植以伊尹放太甲為例,提出反對,說「案《尚書》太甲既立不明,伊尹放之桐宮」,語出《尚書‧太甲上》「王克未變。伊尹曰『茲乃不義,習與性成,予弗狎于弗順。營于桐宮』」;獻帝死

了，明帝曹睿在詔書中言「《書》曰『前人受命，茲不忘大功』」，語出《尚書·大誥》：「敷前人受命，茲不忘大功！」借周公的例子表示政權禪讓的合理性等等。類似的例子不再枚舉，可知《尚書》中所記事例對現實生活是一個借鑒，它為統治者提供了很好的口實和榜樣。

其次，充分體現了《尚書》長於治政的特點。如何晏上書齊王芳要帝王慎選大臣，引《尚書》言「舜戒禹曰『鄰哉鄰哉』，言慎所近也，周公戒成王曰『其朋其朋』，言慎所與也」，語出《尚書·益稷》和《尚書·洛誥》等篇：「帝曰『吁！臣哉鄰哉，鄰哉臣哉』」；「周公曰『……孺子其朋，孺子其朋，其往』」；高貴鄉公表示要愛護民眾，言「《書》不云乎『安民則惠，黎民懷之』」，出自《尚書·皋陶謨》；鍾繇在提議恢復古代肉刑時，言「《書》云『皇帝清問下民，鰥寡有辭於苗』」，語出《尚書·呂刑》，希望能減輕民怨，減輕刑罰；王朗上疏勸育民省刑，稱「《書》著祥刑，一人有慶，兆民賴之」，語出《尚書·呂刑》「惟敬五刑，以成三德。一人有慶，兆民賴之，其寧惟永」，就是希望能慎刑罰，以達到國家的長治久安；另有前引崔琰諫文帝之辭，杜恕談考課以選拔真正的人才等等，均是從如何才能更好地治理國家的目的出發，可見《尚書》在他們的心目中確是治政之統治大法。

再者是貫徹儒家的仁政思想。如鍾繇、王朗、陳群等人對古代肉刑的探討，體現了他們崇德布化以德治國的思想；裴注引袁宏言「《書》曰『百姓不親，五品不遜。汝作司徒而敬敷五教。蠻夷猾夏，寇賊奸宄。汝作士，五刑有服』」，語出《尚書·舜典》：「帝曰：『契，百姓不親，五品不遜，汝作司徒，敬敷五教，在寬。』帝曰：『皋陶，蠻夷猾夏，寇賊奸宄。汝作士，五刑有服。』」同樣強調了要先施行德化以教導民心，合理施用刑罰；高柔引《尚書》為公孫晃說情「《書》稱『用罪伐厥死，用德彰厥善』」，就在於強調用刑要彰顯德治；鍾毓就曹爽發兵征蜀事言「誠以干戚可以服有苗」，語出《尚書·大禹謨》，反映了施文教德行的觀點；還有高堂隆等人的勸諫等等，可見在當時士人的心目中，《尚書》中所記載的仁政思想對加強統治、鞏固政權有極大的作用，雖然「亂世尚功能」，但在士大夫看來，儒家

的德治更加具有嚮往力，更適合社會的需要。士人的勸諫在當時所起的作用似乎並不很大，它挽救不了儒學衰退的現實，但《尚書》「明盛德之源流」的作用卻是得到了大家的認可，這也是《尚書》在當時仍得以廣泛流傳的一個重要因素吧！

二　蜀漢政權與《書》學之流布

　　蜀漢政權雖偏於一隅，經學卻也有一席之地。自東漢末年以來，隨著僑寓人士的增加，經學也有了一定的進展。由於蜀漢政權是由土著人士和僑寓人士兩類構成，經學學者自然也就由這兩方人士構成。故單就《尚書》之學而言，在蜀漢政權存續的四十二年間，蜀地今文、古文《書》學並存，何隨治今文歐陽之《尚書》，周巨、何宗、杜微、高玩等治今文大夏侯之《尚書》；而伊墨、伊宗父子及李仁、李譔父子傳荊州宋衷、司馬徽之《古文尚書》，譙周、陳壽一脈亦主古文之學。具體來看：

　　首先，《古文尚書》的應用比較廣泛。隨著外來學者的寓住，《古文尚書》開始發展起來。如劉焉，本為漢魯恭王的後裔，而魯恭王曾因拆孔子壁發現了一批古文經典，其中就有《古文尚書》，史載劉焉「積學教授，舉賢良方正」，則其承繼家學是有極大可能的。張璠批評劉焉的兒子劉璋「斯亦宋襄公、徐偃王之徒」，可知劉氏父子拘泥於儒家教條，是持儒家思想的。這對當時蜀漢地區的經學發展不無益處。但對其在《尚書》方面是否有研究，史未明載。劉備，雖統治思想多樣，但也曾受學於盧植，對儒學還是有一定瞭解的，在稱漢中王時，給漢帝的表中，提到「今臣群僚以為在昔〈虞書〉敦敘九族，庶明勵翼」，出自《尚書·皋陶謨》「惇敘九族，庶明勵翼」，表示了任漢中王的必要性；勉勵許靖「汝作司徒，其敬敷五教，在寬」，語出《尚書·舜典》，反映了對儒家倫理思想的贊許和對許靖的期許；諸葛亮曾遊學於荊州，與司馬德操等人關係極好，是知他對儒家經典極為通曉。如他在所作《正議》中言「縱使二三子多逞蘇、張詭靡之說，奉進驩兜滔天之辭」，語出《尚書·堯典》：「驩兜曰：『都！共工方鳩僝功。』帝

曰:『吁!靜言庸違,象恭滔天。』」表達了對曹魏政權大臣勸說他的蔑視;史載許慈善鄭氏學,治《易》、《尚書》、《三禮》、《毛詩》、《論語》,有利於《尚書》在蜀的流傳;另有前已提到的尹默、李譔等都對《古文尚書》有比較深的研究;再如郤正,史載其博覽墳籍,在他所作《釋譏》中,提到「九考不移,有入無出」,語出《尚書・舜典》:「三載考績,三考,黜陟幽明」,裴注釋為「九考則二十七年」,則其對《尚書》應有一定瞭解;《三國志》並載秦宓推薦儒士任安,引《尚書》言「故《書》美黃髮,而《易》稱顏淵」,語出《尚書・秦誓》「尚猷詢茲黃髮,則罔所愆」,表達了對儒者的尊重等等。從這些事例可以看出,《尚書》在蜀漢政權的發展弱於曹魏,但還是有不少士人對之比較熟悉,應是修習過的。

其次,《今文尚書》之學佔有一定地位。巴蜀之地的偏遠使得它和外界的聯繫不是很多,因而學術的進展往往較為緩慢,史稱「益部多貴今文而不崇章句」,說明這裏仍以今文經學為主,對《尚書》的學習和研究也以此為主。如董扶,「兼通數經,善《歐陽尚書》」,又究極圖讖,是今文經學的代表人物,號稱「益部無雙」;另有大儒任安,史稱其「究極圖籍」,「與董扶俱以學行齊聲」,但對《尚書》研究情況如何,不得而知,范曄《後漢書》稱其傳《孟氏易》,從他的學生如杜微、杜瓊等人來看,他對讖緯之學似更有興趣。

事實上,一方面僑寓學者進入蜀地促進了這裏古文經學的發展,另一方面,尹默等人的外出遊學也改變了這裏的學術特點,使得蜀地今、古文經學並存,而今、《古文尚書》均因此得以廣泛流傳。但同時須指出,與曹魏政權不同,這裏對《尚書》的引用,施用於治政的比較少,學者比較注重讖緯之學,這對《尚書》應是一個不利的因素吧!

三 孫吳政權與《尚書》學之流傳

孫吳政權是在得到江東世家大族的支持下建立的,加上戰亂,北方逃亡來的士人也比較多,因此孫吳政權的文化修養相對是比較高的,這就為經學

的發展提供了有利條件。單就《尚書》之學而言，孫吳之地的《尚書》學今古文兼采之，張昭、張紘習今文歐陽之學，陸抗用今文；步騭、劉熙、薛綜用古文；士燮則今古文兼用。試論述如下：

首先，孫吳的統治者十分重視經學典籍，這為《尚書》提供了發展和研究的土壤。如孫策曾想與名儒高岱討論《左傳》，「乃自玩讀，欲與論講」，可知他對儒家經典有一定興趣並有所涉獵。至孫權，對《詩經》、《尚書》等儒家經典就很熟悉了，他曾對呂蒙說：「孤少時歷《詩》、《書》、《禮記》、《左傳》、《國語》，惟不讀《易》。」可知他對《尚書》進行了研讀，如答陸遜關於施德緩刑的建議時言「《書》載『予違汝弼，汝無面從』」，語出《尚書·益稷》「予違汝弼，汝無面從，退有後言」，對陸遜直言給予了鼓勵，表現了納諫的虛心；孫權稱帝後對天下劃分時言「《尚書》有告誓之文」，表達了要和蜀訂立盟約的要求和必要；在收到公孫淵的章表後說「《書》不云乎『一人有慶，兆民賴之』」，語出《尚書·呂刑》，表達了他的喜悅之情；而在赤烏十一年（西元248年）又下詔說「《書》云『雖休勿休』」，希望繼續修身行善等等，可見孫權對《尚書》運用自如。此外，孫權對其子孫登的教育也頗費心，曾配備了諸葛恪、張休、顧譚、陳表等人輔導《詩》、《書》等儒家元典，是知孫登修習過《尚書》；對孫和，以「闞澤為太傅，薛綜為少傅」，這兩人是吳地有名的經學家，孫和「承師涉學」，「講校經義」，在經學上是有一定修養的，薛綜為少傅，而薛綜為《古文尚書》一派，可知孫和曾學習過《古文尚書》。至孫休時，又曾下詔要立五經博士，其本人銳意典籍，自稱「孤之涉學，群書略遍」，則統治者對經學的重視可見一斑，極大地促進了《尚書》等儒家經典的研究與修習。

其次，孫吳修習《尚書》的士人不在少數。如諸葛瑾，「少遊學京師，治《毛詩》、《尚書》、《左氏春秋》」；張紘，師從博士韓宗，「治《京氏易》、歐陽《尚書》，又於外黃從濮陽闓受《韓詩》及《禮記》、《左氏春秋》」，則其對儒家經典修習頗廣；嚴畯，善《詩》、《書》、《三禮》，又好《說文》，與諸葛瑾等齊名；程秉，曾師從鄭玄，後與劉熙考論大義，博通五經，著有《周易摘》、《尚書駁》、《論語弼》，則其對《尚書》應有比較

深的研究；士燮，少遊京師，跟隨經學家劉陶學習，劉陶對《尚書》有深入研究，曾推三家《尚書》及古文，著有《中文尚書》，士燮雖擅長《左氏春秋》，但也兼通古今《尚書》，「大義詳備。聞京師古今之學，是非忿爭，今欲條《左氏》、《尚書》長義上之」，可見對《尚書》有深入的研究；虞翻以研究《易》而負盛名，但裴注又言其曾奏鄭玄解《尚書》違失事目，「伏見故徵士北海鄭玄所註《尚書》，以〈顧命〉康王執瑁，古『月』似『同』，從誤作『同』，既不覺定，復訓為杯，謂之酒杯；……甚違不知蓋闕之義」，則其對《尚書》也有一定研究，並指出鄭玄註釋的錯誤，但其研究似限於字句註釋；陸續，自言幼敦《詩》、《書》，長玩《禮》、《易》，可知《尚書》並不是他的主要研究方向；駱統對《尚書》是否有研究不得而知，但在他針對當時徵役繁重的上書中，引《尚書》言「《書》曰『眾非后無能胥以寧，后非眾無以辟四方』」，則他似乎學習過《尚書》；陸抗在聞聽薛瑩下獄後的上疏中，說「庶政所以敘倫，四門所以穆清」，語出《尚書‧舜典》「賓于四門，四門穆穆」，「或圮族替祀」，語出《尚書‧堯典》「帝曰『吁！咈哉，方命圮族』」，「《書》曰『與其殺不辜，寧失不經』」，「懼非先王之正典，或甫侯之所戒也」，出自《尚書‧呂刑》，是則他對《尚書》是很熟悉的，能運用其中的事例和語彙表達他對有才能之人被殺的悲憤和傷心，並加以勸諫；胡綜對《尚書》應也有所瞭解，如在孫權命其所作的賦中，提到「舜征有苗」，出自《尚書‧大禹謨》「帝乃誕敷文德，舞干羽于兩階。七旬，有苗格」，或「惟時有苗弗率，汝徂征」，或「三旬，苗民逆命」；在給吳質偽造降文中，又言「昔武王伐殷，殷民倒戈」，語出《尚書‧武成》「會于牧野。罔有敵于我師，前徒倒戈，攻于後以北，血流漂杵」，都顯示了此點；賀邵針對孫皓的兇暴，曾上書勸諫，「是以古之人君，揖讓以進賢……譬天位於奔車」，出自《尚書‧五子之歌》「予臨兆民，懍乎若朽索之馭六馬」，「以虎尾為警戒」，出自《尚書‧君牙》「若蹈虎尾，涉于春冰」，「昔高宗佐，夢寐得賢」，語出《尚書‧說命上》「夢帝賚予良弼」，對孫皓的殘暴和對人才的忽視，表示了不滿和痛心，顯示了對《尚書》的熟練；韋曜以善儒學得與史官，在論博弈無益的文中，說「且以西伯之聖，姬

公之才，猶有日昃待旦之勞」，語出《尚書‧無逸》「文王……自朝至於日中昃，不遑暇食，用咸和萬民」等等。

從這些事例中，可以看到吳地研究、學習過《尚書》的學者並不在少數，顯示了他們對儒學修養的注重，同時他們也熟練地運用《尚書》中的事例勸戒帝王，體現了《尚書》為政的功能，在這方面，曹魏與孫吳有著相似的特點。另外，孫吳政權中也存在著今、古文之爭，這從士變的書信中就可以看到，但從總體上講，仍以古文經學為主，顯示了時代的特點。

綜合三國時期關於《尚書》的修習、研究與傳播，可以看到，連綿不斷的戰爭打破了士人正常的生活，致使這一時期真正從事學問研究的人不多，成果也並不突出，但士人們還是注重加強儒學素養，對《尚書》多能熟練運用，以之與現實結合，充分發揮了它的治政功能，提供借鑒，進行勸諫，在某種程度上實現了《尚書》的政治理想。三國的鼎立，又使學術形成了各自的圈子，雖有交流，卻因有著太多的不便而各有特點，這也限制了《尚書》的流傳和學習，是其不利的因素。此外，儒家思想的衰落在某種程度上弱化了《尚書》的修習，也導致了它自身的衰滅。

《五禮通考》徵引《十三經注疏》考異（續）

王鍔[*]

　　前曾撰〈《五禮通考》徵引《十三經注疏》考異〉一文[1]，刊發於《傳統中國研究》第四輯。後在整理《五禮通考》時，又發現十六條，仍以可補苴今本之缺漏者、可訂正今本之訛誤者、為甄別阮刻本《校勘記》提供依據者的次序，條舉如下，供讀者參考。

　　1.《十三經注疏・爾雅注疏》卷四：「謂女子先生為姊，後生為妹。父之姊妹為姑，父之從父晜弟為從祖父，父之從祖晜弟為族父。」[2]

　　案：「族父」下，《通考》卷一百四十三所引有「從祖父之子相謂為從祖晜弟」十二字，並曰：「《通解》、今本皆脫此句。」北大標點本亦脫[3]，當補。

　　2.《十三經注疏・尚書正義》卷十八：「武王既伐東夷，肅慎來賀。王俾榮伯作〈賄肅慎之命〉。」《傳》：「海東諸夷駒麗、扶餘、馯貊之屬。武王克商，皆通道焉。成王即政而叛，王伐而服之，故肅慎氏來賀。」孔穎達《疏》曰：「『成王』至『之命』。成王即政之初，東夷背叛，成王既

---

* 南京師範大學文學院

[1] 王鍔：〈《五禮通考》徵引《十三經注疏》考異〉，《傳統中國研究集刊》第4輯（上海市：上海人民出版社，2008年1月）頁207～215。

[2] 〔清〕阮元校刻：《十三經注疏》附《校勘記》下冊（北京市：中華書局，1983年）頁2592中欄。

[3] 〔晉〕郭璞注，〔宋〕邢昺疏，李傳書整理，徐朝華審定：《爾雅注疏》（北京市：北京大學出版社，1999年）頁117。

伐而服之。」[4]

案：「武王」，《傳》、《疏》均作「成王」，《五禮通考》卷二百二十三所引，亦作「成王」，文淵閣《四庫全書》本《尚書注疏》卷十八同，蓋「武王」係涉《傳》文而訛，「武」乃「成」之誤，北大標點本已改正[5]。黃懷信先生整理本不誤[6]。

又，《傳》「馯貌」，乃「馯貊」之誤。阮元《校勘記》曰：「岳本『貌』作『貊』，貌字誤也。」《五禮通考》卷二百二十三所引亦作「貊」。黃懷信先生整理本不誤。

3. 《十三經注疏‧毛詩正義》卷九——二《詩‧小雅‧常棣》：「儐爾籩豆，飲酒之飫。兄弟既具，和樂且孺。」毛氏《傳》：「儐，陳。飫，私也，不脫屨升堂謂之飫。九族會曰和。孺，屬也。王與親戚燕，則尚毛。」孔穎達《正義》曰：「此章言王者親宗族也。王有大疑非常之事，與宗族私議而圖之，其時則陳列爾王之籩豆，為飲酒之飫禮，以聚兄弟宗族為好焉。……下章云：『妻子合好。』此《傳》曰：『王與族人燕，則尚毛。』以此詩飫燕雜陳，故平箋云：『王與族人燕，則宗婦內宗之屬，亦從后於房中。』是此章之中，兼燕禮矣。」[7]

案：「妻子合好」，《毛詩》經文、《五禮通考》卷一百四十三作「妻子好合」，文淵閣《四庫全書》本《毛詩正義》卷十六同，當乙。「平箋」，《五禮通考》卷一百四十三作「下箋」，文淵閣《四庫全書》本《毛詩正義》卷十六同，「平」乃「下」之形誤。北大標點本已改正[8]。

---

4 《十三經注疏》附《校勘記》上冊，頁 236 中欄。

5 〔漢〕孔安國傳，〔唐〕孔穎達疏，廖明春、陳明整理，呂紹綱審定：《尚書正義》（北京市：北京大學出版社，1999 年）頁 488。

6 〔漢〕孔安國傳，〔唐〕孔穎達疏，黃懷信整理：《尚書正義》（上海市：上海古籍出版社，2007 年）頁 710。

7 《十三經注疏》附《校勘記》上冊，頁 408 下欄。

8 〔漢〕毛亨傳，鄭玄箋，〔唐〕孔穎達疏，龔抗雲、李傳書、胡漸逵整理，蕭永明、夏先培、劉家和審定：《毛詩正義》（北京市：北京大學出版社，1999 年）中冊，頁 573。

4.《十三經注疏·毛詩正義》卷十──二《詩·小雅·采芑》：「方叔涖止，其車三千，師干之試。」《傳》：「方叔，卿士也，受命而為 也。干，杆。試，用也。」[9]

案：「干，杆」之「杆」，《五禮通考》卷二百四十一作「扞」，文淵閣《四庫全書》本《毛詩正義》卷十七同，「杆」乃「扞」之形誤。北大標點本已改正[10]。

5.《十三經注疏·毛詩正義》卷一六──二《詩·大雅·綿》：「迺立皋門，皋門有伉。」毛亨《傳》：「王之郭門曰皋門。」鄭玄《箋》：「諸侯之宮，外門曰皋門，朝門曰應門，內有路門。天子之宮，加以庫雉。」孔穎達《正義》：「〈明堂位〉云：『庫門，天子皋門。雉門，天子應門。』是則名之曰庫、雉，制之如皋、應。……衛亦有庫門者，《家語》言多不經，未可據信，或以康叔賢，亦蒙**襃當**故也。」[11]

案：「襃當」，北大標點本同[12]；《五禮通考》卷一百三十一引作「襃賞」，文淵閣《四庫全書》本《毛詩正義》卷二十三同，「當」乃「賞」之形誤。

6.《十三經注疏·毛詩正義》卷一七──二《詩·大雅·行葦》：「肆筵設席，授几有緝御。或獻或酢，洗爵奠斝。醓醢以薦，或燔或炙。嘉殽脾臄，或歌或咢。」毛氏《傳》：「設席，重席也。歌者，比於琴瑟也。徒擊鼓曰咢。」孔穎達《正義》：「毛以為乘上肆筵設几之文，更申其事，言正於族人既為肆之筵，上又設重席，其授几之人尊敬老者，則有致敬蹴踖之容。」[13]

案：「乘上肆筵設几之文」，北大標點本同[14]；《通考》卷一百四十三引作

[9]《十三經注疏》附《校勘記》上冊，頁425下欄。

[10]《毛詩正義》中冊，頁641。

[11]《十三經注疏》附《校勘記》上冊，頁511中欄。

[12]《毛詩正義》下冊，頁989～990。

[13]《十三經注疏》附《校勘記》上冊，頁534中欄。

[14]《毛詩正義》下冊，頁1081。

「承上肆筵設几之文」，文淵閣《四庫全書》本《毛詩正義》卷二十四同，「乘」乃「承」之形誤。

「言正於族人既為肆之筵」，北大標點本同[15]；《通考》卷一百四十三引作「言王於族人既為肆之筵」，文淵閣《四庫全書》本《毛詩正義》卷二十四同，據上下文意，則「正」乃「王」之形誤。

7. 《十三經注疏·春秋左傳正義》卷四十六：「是故明王之制，使諸侯歲聘以志業，間朝以講禮，再朝而會以示威，再會而盟以顯昭明。」孔穎達《正義》曰：「鄭玄以為，時見無常期也。諸侯有不順服者，三將有征討之事，合諸侯而命事焉。」[16]

案：「三將有征討之事」，《五禮通考》卷二百二十引「王將有征討之事」，文淵閣《四庫全書》本《春秋左傳注疏》卷四十六同。《周禮·春官·大宗伯》云：「春見曰朝，夏見曰宗，秋見曰覲，冬見曰遇，時見曰會，殷見曰同。」鄭玄《注》曰：「此六禮者，以諸侯見王為文。……時見者，言無常期，諸侯有不順服者，王將有征討之事，則既朝覲，王為壇於國外，合諸侯而命事焉。」孔穎達所徵引，出自鄭玄《注》文，「三」顯係「王」之形誤。北大標點本已改正[17]。

8. 《十三經注疏·春秋谷梁傳注疏》卷二：「盟詛不及三王。」楊士勛《疏》：「《周禮·秋官》司盟官掌盟載之約。」[18]

案：「掌盟載之約」，北大標點本同[19]；《五禮通考》卷二百二十九引作「掌盟載之法」，文淵閣《四庫全書》本《春秋穀梁傳注疏》卷二同。《周禮·秋官·司盟》云：「掌盟載之法。凡邦國有疑會同，則掌其盟約之載及

---

[15] 《毛詩正義》下冊，頁1081。

[16] 《十三經注疏》附《校勘記》下冊，頁2072中欄。

[17] 〔晉〕杜預注，〔唐〕孔穎達疏，浦衛忠等整理，楊向奎審定：《春秋左傳正義》（北京市：北京大學出版社，1999年）下冊，頁1325。

[18] 《十三經注疏》附《校勘記》下冊，頁2371上欄。

[19] 〔晉〕范甯集解，〔唐〕楊士勛疏，夏先培整理，楊向奎審定：《春秋穀梁傳注疏》（北京市：北京大學出版社，1999年）頁26。

其禮儀，北面詔神明；既盟，則貳之。」則司盟掌管盟約的禮儀。「約」當為「法」。盟約禮儀，先挖地為坑，殺牛、羊、馬等牲於坑上，割取牲左耳，盛放於珠盤；又取牲血，盛放於玉敦，然後宣讀盟書，也叫載書，以詔告天地神明，參加盟會者微飲牲血，古人謂之歃血。歃血畢，將盟約正本放在牲體上一起埋於坑中，盟會者各持副本返回。

9.《十三經注疏·爾雅注疏》卷四：「父之考為王父，父之妣為王母。」郭璞《注》：「如王者尊之。」[20]

案：「如王者尊之」，《五禮通考》卷一百四十三引作「加王者尊之」，文淵閣《四庫全書》本《爾雅注疏》卷三同。「如」乃「加」之形誤。北大標點本據《爾雅義疏》改正[21]。

10.《十三經注疏·爾雅注疏》卷四：「族父之子相謂為族晜弟，族晜弟之子相謂為親同姓。」邢昺《疏》：「《禮記·大傳》云：『親者屬也。』鄭《注》云：『有親者服，名以其屬親疏。』此經言親同姓者，謂五世之外，比諸同姓猶親，但無服屬爾。」[22]

案：「名以其屬親疏」，《禮記正義》卷三十四[23]、文淵閣《四庫全書》本《爾雅注疏》卷三、《五禮通考》卷一百四十三俱作「各以其屬親疏」，則「名」乃「各」之形誤。北大標點本已改正[24]。

11.《十三經注疏·爾雅注疏》卷四：「來孫之子為晜孫。」郭璞《注》：「晜，後也。《汲冢竹書》曰：『不窋之晜弟。』」[25]

案：「晜弟」，文淵閣《四庫全書》本《爾雅注疏》卷三、《五禮通考》卷一百四十三作「晜孫」，據上下文意，「晜弟」乃「晜孫」之誤。北大標

---

[20]《十三經注疏》附《校勘記》下冊，頁2592中欄。

[21]《爾雅注疏》頁116。

[22]《十三經注疏》附《校勘記》下冊，頁2592下欄、頁2593上欄。

[23]《十三經注疏》附《校勘記》下冊，頁1508下欄。

[24]《爾雅義疏》頁119。

[25]《十三經注疏》附《校勘記》下冊，頁2592下欄。

點本已改正[26]。

12.《十三經注疏‧毛詩正義》卷一——三〈麟趾〉:「麟之定,振振公姓,于嗟麟兮!」毛氏《傳》:「公姓,公同姓。」孔穎達《正義》:「公姓,公同姓。言同姓疏於同祖。上云公子為最親,下云公族。《傳》云公族,公同祖,則謂與公同高祖,有廟屬之親。……此皆君新,非異國也。要皆同姓以對異姓,異姓最為疏也。」[27]

案:「此皆君新」,阮元《校勘記》曰:「毛本『新』作『親』。案『親』字是也。上下文皆可證。」[28]文淵閣《四庫全書》本《毛詩注疏》卷一作「此皆君親」,《五禮通考》卷一百四十三引作「此皆君親」,是「新」乃「親」之形誤。北大標點本已改正[29]。

13.《十三經注疏‧毛詩正義》卷四——二〈緇衣〉:「緇衣之宜兮。」毛氏《傳》:「緇,黑色。卿士聽朝之正服也。」鄭玄《箋》:「緇衣者,居私朝之服也。天子之朝服,皮弁服也。」孔穎達《正義》:「此緇衣,卿〈士冠禮〉所云『主人玄冠,朝服,緇帶素韠』,是也。」[30]

案:「卿〈士冠禮〉所云」,文淵閣《四庫全書》本《毛詩注疏》卷七同。阮元《校勘記》曰:「閩本、明監本、毛本同。案浦 云:『即』誤『卿』。是也。」[31]《五禮通考》卷一百三十二引作「即〈士冠禮〉所云」,是「卿」乃「即」之形誤。北大標點本已改正[32]。

14.《十三經注疏‧毛詩正義》卷九——二:「妻子好合,如鼓瑟琴。兄弟既翕,和樂且耽。」鄭玄《箋》:「好合,至意合也。合者,如鼓瑟琴之聲相應和也。王與族人燕,則宗婦、內宗之屬亦從后於房中。」[33]

---

[26]《爾雅義疏》頁117。

[27]《十三經注疏》附《校勘記》上冊,頁283中、下欄。

[28]《十三經注疏》附《校勘記》上冊,頁285中欄。

[29]《毛詩正義》上冊,頁61。

[30]《十三經注疏》附《校勘記》上冊,頁336中、下欄。

[31]《十三經注疏》附《校勘記》上冊,頁339上欄。

[32]《毛詩正義》上冊,頁277〜278。

[33]《十三經注疏》附《校勘記》上冊,頁408下欄。

案：「至意合也」，阮元《校勘記》曰：「閩本、明監本、毛本同，小字本、相臺本『至』作『志』。案『志』字是也。」[34]文淵閣《四庫全書》本《毛詩注疏》卷十六作「志意合也」，《五禮通考》卷一百四十三所引，「至」正作「志」，阮說是。北大標點本已改正[35]。

15.《十三經注疏‧論語注疏》卷十：「緇衣羔裘。」邢昺《疏》：「緇衣羔裘，謂朝服也。〈士冠禮〉云：『主人玄冠朝服，緇帶，素韠。』《注》云：『玄冠，委貌。朝服者，十五升布衣而素裳。不言色者，衣與冠同色。』是朝衣色玄，玄即緇，色之小別，此說孔子之服云『緇衣羔裘』。〈玉藻〉亦云『羔裘緇衣以裼之』，是羔裘裼用緇衣，明其上正服亦緇色也。下文又曰『羔裘玄冠不以弔』，是羔裘所用，配玄冠，羔裘之上，必用緇布衣為裼，裼衣之上正服，亦是緇色，文與玄冠相配。故知緇衣羔裘，是諸侯君臣日視朝之服也。」[36]

案：「文與玄冠相配」，《校勘記》曰：「本『又』誤『文』，閩本同，今正。」[37]「文與玄冠相配」，文淵閣《四庫全書》本《論語注疏》卷十作「又與玄冠相配」，《五禮通考》卷一百三十二引作「又與玄冠相配」，則「文」乃「又」之形誤。北大標點本已改正[38]。

就以上十五條校讀札記，《五禮通考》之校勘價值，可見一斑。同時，也引起我們對古籍整理相關問題的思考。在傳世經典文獻大量影印、電子化的現代社會，在整理古籍時，除了重視同一文獻不同版本之間的對校之外，核查古籍中徵引文獻的原始出處，並利用其他文獻所徵引之資料，進行他校，就顯得特別重要。蘇芃在對《史記》黃善夫本進行綜合研究後說：「對於校勘古籍而言，如今古籍數據庫的開發，意味著一個他校時代的降臨，這

---

[34]《十三經注疏》附《校勘記》上冊，頁410中欄。

[35]《毛詩正義》中冊，頁574。

[36]《十三經注疏》附《校勘記》下冊，頁2495上欄。

[37]《十三經注疏》附《校勘記》下冊，頁2497中欄。

[38]〔魏〕何晏注，〔宋〕邢昺疏，朱漢民整理，張豈之審定：《論語注疏》（北京市：北京大學出版社，1999年）頁133。

一點值得大家重視。」[39]言之有理。

---

[39] 蘇芃:《南宋黃善夫本〈史記〉校勘研究》（南京市：南京師範大學「中國古典文獻學專業」博士學位論文，趙生群教授指導）頁44。

論《尚書》西傳之任重道遠

吳小燕*

一　前言

　　儒家五經之一的《尚書》是中國現存最古的一部歷史文獻，是中國文化源頭之源頭。其豐富的史料和許多思想觀念極具普世價值，華裔學者理當責無旁貸，將這一瑰寶推向世界，為全人類所共享。

　　加拿大是移民國家，奉行多元文化。三千四百餘萬人口中，有一百二十多萬華人。官方語言為英文和法文，中文是第三大語言。按理說這是一片有利於《尚書》傳播的沃土，但實際情況並非如此。

　　本文旨在調查一個半世紀以來海內外有關《尚書》的英文出版物，分析其傳向西方有限的原因，並為此探討對策，以期逐漸改善現狀。

二　《尚書》西傳之調查

　　筆者身居加拿大，從事大學文言文教學二十年，故《尚書》西傳之調研就從身邊開始，範圍分成下列六個方面。

（一）為非母語者編寫的文言或古文教材

　　近一個世紀以來海內外專為非母語者或海外華裔編寫的文言文教材

---

* 加拿大多倫多大學

中[1]，惟有加拿大溫哥華周瑩編著的《古漢語入門》（*Introduction to Classical Chinese*，北京語言大學出版社，2009年）一書，在第一課「《詩經》摘選」之末，以「補充閱讀」（頁13～14）的形式，列出《尚書》名句三小段（「詩言志」、「民可近」和「滿招損」），但很遺憾，沒有像主課文那樣附有英譯。此外，該書還以「文化常識」（頁16）的形式，對《尚書》作了不到二百字的簡介，附有大致吻合的英譯。

（二）漢英中國（傳統）文化書籍

至少調查了十本有關書籍，僅有楊敏、王克奇、王恒展主編的姐妹篇：《中國傳統文化通覽·英漢版》（*An Outline of the Traditional Chinese Culture*，中國海洋大學出版社，2003年）和《中國文化通覽》（*Chinese Culture: An Introduction*，高等教育出版社，2006年）涉及《尚書》。前者在「歷代典籍」一章中提到：《四庫全書》將「經部」分為十類，第二類是「書類，即《尚書》及其註解著作，如《尚書正義》」區區十來個字，就把《尚書》一筆帶過（英文頁135，中文頁488）。至於後一本書，雖在「中國文化瑰寶」一章的「四書五經」一節中，用了不足六百字的兩個段落介紹《尚書》，但並未提供實質性的內容，且英文翻譯有明顯的錯誤，如「東晉」竟

---

[1] 臺灣出版的如陳懷萱、周長楫選註，淩志韜、杜爾文（James Erwin Dew）編輯：《進階文言文讀本》（*Literary Chinese for Advanced Beginners*，臺北市：南天書局，1997年）；藍瞻梅（James R. Landers）譯：《中國文學選讀──短篇節錄選》（*Readings in Classical Chinese with Notes and Translations*，臺北市：南天書局，1992年）。香港出版的如王靖宇、吳素美、蔣紹愚、薛鳳生：《古文入門》（*Classical Chinese Primer*，香港：中文大學出版社，2007年）。大陸出版的累計達二十餘種，近者如後述周瑩本，遠者可追溯至一九二零年代教會學校的出版物，如 J. Brandt：《漢文進階》（*Introduction to Literary Chinese*，Peking：North China Union Language School，1927）。海外中英文混合出版物可上溯至一九五零年代，較新的有李愷、杜爾文：《文言文章句》（*Classical Chinese: A Functional Approach*, Boston：Cheng & Tsui，2008）和 Paul Rouzer：*A New Practical Primer of Literary Chinese*（Cambridge in Massachusetts and London：Harvard University Asia Center，2007）等，共十多本（套）。

被譯成「Western Jin」（西晉）；「兩千多年來」被大幅縮成「for more than 1000 years」（一千多年，英文頁94～95，中文頁256）。

（三）翻譯專業本科生、碩士生文言和中國（文化）典籍英譯教材

這一領域出現三本新教材。只有汪榕培、王宏主編的《中國典籍英譯》（*English Translation of Chinese Classics*，上海外語教育出版社，2009年）[2]用一句話概括了「先秦歷史散文主要著作有《尚書》等」，再用一句話指出：「英語世界裏有關先秦諸子散文的譯作在數量上遠遠超過先秦歷史散文。」（頁21）話雖不多，總算讓《尚書》露了一下面。

（四）中英對照名言語錄之類的單行本

先秦諸子如孔子、孟子、老子、莊子、墨子等的名言（Sayings）、語錄（Quotations）都出版了單行本，有的還出過不同版本，多次重印，甚至再版。這一類書，名目繁多，獨缺《尚書》。尹邦彥、尹海波編注的《中國歷代名人名言（雙語對照）》（*A Collection of Chinese Maxims*，〔江蘇〕南京：譯林出版社，2009年），從典籍、古典小說、現當代小說、散文、詩歌、對聯、演講、書信、題詞等多種體裁中精選條目一千一百餘則，可惜源於《尚書》的僅佔九條。錢厚生主編的《漢英對照中國古代名言辭典》（*Dictionary of Classic Chinese Quotations with English Translation*，南京大學出版社，2010年），收錄中國古典名言二千餘條，取材包括《周易》、《尚書》、《詩經》、《禮記》、《老子》、《孫子兵法》、《論語》、《孟子》、《莊子》、《楚辭》、樂府、唐詩、宋詞、元曲、歷代散文，還有諸多文史、科學典籍等，

---

[2] 另外兩本分別是：郭著章、黃粉保、毛新耕編著：《文言英譯教程》（*A Course in Translation from Classical Chinese into English*，上海市：上海外語教育出版社，2008年）；王宏印編著：《中國文化典籍英譯》（*An Anthology of Chinese Masterpieces in English Translation*，北京市：外語教學與研究出版社，2009年）。

內容廣博。據筆者統計，其中出自《尚書》者九十九條。持平而論，不可謂其薄《尚書》而嫌之少。惜乎該書校對有疏。「詩言志，歌永言，聲依永，律和聲」的第二種英譯，短短兩行多一點的英文，就有一處手民之誤，即把「律」的譯文「rhythm」打印成「rythem」（頁306）。

（五）原文、今譯、英譯三合一對照本

六十年以來中國大陸出版的經學和文史哲方面的中英對照叢書不下數十種，僅有兩種收入《尚書》。一是山東友誼書社的「儒學經典譯叢」（Translations of Confucian Classics，A Chinese～English Bilingual Edition），其中的《尚書》（*The Book of History*），係《今文尚書》二十八篇，由王世舜今譯，杜瑞清英譯（1993年）。二是湖南出版社編輯的「漢英對照中國古典名著叢書」（The Chinese～English Bilingual Series of Chinese Classics），《尚書》（*Book of History*）列入第一輯，全本翻譯，由周秉鈞今譯、羅志野英譯（1997年）。

筆者也調查了上世紀末由中國國家新聞總署發起、不同出版社出版的《大中華文庫》（漢英對照，Library of Chinese Classics，Chinese～English）系列著作。這是「歷史上首次系統、全面地向世界推出外文版中國文化典籍的國家重大出版工程」，精選的「是最具代表性的經典著作」。截至二零零七年一月首發式，已經出版五十一種九十二冊，《尚書》不在其內[3]。一晃將近四年，《尚書》至今是否入選，仍未有所聞。

---

3 有關《大中華文庫》（漢英對照）的狀況，見中國國際出版集團網站 www.cipg.org.cn/jlhz/zdxm/dzhwk 和中國網 http：//webcast.china.com.cn/webcast/created/1035/34_1_0101_desc.htm。

（六）歐美人士的英文譯本

　　《尚書》早經歐美譯者介紹到西方。截至二十世紀七十年代，已有五種英譯版本，按年代排列分別是：

1. 一八四六年，英國傳教士麥都思（Walter Henry Medhurst, Sen., 1796～1857）在上海墨海書館（Mission Press）印行了全譯本《古代中國書經，或歷史經典——中華帝國最古老而真實的歷史記載》（*Ancient China. 書經，The Shoo King, or the Historical Classic: Being the Most Ancient Authentic Record of the Annals of the Chinese Empire*）。

2. 一八六五年，英國傳教士、漢學家理雅各（James Legge，1815～1897）在逃亡至香港的清末政論家王韜（1828～1897）的佐譯之下發表《尚書》（*The Shoo King, or The Book of Historical Documents*）全文英譯，收在香港印行的《中國經典》（*The Chinese Classics*）第三卷。

　　一八七九年，德國人穆勒（Friedrich Max Müller, 1823～1900）編輯的《東方聖書》（*Sacred Books of the East*）第三卷《中國聖書》（*The Sacred Books of China*），收錄了理雅各稍微不同的《尚書》第二種英譯（*The Shû King or Book of Historical Documents*）。

3. 一九零四年，英國占星家奧爾德（Walter Gorn Old, 1864～1929）在倫敦和紐約等地出版了《書經或中國歷史經典》（*The Shu King or the Chinese Historical Classic*）的全譯本。

　　以上三位英國譯者的四種文本，問世迄今已超過百年，都能在網上免費下載[4]。

---

[4]　麥都思之英譯：www.archive.org/details/ancientchinashoo00confuoft。

　　理雅各1865年版之英譯第一部分：www.archive.org/stream/chineseclassics07leggoog#page/n9/mode/1up，第二部分：www.archive.org/stream/chineseclassics01minggoog#page/n9/mode/1up；理雅各1879年版之第二種英譯：www.sacred～texts.com/cfu/sbe03/index.htm。

4. 一九五零年，瑞典漢學家高本漢（Bernhard Karlgren，1889～1978）在
斯德哥爾摩的《遠東博物館館刊》（*Bulletin of the Museum of Far Eastern
Antiquities*）第22期發表了英譯《書經》（*The Book of Documents*）
二十八篇。

此前，高本漢的《書經注釋》（*Glosses on the Book of Documents*）九百
餘條，已率先分兩次發表在該館刊的一九四八年第20期和一九四九年第21
期。二十年後，陳舜政的中譯本《高本漢書經注釋》二冊面世（中華叢書編
審委員會出版，1970年）。再過十六年，經陳遠止逐條探究的《〈書經〉高
本漢注釋斠正》（文史哲出版社，1996年）一書出版。

5. 一九七一年，美國學者瓦爾珊（Clae Waltham）將理雅各用英國維多
利亞女王（1819～1901，在位1837～1901）時代的文體英譯的兩個版
本合併，推出了理氏《書經》現代英文更新版，即 *Shu Ching, Book of
History, a modernized edition of the translations of James Legge*。

上述六個方面的調查結果表明，自一八四六年麥都思英譯之《書經》印
行迄今，一個半世紀以來，《尚書》在加拿大乃至北美和整個英文世界的傳
播是非常有限的，與中外文化交流日益增進的現狀相去甚遠。如果說中國的
孔孟之道和老莊哲學在西方的傳播已然差強人意，那麼，中國國學經典《詩
經》和《周易》的西傳狀況比《尚書》還略勝一籌。

三　原因與對策之探討

在英文世界，《尚書》的影響力很不理想已是不爭的事實。個中原因不
外是：

（一）中國現存最早的史書《尚書》為上古之書，記敘四千至二千六百
年前發生的重大事件。書的年代如此久遠，若不圖古今相通，自振於當代，
家道難免衰微，既不能進入中國尋常讀書人家，更遑論向英文世界傳播。

奧爾德之英譯：www.archive.org/details/shukingorchinese00confuoft。

　　（二）《尚書》字句艱深，文章佶屈聱牙，所用詞彙、詞序也與後代很不相同，故比起其它中國國學典籍更難讀懂，令海內外學者望而生畏。

　　（三）當今社會人心浮躁，急功近利者眾。網絡時代，資訊氾濫。專家學者和莘莘學子，均需適應飛速的時代節奏。即便有熱衷中國古代史的志士，也難有餘暇一門心思從事古奧的《尚書》研究[5]。

　　（四）將《尚書》推向海外，由於時空差異，較之在中國國內，不但語言障礙更多，且文化隔膜更甚，其困難自可想見。因此，英譯文本尤需在確切把握原著原意的基礎上，再三斟酌，反覆推敲，審慎落筆，以使海外讀者易於理解和接受。這樣的要求談何容易，將在另文予以展開[6]。

　　（五）更有甚者，當下海外研究中國的專家學者，不少已從傳統意義上的「漢學」（Sinology）研究，轉向以現當代中國問題為主的「中國學」研究，即China studies或範圍較廣的Chinese studies。而《尚書》恰恰是傳統漢學研究中的一顆「堅石」。在追逐「速食」的今日學界，正缺乏具有皓首窮經、沉潛治史精神的學人投身於該項攻堅研究。

　　筆者在調查《尚書》傳播的現狀時，注意到二十年來中國大陸因國學熱而出版的眾多帶有「國學」二字的書名，便隨機翻閱十幾種。惟有孔子後裔、《孔子大辭典》主要撰稿人孔祥驊所著的《國學入門》（上海人民出版社，2006年），在「《尚書》略說」一章之末，列舉了《尚書》語錄精華九條（頁57～58），其餘讀物一概無此體例。事實有力地說明，一部在《尚書》的故土仍未普及的中國歷史文獻，難以想像在國外能有傳播的餘力。邏輯上如此，事實上亦然。

　　《尚書》要向海外傳播，首先要在國內普及。因此，出版各種各樣與時

5　據中國《揚子晚報》2010年6月22～29日連續報導，江蘇省理科高考生王雲飛以一篇具有拙、實、沉特點的古駢體應試作文〈綠色生活〉引起震動。這位「古文奇才」高一時對古文感興趣，便購得《史記》和《尚書》閱讀，並把《資治通鑑》也翻爛了。王雲飛的原作與其本人的考後譯文見www.fjzsksw.com/gaokao/GKZW/407867.shtml。筆者不禁歎曰：《尚書》自有後生讀，棄文從理長太息！

6　吳小燕：〈管窺「詩言志」──論《尚書》英譯之更新〉，收入本論文集中。

俱進的「尚書現代版」，盡力掃除閱讀障礙，包括對上古歷史作現代文史哲的解讀，鑑古而知今，看來是中文世界努力的方向。筆者由衷建議，在本領域內取得輝煌成就的專家學者，親自動手，寫出更多更好的《尚書》現代普及版[7]。其閱讀對象，可以是面向普通讀者的一般普及，也可以是針對教育程度良好者的中級普及。與此同時，建議更多地出版一些推介《尚書》的書，為那些在《尚書》門外徘徊但有意一窺堂奧、進而深究的讀者指出門徑。坊間雖有此類書籍[8]，但零星分散，聲勢不足。

欲使《尚書》較快地邁向當代英文世界，似更宜出版一些《尚書》名言精華的古今對照單行本。賈文豐所著《十三經名句鑑賞》（寧夏人民出版社，2007年），收名句近九百條，每句均有註譯與評點。據筆者統計，其中《尚書》名句佔七十五條。若將其抽印，即可單獨成冊。在諸如此類名句語錄本的基礎上，再擇善出版海內外通用的原文、今譯、英譯三合一對照本，甚至將其原文和今譯加注漢語拼音，配以朗誦光碟，以適應蓬勃發展的國際華語文教學，又兼顧中國持續升溫的英語熱。條件成熟時，也可將《尚書》現代版和推介本譯成英文，推出多媒體中英對照版或純英文版等。

如所周知，文化交流不可能一蹴而就，而是日積月累逐步向前推進的結果，我們當代人必須踏踏實實地做好許多細微的工作。因此，《尚書》在中文世界有待推廣之前，中英對照全譯本或純英譯本之更新換代，不妨留待日後水到渠成之時。至少，海內外已有七種英譯可敷應用。無論英譯質量如何，各個版本的對比參考，依然極具價值。

四　結語

《尚書》西傳之現狀不容樂觀。這在很大程度上與其在中國國內尚未普

---

[7]　譬如王實林著：《尚書現代版》（上海市：上海古籍出版社，2003年）。

[8]　諸如王定璋著：《〈尚書〉之謎》第2版（成都市：四川教育出版社，2001年）；章行著：《尚書：原始的史冊》（上海市：上海古籍出版社，2008年）。

及有關。中國大陸雖有一些與《尚書》西傳相關的中英文混合出版物,但不成氣候,未能匯合成一股能夠有效向外擴展的張力。推進《尚書》西傳,當務之急亟宜加強協作,集中力量,先從普及入手,逐步擴大影響。《尚書》中英文對照全譯本或純英文譯本之更新出版似宜緩行。

管窺「詩言志」──
論《尚書》英譯之更新

吳小燕[*]

一　前言

　　進入二十一世紀以來，中國典籍英譯和傳統文化英譯，以及英譯作品與對外文化傳播的研究，日漸興盛，有關譯作、專著、論文等相繼問世。為使文化軟實力與高速發展的經濟實力相稱，中國正在進一步強化其推廣已久的對外漢語教學，並借助多種途徑向世界傳播中華文化，二〇〇九年七月啟動的「五經」（《易》、《書》、《詩》、《禮》、《春秋》）英譯更新換代的龐大工程，便是一個明顯的例子。但是，中國典籍由國際上母語為英文的學者翻譯，還是由中國的英文專家翻譯合適，中國翻譯界存在著較大的分歧；對誰能勝任「五經」的英譯，歧見更甚。對此，筆者將在本文中闡述自己的看法，作為前文〈論《尚書》西傳之任重道遠〉[1]的續篇。

二　何謂中國典籍

　　何謂「中國典籍」？汪榕培、王宏在翻譯專業本科生系列教材《中國典籍英譯》（*English Translation of Chinese Classics*，上海外語教育出版社，2009年）一書中，作了「中國清代末年一九一一年以前的重要文獻和書籍」

---

[*] 加拿大多倫多大學
[1] 〈論《尚書》西傳之任重道遠〉，收入本論文集中。

的界定，不但包括中國古典文學作品，而且涵蓋古典法律、醫藥、經濟、軍事、天文、地理等諸方面的作品，甚至涉及少數民族的典籍作品（頁1）。

王宏印在《中國文化典籍英譯》（*An Anthology of Chinese Masterpieces in English Translation*，北京：外語教學與研究出版社，2009年）一書中，對時間下限更有「一直延續到『五四』時期的中西文化對比語境下的中國文化總反思，包括魯迅反思中國文化重鑄民族魂的努力」之說法。其範圍則覆蓋文史哲三科，兼顧儒釋道三教，還需顧及少數民族的文化文獻等等（頁2～4）。

總之，中國流傳下來的典籍浩如煙海。時限，上下三、四千年，直到清末民初；內容，幾乎無所不包，乃至漢族以外。《尚書》作為中國現存最古的一部歷史文獻，自然可以說是典籍之最。

三　誰來翻譯典籍

郭著章主張中國典籍主要應該由中國人英譯。他以明代儒釋道合一的語錄體典籍《菜根譚》為例，經對比中國人蔣堅松和英國人保羅・懷特（Paul White）的不同譯本後，申述了三點原因：一是漢語比許多外語都難掌握。英語水平可以同英美人媲美的中國人，如林語堂和楊憲益等人，可謂代不乏人，而漢語水平可以同中國學者相比的西方漢學家，卻是鳳毛麟角。二是中國歷史悠久，中華文化源遠流長，精通漢文化比精通漢語言更是難上加難。三是精通英、漢兩種語言和文化的中國學者遠遠多於外國學者。對於中華典籍的理解，中國人一般優於外國人。但對於英語水平，中國人不及英美人的看法未必正確，至少是不全面的。郭著章說到這裏，語氣上隨即有所轉圜：「重要的是不管什麼人，只要具備了通曉中英語言和文化、知識淵博和嚴謹的翻譯態度等條件，就可以成為中國典籍的合格英譯者。」[2]

2　郭著章、黃粉保、毛新耕編著：《文言英譯教程》（*A Course in Translation from Classical Chinese into English*，上海市：上海外語教育出版社，2008年）頁268～269。

筆者基本同意郭著章最後表述的一段話，但仍需補充幾點。第一，什麼典籍宜由什麼人或哪國人來英譯，還得具體分析，不能一概而論。能者為師，能者勝出，這個法則理應適用於古今中外。第二，一部明人所著關於修身養性、待人處世、自警自勵的語錄體典籍《菜根譚》，與一部最古老的經典《尚書》相比，在英譯的難度上可以等量齊觀麼？答案顯然是否定的。換言之，以《菜根譚》不同英譯版本的對比為例證所得出的結論，只能就事論事，不能以此類推。第三，在全球化的今天，中西合璧，長短互補的英譯，看來是比較理想的。十九世紀六十年代，英國理雅各（James Legge，1815～1897）在中國王韜（1828～1897）的通力協作下完成《尚書》英譯，便是範例。中國楊憲益（1915～2009）與英國戴乃迪（Gladys Yang，1919～1999）伉儷珠聯璧合，將《史記》、《紅樓夢》等眾多中國經典之作譯成英文，更是佳話。

四 《尚書》英譯回顧

毫無疑問，中國經典著作的翻譯，包括今譯和譯成任何語種，需要隨著時代和語言的變遷而更新。翻譯是個性化表達，隨各人對原著的參透、領悟及其文思與筆調而異，勢必要由個體獨立承擔，一以貫之，一氣呵成。何況，《尚書》實在是一部深奧難懂的古籍，連唐代古文運動倡導者韓愈（768～824）在〈進學解〉中都認為「周誥殷盤，佶屈聱牙」[3]。英譯者除了必須通曉古今漢語與文化，當代英語與文化，具備跨文化交流，漢英、英漢互譯的經驗等功底之外，若還能專治《尚書》並卓然有見，那將是最理想的人選。兩千餘年以來，歷代中國學者研究和註釋《尚書》的著述，汗牛充棟，不勝枚舉。遺憾的是，古人對《尚書》的斷句、解釋有頗多分歧，今人的譯註在理解上也相差很大。這就給《尚書》的英譯更新帶來巨大的困難。坦率地

---

[3] 〔唐〕韓愈著，錢仲聯、馬茂元校點：《韓愈全集》（上海市：上海古籍出版社，1997年）頁131。

說，這樣的譯事，好比「天將降大任於是人」，綜觀當今海內外，能勝此大任者，實在是只可幸遇，不可強求，多乎哉，不多也。

《尚書》已知有七種英文譯本。按出版年代排列，它們分別是：

（一）一八四六年，Walter Henry Medhurst，Sen.（麥都思，1796～1857），英國傳教士，在上海墨海書館（Mission Press）印行了全譯本 *Ancient China. 書經*，*The Shoo King, or the Historical Classic: Being the Most Ancient Authentic Record of the Annals of the Chinese Empire*（《古代中國書經，或歷史經典——中華帝國最古老而真實的歷史記載》）。

（二）一八六五年，James Legge（理雅各，1815～1897），英國傳教士、漢學家，在逃亡至香港的清末政論家王韜鼎力幫助下，全文英譯成 *The Shoo King, or The Book of Historical Documents*（《書經，或歷史文獻》），收在香港印行的 *The Chinese Classics*（《中國經典》）第三卷。

一八七九年，理氏的第二種全譯本 *The Shû King or Book of Historical Documents* 收入 F. Max Müller（穆勒）編輯的 *Sacred Books of the East*（《東方聖書》）第三卷 *The Sacred Books of China*（《中國聖書》）。

（三）一九零四年，Walter Gorn Old（奧爾德，1864～1929），英國占星家，在倫敦和紐約等地出版了 *The Shu King or the Chinese Historical Classic*（《書經或中國歷史經典》）的全譯本。

以上三位英國譯者的四種文本，問世至今均已超過百年，已經能在網上免費閱讀[4]。

---

4 麥都思之英譯：www.archive.org/details/ancientchinashoo00confuoft。
理雅各1865年版英譯之第一部分：www.archive.org/stream/chineseclassics07legggoog#page/n9/mode/1up，第二部分：www.archive.org/stream/chineseclassics01minggoog#page/n9/mode/1up；理雅各1879之第二種英譯：www.sacred～texts.com/cfu/sbe03/index.htm。
奧爾德之英譯：www.archive.org/details/shukingorchinese00confuoft。

（四）一九五零年，Bernhard Karlgren（高本漢，1889～1978），瑞典漢學家，在斯德哥爾摩的 *Bulletin of the Museum of Far Eastern Antiquities*（《遠東博物館館刊》）第22期發表了 *The Book of Documents*（《書經》）二十八篇英譯。有意思的是，高氏的兩本 *Glosses on the Book of Documents*（《書經注釋》）九百餘條，已率先於一八四八年和一九四九年發表在該館刊的第20期和第21期。時隔二十年，陳舜政翻譯出版了《高本漢書經注釋》中文兩卷本（臺北市：中華叢書編審委員會出版，1970年），再隔十六年，陳遠止的《〈書經〉高本漢注釋斠正》出版（臺北市：文史哲出版社，1996年）。

（五）一九七一年，美國學者Clae Waltham（瓦爾珊）將理雅各用英國維多利亞女王（1819～1901，在位1837～1901）時代的文風英譯的兩個版本合併，推出了理氏當代英文更新版，即 *Shu Ching, Book of History, A modernized edition of the translations of James Legge*。

（六）一九九三年，中國學者杜瑞清據王世舜的今譯本英譯了《尚書》（*The Book of History*）今文二十八篇，作為山東友誼書社「儒學經典譯叢」（Translations of Confucian Classics，A Chinese～English Bilingual Edition）之一種出版。

（七）一九九七年，中國學者羅志野按周秉鈞的全文今譯本英譯了《尚書》（*Book of History*），由湖南出版社收入「漢英對照中國古典名著叢書」（The Chinese～English Bilingual Series of Chinese Classics）第一輯出版。

以上七種《尚書》英譯版本之面世，時間跨度長達一百五十年。瓦爾珊對理氏英譯的更新，距今四十載。即便是羅志野的最近一次英譯，也過了十多個春秋。各譯者對《尚書》的理解互有出入，譯筆各有千秋，當在情理之中。試想中文的今註今譯，又何嘗不是？總體而言，理雅各的五十八篇譯文被認為是可靠的，後起之秀高本漢的譯文更為準確，惜乎僅譯出二十八篇。應當指出，理氏、高氏譯註《尚書》，不惟是翻譯本身，更可視作譯者本人發表其思想之大作。

　　筆者並非斷言現存的《尚書》英譯本是高山仰止，後人無法逾越。事實上，任何譯文都不可能盡善盡美，總有可議可改之處。為學之道，比如積薪，後來居上乃理所當然耳。鑑於當今年代，無論承認與否，任何典籍英譯，都不可避免地廣泛參考中文今譯，故筆者深感在探討英譯之前，必先盡可能考察各種今譯。現以《尚書‧堯典》中的「詩言志」[5]為例，通過比較當今各種譯註對「志」字含意的不同解釋，論證《尚書》英譯更新絕非易事一樁。

五　「詩言志」之今譯

　　「詩言志」是一種原本無特定內涵的表達，但自孔子以降，儒家就給它注入了政治和倫理的意義，即詩應該表現修身齊家治國平天下之志，而非「男女相與詠歌，各言其情」[6]。現代學者朱自清（1898～1948）又進一步將「詩言志」提升到中國歷代詩論「開山的綱領」[7]之高度。簡言之，「詩言志」被後人當作詩教，成了道德情懷和政治思想。

　　下面分組排列，按出版年代先後，列出各家對《尚書》中「詩言志」的註釋和今譯，為探討其英譯作必要的準備。

　　（一）有註有譯

　　　1. 屈萬里：詩，謂表達意志之歌辭。／詩是表達意志的。[8]

　　　2. 王世舜：詩是用來表達思想感情的。[9]

　　　3. 江灝、錢宗武：詩是表達思想感情的。[10]

5　周秉鈞：《尚書易解》（長沙市：嶽麓書社，1984年）頁25。

6　謝謙編著：《國學基本知識現代詮釋詞典》（成都市：四川人民出版社，1998年）頁414～415。

7　朱自清著、鄔國平講評：《詩言志辨》（南京市：鳳凰出版社，2008年）頁4。

8　屈萬里：《尚書今註今譯》（臺北市：聯經出版事業公司，1984年據臺北市：臺灣商務印書館1969年初版）頁18～19。

9　王世舜：《尚書譯註》（成都市：四川人民出版社，1982年）頁20。

10　江灝、錢宗武著，周秉鈞審校：《今古文尚書全譯》（貴陽市：貴州人民出版社，1990

4. 周秉鈞：詩是表達思想感情的。[11]

5. 李國祥等：志：志向，思想。／詩表達志向。[12]

6. 顧寶田：詩是表達志向的。[13]

7. 李民、王健：詩是用來表達思想感情的。[14]

8. 周秉鈞：詩是表達思想感情的。[15]

9. 金忠林：詩是表達志向的。[16]

10. 顧頡剛、劉起釪：運用詩教涵養他們高尚志節情操。[17]

11. 郭仁成：詩是用語言來表達思想感情。[18]

12. 陳生璽等：詩表達思想感情。[19]

13. 慕平：詩教是用來抒發、宣導高尚志節的。[20]

14. 顧遷：詩教是用來抒發高尚情志的。[21]

（二）有註有解但無譯：

15. 屈萬里：詩，謂歌辭；用以表達意志。[22]

16.金景芳、呂紹綱：思想在心中，表達出來才是詩，故云「詩言志」。[23]

年），頁34。

[11] 周秉鈞譯註：《白話尚書》（長沙市：嶽麓書社，1990年）頁7。

[12] 李國祥等譯註：《尚書選譯》（成都市：巴蜀書社，1994年）頁14、21。

[13] 顧寶田、洪澤湖註譯：《尚書譯註》（長春市：吉林文史出版社，1995年）頁19。

[14] 李民、王健：《尚書譯註》（上海市：上海古籍出版社，2000年）頁24。

[15] 周秉鈞註譯：《尚書》（長沙市：嶽麓書社，2001年）頁14。

[16] 金忠林譯註：《尚書》（烏魯木齊市：新疆人民出版社；〔廣東廣州〕：新世紀出版社，2002年）頁16。

[17] 顧頡剛、劉起釪：《尚書校釋譯論》（北京市：中華書局，2005年）第1冊，頁357。

[18] 郭仁成：《尚書古今文全璧》（長沙市：嶽麓書社，2006年）頁20。

[19] 陳生璽等譯解：《張居正講評〈尚書〉皇家讀本》（上海市：上海辭書出版社，2007年）頁24。

[20] 慕平譯註：《尚書》（北京市：中華書局，2009年）頁31。

[21] 顧遷註譯：《尚書》（鄭州市：中州古籍出版社，2010年）頁34。

[22] 屈萬里：《尚書集釋》（臺北市：聯經出版事業公司，1983年）頁29。

[23] 金景芳、呂紹綱著：《〈尚書·虞夏書〉新解》（瀋陽市：遼寧古籍出版社，1996年），頁170。

17. 張道勤：詩歌表達心意、情趣、懷抱。[24]

18. 賀友齡：詩用以表達志意。[25]

（三）其它

19. 裘仁、林驤華：以詩來表達心志。[26]

20. 王寶林：（詩）本來就是人們用以表達自己思想感情的啊[27]。

21. 賈文豐：言志：表達心意。志：心意。……詩是表達心意的。[28]

22. 章行：詩用語言表達思想感情。[29]

23. 周瑩：用詩來抒發情感。[30]

（四）·作為旁考：司馬遷《史記·五帝本紀》作「詩言意」。[31]

24. 傅元愷：詩是用來表達內心意志的。[32]

25. 韓兆琦：詩是表達人的心意的。[33]

從以上的分組排列可以大致看出，「詩言志」中「志」的說法有多種：「思想感情」說與「意志」說似乎在伯仲之間，前者比後者稍佔上風；「心意」說與「志節」說難分叔季；「思想」說是孤例；「情感」說居於末位。當然，這種隨機抽樣，不具統計意義，只是略窺端倪而已。那麼，「詩言志」最初的含義究竟是什麼，則有以下一簡一詳兩種直接的回答。

先看謝謙的簡要說法：「上古時代，詩樂一體，類似現代的歌曲，『詩』就是歌詞，歌詞表達意義，這就是『詩言志』的本義。《史記·五帝本紀》

---

[24] 張道勤直解：《書經直解》（杭州市：浙江文藝出版社，1997年）頁16。

[25] 賀友齡註：《尚書·今文全本》（北京市：高等教育出版社，2008年）頁17。

[26] 裘仁、林驤華主編：《中國傳統文化精華》（上海市：復旦大學出版社，1995年）頁14。

[27] 王寶林：《尚書現代版》（上海市：上海古籍出版社，2003年）頁28。

[28] 賈文豐：《十三經名句鑑賞》（銀川市：寧夏人民出版社，2007年）頁24。

[29] 章行：《尚書：原始的史冊》（上海市：上海古籍出版社，2008年）頁50。

[30] 周瑩編著：《古漢語入門》（北京市：北京語言大學出版社，2009年）頁13。

[31]〔漢〕司馬遷：《史記》（上海市：上海書店出版社，1997年）頁6。

[32] 上海古籍出版社編：《史記紀傳選譯》（上海市：上海古籍出版社，1984年）上冊，頁20。

[33]〔漢〕司馬遷撰、韓兆琦主譯：《史記》（北京市：中華書局，2008年）第1冊，頁19。

就作：『詩言意。』」[34]

　　再看王先霈的詳細說明：「詩言志，就是說，詩歌是把蘊藏在作詩人心裏的情感、意願表達出來。這是很樸素的說法，同時也是很有概括力和普適性的說法，適用於古今中外所有的詩歌。《尚書》所說的詩，是上古時代的詩，是與音樂緊密結合在一起而不能分割的詩，因而，它所表達的作者內心蘊藏的『志』，只能是情，是與當時人的生活直接相關的情緒，而不是抽象的思想或具體的事實。因為上古時代的，與音樂、舞蹈結合在一起的詩歌，不適合表達複雜的思想。」

　　王先霈進一步闡釋道：「原始詩歌是言志的，這『志』卻不是什麼『高尚』的『深刻』的思想，而是單純的與感官快樂相聯繫的情感。志，本來也就是情。《左傳·昭公二十五年》所說的『六志』，即『好、惡、喜、怒、哀、樂』六情。孔穎達說：『此六志《禮記》謂之六情，在己為情，情動為志，情、志一也。』詩言志，即是早期人類用詩表達樸素的、單純的和在文明人看來是幼稚的情感。這是它最初的含義。」

　　王先霈言猶未盡，還加了一些零星的說法，相互補充：「（志是）『指蘊藏於主體心中的自然的情感。』」「《尚書》說的詩言志，從原始詩歌的實際出發，以聲為用，具體指用樂聲傳達較為單純的情感。」「詩歌的言志，……是表達『淺薄、粗野』、『幼稚』的情感。」

　　至於「詩言志」與「詩緣情」的關係，王先霈指出：「『詩言志』一語中本來已經包括了詩緣情的意思，甚至，在早期，詩言志說的就是詩緣情，是說詩要表達蘊藏在心中的情感。但是，漢代以後，儒家對於言志解釋的重點，轉向思想觀念的表達，轉向與政治和道德有關的思想觀念的表達。於是，到了晉代，出於對片面強調教化的不滿，出現了『詩緣情』的主張。」

　　總之，根據王先霈的詳盡敘說，所謂「言志」，其實就是「言情」、「表情」罷了[35]。

---

34 謝謙編著：《國學基本知識現代詮釋詞典》，頁414。

35 王先霈：《國學舉要·文卷》（武漢市：湖北教育出版社，2002年）頁164～166，

　　為了便於比較，現在把上述各家對「詩言志」中「志」的今譯（今註、今解、今釋）歸納成下表。表格的設計是從最低級的樸素情感開始，依次上升到思想感情，最後由思想[36]升華至經邦濟國之抱負，以天下為己任之大志。即隨著「情」（七情六慾）的成份越發減少，「志」（志向懷抱）的比例便愈來愈多。

	何謂「志」	漢語註譯者歸類
詩言志	高尚志節情操	10・顧頡剛、劉起釪 13・慕平 14・顧遷
	意志，志意，心志，志向	1・屈萬里 5・李國祥等 6・顧寶田 9・金忠林 15・屈萬里 18・賀友齡 19・裘仁、林驤華 24・傅元愷
	思想	16・金景芳、呂紹綱
	思想感情	2・王世舜 3・江灝、錢宗武 4・周秉鈞 7・李民、王健 8・周秉鈞 11・郭成仁 12・陳生璽等 20・王寶林 22・章行

168。

36 所謂思想，是客觀存在反映在人的意識中經過思維活動而產生的結果；簡言之，思想是思維的結果。

心意，意思（意義）， 意願，意向	17·張道勤 21·賈文豐 25·韓兆琦 另：謝謙
單純的、自然的情感， 情緒	23·周瑩 另：王先霈

六 「詩言志」之英譯

當筆者的思路從今譯轉向英譯之時，首先想到的是查找歷代各領風騷的漢英辭典中對「詩言志」及其類似表達是怎樣英譯的。經調查十九世紀末迄今十多本漢英大辭典，有六本收錄「詩以言志」，時間跨度為一八七四年至一九七三年。不查不知道，一查卻十分明瞭：原來，前人所編的漢英辭典中對「詩言志」的理解存在著兩種觀點，即「feelings」（情感）說和「aspiration/ambition」（抱負、壯志）說。

辭典譯文之一，英國駐華領事、漢學家 Herbert Allen Giles（翟理思）：Poetry，in order to express one』s feelings.[37]

辭典譯文之二，美國駐華公使館一等參贊兼翻譯 Samuel Wells Williams（衛三畏廉士）：Poetry expresses one』s feelings.[38]

辭典譯文之三，張鵬雲：Poetry expresses one』s feelings.[39]

辭典譯文之四，陸費執、嚴獨鶴：Poetry expresses one』s feelings.[40]

辭典譯文之五，美國傳教士 Robert Henry Mathews（馬守真）：Poetry

---

[37] Herbert A. Giles, *A Chines-English Dictionary*（London: Kelly and Walsh, 1892），p. 976.

[38] S. Wells Williams, *A Syllabic Dictionary of the Chinese Language*（《漢英韻府》，rev. ed. of 1874, Tung Chou, near Peking: North China Union College 北通州協和書院，1909），p. 699.

[39] 張鵬雲編輯：《漢英大辭典》（*A Complete Chinese-English Dictionary*）二版（上海市：上海嶺南中學印行，1920年）頁776。

[40] 陸費執、嚴獨鶴主編：《中華漢英大辭典》（*Chung Hwa Chinese-English Dictionary*）三版（上海市：中華書局，1934年）頁611。

expresses the feelings，or sentiments.[41]

辭典譯文之六，梁實秋：Poetry serves as a medium to convey one』s aspiration or ambition.[42]

以上六本辭典，「情感」說佔絕對優勢，從一個側面支持了「今譯表」中居於末位的「情感」之說。惟梁氏的譯法與眾不同，似乎印證了後代有些人附加「志向」一說的趨勢。

下面按年代先後列舉各家對《尚書》「詩言志」的英譯。

英譯之一，麥都思一八四六年本：「Poetry gives expression to the 志 inclination.」原書之註解：「That towards which the mind tends is called the inclination.」[43]故 inclination 就是「心之所之」，亦即心之所趨，心之所向。

英譯之二，理雅各一八六五年本：「Poetry is the expression of earnest thought.」原書的註解為：「志 is defined by 心之所之，『that to which the mind moves,』and hence it is translated by 『will,』『aim,』『purpose.』It denotes thought，but thought earnest and ardent，which seeks display and development. Shun』s definition of poetry is not much amiss.」[44]

英譯之三，奧爾德一九零四年本：「Poetry is the expression of feeling.」[45]

英譯之四，高本漢一九五零年本：「Poetry expresses the mind.」[46]

英譯之五，瓦爾珊一九七一年本：「Poetry is the expression of earnest

[41] R.H. Mathews, *Mathews' Chinese-English Dictionary*, rev. American ed.（Cambridge，MA: Harvard University Press, 1943），p. 806.

[42] 梁實秋主編：《最新實用漢英辭典》（*A New Practical Chinese-English Dictionary*）三版（臺北市：遠東圖書公司，1973 年）頁 1015。

[43] W.H. Medhurst, Sen., *The Shoo King, or the Historical Classic*（Shanghae: Mission, 1846），pp. 33～34.

[44] James Legge, *The Shoo King*, vol. 3 of *The Chinese Classics*（Hong Kong: Hong Kong University Press, 1960），p. 48

[45] Walter Gorn Old, *The Shu King or the Chinese Historical Classic*（London, Benares John Lane, and New York: Theosophical, 1904），p. 12.

[46] Bernhard Karlgren, *The Book of Documents*, rpt. from the Museum of Far Eastern Antiquities, Bulletin 22（Stockholm, 1950），p. 7.

thought.」[47]即與理雅各的譯文一模一樣，絲毫未改。

英譯之六，杜瑞清一九九三年本：根據王世舜「詩是用來表達思想感情的」今譯，英譯為「Poetry expresses sentiments.」[48]

英譯之七，羅志野一九九七年本：根據周秉鈞「詩是表達思想感情的」今譯，英譯為「Poetry is the expression of thought and feeling.」[49]

英譯之八、之九，錢厚生二零一零年本[50]：〔1〕「Poetry is the expression of earnest thought.」這與理雅各、瓦爾珊的完全相同。〔2〕「Verses are an expression of ideals.」這一句中的「ideal」有兩層意思，一是「理想」，二是「志願」、「志向」，對《尚書》原意中的「志」似乎引申過多。

現將英譯列於下表，並將當時的英譯回譯（do back translation）成現代漢語。

<table>
<tr><td rowspan="8"></td><td></td><td>英譯者與發表年份</td><td>「志」的英譯</td><td>將英譯回譯成現代漢語</td></tr>
<tr><td rowspan="7">詩言志</td><td>麥都思，一八四六年</td><td>… inclination</td><td>意向（見原譯註釋）</td></tr>
<tr><td>理雅各，一八六五年</td><td>… earnest thought</td><td>意志；志向（見原譯註釋）</td></tr>
<tr><td>奧爾德，一九零四年</td><td>… feeling</td><td>情感；心情，情緒</td></tr>
<tr><td>高本漢，一九五零年</td><td>… mind</td><td>意願，意向；念頭，想法；心思，心意；心情，情緒</td></tr>
<tr><td>瓦爾珊，一九七一年</td><td>… earnest thought</td><td>意志；志向</td></tr>
<tr><td>杜瑞清，一九九三年</td><td>… sentiments</td><td>感情</td></tr>
<tr><td>羅志野，一九九七年</td><td>… thought and feeling</td><td>思想感情</td></tr>
</table>

---

[47] Clae Waltham, *Shu Ching, Book of History*（Chicago: Henry Regnery, 1971）, p. 17

[48] 杜瑞清英譯、王世舜今譯：《尚書》（*The Book of History*，濟南市：山東友誼書社，1993 年）頁 50～51。

[49] 羅志野英譯、周秉鈞今譯：《尚書》（*Book of History*，長沙市：湖南出版社，1997 年）頁 22～23。

[50] 錢厚生主編：《漢英對照中國古代名言辭典》（*Dictionary of Classic Chinese Quotations with English Translation*，南京市：南京大學出版社，2010 年）頁 305～306。

錢厚生，二零一零年	〔1〕⋯ e a r n e s t thought 〔2〕⋯ideals	意志；志向 志願；志向

由上表可以看出，就「志」作「意志」（earnest thought）解而論，理雅各的「意志」最堅定。他在翻譯中加了許多註釋，工作確實「earnest」（認真）。隨理氏採用這種譯法的有瓦爾珊和錢厚生。麥都思也是邊譯邊註，並有明顯的「inclination」（傾向性），心之所之，「意向」明白。奧爾德的「feeling」之譯，倒是譯出了先民心中最單純、自然的情感。高本漢的譯筆既準確又圓融，一個「mind」，東方西方，任你怎麼理解，最終都不出吾「心」。既然各家對「志」的意義眾說紛紜，不如一「心」各表，隨各人所喜，各取所需，豈不快哉！對於「思想感情」，羅志野的「thought and feeling」是字面對譯，杜瑞清的「sentiments」帶有感情色彩。最後，錢厚生的「ideals」，恐怕未必「ideal」（理想）。

七　英譯更新之難及其思考

將以上「今譯表」和「英譯表」合起來再仔細琢磨。大體而言，「志」之今譯主流是「思想感情」說比「意志」說稍佔上風，而西方學者譯「志」之主流是理雅各的「意志」說，兩者在認知上存在著「缺口」（gap）。如何填平補齊、消瀰隔閡，還是我行我素，堅持某種一家之言，確實煞費苦心費思量。

事實上，筆者舉例「詩言志」，醉翁之意不在酒，只是舉一反三，藉以參與吶喊，證實《尚書》英譯更新誠非易事，冀望引起有關各方高度警覺。而「詩言志」並非筆者所特選，《尚書》中諸如此類的「疑難雜症」，比比皆是，任何譯者必然下筆千鈞重，斟酌再而三。這是《尚書》英譯更新面臨的難點之一。

其二，《尚書》新譯是用當代英文譯出原著的原意（所謂「原汁原

味」），抑或譯其後人不斷加碼、蔓延的今義（所謂「與時俱進」）？換言之，僅是文辭與文風之更新，還是文、義一併推陳出新？其實，正如《易經》、《論語》、《道德經》等經典有許多英譯本，針對不同的讀者，《尚書》也不妨有多種英譯更新本。

其三，「五經」英譯是為了出版，出版是為了對外傳播，傳播是讓英文世界的讀者有機會閱讀，使中國傳統文化「走出去」。不然，工程項目再浩大，總覺華而不實。鑑於備受各界推崇的《紅樓夢》楊憲益、戴乃迪譯本在英文世界的傳播、接受和影響力遠不如英國大衛·霍克斯（David Hawkes，1923～2009）譯本這一嚴酷的事實[51]，以及中國學界部分人士對「五經」翻譯的真誠關切[52]，筆者以為，只要有利於「五經」的對外傳播，翻譯的方式方法盡可不拘一格，靈活多樣。

八　結語

中國典籍浩如煙海。何書由何人英譯，不可先下定論，唯有適者勝任。《尚書》是一部奧衍難讀的原始典籍，英譯難度必然比文學經典更大，人選更難覓。本文從「窺豹一斑、足見大略」出發，以「詩言志」為例，通過歸納對比中西各家眾說紛紜的譯義，從中引出面臨《尚書》英譯更新之難點。翻譯盛事，不可不慎。從有利於對外傳播考慮，筆者建議採取中西合譯、優勢互補、兼容歸一的「理雅各、王韜」模式。

---

[51] 一般認，楊、戴譯本嚴謹，較注重原語文化，除閱讀外還宜作學術研究之用；霍譯本文筆流暢，較注重譯語文化，適合普通讀者閱讀。

[52] 參見：王達三：〈中國翻譯界要不得「工程現象」〉，《環球時報》第15版，2009年11月26日；謝天振：〈邁過「第一道坎」以後──紀念楊憲益先生去世引發的思考〉，《文匯讀書周報》第3版，2010年1月29日。

從文本詮釋到文化詮釋
——論理雅各《尚書》譯本中的「詳注」策略

陸振慧*

一 前言

　　《尚書》語言佶屈聱牙，版本流傳波譎雲詭，歷代注疏汗牛充棟，《書》學觀點林林總總，這些因素決定了《尚書》譯本不能是簡單的語碼轉換，而應該注入更多的文化詮釋，如此才能達到傳播文化的效果。理雅各[1]的處理方法是運用「詳注」策略，將翻譯文本置於豐富的語言和文化環境中，用多於譯文十數倍，甚至數十倍的詳細注釋，解決因文化隔閡導致的傳播阻斷。理氏的這種策略，是一種「語碼轉換＋文化詮釋」的模式，從文本詮釋上升到文化詮釋，帶有顯著的「厚重式翻譯（thick translation）」[2]性質，不但為儒

---

* 揚州大學外國語學院

[1] 理雅各（James Legge, 1815～1897），19世紀蘇格蘭傳教士、著名西方漢學家。系統翻譯了中國儒家經典，主要以兩個系列出現。第一個系列為五卷本的《中國經典》，包括《論語》、《大學》、《中庸》、《孟子》、《尚書》、《詩經》、《春秋》；第二個系列為六卷本的《中國聖書》（穆勒主編的《東方聖書》之中國部分），包括《書》、《詩》中的宗教部分、《易經》、《禮記》及兩部道家文獻。

[2] 在譯文中加上大量的注釋和評論，將翻譯文本置於豐富的語言和文化環境中，這種翻譯方法被亞皮爾（Appiah）稱為「厚重翻譯（thick translation）。詳見Appiah，

經西譯的體制做出了開創性的貢獻，更豐富了跨文化傳播中的文化詮釋模式。

二 「語碼轉換＋文化詮釋」的譯文模式

理氏《尚書》譯本[3]，按照原、譯、注佈局，先原文（上），再譯文（中），再注釋（下），一一對應。排版時原文豎排，譯文橫排，原汁原味，符合中西文字書寫習慣。同時合理利用字體字型大小的變化，以達到檢索方便、一目了然的閱讀效果。比如，注釋中的標題：全部字母大寫，首單詞首字母和實義詞首字母用大兩號的字體，如：INTRODUCTORY NOTE.；THE NAME OF THE BOOK。段落大意：全部字母大寫，首單詞首字母及專有名詞首字母用大兩號的字體，如〈堯典〉第一段：Ch. I.（parr.1 and 2）THE SAGELY VIRTUES OF YAOU, AND THE BENEFICENT CHARACTER, AND SUCCESSFUL RESULTS OF HIS GOVERNMENT. 其他內容則用通常字體。

古代漢語只有「句讀」，譯文將之轉換為各種標準的英文標點符號，並注明節次／段次，原文每小節開始處標明「一節」、「二節」……，譯文相應小節的左邊頁邊空白處標明「1」、「2」……；相應段落開頭則標明「I」、「II」……。示例如下：

（1）^{（八節）}王未克變。^{（九節）}伊尹曰、茲乃不義、習與性成、予弗狎於弗順、營於桐宮、密邇先王其訓、無俾世迷。^{（十節）}王徂桐宮、居憂、克終允德。（《尚書·太甲上》）[4]

8, 9　III. The king was not yet able to change *his course*. E Yin said *to himself*,「This is real unrighteousness, and is becoming by practice *a*

Kwame Anthony.「Thick Translation」〔1993〕，in *The Translation Studies Reader*, ed. L. Venuti（London: Routledge, 2000），pp.417～29.

3　本文採用的理雅各《尚書》譯本（*The Shoo King or The Book of Historical Documents*）為臺灣南天書局有限公司（Taipei：SMC PUBLISHING INC）2000 年版。為節省篇幅，文中舉理本例（無論譯文，還是注釋），只標頁碼。

4　原文在理本中為豎排。

second nature. I cannot bear to be near *such* a disobedient *fellow*. I will build *a place* in the palace at T'ung, where he can be quietly near *the remains of* the former king. This will be a lesson which will keep him

10. from gonging astray all his life.」The king went accordingly to the palace in T'ung, and dwelt during the period of mourning. In the end he became sincerely virtuous.（p.203）

譯文中的斜體字形表示根據句意添加的成分。再比如：

（2）允迪厥德、謨明弼諧。（《尚書・皋陶謨》）

If *a sovereign* sincerely pursue the course of his virtue, the counsels offered to him will be intelligent, and the aids *of admonition* will be harmonious.（p.68）

注釋中可見大量中文字元和一些數學符號。除直錄原文字句外，更多的中文字元錄自中國經注或字典釋義，如釋「史乃冊祝」（〈金縢〉）中的「史」：「史＝太史，『the grand historiographer.』」。有時還介紹注解或翻譯出處，如「Gan-kwǒ explains the clause：－史為冊書祝辭，『The historian wrote for him on a tablet（or tablets）the words of the prayer.』」（p.353）說的就是漢代孔安國對「史乃冊祝」的解釋。

　　眾所周知，理注篇幅極大，是譯文的十數倍，甚至數十倍。然而，未被大多數人所知的是，理注中其實還使用了大量的縮寫形式。比如「《論語》（Analects）」、「《孟子》（Mencius）」、「孔子（Confucius）」分別縮寫成Ana.、Men.和Con。《說文解字》以「the Dict.」表示，《孟子章句・離婁下》第廿四節以「Men. IV.，Pt. II.，xxiv」表示。甚至一些普通名詞也縮略了：「diff.」即different、「dyn.」即dynasty、「comp.」即「comparing」、「Ch.」即Chapter、「Pt.」即Part、「parr. 9, 10」即paragraphs 9, 10、「Acc. To」即According to等等。這麼做看起來直觀，也大大節省了篇幅，乃至讀者的閱讀時間。

理氏的這些努力，表明他對「語碼轉換」的重視，體現了他以信為本的翻譯原則。而譯本中大量的注釋與評論，則與「語碼轉換」形成互動，共同使譯本的文化傳播功能得到最大限度的發揮。

認知心理學和人工智慧研究表明，知識在人的記憶中是以一個個塊（chunks）的方式貯存起來的，這種塊狀結構用比較流行的術語來說就是圖式（schema），同一社會文化環境中的成員交際時，根據語用經濟原則，一般都不會將有關圖式中的所有資訊全部輸出，而往往只根據交際需要，擇重點或典型而用，於是出現「資訊缺省」。被交際雙方作為共用知識加以省略的部分叫做「情境缺省」（situational default）；被缺省的部分與語篇內資訊有關，叫做「語境缺省」（contextual default）；與語篇外的文化背景有關的，則叫做「文化缺省」（cultural default）。語境缺省的內容可在語篇內搜索，但文化缺省的內容往往在語篇內找不到答案。由於文化缺省是一種具有鮮明文化特徵的（cultural-specific）交際現象，是某一文化內部運動的結果，因此不屬於該文化的接受者在碰到這樣的缺省時，常常會出現意義真空（vacuum of sense），無法將語篇內資訊與語篇外知識、經驗聯繫起來，從而難以建立起理解話語所必須的語義連貫（semantic coherence）和情境連貫（situational coherence）[5]。

因此，在跨文化傳播的過程中常常出現這樣的情況：輸入了語義信號，卻啟動不了應啟動的空位，因而啟動不了比較完整的圖式，或者記憶裏根本就沒有相關的圖式備用[6]。原文中文化缺省的存在表明，翻譯並不僅是語言活動，更是一種文化活動；因此譯者不僅要有雙語能力（bilingual competence），而且要有雙文化能力（bicultural competence），甚至某種意義上說，雙文化能力更為重要[7]。對於譯者來說，最糟糕的就是看不出原文的文

---

[5] 王東風：〈文化缺省與翻譯補償〉，見郭建中編：《文化與翻譯》（北京市：中國對外翻譯出版公司，2000年）頁235～237。

[6] 同前注，頁241。

[7] Nida, Eugene A.. *Language, Culture, and Translating.*（Shanghai：Shanghai Foreign Language Education Press，1999）p.110.

化缺省，從而將自己的意義真空轉嫁給譯文讀者。

目前國內有兩個《尚書》譯本（下文按出版先後分別稱作「甲本」[8]和「乙本」[9]）都是只譯不注，許多文化資訊讀者無法領略，從而無法實現真正意義上的文化傳播。比如：

> （3）To Qi, the emperor said：「Qi, our people are suffering from lack of food. Take charge of agriculture and teach farmers to grow crops.」And to Qi, the emperor said：「Qi, harmony is not well established and the five relations are not properly observed among our people…」（甲本，p.21）

譯文中的「Qi」，究竟指一個人還是兩個人？根據譯文，無法辨別。此段文字實際上是《尚書‧舜典》中帝舜選拔官員的一節，譯文中的「Qi」為兩個人：一是「棄」，帝舜命他作農官（后稷），教民種植莊稼；一是「契」（應讀作「xiè」[10]），帝舜命他作「司徒」，掌管教化。

理譯採用了完全不同的方法。先對原文進行英譯：

> The emperoe said, "K'e, the black-haired people are *still* suffering the distress of hunger. It is yours, O prince, the minister of Agriculture, to sow *for them* these various kinds of grain." // The emperor said, "Sëë, the people continue unfriendly with one another, and do not observe docilely the five orders *of relationship*. It is yours, as the minister of Instruction, reverently to set forth the lessons of duty belonging to those five orders. Do so with gentleness." （pp.43～44）

再輔以註腳：

---

[8] 杜瑞清英譯（濟南市：山東友誼出版社，1993年首版）。

[9] 羅志野英譯（長沙市：湖南出版社，1997年首版）。

[10]《辭海》縮印本（上海市：上海辭書出版社，1989年）頁646。此處亦可見國內譯者翻譯《尚書》前對原作缺少必要研究，乙本甚至自始至終將與周公齊名的召（應讀作shào）公誤拼成Zhaogong。

稷 is the name of an office, that of the minister of Agriculture. The individual here mentioned had rendered, it is supposed, such service to the State in his office, that he came to be distinguished by it，and not by his own name which was K'e（棄）. He was a son of the emp. K'uh（高辛氏）; and to him the emperors of the Chow dyn. referred as their progenitor. See the wonders of his birth and infancy, and the aqchievements of his life, in the She King（詩經）, Pt. II. Bk. II. i., et al. During Shun's administration of the emperor, K'e had been appointed ruler of the state of T'ae（邰）, to which his mother had belonged. 契（Së）was a half-brother of K'e, and had been appointed ruler of Shang（尚）. From him the emperors of the Shang dyn. were descended. See the accounts of his birth, &c., in the last portion, of the She King, the "Praise-songs of Shang".（p.43）[11]

譯文中 K'e（棄）、Sëë（契）分指二人無疑（由拼寫可見理氏清楚「契」的非常讀音），加上詳注，又使讀者瞭解了二人身世。原來，棄為周祖，契為商祖。〈周語下〉：「我太祖后稷。」《詩‧商頌‧玄鳥》云：「天命玄鳥，降而生商。」稷，農官名。「棄」為稷名。《詩‧大雅‧生民》：「厥初生民，時維姜嫄。……履帝武敏歆……載生載育，時維后稷。」後繼云：「誕彌厥月……無菑無害，以赫厥靈。……誕寘之隘巷，牛羊腓字之。誕寘之平林，會伐平林。誕寘之寒冰，鳥覆翼之。鳥乃去矣，后稷呱矣。」這一故事逐漸流傳，後載入《史記‧周本紀》中云：「周后稷名棄，其母有邰氏女，曰姜原。姜原為帝嚳元妃。姜原出野，見巨人跡，心忻然說，欲踐之，踐之而身動如孕者。居期而生子，以為不祥，棄之隘巷，馬牛過者皆辟不踐；徙置之林中，適會山林多人，遷之；而棄渠中冰上，飛鳥以其翼覆薦之。姜原以為

---

11 譯文大意：「稷，農官名，此用以指稱擔任農官之棄。棄，帝嚳高辛氏之子，周始祖，帝舜封之于邰（其母所居地）；其非凡身世及功績見載於《詩‧大雅‧生民》。契，與棄同父異母，封于尚（即商），商始祖，身世功績見於《詩‧商頌‧玄鳥》。」

神，遂收養長之。初欲棄之，因名曰棄。」

理氏這樣做，不單是轉換了語碼，更將「缺省」了的文化資訊進行補足，從而使讀者對《尚書》原文的理解更加透徹，也大大豐富了譯本的文化資訊。理氏「巨幅」詳注曾招致不少非議，但意欲瞭解《尚書》的讀者都承認從中獲益良多。

三　理氏詳注與文化詮釋

理氏每篇經文注釋包括「題解」、「隨文釋義」等內容，這些注釋，部分屬於訓詁學範疇，如（字詞的）非常讀音、特殊句法、詞的本義及引申義等，而更多的則是理氏不厭其煩對中國文化的介紹與詮釋。理氏《尚書》譯本因此超越了一般意義上的譯本。

「文化缺省」是一種具有鮮明文化特徵的交際現象，是某一文化內部運動的結果；不屬於該文化的接受者在碰到這樣的缺省時易產生「意義真空」。由於理氏熟悉中西雙方的背景知識（shared knowledge）與語用前提（pragmatic presupposition），所以對語篇中的語義變異（semantic deviation）較為敏感，「文化缺省」的辨識力很強，巧用詳釋填補了譯文讀者的「意義真空」。下面擇其部分作一論述。

（一）詮釋高度凝練的數位式略語

數字式略語是古漢語常見的辭彙表達方法，體現出文言表達的精煉性。《尚書》中此類表達隨處可見。這些數字，有些實指，如「五典」、「五行」、「三禮」、「六卿」、「七政」、「五福」、「六極」、「九疇」、「金三品」等；有些虛指，如「兆民」、「萬邦」、「百姓」、「（決）九川」、「（距）四海」、「（一人）三失」；或者原先實指，後來虛指，如「九夷八蠻」、「八音（遏密）」、「（明）四目、（達）四聰」；或者複數單指，如作為官銜名稱的「四岳」、「百揆」。翻譯這些數字，既要保持原文風貌，又要將虛指、實指

等情況揭示出來，是譯者無法回避的要求，理氏解決這一問題的辦法是「直譯＋詳注」。如：

（4）慎徽五典，五典克從。（《尚書·舜典》）

「五典」，指五常之教，《左傳·文公十八年》云：「父義、母慈、兄友、弟恭、子孝。」蔡《傳》[12]釋：「五常也。父子有親，君臣有義，夫婦有別，長幼有序，朋友有信是也。」[13]國內兩個譯本均未能譯清楚原有意義。一個直譯：With much effort Yushun first promoted the five constant principles, which were well observed by the people.（甲本，p.11），「五典」究竟指什麼無法明知；一個採用解釋性翻譯：Shun cautiously advocated the five cardinal duties, that is father should be faithful, mother should be affectional, *old* brother friendly, *young* brother respectful, and son filial, after that the people *might follow him and were obedient to him*.（乙本，p.11），雖大體說出了「五典」內容，卻因措辭過於隨意（「兄」、「弟」本該用比較級「elder brother」和「younger brother」表示）致使傳達不暢，而後一句「五典克從」將「人們都能遵循這五種倫理道德規範」的本義竄改成了「百官或許會順從舜」（Under the leadership of Shun，all the officers followed him and were obedient to him），更是曲解原意。理氏用「直譯＋注釋」的方法既忠實於原文的形式，又道出了其中的內涵。譯文：*Shun* carefully set forth the beauty of the five cardinal duties; and they came to be universally observed.（p.31）「徽」，訓為「美」或「善」，以beauty來譯比較貼切；「五典克從」表示「五典之教都已順行無違者」，譯為「they came to be universally observed.」準確而簡潔。加上注釋：五典，『the five Canons』，－what are elsewhere called 五教，『the five lessons』, and 五常，『the five constant duties』, the virtues belonging

---

12 即《書集傳》，又稱《書經集傳》、《書經集注》、《書傳》等。南宋蔡沈著。

13 〔南宋〕蔡沈著，錢宗武、錢忠弼整理：《書集傳》（南京市：鳳凰出版傳媒集團、鳳凰出版社，2010年）頁8。

to the five social relations of husband and wife，father and son，sovereign and subject，elder and younger brother，and friends（p.31）告訴讀者「五典」又稱「五教」、「五常」，並據蔡《傳》訓，將五種倫常關係表述得清清楚楚。理氏的這種處理，使語碼的對應、文化的詮釋較好地融合在一起，讀者既感知到原本的面貌，又理解了原文的意義，還對中國語言的高度凝練性有所體悟，文化傳播功能得以有效實現。

漢、英數位式略語互譯，照理並不難處理，因為兩種語言均存在這種用法。然而，數字式略語作為一種略語（compact expression），內容比一般詞語豐富得多，譯成另一種語言時不是簡單的字面對應就能使人明白。以「五瑞」為例。五瑞，即五玉。但僅僅譯作「五種玉石」，顯然不能給讀者提供足夠的資訊。事實上，五瑞是四方諸侯所執的作為信符用的玉器，分五等。孫星衍疏引《周禮・典瑞》云：「公執恆圭，九寸；侯執信圭，七寸；伯執躬圭，五寸；子執穀璧，男執蒲璧，皆五寸。」[14]理氏在「輯五瑞」（〈舜典〉）句下，就對「五瑞」作了詳注[15]，不僅解釋了「五瑞」所指，而且據有關文獻介紹了五瑞的尺寸、形狀，頒發者及持有者身份、如何分配、有何象徵、幾時使用、如何驗其真偽等等情況，使讀者對「五瑞」的來龍去脈及其所代表的等級禮儀有比較充分的瞭解。《尚書》中此類數位式略語極多，但由於理氏在注釋中有詳解，讀者理解起來並不困難。相反，可以從中獲得很多有關中國古代的歷史文化知識。

（二）詮釋言約義豐的專名

專名內容廣泛，包括人名、地名、物名、制度名等等。一般情況下，人

---

[14]〔清〕孫星衍撰，陳抗、盛冬鈴點校：《尚書今古文注疏》（北京市：中華書局，2007年）頁42。

[15] 詳見James Legge. *The Chinese Classics with a translation, critical and exegetical notes, prolemomena, and copious indexes.* Vol. III: *The Shoo King or The Book of Historical Documents,*（Taipei: SMC PUBLISHING INC., 2000），pp.34～35.

名、地名音譯即可,但對於重要歷史人物,僅僅音譯,意義不大,因為現代讀者對他們知之甚少。地名亦然,許多古地名今已不用,即使名稱保留,內涵也可能發生了變化,比如現在的揚州、徐州早已不是〈禹貢〉中的揚州、徐州,僅僅音譯,會使讀者如墜雲霧。比如舜放「四凶」一段,甲本譯為:

As punishment, Yushun exiled Gonggong to Youzhou, Huandou to Chongshan and Guan to Yushan and drove out the Miao tribes to Sanwei.(p.17)如此譯文,別說普通外國讀者,就是一般的中國人也未必能看懂,更無法體會舜此舉威力所在(「四罪而天下咸服」)。理氏深知,凡涉及文化流變或阻隔的專名,注釋不可或缺:是人,應讓讀者知道他/她是誰,歷史上的功與過;是地,應讓讀者知道其地望或方位,古代叫什麼,如今叫什麼。這些知識多來自中國的文獻記載,最好再表明該說法來自哪本/些書。上段話中的人名地名,理氏也用了「音譯」法,但因有詳解[16],理解起來一點不難。至於關涉政治制度、禮儀風俗、宗教信仰、社會生活等的專名,理氏更不會輕易放過。比如「用命,賞于祖;弗用命,戮于社」(《尚書‧甘誓》)句,理注便告訴讀者「祖」即祖廟,「社」即社稷,祖、社是奴隸制王朝兩個最重要的進行宗教活動的場所,故《周禮‧小宗伯》也說:「建國之神位,右社稷,左宗廟。」《考工記‧匠人》說「左祖右社」。理氏還介紹了孔《傳》、孔《疏》關於古時天子巡守和出征時,運用車子載著祖廟的神主(叫做「遷廟之主」或「運主」)作為行軍禱告和請示之所的說法[17]。

有些術語涉及到深奧複雜的專門領域知識,介紹起來很繁瑣,但只要有助於理解文義,理氏便會不厭其煩。比如「四仲中星」對於解讀《尚書‧堯典》意義重大,堯制定曆法節令、後人疑辨〈堯典〉真偽,均將「四仲中星」作為突破口。為了說清楚「四仲中星」是怎麼回事,理氏不厭其詳,注釋文字達2000多,徵引文獻包括《書集傳》、《書經傳說彙纂》、《漢書‧律曆志》、《皇清經解‧龍城箚記》、《竹書紀年》、《史記》、《元會運世》,提

---

[16] 同上註,pp.39～40。

[17] 同上註,p.154。

及的學者有馬融、鄭玄、孔安國、盧學士、朱熹、吳澄、班固、蔡沈、張一行、司馬遷、邵堯夫、郭守敬以及兩位《書經》譯者麥都思（Walter Henry Medhurst, 1796～1857）[18]和宋君榮（Antoine Gaubil, 1688～1759）[19]。特別值得一提的是，麥都思博士對天文學素有研究，翻譯〈堯典〉時對「四仲中星」作過專門探討，並在譯本中作了一條長長的注。這條長注被理氏全文收入（篇幅所限，此處略）[20]。這條引注據說後來引起了美國現代天體物理學家易博士（Dr. H. K. C. Yee）的注意，易博士運用現代歲差公式，不僅檢查了麥都思關於春分的發現，而且將其他研究擴大到堯的其他三個關於確定夏至、秋分和冬至的指令上[21]。

（三）詮釋頗有來歷的典故

「據事以類義，援古以證今」，以古比今，以古證今，借古抒懷，是中國傳統文化中為文作章的一慣傳統。因此理氏對《尚書》中的典故或歷史背景非常重視，對之進行了詳盡注解。比如：

---

[18] 英國傳教士、漢學家，一八一六年被英國倫敦會派往麻六甲，學會馬來語、漢語和多種中國方言，幫助編輯中文刊物《察世俗每月統記傳》。除發表各種中文和馬來文的傳教冊子之外，專心研究中國歷史和文化。1838年麥都思在倫敦發表《中國的現狀與傳教展望》，向歐洲深入介紹中國的歷史和文明。另譯有《千字文》（1835）、《農政全書》節譯本（1849）和《書經》（1846）。

[19] 十八世紀法國最重要的傳教士漢學家，精通科學、史學和語言學，撰有《成吉思汗與蒙古史》、《大唐史綱》等史學著作。所譯儒家經典包括《詩經》（Livre des Vers）、《書經》（Le Chou-king traduit et annoté）、《禮記》（Li-ki）和《易經》（Le I-king）。《書經》在其去世後二十年，即一七七〇年在巴黎刊行。該譯以康熙年間孔安國《古文尚書》滿文譯本為底本，然後再以漢文原文作了審定。通曉天文學，專門對《書經》中涉及的古天文學內容進行了研究，寫成〈書經中的天文學〉（Astronomie dans le Chou～king）一文，附錄在譯著中。

[20] 詳見James Legge. *The Shoo King or The Book of Historical Documents*, p.19.

[21] 王寶琳：《尚書現代版》（上海市：上海古籍出版社，2003年）頁36～37。

（5）今汝其曰：「夏罪其如台？」夏王率遏眾力，率割夏邑，有眾率
怠弗協，曰：「時日曷喪？予及汝皆亡！」夏德若茲，今朕必往。
（《尚書‧湯誓》）

該句「時日曷喪？予及汝皆亡！」暗含一個典故，兩個國內譯本雖
譯出了字面意思，卻難讓讀者明白真義。甲本譯作：「When will you，the
sun，disappear from the earth? We will perish with you.」（甲本，p.77）乙本
譯作：「What time will this sun come to an end? We wish to die with you the
king.」（乙本，pp.69，71）看如此譯文，讀者難免納悶：明明是夏王荒淫無
道，臣民們緣何問日何時毀滅？若是將夏桀比作太陽，他又怎配？！要知
道，「sun」這個英文單詞除了表示「太陽、日；日光、陽光；恆星」等本義
外，常引申指「太陽般光輝奪目的人或事物」，是帶有褒義的。如「the Sun
of Righteousness」意為：「正義的陽光（指耶穌基督）。」「Knowledge is the
great sun in the firmament.」意為：「知識乃太空中偉大的太陽。」[22]由於兩個
譯本均只譯不注，讀者有疑問只好留在心中。理氏則在忠實傳譯的基礎上又
注釋如下：

時（＝是）日曷喪，予及汝皆亡，－see on Mencius, I. Pt. II., iv. 4.
Ch'ing would seem to make this passage the words of Kĕă himself. He
says: －Kĕă seeing that the people wished to rebel, compared himself to
the sun, saying, "Has ever that sun perished? If that sun perish, then I and
you will also all perish." He made use of the sun's security from danger, to
make the people dread himself;－see the 後案, in loc. Mencius is a safer
guide as to the meaning of the text than K'ang-shing. We may well believe,
however, that Kĕă had compared himself to the sun. Different traditions
say it was in reply to the remonstrances of E Yin that he did so.（p.175）

---

22 解釋和例句均摘自陸穀孫主編：《英漢大詞典》第二版（上海市：上海譯文出版社，
　2008 年）頁 2024。

注中提供了兩個材料供讀者參考：一是《孟子》（Mencius，I. Pt. II.，iv. 4.按，此處理氏記憶有誤，應為Mencius，I. Pt. I.，ii. 4.，即《孟子章句·梁惠王下》）：「〈湯誓〉曰：『時日害喪？予及女偕亡。』民欲與之偕亡。雖有臺池鳥獸，豈能獨樂哉！」說的是「人民不滿紂荒淫無道，問日何時毀滅，寧願與之同歸於盡」。一是鄭注：「桀見民欲叛，乃自比於日，曰：『是日何嘗喪乎？日亡，我與汝皆喪亡。』引不亡之微，以威恐下民也。」原來桀曾自比於日。理氏似乎贊同孟子說。理注中還提到伊尹，應該暗指《大傳》。《尚書大傳》云：「伊尹入告於桀曰：『大命之亡有日矣。』桀曰：『天之有日，猶吾之有民也。日有亡哉？日亡，吾亦亡矣。』」鄭玄注曰：「自比於天，言常在也。比於日，言去複來也。」有了這番介紹，讀者自然不會再有「人民何以遷怒於日」的疑惑。

（四）詮釋言此意彼的隱義

（6）能哲而惠，何憂乎歡兜？何遷乎有苗？何畏乎巧言令色孔壬？（《尚書·皋陶謨》）

理譯：When *a sovereign* can be *thus* wise and kind, what occasion will he have for anxiety about a Hwan-tow? What to be removing a prince of Meaou? What to fear any one of fair words, insinuating appearance, and great artfulness?（p.70）理注：By 巧言令色孔壬（壬，comp. 任人，Bk. I., p.16）it is supposed the 共工 of the Can. Of Yaou, p.10, is intended. This would give three of 'the four criminals' of Yaou's reign, whom Shun punished, leaving only K'wan, Yu's father, unmentioned, 'Yu', says K'angshing, 'purposely concealing his name.'（p.70）[23]

---

23 譯文大意：「言『巧言令色孔壬』，暗指〈堯典〉第十節中共工（即『帝曰：吁，靜言庸違，象恭、滔天。』——筆者注）。這裏列出了堯治時期『四凶』之三，唯禹父鯀未及。（鄭）康成說，禹不提鯀，故意隱也。」

「歡兜」、「有苗」在〈堯典〉中已有介紹,「孔壬」卻是文中第一次出現,且並非人名。孔,意為「甚,很」,壬,《爾雅·釋詁》:「壬,佞也。」[24]指諂佞不正的壞人。這裏暗指共工。〈堯典〉中帝堯曾說他「靜言庸違,象恭滔天」。「歡兜」、「有苗」、「共工」,正是堯政時期的「四罪」之三。禹言三凶而不及鯀者,為親者諱也。鄭玄亦認為,此處禹提及「三罪」,故意略去「鯀」,實為有意為之。理氏在譯文中只按照原文將「巧言令色孔壬」譯為「善於花言巧語、察言觀色的壞人」,而在注釋中揭明示此「巧言令色孔壬」者不是別人正是共工;「四罪」漏掉一個「鯀」亦自有原因。

（7）斫朝涉之脛,剖賢人之心,作威殺戮,毒痡四海。……囚奴正士,郊社不修,宗廟不享,作奇技淫巧以悅婦人。(《尚書·泰誓下》)

理譯:He cut through the leg～bones of those who were wading in the morning;he cut out the heart of the worthy man. By the use of his power killing and murdering,he has poisoned and sickened all within the four seas…He has imprisoned and enslaved the upright officer. He neglects the sacrifices to Heaven and Earth. He has discontinued the offerings in the ancestral temple. He makes contrivances of wonderful device and extraordinary cunning,to please his woman.(p.295)

原文中的「賢人」和「婦人」其實都有實指,武王故意模糊,是因為他的受眾人人對此心中有數,不需明言。譯給今天的讀者看,則必須挑明,所以理注有如下說明:剖賢人之心,－this refers to the case of Pe～kan. 囚奴正士,－this was the case of the count of Ke. 婦人,－this refers to Tă～ke.[25]。類似例子還有很多,此處不贅。

---

[24] 徐朝華注:《爾雅今注·釋詁》(天津市:南開大學出版社,1987年,頁70):「壬,大。引申為巧言諂媚,奸佞。《尚書·皋陶謨》:『何畏乎巧言令色孔壬。』《史記·夏本紀》作『何畏乎巧言善色佞人』。」

[25] 詳見James Legge. *The Shoo King or The Book of Historical Documents*, p.70.

四　理氏評論與譯本增值

　　忠實於原作不等於譯者完全沒有自我；相反，作為翻譯主體的譯者，具有且應充分發揮其主導性。譯者不是消極的「傳話人」，而是積極參與決嫌疑、明訛奪的「真理裁判員」[26]。儒家釋經既有「疏不破注」的傳統，亦有「六經注我」的發揮，歷代注家各執一詞的情況非常普遍。面對這種情況，儒經譯者首先要做一位解經者，必須對文本作統體觀照，內證外證相結合，才能正確定奪語義，明智判斷是非。

　　〈牧誓〉中提到三種兵器：戈、干、矛。麥都思將「戈」譯成「javelin」（意為「標槍」、「投槍」），理氏認為不確，指出：「麥氏將『戈』譯為『javelin』，然而我從未在任何地方見過這種武器可從手中擲出的說法。」[27]可見理氏十分重視文獻考證，既然沒有文獻依據，基本可以斷定麥氏此譯有誤。理氏將這三種兵器分別譯為「lances」、「shields」和「spears」，並在注釋中告訴讀者：這三種兵器構造相仿，都有「尖頭」和「長柄」，可依據柄長來區分：戈五尺六，戟（與「干」相當）十六尺，矛二十一尺[28]。這樣的譯本自然不再是表面上的文本轉換，而是增加了許多文化資訊。事實上，理氏對《中國經典》中任何一種事物名稱都很在意。翻譯《詩經》的時候，理氏遇到很多動植物、魚類、昆蟲等諸多名稱時，不願像蘭夏姆神甫（Father Lancharme）那樣音譯了事，於是將《毛詩名物圖說》寄給日本橫濱的一位學者 Dr. J. V. Hepburn 和一位英國植物學家 Mr. Kreme，向他們請教，最終考證出大約 159 種動物名稱和 139 種植物名稱[29]。這樣的考證無疑耗時費力，但

---

[26] 劉宓慶：《文化翻譯論綱》（漢口市：湖北教育出版社，1999 年）頁 133。

[27] 原文為：「Mudhurst translates 戈 by「javelin」; but I have not seen it anywhere stated that the instrument was thrown from the hand.」（p.302）

[28] James Legge. *The Shoo King or The Book of Historical Documents*, p.302.

[29] 岳峰：《架設東西方的橋樑——英國漢學家理雅各研究》（福州市：福建人民出版社，2004 年）頁 210～211。

理氏無怨無悔，因為他的目的是確保文化資訊的充分傳輸。

　　理雅各尊重中國經學傳統，充分吸收歷代儒師的研究成果，但從不盲從照搬，而是帶著批判的眼光，對陳論舊說作理性思考。

　　對許多舊注，理氏多所評判。閻若璩僅據《墨子‧非命篇》中引《書》與〈仲虺之誥〉一節內容相似而文字有異便得出「〈仲虺之誥〉為偽」的結論，理氏評之曰「荒謬」（absurd）[30]。《尚書正義》是理氏譯注《尚書》的基本參考書，林之奇、毛奇齡也是他所信任和鍾愛的注家，但他們的觀點理氏並不照單全收，只要覺得有問題或不可信，理氏便毫不猶豫地在注釋中指出。比如孔安國「王人求多聞」（〈說命下〉）之句讀就受到批評[31]，林之奇「亂越我家」（〈盤庚下〉）之「亂」解[32]，被指「幼稚」，孔穎達、毛奇齡「不義惟王，舊為小人」（〈無逸〉）的解釋亦遭拋棄[33]。

　　對版本、篇名、風格、內容的不實或不當，理氏也從不諱言。比如《書》學史上關於〈泰誓〉篇的爭議很大，有說「伏生本」中本無此篇，其入伏書乃「後得」；有說伏生復得《尚書》時，此篇即含其中（《史記》、《漢書》均有述）。後又有各種真、偽〈泰誓〉之說。江聲即稱己作《尚書集注音疏》中所錄為漢〈泰誓〉原貌，王鳴盛則在其《尚書後案》中提供

---

[30] James Legge. *The Shoo King or The Book of Historical Documents*, p.179.

[31] 孔安國將「王人」連讀，釋為「王者」，理氏認為這裏「王」是呼格，即說稱王而告之曰：「人求多聞者，是惟立事……」顯然理氏的理解是正確的。詳見James Legge. *The Shoo King or The Book of Historical Documents*, p.260.

[32] 這裏的「亂」當訓為「治」，「亂越我家」，即「治及我國家」（〔宋〕蔡沈撰，錢宗武、錢忠弼整理：《書集傳》，頁105）。林之奇卻將「亂」訓為「使（更）混亂，使窘困」，認為上帝意欲恢復湯德且使新都（殷）繁榮，因而故意降災於耿，為的是引導盤庚遷往殷。這一解釋顯然有些「天真」。詳見James Legge. *The Shoo King or The Book of Historical Documents*, p.245.

[33] 孔穎達、毛奇齡皆以「不義為王，舊為小人」言祖甲少行不義，爰及非類。理氏接受馬融之說：「祖甲有兄祖庚，而祖甲賢，武丁欲立之。祖甲以王廢長立少不義，逃亡民間。故曰『不義為王，久為小人』也。」他認為，孔、毛二氏之解「小人」必致一篇前後齟齬。詳見James Legge. *The Shoo King or The Book of Historical Documents*, p.467.

一更新「原版」。但二人均未能倖免理氏的嘲諷。特別是王版〈泰誓〉，理氏評之為「一個個片段」（fragments）拼湊成的「荒誕雜燴」（a farrago of absurdities），「此等劣書斷通不過孔夫子**審核**」（We may be sure that a Book containing such things never received the *imprimatur* of Confucius）（p.297）。

理氏雖然在原文的語碼轉換中「小心翼翼，亦步亦趨」，而在注釋中卻顯得十分主動與靈活，常常跳出「譯者」的限制，以「評論者」身份出現，對中國文化進行評判。

如《尚書·旅獒》中的一段注釋，便是對中國統治者妄自尊大的直言不諱的批評：

（8）The Leu people having sent some of their hounds to king Woo, and he having received them, or intimated that he would do so, the Great-guardian remonstrated with him, showing that to receive such animals would be contrary to precedent, would be dangerous to the virtue of the sovereign, and was not the way to deal with outlying tribes and nations. The reader will think that the Book is much ado about a very small matter, and in truth it is so. It receives an interest, however, when we see in a specimen of the feeling and procedure by which the rulers of China have all along sought to regulate their intercourse with foreign nations. "When the soverign does not look on foreign things as precious, foreigners will come to him" : — this language is a good exponent of the normal Chinese policy. A self-complacent assumption of superiority-superiority both in wisdom and in power-has always been displayed. I have read references to the steam-engine with its various applications, from men versed in all the learning of China, as if it were nothing more than a toy, to be thought of just as the duke of Shaou thought of the hounds of Leu. Statesmen and people are now, in this nineteenth century, having a rude awakening from their dream.

[34]（pp.345～346）

理氏指出：〈旅獒〉篇所述，實在有些「小題大做」。中國竟將「不寶遠物，則遠人格」作為外交政策！而且，不僅統治者盲目自大、唯我獨尊，連才高八斗、滿腹經綸的碩儒名士亦對他國發明創造不屑一顧，實在可悲可歎！

五　結語

理雅各之能勇於評判，源於他對中國文化的深入瞭解。理氏《尚書》譯本可以說是一部集歷代詁訓與漢學研究之大成的《尚書》英文注疏，不避其難，不厭其煩，實事求是，勇陳異見，集釋、導、考、評於一身。理雅各既是文本的翻譯者，又是文化的詮釋者，其譯本體例不但開創了儒經西譯的新模式，而且結束了西方學者對中國文獻研究的業餘水準階段，開始了專業化的漢學研究，它是理氏奉獻給世界的一部厚重的「學者型譯本」，在跨文化傳播中有著里程碑式的意義。

---

34 譯文大意：「西旅獻給武王一些獒，武王正笑納或意欲笑納。太保立即上前勸誡：『收此貢品，無有先例，不符聖德，於管理九夷八蠻亦不利。』讀到這裏，讀者定會覺得是小題大作，事實亦的確如此。然而，此事讓我們看到了中華統治者們長期以來處理外交事務之心境禮儀。那句：『不寶遠物，則遠人格。』一語道破中國一貫之外交政策，統治者們自以為『無論智慧或力量，我均天下無雙』而陶醉不已。還記得曾讀過一些飽學之士所寫文章，將西人發明蒸汽機及其諸多用途，看成不過是幼童玩具一般，那不屑一顧之口氣與召公看旅獒毫無二致。直至十九世紀之今日，才見一些具政治頭腦者猛然驚醒。」

簡論21世紀前10年大陸學者
《尚書》研究的特點

班吉慶*

　　二十一世紀前十年大陸學者的《尚書》研究，在前人研究的基礎上，推進到新的階段，取得了新的成就。據不完全統計，十年間出版的《尚書》新版本及研究專著有四十餘部，發表論文三六〇餘篇（含博碩士論文三十八篇），涉及《尚書》研究各個領域，且呈現出新的特點。本文擬對這十年大陸學者《尚書》研究的特點略作論述，並對今後的研究工作提出建議。所採資料，自二〇〇〇年至二〇〇九年，少數採自二〇一〇年。由於聞見不廣，學識有限，掛一漏萬，在所難免，取捨之間，或有不當，敬請各位專家和讀者諸君指教。

一　研究內容廣泛

　　《尚書》是中華民族最古老的典籍之一，內容極為豐富。十年來的研究論著涉及政治、思想、經濟、法律、歷史、文化、天文、地理以及語言、文字等各個方面。既有宏觀的論述，也有微觀的剖析。限於篇幅，撮要略述如次：

---

* 揚州大學文學院

（一）綜合研究

　　此處所謂綜合研究，指的是對《尚書》全書的整體研究，包括注釋和翻譯在內。代表性著作有劉起釪《尚書校釋譯論》（中華書局，2005），此書是作者《尚書學史》（中華書局，1989）的姊妹篇，專釋《今文尚書》二十八篇，以唐開成石經本為底本，參以唐以前的文獻、出土文物及石刻中所涉及的相關資料，兼採段玉裁、陳喬樅、皮錫瑞諸家的研究成果，對《尚書》文本詳加比勘校訂而成。每篇均分校釋、今譯、討論三項，幾乎巨細無遺地彙集了有關《尚書》文字考釋和專項問題研究方面的成果，取斷精審，堪稱《今文尚書》注釋的集成之作和有關《尚書》問題的百科全書，具有指示研究方向的重要意義。劉起釪又有《尚書研究要論》（齊魯書社，2007），此書是作者關於《尚書》研究的自選論文集，收論文三十一篇，從內容、價值、詞語、意義、影響等不同側面對《尚書》進行探討，材料紮實，分析深入，具有重要的學術價值。

　　《尚書》素以深奧難解著稱。自漢代以來，學者研習注釋，疏通文句，作了大量的工作。但由於該書的訓釋牽涉面很廣，所以至今仍存在不少問題，有必要利用新的成果繼續進行研究。十年來，注釋和翻譯《尚書》的主要有：

　　李民、王健《尚書譯注》（上海古籍出版社，2000），此書以中華書局影印《十三經注疏》本《尚書正義》為底本。按原書順序分為五十八篇。每篇分為四個部分，即原文、題注、注釋、譯文。全書注譯全面，詳略得當。

　　錢宗武、杜純梓《尚書新箋與上古文明》（北京大學出版社，2004），此書箋注範圍限於《今文尚書》，每篇以一個自然段為一個注解單位，先列原文，次作注解，每篇末為簡要分析，說明各篇的史料價值。該書「有三個特點，一是獨特的長篇緒論，二是新穎的注釋，三是多樣化的箋說」[1]。受到

---

[1] 馬士遠：〈箋注上古文獻的新視角——評《尚書新箋與上古文明》〉，《湖南廣播電視大

學界好評。

黃懷信《尚書注訓》（齊魯書社，2009）及其整理本《尚書正義》（上海古籍出版社，2007）。《尚書注訓》以皕忍堂刊唐石經本為底本，各篇由題解、書序、本文、注、訓五部分組成。注即注解，訓是將原文用今語順釋出來，有點類似於譯。該書取精用宏，取捨得當，二〇〇二年初版後受到學界歡迎，二〇〇九年再版時又做了修訂。整理本《尚書正義》為西北大學與上海古籍出版社合作編纂的《十三經注疏》整理本之一，以《古逸叢書三編》所收宋刻《尚書正義》本為底本，參考前人成果，詳加考校，是目前較好的一個本子。

何新《大政憲典‧〈尚書〉新考》（中國民主法制出版社，2008）是根據作者「古經新解系列」重新編輯的「國學經典新考」叢書之一，取孔傳《古文尚書》，每篇下分題解、原文、注解、譯文四部分。名為新考，實為注譯之一種，作者的觀點在注解部分時有體現。

賀友齡《尚書：今文全本》（高等教育出版社，2008）是「大學生傳世經典」叢書之一，以周秉鈞《尚書易解》為底本，逐句注解，佐以串講，個別地方略加說明。其目的在幫助青年學子對《尚書》有基礎的瞭解，故不作考證，力求簡約。該書為小32開本，頗便攜帶，面世之後，反映良好。

此外還有徐奮堂《尚書譯注》（廣州出版社，2001）、陳戍國《尚書校注》（嶽麓書社，2004）、郭仁成《尚書今古文全璧》（嶽麓書社，2006）、羅慶雲《尚書》（書海出版社，2007）、姜建設注《尚書（國學新讀本）》（河南大學出版社，2008）、章行《尚書‧原始的史冊》（上海古籍出版社，2008）、慕平譯注《中華經典藏書——尚書》（中華書局，2009）等。這類譯注，與上世紀後20年所出相比，面貌無大變化。正如王連龍所說：「注釋詳略不一，譯文大同小異。大致的情況是早年出的較為詳細，後來者獨創性不多。」[2]希望引起後來者注意。

學學報》2004年第4期，頁54。

[2] 王連龍：〈近二十年來《尚書》研究綜述〉，《吉林師範大學學報》2003年第5期，頁91。

（二）思想研究

《尚書》思想研究歷來最受重視，相關論著也最多。在我們的統計中，有關論著約占全部成果的三分之一。專著如游喚民《尚書思想研究》（湖南教育出版社，2002）從哲學、政治、倫理等方面，對《尚書》思想進行了較深入的探討；並從史的角度，分析了《尚書》思想對春秋戰國以及後世思想發展的影響，然猶有待深化開拓。論文如陳義烈〈古奧之文　聖哲之思——《尚書》的內容和意義〉（《九江師專學報》2000年第4期），指出「《尚書》思想意義之精華，主要表現在以下幾方面」：「選能讓賢的領導」、「德法兼用的國策」、「有條不紊的行政」、「力求無誤的司法」、「慎言慎行的態度」、「戒淫戒逸的作風」[3]等，羅列排比，未及《尚書》之要。

論文更多的是對某一方面的專題研究，關於德治思想的，如張幼良〈《尚書》德治思想原論〉（《徐州師範大學學報》2000年第4期）、董國軍〈由《尚書》看周代以前德治思想的演變〉（《江蘇大學學報》2003年第2期）、王定璋〈「明德慎罰」——《尚書》的「以德治國」思想探析〉（《中華文化論壇》2003年第4期）等。關於法治思想的，如紀曉建〈由《尚書》材料看夏商周法制的演變〉（《伊犁師範學院學報》2005年第1期）、唐雲嶺〈從《尚書‧呂刑》看周代法制思想〉（《黃山學院學報》2003年第4期）、朱曉紅〈禮與刑：《尚書》的法思想解讀〉（《西北大學學報》2009年第3期）等。關於民本思想的，如艾新強〈《尚書》民本思想述論〉（《廣西社會主義學院學報》2005年第4期）、王友富〈《尚書》民本思想解析〉（《青海社會科學》2009年第5期）等。關於和諧思想的，如曾憲年〈《尚書‧堯典》行政和諧思想的現代闡釋〉（《湖南師範大學學報》2007年第4期）、李志宏〈從《尚書》民主議政看「三個代表」「和諧社會」思想萌芽〉（《江蘇省社會主

3　陳義烈：〈古奧之文　聖哲之思——《尚書》的內容和意義〉，《九江師專學報》2000年第4期，頁57～60。

義學院學報》2007年第6期）、孫熙國〈中國古代和諧思想的兩大源頭——以《易經》和《尚書》為中心的考察〉（《理論學刊》2008年第8期）等。關於教育思想的，如畢天璋〈《尚書‧說命》及其教育思想〉（《河南教育學院學報》2000年第1期）、杜建慧〈《尚書‧無逸》及其所體現的周初政治教育思想〉（《鄭州大學學報》2006年第6期）等。關於誠信思想的，如唐賢秋、李秀芳〈《尚書》中的誠信思想管窺〉（《行政論壇》2003年第5期）、王公山〈略論《尚書‧呂刑》誠信思想及誠信原則〉（《井岡山學院學報》2007年第5期）等。

此外，還有論述《尚書》中的上帝觀念、生命意識、大一統思想、特權思想、時間意識、憂患意識等等，限於篇幅，恕不一一羅列。從以上所舉部分篇目，可見對《尚書》思想內容研究的廣泛和深入，成績巨大。但某些選題多次重複，缺少新意；某些論文應時而作，似覺牽強，應該引起今後注意。

（三）《尚書》學史研究

有關《尚書》學史的研究，前輩學者如陳夢家、蔣善國、馬雍、劉起釪等已在通史方面取得不菲的成就。近十年間，斷代《尚書》學方面的研究又獲得長足進展。專著如馬士遠《周秦〈尚書〉學研究》（中華書局，2008）以《尚書》學的源頭時期周秦為斷限，以詮釋學、編撰學等多層視角為切入點，「巧妙地將宏觀、中觀、微觀三者有機地結合在一起，完整地審視一代《書》學的流變面貌及其所曾發揮的歷史作用」。「在《尚書》學史研究體系與斷代《尚書》學研究途徑、研究方法方面，確實是出新之作。」[4]然於一代《尚書》之特色、內在脈絡挖掘不夠。

論文可分兩類，一類是關於斷代《尚書》學研究的，如單殿元〈漢代的

4　錢加清：〈一部深化《尚書》學研究體系的新著——評馬士遠教授《周秦尚書學研究》〉，《現代語文》2009年第10期，頁147。

《古文尚書》學〉（《揚州大學學報》2005年第2期）、朱巖〈兩漢《尚書》學的讖緯化〉（《社會科學家》2008年第3期）、黃洪明〈宋代《尚書》學〉（暨南大學碩士論文，2006）、王小紅〈宋代《尚書》學文獻及其特點〉（《圖書與情報》2007年第6期）、張建民〈宋代《尚書》學研究〉（西北大學博士論文，2009）、王旭艷、莊大鈞〈論從理學到樸學轉型期的清初《尚書》學〉（《商丘師範學院學報》2007年11期）等。但諸家於資料的收集辨析尚感不夠，如黃洪明《宋代〈尚書〉學》、張建民《宋代〈尚書〉學研究》，雖名為一代《尚書》研究，然資料欠缺太多，名實難副。

另一類是關於專人專書研究的，如陳良中〈朱子《尚書》學研究〉（華東師範大學博士論文，2007）、蔡方鹿〈朱熹《尚書》學的影響和地位〉（《天府新論》2003年第4期）、陳居淵〈論焦循的《尚書》學研究〉（《貴州師範大學學報》2006年第3期）、吳超〈朱彝尊與閻若璩《尚書》學之關係考論〉（《北方論叢》2009年第2期）、馮時〈陳夢家先生的年代學與《尚書》研究〉（《漢字文化》2006年第4期）、李吉東〈顧頡剛：現代《尚書》學的全面開創者〉（《清華大學學報》2008年第3期）等。專人專書研究應當是專經研究的核心，是宏觀學史研究的基礎，是梳理歷代成果的關鍵，沒有專精的專人專書研究，宏觀論述必然流於空泛而言不及要。

（四）「晚書」真偽問題研究

「晚書」真偽問題，迷霧重重，實乃千載疑案。自南宋吳棫、朱熹以來，懷疑者不絕。至清初閻若璩《尚書古文疏證》，「晚書」為偽似成鐵案。當然，也有毛奇齡等學者持有異議。近十年間，這一問題依然是研究熱點之一。專著如吳通福《晚出〈古文尚書〉公案與清代學術》（上海古籍出版社，2007），此書「是對《晚書》公案的系統清理與回顧。成果對公案的由來到餘波，進行了較全面的考察與歸納，敘述清楚，邏輯嚴密，資料準

確，學術性強，有較高的可信度」。[5]張岩《審核古文〈尚書〉案》（中華書局，2006）則認定所謂「偽《古文尚書》」的「定案」無法成立，「本書結論：閻若璩的研究遠遠不足以支撐其結論。不僅如此，閻氏書中還包含許多刻意捏造的偽證」[6]。辨偽學在方法論上存在著致命的缺陷，如字頻考查、如自以為窮盡似的資料收集，如裁截閻若璩論述枝蔓之處。如古文多輯自先秦舊籍為真，字頻說便失去意義。閻若璩所生之世較今日可觀之書殆難等同，裁截枝蔓則有可能消解閻若璩論證之內在邏輯。辨偽本身也需要反思。

論文也是各抒己見，如廖名春〈從郭店楚簡和馬王堆帛書論「晚書」的真偽〉（《北方論叢》2001年第1期）以郭店楚簡和馬王堆帛書的材料為據，證明「從宋人吳棫、朱熹以來，考定今傳《古文尚書》25篇『晚書』非先秦《尚書》之舊，為後人所編造是正確的，出土材料與傳統文獻材料所得出的結論完全是一致的」[7]。而楊善群〈辨偽學的歧途——評《尚書古文疏證》〉（《淮陰師範學院學報》2005年第3期）則認為閻若璩《尚書古文疏證》「證偽運用了八種手法，但絕大部分證據都似是而非，不能成立」[8]。此外還有王樹民〈偽《古文尚書》與偽孔安國《尚書傳》〉（《文史知識》2003年第10期）、閻寶明〈毛奇齡《古文尚書冤詞》探微〉（《古籍整理研究學刊》2005年第6期）、李艷芳《東晉古文〈尚書〉真偽研究》（遼寧師範大學碩士論文，2006）、楊文森〈朱熹證偽《古文尚書》及《序》《傳》詳考〉（《文教資料》2007年第6期）、馬延煒〈學術與世變之間——晚清古文《尚書》辨真的思想史意義〉（《船山學刊》2008年第3期）、楊緒敏〈偽《尚書》的出現及考辨的歷史〉（《徐州師範大學學報》2008年第1期）等。

5　吳通福：《晚出〈古文尚書〉公案與清代學術》（上海市：上海古籍出版社，2007年）頁9。

6　張岩：《審核古文〈尚書〉案》（北京市：中華書局，2006年）頁1。

7　廖名春：〈從郭店楚簡和馬王堆帛書論「晚書」的真偽〉，《北方論叢》2001年第1期，頁123。

8　楊善群：〈辨偽學的歧途——評《尚書古文疏證》〉，《淮陰師範學院學報》2005年第3期，頁396。

以上論著從不同的方面發表觀點，或是或否，尚難定論，有待繼續探討。對此，筆者贊同王樹民的意見：「其實所謂偽者，乃就所標示之虞夏商周時代而言。其書作於魏晉時期，到清代已在一千五百年左右，是很難得的一些古文字資料，正確對待之，在學術上仍不失為重要的資料。」[9]

（五）語言研究

《尚書》作為文獻的源頭語言材料之一，語料價值無可替代。《尚書》語言研究者多數致力於語法和詞彙方面，音韻和修辭方面也有所涉及。

語法研究方面，影響較大的專著有錢宗武《今文尚書語法研究》（商務印書館，2004），該書是作者《今文尚書語言研究》（嶽麓書社，1996）的姊妹篇，也是作者《尚書》語言研究系列的第三本書。「這部專著既保持了作者《尚書》語言研究的統一風格，又具有專書語法研究的許多特色。」[10]信而有徵，勝義紛呈，窮盡研究，結論可信。此外專著有張文國《〈尚書〉語法研究》（巴蜀書社，2000）等。論文除錢宗武的多篇外（篇目詳後），有沈丹蕾〈今文《尚書》的語氣研究〉（《廣西師範大學學報》2001年第3期）、張文國、張文強〈今文《尚書》指示代詞研究〉（《聊城大學學報》2002年第2期）、劉光明〈今文《尚書》中副詞「弗」的功能考察〉（《安慶師範學院學報》2004年第4期）、唐智燕〈論今文《尚書》的三價動詞〉（《長沙理工大學學報》2005年第1期）、于蓓蓓〈《尚書》、《周易》和《詩經》的「所」字研究〉（《湖北廣播電視大學學報》2008年第1期）、喻遂生〈敦煌《尚書》殘卷中的副詞「亡」〉（《古漢語研究》2008年第4期）、馮榮珍〈今文《尚書》第一人稱代詞的句法功能〉（《飛天》2009年第24期）等。另外，錢宗武的研究生有多篇畢業論文專題論述《尚書》語法，篇目詳

9　王樹民：〈偽《古文尚書》與偽孔安國《尚書傳》〉，《文史知識》2003年第10期，頁8。

10　王大年：〈序〉，錢宗武：《今文尚書語法研究》（北京：商務印書館，2004年）頁2。

後。

　　詞彙研究方面，專著有周寶宏《〈尚書〉詞義研究》（中國社會科學出版社，2004），論文有高光新〈《今文尚書》周公話語的詞彙研究〉（山東大學碩士論文，2005）、錢宗武、楊飛〈今文《尚書》艷色詞研究〉（《長江學術》2007年第1期）、唐智燕〈今文《尚書》動詞同義詞聚合〉（《求索》2004年第6期）、徐天興、張洪玲〈今文《尚書》反義詞研究〉（《河南機電高等專科學校學報》2008年第1期）等。《尚書》中一些疑難詞句的訓釋也取得新的進展，如易寧〈《尚書‧甘誓》「予則孥戮汝」考釋〉（《史學史研究》2002年第1期）、〈《尚書‧盤庚》「亂越我家」考釋〉（《北京師範大學學報》2003年第2期）、〈《尚書‧堯典》「明明揚側陋」考釋〉（《史學史研究》2003年第4期）等系列論文，引人注目。又如臧克和〈《尚書‧召誥》「生子」試釋〉（《中國史研究》2000年第3期）、王穎〈西周金文及《尚書》中之「若曰」考〉（《廊坊師範學院學報》2004年第1期）、劉興林〈《尚書‧禹貢》「織貝」考〉（《江海學刊》2005年第4期）、羅慶雲〈釋《尚書》中的「弗弔」〉（《長江學術》2008年第4期）等。

　　音韻方面，最具挑戰性的是呂勝男〈今文《尚書》用韻研究〉（揚州大學碩士論文，2007），因為《尚書》乃是散文，其韻語和用韻方式不同於一般韻文。該文窮盡地統計了《今文尚書》28篇中的全部韻語，對其進行嚴格的分析和歸納，總結其韻例，揭示《今文尚書》用韻的獨特性，材料豐富，條例分明，實屬不易。修辭方面有何淩風〈《尚書》「對偶」藝術淺析〉（《牡丹江師範學院學報》2000年第4期）、盧一飛〈今文《尚書》中的修辭手法〉（《皖西學院學報》2007年第1期）、李霞〈今文《尚書》修辭格研究〉（揚州大學碩士論文，2009）等。

（六）文字研究

　　《尚書》文字，歷為研究熱點之一。自漢代以來，名家輩出，著述如林。儘管如此，還不能說已臻盡善。這方面也有許多新成果，影響較大的專

著是林志強《古本〈尚書〉文字研究》（中山大學出版社，2009），該書以顧頡剛、顧廷龍合輯的《尚書文字合編》為主要材料，吸收前人成果，結合新出材料，對古本《尚書》文字現象進行全面深入探討，同時注意找出文字研究和文獻整理的結合點和切入點，信而有徵，頗得學界好評。論文如臧克和〈基於《金文資料庫》的《尚書》文獻用字研究〉（一，《中國文字研究》第3輯，2002）（二，《古籍整理研究學刊》2002年第3期）利用華東師大中國文字研究與應用中心開發研製的《金文資料庫》，在對《尚書》歷代傳本基本用字調查的基礎上，開展基於計算機《金文資料庫》的《尚書》文獻用字研究，頗具新意。錢宗武、陳楠〈論敦煌寫本《尚書》的異文類型及其特點〉（《古籍整理研究學刊》2006年第3期）運用今傳本《尚書》對敦煌寫本《尚書》進行逐字對照，窮盡性地搜集所有異文，比較異同，歸納出八種異文類型，結論可信。

借助出土資料是考訂《尚書》文字的有效手段，這方面的論文又如：廖名春〈郭店楚簡《緇衣》引《書》考〉（《西北大學學報》2000年第1期）、黃震雲、黃偉〈郭店楚簡引《書》考〉（《南陽師範學院學報》2003年第2期）、張玉金〈《尚書》新證八則〉（《中國語文》2006年第3期）、陳楠〈敦煌寫本《尚書》異文研究〉（揚州大學碩士論文，2006）、趙立偉〈論三體石經《尚書》異文的類型及價值〉（《西華大學學報》2008年第4期）等。

（七）文學成就和文本結構研究

由於長期以來，人們對《尚書》經學意義和史書性質的關注，在一定程度上弱化了它的文學價值。由於「早期《書》篇在上古文學史的實際存在狀況中占據著主流地位」[11]，因而對《尚書》文學成就的研究也是一項很有意義的工作。十年間，陳良中、葉修成、朱巖在這方面的一系列論文引人注目（篇目詳後），王媛〈《今文尚書》文本結構研究〉（首都師範大學博士論

---

11 馬士遠：《周秦〈尚書〉學研究》（北京市：中華書局，2008年）頁281。

文，2008）以正確理解《尚書》泛文學特徵為前提，在對其作為記言史書的本質屬性與文學形式之間的關係重新思考的基礎上，詳細分析了《尚書》整體結構上體現出來的編年體特徵和記言部分的結構特徵，從而進一步認識《尚書》在早期文學和史學兩方面的偉大意義，創獲較多。

相關論文又如王恒展〈《尚書》與中國小說〉（《山東師大學報》2000年第3期）、劉緒義〈《尚書》——中國最早的語錄體散文〉（《湖南稅務高等專科學校學報》2004年第4期）、張驍飛〈從《尚書》到《文心雕龍》看情志觀的演變〉（《牡丹江教育學院學報》2006年第6期）、陳贇〈《尚書》「十體」的文體學價值〉（《湖南社會科學》2007年第3期）、徐柏青〈論《尚書》在我國散文發展史上的貢獻〉（《海南師範大學學報》2008年第2期）、張恩普《〈尚書〉文學批評思想探討》（《古籍整理研究學刊》2008年第6期）、張曉峰〈《尚書》經傳對《文心雕龍》的影響〉（江西師範大學碩士論文，2008）等。

（八）「清華簡」與《尚書》研究

「清華簡」指的是清華大學於二〇〇八年七月收藏的一批戰國竹簡。可以確定：「清華簡中已發現有多篇《尚書》，有些篇有傳世本，如〈金縢〉、〈康誥〉、〈顧命〉等，但文句多有差異，甚至篇題也不相同。更多的是前所未見的佚篇。」[12]據李學勤介紹，將於今年底出版的《清華大學藏戰國竹簡》「第一冊研究報告收錄的一〇七支簡，包含九個篇目：〈尹至〉、〈尹誥〉、〈程寤〉、〈保訓〉、〈耆夜〉、〈金縢〉、〈皇門〉、〈祭公〉和〈楚居〉。其中前八篇都是《尚書》一類的文獻」[13]。對「清華簡」中一些篇目，已陸續有研究成果問世，如李學勤〈清華簡《保訓》釋讀補正〉（《中國史研究》2009年

---

[12] 李學勤：〈初識清華簡〉，《光明日報》第12版，2008年12月1日。
[13] 徐軼汝：〈2300歲國寶重獲新生「清華簡」編排是難題〉，《新民晚報》A6版，2010年1月27日。

第3期）、趙平安〈關於《保訓》「中」的幾點意見〉（《中國史研究》2009年第3期）等。可以預期，隨著相關材料的發布，將為《尚書》研究提供嶄新材料並拓展出許多新課題。

二　研究角度新穎

十年間，研究者不斷努力從新的角度解讀《尚書》，有的從史詩角度，有的從儺戲、神話角度，有的對前人已有的研究成果進行再研究，還有從外文翻譯、藝術設計、飲食文化等方面對《尚書》進行多角度、全方位的研究，取得不少新的成果。

（一）從史詩角度

陸建初《〈尚書〉史詩考》（學林出版社，2010）依文化史發展普適之理，將《尚書》原文按《詩經》句式重新排列。認為「《書》之章句一旦列如《詩》，則其義無不大暢；尤妙者，《書》學之數數疑謎亦遂頓解」[14]。茲轉引〈堯典〉開頭幾節，以見大意。

〈堯典〉原文　〈堯典〉意譯

一、粵若稽古　唭嗻，相傳

二、帝堯曰放　堯帝英名遠

　　勛欽明文　功高而明彰

　　思安口安　思安詳體康

　　允恭克讓　誠敬猶謙讓

　　光被四表　德輝映四海

　　格于上下　及於天地間

三、克明俊德　明德修身已

---

14 陸建初：《〈尚書〉史詩考》（上海市：學林出版社，2010年）頁1。

以親九族　　表率親九族

九族既睦　　親族既和睦

平章百姓　　彰顯各部落

百姓昭明　　誠盟諸方酋

協和萬邦　　萬邦遂協和[15]

作者自言：「如上，未敢言復史詩之原樣，但大體已得。」[16]這一研究，尚存若干可商之處，也未得到學界普遍認可；作者獨闢蹊徑，從史詩角度研讀《尚書》，難免故作新奇之嫌，恐非《尚書》研究正途。

（二）從儺戲、神話等角度

劉宗迪〈《尚書·堯典》：一篇古老的儺戲「劇本」〉（《民族藝術》2000年第3期）將《尚書·堯典》的敘述與驅儺儀式相對照，證明〈堯典〉是關於歲末大儺儀式的寫照：舜巡四嶽（以及羲和授時）是對曆法演示儀式的描述，而舜放四凶則是四門磔除儀式的反映。與〈堯典〉所述情節如出一轍的儺戲至今仍在山西曲沃的《扇鼓儺儀》中完整地保留著。因而「完全可以說，整篇〈堯典〉是一篇原始儺戲的『劇本』。不過，這個『劇本』並非是在戲劇上演之前擬就的『腳本』，而祇是對早已存在的儀式表演活動的劇情描述」[17]。此說如果成立，則中國戲劇史的有史記載應從西元前兩千多年前的〈堯典〉開始。

從神話角度研究《尚書》，近十年又有新的收穫。尹榮方〈《尚書·甘誓》神話說〉（《文史知識》2009年第1期）一文指出：〈甘誓〉之「甘」，一般認為是地名，其實「很有可能就是神話的『甘水』、『甘淵』」[18]，作者經考

---

[15] 同前注，頁9。

[16] 同前注，頁19。

[17] 劉宗迪：〈《尚書·堯典》：一篇古老的儺戲「劇本」〉，《民族藝術》2000年第3期，頁155。

[18] 尹榮方：〈《尚書·甘誓》神話說〉，《文史知識》2009年第1期，頁9。

證推斷：《甘誓》「是周人根據流傳的夏代傳說記錄成文的。這個傳說的內涵乃是曆法改革。……我們今人能夠對這一故事做神話學的還原」[19]。

（三）研究之研究

對前人已有的研究成果進行分析、總結、評述、推介，是學術研究中不可或缺的重要方面，也是《尚書》研究的重要角度，姑名之曰「研究之研究」，相關成果主要集中在以下三個方面：

第一，對古代注疏的研究，例如毛遠明〈段玉裁《古文尚書撰異》的文獻價值〉（《文獻》2000年第2期）、喻遂生〈《尚書正義》點校箚記〉（《西南師範大學學報》2002年第4期）、方笑一〈王安石《尚書正義》初探〉（《華東師範大學學報》2007年第1期）、莊庭蘭、劉曉東〈論王夫之的《尚書正義》——思辨性的《尚書》學〉（《黑河學刊》2007年第6期）、楊艷香〈論王夫之的文質觀——以《尚書引義·畢命》為例〉（《船山學刊》2008年第2期）、原昊〈李調元及其《鄭氏古文尚書證訛》〉（《吉林工程技術師範學院學報》2008年第3期）、曹輝〈論皮錫瑞的《尚書中候疏證》〉（《重慶科技學院學報》2009年第2期）、楊雲香〈《尚書正義》反映的詞彙觀探索〉（《西南大學學報》2009年第6期）、趙炎〈習與性成——《尚書引義》中船山對孔孟人性論之折中〉（《蘭州學刊》2009年第11期）等。

第二，對現代研究專著的評論，例如張樹〈從《〈尚書·虞夏書〉新解》看金景芳先生對傳統文化研究的貢獻〉（《文化學刊》2007年第6期），對金景芳九十高齡後這一力作中的精彩發現、精華要點及治學所得，進行綜合提示，可為治學導引。又如鄔衡燕〈《尚書》研究的新成果——讀游喚民《尚書思想研究》〉（《中國文學研究》2001年第3期）、王輝〈讀《〈尚書〉周初八誥研究》〉（《中國史研究動態》2001年第3期）、宮長為〈白川靜先生新著《尚書箚記》一書簡介〉（《中國史研究動態》2001年第9期）、馬士遠〈箋注

---

[19] 同前注，頁16。

上古文獻的新視角——評《尚書新箋與上古文明》〉（《湖南廣播電視大學學報》2004年第4期）、彭永〈以追日情懷開《尚書》生面——評陳戍國《尚書校注》〉（《湖南社會科學》2005年第3期）、殷國光〈先秦專書語言研究的又一創獲——讀《今文尚書語法研究》〉（《揚州大學學報》2005年第4期）等。

第三，對研究成果的綜述，例如許建平〈敦煌出土《尚書》寫卷研究的過去與未來〉（《敦煌吐魯番研究》第七卷，中華書局，2004），回顧百年來各國學者特別是中國學者致力於敦煌《尚書》寫卷的研究歷程，總結敦煌《尚書》寫卷收集、整理、考辨等方面的成績，並對今後的研究提出建議，史料翔實，脈絡分明。又如王連龍〈近二十年來《尚書》研究綜述〉（《吉林師範大學學報》2003年第5期）、陳愛峰、楊梅、于曉冬〈《尚書》「三危」地望研究述評〉（《青海民族研究》2006年第3期）、裘燮君〈今文《尚書》斷代研究綜述——先秦傳世文獻斷代研究之一〉（《廣西師範學院學報》2007年第2期）、白林政〈建國後「偽《古文尚書》」及《尚書孔傳》研究平議〉（曲阜師範大學碩士論文，2008）等。

（四）其他多角度的研究

十年間，許多學者從各自的學術背景、知識結構、專業特長出發，對《尚書》進行多角度、全方位的研究，百花齊放，各具特色。其中有研究《尚書》譯本的，如陸振慧〈從《尚書》兩個英譯本的比較看典籍英譯問題〉（《揚州大學學報》2006年第6期）、鄭麗欽〈與古典的邂逅：解讀理雅各的《尚書》譯本〉（福建師範大學碩士論文，2006）等；有從天文地理入手的，如王勝利〈《尚書・堯典》四仲中星觀測年代考〉（《晉陽學刊》2006年第1期）、康建軍、郝明朝〈《尚書》山岳地理研究〉（《社科縱橫》2008年第3期）等；有從檔案管理入手的，如王星光〈《尚書・金縢》與檔案管理〉（《檔案管理》2002年第1期）、趙昭〈從《尚書・金縢》看西周的文書檔案工作〉（《蘭臺世界》2007年第14期）等；有從古代藝術設計入手的，如鄭

麗虹〈《尚書》與中國古代設計藝術思想〉(《齊魯學刊》2004年第5期)、陳正俊〈《尚書》藝術設計史論的價值分析〉(《蘇州大學學報》2004年第3期)等;還有從古代醫學、飲食、珍寶等方面入手的,如鮑曉東〈試論《尚書‧洪範》與醫學發展的關聯〉(《江西中醫學院學報》2007年第3期)、陳軍〈《尚書》飲食文化研究〉(《揚州大學烹飪學報》2003年第2期)、呂勝男〈今文《尚書》珍寶名物初探〉(《船山學刊》2008年第3期)等。所有這些,都大大豐富了《尚書》研究的內容,其中時見創新之光,不乏真知灼見。

三 研究方法多樣

除了繼續運用傳統的研究方法外,這階段有些新的突破,出現了從語言學角度,運用現代技術以及系統論、統計學方法而研製的《尚書》數據庫。借助電腦軟件的文檔檢索方法也被普遍採用,還有其他一些方法。

(一)《尚書》數據庫

數據庫是管理數據的技術,主要解決數據的獲取、編碼、組織、存儲、訪問和處理等問題。數據庫技術從二十世紀六十年代末產生以來,不斷發展完善,應用日益廣泛和深入。令人欣喜的是,《尚書》研究中也開始運用了這一技術。代表作如周文德、戴偉《〈尚書〉數據庫》(巴蜀書社,2003),該書運用現代信息技術,將《尚書》研製成數據庫。全書分六個部分,包括字數統計表、全書字表、字頻統計表、逐字索引、全書文本及音序檢字表。全書文本標了行號,分別標注所採三種文本(中華書局1980年《十三經注疏》本、中華書局一九八六年孫星衍《尚書今古文注疏》點校本、北京大學出版社一九九九年李學勤主編《尚書注疏》本)的頁碼,使用者一次檢索便可得到三個版本的確切位置,方便快捷。但該書也有不盡完善之處,如「逐字索引」之0001號「惟」字的文本行號「43/48/51/56……」有誤,經查

核，當為「44/49/52/57……」，如此之類，使用時必須注意。

（二）統計研究法

對某一類研究對象，進行絕對數量的統計和相對數量的比例計算，就是統計的方法。進行數據統計和各種量化的分析，有客觀可靠的檢驗標準來衡量研究結論，就使研究更加科學和精密。這一方法，在《尚書》語言研究中使用尤為普遍。如錢宗武《今文尚書語法研究》就「非常重視窮盡性地定量分析，對各類句型及其詞語的使用頻率，都有精確的統計數字。因而往往能糾正前人之訛誤，結論令人信服」[20]，例如關於對稱代詞單複數同形的研究，作者通過逐詞定位定數的分析，指出：「『汝』『爾』『乃』單複數的使用，取決於說話的對象。若說話對像是個人，則用單數；若說話對像是群體，則用複數。」[21]這就糾正了何定生「〈周書〉各篇……凡用『汝』時，皆表單數。今《商書》所用……『汝』竟與《周書》各篇恰恰站在相反的地位，用於『眾數』」[22]的說法，驗之語言事實，錢說可信。

又如唐智燕〈今文《尚書》動詞語法研究〉（廣西師範大學碩士論文，2003），對《今文尚書》中所有動詞的全部用例進行窮盡性的考察研究，根據其不同的語義特點和語法功能，對動詞進行細密的分類研究。文後附錄「《今文尚書》動詞使用情況統計表」凡21頁，統計精確，具有很強的說服力。

（三）比較研究法

比較研究法的大量使用，也是這階段《尚書》研究的一個特色。如林志

---

[20] 同注⑩，頁3。

[21] 錢宗武：《今文尚書語法研究》（北京市：商務印書館，2004年）頁131。

[22] 何定生：〈《尚書》的文法及其年代〉，《國立中山大學語言歷史研究所週刊》1928年第5集，頁37。

強研究《尚書》文字,「以歷時系統考察和共時系統分析相結合。歷時系統考察是把《尚書》文字與商周以來的古文字特別是戰國秦漢文字進行合證,重在沿流溯源,理清其演變脈絡;共時系統分析是將《尚書》文字與魏晉唐宋時期的碑刻、印章、字書、韻書中的文字進行合證,重在橫向比較,辨其異同」[23]。又如錢宗武研究《尚書》判斷句,「一方面與共時語料金文中的判斷句進行比較,發現了漢語判斷句的最早形式;另一方面又與《史記》引《書》判斷句的同義語料進行比較,理清了漢語判斷句由商周至秦代發展演變的軌跡」[24]。

主要使用比較研究法的論文有:沈利斌、趙俊芳〈兩「逸」之比──《尚書・無逸》與《國語・論勞逸》對讀〉(《四川教育學院學報》2000年第1期)、易寧〈論《史記》釋《尚書・西伯戡黎》〉(《史學史研究》2001年第2期)、劉宗迪〈《山海經・大荒經》與《尚書・堯典》的對比研究〉(《民族藝術》2002年第3期)、劉冬穎〈《尚書・酒誥》與《詩經》中的酒德〉(《東疆學刊》2003年第3期)、黃玉順〈中西思維方式的比較──對《尚書・洪範》和《工具論・範疇篇》的分析〉(《西南師範大學學報》2003年第5期)、鄭傑文〈《墨子》引《書》與歷代《尚書》傳本之比較──兼議「偽古文《尚書》」不偽〉(《孔子研究》2006年第1期)、翟奎鳳〈《尚書・周官》與《周禮》關係考論──兼談西周的公卿官學與孔子儒學〉(《太原理工大學學報》2006年第2期)、嚴寶剛〈《尚書》周初文獻與《史記》引文對比研究初探〉(《寧夏大學學報》2008年第3期)等。

(四)現代翻譯法

順應讀者需要,《尚書》已有多種白話譯本,各有短長。而王寶琳《尚書現代版》(上海古籍出版社,2003)卻是另一種別出心裁的嘗試,姑謂

---

[23] 林志強:《古本〈尚書〉文字研究》(廣州市:中山大學出版社,2009年)頁4。

[24] 同注⑩,頁3。

之「現代翻譯法」。全書分上下兩編。上編「真書二十九篇」，下編「晚書二十五篇」。各篇都有一個不能用同一原則解釋的新題目，如「禹貢：一次盛況空前的國情調查」。每篇正文前有卮言，提示大意；後有注釋，廣徵博引。正文大體依照原書，但不出原文，而用流暢的現代文改寫，且有若干補充。該書〈提要與說明〉指出：「這部《尚書現代版》，不是以傳統方式對今存五十八篇《尚書》所作出的單純的注疏，而是在學習和吸取前人、今人研究成果的基礎上，對這部古代經典所達到的現代沉思與一種可能的語言學轉換。」[25]但書中一些詞句過於「現代」，比如說后稷「大力推進『星火計劃』，做了禹的農業部長，全面主持社會 業結構的調整」[26]等等，諸如此類，似欠妥當。此書用心良苦。文筆頗佳，但不出原文，又有增補，從嚴格意義上已非《尚書》原書，究竟效果如何，尚有待實踐檢驗。

四　研究隊伍擴大

十年間，《尚書》研究隊伍不斷擴大。據不完全統計，發布有關研究成果的學者有290多人。老一輩學者寶刀不老，新著迭出；中青年學者兢兢業業，銳意進取。更有一批博、碩士生的加入，生氣蓬勃。加上不少科研課題獲得立項資助，有力地推進了研究進程。

（一）老一輩學者寶刀不老

老一輩學者中，用力最勤、成就最著者首推劉起釪（1917～），這位值得敬重的耄耋老人，將畢生精力奉獻給了《尚書》研究事業，二〇〇五年、二〇〇七年相繼出版《尚書校釋譯論》、《尚書研究要論》兩部力作，正如他自己所說：「此書的寫成，從一九六二年調我進京開始，可說花了三十八

---

25 王寶琳：《尚書現代版》（上海市：上海古籍出版社，2003年）頁1。
26 同前注，頁53。

年功夫。這三十八年中，我的思想裏就只有《尚書》兩個字。無論在工作中，或者生活中，念茲在茲。」[27]其道德文章，堪稱楷模，令人敬仰。

十年中堅持著述的老一輩學者，還要大寫一筆王樹民（1911～2004），王樹民胸懷全局，行守本位，在中國史學史領域辛勤耕耘，成果豐碩。在他逝世前一年，還專為《文史知識》撰寫〈偽《古文尚書》與偽孔安國《尚書傳》〉一文，細說源流，持論公允。並對研究工作中一些急功近利的做法提出批評，希望「我們的學術工作，要把目光放遠點，不能只顧目前，忘了過去，甚至無視過去的成就，不免造成一些初級性的失誤」[28]。語重心長，當為研究者戒律。

又如陳生璽（1932～）傾力主編之《張居正講評〈尚書〉》（上海辭書出版社，2007），該書是《張居正講評皇家讀本》系列中的一種，這套書由明代名臣張居正協同翰林院講官編撰，當年曾用來為年少的萬曆皇帝授課。新出本先對《尚書》全文進行新式標點、校勘，然後進行注釋和譯文。對於張居正講評部分已經解釋清楚的，則不再注釋。該書編校嚴謹，深入淺出，出版後已加印數次，頗受讀者看重。

（二）中青年學者銳意進取

綜觀十年來的研究狀況，我們欣喜地看到中青年學者的迅速成長，尤其是大批博、碩士生的加入，使《尚書》研究隊伍充滿活力，生氣蓬勃。這裏重點介紹幾位「七十後」，以見一斑。

馬士遠（1970～），揚州大學博士，現為曲阜師範大學教授。除專著《周秦〈尚書〉學研究》外，《尚書》研究論文主要有：〈《尚書‧虞書》「克諧」思想摭談〉（《社會科學家》2005年第4期）、〈出土文獻稱說《書》及其篇名現象考論〉（《齊魯學刊》2007年第3期）、〈帛書《要》與《墨子》稱

---

[27] 劉起釪：《尚書校釋譯論》（北京市：中華書局，2005年）頁19。

[28] 同注9，頁9。

說「尚書」意旨新探——兼與郭沂、廖名春諸學者商榷〉（《學術月刊》2007
年第1期）、〈試論秦代《書》學局面的新變〉（《社會科學家》2008年第9
期）、〈《尚書》中的「德」及其「德治」命題摭談〉（《道德與文明》2008年
第5期）、〈孔門弟子傳《書》綜考〉（《孔子研究》2009年第1期）等。

陳良中（1972～），華東師範大學博士，現為重慶師範大學副教授，揚
州大學博士後。《尚書》研究成果主要有：〈昭昭如日月之代明　離離若星辰
之錯行——試論《尚書》的敘事藝術〉（《蘭州學刊》2006年第2期）、〈朱子
之論王、蘇、林、呂四家《書》學〉（《求索》2007年第12期）、〈刑名相
雜　穿鑿好異——論《尚書新義》的特點與命運〉（《中華文化論壇》2007年
第2期）、〈理學視野下的《尚書》詮釋——論林之奇《尚書全解》的思想意
義〉（《古籍整理研究學刊》2008年第3期）、〈論朱子《尚書》學章句義理之
得失〉（《重慶師範大學學報》2009年第3期）、〈洞性靈之奧區　極文章之骨
髓——論《尚書》對後世文章學的影響〉（《重慶郵電大學學報》2009年第3
期）等。

葉修成（1974～），北京師範大學博士，現為天津財經大學講師。《尚
書》研究成果主要有：〈周公「制禮作樂」與《尚書》的最初編纂〉（《求
索》2007年第11期）、〈論上古禮制與文體的生成及《尚書》的性質〉（《中
國文化研究》2008年春之卷）、〈論《尚書·堯典》之生成及其文體功能〉
（《華南農業大學學報》2009年第2期）、〈論《尚書》「命」體及其文化功能〉
（《上海交通大學學報》2009年第3期）、〈論《尚書》誥體的生成機制及其文
化意蘊〉（《海南大學學報》2009年第5期）、〈論「謨」體之生成及《尚書·
皋陶謨》的文化意義〉（《華中科技大學學報》2009年第5期）等。

何發甦（1974～），北京師範大學博士，現為江西科技師範學院講師。
《尚書》研究成果主要有：〈朱熹論孔子與《尚書》之關係〉（《甘肅聯合大
學學報》2007年第3期）、〈《尚書·西伯戡黎》「我生不有命在天」說辨析〉
（《史學史研究》2008年第2期）、〈由序《書》到為《書》作序——司馬遷、
班固等論孔子與《尚書》之關係〉（《蘭州學刊》2009年第1期）、〈「武王曰
予有亂臣十人」考論——兼論孔子對《書》的闡釋〉（《廊坊師範學院學報》

2010年第1期）等。

　　劉義峰（1975～），中國社會科學院博士，現為中國社會科學院歷史所助理研究員。《尚書》研究成果主要有：〈孔子與《尚書》的整理〉（《中華文化論壇》2007年第1期）、〈《尚書・盤庚》三篇次序考〉（《古籍整理研究學刊》2007年第1期）、〈孔子與《書》教〉（《魯東大學學報》2007年第3期）、〈《尚書・盤庚》與盤庚之政〉（《殷都學刊》2009年第4期）等。

（三）《尚書》研究中的「錢家軍」

　　在《尚書》研究隊伍中，有一支力量格外引人注目，這就是揚州大學錢宗武及其弟子們。多年來，他們孜孜不倦進行《尚書》研究，成果豐碩並已形成團隊，在學界獨樹一幟，筆者稱之為《尚書》研究隊伍中的「錢家軍」。

　　錢宗武數十年如一日，秉承家學，專研《尚書》，博綜宏覽，新作迭出。近十年間的著述，除前文提及的專著《今文尚書語法研究》、《尚書新箋與上古文明》以外，《尚書》研究的論文主要有〈《尚書》句首句中語助詞研究的幾點認識〉（《古漢語研究》2000年第2期）、〈論今文《尚書》的句法特點〉（《中國語文》2001年第6期）、〈今文《尚書》雙賓語句型和雙賓語動詞的選擇〉（《雲夢學刊》2001年第6期）、〈今文《尚書》語氣詞的語用範圍和語用特徵〉（《古漢語研究》2001年第4期）、〈論《尚書》連詞的特點及其詞性界定〉（《徐州師範大學學報》2003年第4期）、〈今文《尚書》指示代詞的用法及其特點〉（《南京郵電學院學報》2004年第2期）、〈論《尚書》重言詞中的語義關係〉（《鹽城師範學院學報》2006年第3期）、〈論敦煌寫本〈尚書〉的異文類型及其特點〉（《古籍整理研究學刊》2006年第3期）、〈今文《尚書》顏色詞研究〉（《長江學術》2007年第1期）、〈今文《尚書》列連詞的語例分析、特徵及其形成機制〉（《湘潭大學學報》2007年第5期）、〈今文《尚書》同源詞的音義關係及形成機制〉（《南大語言學》第三編，商務印書館，2008年8月）等。

　　錢氏以身作則，諸弟子亦潛心向學，相與論析，枝繁葉茂，蔚然大觀。

現略費筆墨，將2005年以來錢門諸生的《尚書》研究畢業論文篇目臚列如
次，以見言之不妄：

博士論文：

馬士遠　周秦《尚書》流變研究（2007）

朱　巖　《尚書》文體研究（2008）

陸振慧　跨文化傳播語境下的理雅各《尚書》譯本研究（2010）

碩士論文：

邱　月　《今文尚書》名詞研究（2005）

盧一飛　《今文尚書》文學性研究（2005）

湯莉莉　《今文尚書》同族詞研究（2006）

陳　楠　敦煌寫本《尚書》異文研究（2006）

朱淑華　《今文尚書》詞義引申研究（2006）

孫麗娟　《今文尚書》動詞研究（2007）

呂勝男　《今文尚書》用韻研究（2007）

劉　勇　清人《尚書》訓詁方法研究（2007）

楊　飛　《今文尚書》形容詞研究（2007）

朱九香　《今文尚書》與《爾雅》詞義比較類例研究（2008）

嵇銀宏　《今文尚書》複合詞研究（2009）

萬　莉　《今文尚書》單音反義詞研究（2009）

梁　瑩　《今文尚書》單音動詞同義詞研究（2009）

王　蕾　《今文尚書》自然語言邏輯研究（2009）

王傳東　《今文尚書》定中短語研究（2009）

李　霞　《今文尚書》修辭格研究（2009）

孫　浪　《今文尚書》經文和孔《傳》虛詞對比研究（2010）

錢玉蓉　《史記》引《書》同義語料研究（2010）

胡　麗　《尚書·周書》十四篇主謂句句型研究（2010）

吳　凱　鄭玄《古文尚書注》訓詁研究（2010）

魏海艷　《今文尚書》複句研究（2010）

（四）科研課題獲得立項

十年間，大陸學者的《尚書》研究得到了政府和相關部門的大力支持，各種科研課題相繼立項，獲得資助。其中國家社科基金項目有：

林志強　古文字與古本《尚書》研究（2001，福建師範大學）

錢宗武　《今文尚書》詞彙研究（2002，揚州大學）

馬士遠　兩漢《尚書》學研究（2006，曲阜師範大學）

過常寶　制禮作樂與西周文獻的生成、編纂研究（2007，北京師範大學）

陳良中　宋代《尚書》學研究（2008，重慶師範大學）

楊雲香　《五經正義》詞彙研究（2009，鄭州大學）

葉修成　西周禮制與《尚書》文體研究（2009，天津財經大學）

此外，教育部、各省以及各高校、科研院所也有不少課題獲得立項，有力地推進了《尚書》研究進程。

五　結論

從前文各節的論述，大致可得下列結論：

一、本文盡可能窮盡地收羅、評介了近十年大陸學者《尚書》研究的論著，其中既有宏觀的論述，也有微觀的剖析，內容廣泛，成績斐然。但某些選題多次重複，缺少新意；某些論文應時而作，似覺牽強。今後應在相關部門的指導下加強研究選題的統籌規劃，力戒短期行為，避免低水準重複。相關研究機構和各地學者應加強交流，也可有計劃地做一些合作項目，協力攻關。還要注重各類新出材料，希望能及時整理發布，資源共用。

二、十年間，研究者從各自的學術背景、知識結構、專業特長出發，對《尚書》進行多角度、全方位的研究，百花齊放，各具特色，取得不少新的成果。這些都大大豐富了《尚書》研究的內容，其中時見創新之光，不乏真知灼見。但某些角度的研究尚存若干可商之處，也未得到學界普遍認可。今

後應繼續擴大視野，努力尋求新的研究角度，力爭有更多突破。所有研究均應中規中矩，力避獵奇，不走邪門。

三、在研究方法上，這階段除了繼續運用傳統的研究方法外，又有若干新的發展，統計研究法、比較研究法的使用卓有成效，並已開始運用數據庫技術，但尚未盡如人意。當前，計算機領域中新興技術日新月異，應努力將研究成果轉化成具有更廣泛傳播方式的數字化形式，建設全面實用的《尚書》研究數據庫。在電腦技術普遍應用的同時，切不可丟棄傳統。如「楊樹達（遇夫）先生提出治古書，通訓詁、審辭氣，二者並重的方法。甲骨學奠基者、近代國學大師王國維（靜安）先生，提出二重證據法。都是訓釋《尚書》文字應當遵循和借鑒的科學方法」[29]。

四、十年間，《尚書》研究隊伍不斷擴大。老一輩學者寶刀不老，中青年學者銳意進取，《尚書》研究隊伍中的「錢家軍」引人注目。今後應繼續注意培養年輕一代，普及提高並重。《尚書》研究能否繼續繁榮發展，很大程度上取決於對年輕一代的培養，要多編一些入門書籍，多寫一些通俗有趣的文章。要鼓勵有志於此的青年學子刻苦讀書，繼承傳統，潛心學術，多出精品，把《尚書》研究不斷推向前進。

---

[29] 王世舜：〈略論《尚書》的整理與研究〉，《聊城師範學院學報》2000年第1期，頁90。

宋代《尚書》學研究的資料及困境

陳良中*

　　資料對學術研究具有根本性的限制，包括對材料掌握的多少以及對材料解讀的程度兩方面。在宋代《尚書》學研究中，查找輯佚新材料成為首要任務，這些材料的收集整理往往會發現新的問題，或對傳統認識加以補充，或對傳統認識加以修正甚至顛覆。今借此機會就正於方家。

一　宋代《尚書》學研究的資料

　　宋代《尚書》學資料可以分為四大部分。其一是保存至今的宋代學者關於《尚書》的完整專著，這一類材料還包括單篇論述和「六經總論」部分資料以及對《尚書》部分篇章的注解及雜論。其二是學者文集之中有關《尚書》論述的資料。其三是《尚書》著述中引用之宋人《書》說資料，這一部分量是相當大的。其四是史書及其他專著中論及虞、夏、商、周史實必然涉及到之《尚書》內容。

（一）宋代《尚書》專著

　　在宋代《尚書》學研究中占主要部分的資料是對《尚書》專論、通論以及注解著作，保存至今的宋代學者關於《尚書》的完整專著，有十九部。蘇軾《書傳》、史浩《尚書講義》、薛季宣《書古文訓》、林之奇《尚書全

---

* 重慶師範大學文學院

解》、時瀾增修《東萊書說》、夏僎《尚書詳解》、陳大猷《書集傳》《書集傳或問》、陳經《尚書詳解》、胡士行《尚書詳解》、黃倫《尚書精義》、葉夢得《石林書傳》、袁燮《絜齋家塾書抄》、錢時《融堂書解》、黃度《尚書說》、蔡沈《書集傳》、魏了翁《尚書要義》、王柏《書疑》、金履祥《尚書表注》，十八家十九部專著。這些專著中大部分保存較完好，但其中史浩《尚書講義》、黃倫《尚書精義》、袁燮《絜齋家塾書抄》、錢時《融堂書解》諸家原本已佚，今存本乃四庫館臣從《永樂大典》中輯出，篇卷已非其舊且有脫漏。又葉夢得《石林書傳》二十卷今藏於日本，大陸未見藏本。這一類材料還包括「六經總論」之《尚書》部分和單篇論述，如劉敞《公是七經小傳》之《尚書小傳》、二程《程氏經說》之《尚書》、毛居正《六經正誤》之《尚書》正誤、岳珂《刊正九經三傳沿革例》涉及之《尚書》、黃仲元《四如講稿》所涉之《尚書》、託名鄭樵《六經奧論》之《尚書》部分等。以上之外，還有宋人對《尚書》篇章的雜論及部分注解，如鄭伯熊《敷文書說》、楊簡《五誥解》、胡瑗《洪範口義》、廖偁〈洪範論〉、蘇洵〈洪範論〉、曾鞏〈洪範傳〉、蔡沈《洪範皇極內外篇》、毛晃《禹貢指南》、程大昌《禹貢論》《後論》《山川地理圖》、傅寅《禹貢說斷》等。

對《尚書》專書的研究是宋代《尚書》學的核心和基礎，對《尚書》專著的研究有利於全面把握一個時代專門之學發展軌跡，學者解讀《尚書》學體現出的的特色、經學思想和經世關懷，以及學者之間傳承及相互影響，並由此可見一個時代圍繞《尚書》注疏展現出的思想鬥爭。如劉敞《公是先生七經小傳》是否代表宋代《尚書》學的起點，陳大猷之說可供參考，云：「自漢至國朝，惟孔安國《傳》，唐孔穎達《疏》獨傳，國朝金陵王氏、東坡蘇氏始為之說，諸儒繼之者數家，南渡至今，說者益眾。」[1]陳大猷認為宋代《尚書》學是以王安石《尚書新義》為起點的，王安石之前未有完整注疏，這一判斷有利於我們真正瞭解宋代《尚書》學的分段劃代。再如北京大學所

---

[1] 陳大猷：《書集傳》書前《傳注傳授》，《續修四庫全書》（上海市：上海古籍出版社，2003年影印國家圖書館藏元刻本）經部第42冊，頁2下。

藏《羅巻彙編》之曾鞏《書說》，乃輯錄曾鞏雜說而成，僅數百字，非專解《尚書》之作，不能作為斷代依據。

然而對宋人《尚書》專著研究的現實並不樂觀，這些著作除蔡沈《書集傳》外，多無人專研。做學史研究者由於時間倉促，不能詳細研讀原著，往往會被《經義考》、《四庫全書總目提要》等目錄學書籍之評價的相關內容誤導而得出錯誤結論。如四庫館臣謂夏僎《尚書詳解》「反復條暢，深究詳繹，使唐、虞、三代之大經大法有以曲折而會其通其用心，實出蔡《傳》之右」[2]，這一評價有多大合理性？詳考其書，可知夏僎多承襲林之奇說，王若虛云：「宋人解《書》者，惟林少穎眼目最高，既不若先儒之窒，又不為近代之鑿，當為古今第一，而邇來學者但知有夏僎，蓋未見林氏本故耳。夏解妙處大抵皆出於少穎，其以新意勝之者有數也。」[3]從整個宋代《尚書》學史來看，王若虛評價是中肯的。夏僎無多創造，而林之奇解經確是具有開拓性的。林氏是第一個以理學思想系統地闡發《尚書》要義的經學家，從學理層面對王安石《尚書新義》展開了全面清算，使宋代《尚書》學真正從王氏「新學」轉向理學，林氏對今、古文差異的關注[4]，奠定了其後《尚書》辨偽的思想路徑。朱子曰：「三山林少穎說亦多可取。」[5]但林之奇《尚書全解》卷帙浩繁，學者多望而卻步，轉而欣賞其後學夏僎，多有點數典忘祖意味。

再如圍繞〈洪範〉注解形成「洪範學」，詳繹宋人〈洪範〉注述，可見宋代「洪範學」展現為幾大特徵，一是逐漸從漢儒陰陽五行、天人感應說中脫離出來，重視義理闡發。這一類有胡瑗《洪範口義》、廖偁〈洪範論〉、

---

2 永瑢等：《四庫全書總目提要》（北京市：中華書局，1965年）頁92。

3 王若虛：《著述辨惑》，《滹南遺老集》卷31，《叢書集成初編》（北京市：中華書局，1985年）頁194。

4 林之奇：〈尚書全解自序〉云：「孔壁續出，其文易曉。餘乃伏生之《書》，多艱深聱牙，不可易通。」（《通志堂經解》〔揚州市：江蘇廣陵古籍刻印社，1996年〕第5冊，頁309。）

5 朱熹：〈答謝成之〉，《晦庵先生朱文公文集》卷58，朱傑人、嚴佐之、劉永翔主編《朱子全書》（上海市：上海古籍出版社，合肥：安徽教育出版社，2002年）第23冊，頁2754。

蘇洵〈洪範論〉、曾鞏〈洪範傳〉等。四庫館臣評胡瑗《洪範口義》云：
「瑗生於北宋盛時，學問最為篤實，故其說惟發明天人合一之旨，不務新
奇。如謂『天錫洪範』，為錫自帝堯，不取神龜負人之瑞。謂五行次第為箕
子所陳，不辨《洛書》本文之多寡。謂五福六極之應通于四海，不當指一身
而言。俱駁正《注疏》，自抒心得，……其要皆歸於建中出治，定皇極為九
疇之本，辭雖平近，深得聖人立訓之要，非讖緯術數者流所可同日語也。」[6]
廖偁云：「〈洪範〉皆人事之常，而前古之達道也，前古之達道皆出於聖人
者也。」「〈洪範〉者出於前聖之心也，而後之為君者苟能務蹈聖德，未有
不受〈洪範〉於天者也。」[7]批駁《洛書》說、天人感應說之不稽。蘇洵大倡
「斥末而歸本，褒經而擊傳」[8]，駁斥「劉之《傳》（《五行傳》）惑且強」，且
影響深遠，「《傳》之法二劉唱之，班固志之，後之史志五行者，孰不師而
效之，世之讀者久，孰不從而然之，是以膠為一論，莫有考正」[9]。「夫福極之
於五事，非若庶驗也。陰陽而推之，律曆而求之，人事而揆之，庶驗之通於
五事，可指而言也。且聖人之所可知也。今指人而謂之曰爾為某事明日必有
某福，爾為某事明日必有某極，是巫覡卜相之事也，而聖人何由知之。」[10]曾
鞏云：「九疇者，皆人君之道也。……人君之於五行，始之以五事修其性於
己，次之以八政推其用於人，次之以五紀協其時於事，次之以皇極謹其常以
應天下之故而率天下之民，次之以三德治其中不中以適天下之變，次之以稽
疑以審其吉凶於人神，次之以庶徵以考其得失於天，終之以福極以考其得失
於民，其始終先後與夫粗精小大之際可謂盡矣。」[11]二是以象數解〈洪範〉，

---

[6] 永瑢等：《四庫全書總目提要》（北京市：中華書局，1965年）頁90上。

[7] 廖偁：〈洪範論〉，呂祖謙：《宋文鑑》（北京市：中華書局，1992年）卷94，頁1325
～1326。

[8] 蘇洵：〈洪範論〉，《嘉祐集箋注》（上海市：上海古籍出版社，1993年）卷8，頁2
04。

[9] 同上，頁212。

[10] 同上，頁211。

[11] 曾鞏：〈洪範傳〉，《南豐先生元豐類稿》（揚州大學圖書館藏乾隆癸未年刊本）卷
10，頁20～21。

這是對漢代以來陰陽五行學說的發展，以九九之數仿《易》而成。代表是蔡沈的《洪範皇極內外篇》。蔡沈創〈洪範〉八十一圖，始於一一之原，終於九九之終，為「皇極」大數，輔以辭以斷吉凶。又以《內篇》詳細闡釋了「洪範數」理論內涵。融入了朱子理氣、太極、心性、理一分殊等思想，建立起了以象數解釋宇宙萬物的新模式。蔡氏《洪範皇極內外篇》實質是在象數與理學之間架起了一道橋樑，以理學思想闡釋象數，賦予了象數以理學的精神，使象數脫離了術數的本質，同時又為理學增添了象數的新內容，是精英文化與民間文化結合的產物。成為「演範」一派代表，不能簡單斥之為誣妄。三是變亂經文，以己意分經傳，對〈洪範〉進行惡意竄亂。代表有賀成大〈古洪範〉，王柏《書疑》之〈洪範疑〉。如賀成大以為〈洪範〉自「三八政」以下紊亂無次，因援朱子〈大學〉分經傳之例，每疇以禹之言為經，以箕子之言為傳。王柏亦同此法，顛倒錯亂，所謂「禹之言」、「箕子之言」純出臆斷，了無依據。

（二）宋人文集中之《尚書》資料

宋人文集之中有豐富的《尚書》學資料，這對於研究一代《尚書》學是不可或缺的一環。據筆者不完全統計，有文彥博《文潞公文集》卷三十一〈尚書解〉、項安世《項氏家說》卷三〈經說〉、范純仁《范忠宣集》卷九〈尚書解〉、楊時《龜山集》卷五《尚書講義》、范浚《香溪集》卷十〈書論〉、朱熹《晦庵先生朱文公文集》卷六十五〈雜著〉、《朱子語類》卷七十八、七十九〈尚書〉，黃震《黃氏日抄》卷五〈讀尚書〉等。這些散見於文集之中的材料是宋代《尚書》學中的不可缺少的環節，有的甚至是認識宋代《尚書》學的關鍵性材料。

比如文彥博、項安世、范純仁、楊時、范浚文集中之論述，可以和蘇軾、程頤、林之奇《尚書》著作構成反王安石新學的一個鏈條，直至林之奇《尚書全解》從訓詁到思想對王安石《尚書新義》展開全面批判，完成最後批判任務，理學逐漸取代新學，佔據《尚書》解讀話語權。又如朱子在《文

集》、《語類》中對《書序》、《古文尚書》、偽孔《傳》展開了系統懷疑，《尚書》疑辨從此成為《尚書》研究的一大主題。朱子提出了慎闕其疑的解經原則，注重義理與訓詁的結合，反對宋儒借經作文、空談義理的風氣，這些都為此後《尚書》學研究指示了方向。

這一類資料，除朱子由於其對後世的巨大影響備受到關注外，其餘則少有關注。宋代學人文集眾多，這一類材料還需要加大收集研究力度。

（三）宋代及其後《尚書》著述中引用之宋人《尚書》資料

宋代及其後《尚書》著述中引用之宋人《書》說資料，這一部分量是相當大的。僅就筆者所輯統計，已有張九成《無垢書說》十五萬餘字，張綱《書解》五萬餘字，陳鵬飛《陳博士書解》一萬二千餘字，王若虛九萬餘字，王炎《書小傳》一萬餘字，陳大猷《書集傳》可補王安石《書》說一萬七千餘字。從國家圖書館藏清抄本配齊《尚書要義》卷十二、十三、十四二萬七千餘字。另外，明代黃諫《書傳集解》之中還保留有很多鄭樵《書》說材料。清道光元年（1821）曾興仁輯錄有曾鞏《書說》七百餘字，藏於北京大學圖書館。要想對宋代《尚書》學有充分全面認識，輯佚資料就必須先行，這一類材料能彌補宋代《尚書》研究的許多重要環節。比如王安石《尚書新義》對當時學術、政治的影響，並由此而引發的思想鬥爭；吳才老首先懷疑《古文尚書》，鄭樵繼其後，吳棫、鄭樵、林之奇、朱熹對《尚書》的疑辨是否構成一個鏈條，必須進行大量的材料勾輯工作，才有可能找到答案。陳鵬飛《陳博士書解》影響時人甚大，其創新性何在？張九成《無垢書說》解經中禪學思想的滲入，直接揭示的是禪學在士大夫之間傳播影響。王炎為張栻傳人，其《尚書小傳》是否代表湖湘學派經學思想？這一系列問題只能通過輯佚材料作出判斷，而這些不完整的材料究竟有多大可信度？這是研究者必然面臨的追問。

此以王若虛《尚書義粹》為例，談談輯佚材料對宋代《尚書》學研究之價值。王若虛有經學著述《尚書義粹》三卷，亡佚。清人張金吾有輯本八

卷，但四、五、六卷亡佚。筆者從明刊本黃諫《書傳集解》輯出二二○條，合張金吾所輯，得《尚書義粹》三三五條，九萬餘字[12]。《尚書義粹》雖殘章斷簡，猶可見金源一代《書》學之舊，張金吾論其價值云：「不務為新奇可喜之論，而於帝王之德業事功，以及人心道心、建中建極諸義，反復推闡要旨，深切著明，蓋解經之篤實者也。」是書「不特存王氏一家之言，亦以見一朝經術大凡焉」[13]。無疑是書具有巨大的學術價值，是探究金代經學的具體材料，可以矯正學界以往的似是而非之說，也為宋、金文化交流提供了一種參照。

王氏解《書》特點鮮明，往往仿朱子《大學章句》，一章之中每別以綱領條目，如〈大禹謨〉「儆戒無虞，罔失法度，罔游於逸，罔淫于樂。任賢勿貳，去邪勿疑，疑謀勿成，百志惟熙。罔違道以干百姓之譽，罔咈百姓以從己之欲」，解云：「儆戒無虞者，一章之綱領。其下八者，乃儆戒無虞之條目。其間曰罔曰勿，無非儆戒之心也。蓋謂吾思當治定功成之日，必常存儆戒之心，戒之何如？亦曰法度則戒其廢弛，逸樂則戒其放恣也，用人則戒其賢否不明，處事則戒其優遊不斷也。天理則戒其不可違，民心則戒其不可咈。」[14]圍繞「儆戒」一詞論述一章內容，梳理內在脈絡，綱舉目張，頗能明一章之脈絡。一書之中，王氏借綱目之名反復致意，疏通一章之脈絡，頗能明經書之條理，起到綱舉目張的作用。

王氏解經每每鋪陳推衍，排比行文，注重修辭技巧，近於作文。茲舉一例，〈皋陶謨〉「寬而栗，柔而立，愿而恭，亂而敬，擾而毅，直而溫，簡而廉，剛而塞，強而義，彰厥有常吉哉」一節，解云：

夫人寬弘而不足于莊栗，則其寬也偏，今也寬弘之中而莊栗在焉，則

---

[12] 關於王若虛《尚書義粹》殘存情況，詳參陳良中〈張金吾輯錄王若虛《尚書義粹》校讀記〉，《圖書情報工作》2010年第13期。

[13] 王若虛著，張金吾輯錄：《尚書義粹》（常熟圖書館藏本）書前〈輯錄《尚書義粹》緣起〉。

[14] 同上，卷2。

> 寬不至於縱。柔順不足於植立，則其柔也偏，今也柔順之中而植立存焉，則柔不至於懦。謹願不足于節文，則其願也偏，今也謹願之中而恭恪存焉，則恭不至於樸。有治才而敬畏不足則其亂也偏，馴擾而果毅不足則其擾也偏，徑直而溫和不足則其直也偏。今也治才之中而敬畏存焉，則其亂不至於忽，馴擾之中而果毅存焉，則其擾不至於墮，經直之中溫和存焉，則其直不至於簡。易而廉隅不足則其簡也偏，剛健而篤實不足則其剛也偏，強勇而好義不足則其強也偏。今也簡易之中而廉隅存焉，則其簡也不至於疏，剛健之中而篤實存焉，則其剛也不至於虐，強勇之中而好義存焉，則其強也不至於暴。（黃諫《書傳集解》卷2，頁55）

其實正說已可盡經義，王氏從正反兩方面注解文義，排偶行文，鋪陳敷衍，頗為辭費，悖於注疏之體「體尚簡要」之實。《尚書義粹》所解類此者頗多，辭繁不錄。王若虛《尚書義粹》解經不重訓詁，往往鋪陳推衍，辭采飛揚，借注作文之處所在皆是，這是宋學義理解經的典型。

王氏解經深受理學思想的影響。解經中氣稟物欲之說、主敬涵養之論、正君心以正天下之思等，皆是理學思想的發揚。人性本同，由於氣稟之異及後天物欲的遮蔽，個體便展現出不同的道德性，如解〈堯典〉「克明俊德」云：「謂聖人之德有異于人，何哉？……能超乎氣質之偏，絕乎物欲之蔽。」[15]王若虛闡述了聖凡之別來自「氣質之偏」、「物欲之蔽」，就在道德上展現出純粹之善，「惟聖人則氣質清明，天理純粹，是以為能全之」。氣質、物欲決定了個體的差異，聖人能「一動一靜皆合乎天，一語一默皆循於理，出入起居有天者在，動作食宿與理者遊」，這種完備的道德必然起到模範作用，因此可以「作則于上，使萬民由之而取法，表儀於下，使萬民因之而視效，是皆以己所先乎民心所同，非有付界而增益之也，故民之從化者風行草偃，捷於桴鼓」[16]。這一理論必然需求聖人肩負起新民之責，教化萬民，

---

[15] 王若虛著，張金吾輯錄：《尚書義粹》卷1。
[16] 按此為〈禹貢〉「祗台德先，不距朕行」注解（黃諫：《書傳集解》卷3）。

使之復歸本性。

復性是理學家關注的主題之一，二程以後，經學家在解經中，基本上都注意此一問題，金源經學亦在此一脈絡下。復性展現為一個控制泛濫欲望，呈露天理的過程，理學家為人復性提出了系列可供施行的方法。〈舜典〉「汝作秩宗，夙夜惟寅，直哉惟清」，王若虛敷衍發揚理學思想云：

> 必自朝至暮常存敬畏以正其心，內亦此敬，外亦此敬，靜亦此敬，動亦此敬，敬以存之，使吾心之全體無少偏倚。動以察之，使吾心之大用無少差謬，戒慎不睹，恐懼不聞，不顯亦臨，無射亦保，常若有神祇之在其上，常若有人鬼之臨其傍，一功□之功貫動靜，徹表裏則吾心潔清如明鏡止水，人欲淨盡，天理昭融。（王若虛著，張金吾輯錄：《尚書義粹》卷1）

此一段文字完全是在討論修持心性問題，「夙夜惟寅」由「敬思其職」為政態度轉向了動靜無間主敬涵養的功夫論，「直哉惟清」由正直清明的為政精神轉向「人欲淨盡，天理昭融」的復性論。解釋發生了根本性逆轉，由論為政轉向論心性修養，解說圍繞經文「敬」、「清」展開，不為無據，不是任意發揮，使這一解說具有了相當的理論思考深度和規範現實人性的價值。《尚書義粹》一書，理學家修養論思想的滲入是普遍的，多論操存涵養、主敬察識等修養工夫，是明顯的理學思想理路。王若虛對修養論的發掘，對於個體人性的完善，對於統治者的規範，進而對於社會完善，都具有重要意義。

氣稟物欲的人性論涉及個體的完善，王若虛解經直接指向「君心」，在專制王權時代，君權是權源，君心直接關係君權的使用，為了限制君權的濫用，「正君心」成為士人致君堯、舜的必然企盼。〈益稷〉「安汝止，惟幾惟康，其弼直，惟動丕應徯志」，解云「人君一心，萬化之原」，是出治之根本，君心正則止於理而不雜於欲，能辨善惡，「視聽言動好惡用舍合乎人心

之公」[17]，如此行政，方無差誤。王氏圍繞「止」之一字立論，論述天理人欲之辨。王氏解〈益稷〉「夔曰：戛擊鳴球，搏拊琴瑟以詠，祖考來格，虞賓在位，群后德讓，下管鼗鼓，合止柷敔，笙鏞以間，鳥獸蹌蹌，《簫韶》九成，鳳凰來儀」一節，云：

> 蓋帝舜在上，正一心而百官正，百官以正萬民，政治明，教化洽。斯時也，祭祀鬼神則神必歆。百官已和于朝，萬民已和於野，靈祥之物亦無不至矣，而後夔之樂又宣帝舜之德，此其所以能感召歟！是則後夔非自稱其樂之召和，所以稱舜德之致耳。（王若虛著，張金吾輯錄：《尚書義粹》卷2）

經文本敘述夔掌樂政之盛況，王若虛則重在闡發治定功成而作樂，主要論述君德是致治之根本，正因為舜居君位，「正一心而百官正，百官以正萬民」，所以才有「政治明，教化洽」，百官和於朝，萬民和於野，靈祥之物至之治世景象。這一解說正是朱子於《文集》、《語類》中多次論及的「正君心」為天下萬事之本的觀點。朱子在〈戊申封事〉中云：「大舜所以有『惟精惟一』之戒，孔子所以有『克己復禮』之云，皆所以正吾此心而為天下萬事之本也。此心既正，則視明聽聰，周旋中禮，而身無不正。」[18]《朱子語類》卷一百八云：「天下事有大根本，有小根本。正君心是大本，其餘萬事各有一根本。」[19]王若虛反復闡述正君心思想，其源自於朱子，這一解說對國君提出了嚴格的道德要求，有以德範位的訴求。

　　王若虛《尚書義粹》之發現，無疑為我們研究宋、金文化交流提供了堅實的文獻證據。王氏對宋儒學術有深刻瞭解和認識，謂：「宋儒發揚秘奧，使千古之絕學一朝復續，開其致知格物之端，而力明乎天理人欲之辨，始

---

17 王若虛著，張金吾輯錄：《尚書義粹》卷2。
18 朱熹：《晦庵先生朱文公文集》，朱傑人、嚴佐之、劉永翔主編：《朱子全書》（上海市：上海古籍出版社，合肥市：安徽教育出版社，2002年）第20冊，卷11，頁591。
19 朱熹：《朱子語類》，朱傑人、嚴佐之、劉永翔主編：《朱子全書》（上海市：上海古籍出版社，合肥市：安徽教育出版社，2002年）第17冊，卷108，頁3511。

於至粗，極於至精，皆前人之所未見，然後天下釋然知所適從，如權衡指南之可信，其有功於吾道豈淺淺哉！」[20]「宋儒之議論不為無功，而亦不能無罪焉。彼其推明心術之微，剖析義利之辨，斟酌時中之權，委曲疏通，多先儒之所未到，斯固有功矣。至於消息過深，揄揚過侈，以為句句必涵氣象，而事事皆關造化，將以尊聖人而不免反累，名為排異端而實流入於其中，亦豈為無罪也哉！至於謝顯道、張子韶之徒，迂談浮誇，往往令人發笑。」[21]王氏對宋儒之優缺點有深刻認識，其解《尚書》一秉宋儒義理解經之法，其解經思想無疑也是遵循了理學脈絡。民族之間的對立並未阻斷學術交流，文化上優秀的民族必然影響落後民族，戰場上的征服者卻成為文化上的被俘者。

（四）宋人史學著作及其他專著涉及之《尚書》資料

宋人史書及其他專著中，論及虞、夏、商、周史實必然涉及到《尚書》內容，史書中，如司馬光《稽古錄》、黃震《古今紀要》。金履祥《資治通鑑前編》中，部分內容與《尚書》有關，並且完全與其《尚書注》相合，應當成為《尚書》學研究的資料。真德秀《大學衍義》中論《尚書》部分，雖用於證明《大學》之道德綱目，然其對《尚書》文字的解讀、義理的闡釋，依然可觀其《書》學思想。這一部分資料多被人忽略。

黃震《古今紀要》中可見其尊經思想，比如先儒以《史記》、《國語》稱祖甲淫亂而改〈無逸〉之祖甲為太甲，黃震云：「不信經而信史，惑矣。」又論武王伐紂時間，「當以經文十三年為正（〈泰誓〉云：十有三年春，大會于孟津）」[22]。真德秀《大學衍義》在經學史上有重要意義，《大學衍義》「剟取經文二百有五字載於是編，而先之以〈堯典〉、〈皋謨〉、〈伊訓〉與

---

20 王若虛：〈道學發源後序〉，《滹南遺老集》卷44，《叢書集成初編》（北京市：中華書局，1985年）頁291。

21 王若虛：〈論語辨惑序〉，《滹南遺老集》卷3，頁17。

22 黃震：《古今紀要》卷1，影印文淵閣《四庫全書》（上海市：上海古籍出版社，1989年）第384冊，頁3下、頁4上。

〈思齊〉之詩、〈家人〉之卦者，見前聖之規模不異乎此也。繼之以子思、孟子、荀況、董仲舒、楊雄、周敦頤之說者，見後賢之議論不能外乎此也。堯、舜、禹、湯、文、武之學，純乎此者也。商高宗、周成王之學庶幾乎此者也，漢、唐賢君之所謂學，已不能無悖乎此矣。而漢孝元以下數君之學，或以技藝，或以文辭，則甚謬乎此者也。上下數千載間，治亂存亡皆繇是出，臣故斷然以為君天下之律令格例也」[23]。形式上以《大學》籠括《五經》百家之言，我們可以看到《四書》學已隱然淩駕於《五經》，成為帝王之學的核心，成為中國學術之重鎮。經部之《尚書》成為《四書》之《大學》的材料，這展現了近世以來學術的大轉向。

二　學史研究的困境

（一）輯佚資料的局限性

在學史寫作中，有的學者書籍亡佚，僅靠輯佚材料立論，如史浩《尚書講義》、黃倫《尚書精義》、袁燮《絜齋家塾書抄》、錢時《融堂書解》諸家原本已佚，今存本乃四庫館臣從《永樂大典》中輯出，篇卷已非其舊，且有脫漏，是否能全面反映學者思想，是值得懷疑的。這一問題最嚴重的是通過輯佚材料暸解學者《書》學內容，不能避免以偏概全。再加上引用者個人經歷及思想傾向性，引用中對原始材料有所改動，改動後的材料在多大程度上可以反映學者思想，同樣是值得懷疑的。宋代一些重要的治《尚書》學者之著作亡佚，如吳棫、鄭樵對《尚書》的疑辨，只能通過輯佚材料觀其大概，他們的觀念對林之奇、朱熹有多大的影響，關係著疑《書》脈絡、思想方法的前後繼承以及對朱熹《尚書》學的客觀評價。張九成《無垢書說》中究竟

23　真德秀：〈序〉，《大學衍義》，影印文淵閣《四庫全書》（上海市：上海古籍出版社，1989 年）第 704 冊，頁 499 上。

多大程度融入了禪學思想，諸家引用材料難以證明，這關係著禪學在宋代學術中影響。張綱撰《尚書講義》，此書為其在學官時所作，祖述荊公之說。洪蕆作〈行狀〉曰：「於《五經》尤精於《書》，每因講解，著為義說，皆探微索隱，倫類通貫，其言無一不與聖人契。自是後學潛心此經者爭傳頌之，諸家之說雖充棟汗牛，束之高閣矣。」[24]對該書評價甚高，而汪應辰〈駁張綱諡文定奏狀〉云：「臣竊以王安石訓釋經義，穿鑿傅會，專以濟其刑名法術之說。……綱作《書解》，掇拾安石緒餘，敷衍而潤飾之。今乃謂『其言無一不與聖人契』，此豈不厚誣聖人，疑誤學者。」[25]兩種截然不同的評價，孰是孰非，有待輯佚材料來勘定，諸家引用材料可以反映了張綱思想之仿佛。

比如對王安石《尚書》學的評價是一件棘手的事，今存的多數材料來自王氏新學反對者的引用，如蘇軾《書傳》、林之奇《尚書全解》，對王氏新學的批判，這一材料是被引用者的觀念過濾過的，我們今天要談王安石《尚書》學就缺乏足夠全面的材料，有可能下結論是不正確的。今天學界主要依靠程元敏先生《三經新義輯考匯評（一）——〈尚書〉》所采資料，是書從八十五種書錄得王安石《書》說五五四條，裒輯之功甚大。然有遺漏，如東陽陳大猷《書集傳》（十二卷）[26]，陳大猷《書集傳》稱引王安石《書》說概稱「王氏」[27]，陳大猷《書集傳》十二卷共引王氏說二五九條，其中四十二條

---

[24] 朱彝尊：《經義考》（北京市：中華書局，1996年）卷80，頁443。

[25] 朱熹：《朱子語類》卷78，《朱子全書》第16冊，頁2637。

[26] 按陳大猷《書集傳》刊本明代已希見，朱彝尊《經義考》卷83云：「葉文莊《菉竹堂書目》有陳大猷《尚書集傳》一十四冊，西亭王孫《萬卷堂目》亦有之，其書雖失，或尚存人間。」（朱彝尊《經義考》〔北京市：中華書局，1996年〕卷83，頁461。）《四庫全書》僅收錄《書集傳或問》2卷。劉起釪先生《尚書學史》提及《書集傳》雲「卷不詳」，似未見是書（劉起釪：《尚書學史》〔北京市：中華書局，1989年〕，頁248）。

[27] 陳大猷《書集傳》引王氏有王肅、王氏、新安王氏。所引王氏可以肯定為王安石，如解〈洪範〉「五行：一曰水，二曰火，三曰木，四曰金，五曰土」、「咎徵：曰狂，恆雨若。曰僭，恆暘若。曰豫，恆燠若。曰急，恆寒若。曰蒙，恆風若」、「五曰惡，六曰弱」、「五者來備，各以其敘，庶草蕃廡」，王氏解云：「庶草者，物之尤微而莫

與諸家所引全同，五十八條詳略和用辭有異，而不見諸家《尚書》著述引用者一五九條，可補王安石《書》說之佚。這對於全面認識王安石《尚書新義》思想具有重要參考價值，陳大猷引王安石《尚書新義》文字，除簡括原文外，引文較少改動，較少楊時、王居正、林之奇等理學家那種激烈批判語氣。從陳大猷引用王安石《書》說材料來看，有幾點很鮮明。一是朱子用王安石說而有改易，為後來諸家所主。王氏解〈堯典〉「靜言庸違」云：「靜則能言，用則違之。」[28]朱子解云：「靜則能言，而用之則違背其言也。」[29]當是從王安石說而來。此後諸家多從朱子。又如〈堯典〉「方命圮族」，王氏云：「圓則行，方則止。方命者，逆命不行也。」朱子云：「圓則行，方則止。方命，猶今言廢閣詔令也。」[30]此條差異較大，「方命，猶今言廢閣詔令也」，當為朱子解說之辭，而非王氏原語。此後諸家皆准朱子所引。二是諸家引用截取詳略不一。各家引用王安石《尚書新義》多以己意截取，引文完全相同的比較少，或簡括大意，或詳略不一。解〈益稷〉「臣作朕股肱耳目」，陳大猷《書集傳》卷二引王氏說：「下文汝翼汝為，作股肱也。汝明汝聽，作耳目也。」林之奇《尚書全解》卷六引作「『臣作朕股肱耳目，予

不養，則萬物得其性可知也。」陳大猷所引4條解說文字，完全同於王安石《臨川文集》中〈洪範傳〉之文，另外陳大猷解〈洪範〉所引王氏其餘諸條，均可與王安石〈洪範傳〉相參證，此其一。解〈舜典〉「在璿璣玉衡以齊七政」，引王氏說：「璿，美珠也。」《書集傳》卷1、黃倫《尚書精義》卷3云：「王雱以美珠為璿。」解「惟辟作福，惟辟作威，惟辟玉食。臣無有作福作威玉食，臣之有作福作威玉食，其害于而家，凶于而國，人用側頗僻，民用僭忒」，引王氏說：「皇極者，君與臣民所共由也。三德，人君所獨任，而臣民不得僭焉者也。」林之奇《尚書全解》卷25云：「善夫介甫之說。曰皇極者，君與臣民之所共由者也。三德者，君之所獨任，而臣民不得僭焉者也。」此其二。又元董鼎《書傳輯錄纂注》卷首有「纂注引用諸家姓氏」，所引王氏有王弼、王肅、王安石、王十朋、王氏日休、王炎、王希旦、王道。書中引王安石說概稱王氏，餘則姓氏與名同稱，體例嚴謹。陳大猷《書集傳》所引王氏說有九條完全同於董鼎所引，十九條可以相互參證，此其三。因此陳大猷《書集傳》所引王氏說可斷為王安石《尚書新義》無疑。

[28] 陳大猷：《書集傳》（《續修四庫全書》影印國家圖書館藏元刻本）卷1。

[29] 朱熹：《晦庵先生朱文公文集》卷65，頁3159。

[30] 朱熹：《朱子語類》卷78，頁2646。

欲左右有民，汝翼；予欲宣力四方，汝為』，言作股肱。『予欲觀古人之象』
至於『汝聽』，言作耳目」。夏僎引文則為「汝翼汝為，言作股肱；汝聽、
汝明，言作耳目」[31]。陳大猷乃簡括王氏之說，非直接引用。〈康誥〉「若有
疾，惟民其畢棄咎，若保赤子，惟民其康乂」，陳大猷《書集傳》卷八引王
氏解云：「『若有疾』、『若保赤子』，道之以德也。『畢棄咎』、『其康乂』，
應之以德也。」三是語意有別。諸家所引用語有別之外，有的語意還不同。
〈洪範〉「五者來備，各以其敘，庶草蕃廡」，陳大猷《書集傳》卷七引王氏
解云：「庶草者，物之尤微而莫不養，則萬物得其性可知也。」同於王安石
〈洪範傳〉之文。「得其性」謂聖王之治萬物各遂其性，而林之奇《尚書全
解》卷二引作「得其養」，是謂王者有養育萬物之功，不切儒家宗旨。〈周
官〉「功崇惟志，業廣為勤，惟克果斷」，《書集傳》卷十一王氏解云：「功
以志崇，業以勤廣，斷以勇克，三者天下之達道也。」蔡沈《書集傳》與
陳氏同，而陳櫟《書集傳纂疏》、董鼎《書傳輯錄纂注》、劉三吾《書傳會
選》、《書經大全》、《欽定書經傳說彙纂》均為「功以智崇，業以仁廣，
斷以勇克，此三者天下之達道也」。王氏不過隨文釋義，而諸家用《中庸》
「知、仁、勇三者，天下之達德也」之言，未必合王安石之本意。

諸家對《尚書新義》斷章取義之引用，這種資料有多大的合理性？當用
這種已經失去本真的資料論述王安石經學思想，結論肯定與事實有距離，那
麼，研究者就難免被放在審判席上拷問。

（二）資料考訂

我們從陳大猷籍里[32]探討看材料對學術研究的根本性制約問題。關於
東陽陳大猷生平學術的史料，最早可見於元吳師道（1283～1344）《敬鄉

---

31 夏僎：《尚書詳解》卷5，影印文淵閣《四庫全書》（上海市：上海古籍出版社，1989
　　年）第56冊，頁497上。

32 筆者有《〈書集傳〉作者陳大猷籍裏及學派歸屬考論》一文，詳論此一問題。

錄》，文淵閣《四庫》本、江蘇省圖書館藏清抄本，缺陳大猷字型大小。浙
江圖書館藏文瀾閣傳抄本《適園叢書》民國五年（1915）刻本《敬鄉錄》載
陳大猷「字文獻，號東齋」，《叢書集成續編》用《適園叢書》本，陳大猷
字型大小當為後人所加，不足憑信。明代應廷育（1497～1578）《金華先民
傳》卷七〈文學傳〉載云：「經傳中曰『東齋陳氏』，即大猷也。世稱為東
齋先生，今祀本府賢祠。」³³吳師道為蘭溪人，應廷育乃永康芝英人，地近磐
安，為鄉賢作傳，當有足夠的資料可供采信。吳、應二人記載的陳大猷官職
與陳大猷〈進書集傳上表〉及中書門下後省〈看詳申狀〉所載稱陳大猷官職
「從事郎前宜差充兩浙路轉運司準備差遣」相合，應氏首先提到了陳大猷號
「東齋」。

朱彝尊（1629～1709）《經義考》載都昌陳大猷號東齋，與應庭育所載
東陽陳大猷之號同。按核今存《書集傳》與《書集傳或問》，其內容是相照
應的，《集傳》所注「詳見《或問》」，基本能在《或問》中找到相關論述，
《或問》云「見《集傳》」處，也能在《書集傳》中找到相關內容，可以肯
定二書作者為一人。且《書集傳》為十二卷，可以肯定《書傳會通》與《或
問》非同一人之作。今查家乘，《松門陳氏宗譜》、《安文陳氏宗譜》、《山
澤陳氏宗譜》、《東陽樨溪陳氏宗譜》都有關於陳大猷的資料記載，但所載
頗為駁雜。《松門陳氏宗譜》載陳大猷（1059～1126年），字嘉謨，主要
生活在北宋。此陳大猷與《書集傳》、《書集傳或問》作者無關。《山澤陳
氏宗譜》載陳大猷（1176～1256），諱忠泰，號東齋，大猷為其宦名。《東
陽陳氏宗源流》云：「文培公生忠泰，宦名大猷，號東齋先生，……歷官
六部架閣，以吏部侍郎致政。」《東陽樨溪陳氏宗譜》所載陳大猷（1196～
1275），字子謨，號東齋。從眾宗譜紛繁錯雜的記載來看，東陽陳大猷號
「東齋」，歷官兩浙都轉運使，升六部架閣侍郎，記載大致相同，合於〈進
書集傳上表〉、〈後省看詳申狀〉、吳師道《敬鄉錄》、應廷育《金華先民傳》
所載。綜核諸宗譜所載，筆者傾向於較忠實的《山澤陳氏宗譜》所載陳大猷

---

33 浙江圖書館藏民國十三年《續金華叢書》夢選慶刻本。

為《書集傳》、《書集傳或問》作者。陳大猷與夫人胡氏墓地在磐安縣尚湖鎮山澤村眠犬山，與史料合。安文陳氏認為陳大猷墓地乃由九平寺遷葬於眠犬。

考光緒八年（1182）《義門陳氏宗譜》[34]載〈都昌繼銘公派下各莊祖系〉，陳大猷（1224～？），字文獻，號東齋，登開慶己未年（1259）進士。官至通直郎，釋《禮記》，注《書經》。雙峰饒魯、勉齋黃榦授受師友也。公生於嘉定甲申年（1224年），墓葬馬陵阪東山。從時間上看，陳大猷嘉熙二年（1238）上奏《書集傳》於朝廷，此時都昌陳大猷才十五歲，不可能是《書集傳》的作者，朱彝尊的懷疑是可以排出的。因此《書集傳》作者肯定是東陽陳大猷。

從材料看，大致可以肯定兩人均號東齋。正由於二人號相同，且著作名相近，才導致了數百年來學界的混亂認識。從書名來看，古人稱書名多用簡稱，都昌陳大猷《尚書集傳會通》可以簡稱《書集傳》。又有的人習慣加著者之號，故有《東齋集傳》之稱。

資料的使用必須經過考訂，文獻記載與家譜、地方志材料相互印證，大致可以得出可靠的結論。當然要對每一則重要材料都做這種考訂，在規定時間內，有限的資金資助情況下，可謂舉步維艱。

（三）研究觀念的困境

專門學術史怎樣寫作，採取什麼樣的研究方法，採取什麼敘述方式，學者個人的知識視野和自覺的方法應用，這些都必將深深影響研究的結果。關於專門學術史的寫作，目前已經有很多模式，如採用傳統的學案方式，關注學者之間師承脈絡，在《宋元學案》建立起來的學派框架內論述。採用史學宏觀敘述模式，在紛繁複雜的材料中找規律、分流派。採用思想史方式，把

---

[34] 按《義門陳氏宗譜》是南京陳剛先生在2010年1月30日購於福州陶然居書店，有破損，目前已經捐給上海圖書館譜碟研究中心。

具體經學家及其著作放到大的時代背景下進行論述。各種方式都有其自身局限。

1. 學案寫作模式

學案方式的優點是學者之間的師承脈絡清晰，由此可以探究相互之間思想的傳承演變。其弊端是過分注重師承，而事實是很多學者轉益多師，不專主一家，一代大家尤其如此。另外，有的學者生平資料欠缺，其師承關係不明，重師承關係往往容易牽強附會，出現錯誤判斷。如《書集傳》[35]作者東陽陳大猷學派歸屬，四庫館臣據陳大猷解釋〈堯典〉「敬」之一語，歸入金溪學派，實乃斷章取義。蔡根祥先生《宋代尚書學案》據《書集傳或問》「稱引程伊川、朱晦庵最力」[36]，歸於〈晦翁尚書學案〉。由於四庫館臣和蔡根祥先生均未見《書集傳》一書，二說皆失據。我們先看四庫館臣的論述是否成立，〈尚書集傳或問提要〉云「稱朱子曰朱氏、晦庵氏，持論頗示異同」[37]，其實陳大猷與朱子說立異是不能成立的，《書集傳》引朱子說136則，無完全反對朱子之說，或是以朱子說補充他人之說，或以他人之說補充朱子之論，大多是直接引用朱子之說。《或問》引朱子（稱朱氏或晦庵）說25則，不贊同者僅4則。據此可知陳大猷是尊朱子說的。其次，四庫館臣以陳大猷解「〈堯典〉『敬』字一條為例，謂其首舉心之精神謂之聖」，此語見於陳大猷《書集傳或問》，而《書集傳》卻不見此語。四庫館臣為了坐實為東陽陳大猷，乃謂「此《孔叢子》之語而楊簡標為宗旨者，其學出慈湖更無疑義」[38]，此說出於臆斷。《書集傳或問》卷上陳大猷所論從文王、孟子、揚

---

[35] 按陳大猷《書集傳》刊本明代已希見，朱彝尊《經義考》卷83云：「葉文莊《菉竹堂書目》有陳大猷《尚書集傳》一十四冊，西亭王孫《萬卷堂目》亦有之，其書雖失，或尚存人間。」（朱彝尊《經義考》〔北京市：中華書局，1996年〕卷83，頁461。）《四庫全書》僅收錄《書集傳或問》2卷。劉起釪先生《尚書學史》提及《書集傳》云「卷不詳」，似未見是書（劉起釪：《尚書學史》頁248）。

[36] 蔡根祥：《宋代尚書學案》，潘美月、杜潔祥主編：《古典文獻研究輯刊》第三編（臺北縣：花木蘭文化出版社，2006年）第13冊，頁630。

[37] 永瑢等：《四庫全書總目提要》卷11，頁95。

[38] 同上，頁95。

雄、程頤到謝良佐、尹焞的心法傳承來看,這是以理學為旨歸的道統脈絡,沒有心學的影子。又陳大猷論述了以敬存心之法,這是程、朱涵養心性的要訣。所以四庫館臣僅以此斷學派之皈依,不免附會草率。

蔡根祥先生著《宋代尚書學案》未見陳大猷《書集傳》,而僅根據《書集傳或問》「稱引程伊川、朱晦庵最力」[39]立論,認為陳氏服膺程、朱之學,列陳大猷入〈晦翁尚書學案〉。其實陳大猷《書集傳》引用最多的除《尚書正義》外,是林之奇、呂祖謙,而非程、朱。

其實,討論陳大猷學派歸屬不能斷章取義,以偏概全,對《書集傳》的全面考察才是解決這一問題的關鍵。我們可以從《書集傳》著述體例、宗旨、原則以及反映出的經學思想進行綜合判斷,這樣或許更有說服力。陳大猷《書集傳》未採納朱子以《序》獨立為一編的體例,對於《書序》,主要採納了林之奇觀點,認同林之奇《書序》出於史官之手[40],並經過孔子整理的說法,不贊同朱子觀點的[41],批判「蔡氏專攻《書敘》為謬」[42]之失。對《書序》是持維護態度的,與朱子態度不同。陳大猷指出《尚書》「載聖賢之道,百篇之義獨備帝王之傳,昭萬世之典常,示一人之軌範」,《書集

---

[39] 蔡根祥:《宋代尚書學案》頁630。

[40] 按林之奇於〈湯誓序〉云:「《書序》本自為一篇,蓋是歷代史官相傳以為《書》之總目,吾夫子因而討論是正之。」(《尚書全解》卷14,《通志堂經解》第5冊,第394頁。)

[41] 按朱子懷疑《書小序》,見《文集》、《語類》。《語類》卷78云:「徐彥章問:先生卻除《書序》不以冠篇首者,豈非有所疑於其間耶?曰:誠有可疑。且如〈康誥〉第述文王,不曾說及武王,只有乃寡兄是說武王,又是自稱之詞。然則〈康誥〉是武王誥康叔明矣。但緣其中有錯說『周公初基』處,遂使《序》者以為成王時事,此豈可信?」「《書序》不可信,伏生時無之,其文甚弱,亦不是前漢人文字,只似後漢末人。」(《朱子全書》第16冊,頁2635)《文集》卷65〈書大序解〉云:「以今考之,其於見存之篇,雖頗依文立義,而亦無所發明,其間如〈康誥〉、〈酒誥〉、〈梓材〉之屬,則與經文又有自相戾者。其於已亡之篇,則依阿簡略,尤無所補,其非孔子所作明甚。」(《朱子全書》第23冊,頁3152)

[42] 陳大猷《書集傳或問》卷下論〈多士〉「移爾遐逖」,《續修四庫全書》經部第42冊,頁215。

傳》著作目的是要使宋理宗始終典學，上「接堯、舜、禹、湯之統」，傳承聖賢道統、治統，又能仿效聖王治天下之大法，「得精一以執中」、「柔遠能邇」[43]。康濟兆民，制治保邦，宏大祖宗基業。從陳大猷的自明宗旨這一點深受呂祖謙、朱子思想影響。陳大猷提倡慎闕其疑的解《書》原則。謂「學者生於千載之下，當書編訛脫之餘，當信其可信者，闕其可疑者」[44]，解《書》嚴遵闕疑原則，《書集傳》、《書集傳或問》中論闕疑之例頗豐，這一解《書》原則與呂祖謙是背離的[45]，是對林之奇、朱子解經精神的繼續。陳大猷注重以經說經，反對脫離經文的臆說。陳大猷強調「釋經之體，但當依經釋義」、「夫釋經者，但當順經文以明正意」，批評吳才老《書裨傳》專「致疑於前人之說，至於聖經所載而無可疑者或並疑之，所得處固有之，所失處亦不少」，如以〈康誥〉為武王之書，吳說「不以聖經明文為據而以旁曲之說為證，至不通處則諉以聖經脫簡，何異舍康莊而由山徑也」[46]？這一思想當源自朱子的影響。陳大猷懷疑《尚書》經文訛誤處特多，有的是繼承前人之說，如蘇軾、朱子等觀點，有的是出自獨見。陳大猷對當時討論頗多的錯訛卻並未附和，如〈武成〉篇序混亂的問題，〈康誥〉自「惟三月哉生魄」至「乃洪大誥治」四十八字皆〈洛誥〉文。陳大猷疑經態度是謹慎的，不贊同隨意改經，這一點上更接近林之奇，與株守《注疏》舊說的呂祖謙，長於思辨而系統懷疑《尚書》的朱子都有距離。朱子對《古文尚書》與《今文尚書》的差異提出自己的看法，挑動了學界此後對《古文尚書》的懷疑，陳大猷對古文平易說提出了自己的觀點，云：「或謂伏生所傳之書多奇澀，

---

43 同上，頁3。

44 同上，頁2。

45 朱熹《朱子語類》云：「呂伯恭解《書》自〈洛誥〉始。某問之曰：『有解不去處否？』曰：『也無。』及數日後，謂某曰：『《書》也是有難說處，今只是強解將去爾。』」（《朱子全書》第16冊，頁2638）葉紹翁《四朝聞見錄》卷一載有朱子對呂氏《書說》的批評，云：「考亭先生嘗觀《書說》，語門人曰：『伯恭直是說得《書》好，但〈周誥〉中有解說不通處，只須闕疑，某亦不敢強解，伯恭卻一向解去，故微有尖巧之病也。是伯恭天資高處，卻是太高，所以不肯闕疑。』」（頁3）

46 陳大猷：《書集傳或問》卷下，《續修四庫全書》經部第42冊，頁211。

孔安國所定多平易，遂以為伏生齊人語多艱深難曉，恐□以齊語。此不然，二〈典〉、〈皋謨〉、〈禹貢〉、〈牧誓〉、〈洪範〉、〈文侯之命〉、〈秦誓〉諸書亦伏生所傳，未嘗不平易。」[47]陳大猷不認同今古文之間有難易之別。這一點上與林之奇、朱子及蔡沈距離甚遠，而近於呂祖謙尊古之習。陳大猷《書集傳》解經的思想和方法展現出融匯眾家的傾向，在訓詁與義理的結合上，《集傳》與《或問》互為補充的注經形式直接受到朱子的影響。陳大猷《書集傳》未對朱子關注的今古文《尚書》異同問題、《書大序》、《書小序》、孔安國《尚書傳》真偽問題發表自己的觀點，而這些問題是朱子《尚書》學的大經大脈，也就是說陳大猷不是繼承朱子《尚書》學脈絡的。以理學思想解經，直接承接的是程、朱理學的學統。陳大猷解《書》「慎闕其疑」的原則與呂祖謙作全解是背離的，是對林之奇、朱子解經原則的繼續，同時也是在宋學疑經大背景下的展開。在對待《尚書序》及《尚書》今古文問題上多受林之奇、呂祖謙薰染。

我們可以看到一個學者所受到的影響絕非單一的，也就是說單純從學派關係來談論某家《書》說不可避免地會牽強附會，蔡根祥先生從文本找了很多證據證明陳大猷是承傳程、朱理學的。客觀來講，生於程、朱之後，不可能完全不受他們思想的影響，「學案式」研究過於看重師承就會遮蔽部分事實，忽略學術傳承的複雜性。這是蔡根祥先生《宋代尚書學案》在方法論上難以回避的困境，也是學史研究常常出現的問題。

2. 宏觀史學敘述模式

採用史學宏觀敘述模式，其長處是發展脈絡清晰，由於對資料把握的深度廣度不夠，往往出現誤判。在宋代《尚書》學的研究中，宏觀學術史的分派往往直接滲透到專門學術史之中，但在宏觀學術背景下的學派未必在專經學史中能得到體現，比如倡事功的陳亮，在《尚書》領域沒有著述，只有一篇議論文字，歸之於永康功利學派，至少在《尚書》學領域是不妥當的。也即是說在專經學術史的寫作中，如所涉學者沒有專門論述《尚書》的文章，

---

[47] 陳大猷：《書集傳》，書前〈書始末〉，頁2。

則不宜納入專門學術史之中。

陸九淵「心學」在哲學上與程、朱「理學」立異，但這一派的哲學思想究竟有多少融入到《尚書》解讀中，必須對楊簡《五誥解》、陳經《尚書詳解》、錢時《融堂書解》、袁燮《絜齋家塾書抄》等著作放在心學思想背景下做全面系統研究，才能作出準確判斷。也就是說專經研究中，學派的劃分當以思想宗旨為准的，而不是簡單的師承關係，研究者需對《宋元學案》的學派劃分保持應有的謹慎。

再如宋代《尚書》學斷代，如不詳考《尚書》專經之脈絡，會毫不猶豫以慶曆學風之變為依據分期。在宋代學術流變中，各經接時代風氣有早晚，《春秋》之學繼中晚唐之風習，首得風氣之先。《易經》、《詩經》疑古惑經、據經駁傳之義理解經風習承其後，《尚書》直至王安石《尚書新義》出，《尚書》領域才算有了真正變革，其前無《尚書》專著，雖有劉敞之《尚書》小傳，然微波始興，不關大局。一代學術流變之於專經影響或早或晚，未必同步，苟有不慎，不據專經之實，則誤判必矣！

3. 思想史敘述模式

思想史寫作方式，把具體經學家及其著作放到大的時代背景下進行論述，其長處是解讀具有深度和廣度，其短處可能陷入過度闡釋的泥淖。怎樣梳理一些《尚書》中的關鍵觀念、核心問題，以此把握經學家的經世思想，比如宋代學者對《尚書》「皇極」、「十六字心傳」等的闡釋，放在整個宋代學術背景下考察，便可見學者解經之社會思考和終極關懷。這些關鍵觀念、核心問題可能牽動整個時代，甚至整個《尚書》學史的脈搏，目前此一研究基本沒有被觸及，這一問題亟待深入探討。

比如宋儒圍繞〈大禹謨〉「人心惟危，道心惟微。惟精惟一，允執厥中」的解讀，旨在建立儒家道統，由此而對抗佛老之學，恢復與重建儒學一統地位。通過對「道心」、「人心」內涵的改造，並會通《中庸》「中和」思想，建立儒家精密的心性理論，以此探討復性的路徑、社會完善的可能等。此一問題的梳理，可以發現宋代《尚書》學與時代學術主流問題的同調。從現存材料看，漢晉六朝經學家和偽孔《傳》都沒有闡釋「人心」、「道心」，

唐孔穎達《尚書正義》始曰：「道者，經也，物所從之路也。」「人心惟萬慮之主，道心為眾道之本。」[48]可見「道心」即「道」，與人的心沒有絲毫關係。北宋二程兄弟解云：「『人心惟危』，人欲也。『道心惟微』，天理也。」[49]《外書》正叔云：「人心，人欲。道心，天理。」[50]把「道心」當作天理，心之本體。把「人心」看作人的欲望。創造性地改造了道心、人心的原本內涵。「人心」、「道心」成為人的心的兩個層面，所謂：「『人心』，私欲也；『道心』，正心也。」[51]二程對這兩個詞的新解釋，跨出了宋儒建構儒家心性學關鍵的第一步。其次是宋儒開始把「道心、人心」與《中庸》「中和」思想交會起來。司馬光〈中和論〉論求道之要在於「執中」，結合《中庸》「未發」、「已發」思想論述君子持心之要，「於喜怒哀樂之未發，未始不存乎中」，「及其既發，必制之以中，則無不中節，中節則和矣」[52]。踵其後，蘇軾《書傳》闡發「十六字心傳」云：「舜之所謂道心者，子思之所謂中也。舜之所謂人心者，子思之所謂和也。」[53]把「虞廷十六字」與《中庸》「中和」思想緊密地結合在一起。但蘇軾以「道心」為「中」，是能生喜怒哀樂的本心。以「人心」為「和」，是喜怒哀樂等情感，道心、人心之外別有人欲，人心易為欲望主宰，這與程氏思想是有明顯距離的。其後林之奇論〈大禹謨〉「允執厥中」云「此（虞廷十六字）蓋與《中庸》之言相為表裏」，「自堯、舜、禹以至孔、孟所以相傳者，舉不出此」[54]的論斷，理學家道統譜系開始確立。林氏的這一發揮真正會通了《尚書》與《中庸》，一個理論漸趨完備的儒家心性體系開始出現。由對「十六字心傳」與《中庸》「中和」思想的會通，「三聖傳心」之說開始建立，程門弟子楊時最早提出「三聖傳心」之

---

[48] 孔穎達：《尚書注疏》（北京市：中華書局，1980年）頁136。

[49] 程顥、程頤：《二程集》（北京市：中華書局，1981年）頁126。

[50] 同上，頁364。

[51] 同上，頁256。

[52] 司馬光：《溫國文正司馬公文集》（《四部叢刊》本）卷71。

[53] 蘇軾：《東坡書傳》卷3，《叢書集成初編》（北京市：中華書局，1991年）頁68。

[54] 林之奇：《尚書全解》卷4，納蘭成德：《通志堂經解》第5冊，頁337。

說[55]，其弟子胡宏承其後[56]，林之奇對「三聖傳心」的道統思想做了很大的開拓。卷四提出「人心惟危，道心惟微，惟精惟一，允執厥中」是「堯、舜、禹三聖人相授受之際，發明其道學之要以相畀付者」，「堯以是傳之舜，舜以是傳之禹，禹以是傳之湯，湯以是傳之文、武、周公，文、武、周公傳之孔子，孔子傳之孟軻，軻之死不得其傳」的道統之說。至史浩著《尚書講義》，徑以「三聖傳心」為立說主腦，貫通全書[57]，把這一本于《大禹謨》的思想敷衍到《尚書》多篇之中，可見「心傳」之說至此已根深蒂固。「三聖

---

[55] 楊時《龜山集》卷14〈答胡德輝問〉一信中說：「道心之微，非精一其孰能執之？惟道心之微，而驗之於喜怒哀樂未發之際，則其義自見，非言論所及也。堯咨舜，舜命禹，三聖相授，惟中而已。」（影印文淵閣《四庫全書》〔上海市：上海古籍出版社，1989年〕第1125冊，頁255下。）

[56] 胡宏〈與張敬夫〉書曰：「堯授舜，舜授禹，曰：『人心惟危，道心惟微。』」（《胡宏集》〔北京市：中華書局，1987年〕頁132）

[57] 史浩《尚書講義》卷3〈大禹謨〉解「人心惟危，道心惟微，惟精惟一，允執厥中」云：「於是告之以歷代聖人所傳之道曰：『人心惟危，道心惟微，惟精惟一，允執厥中也。』……中者，君天下之綱領，而歷代帝王受命之符也。舜命禹之言，堯蓋嘗以語舜矣。」（影印文淵閣《四庫全書》〔上海市：上海古籍出版社，1989年〕經部第56冊，頁192下～193上）由舜告禹之言推演為「歷代聖人所傳之道」，與林之奇所論同出一轍。卷9〈咸有一德〉「協於克一」條注曰「堯、舜、禹之相傳者此也，故曰：『惟精惟一，允執厥中。』成湯、伊尹之相得者此也，故曰：『咸有一德，克享天心。』然則一者，道之見於日用者然爾。」（第56冊，頁255上）僅因有「一」字而連及〈大禹謨〉並加以發揮議論。卷12〈洪範〉「庶徵章」云「聖人之『人心惟危，道心惟微』，以『惟精惟一』之道上而應天，是以人心感天心也，執其兩端而用其中於民。……箕子於此當以心傳，武王於此亦當以心受。」（第56冊，頁303上）卷19〈顧命〉「傳位章」注云：「周公得是道於堯、舜、禹、湯、文、武，故兼三王而施四事，實其緒餘土苴。其『惟精惟一』之學，則當世傳之成王，後世傳之孔子。」（第56冊，頁376上）前面所論或憑藉於「一」字，或依據「中」字立論，雖不免附會，還可見語言的聯繫。這兩處發揮就不再有任何憑藉，而直接根據自己的臆解，以一己心中的「心傳說」橫加議論。卷20〈呂刑〉解「今往何監非德於民之中」、「咸中有慶」闡發云：「君牙之教民，伯冏之御下，〈呂刑〉之治罰，皆眷眷不忘為君之道，而其卒也明章聖人之用中。此與堯、舜『惟精惟一』相授受者，無以異也。乃知其心深得此道，可以襲堯、舜、三代之傳也。」（第56冊，頁388上）以「執中」為核心，反復闡發「十六字心傳」的為君之道。

傳心」之說可以說是盛行於兩宋之交的思想，至朱子積其大成，建立起了影響深遠的人性論、道統觀。朱子〈中庸章句序〉系統總結了此前各種關於「十六字心傳」的說法，確立了由堯、舜至二程的新道統，一個比佛、老歷史更悠遠的儒家道統便應運而生，一個屬於理學的道統體系至此確立。

　　「道心人心說」構造了一個關於人性論的深邃的思想空間，道心即天理，是人心之本然善性。人心是源於人自然屬性的各種生理欲望，探討了複雜的人性，灌注了宋儒力圖尋求改造社會個體的良方，希望人能以道心禦人心，復其人性本然之善，藉此以提升個體精神境界，最終構建一個理想世界。由道心、人心之別，進而提出了修養論——把持「道心」的方法。宋儒「心性論」、「道統說」的確立為反駁佛老思想奠定了堅實理論基礎，完成了儒家精神重建的任務[58]。於此可觀學術之使命，學者之當代情懷。專經學史的寫作非資料之堆砌，必須揭出此一面向，方可謂明一代之學，書一代之史。

4. 資料解讀的有效性

　　專門學術史的研究不是孤立的，對《尚書》學的研究必然和《五經》之其他經部學史研究想參照，如對〈洪範〉的解讀必然涉及《易經》「象數」之學，對《尚書》文、武、周公的解讀必涉及《詩經》，〈顧命〉、〈立政〉必關乎《三禮》，此其小小者。更有宏大者在，乃通過它經研究發掘一個時代共同關注的主題，經學家通過不同經書的闡釋，建構時代精神的努力。目前中國大陸的教育已經找不到精通《五經》的年輕學者，所以各種專門學術史雖數量繁多，確很少有在研究路徑和模式上創新之作。怎樣在借用西方學術方法，保持中國固有的學術特性，這是新一代研究者必然面對的質疑。

　　對資料解讀的有效性涉及多個層面，第一個層面是解讀在作者《尚書》著述內的一致性，如前所論東陽陳大猷學派歸宿問題，歸之於程、朱之學派缺乏內在的一致性。第二個層面是解讀之於作者所有作品呈現出來的思想的一致性，如論朱子對「十六字心傳」的解讀，我們不僅關注他對《尚書》本文的解讀，還要收羅他在所有著作中對這一問題的論述，從而發現他思想

---

[58] 參拙文：〈十六字心傳理論的形成及內蘊〉，《蘭州學刊》2007 年第 4 期，頁 158～160。

中「十六字心傳」與〈洪範〉「皇極」的內在聯繫。第三個層面是解讀與整個時代思想的呼應,「道統觀」成為宋儒關注的一大主題,如窮盡宋代諸家對這一問題的論述,我們便可以明瞭這一問題牽動的時代脈搏,雖諸家所解不同,然捍衛儒家正統之宗旨則一。從這一角度講,研究任何一家《尚書》學,理想狀態是窮盡歷代《尚書》著作,窮盡作者個人作品,窮盡同時代與之相關的作品。這對於學者來說可以說是苛求,但必須追求。

跋

錢宗武[*]

　　《首屆國際《尚書》學學術研討會論文集》編定，百感交集。首屆國際《尚書》學學術研討會無疑是學術史上一個學術事件，這個學術事件的背影已經在人們的視線中漸行漸遠了，然而這部學術論文集不僅記載了這段歷史，還將不斷再現這段歷史，抑或使之成為歷史的永恆。

　　我有幸見證了這段歷史，在這個「跋」裏，我想簡要說明兩點：一是首屆國際《尚書》學學術研討會的意義和緣起，一是關於這部論文集。這或許是一種歷史責任。

《書》學：學術研究之沉重話題

　　中國的古代典籍浩如煙海，《尚書》是傳世典籍中最為古老的歷史文獻，記載著從堯、舜、禹時代到商、周時代的軍國大事，承載著中國悠久的上古文明，昭示了華夏民族數千年的輝煌。

　　《尚書》是治世經典，其嘉言善政包含著先賢追求「虞廷賡歌」、「野無遺賢，萬邦咸寧」的大同聖治理想，傳承著「天聽自我民聽，天視自我民視」、「知稼穡之艱難，乃知小人之依（痛苦）」的民本觀念，蘊藏著「皇天無親，惟德是輔」、「德惟善政，政在養民」以德範位的德政訴求。修身、齊家、治國、平天下的致治路徑規範著、引導著千百年來中華民族的政治觀念和政治實踐。今天，這些思想對於支撐和拓展一個大國的形象仍具有深遠

---

[*] 揚州大學文學院

的現實意義。

《尚書》是修身法典,「作德心逸日休,作偽心勞日拙」,修養道德之於個人身心的安頓;「驕淫矜誇,將有惡終」,放縱欲望之於家國的可怕後果;「惟聖罔念作狂,惟狂克念作聖」,道德修養之終身性。這些對於我們今天個人道德的完善仍起著巨大的警示。《尚書》首倡敬、誠、德、義、孝、友等中華民族的道德術語,深刻揭示了個體文明乃是邦國文明的基礎,千百年來一直規範著華夏民族個體的行為,指引著個體成聖成賢的方向。

《尚書》也是中華民族的文化寶典,對中國政治觀念、社會理想、道德規範、哲學思想以及學術文章起著奠基作用和不可估量的重要影響,是中華民族智慧的結晶。《尚書》傳承著中華民族的道統、政統和學統,無疑是建設當代核心價值觀不可或缺的重要思想源泉。

然而,反思鴉片戰爭以來的屈辱史,我們民族在追求獨立富強的道路上曾陷入了文化虛無主義,經學成為了封建文化的代名詞,成為反動學術代表,經學研究陷入了艱難而尷尬的境地。改革開放以來,當我們民族逐漸走上富強,我們開始關注文化對於一個民族生存的意義,文化對於民族的認同價值,我們開始充滿自信和自豪地研究和發揚自己的傳統文化。傳統文化作為一個民族的基因,丟掉自己的傳統文化就是失去自己的民族性。在大力推進民族復興的今天,傳統文化研究越來越被重視,作為傳統文化核心元素的經學也越來越被重視,深入的經學研究必然為民族的偉大復興提供強大的精神動力。

《尚書》作為歷代治政之學,其思想精髓蘊藏著人類永存的普世價值。《尚書》研究曾經是學術研究的主要話題,歷朝歷代的政治家和著名學者幾乎無一例外都研讀過《尚書》。無可諱言,當下的《尚書》研究相對於《易經》、《詩經》等國學原典的研究明顯滯後,研究的隊伍也相對弱小,以《尚書》學為主題的國內、國際研討會從未舉辦過,研究日漸式微。

二〇〇九年五月,在參加香港嶺南大學主辦的國際經學會議上,我又一次遇見林慶彰先生、蔣秋華先生和蔡根祥先生,又一次談論到《尚書》研究現狀及展望。為了共同推動《尚書》研究,凝聚研究隊伍,鑒於二〇〇一

年揚州大學與臺灣中研院文哲研究所曾成功舉辦「海峽兩岸揚州學派研討會」，兼之揚州大學在《尚書》研究方面已取得的豐碩成果並形成了研究團隊，諸先生動議揚州大學與臺灣中研院文哲研究所共同籌辦「首屆國際《尚書》學學術研討會」。六月，我們組建會議籌委員會和學術委員會，緊鑼密鼓地展開工作。揚州大學和揚州大學文學院全力支持，美國、加拿大、日本、韓國、新加坡和港、澳、臺等國家和地區的著名專家和學者積極回應，中國社科院、上海社科院、北京大學、清華大學、復旦大學、南京大學等科研機構和高等學校的著名專家和學者積極參加。二〇一〇年六月十六日上午「首屆國際《尚書》學學術研討會」在古城揚州秀美的瘦西湖畔隆重召開。江蘇省主管科學研究和文化教育的副省長曹衛星教授致函祝賀，揚州大學校長著名化學家郭榮教授參加開幕式，常務副校長著名民國史史學家周興國教授致開幕詞，九十高齡的著名清史專家祁龍威教授、揚州市領導董雷先生、社會科學學術社團代表張炎孫教授、美國跨文化交際研究專家拉文教授分別致辭。十八日下午，大會順利閉幕。會議取得豐碩成果，提交的近四十篇學術論文涉及《尚書》之政治、思想、哲學、訓詁、邏輯學、學術史、教育思想、語篇研究以及域外《尚書》研究等多個領域。在會議閉幕式上，國際《尚書》學會名譽會長林慶彰先生鄭重宣佈：論文年內結集出版。以期向學界推介本次會議成果，為同仁提供研究之資料和方法啟示，由此展開總結、反思，凝聚研究力量，推動《尚書》研究的發展與繁榮。

　　論文集除〈序〉、〈跋〉外，以內容分為十一組。前兩組分別是會議致辭和會議主題發言。其餘依次為：《尚書》辨偽學研究，《尚書》學專人專書研究，經筵《尚書》研究，《尚書》語言研究，《尚書》文論、語體、邏輯研究，《尚書》與上古文化研究，《尚書》與相關典籍研究，域外《尚書》傳播研究，《尚書》研究述評及《尚書》史料研究。

考辨：《尚書》研究之傳統及反思

　　《古文尚書》的真偽，自宋代以來就聚訟紛紜，對《尚書》的辨偽本身

也成為了學術史之一部。論文中最惹人注目的是出土文獻《清華簡》之《尚書》資料，清華大學歷史系廖名春教授對《清華簡》中涉及《尚書》的內容做了簡介，指出竹簡中發現了較完整的〈金縢〉，可對現有〈金縢〉作重要訂正。〈尹誥〉可證明《古文尚書》中〈咸有一德〉是偽作，〈說命〉三篇的發現對《古文尚書》真偽之公案的解決具有重大意義。有的《尚書》類文獻，如〈尹至〉、〈保訓〉、〈耆夜〉等可以彌補周代史料的缺失。

上海社科院歷史所虞萬里研究員〈以丁晏《尚書餘論》為中心看王肅偽造《古文尚書傳》說〉一文從理論層面對三百年來《尚書》辨偽進行了深入的反思，審核了《尚書》古文二十五篇之真、偽公案，文章指出《尚書》公案既包涵《尚書》古文本身之真偽，也包括近三百年來之辨偽學術史。在三百年《尚書》辨偽史中，王肅偽造《古文尚書》及孔《傳》問題，從懷疑起訟，到立案鞫獄，最後控辯撤案，前後亦經歷二百多年，重新審視、綜理此案之過程，是《尚書》公案學術史中必要的一環，而分析其證詞與辯詞，抽離其邏輯推證之思維，有助於認識學術研究中的認識論與方法論。揚州大學博士研究生程興麗〈王肅尚書學研究〉從王肅注《尚書》的篇目和《書序》兩個方面，論明王肅未見漢代孔傳本《尚書》。碩士研究生孫卓〈丁若鏞《尚書》辨偽學初探〉一文，對朝鮮丁若鏞辨偽方法及其解決的時代主題，進行了有益的探討。

《尚書》研究必然涉及對材料的輯佚與考辨，而輯佚工作需要廣博的知識、學術的精誠和堅韌的毅力，然自晚清以來輯佚學幾成絕響。臺灣高雄師範大學經學研究所蔡根祥教授〈王安石《尚書新義輯考彙評》訂補舉例〉一文凸顯了研究資料輯佚、考辨困難。在《尚書》史上有很多家《書》說亡佚，對這些問題的研究只能依靠輯佚工作，如兩漢之今古文家之說，魏晉六朝《尚書》學，宋之王安石《尚書新義》、陳鵬飛《陳博士書解》、張九成《無垢書說》、王炎《書小傳》等等，要研究一代之《尚書》學或一人之《尚書》學，輯佚工作就成為必需。然而引用者之斷章取義、省略、改易等等情況比比皆是，以輯佚材料為基礎的研究有多大的有效性，必然受到追問。重慶師範大學陳良中副教授〈宋代《尚書》學研究的資料及困境〉一文通過梳

理宋代《尚書》學資料，指出寫作面臨材料考辨的巨大困境，通過輯佚材料
瞭解學者《書》學內容，不能避免以偏概全。再加上引用者個人經歷及思想
傾向性，引用中對原始材料有所改動，改動後的材料在多大程度上可以反映
學者思想，同樣是值得懷疑的。資料的使用必須經過嚴密考訂，力求文獻記
載與家譜、地方志材料相互應證。

治政：《尚書》本旨之經世精神

經學在兩千年的王朝時代絕不是案頭文字，而是致用之學，經學通過
教育體制滲透到社會各個角落，影響著國家之治政方針、人才選拔、個體
人格的陶鑄，凡人生社會之面向，無不與之相關聯。在提交的論文中，「經
筵研究」是一個值得關注的課題，臺灣學者陳恆嵩副教授〈魏校及其《尚
書》經筵講義析論〉分析了明代經筵、日講制度，以及經筵講義之內容，經
筵之《尚書》講授對於朝廷政治、國家重要決策有深遠影響。連文萍副教
授〈明代皇族的《尚書》講習〉指出明代皇族的儒學教育中，《尚書》為治
國大法，故皇帝、皇太子皆以《尚書》作為研讀經典的起步，有整編、箋注
教材等積極作為，分析了《尚書》如何施教、有何成效等問題。何銘鴻博士
生〈《日講書經解義》之帝王教化觀探析〉對皇家經筵中《尚書》的講授進
行了研究，這是《尚書》研究的新課題，直接關係著皇朝政治觀念、治政思
想和行政實踐，經筵講官們如何透過《尚書》解讀和皇帝之間產生君臣的互
動，「帝王之師」透過經筵日講的機會，傳達了德治、齊家、勤民、用人、
納諫、兵刑等治國之道的核心思想，從而影響政治。

澳門大學中文系鄧國光教授〈唐文治《尚書》學及其《洪範大義》的經
世關懷〉論述了唐文治在中國現代學術的巨大貢獻，唐先生極為重視《尚
書》學，融通了漢、宋的經世義理。透過《洪範大義》批判政黨政治，強調
統治者應以大公無私的精神治國，倡農政為政事要務，唐先生《尚書》學中
寄託深厚時代關懷，與同時的考史與疑古風氣大異其趣，是典型的經世經
學，保存中國經學的真精神。鄧國光教授的文章揭示了經學與現代文化接軌

的可能，經學作為一種文化精神之於現代化的重要意義。現代經學研究是一個新興領域，海外尤其是臺灣學人已有豐富成果，大陸這一方面的研究尚待展開。

《尚書》中蘊含的豐富的治政思想既不屬於特定時代，也不屬於特定階級，而是具有普世價值的。對《尚書》治世思想的深入研究，無疑可為今天治理社會提供重要參考，有益一個民族的凝聚與發展。

訓詁：《尚書》文本解讀之津梁

清代段玉裁早就提出解經必須「由文字以通乎語言，由語言以通乎古聖賢之心志」。研討會上來自世界各地的語言學專家對《尚書》中句讀、辭彙、詞類做出了深入研究，有的解決數千年來的困惑，可謂《尚書》之功臣。在辭彙訓詁方面，一是語音與訓詁的結合，探討音義關係，以南京師範大學趙生群教授〈讀《尚書》志疑〉為代表。一是語法與訓詁的結合，以中國社科院語言研究所姚振武研究員為代表。姚振武研究員〈《尚書‧康誥》句讀一則〉一文通過對歷代注家解說的梳理，對〈康誥〉這一段作如下斷句：「侯、甸、男邦，采、衛百工，播民，和見士于周，周公咸勤，乃洪大誥治。」謂侯、甸、男邦，采、衛百工，四方之民，都服務於周，這樣斷句語法清楚，意思顯豁、流暢，可謂破千古之惑。拙文〈論《今文尚書》「在」字被動標記〉一文提出《今文尚書》有一種「形式被動句」，以「在」為語法標記，這是任何一種古漢語語法著作和教材都從未論及的被動句式，這也是任何一種文獻專書語法研究從未論及的被動句式，較之甲文，《今文尚書》已出現形式被動句，《今文尚書》正處於從意念被動向形態被動式的發展過渡階段。一是出土文獻與傳世文獻的結合。清華大學歷史系廖名春教授〈先秦《尚書》「顧命」釋義〉，通過對《尚書‧周書‧顧命》篇、〈祭公之顧命〉篇和《穆天子傳》等文獻的解讀，指出先秦「顧命」的本義當指顧托、囑託，又以《清華簡》論定〈金縢〉「丕子」、〈咸有一德〉「尹躬」之義，紛紜之說由此定讞。

　　韓國仁荷大學白恩姬教授〈《今文尚書》所見人稱代詞的用法特點〉對《尚書》中人稱代詞的數與格做出了深入研究，指出：「商代的人稱代詞確實存在數和格的區別，過了西周、春秋戰國時代，數和格開始消失。《今文尚書》反映了這種演變過程。」這一觀點有助於對《尚書》人稱代詞的新認識，對漢語史的研究具有重要的參考價值。廣西大學黃南津教授〈《今文尚書》名詞性謂語句再探〉對《今文尚書》名詞性謂語句進行考察，認為其名詞性謂語句同樣存在判斷、描寫與說明三種形式；其名詞性謂語的語義功能主要表現為判斷義、性質義、說明義、處所義；語義關係主要有同一關係、相屬關係、空間關係。

　　訓詁研究還涉及對專書的研究，湖南大學王大年教授與研究生郭慶花〈《尚書易解》訓詁特點脞論〉探討了周秉鈞先生《尚書易解》之訓詁特色：「核之以詁訓，衡之以語法，求之以史實，味之以文情」，從詞法、句式、修辭等方面對《尚書》進行了綜合闡述，反映了一代宗師勤勉專精的治學態度和實事求是的治學精神，對今日之《尚書》研究不無鑒戒。長沙民政學院李斌副教授與研究生陳志萍的〈曾運乾《尚書正讀》語序觀芻論〉一文指出曾運乾《尚書正讀》是《尚書》研究中從訓詁研究轉向語法研究的發軔之作，曾運乾在書中對《尚書》倒語進行了大量的分析，體現了語序的三個功能，即：制約句法結構、揭示詞類活用、影響語用效果。南京曉莊學院趙航教授〈段玉裁校釋《尚書》的特色〉探討了《古文尚書撰異》校釋特色，窮源竟流，闡發全書的條例，要求引文的完整、準確，特別強調「隱括無誤」和「語義完全」，可謂研究《古文尚書撰異》之力作。

外譯：《尚書》域外傳播之途徑

　　在全球化背景、多元文化視角下，《尚書》不僅是民族的，還是世界的，研究《尚書》必須具有全球視野，與會代表深入討論了域外《尚書》的傳播、困境及解決問題的方案。加拿大多倫多大學吳小燕教授〈論《尚書》西傳之任重道遠〉一文通過對中國對外古漢語課本和英語世界出版的文言教

材中《尚書》語料的查考，發現惟有近年加拿大教師周瑩編著的《古漢語入門》僅以「補充閱讀」的方式，介紹了三段《尚書》名句。文章分析《尚書》在海內外影響力式微之主因與對策，並以「詩言志」等格言為例，比較多種英譯本之特點，提出從跨文化傳播角度更新《尚書》英譯，為中國古老經典走向西方探索有效途徑。揚州大學陸振慧副教授〈從文本詮釋到文化詮釋——論理雅各《尚書》譯本中的「詳注」策略〉一文指出《尚書》譯本不能只是簡單的語碼轉換，而應該注入更多的文化詮釋。理雅各運用「詳注」策略，將翻譯文本置於豐富的語言和文化環境中，解決了因文化隔閡導致的傳播阻斷。文章提出了「語碼轉換＋文化詮釋」的翻譯模式，和文化傳播中的「文化缺省」說，指出「文化缺省」是一種具有鮮明文化特徵的交際現象，是某一文化內部運動的結果，不屬於該文化的接受者在碰到這樣的缺省時，便會出現「意義真空」。向西方讀者傳達中西文化中差異性明顯的資訊，理雅各在注經譯經以「註腳」方式對其中的深刻內涵進行詳盡闡釋，這對當今文化傳播有重要啟示意義。

文學研究，亟待拓展之領域

曲阜師範大學馬士遠教授〈劉勰「書標『七觀』」說考源〉一文探討了先秦《書》教觀，「七觀」說是秦漢時期《書》學理論中最為核心的思想，是該時期《書》學研究者對《書》之政治道德教化作用最為本質的認識。義、仁、誠、度、事、治、美七者，是早期儒學文論的重要範疇。這一觀念對於中國古代文論偏重《詩》學是一種矯弊，對此問題的深入研究將導致學界對先秦文論的重新審視。鹽城師範學院中文系朱巖副教授〈《尚書》語體特點〉側重語用角度，研討了《尚書》語體的功能，文章指出語體是適應不同交際功能、不同題旨情境需要而形成的運用語言的體系。《尚書》語體的「常規」是：使用單音節詞、使用散句、句不協韻、語義直陳，《尚書》語體的「偏離」是：使用複音節詞、使用整句、部分協韻、使用比喻。在「常規」與「偏離」的對比中，《尚書》形成簡質而不刻板的語體風格。日本東

京理工大學博士生王蕾〈《今文尚書》中的譬式推理〉對《尚書》中的譬喻修辭的深入研究,觸及到了民族思維方式。文章指出譬式推理既是一種辯說方法,又是一種思維方法,「譬」體現了先民博喻巧譬、觸類而長的邏輯品格,《今文尚書》孕育了中國古代多彩多姿的譬式推論思想。

太炎先生有言:「文學者,以有文字著於竹帛,故謂之文;論其法式,謂之文學。」在大文學的框架中,文學理論、語體風格等皆可屬於文學廣義的範疇,但論文集中《尚書》狹義文學的研究付之闕如,這不能不說是一種遺憾。《尚書》文學史料學之價值、《尚書》創作與秦漢諸子散文和歷史散文創作之源流關係、(《尚書》多韻語)其韻式韻例對後代韻文創作之影響、《尚書》典、謨、誓、誥、訓、命對中國文體學之貢獻、《尚書》語言的渾樸風格對中國樸實文風之建構、《尚書》相關篇目之文學性研究,等等,諸如此類,《尚書》對中國文學影響至為深遠。《尚書》在中國文學史上的地位,《尚書》之於中國文學之貢獻、影響還需學界同仁努力探索。

篤實求新:良好學風之建構

論文集不僅對《尚書》研究具有導向性,同時對學風建設也有引導作用。論文反映出了學界篤實作風,不管是微觀的字詞訓釋,還是宏觀的專書、學史研究都反映出這一鮮明特色。論文每一立論必詳列證據,嚴密推理,不尚空言。如廖名春先生解「顧命」一詞,排比證據由先秦而至六朝,結論無可辯駁。姚振武研究員對〈康誥〉之斷句,亦詳列歷代注家之說,最後出以己意,結論允當。臺灣中央研究院中國文哲研究所蔡長林副研究員〈皮錫瑞「論劉逢祿魏源之解《尚書》多臆說不可據」平議〉一文指出皮錫瑞治經帶有乾、嘉考據學求典實、重訓詁的學風,並以此為標準,評判諸家之優劣,指出皮錫瑞固守今文師法,排斥古文之說的經學觀,但與今文家規模經典、寄予理想猶有一間,非今文之嫡派。對皮錫瑞經學觀分析精微,可以矯正習常之說。多方證說,篤實可信。

論文集反映出了學人的開拓意識。如經筵之《尚書》研究是一個亟待開

拓的領域，經筵之《尚書》研究可以看到經典怎樣滲透到中國古代帝國政治思想之中，並影響著帝國政治實踐。從而為理解經學的經世精神提供一個視角，也為經典的現代化轉化提供一種可能。傳播學之於《尚書》之翻譯策略，揚州大學陸振慧副教授文章提出了「語碼轉換＋文化詮釋」的翻譯模式，和文化傳播中的「文化缺省」說，指出「文化缺省」是一種具有鮮明文化特徵的交際現象，是某一文化內部運動的結果，不屬於該文化的接受者在碰到這樣的缺省時，便會出現「意義真空」。向西方讀者傳達中西文化中差異性明顯的資訊，必須對經典中的深刻內涵進行詳盡闡釋，這對當今文化傳播有重要啟示意義。重慶師範大學陳良中副教授以宋代《尚書》學相關的資料，討論了學史寫作的困境，指出學案方式長處是師承脈絡清晰，弊端是過分注重師承，往往容易牽強附會。史學宏觀敘述模式，其長處是發展脈絡清晰，弊端是對資料把握的深度廣度不夠。宏觀學術史的分派往往直接滲透到專門學術史之中，但在宏觀學術背景下的學派未必在專經學史中能得到體現。思想史寫作方式，把具體經學家及其著作放到大的時代背景下進行論述，梳理《尚書》中的關鍵觀念、核心問題，如「道心」、「人心」、「皇極」等，對這些問題的研究可能牽動整個時代，甚至整個《尚書》學史的脈搏，目前此一研究基本沒有被觸及，亟待深入探討。與會代表還討論了《尚書》之文藝研究，《尚書》之文化學研究，這些都是一些亟待深入研究的課題。

另外，臺灣中央研究院中國文哲研究所著名經學家林慶彰研究員〈大陸「國學熱」應先還經學清白〉，提出今天如何定位經學的問題，這成為經學研究的起點並決定研究的方向。文章指出民國以來對經學的無知，導致經學失去了研究的合法性，面對國學熱，學界首先需釐清國學概念，為經學「正名」，消解文化虛無主義。經學作為傳統學術的核心，應當成為國學研究院的中心，應當恢復經學的學科地位。這是經學研究的制度保障，以及民族文化復興的核心與關鍵。林先生對大陸目前的國學熱、各地國學研究中心如雨後春筍現象，提出了深入思考，指出儒學研究中心、孔子研究所、古籍所、歷史系、中文系、哲學系有很多交叉的內容，導致重複建設，人文社科研究需要一個統籌規劃，而不是跟風。湖南大學文學院王大年教授〈嚴謹勤苦

薪火相傳〉對於當今浮躁學風具有巨大警示作用，王先生回顧了周秉鈞研究《尚書》用功且敬且勤，每閱《尚書》必淨手焚香，每一訓釋必條列歷代注疏，有的多達九十餘家，《尚書易解》一九四六年已完稿，直到一九八一年方出版，這種謹嚴的學風對今日之浮躁無疑是一種警示，反映了學者的擔當精神。

這次大會值得欣慰的是湧現出了一批新人，來自日本、臺灣及大陸部分高校的年青學者以及在讀博士生、博士後鍾情「詰屈聱牙」的《尚書》研究，為《尚書》這門古老學問的研究注入了新鮮血液。薪盡火傳，這些新生力量將為《尚書》研究的傳承與傳播奠定堅實的基礎。

《尚書》研究無疑還有很多亟待拓展的領域，《尚書》文本之思想研究，歷代《尚書》專著之收集整理，《尚書》研究與時代思潮之互動，出土文獻之《尚書》研究，歷代《尚書》資料之輯佚研究，如此等等科目均有待來者，求道諸君，其有意乎？

在全球一體化和文化多元化背景下，重整傳統文化，推動中華文化走向世界，這是新時代學人的理應擔當的責任。

論文集是大陸與臺灣學界緊密合作的產物。感謝臺灣中央研究院林慶彰、蔣秋華、蔡長林等先生為論文的出版所作的艱苦努力和無私奉獻，感謝各位編委對論文認真負責的審訂，感謝博士後陳良中副教授有力的協助！當然最應該感謝的是所有的與會者和所有的論文作者！是你們，創造了歷史！當我們滿懷深情的回望歷史的時候，你們的身影是清晰的，也是高大的。

錢宗武

庚寅荷月識于淮左

會議日程表

時間		活動內容	地點
6月15日 （週二）	全天	代表報到	專家樓一樓大廳
	12：00	午餐	東苑
	18：00	晚餐	東苑
	20：00	籌備委員會會議	專家樓二樓會議室
	20：00	學術委員會會議	專家樓三樓會議室
6月16日 （週三）	07：30	早餐	東苑
	09：00	大會開幕式	專家樓三樓會議廳
	10：00	全體代表合影	專家樓大廳前
	10：30	大會主題報告	專家樓三樓會議廳
	12：00	歡迎午宴	東苑東苑廳
	14：30	分組報告	文學院會議室
	16：00	茶敘	漢語教研室
	16：20	分組報告	文學院會議室
	18：00	歡迎晚宴	銀都大酒店
	20：00	籌備委員會會議	專家樓二樓會議室
6月17日 （週四）	07：30	早餐	東苑
	08：30	分組報告	文學院會議室
	10：00	大會學術報告	專家樓三樓會議廳
	11：00	學術大會閉幕式暨國際尚書學會 成立儀式	專家樓三樓會議廳
	12：00	午餐	東苑
	14：30	文化考察活動	瘦西湖
	18：00	歡送晚宴	田園賓館

6月18日（週五）	07：30	早餐	東苑
	09：00	離會	揚州
	09：00	臺灣與會學者歷史文化考察活動	邵伯古鎮・邵伯湖
	09：00	韓國等國家和地區與會學者漢文化考察活動	淮陰
	15：00	臺灣與會者離會	南京
6月19日（週六）	全天	韓國等國家和地區與會學者漢文化考察活動	淮陰
6月20日（週日）	09：00	韓國等國家和地區與會學者離會	南京

謝公遺埭　敬德恤民
—— 兩岸學者訪邵伯古鎮

　　今年端陽節，首屆《尚書》學國際學術研討會在揚州大學召開。我應邀與會。

　　因為有臺灣中研院資深研究員林慶彰先生為首的一批臺灣學者參加，著名歷史學家、年近九旬的揚大教授祁龍威先生特別重視。祁、林兩位曾共同發起推動海峽兩岸清代揚州學派學術研究，二〇〇〇年四月和二〇〇一年五月分別在揚州和臺北召開研討會，成果豐碩，影響甚巨。十年後，林先生和揚大錢宗武教授再次聯手推助首屆《尚書》學國際學術研討會的召開，意義深遠。會前，祁老幾次召集我們商量如何接待好臺灣學者。邵伯行是其中一項重要活動。

　　邵伯是運河重鎮。此鎮之興與謝安有極大關係。《晉書》言謝安「出鎮廣陵之步丘，築壘曰新城」，又「築埭於城北，後人追思之，名為邵伯埭」。在晉之前，這裏是一片荒灘、水鄉澤國。晉太元十年（西元385年），謝安因遭忌受排擠出鎮廣陵（今揚州），當時的廣陵是東晉主力北府軍所在地，北府軍為謝安的侄兒謝玄組建。謝玄和北府軍將領熱忱地歡迎這位北伐統帥的到來。而謝安並沒有常待在廣陵城，他在城北六十里處一攻守兼備、南北要道步丘築壘，建「甲仗樓」，人稱新城。同時根據步丘周圍南高北低、西高東低、西北為湖的地勢，在步丘以北二十公里處，築一條南北走向的攔水大堤——埭，解決了湖東易旱、湖西易淹的問題，年豐民樂，百姓交口稱頌，比之為周代召公，為之栽樹（甘棠）、建廟（甘棠廟）。進而稱謝安為召公，久之步丘也就變成邵（同召）伯。這便是邵伯名字的來歷。有

人以為是召公故里，其實是誤解。隋運河開通後，這裏更成為「南北舟車孔道」，「煙火萬家，行旅如織」。

會議結束，農曆五月初七日，我陪客人在冶春茶社品嚐過揚州包子，即驅車前往邵伯。同行的有：臺灣學者林慶彰、陳恆嵩、連文萍、何銘鴻，中國社科院姚振武研究員、清華大學趙平安教授，祁老夫婦以及揚大教授等十餘人。出城上西北繞城高速公路，大約二三十分鐘車程，便到邵伯了。江都市和邵伯鎮的領導已守候在高速出口處。接著便領我們到了漊洋湖濕地森林生態保護區，這裏原是一片沼澤荒灘，蒿荻雜生，蚊蚋成陣，人煙稀少。露筋的典故即出於此。說的是，昔有姑嫂避亂湖岸，夜苦蚊多，嫂投旁舍宿，姑不肯，遂死於蚊，肉爛筋露。後人哀之敬之，建露筋祠祀其姑。也有人不服氣，為嫂白其枉，認為嫂之貞實與姑等，建寺以傲姑名。清代學者焦循認為，這種辯論是不必要的，「姑潔身遠嫌，其名顯；嫂不為矯情以沽譽，其聲惡。旁舍豈必強暴，露處豈不可汙？夫姑之行，魯國男子之行也；嫂之行，顏叔子、柳下惠之行也。各行其志矣，何傲為？」歷代詩人詠其事者甚夥，乾隆皇帝也有詩贊之。當然現在情況變了，從上個世紀六十年代起，這裏開始植樹造林，品種以適應濕地的池杉、水杉為主，連片面積達二〇〇〇多畝，這在平原地區是少有的，一九七六年江都成為全國平原綠化先進縣，萬畝水杉縣，漊洋湖是立了大功的。全國勞模、農民企業家、漊洋村黨委書記張福龍介紹，他們正在規劃建設濕地森林生態度假村，一期投入即達四〇〇多萬元，今年五月一日開業當天收入達八萬元。

在客服中心稍事休息。主人介紹市情後，便陪我們沿著林蔭大道走，一邊是接天蓮葉，一邊是水波浩渺，然後請我們上船遊覽。我以為是上大船或遊艇到湖上去。原來是上小鴨船，相當於放鴨人撐的小劃子，力氣大的可以扛起走。別看它小，可以坐四個人，連撐船的五個人。水面則是把一片低窪的林地圍起放的水，一棵棵池杉便在水中央。船娘皆本地一些中年婦女，身著紮染的藍花布衣衫，都很精幹，又很淳樸。我們一行人除祁老腿腳不便在岸上，其他人都上了船，祁師母八十多歲了，也饒有興致。我和林慶彰先生、揚大田漢雲教授在一船，都是重量級的，船娘招呼我們坐好，便把小船

撐開了，穩穩當當。清風徐來，水波不興，濃蔭蔽日，涼爽宜人。一會，船娘們唱起了「拔根蘆柴花」、「撒趙子摺在外」，標準的原生態，嗓音清純，婉轉動聽，也難怪，這裏本來就是民歌之鄉。「拔根蘆柴花」和「撒趙子摺在外」，這兩首秧號子真正是從這裏的田頭，從農婦口中唱出去的。不坐遊船的人可以從水中（林中）搭起的棧道上走，也別有情趣。夏日能作這樣的水上游，可見農民的聰明。我擔心，池杉雖不怕水，但長時間浸泡在水中總不行。主人解釋，林中放水只是一季，過了夏日便把水排掉。當然還有待實踐檢驗。我衷心祝願他們成功。

離開漭洋湖，到了斗野亭。因揚州星野處於牛、斗之分，故名。宋熙寧二年（1069），僧榮於鎮西梵行寺側建斗野亭。龍圖閣學士兼侍講、高郵人孫覺辭官回鄉，登斗野亭，只見湖光浩渺，帆影點點，景色優美，不由詩興大發，作〈題邵伯斗野亭詩〉，其後，蘇軾、蘇轍、秦觀、黃庭堅、張耒、張舜民紛紛步韻唱和，連南宋尤袤都有和詩。紹興年間，揚州太守鄭興裔將亭移建於府城的迎恩橋南，後漸湮廢。清嘉慶十四年（1809），當地人重建亭於鎮東法華寺側，並鐫七賢詩於壁。隨著歲月的流逝，斗野亭再次毀圮。二〇〇一年秋鎮政府於邵伯船閘旁投資復建斗野亭，主亭突出，古樸典雅，回廊拱衛，蜿蜒曲折。亭內重鐫詩碑，集宋四家字體而成，也還妥貼。另立〈重建斗野亭碑記〉一石，記其始末。這裏還有一個突出的是把鎮水鐵牛也移來了。這是邵伯鎮的一件標誌性文物，是一寶。

民間傳說，「九牛二虎一隻雞」是劉伯溫留下的鎮水神物。邵伯鐵牛即其一。實際不然。據《甘棠小志》記載：「邵伯更樓康熙三十八年六月沖決，長五十六丈五尺，水深四尺，難堵塞。三十九年，（張）鵬翮恭奉聖謨，下埽堵塞，克月成功。四十年，置鐵犀一座鎮之。」當時該牛肩下方鑄有銘文：「維金克木蛟龍藏，維土制水龜蛇降。鑄犀作鎮奠淮揚，永除昏墊報吾皇。」名為鎮水，實為測水，當初鐵牛置於運河口大墩上，人們通過水位漲到牛腳、身、頸的位置可以判斷有無水患。所以後人有「潮平牛頸苦年年」的詩句。這是一種科學態度，之所以要蒙上神秘的色彩，無非是要增強人們對大自然的敬畏心理吧。現在水利建設發展了，特別是江都引江工程修

建後，水患基本消除了，鐵牛的歷史使命也完成了，成了一件文物，一件藝術欣賞品。鐵牛身長一點九八米，高一點一米，重約一五〇〇公斤，牛首高昂，牛角上翹，雙目明亮，神態逼真。大概是常有人撫摸的原因，牛首特別是牛角已經光亮如銅。據導遊講，還有人來燒香叩拜，祈求平安，祈求小孩升學。大家開玩笑，玩股票的應來拜神牛，以保牛市。客人們在斗野亭和鎮水鐵牛旁照了不少相。

時近中午，天氣又熱，主人意請大家直接去酒店。但大家遊興正濃，堅持看完原定的專案。於是來到邵伯大碼頭。邵伯是京杭大運河上的重要港埠，是裏下河溝通南北的物資集散地，運輸極其繁忙，水上帆檣林立，岸上商賈雲集。從水邊到岸上有二三十級臺階，寬約丈餘，均為條石砌成，岸上牌樓聳立，上有石刻匾額「大馬頭」，為乾隆御筆。無論是從上往下看，還是從下往上看，都極為壯觀。有學者言，重慶朝天門碼頭也不過如此。上了碼頭，便是一條三華里長的南北大街，路面盡是石條鋪就，石條下面便是下水道，下雨下雪路面從不積水。街旁高鋪民居鱗次櫛比，平房居多，偶有樓房。據說條石街昔日熱鬧非凡，清代該鎮建有七個會館，還有巡檢司、尚書等官衙豪宅，今天雖然風光不再，但其規制依稀可見。更可貴的是這條街的整體框架未動，這無疑為今後的保護、改造打下了良好的基礎。

中午，江都市和邵伯鎮安排我們在邵伯大酒店吃農家菜。其蔬菜、水產品之新鮮自不待言，最值得一提的是邵伯龍蝦。每桌上了四盤，每盤一種做法：清水龍蝦、麻辣龍蝦、椒鹽龍蝦、蒜茸龍蝦。主人介紹，現在邵伯燒龍蝦的有百十家，燒法有二十四種之多，每天銷售量達十二噸，特地趕到邵伯來吃龍蝦的食客絡繹不絕。邵伯龍蝦的特點，一是原料好，取之於邵伯湖，生態環境好；二是拾掇淨，鰓、腸都抽乾淨，講究衛生；三是烹製精，調料之用在於去異味，入香味，和各味，保鮮味，不管哪種做法都能吃到龍蝦的本味，經得起食客的挑剔，所以名聲遠播。見臺灣和北京來的客人吃得津津有味，我問臺灣有無小龍蝦，林先生說，有，但沒有人吃。我問為什麼？他說工業化、城市化，環境污染了，誰敢吃！我然其言。邵伯鎮黨委書記告訴我，上午他沒有趕上來接待，主要是有六個項目開工，投資有幾十億，都是

太陽能光伏產業等高新技術項目，沒有污染。

　　一個上午的時間，大家看了幾個點，雖是走馬觀花，但玩得開心，午飯雖無山珍海味，盡是農家土菜，但吃得盡興。邵伯值得考察的還有船閘、油井、邵伯湖，還有民歌、民舞、小牌子（民間器樂）等等，因為下午另有安排，只得等待下次了。

　　回來的路上，有的先生閉目小憩，有的先生談興尚濃。我則在靜靜地思索一個問題。當政者如何才稱得造福一方，遺愛千秋？謝安之於邵伯是當得起的。難怪後之遊邵伯者莫不詠及謝公。若山水有知，草木有知，亦當感恩謝公。

　　秦觀詩云：「南北悠悠三十年，謝公遺埭故依然。欲尋舊事天人共，臥聽鐘魚古寺邊。」文天祥〈過邵伯鎮〉云：「我有揚州鶴，誰存邵伯棠？」詩言志。我輩當思之，志之，一日不可忘之。

　　學者們是來參加《尚書》學學術研討會的。《尚書》是我國上古政治歷史的記錄，在歷史上曾作為贊治、造士的主要工具。但由於其太深奧，現在僅限於學術圈內很少一部人在研究了。其實對於當政者來說，學學《尚書》還是有用的。《孔叢子‧論書》記載，子夏問《書》大義，子曰：「吾於〈帝典〉，見堯、舜之聖焉；於〈大禹謨〉、〈皋陶謨〉、〈益稷〉，見禹、稷、皋陶之忠勤功勳焉；於〈洛誥〉見周公之德焉。故〈帝典〉可以觀美，〈大禹謨〉、〈禹貢〉可以觀事，〈皋陶謨〉、〈益稷〉可以觀政，〈洪範〉可以觀度，〈秦誓〉可以觀議，『五誥』可以觀仁，〈甫刑〉可以觀誠，通斯七者，則《書》之大義舉也。」《尚書》中有一篇〈召誥〉（「五誥」之一），主要記錄的是召公的言論，特別強調敬德恤民。王國維認為這一篇「曰命曰天曰民曰德，四者一以貫之」。就這個意義上說，這次邵伯考察也正是《尚書》學會議題中應有之義。祁老事先就定在去邵伯，或有深意在焉。

揚州文化研究會　趙昌智
二〇一〇年六月二十二日

國家圖書館出版品預行編目(CIP)資料

首屆國際<<尚書>>學學術研討會論文集 /
廖名春等作 ; 林慶彰, 錢宗武主編.
-- 初版. -- 臺北市：萬卷樓，2012.04　面 ；　公分.
-- (經學研究叢書・臺灣高等經學研討論集叢刊)

ISBN 978-957-739-753-9(平裝)
1.書經 2.研究考訂 3.文集

621.117　　　　　　　　　　　　101006683

首屆國際《尚書》學學術研討會論文集

2012 年 4 月 初版 平裝

ISBN 978-957-739-753-9　　　　　　　　　定價：新台幣 760 元

作　　者	廖名春等	出　版　者	萬卷樓圖書股份有限公司
主　　編	林慶彰	編輯部地址	106 臺北市羅斯福路二段 41 號 9 樓之 4
	錢宗武	電話	02-23216565
編　　輯	蔣秋華	傳真	02-23218698
發 行 人	陳滿銘	電郵	editor@wanjuan.com.tw
總 編 輯	陳滿銘	發行所地址	106 臺北市羅斯福路二段 41 號 6 樓之 3
副總編輯	張晏瑞	電話	02-23216565
編輯助理	游依玲	傳真	02-23944113
編輯助理	吳家嘉	印　刷　者	晟齊實業有限公司
封面設計	斐類設計		

如有缺頁、破損、倒裝		網路書店	www.wanjuan.com.tw
請寄回更換		劃撥帳號	15624015